U0475404

战争论

[德] 卡尔·冯·克劳塞维茨 著

綦甲福 阮慧山 译

上海文化出版社
SHANGHAI CULTURE PUBLISHING HOUSE

果麦文化 出品

目录

第三篇　战略概论

第四篇　战斗

作者自序

所谓科学的东西不仅仅指或不主要指拥有完整的理论体系，这在今天已经不需要争论了。在本书的叙述中，从表面上看根本找不到体系，这里也没有完整的理论大厦，只有建筑大厦的材料。

本书的科学性就在于探讨战争的实质，指出战争同构成它们的那些事物之间的联系。我们绝不想回避哲学的结论，但当它们不足以说明问题时，作者宁愿放弃它们，而采用经验中相应的现象来说明问题。正像某些植物一样，只有当它们的枝干长得不太高时才能结出果实。因此在现实生活的园地里也不能让理论的枝叶和花朵长得太高，而要使它们接近经验，即接近它们固有的土壤。

企图根据麦粒的化学成分去研究麦穗的形状，这无疑是错误的，因为要想知道麦穗的形状，只要到麦田里去看一看就行了。研究和观察、哲学和经验既不应该彼此轻视，更不应该相互排斥，它们是相得益彰和互为保证的。因此，本书具有内在必然性的一些原则，就像拱形屋顶离不开柱子的支撑一样，也建筑在经验的基础之上，或者建筑在战争概念本身的基础之上[1]。

写一部有思想和内容的系统的战争理论也许不是不可能，但我们现有的理论与此还有很大差距。且不说这些理论缺乏科学精神，仅仅由于它们

1 许多军事著作家，特别是那些想要科学地研究战争的军事著作家们就不是这样的，这有许多例子可以证明，在他们的评论中赞成的意见和反对的意见完全抵消了，甚至还不如两头狮子相互吞食那样，还可以剩下两条尾巴。——作者注

极力追求体系的连贯和完整，在论述中就充满了各种陈词滥调和装腔作势的空话。如果有人想看一看它们的真实面目，就请读一读利希滕贝格从一篇防火规程中摘出的一段话吧。

> 如果一幢房子着了火，那么人们必然首先会想到去防护位于左边房子的右墙和位于右边房子的左墙，因为，如果人们想要防护位于左边房子的左墙，那么这幢房子的右墙位于左墙的右边，因而火也在这面墙和右墙的右边（因为我们已经假定，房子位于火的左边），所以，这幢房子的右墙比左墙离火更近，而且如果不对右墙加以防护，那么在火烧到受到防护的左墙以前这幢房子的右墙就可能烧毁。因此可以得出结论说，未加防护的东西可能被烧毁，而且可能在其他未加防护的东西被烧毁以前先烧毁。所以，人们必须放弃后者而防护前者。为了对此留下深刻的印象，我们必须指出：如果房子位于火的右边，那么就防护左墙；如果房子位于火的左边，那么就防护右墙。

为了避免用这样啰唆的语言吓跑有头脑的读者，避免在少数好东西里掺水，冲淡它的美味，作者宁可把自己对战争问题多年思考的收获，把同许多了解战争的天才人物的交往中和从自己的经验中获得的东西，铸成纯金属的小颗粒献给读者。在本书中，外部联系不够紧密的各章节就是在这种情况下写成的，不过，但愿它们并不缺乏内在联系。也许不久会出现一位伟大的人物，他给我们的不再是这些零散的颗粒，而是一整块没有杂质的纯金属铸块。

关于修改《战争论》计划的两个说明

1827年7月10日的说明

我认为，已经誊写清楚的前六篇只是一些还很不像样子的素材，必须重新改写。改写时，要在全书各处都能清楚地看到两种不同的战争，只有这样，一切思想才会获得更精确的含义、更明确的方向和更具体的运用。这两种不同的战争是：以打垮敌人为目的的战争（这可以是让敌人在政治上无助，或者使他无力抵抗，迫使对方签订任何一个和约）和仅仅以占领敌国边境一些地区为目的的战争（这可以是为了占有这些地区，也可以是把这些地区作为在签订和约时有用的交换手段）。当然，在这两种战争之间必然有一些过渡性的战争，但是这两种战争完全不同的特点必然贯穿在一切方面，其中互不相容的部分也必然会区分出来。

除了指出上述两种在战争中实际存在的差别以外，还必须明确地肯定这种实际上同样是必不可少的观点：战争无非是国家政治通过另一种手段的延续。处处都坚持这个观点，我们的研究方向就会一致，一切问题也就比较容易解决。虽然这个观点主要在第八篇中才得以充分展现，但在第一篇中已经透彻地加以阐明，而且在改写前六篇时也要发挥作用。对前六篇做这样的修改，将会剔除书中的一些糟粕，弥补一些漏洞，而且可以把一些一般性的东西归纳成具有比较明确的思想和形式。

第七篇《进攻》（各章的草稿已经写好）应该看作是第六篇的映射，并且应该根据上述更明确的观点立即进行修改。这样，这一篇在以后就可以不必再修改了，甚至可以作为改写前六篇的标准。

第八篇《战争计划》（即对组织整个战争的总论述）的许多章节已经草拟出来。但这些章节甚至还不能算作真正的素材，而只是对大量材料进行粗略加工。这样做的目的是为了能在工作中明确重点。这个目的已经达到。我想在完成第七篇以后，立即着手修改第八篇，修改中主要是贯彻上述两个观点，并且对所有材料进行简化，但同时也要使它们具有深刻的思想内容。我希望这一篇能够澄清某些战略家和政治家头脑中的模糊观念，至少要向他们指出问题的关键在哪里，以及在一次战争中到底应该考虑什么问题。

如果在修改第八篇的过程中能使我的思想更加明确，又能恰当地确定战争的重大特征，那以后就可以比较容易地把这种精神带到前六篇，让战争的这些特征在那里也随处可见。只有这样，我才会着手改写前六篇。

假如我过早去世因而中断了工作，那么现有的一切当然只能是一堆不像样的思想材料了。它们将会不断地遭到误解和肆意的批评。在这些问题上，每一个人都认为自己的想法很完美，可以写下来发表，并认为它们就像一加一等于二一样毫无疑问。如果他们也像我一样花费这么多精力，长年累月地思考这些问题，并且经常把它们同战争史进行对照，那他们在进行批评时就会比较慎重了。

尽管这部著作还没有完全成形，我仍然相信，一个没有偏见、渴望真理和追求信念的读者，在读前六篇时不会看不见那些经过多年的思考和对战争的热心研究所获得的果实，而且还会在书中发现一些在战争理论中可能引起变革的重要思想。

未完成的说明，估计写于1830年

在我死后，人们将会发现的这些论述大规模战争的手稿，像目前这个样子，只能看作是对那些用以建立大规模战争理论的材料搜集。其中大部分我是不满意的，而且第六篇还只能看作是一种尝试，我本来准备对这一篇进行彻底改写并另找论述的方法。

但是我认为，在这些材料中一再强调的主要问题对考察战争来说是正确的。通过面对实际生活、从自己的经验和同一些优秀军人的交往中得到的教益，这些问题是我经常进行多方面思考的成果。

第七篇是谈进攻，这些问题只是被仓促地写了下来。第八篇谈战争计划，我原打算在这里特别阐述一下战争中的政治和人的有关问题。

我认为第一篇第1章是全书唯一完成的一章。这一章至少可以指明我在全书都想遵循的方向。

研究大规模战争的理论（或称战略）有特殊的困难。可以说，只有极少数人对其中各种问题有清楚的概念，即了解其中各种事物之间的必然联系。在行动中，大多数人仅仅以迅速的判断为根据，而判断有的很正确，有的就不那么正确，这是由人的才能高低决定的。

所有伟大的统帅就是这样行动的，他们的伟大和天才部分地表现为他们的判断总是正确的。因此，在行动中人们将永远依靠判断，而且单靠判断也就足够了。但是，如果不是亲自行动，而是在讨论中说服别人，那就必须有明确的概念并指出事物的内在联系。由于人们还很缺乏这方面的素养，所以大部分的讨论只是一些没有根据的争执，结果不是每个人各持己见，就是为了顾全对方而和解，走上毫无价值的折中之路。

在这些问题上有明确的观念并不是毫无用处，而且一般说来，人们都倾向于要求明确性和找到事物间的必然联系。

为军事艺术建立哲学理论非常困难，人们在这方面所做的许多失败的尝试使大多数人得出这样的结论：建立这样的理论是不可能的。因为这里研究的内容无法通过固定法则来涵盖。如果不是有很多毫无困难就可以弄清楚的原则的话，我们或许会同意这种看法，并放弃建立该理论的任何尝试。这些原则是：防御带有消极目的，却是强而有力的作战形式，进攻带有积极目的，却是比较弱的作战形式；大的胜利同时决定着小的胜利，因此战略的效果可以归结到某些重心上；佯动是比真正的进攻较弱的一种兵力运用，因此只有在特定条件下才能采用；胜利不仅指占领地区，还包括破坏军队的物质力量和精神力量，后者在大多数情况下只有在会战胜利后的追击中才能实现；经过战斗而取得的胜利效果总是最大的，因此从一个战线和方向突然转移到另一个战线和方向，只能看作是一种迫不得已的下策；只有在具有全面优势或者在交通线和退却线方面比敌人占优势时，才能考虑迂回；同样，只有在上述情况下才能占领侧面阵地；进攻力量在前进过程中将逐渐削弱。

初版序

一个女子竟敢为这种题材的著作撰写序言，有人一定会感到惊异。对于我的朋友们来说，这不必做任何解释，但是，对于那些不认识我的人，还是希望简单地说明一下这样做的原因，以免他们认为我自不量力。

现在我为之作序的这部著作，几乎耗尽了我万分挚爱的丈夫（可惜他过早地离开了我和祖国）在世最后12年的全部精力。完成这部著作是他最殷切的愿望，但他无意在有生之年将它公之于世。当我极力劝他改变这种打算时，他一半是开玩笑，但一半也许是预感到自己的早亡，常常这样回答说："应该由你来出版。"正是这句话（在那些幸福的日子里它常常使我落泪，尽管我从未认真地考虑过它的含义）使朋友们认为，我有义务为我亲爱的丈夫的遗著写几句话。纵然人们对此可能有不同的看法，但他们也许能够体谅我的情感，正是这种情感使我克服了女性的羞怯心理来写这篇序言，而这种羞怯心理常常使一个女子在做一些并不非常重要的事情时感到十分为难。

当然，我也绝不可能抱有奢望，把自己看作是这部著作的真正出版者，这远远超出我的能力。我只是想当一名助手，参与这部书的出版工作。我有权利要求做这样的工作，因为我在这部著作的诞生和形成过程中也曾担任过类似的角色。凡是认识我们这对幸福伴侣的人，都了解我们在一切事情上都相互关心。不仅同甘共苦，而且对每一件工作，对日常生活的琐碎小事都抱有相同的兴趣。他们知道，我亲爱的丈夫从事这样一件工作，我是不会不清楚的。他对这份工作是多么的热爱，他写书时抱着多么大的热情和希望，以及对这部书产生的方式和时间，恐怕再没有人比我了解得更多。他的卓越才智，使他从少年时代起就渴望光明和真理。虽然他在许多方面都很有修养，但是他的思想主要集中在对国家富强极其重要的军事科学上，他的职业也要求他献身于这门科学。首先是香霍斯特把他引上了正确的道路，后来，在1810年他受聘担任柏林普通军官学校的教官，与此同时，他荣幸地为太子殿下讲授基础军事课，这一切都促使他在这一领域继续研究和努力，并把自己在研究中得出的结论记录下来。1812年他在结束太子殿下的课业时所写的一篇文章里，已经包含了他以后著作的雏形。但是，直到1816年，在科布伦茨他才又开始了先前的科学研究工作，并且把四年战争时期由丰富经验结成的极其重要的果实采集下来。他首先把自己的见解写成一些简短的、相互间没有紧密联系的文章。从他的手稿里发现的下面这篇没有标明日期的文章，也是他在这个时期写成的：

我认为，这里写下的一些原则已经涉及所谓战略的主要问题。我只把它们看作是一些资料，但实际上差不多已经将它们融合成一个整体了。

这些资料是在没有预定计划的情况下写成的。起初，我只想十分简短而又严密地写下自己确定的战略方面的最重要问题，而不去考虑它们的系统性和内在联系。当时，我隐隐约约想到了孟德斯鸠研究问题的方法。我认为，这种（开始时我只称之为“颗粒”）简短的格言式的篇章，一方面可以使人从中得到许多启发，另一方面它们本身已确立了许多论点，因而会吸引那些才智高超的读者。这时，出现在我脑海中的读者就是一些有头脑的且对战争有所了解的人。但是后来，我那种要求在论述中充分发挥且系统化的个性，终于在这里也表现了出来。在很长的一段时期里，我克制了自己，从一些论文中（为了使自己对一些具体问题更加明确和肯定而写的一些文章）只抽出最重要的结论，把思想集中到较小的范围里。但是，后来我的个性完全支配了我，于是开始尽力发挥，当然这时也就考虑到了对这方面的问题还不十分熟悉的读者。

我越是继续研究，并全力贯注其中，就越使自己的著作变得系统化起来，因而陆续地插进了一些章节。

我最终的打算是，把全部文章再审阅一遍，把早期的文章加以充实，把后来写的文章的分析部分归纳成结论，使这些文章成为一个比较像样的整体，然后编成一本八开本大小的书。但是，在这本书中，我还是要绝对避免写那些人人都知道的、谈论过千百遍的、并已为大家所接受的泛泛之谈，因为我的抱负是要写一部不会在两三年后就被人遗忘的书，一部让感兴趣的人会经常翻阅的书。

在科布伦茨，他公务繁忙，只能利用零星的时间从事自己的写作。直到1818年他被任命为柏林普通军官学校的校长以后，才又有充裕的时间进一步扩充著作，并且用现代战争史来充实它的内容。根据这个军官学校当时的制度，学校的科学研究工作不属校长管辖，而是由一个专门的研究委员会领导，因此他并不十分满意这个职务，但是由于可以有充裕的空闲时间，他还是接受了这份新工作。他虽然没有庸俗的虚荣心，不计较个人荣誉，但是他有一种使自己成为真正有用的人的要求，而不愿意让上帝赐予的才能无所作为。然而，在他繁忙的一生中，他没有得到过能满足这种需求的岗位，对于获得这样一个岗位，他也不抱多大的希望。他把自己的全部精力都投入了科学研究领域，他生活的目的就是希望自己的著作将来能够有益于世。尽管如此，他仍然越来越坚持要在他死后再出版这部著作，这就充分地证明，在希望自己的著作产生巨大而深远的影响的崇高努力中，他并没有掺杂要求得到赞赏的虚荣意图，也没有丝毫自私的打算。

于是他就这样勤勤恳恳地写下去，直到1830年春天他被调到炮兵部队。到了炮兵部队以后，他的工作和从前完全不同了。他非常忙，至少在最初一个时期，他不得不放弃全部的写作工作。于是，他把手稿整理了一下，分别包封起来，并在各个包上贴上标签，然后极不情愿地和他非常喜爱的工作告别了。同年8月，他被调往布雷斯劳，担任第二炮兵监察部总监，12月又被调回柏林，担任伯爵格奈泽瑙元帅（在格奈泽瑙任总司令期间）的参谋长。1831年3月，他陪同自己尊敬的统帅前往波兹南。当他遭到了悲痛的损失于11月又返回布雷斯劳的时候，他希望能继续写作，并在当年冬天完成这一工作。但是上帝做了另外的安排，他于11月7日回到了布雷斯劳，16日就与世长辞了。他亲手包封的文稿，是在他去世以后才打开的。

现在，这部遗著将完全按照原来的样子分卷出版，不增删一个字。尽管如此，在出版的时候还是有许多工作要做，要进行整理和研究。我谨向在这方面给予帮助的亲爱的朋友们表示衷心的感谢。特别要感谢少校奥埃策尔先生，他很乐意地承担了付印时的校对工作，并且制作了这部著作的历史部分的附图。在这里，请允许我提一提我亲爱的弟弟，他在我不幸的时刻支持了我，并且在许多方面为这部遗著的出版做出了贡献。特别要提到的是，他在细心地阅读和整理这部遗著时，发现了本书开始部分的修改文稿（我亲爱的丈夫在1827年所写的一篇题为《说明》的文章中提到了这一意图），并把它们插入了第一篇的有关章节（因为修改工作只到此为止）。

我还要向其他许多朋友表示感谢，他们向我提出过宝贵的建议，还表示了关怀和友谊。虽然我不能把他们的名字一一列出来，但我相信，他们一定会接受我发自内心的感激之情。我越是认识到他们给予的一切帮助不仅仅是为了我，也是为了他们早亡的朋友，就越要感谢他们。

从前，我在这样一位丈夫身边度过了非常幸福的21年，现在虽然遭到了这个不可弥补的损失，但是我对往事的回忆和对未来的希望，包括亲爱的丈夫留给我的关怀和爱情，以及人们对他卓越才能的普遍肯定和仰慕，所有这一切使我仍然感到自己非常幸福。

国王和王后陛下出于信任，召我到宫中任职，这对我又是一种安慰，为此感谢上帝，因为我高兴地担任了自己愿意为之贡献力量的光荣职务。愿上帝降福，让我做好这个职务，并且盼望目前由我侍奉的尊贵的小王子将来能读一读这部书，并在它的鼓舞下像他光荣的祖先一样建立功勋。

威廉王后陛下女侍从长

玛丽·冯·克劳塞维茨

1832年6月30日于波茨坦大理石宫

第一篇　论战争的性质

第1章　什么是战争

引言

我们首先研究战争的各个要素，其次研究它的各个部分，最后就其内在联系再研究整体，即先简单后复杂。但是在研究这些问题时，有必要先对整体有一个概括的了解，因为研究部分时必须要考虑到整体。

定义

我们不打算一开始就给战争下一个冗长的定义，而是想从战争的要素——搏斗——入手来进行讨论。战争无非是扩大了的搏斗。如果把构成战争的无数个搏斗作为一个整体来考虑，最好想象一下两个人搏斗的情景。每一方都企图通过暴力迫使对方服从自己的意志。他们的直接目的都是打垮对方，使对方不能再做任何抵抗。

因此，战争是迫使敌人服从我们意志的一种暴力行为。

暴力为了对抗暴力，就用技术和科学的成果来装备自己。暴力与它所受到的国际法惯例的限制同时存在，但这种限制微不足道，在实质上并不削弱暴力的力量。暴力，即物质暴力（因为除了国家和法的概念以外就没有精神暴力了）是手段；把自己的意志强加于敌人才是目的。为了确有把握地达到这个目的，必须使敌人无力抵抗，因此从概念上讲，使敌人无力抵抗是战争行为真正的目标。这个目标代替了上述目的，并把它作为不属于战争本身的东西而在一定程度上排斥掉了。

暴力最大限度地使用

仁慈的人容易认为，一定有一种巧妙的方法，不必造成太大的伤亡就能解除敌人的武装或者打垮敌人，并且认为这是军事艺术真正的发展方向。这种看法不管多么美妙，却是一种必须消除的错误思想，因为在像战争这样危险的事态中，由仁慈而产生的这种错误思想正是最为有害的。物质暴力的充分使用绝不排斥智慧同时发挥作用，所以不顾一切、不惜流血地使用暴力的一方，在对方不同样决绝的时候，必然会取得优势。这样一来，他就使得对方也不得不这样做，于是双方都会趋向极端，这种趋向除了受内在的牵制力限制以外，不受其他任何条件限制。

必须看到，由于厌恶暴力而忽视其性质的做法毫无益处，甚至是错误的。文明民族的战争残酷性和破坏性比野蛮民族的小得多，这是由交战国本身的社会状态和国际关系决定的。虽然战争是在社会状态和国与国之间的关系中产生的，也是由它们决定、限制和缓和的，但它们不属于战争本身，它们在战争发生前已存在，因此，如果硬说缓和因素属于战争哲学本身，那就不合情理了。

人与人之间的斗争本来就包含敌对感情和敌对意图这两种不同的要素。我们之所以选择敌对意图这个要素作为定义的标志，是由于它带有普遍性。因此，在最野蛮的近乎本能的仇恨感中，没有敌对意图是不可想象的，而许多敌对意图，却可以丝毫不带敌对感情，至少不带强烈的敌对感情。在野蛮民族中，来自感情的意图是主要的，在文明民族中，出于理智的意图是主要的。这种差别并不是野蛮和文明本身决定的，而是由当时的社会状态和制度决定的。所以并不是任何时候都必然有这种差别，只是大多数情况下都如此。总之，即使是最文明的民族之间，相互也可能燃起强烈的仇恨感。

由此可见，如果把文明民族间的战争说成纯粹是政府之间的理智行为，认为战争会越来越摆脱一切激情的影响，以致最后实际上不再需要使用军队这种物质力量，只需要计算双方的兵力对比，对行动进行代数演算就可以了，那是莫大的错误。

理论已经有向这个方向发展的趋势，但最近几次战争纠正了它。战争既然是一种暴力行为，就必然属于感情的范畴。即使战争不是感情引起的，总还同感情有着或多或少的关系，关系的大小不取决于文明程度的高低，而取决于敌对利害关系的大小和久暂。

如果我们发现文明民族不杀俘虏，不破坏城市和乡村，那是因为他们在战争中更多地应用了智力，学会了比这种粗暴地发泄本能更有效地使用暴力的方法。

火药的发明、火器的不断改进已经充分表明，文明程度的提高丝毫没有妨碍或改变战争概念所固有的消灭敌人的倾向。

结论：战争是一种暴力行为，而暴力的使用是没有限度的。因此，交战的每一方都使对方不得不像自己那样使用暴力，这就产生了一种相互作用，从概念上讲，这种相互作用必然会导致极端。这是我们遇到的第一种相互作用和第一种极端（第一种相互作用）。

目标是使敌人无力抵抗

我们已经说过，使敌人无力抵抗是战争行为的目标。现在我们还要指出，至少在理论上必须这样。

要使敌人服从我们的意志，就必须使敌人的处境更不利，否则敌人就会等待较有利的时机而反抗。从理论上讲，进行着的军事活动所引起的处境上的任何变化，都必然对敌人更不利。作战一方可能陷入的最不利的处境是完全无力抵抗。因此，如果要以战争行为迫使敌人服从我们的意志，就必须使敌人真正无力抵抗，或者陷入势将无力抵抗的地步。由此可以得出结论：解除敌人武装或者打垮敌人，不论说法如何，必然始终是战争行为的目标。

战争并不是活的力量对死的物质的行动，而是两股活的力量之间的冲突，因为一方绝对的忍受就不能成为战争。这样上面所谈的战争行为的最高目标，必然是双方都要考虑的。这又是一种相互作用。我们要打垮敌人，敌人同样也要打垮我们。这是第二种相互作用，它导致第二种极端（第二种相互作用）。

最大限度地使用力量

要想打垮敌人，我们就必须根据敌人的抵抗力来决定应该使用多大的力量。敌人的抵抗力＝现有手段的多少 × 意志力的强弱。

现有手段的多少是可以确定的，因为它有数量可做根据，意志力的强弱却很难确定，只能根据战争动机的强弱概略估计。假如我们能用这种方法大体上估计出敌人的抵抗力，那么我们也就可以据此决定自己应该使用多大力量，或者加大力量以造成优势，或者在力所不及的情况下，尽可能地增强我们的力量。但是敌人也会这样做。这又是一个相互间的竞争，纯粹从概念上讲，它又必然会趋向极端。这就是我们遇到的第三种相互作用和第三种极端（第三种相互作用）。

在现实中的修正

在纯概念的抽象领域里，思考活动在达到极端以前是绝不会停止的，因为思考的对象是一个极端的事物，是一场自行其是的、除了服从自身规律以外不受任何其他规律约束的力量的冲突。因此，如果我们要在战争的纯概念中为提出的目标和使用的手段找到一个绝对点，那么在不间断的相互作用下，我们就会趋向极端，陷入玩弄逻辑游戏所引起的不可捉摸的概念之中。如果要坚持这种追求绝对的态度，不考虑一切困难，并且一定要按严格的逻辑公式来进行，认为无论何时都必须准备应付极端，每一次都必须最大限度地使用力量，这种做法无异于纸上谈兵，毫不适用于现实世界。

即使使用力量的最大限度是一个不难求出的绝对数，我们仍然不得不承认，人的感情很难接受这种逻辑幻想的支配。如果接受了这种支配，在某些情况下就会造成力量的无谓浪费，这必然同治国之道的其他方面发生抵触，同时还要求意志力发挥到同既定的政治目的不相称的程度，这种要求是不能实现的，因为人的意志从来都不是靠玩弄逻辑获得力量的。

如果我们由抽象转到现实，一切就大不相同了。在抽象领域中，一切都受乐观主义的支配，我们必然会想象作战的这一方同那一方一样不仅在追求完善，而且正在逐步达到完善。但在现实中只有在下列情况下才会如此：

1.战争是突然发生的、同以前的国家生活没有任何联系且是完全孤立的行为；

2.战争是唯一的决战或者是由若干个同时进行的决战组成的；

3.战争的结局是圆满的，对战后政治形势的估计不会对战争发生任何影响。

战争绝不是孤立的行为

关于上述第一点，我们认为，敌对双方都不是抽象的，就连意志这个在抵抗力中不依赖于外界事物而存在的因素也不例外。意志并不是完全不可知的，它的今天预示着它的明天。战争不是突然发生的，它的扩大也不是瞬间的事情。因此，战争双方根据对方是怎样的和正在做什么对战争加以判断。人包括事务由于其不完善性总达不到至善至美的地步，因此双方都存在的缺陷就成为一种有效的缓和因素。

战争不是短促的一击

关于上述第二点，我们的看法如下：

如果在战争中只有一次决战或若干个同时进行的决战，那么为决战进行的一切准备就自然会趋向极端，因为准备时的任何一点不足，都将无法补救。在现实世界中可以作为衡量这种准备依据的，至多只是我们所能掌握的敌人的准备情况，其他一切都是抽象的。但是，如果战争是由一系列连续的行动构成的，前一行动以及随之出现的一切现象都能很自然地作为衡量下一个行动的尺度。这样，现实就取代了抽象，从而缓和了向极端发展的趋向。

然而，如果同时使用或者能够同时使用全部斗争手段，每次战争就必然是一次决战或者若干个同时进行的决战。一次失利的决战势必使这些手段减少，因而如果在第一次决战中已经全部使用了这些手段，实际上就再也不能设想有第二次决战了。以后可能继续进行的一切军事行动，实质上都属于第一次行动的延续而已。

我们已经看到，在战争的准备过程中，现实世界已经代替了纯概念，现实的尺度已经代替了极端的假设。因而敌对双方在相互作用下，不至于把力量使用到最大限度，也不会一开始就投入全部力量。这些力量就其性质和使用的特点来看，也不能全部同时起作用。这些力量是：真正的战斗力量（即军队）、国家（包括土地和居民）和盟国。

国家（包括土地和居民）不仅是一切真正的战斗力量的源泉，还是战争中不可或缺的一个重要因素，这当然只是指属于战区或对战区有显著影响的那一部分。

虽然同时使用全部军队是可能的，但是整个国家所有的要塞、河流、山脉和居民等等，要同时发挥作用是不可能的，除非这个国家小到战争一开始就能席卷全国。其次，同盟国的合作也不以交战国的意志为转移，它们往往较晚才参战，或者为了恢复失去的均势才来增援，这是由国际关系的性质决定的。

不能立即使用的这部分力量，有时在全部抵抗力中所占的比重，要比人们开始想象时大得多。因此，即使在第一次决战中使用了巨大的力量，均势因而遭到了严重破坏，但均势还是可以重新恢复的。这里我们着重强调，同时使用一切力量违背战争性质。当然这一点不能成为在第一次决战中不去加强力量的理由，因为一次失利的决战总是一种谁都不愿意承受的损失，而且如果第一次决战不是唯一的，那么它的规模越大，对后面决战的影响也越大。由于以后还有可能发生决战，使得人们不敢过多地使用力量。在第一次决战时就不会像只有一次决战那样集中力量和使用力量。敌对双方的任何一方由于存在弱点而没有使用全部力量，对对方来说，就可以成为缓和的真正客观理由。通过这种相互作用，向极端发展的趋向又缓和到按一定尺度使用力量的程度。

战争及其结局并非绝对

整个战争的最终结局并非永远绝对，战败国往往把失败只看成暂时的不幸，而这种不幸在将来的政治关系中还可以得到补救。很明显，这种情况也必然会大大缓和紧张的残酷性和力量使用的激烈程度。

现实中的或然性代替了概念中的极端和绝对

这样一来，整个战争行为摆脱了对力量使用总是向极端发展的严格法则。一旦不再担心对方追求极端，自己也不再追求极端，那就可以通过判断来确定使用力量的限度，当然只能根据现实世界的现象所提供的材料和或然性规律来确定。既然敌对双方不再是抽象的概念，而是具体的国家和政府实体，既然战争不再是一种理想化的东西，而是一个有着自身规律的行动过程，人们就可以根据实际现象所提供的材料，来推断那些尚未又即将发生的事情。

敌对双方都可以根据对方的特点、组织和设施状况以及各种关系，按照或然性规律推断出对方的行动，从而确定自己的行动。

现在政治目的又显露出来了

现在需要对第二节没有展开阐述的问题重新研究，这就是战争的政治目的。在此之前，趋向极端的法则，即打垮敌人使其无力抵抗的意图，在一定程度上掩盖了政治目的。现在趋向极端法则的作用一旦减弱，原先的意图一旦退居其次，战争的政治目的就必然又显露出来。既然我们的整个考虑是基于具体的人和具体条件之上的或然性计算，那么作为战争最初动机的政治目的也就必然成为计算中至关重要的因素。我们要求敌人做出的牺牲越小，遭到敌人拒绝和反抗的可能性就越小。敌人的反抗越小，我们需要使用的力量就越小；我们的政治目的越小，对它的重视程度就越小，就越容易放弃它，因而我们需要使用的力量也就越小。

作为战争最初动机的政治目的，不仅成为衡量战争行为应达到何种目标的尺度，而且是衡量应使用多少力量的尺度。但是政治目的自身不能成为这种尺度，它必须同两国联系起来才能成为这种尺度，因为我们研究的是实际事物，而不是纯粹的概念。同一政治目的在不同的民族中，甚至在同一民族的不同历史时期，可能产生完全不同的作用。所以，只有当我们确认政治目的能对它应动员的群众发生何种作用时，才可以把它当作一种尺度，这就是要考虑群众特点的原因所在。即便是同一政治目的，也可能因群众对战争采取的支持或者反对的态度而产生完全不同的结果，这一点不难理解。在两个民族和国家之间可能存在着诸多紧张的关系，当敌对情绪积累到一定程度时，即使战争的政治动机本身很小，也能产生一种远远超过它本身作用的效果，而引起战争的彻底爆发。

这一点不仅是针对在双方国家中能够动员多少力量的政治目的，也是针对它该为战争行为确定何种目标。有时政治目的本身就可以作为战争行为的目标，例如占领某一地区。有时政治目的本身不适用于作为战争行为的目标，那么就需要另外选定一个目标作为政治目的的对等物，并在媾和时能够代替政治目的。即使在这种场合，也始终要先考虑相关国家的特点。有时，当政治目的需要通过其对等物来达到时，这个对等物就得比政治目的大得多。群众的态度越冷淡，两国的关系和国内的气氛越不紧张，政治目的作为尺度的作用就越显著，甚至起到决定性作用，有时政治目的自身就可决定一切。

如果战争行为的目标是政治目的的对等物，那么战争行为一般来说就趋向缓和，而且政治目的作为尺度的作用越显著，情况就越是如此。这就说明，为什么在从歼灭战到单纯的武装监视之间，存在着重要性和强烈程度不同的各种战争，这里面并没有什么矛盾。但是，这里又出现了另外一个问题，需要加以说明和解答。

尚未解决的问题是：为什么军事行动中会有间歇

不管敌对双方的政治要求多么低，使用的手段多么少，也不管政治要求为战争行为规定的目标多么小，军事行动会有片刻的停顿吗？这是一个深入事情本质的问题。

每一个行动的完成都需要一定的时间，我们把这段时间叫作行动的持续时间。这段时间的长短取决于当事者行动的快慢。

在此我们不想讨论行动快慢问题。每个人都是按自己的方式行事的，动作缓慢的人之所以慢，并不是他有意要多用些时间，而是由于其性格原因需要较多的时间，如果快了，他就会把事情办得差些。因此多用的这一段时间是由内部原因决定的，本来就是行动持续时间的一部分。

如果我们认为战争中每一行动都有它的持续时间，那么，我们就不得不承认，持续时间以外所用的任何时间，即军事行动中的间歇似乎都是不可想象的，至少初看起来是如此。值得注意的是，我们谈的不是敌对双方的这一方或那一方的进展问题，而是整个军事行动的进展问题。

只有一个原因能使军事行动停顿，而且看来它永远只能存在于一方

既然双方已经准备好作战，就必然有一个敌对因素在促使他们这样行动。只要双方没有放下武器，也就是说没有媾和，这个敌对因素就必然存在，只有当敌对双方都企图等待采取行动较为有利的时机时，这个敌对因素的作用才会中止。但是初看起来，似乎只能一方拥有这一条件，从另一方来看，情况则恰恰相反。如果采取行动对一方有利，对另一方有利的必然是等待。

如果双方力量完全对等，也不会产生间歇，因为在这种情况下，抱有积极目的的一方（进攻者）必然会保持前进的步伐。

假若存在均势，一方有积极的目的，即较强的动机，但掌握的力量却较小，这样，双方动机与力量的乘积是相等的，如果预料这种均势不会发生变化，双方就必然会媾和；如果预料这种均势会有变化，这种变化只能对一方有利，这就必然会促使另一方行动。由此可见，均势这个概念并不能说明产生间歇的原因，结果仍然是等待较有利时机的出现。假定两个国家中有一个国家抱有积极目的，比如想夺取对方的某一地区作为和谈时的资本，那么，它占领这个地区后就达到了其政治目的，对它来说就没有继续行动的必要而可以停止下来。对方如果愿意接受这种结果，就一定会同意媾和，反之，就必然会继续行动。值得考虑的是，如果交战一方认为在四个星期以后才能准备得更好，那么它就有充分的理由推迟行动。从逻辑上讲，这时另一方应该立即采取行动，而不给对手充分准备行动的时间。

当然，前提是双方知己知彼。

军事行动因此又会出现连续性，使一切又趋向于极端

如果战争行为确实存在连续性，那么就会使一切又趋向于极端，因为不间断的行动能使情绪更为激动，使一切更加激烈和狂暴，撇开这些不予考虑，行动的这种连续性还会产生一种更加紧密的衔接，使它们之间的因果关系更加密切，于是，这些行动中的每一步就变得更为重要和危险。

实际上，战争行为很少或从未有过这种连续性，在许多战争中，行动的时间只占全部时间的一小部分，其余的时间都是间歇。这不可能都是反常现象。军事行动中完全可能有间歇，也就是说，这里面并没有矛盾。现在我们就来谈谈间歇以及产生间歇的原因。

这里需要用到两极性原理

当我们把一方统帅的利益看成总是和另一方统帅的利益正好对立的时候，我们就承认了真正的两极性。在这里有必要做如下说明。

两极性原理只有在同一事物的正面因素和与之对立的负面因素能恰好抵消时才起作用。在一次会战中，交战双方的每一方都想取得胜利，这就是真正的两极性，因为一方的胜利意味着另一方的失败。但如果我们谈的是具有外在共同关系的两种不同事物，那么两极性就不存在于这两种事物本身，而存在于它们的关系之中。

进攻和防御无论从形式还是力量上看都不相等，因此两极性原理对它们不适用

如果只存在一种作战形式，也就是说只有进攻而没有防御，或者换句

话说，假如进攻与防御的区别只在于进攻的一方抱有积极的动机，而防御的一方则没有，但作战形式却始终是相同的，在这样的作战中，对一方有利的就恰好是对另一方不利的，这里就存在着两极性。

但军事活动分为进攻和防御两种形式，正如我们以后还要详细论述的那样，它们是不同的，它们的强弱也不相等。因此，两极性不存在于进攻和防御本身，只存在于它们的关系中，即决战中。如果一方的统帅有意推迟决战，另一方的统帅就一定愿意尽早决战，这当然只是就同一作战形式而言。如果不是现在而是四个星期以后进攻乙方对甲方有利，那就不是四个星期以后而是现在受到甲方进攻对乙方才有利。这就是直接的对立。但不能由此得出结论说，乙方现在立即进攻甲方有利，这显然是完全不同的两回事。

两极性的作用往往因防御强于进攻而消失，这说明为什么军事行动中会有间歇

正如我们以后将要指出的那样，如果防御这种作战形式强于进攻的话，那么就要看一下，推迟决战对甲方是否像防御对乙方那样有利。如果不是的话，尽早决战不如防御对乙方的有利程度，那么，尽管早决战对乙方也有利，但他也不会立即寻求决战，所以也不能促进军事行动的进展。由此可见，利益的两极性所具有的对军事行动的推动力，会因防御和进攻的强弱差别而消失，因而不发生作用。因此，如果目前形势对一方有利，但由于他力量微薄而不能放弃防御，就只好保持等待，因为在不利的将来进行防御，仍然比目前进攻或者媾和有利些。既然根据我们的论断，防御的优越性大（应该正确理解），且比人们最初想象的大得多，战争中大多数间歇产生的原因也就不言自明而不致自相矛盾了。行动的动机越弱，它就越被防御和进攻的这种差别所掩盖和抵消，因而军事行动的间歇也就越多。经验也证明了这一点。

第二个原因是对情况不完全了解

另一个能使军事行动停顿的原因，是对情况不完全了解。作为统帅能够确切掌握自己一方的情况，而对敌人的情况只能根据不一定确切的情报来推断。因此，他可能在判断上出错，从而把本来自己应该采取的行动误认为是敌人应该采取的行动。这一缺陷能够导致行动的不及时，同样也能够导致停顿的不及时，也就是说，它推迟军事行动的可能性并不大于加速军事行动的可能性，但是，它的确是能够使军事行动停顿的自然原因之一，这并不矛盾。如果我们考虑到人们往往倾向于过高、而不是过低估计敌人的力量（而这也是人之常情），那么就会同意这样一种看法：一般来说，对情况不完全了解，必然会在很大程度上阻止军事行动的进展，使它趋向于缓和。

产生间歇的可能性使军事行动趋向于新的缓和，这是因为间歇在一定程度上通过时间的延长减弱了军事行动的激烈性，推迟了危险的到来，实现了新的均衡。产生战争的局势越紧张，战争越激烈，间歇就越短。反之，战争越不激烈，间歇就越长，因为较强的动机能够增强意志力。我们知道，意志力在任何时候都既是构成力量的一个因素，同时又是各种力量的产物。

军事行动中常常发生的间歇使战争更脱离绝对性，更是或然性的计算

军事行动越缓慢，间歇的次数越多、时间越长，错误就越容易得到纠正，因此当事人就越敢大胆设想，而不趋向于极端，把一切都建筑在或然性和推测之上。每个具体情况本身就要求人们根据已知的情况进行或然性的计算，军事行动的进程比较缓慢，为进行这种计算提供了一定的时间。

只要加上偶然性，战争就变成赌博了，而战争中是不会缺少偶然性的

由此可见，战争的客观性质使战争成为或然性的计算。现在只要再加上偶然性这个要素，战争就成为赌博了。偶然性是战争中必不可少的一个要素。在人类的活动中，再没有像战争这样经常而又普遍地同偶然性打交道的活动了。而且，随偶然性而出现的机遇以及因此而来的幸运，在战争中也占有相当重要的地位。

战争无论就其客观性还是主观性来看，都近似于赌博

如果我们再看一看战争的主观性质，也就是进行战争所必需的那些力量，那么我们一定会更觉得战争近似于赌博。战争行为总是离不开危险的，而在危险中最可贵的精神力量是什么呢？是勇气。虽然勇气和智谋能够同时存在而不互相排斥，但它们毕竟是不相同的东西，是两种不同的精神力量。而冒险、信心、大胆、蛮干等等，则不过是勇气的不同表现形式而已，它们都要寻找机遇，因为机遇是它们不可缺少的要素。

由此可见，数学上所谓的绝对值，在军事艺术中根本就没有存在的基础，在这里只有各种可能性、或然性、幸运和不幸的活动，它们像纺织品的经纬线一样交织在战争中，使战争在人类各种活动中最近似于赌博。

一般说来，这一点最适合人的感情

人们的理智总是趋向于追求明确和确定，感情则往往倾向不确定。感情不愿跟随理智走那条哲学探索和逻辑推论的狭窄小径，因为沿着这条小径它会几乎不知不觉地进入陌生的世界，原来熟悉的一切仿佛都消失了，它宁愿和想象力一起逗留在偶然和幸运的王国里。在这里，它不受贫乏的

必然性束缚，而沉溺于无穷无尽的可能性中。在可能性的鼓舞下，勇气就如虎添翼，像一个勇敢的游泳者投入激流一样，毅然投入冒险和危险中。

在这种情况下，理论难道可以脱离人的感情而一味追求绝对的结论和规则吗？如果是这样，那么这种理论就对现实生活毫无指导意义了。理论应该考虑到人的感情，应该让勇气、大胆甚至蛮干获得应有地位。军事艺术是同活的对象和对象的精神力量打交道，因此，在任何方面都达不到绝对和确定。战争中到处都有偶然性，而且无论在大事还是小事中，它的活动范围都同样宽广。一方面有了偶然性，另一方面还必须要有勇气和自信心来利用它。勇气和自信心越大，偶然性活动的天地就越大。所以勇气和自信心是战争中十分重要的因素。因此理论确立的规则，应该使这些必不可少的最宝贵的精神能自由地以不同形式充分发挥出来。但即使在冒险中，也需要机智和谨慎，只是它们要用另一种标准来衡量罢了。

战争仍然是为了达到严肃目的而采取的严肃手段。对战争的进一步说明

战争不是消遣，不是一种纯粹追求冒险和赌输赢的娱乐，也不是心血来潮的产物，而是为了达到严肃目的而采取的一种严肃手段。由于幸运的变化所带来的一切，由于激情、勇气、幻想和热情的变化而表现出的一切，都只不过是战争这一手段的特色而已。

民族战争，特别是文明民族的战争，总是在某种政治形势下产生的，而且只能由某种政治动机引起。因此战争是一种政治行为。只有像我们按纯概念推断的那样，是一种完善的、不受限制的行为，是暴力的绝对的表现时，它才会被政治引发后作为完全独立于政治以外的东西而代替政治，才会排挤政治而只服从本身的规律，就像一包点着了导火索的炸药一样，只能在预先规定的位置爆炸，不可能再有任何改变。直到现在，每当政治与军事之间的不协调引起理论上的分歧时，人们就是这样看问题的。但事

实并非如此，这种看法是根本错误的。正如我们所看到的那样，现实世界的战争并不是极端的，它的紧张也并不是通过一次爆炸就能消失的。战争是一些发展方式和程度不尽相同的力量的相互作用。这些力量有时很强，足以克服惰性和摩擦产生的阻力，但有时又太弱，什么作用都没有。因此，战争仿佛是暴力的脉冲，有时急有时缓，因而有时快有时慢地在消除紧张情绪和消耗力量。换句话说，它是有时迅速有时缓慢地达到目标，但不管怎样，战争都有一段持续时间，足以使自己接受外来的作用，做这样或那样的改变，简单地说，战争仍然服从指导战争意志的支配。既然我们认为战争是政治目的引起的，那么很自然，这个引起战争的最初动机在指导战争时应该首先受到最高的重视。但是政治目的也不是因此就可以任意决定一切的，它必须适应手段的性质，因此，它往往也会有很大的改变。政治贯穿于整个战争行为中，并且只要引发战争的各种力量允许，它就会持续不断地对战争发生影响。

战争无非是政治通过另一种手段的延续

战争不仅是一种政治行为，而且是一种真正的政治工具，是政治交往的延续，也是通过另一种手段来实现政治行为。如果说战争还有什么特殊的地方，那就是它的手段特殊而已。军事艺术可以在总的方面要求政治方针和政治意图不同这些手段发生矛盾，统帅在具体场合也可以这样要求，而且这样的要求确实不是无关紧要的。不过，无论这种要求在具体情况下对政治意图的影响有多大，仍然只能把它看作是对政治意图的修改而已，因为政治意图是目的，战争是手段，没有目的的手段永远是不可想象的。

战争的多样性

战争的动机越明确、越强烈，战争同整个民族生存的关系越紧密，战前的局势越紧张，战争就越接近它的抽象形态，一切就越是为了打垮敌人，战争目标和政治目的就会更加一致，战争看来就更加是纯军事的，而不是政治的。反之，战争的动机越弱，局势越不紧张，战争要素（即暴力）的自然趋向同政治规定的方向就越不一致，因而战争就越远离其自然趋向，政治目的同抽象的战争目标之间的差别就越大，战争看来就越是政治的。

应该指出，战争的自然趋向只是指哲学的、原本逻辑的趋向，绝不是指实际发生冲突的各种力量的趋向，比如我们可以想象一下作战双方的情绪和激情等等。诚然，情绪和激情在某些情况下也可能被激发得很高，以致很难将其保持在政治所规定的道路上。但是在大多数情况下是不会发生这种矛盾的，因为有了这么强烈的斗志，就必然要有一个相应的宏伟计划。如果计划追求的目标不高，群众的斗志也不会高，这时就需要激发他们的积极性，而不是抑制。

一切战争都可看作政治活动

现在我们再回到主要问题上。即使政治在某一种战争中好像真的完全消失了，而在另一种战争中却表现得很明显，我们仍然可以肯定地说，前一种战争和后一种战争都同样是政治的。如果把一个国家的政治比作一个人的头脑，产生前一种战争的各种条件必然包括在政治要考虑的一切范围之内。只有不把政治理解为全面的智慧，而是按习惯的概念把它理解为一种避免使用暴力的、谨慎的、狡猾的甚至阴险的智谋，才可以认为后一种战争比前一种战争更具政治性。

应该根据上述观点理解战争史和建立理论基础

由此可见：第一，我们在任何情况下都不应该把战争看作是独立的东西，而应该把它看作是政治的工具，只有从这种观点出发，才可能避免和整个战争史发生矛盾，才有可能深刻理解战争史；第二，由于战争的动机和产生战争的条件各不相同，战争也必然是各不相同的。

因此政治家和统帅应该做出的第一个最重大和最有决定意义的判断，是根据这种观点正确地认识他所从事的战争，他不应该把战争看作或者使它成为与当时形势不合时宜的状态。这是所有战略问题中需要首要考虑的，且最广泛的，我们以后在论述战争计划时将进一步加以研究。

关于什么是战争的问题，我们就研究到这里。我们已经确定了研究战争和战争理论所必须依据的主要观点。

理论上的结论

战争不仅是一条真正的变色龙，它的性质在每一种具体情况下都或多或少有所变化，根据战争的全部现象可以将其内在的倾向归纳为以下三个方面：一，战争要素原有的暴力性，即仇恨感和敌忾心，这些都可被看作是盲目的自然冲动；二，或然性和偶然性的活动，它们使战争成为一种自由的精神活动；三，作为政治工具的从属性，战争因此属于纯粹的理智行为。

这三个方面中的第一个方面主要同民族有关，第二个方面主要同统帅和他的军队有关，第三个方面主要同政府有关。战争中爆发出来的激情必然是在民族中早已存在的；勇气和才智在或然性和偶然性的王国里，活动范围的大小取决于统帅和军队的特点；而政治目的则纯粹是政府的事情。

这三种倾向像三条不同的规律，深藏在战争的性质之中，同时在起着不同的作用。任何一种理论，只要忽视其中的一种倾向，或者想任意确定三者的关系，就会立即和现实发生矛盾，以致失去指导意义。

因此，我们的任务就在于使理论在这三种倾向之间保持平衡，就像在三个引力点之间保持平衡一样。

用什么方法才能最好地完成这项困难的任务，我们拟在《论战争理论》一篇里研究。但无论如何，这里所确立的关于战争的概念，是照向我们的理论基础的第一道曙光，它有助于区分大量战争现象，使我们对战争有一个清楚的认识。

第2章　战争中的目的和手段

上一章介绍了战争综合而多变的性质，这一章来研究战争的性质对战争目的和手段的影响。

如果提出一个问题，整个战争追求什么样的目标才能成为达到政治目的的合适工具？我们会发现，战争的目标正如战争的政治目的和具体条件一样，也是多变的。

从战争的纯概念出发，我们不得不承认，战争的政治目的本来就不包含在战争领域内。因为战争既然是迫使对方服从我们意志的一种暴力行为，它所追求的就必然始终是而且只能是打垮敌人，也就是使敌人无力抵抗。这个从概念中推导出来的目的，同现实中许多事情要达到的目的非常接近，因此我们先在现实中探讨这个目的。

在《战争计划》一篇中，我们再进一步探讨什么叫作使一个国家无力抵抗，但在这里必须先弄清楚敌人的军队、国家和意志这三个要素，这三者可以囊括其他一切对象。

必须消灭敌人的军队，也就是说，必须使敌人军队陷入不能继续作战的境地。

必须占领敌人的国家，否则敌人还可以再建立新的军队。

但即使以上两点都做到了，只要敌人的意志还没有被征服，也就是说，敌国政府及其盟国还没有被迫签订和约，或者敌国人民还没有屈服，我们仍不能认为，战争即敌对的紧张状态和敌对力量已经结束。因为即使我们完全占领了敌人的国土，敌人在其国内或者在其盟国支援下仍有可能重新燃起战火。当然，这种情况在签订和约以后也可能发生，这只能说明并非每一次战争都能完全解决问题和彻底结束，但只要签订了和约，很多可能在暗中继续燃烧的火星就会熄灭，紧张就会趋于缓和。因为所有向往和平的人们会完全放弃抵抗的念头，而这样的人在任何民族中，在任何情况下所占的比例都很大。所以我们认为，只要签订了和约，目的已经达到，战争就算结束了。

既然上述三个对象中，军队是用来保卫国家的，所以很自然应该先消灭敌人的军队，然后占领敌国，通过这两方面的胜利以及我们当时所处的状态，才有可能迫使敌人媾和。通常消灭敌军是逐步实现的，随之而来的占领敌国也同样如此。这两者常常相互影响，因为地区的丧失反过来又会使军队力量受到削弱。但上述顺序并不绝对。有时敌人的军队可能没有受到显而易见的削弱就已退到国土的另一边界，甚至完全退到国外，在这种情况下，就可以占领敌人的大部分国土，甚至整个国家。

然而使敌人无力抵抗这个抽象的战争目的，即达到政治目的以及包含其中一切目的的最终手段，在现实中绝不是普遍存在的，也不是达成媾和的必要条件，因此，绝不能在理论上把它当作一个定则。事实上，在许多和约缔结的时候，敌对双方中的一方并没有陷入无力抵抗的境地，有时甚至连均势都没有遭到显而易见的破坏。而且，只要分析一下具体情况，我们就不能不承认，在许多具体情况下，尤其是当敌人比自己强大得多时，打垮敌人只是一种毫无益处的妄想。

从概念中推导出来的战争目的之所以不能普遍适用于现实战争，是因为抽象战争和现实战争是不同的，这一点我们在第1章里已讨论过。假定战争真的像纯概念所定义的那样，只有双方物质力量的差距不超过精神力量所能弥补的程度时，才能发生战争。力量悬殊的国家之间不可能发生战争。而在欧洲今天的社会状态下，精神力量远远不能够弥补物质力量之间的差距。因此，我们之所以看到力量悬殊的国家之间发生了战争，是因为现实战争往往同它的原始概念相距甚远。

在现实中，除了无力继续抵抗以外，还有两种情况可以促使媾和。一是获胜的可能性不大，二是获胜需要付出的代价太高。

正如前一章已讲过的那样，整个战争不受严格的内在必然性规律的支配，它必须依靠或然性的计算，而且产生战争的条件越使战争适于或然性的计算，战争的动机越弱，局势越不紧张，情况就越是如此。既然这样，就不难理解为什么或然性的计算也能够使人们产生媾和的动机了。因此战争并不一定总是要一方被打垮才结束。可以想象，在战争动机极弱、局势极不紧张的情况下，即使是非常微小的获胜概率差别，就足以使不利的一方让步。如果另一方事先已经看到这一点，那么他当然就要努力实现这种可能性，而不会首先去寻找并走上彻底打垮敌人这条弯路了。

对已经消耗和将要消耗的力量的考虑，能够更普遍地影响媾和的决心，既然战争不是盲目的冲动，而是受政治目的的支配的行为，那么政治目的的价值必然决定着愿意付出多大牺牲做代价。这里不仅是指牺牲规模的大小，而且是指做出牺牲的时间的长短。因此，一旦力量的消耗超过了政治目的的价值，人们就必然会放弃这个政治目的而媾和。

由此可见，在一方不能使另一方完全无力抵抗的战争中，双方媾和的动机是随获胜可能性的大小和需要消耗力量的多少而变化的。如果双方媾和的动机同样强烈，他们的政治分歧就会得到折中的解决。而当一方希望媾和比较迫切，另一方媾和的动机弱一些时，只要双方希望媾和的想法达到足够的程度，他们也会媾和。这种情况当然对媾和考虑不多的一方比较有利。

我们在这里有意不谈政治目的的积极性和消极性在行动中必然产生的差别。即便这种差别像我们以后还要谈到的那样是极为重要的，但是现在我们只做一般的论述，因为最初的政治意图在战争过程中可能变化很大，最后可能变得完全不同，这是由于政治意图同时还取决于已得到的和可能的结果。

现在产生了一个问题：怎样才能增大获胜的可能性。首先，自然是打垮敌人时所使用的方法，即消灭敌人的军队和占领敌人的地区。但是这两种方法用于增大获胜的可能性时和用于打垮敌人时是不一样的。当我们进攻敌军时，是想在第一次打击之后继续进行一系列打击，直到全部消灭敌军，还是只想赢得一次胜利以打破敌人的安全感，使他感觉到我们的优势而对自己的前途感到不安，这两者完全不同。如果我们的目的是后者，只要消灭足够达到这一目的的敌军就可以了。同样，当目的不在于打垮敌人时，占领敌区作为另一种手段也是不同的。如果目的在于打垮敌人，那么消灭敌军才是真正有效的行动，而占领敌区不过是消灭敌军的结果，没有消灭敌军就占领敌区，始终只能看作是迫不得已的下策。与此相反，如果我们的目的不是打垮敌人，而且我们确信敌人并不寻求流血决战，而是害怕流血决战，那么，占领敌人防御薄弱的或完全没有防御的地区本身就是一种利益。如果利益很大，足以使敌人对战争的最终结局担忧，占领敌区也可以看作是达到媾和的捷径。

现在我们还要指出一种不必打垮敌人就能增大获胜可能性的特殊方法，这就是同政治有直接关系的措施。既然有些措施特别适于破坏敌人的同盟或使其同盟不起作用，包括为自己争取新的盟国，或适于展开对我们有利的政治活动等等，那么不难理解，这些措施会大大增加己方获胜的可能性，它们也是比打垮敌军更便捷地达到目标的途径。

第二个问题是采取什么措施才能增大敌人力量的消耗，也就是使敌人付出更高的代价。力量的消耗主要在于军队的消耗和地区的丧失，从我方角度来说就是消灭敌人的军队和占领敌人的地区。同样是消灭敌军和占领敌区这两种方法，在目的不同时，其作用也是不一样的，这一点只要仔细研究一下就可以明白。这种差别可能在大多数情况下是很小的，但我们绝不能因此而受到迷惑，因为在现实中当动机十分微弱时，即使最微小的差别往往也会决定使用力量的方式。在这里，我们只想指出，在具有一定条件的前提下，用其他方法达到目标是可能的，这里面没有什么矛盾，也不是不合情理，更不是什么错误。

除上述两种方法外，还有另外三种特殊方法能够直接增大敌人力量的消耗。第一种方法是入侵，也就是夺取敌人的地区，目的不是占领它，而是索取军税或者对其加以破坏。这时，入侵的直接目的既不是占领敌国，也不是打垮敌军，而只是一般地使敌人遭受损失。第二种方法是以能够增大敌人损失为目的采取行动。我们很容易就可以想象出使用军队的两种方法，一个在目的是打垮敌人时绝对有效，另一个在目的不是打垮敌人或不想打垮敌人时比较有利。按习惯的说法，前者更多是军事上的，后者更多是政治上的。但如果从最高的角度来看，前者跟后者同样都是军事上的方针，而且只要同当时的条件相适应，两者都符合目的。第三种方法是疲惫战术，就其应用的范围来说，它绝对是最重要的一种方法。我们选择“疲惫”这个字眼，不仅因为它能够简要地描述这种方法的特征，更因为它能够揭示这种方法的实质，而并不像初看上去那样形象。在作战中，疲惫这个概念所包含的要旨是：通过持久的军事行动来逐渐消耗敌人的物质力量和消磨敌人的意志。

如果想在持久战中战胜敌人，我们只能满足于尽可能小的目的，因为事情就是如此：要达到较大的目的，就要比达到较小的目的消耗更多的力量。而我们能为自己规定的最小的目的是纯粹抵抗，即没有积极意图的作战。在这种情况下，我们的手段能相对地发挥最大的作用，取得结果也最有把握。可是这种消极有没有限度呢？显然不能发展到绝对的被动，因为纯粹的忍让就不是战争了。抵抗也是一种作战行为，通过抵抗来消耗敌人尽可能多的力量，使他不得不放弃自己的意图。这就是我们在每一次行动中要达到的目的，我们意图的消极性质就表现在这里。

毋庸置疑，在单个行动中，消极意图比积极意图产生的效果要差一些，当然这要在积极意图能够实现的前提下，但是，这两种意图的差别恰巧就在于前者比后者容易实现，也就是实现的把握性比较大。消极意图在单个行动中效果比较差这一点，必须用时间，也就是通过持久的作战来弥补。

所以消极意图决定了纯粹抵抗的作战原则和作战的自然手段，这就是通过持久的作战来达到疲惫敌人的目的，从而战胜敌人。

充斥整个战争领域的进攻和防御的差别，其根源就在这里。但我们在这里还不能深入探讨，而只想说明：消极意图本身就提供了一切有利条件和较强的作战形式，有助于实现这种意图，而胜利的大小和获胜的把握之间的动态关系就体现在这种意图里。所有这一切我们以后还要研究。如果消极意图（即使用一切手段进行纯粹抵抗）在作战中能够带来优越性，而且这种优越性大到足以抵消敌人可能占有的优势，那么仅仅通过持久的作战，就足以使敌人力量的消耗逐渐增加，以致他的政治目的无法抵消付出的代价，因而不得不放弃这个政治目的。由此可见，这种疲惫敌人的方法是弱者抵抗强者时大多会采用的方法。

在七年战争中，腓特烈大帝本来是无法击败奥地利帝国的，而且，假如他企图像查理十二那样行事，毋庸置疑，他将一败涂地。但是在七年中他天才地合理地使用兵力，使联合起来同他为敌的列强看到力量的消耗远远超过他们当初的设想，于是只好同他媾和。

由此可见，在战争中可以达到目标的方法很多，并不是在任何情况下都非得打垮敌人不可。消灭敌人军队、占领敌人地区、单纯占据敌人地区、单纯入侵敌人地区、采用直接针对政治关系的措施以及等待敌人进攻等都是方法，每一种方法就其本身来说，都可用来挫伤敌人的意志，只不过要根据具体情况来决定采用哪一种方法更好。我们还可以举出一系列达到目标的捷径，这些我们可以称之为因人而异的方法。在人类涉足的任何一个领域中，都可能冒出超越一切物质关系的个人灵感火花。在战争中，个人特点不管是在政府中还是在战场上都起着极其重要的作用。这里我们只想指出存在着这些方法，可见，能达到目标的方法无穷无尽。

为了不致把这些能达到目标的各种不同的捷径估计过低，既不把它们仅仅看成是少见的例外，也不把它们在作战中造成的差别看得无关紧要，我们就必须认识到，能够引起战争的政治目的是多种多样的，或者我们必须看到，因强迫而结成的同盟或行将瓦解的同盟，为了履行义务而勉强进行的战争与事关国家存亡的歼灭战之间，是有一定距离的。在现实世界中，这两种战争之间还存在着无数不同等级的战争。如果我们有权在理论上否定其中的某一种，那么就有权把它们全部否定，也就是完全无视现实世界。

以上我们一般地论述了人们在战争中追求的目的，现在我们来谈谈手段。

手段实际上只有一个，那就是斗争。不管斗争的形式多么繁多，不管斗争同粗暴发泄仇恨和敌视的肉搏多么不同，也不管在斗争中夹杂着多少本身不是斗争的活动，但战争中产生的一切效果都必然来源于斗争，这一点始终是战争这个概念所固有的。即使在极为错综复杂的现实中，也永远是这样，这一点很容易得到证明。战争中所发生的一切都是通过军队实现的。哪里使用军队，也就是使用武装起来的人们，哪里就必然以斗争这一概念为基础。所以同军队有关的一切，也就是同军队的建立、维持和使用有关的一切，都属于军事活动的范畴。显然军队的建立和维持只是手段，军队的使用才是目的。

战争中的斗争不是个人对个人的斗争，而是一个由许多部分组成的整体。在这个巨大的整体中我们可以区分两种不同的要素，一种由战争的主体决定，一种由它的客体决定。在军队中总是随着军人数量的增加而编成新的单位，这些单位又构成高一级的组织。这些组织每一次的战斗活动都或多或少地构成了一个界定明确的战争要素。此外，斗争因其目的和本身也成为战争的一部分。这些元素在每一次战争过程中的变化都被称为交战。

既然军队的使用是以斗争这一概念为基础的，军队的使用就无非是对若干次战斗的决定和部署。因此，一切军事活动都必然直接或间接地同战斗有关。士兵应征入伍，穿上军装，拿起武器，接受训练，以及睡眠、吃饭、喝水、行军，这一切都只是为了在适当的地点和时间进行战斗。

既然军事活动的一切最后都落在战斗上，那么我们确定了战斗的部署，也就掌握了军事活动的一切线索。军事活动的效果只能从战斗的部署和实施中产生，绝不可能直接从在此之前所存在的条件中产生。在战斗中一切活动都是为了消灭敌人，或者更确切地说，是为了击垮敌人的战斗能力，这一点是战斗这个概念所固有的。所以说，消灭敌人军队始终是达到战斗目的的手段。

战斗的目的可能是只消灭敌人军队，也可以完全是别的东西。正像我们曾经指出的那样，既然打垮敌人不是达到政治目的的唯一手段，既然还有其他对象可以作为战争中追求的目标，那么不言而喻，这些对象就可以成为某些军事行动的目的，就可以成为战斗的目的。即使那些从属性战斗的最终目的是打垮敌人军队，但其直接目的并不一定非得是消灭敌人军队。

考虑到军队组织的庞大和复杂，影响使用军队的因素繁多，我们不难理解，这样的军队所进行的斗争必然是组织多样，结构复杂，各部分交错纵横。而各个部分所追求的目的自然可以是而且必然是很多的，尽管这些目的本身不是消灭敌人军队，但它们对消灭敌人军队起着很大的间接作用。当一个营奉命驱逐某一山头、桥梁或其他地方的敌人时，通常占领这些地方是这个营的真正目的，而在这些地方消灭敌人军队只是一种手段或次要的事情。如果仅仅用佯攻就驱逐了敌人，那么目的也就达到了。不过占领一个山头或桥梁，通常只是为了更有效地消灭敌人军队。既然在战场上是这样，在整个战区就更是如此，因为在整个战区不仅是一支军队和另一支军队在对抗，而且是一个国家和另一个国家、一个民族和另一个民族在对抗。在这里，可能出现的各种关系必然会增多，因而行动的组合方式就必然会增加，战斗的部署就更加多种多样，而且由于目的层层从属，最初的手段离最后的目的就更远了。

由于种种原因，消灭敌人军队，即消灭同我们对峙的那一部分敌军，可能不是某一次战斗的目的，而只是一种手段而已。但是在所有这些情况下，问题已不再是消灭敌人军队了，因为战斗在这里不过是衡量力量的一种尺度，它本身并没有什么价值，只有它的结果才有价值。

但在力量悬殊的情况下，稍做估计就能衡量出双方力量的强弱。在这种情况下，力量较弱的一方会立即让步，也就不会发生战斗了。

既然战斗的目的并不都是消灭参与其中的军队，并且不必经过实际的战斗，只要部署了战斗并通过由此形成的局势，就可以达到战斗的目的，那么这就可以说明，为什么在整个战争中活动很频繁，而实际的战斗却没有起到显著的作用。

战史上有数以百计的战例可以证明这一点。至于说在这些战例中有多少是采用这种不流血的方法而达成目的，亦即符合最终目的，以及因此得来的声誉是否经得起批判，我们在这里暂且不谈，因为我们只是想指出这种战争过程的可能性。

在战争中手段只有一种，那就是战斗。但使用这种手段的方法是多种多样的，我们可以根据不同的目的采取不同的方法，这样一来，我们的研究好像就一无所获了。但实际上并非如此，因为从这个唯一的手段中可以为研究找出一条线索，这条线索贯穿在所有军事活动中，并把它们联系在一起。

我们曾把消灭敌人军队看作是战争中可以追求的目的之一，但是还没有谈到与其他目的相比较它有多重要。它在每一个具体场合的重要性是由具体情况决定的。而从总的方面来看它有多大的价值，这正是我们现在要讨论的问题。

战斗是战争中唯一有效的活动。在战斗中，消灭同我们对峙的敌人是达到目的的手段，即使战斗实际上没有进行也是这样，因为在任何情况下，结局毫无疑问都是以消灭敌人军队为前提的。因此消灭敌人军队是一切军事行动的基础，就好像拱桥建立在桥墩上一样。因此一切行动的前提是，如果作为行动基础的武力决战真正发生的话，它必须是对我方有利的。武力决战同一切大小军事行动的关系，就像贸易中现金支付同汇票交易的关系一样，不管兑现的期限多么远，也不管真正兑现的机会多么少，但最终总是要兑现的。

如果武力决战是一切计划和行动的基础，那么敌人就可以通过一场成功的战斗挫败一切。不管我们的行动是否直接建立在这场战斗之上，只要战斗足够重要，任何一次战斗都可以对我们产生影响。因为任何一次重要战斗，即消灭对方的军队，都会影响其他一切战斗。有如液体，它们将重新落定在一个新的水平面上。。

因此，消灭敌人军队始终是一种其他任何手段都无法比拟的高超、有效的手段。

当然，只有在其他一切条件都相同的情况下，才能认为消灭敌人军队具有更大的效果。如果从这里得出结论说，盲目的硬干总胜于谨慎的计谋，那就大错特错了。有勇无谋的硬干，也许不仅消灭不了敌军，而且会把自己的军队搭进去，而这不是我们所说的意图。我们所说的更大的效果，不是就方法说的，而是就目标说的，这里只是对达到不同目标所产生的不同效果进行比较。

当我们说消灭敌人军队时，必须着重指出，我们的概念并不仅仅指消灭敌人的物质力量，更重要的是摧毁敌人的精神力量，因为这两者紧密交织在一起不可分割。尤其在我们谈到一次大的歼灭行动（一次大的胜利）对其他战斗必然会产生的影响时，应该看到精神因素最富有流动性（如果可以这样表达的话），某一部分精神力量的变化最容易影响其他部分。同其他各种手段比较起来，消灭敌人军队具有更大的价值，但这一手段所要求的代价，以及它的危险性也就更大，只是为了避免代价和危险，人们才会采用其他手段。

采用这一手段必然要付出较大的代价，这是不难理解的，因为在其他一切条件都相同的前提下，我们消灭敌人军队的意图越强烈，自己军队的消耗也必然会越大。

采用这一手段的危险在于：正是因为我们企图取得较大的效果，所以在不能实现的情况下，反而会使我们遭受较大的不利。

因而采用其他方法，成功时代价较小，失败时危险也较小。但必须具备一个条件，就是这些方法同时为双方所采用，也就说敌人也采用同样的方法。如果敌人选择了大规模战斗，我们就不得不违背自己的意愿，也采用同样的方法。这时，一切就都取决于这种歼灭性行动的结局。很明显，即使我方的其他一切条件仍然同敌方相同，在这次行动中我们在各方面也必然是不利的，因为我们的意图和手段已经有一部分用在其他方面，敌人却不是这样。两个不同的目的，如果其中一个不从属于另一个，它们就是互相排斥，用来达到这一目的的力量，不可能同时用来达到另一目的。所以，如果交战双方中的一方决定进行大会战，他又确信对方并不打算会战，而是追求其他目的，那么他获胜的可能性就很大。任何追求其他目的的一方，只有当他了解到对方和自己一样不愿进行大规模会战时，他这样做才是明智的。

但是，我们这里所说的用在其他方面的意图和力量，只指在战争中除了消灭敌人军队外所能追求的其他积极目的，绝不是指用来消耗敌人力量而进行的单纯抵抗。单纯抵抗是没有积极意图的，在单纯抵抗的情况下，我们的力量只能用来粉碎敌人的意图。

现在我们来研究同消灭敌军相对的一面，即保存自己的军队。消灭敌军和保存我军这两种追求总是联系在一起，因为它们相互影响，是同一意图不可缺少的两个方面。我们只是要研究，当其中某一个方面占主要地位时会产生怎样的影响。消灭敌军这一企图具有积极的目的，能产生积极的结果，这些结果的最终目的是打垮敌人。保存自己军队这一企图具有消极的目的，以单纯抵抗来粉碎敌人的意图，这种抵抗的最终目的，无非是尽可能延长军事行动的时间以消耗敌人。

具有积极目的的企图引起歼灭性行动，具有消极目的的企图则等待歼灭性行动。

至于应该等待和可以等待到什么程度，这又涉及进攻和防御的根源，我们将在研究进攻和防御时进一步论述。在这里我们必须指出，等待不应该成为绝对的忍受，而且在等待时所采取的行动中，消灭正在同我们作战的敌人军队，与其他任何对象一样，也可以成为我们的目标。因此，如果认为有了消极意图就只能寻求不流血的方法，就一定不能把消灭敌人军队作为目的，那么他就在基本观念上大错特错了。固然，当消极企图占主要地位时，它会促使人们采用不流血的方法。但是这就会产生另一个问题：即采用不流血的方法是否一定合适，因为这不是由我们的条件而是由敌人的条件决定的。因此，这种不流血的方法，绝不能看成是解除自己忧虑、保存己方军队理所当然的手段。如果这种方法不适合当时的情况，反而会使自己全军覆没。许多统帅都犯过这种错误，结果弄得身败名裂。当消极企图占主要地位时，它唯一的必然作用是推迟决战的时间，以等待决定性时刻的到来。所以，只要条件允许，结果往往是不仅从时间上而且从空间上（因为时间和空间是相统一的）推迟了军事行动。但是，当继续推迟下去会极为不利时，就必须认为消极企图的优越性已经丧失，于是，消灭敌人军队这一原来被抑制、但并没有被排斥的企图就不可避免地又出现了。

综上所述，在战争中达到目标，即达到政治目的的方法是多种多样的，但战斗是唯一的手段，因此一切都要服从用武力解决问题这个最高法则。敌人如果确实寻求战斗，我们就无法拒绝，因此，想采用其他方法的统帅必须首先肯定，对方不会挑起战斗，或者确信在战斗这一最高法则上对方一定会失败。总之，在战争所能追求的所有目的中，消灭敌人军队永远是最高目的。

至于其他种种方法在战争中会产生什么效果，我们将在以后逐步地加以认识。基于现实和概念之间的偏差以及面对的具体情况各不相同，我们在此只能一般地肯定使用其他方法的可能性。不过，我们不能不指出，用流血方式解决危机，即消灭敌人军队，这一企图是战争的头生子。当政治目的小，动机弱，紧张程度不高时，一位谨慎的统帅不管在战场上还是在政府中，可以巧妙地运用各种方法，不必引发大的冲突，也不必采用流血的方式，而是利用敌人本身的弱点来达到媾和的目的。如果他的打算恰如其分，而又有成功的把握，那我们就没有权力责难他。但是，我们还必须提醒他要时刻保持清醒的头脑，因为他走的是曲折的小径，随时都可能遭到“战神”的袭击，他必须始终注视着敌人，以免敌人一旦操起利剑，自己却只能用装饰的佩剑去应战。

关于什么是战争，目的和手段在战争中怎样发生作用，战争在现实中如何时远时近地偏离它原来的严格概念，如何在其左右摇摆，但又像服从最高法则一样永远遵守。所有这一切结论，我们必须牢牢记住，并且在以后遇到每个问题时都应想到这些结论，才能正确地理解所有这些问题的真正关系和它们的特殊意义，不至于接二连三地跟现实发生极大的偏离，更不至于陷入自相矛盾。

第3章　军事天才

任何一项专门活动，要想达到相当高的造诣，就需要在智力和情感方面有特殊禀赋。如果这些禀赋很高，并能通过非凡的成就表现出来，那么拥有这些禀赋的人就被称为天才。

我们清楚地知道，天才这个词含义广泛，人们对其有不同解释，很难用其中某些含义来阐明它的实质。我们不自封为哲学家或者语言学家，就按照语言上的习惯，采用它最通用的含义，把天才理解为擅长某些特定活动的高超的精神力量。

为了更详细地说明理由和进一步了解天才这个概念，我们想略微谈一谈这种精神力量的作用和价值。我们不能只讨论一般意义的天才，因为这一概念还没有明确的界限。我们应该着重研究的是这些精神力量在军事活动中的综合表现，我们可以把这种综合表现看作是军事天才的实质。我们所以说综合的表现，因为军事天才并不仅仅是同军事活动有关的某一种单独的力量，如勇气，而不包括智力和情感方面的其他力量，或者说其他力量对战争不起任何作用，军事天才是各种力量和谐的统一体，在这个统一体中允许这种或那种力量起主要作用，但是任何一种力量都不应该起阻碍作用。

如果要求每个军人都或多或少具有一些军事天才，那军队的人数就会太少了。正因为军事天才是精神力量的一种特殊表现，所以在一个需要培养精神力量和文化多元的民族中，很少会出现军事天才。但是一个民族的活动种类越少，且军事活动占主要地位，必然会出现越多的军事天才。然而，这只能决定出现军事天才的数量，不能决定他们的水平，因为军事天才能力的高低还取决于一个民族智力发展的总水平。我们考察一下野蛮好战的民族，就会发现崇尚尚武精神的人在这些民族中比在文明民族中普遍得多，因为在野蛮民族中，几乎每个能打仗的人都具有这种精神，而在文明民族中，大多数人应征入伍是出于迫不得已，不是受自身欲望的驱使。但是，我们在野蛮民族中从未发现一个真正伟大的统帅，可以称之为军事天才的更是少之又少，因为这需要有一定的智力，而在野蛮民族中智力不可能有这样的发展。不言而喻，文明民族也可能有或多或少的好战倾向，他们越是具有这种倾向，军队中具有尚武精神的个人就越多。这样，较普遍的尚武精神和较高的智力结合在一起，这样的民族总是能够获得最辉煌的战绩，罗马人和法国人就是例证。在这些民族和所有曾经在战争中闻名的民族中，最伟大的统帅总是出现在文明程度较高的时期。

这说明，智力在较高的军事天才中起着重要作用。现在我们就来详细论述这一问题。

战争是充满危险的领域，因此勇气是军人应该具备的首要品质。勇气分为两类：一类是敢于冒险的勇气，一类是敢于面对外来压力或内心压力（即良心）承担责任的勇气。在这里要谈的是第一类勇气。

敢于冒险或者说敢于面对个人危险的勇气又分为两种。一是对危险满不在乎，不管这是与生俱来的，还是由于不怕死的缘故，或是养成的习惯，反正这种勇气均可被看作是一种恒定不变的状态。二是源于积极动机的勇气，如荣誉心、爱国心或其他各种不同的激情。在这种情况下，它就不是一种状态，而是一种情绪的活动，是一种感情。

显然，两种勇气的作用不同。第一种勇气比较可靠，因为它已经成为人的第二天性，永远不会丧失，第二种勇气往往是对第一种勇气的延续。顽强主要属于第一种勇气的范畴，大胆主要属于第二种勇气的范畴；第一种勇气可以使理智更加清醒，第二种勇气有时可以增强理智，但也常常会使人丧失理智。两者结合起来，才能成为最完善的勇气。

战争是充满劳累和痛苦的领域。要想不被劳累和痛苦所压垮，就需要有一定的体力和精神力量，不管这些力量是天赋的还是后天训练出来的，对于抵抗劳累和痛苦都是有效的。具备了这种素质，再加上健全的智力作引导，人就成为有力的战争工具，而这种素质正是我们在野蛮和半开化民族中所常见的。如果我们进一步研究战争对军人的种种要求，那么就会发现，智力是主要的。

战争是充满不确实性的领域。战争中行动所依据的情况有四分之三就好像隐藏在云雾里一样，或多或少是不确实的。因此，首先要有敏锐的智力，以便通过准确的判断来辨明真相。运气好时平庸的智力能辨明真相，非凡的勇气有时也能弥补失误，但在多数情况下或就通常的结果来看，智力上的不足总会暴露出来。

战争是充满偶然性的领域。人类的任何活动都不像战争那样为偶然性这个不速之客留有如此广阔的活动天地，因为没有一种活动像战争这样在各方面都频繁地遭遇偶然性。偶然性会增加各种情况的不确实性，并且扰乱事情的进程。

由于各种情报和预估都多少可疑，以及偶然性的不断出现，统帅在战争中会不断发现情况与他所预料的不同，这不可避免地会对他的计划或者至少同计划有关的一些设想产生影响。如果这种影响很大，大到不得不取消既定的计划，那么通常就必须以新的计划取而代之。但是这时往往会缺少制订新计划所必需的信息，因为在行动过程中，大多情况下要求统帅立即做出决定，而没有时间让他重新了解情况，甚至连仔细思考的时间也没有。但更为常见的是：我们对某些想法的纠正和对已发生的某些意外事件的了解，还不足以完全推翻原有的计划，只是动摇了我们实现计划的信心。我们对情况的了解增加了，但是不确实性不仅没有因此减少，反而增加了。因为人们对这些经验的获得不是一次性的，而是逐步的。我们的决心不断受到意外事件的冲击，我们的精神就不得不一直处于战备状态。

要想不断地战胜意外事件，作为统帅必须具有两种特性：一是在这种茫茫黑暗中仍能发出内在的微光把他引向真理的智力；二是敢于跟随这种微光前进的勇气。前者在法语中被形象地称为“眼力”，后者就是果断。在战争中，首先和最引人注目的是战斗，在战斗中，时间和空间是重要的因素，在以速战速决的骑兵战为主的时代尤其是这样。因此，迅速而准确地做出决定，这个概念最初是在估测时间和空间这两个因素时产生的，因而得到了“眼力”这个只表现准确目测能力的名称。许多军事学家也以这个局限的含义来定义该概念。但不能否认，在行动瞬间所做出的一切准确决定，如正确地判断攻击点等，不久也都被理解为眼力了，因此，所谓眼力不仅是指视力，更多的是指洞察力。固然，这个词和它所表达的内容一样，多半用在战术上，但在战略上也是不可缺少的，因为在战略上时常需要果断的决定。如果从这一概念中除去由眼力带来的过于形象的成分和过于狭隘的意义，那么它无非是指一种迅速辨明真相的能力，这种真相用普通人的眼力是无法辨别的，或者要经过慢慢观察和长久的思考才能辨别。

果断是勇气在具体情况下的一种表现，当它成为一种性格特征时，又是精神上的一种惯性。但这里所说的不是敢于冒肉体危险的勇气，而是敢于承担责任的勇气，一定程度上也就是敢于面对精神危险的勇气。人们通常把这种勇气称为智勇，因为勇气从智力中产生出来，但它并不因此就是智力的表现，它仍然是感情的表现。单纯的智力还不等于勇气，有一些极聪明的人常常并不果断。所以，智力首先必须激起勇气这种感情，以便有所依靠和得到支持，因为在紧急时刻，人们受感情支配的可能性大于受理智支配。

在这里我们指出了果断的作用是，在动机不足的情况下消除疑虑的苦恼和迟疑的危险。固然，根据不严谨的语言习惯，单纯的冒险、大胆、无畏、蛮干等也可以叫作果断，但是，如果一个人有了足够的动机（不管是主观的还是客观的，是恰当的还是不恰当的），这并不能成为谈论他果断与否的理由，如果一定要那样做，就是臆测他人之心，把他根本不曾有的疑虑强加到他身上。这里只是谈论动机的力量和它的弱点，我们还不至于那样死板，因为语言习惯上小小的不妥就争论不休，我们的说明只是想消除一些无理的非难罢了。

这种能够战胜疑虑的果断，只有通过智力，而且只有通过它自己的一种特殊活动才能产生。我们认为，仅仅有了较高的理解力和必要的感情，往往还不能养成果断。有些人虽然有看透最复杂问题的极其敏锐的洞察力，也不缺乏承受重担的勇气，但是在许多困难的场合中还是不能当机立断。他们的勇气和他们的理解力各自独立，互不相干，因此没有产生第三种东西——果断。只有认识到冒险的必要性而决心去冒险，通过智力的这种活动才能产生果断。正是智力的这种特殊活动，由于对动摇和迟疑的恐惧胜于任何其他恐惧，也才能够使感情坚强的人产生果断。因此，据我们看来，智力较差的人不可能果断。他们在困难的场合也可能毫不迟疑地行动，但这是没有经过考虑的，他们当然也就不存在任何疑虑了。虽然这样的行动偶尔也可能成功，但正如我们在上面说过的那样，是否具有军事天才取决于获得成功的平均结果。如果有人对我们这种说法还感到奇怪，因为据他了解，有些骠骑兵军官很果断但并不善于思考，那么我们就必须提醒他，这里所说的是智力的一种特殊活动，而不是指沉思默想的能力。

果断的产生应归功于智力的特殊活动，而智力的这种特殊活动，与其说属于才华出众的人，不如说属于意志坚强的人。我们还可以举出大量事例来证明果断的这种由来。例如，有些人在地位低微时曾表现得非常果断，而有了一定的地位时却又丢掉了这种特性。他们虽然想要做出决定，可是又意识到错误的决定中所包含的危险，而且由于他们不熟悉自己面临的新事物，他们的智力失去了原有的力量。他们越意识到自己陷于犹豫不决的危险之中，无法毫不迟疑地行动，就越畏缩不前。

我们讨论了眼力和果断，现在自然要谈到和它们密切相关的机智。在像战争这样充满意外事件的领域中，机智必然起着巨大的作用，因为有了机智，才能够沉着地应付意外事件。人们钦佩机智，因为它不仅能对意外做出恰当的应对，而且能对突如其来的危险迅速找到急救的办法。这种应对和这种办法，并不一定非要不同凡响，只要它们恰如其分就行。经过深思熟虑后才找到的应对和办法没有什么惊人之处，给我们的印象也就很平淡。但当它是敏捷的智力活动的结果时，却能给人留下好感。机智这个词非常确切地表明了用智力迅速解决突发危机的能力。

人的这种可贵的素质，主要来自智力方面的特性，还是来自感情上的镇静，取决于具体情况，但是这两者中的任何一种都不能完全没有。对意外恰如其分的应对主要是聪明头脑的产物，而用恰当的手段应付突如其来的危险，则以镇静的感情为前提。

如果综观一下构成战争气氛的四个要素，即危险、劳累、不确实性和偶然性，要想在这种困难重重的氛围中安全地顺利前进，需要在感情和智力方面有一种巨大的力量，这种力量随着具体情况的变化而具有不同的表现形式，战争事件的讲述者和报道者把它们称为干劲、坚强、顽强、刚强和坚定。所有这些英雄本色的表现，都可以看作是同一种意志力在不同情况下的不同表现形式。但是，不管这些表现形式彼此多么接近，它们总还不是一回事，因此，在我们看来，把这些精神力量的不同表现形式稍加精确地区别是有好处的。

首先，能够激发指挥官应对上述压力、负担或阻力（不管叫法如何）的精神力量，只有极少一部分直接来自敌人的行动和抵抗。敌人的行动对指挥官的直接影响，最先只涉及他个人的安危，而不是他作为一个指挥官的活动。假使敌人抵抗的时间不是两小时而是四小时，那么指挥官个人面临危险的时间也就不是两小时而是四小时。显然，指挥官的职位越高，这种危险就越小，而对居于统帅地位的人来说，这种危险就根本不存在了。

其次，敌人的抵抗会直接对指挥官发生影响。由于敌人较长时间的抵抗使我方军队遭受损失，而指挥官对此负有责任。由此给指挥官带来的焦虑，会考验和激发他的意志力。不过我们认为，这还远不是他得承受的最沉重负担，因为这时对他来说只不过是要把握住自己。敌人的抵抗所产生的其他一切影响，都会对指挥官的部下发生作用，并通过他们反过来对指挥官本人发生作用。

当部队勇气十足、士气高涨地战斗时，指挥官追求自己的战略目的往往不需要发挥巨大的意志力。但当情况变得困难时（要取得卓越的成就，困难是绝不会没有的），事情的进展自然就不会再像上足了油的机器那样顺利了，相反，机器本身也开始产生阻力，而要克服这种阻力，就需要指挥官有强大的意志力。这种阻力并不是指不服从和反驳（虽然个别人常常有这种表现），而是指整个部队的体力和精神力量不断衰退所造成的总的印象，包括看到流血牺牲时所引起的痛苦情绪，指挥官首先必须克服自己的这种情绪，然后同所有其他人的这种情绪做斗争，因为他们的印象、感受、忧虑和意向都会直接或间接地传染给他。如果部下的体力和精神力量不断衰退，靠他们本身的意志再也不能振作起来和支持下去，那么统帅的精神压力就会逐渐加重。统帅必须用他的胸中之火和精神之光，重新点燃全体部下的信念和希望。只有做到这一点，他才能控制住他们，继续做他们的统帅。如果做不到这一点，他的勇气不足以重新鼓舞起全体部下的勇气，那么他就会被部下拉下水，表现出低级的动物本性，不知羞耻地临危而退。一个指挥官要想取得卓越成就，必须在战斗中以自己的勇气和精神力量去克服压力。这种压力是随部下人数的增多而增大的，因此，指挥官的精神力量必须随职位的提高而增大。这样，他才能相应地承受不断增大的压力。

干劲表示引起某种行为动机的强度。这种动机可能来自理智上的认识，也可能来自感情的冲动。但要想发挥巨大的力量，感情的冲动是不可缺少的。

我们必须承认，进行激烈战斗时，在人们内心充满的一切高尚感情中，再没什么比荣誉感更强烈和更稳定的了。在德语中用贪名图誉这样含有贬义色彩的词来表达这种感情，未免有失公道。当然，在战争中滥用这种高尚的感情，必然会对人类犯下滔天罪行。但就这种感情的来源来说，它确实是人类最高贵的品质之一，它是在战争中赋予军队这一巨大躯体以灵魂的真正生命力。其他的一切感情，如对祖国的热爱、对理想的执着追求、对复仇的迫切愿望以及其他各种激情，不管它们多么普遍，也不管其中有一些看来多么崇高，它们都不能取代荣誉心。其他感情虽然能鼓舞和提高广大士兵的士气，却不能使指挥官具有比部下更大的雄心，而这种雄心是指挥官想要在自己职位上取得卓越成就所必须具备的。其他感情都不能像荣誉感那样，使每一个指挥官像对待自己的田地那样对待每一个军事行动，想方设法加以利用，努力耕耘，细心播种，以期获得丰收。正是从最高一直到最低的各级指挥官的这种努力，这种勤勉、竞争和进取精神，才能使军队发挥最大的作用并取得胜利。这对于职位最高的统帅来说更是如此，试问，自古以来有哪一个伟大的统帅没有荣誉心呢？一个伟大的统帅又怎么可能没有荣誉心呢？

坚强是意志对一次猛烈打击的抵抗力，顽强则是意志对持续打击的抵抗力。

虽然坚强和顽强这两个词的意义十分接近，而且常常可以替代使用，但是我们不能忽视它们之间本质上的显著差别。人们对一次猛烈的打击所表现出来的坚强，可以仅仅来自感情力量，但顽强却更多地需要智力的支持，因为行动时间越长，就越要加强行动的计划性，而顽强的力量有一部分就是从这种计划性中汲取的。

现在我们来谈谈刚强。显然，它不是一种强烈的感情表现，或者激情的气质：这会使它背离原有的词义。刚强是指在最激动或激情奔放的时候也能够听从智力的一种能力。这种能力是不是从智力中产生出来的呢？我们表示怀疑。当然，有些人具有突出的智力但不能自制，这个现象并不能证明我们的怀疑是正确的，因为有人会说，这里需要的是一种特殊的智力，可能是一种更为坚强而不是全面的智力。但我们仍然认为，在感情最冲动的时刻也能使自己服从智力的这种力量，即我们所说的自制力是一种感情力量，可能这种说法更接近事实。刚强本身就是一种情感，它能使这类人在感情冲动时仍能保持平衡而又不至于破坏热情，正是这种平衡确保了智力的支配地位。我们所说的平衡只是人类尊严感、最崇高的自豪感和最深切的需要：时刻保持理性行事。因此我们认为，刚强是指即使在最激动的时刻也不会被情感左右的强大力量。

如果我们从感情方面来观察一下各种类型的人，一下子就会发现，第一种是不太活跃的人，我们把这种人叫作感情迟钝或感情冷漠的人。

第二种是很活跃的人，不过他们的感情从不超过一定的强度。我们可以看出，这是一种感情丰富而又平静的人。

第三种是很容易激动的人，他们的感情激动起来就像火药爆炸一样迅速和猛烈，但不持久。

第四种是不为小事所动的人，他们的感情通常不是很快而是逐渐激发起来的，一旦激发就非常有力而且比较持久。这种人感情强烈、含而不露。

但是这种感情非常有力而且比较持久。这是一种感情强烈、含而不露的人。

这种感情结构上的差异，大概同人机体中的各种肌肉力量的界限有关，并且来源于我们称之为神经系统的两重性组织，这种组织似乎一方面同物质有联系，另一方面又同精神有联系。在这个晦暗的领域内，凭我们这点微薄的哲学知识是探索不出什么名堂来的。但是，略微研究一下这几种类型的人在军事活动中会起怎样的作用和表现出多大程度的刚强，对我们来说却很重要。

感情冷漠的人不会轻易失去镇静，但是这当然不能叫作刚强，因为他根本没有表现出任何力量。可是也不能否认，这种人正是因为能够一直保持镇静，所以在战争中能够表现出一定程度的干劲。他们往往缺乏行动的积极动机，缺乏动力，结果就缺乏行动，但是他们也不容易坏事。

第二种人的特点是，即使遇到小事也容易振作精神，积极行动，但遇到大事却成不了气候。这种人在个别人遭遇不幸时会积极地伸出援助之手，但在整个民族遭受灾难时却只会悲伤忧叹，不能够奋起行动。

这种人在战争中既能积极活动，也能保持镇静，可是他们却成不了什么大事，除非他们具有卓越的智力，使他们产生成就大事的动机。不过这种人很少会有卓越的、独立的智力。

易燃的情绪，即容易激起的情绪，不仅对实际生活不太适宜，对战争就更不合适了。虽然这种感情的驱动力很大，但是它的动力不能持久。如果这种感情由勇气和荣誉心来指引，那么，当这种类型的人在战争中担任较低的职务时，他们的感情往往非常有用，原因很简单，因为下级军官所指挥的军事行动持续时间很短，在这种情况下往往只需要一个大胆的决定，抖擞一下精神就行了。一次勇猛的冲锋，一阵激昂的喊杀声，只不过是几分钟的事情，而一次激烈的会战需要一整天，一次大战役甚至长达一年。

这种人要在感情激烈爆发时无法保持镇静，因而常常会失去理智，对于指挥作战来说，这是最糟糕的一面。但是，如果认为这种好激动的人绝不会是刚强的，也就是说他们绝不可能在最激动的时刻保持镇静，那也不符合事实。为什么他们会失去体面的尊严，既然他们通常都是些品德比较高尚的人？在他们身上并不缺乏这种感觉，只是这种感觉没有来得及发挥作用而已，所以他们多半在事后都会感到羞愧难当。如果他们经过教育、自省和获得的生活经验，终于学会了控制自己，能在感情激动时及时保持内在的平衡力。那么，他们也可能成为很刚强的人。

最后一种人很少激动，但感情却很深沉。他们和前一种人相比，就好像火芯与火苗的区别。如果我们把军事行动中的困难形象地比做庞然大物，那么这种人最善于用他巨人般的力量把它推开。他们感情作用的发挥就好像巨大物体的运动，尽管比较缓慢，但却更富有征服力。

虽然这类人不像前一种人那样容易被感情左右，也不容易陷入羞愧之中，但是如果认为他们不会失去镇静，不会受盲目激情的支配，也是不符合事实的。他们对自己具有自制力的高尚自豪感一旦失去，或者当自豪感不够强烈时，也经常会出现惊慌、为盲目激情所支配的情况。这种情况我们常常可以在野蛮民族的伟大人物身上看到，因为较低的智力水平总是容易使激情占上风。但是，就算在文明民族最有教养的阶层生活中，也充满着这样的现象：有些人为强烈的激情所左右，就像中世纪的盗猎者一样，哪怕会被拴在鹿身上拖过丛林，还是控制不住自己。

因此，我们要重复一遍：刚强的人不是指性格激昂的人，而是那些即使在最激动的时刻仍能保持镇静的人。所以这种人尽管内心激情澎湃，但他们的见解和信念却像航船上的罗盘针一样，哪怕在暴风雨中颠簸，照样能够指示准确的方向。

所谓坚定，或者通常所说的有性格，是指能坚持自己的信念，不管这种信念是根据别人的还是根据自己的见解得出的，也不管它是根据某些原则、观点、灵感还是根据智力活动的结果得出的。但是，如果见解本身变化不定，那这种坚定性也就不可能表现出来了。见解的频繁改变不一定是外来影响的结果，也可能是自己智力不断活动的结果，这就表明这种智力本身还有它的可靠性。很明显，如果一个人每时每刻都在改变自己的观点，即使这种改变是由他自己引起的，也不能说他有性格。我们只把那些信念非常稳定的人称为有性格的人，他们的信念所以稳定，或是因为信念根深蒂固，十分明确，本身就很难改变；或是因为像感情冷漠的人那样，缺乏智力活动，由此缺乏改变的基础；或是因为产生理智的基本原则很明确，使他在一定程度上拒绝改变自己的看法。

在战争中，人们的感情会得到许多强烈的印象，再加上所有情况和见解的不可靠性，所以，比起人类的其他活动，战争中有更多的原因能使他们离开原来的道路，对自己和别人都产生怀疑。

危险和痛苦的悲惨景象很容易使情感压倒理智，而且在一切现象都朦胧的情况下，要得出深刻而明确的见解是很困难的，因此见解的改变就更可以理解和情有可原了。行动所必须依据的情况，常常只能是对真相的推测和猜想，因此战争中意见的分歧比其他任何时候都要大，并且与自己信念相悖的印象会源源不断地出现。即使智力极端迟钝的人也几乎无法不受它们的影响，因为这些印象太强烈、太生动了，而且它们始终是针对感情起作用的。

只有那些从较高角度指导行动的一般原则和观点，才可能是明确又见解深刻的产物，而对当前具体情况的看法在一定程度上可以说是以这些一般原则和观点为依据的。但是要坚持这些先前经过认真考虑所得出的结论，不受当前不断产生的看法和现象的影响，这正是困难之所在。具体情况和基本原则之间常常有很大的距离，这段距离并非总能用一条由推论导出的明确可见的链子连接起来。在这里一定的自信心是必要的，而一定的怀疑也没有什么坏处。这时，除了指导性原则之外，没有什么能够对我们有所帮助，不管思想本身如何，这个原则都可以支配我们的思想。即在一切犹豫的情况下都要坚持自己最初的看法，并且绝不放弃，除非受一个明确信念的迫使才放弃它。我们必须坚信，经过周密验证的原则的真实性是比较大的，并且在暂时现象比较生动的情况下不要忘记，它们的真实性是比较小的。如果我们在犹豫的情况下能够给予最初的信念以优先权，并且坚持这一信念，那么我们的行动就具备了人们称为性格的那种稳定性和一贯性。

显而易见，感情上的镇静对性格的坚定具有很大的推动作用，因此刚强的人多半也是性格坚定的人。

由坚定我们很容易想到它的一种变态——固执。坚定和固执的界限，在具体情况下常常是很难划清的，但从概念上来区分它们似乎并不困难。

固执并不是智力上的问题。我们所说的固执是指拒绝更好的见解。如果说它来自智力，那就跟智力是一种认知能力自相矛盾。固执是感情上的问题。这种意志上的固执己见，这种对不同意见极其敏感并且不能容忍的毛病，完全源于一种特殊的自私心。这种自私心给人带来的最大乐趣就在于用自己的精神活动来控制自己和别人。如果不是固执确实比虚荣心好一些，那么我们就会把它叫作虚荣心了。虚荣心满足于表面现象，而固执则满足于事实。

所以我们说，如果拒绝不同的见解不是因为有了更高的信念，不是出于对较高原则的信赖，而是出于一种抵触情绪，那么坚定就变成固执了。正如我们前面所说的那样，尽管这个定义在实际上对我们帮助不大，但是它可以避免把固执看作是坚定的一种纯粹的加剧。尽管固执同坚定很接近，界限也不太明显，但在本质上还是有一定区别的。绝不能把它看成是坚定加剧的表现形式。因此，即使十分固执的人，由于缺乏智力，也很少能称为有性格。

在了解了杰出指挥官在战争中应具备的那些感情与智力共同起作用的素质以后，现在再来谈谈军事活动的另一个特点，这个特点虽然不是最重要的，但也可以看作是最显著的，它只需要智力，而同感情力量无关。这就是战争同地区和地形的关系。

首先，这种关系自始至终一直存在着，以至于我们根本不可能想象一支训练有素的军队的军事行动不是在一定空间中进行的。其次，这种关系具有决定性的重要意义，因为它能够修正一切力量的效果，有时甚至能完全改变它。最后，这种关系一方面涉及地形的最微观的特点，另一方面又涵盖了最广阔的空间。

这样，战争同地区和地形的关系就使军事活动带有显著的特点。同地区和地形有关系的其他一些人类活动，如园艺、农业、房屋建筑、水利建设、矿业、狩猎和林业等，都是局限于极其有限的空间内，不必费多少时间就可以相当精确地探索清楚。但是在战争中，指挥官的活动却必须在有关的空间内进行，这个空间他用眼睛是无法全面观察到的，甚至尽最大的努力也不总能够探索清楚，再加上空间的不断变更，就很难对其有一个正确的认识。对方一般也是如此，但是，第一，双方共有的困难仍是困难，谁能凭才能和训练克服它，谁就可以使自己一方占据极大的优势；第二，双方的困难只是在一般的情况下才是相同的，而绝不是在每个具体情况下都是如此，因为通常敌对的一方（防御者）总要比另一方对地形熟悉得多。

这种极其特殊的困难，必须用智力上的一种特殊禀赋来克服，这种禀赋用一个非常狭义的术语来说就是方位判断力。所谓方位判断力就是对任何地形都能够迅速形成正确的几何概念，因而每次在某个地区都能很容易地判明方位。显然这是想象力的领域。固然，这一方面要靠肉眼，另一方面要靠智力，用它从科学和经验中得出的理解力来弥补肉眼的不足，并把肉眼看到的一些片段组合成一个整体，但要使这个整体活生生地呈现在脑海里，形成一幅图画，形成一幅内心绘制的地图，并使它永留心中，使它的各个部分不总是支离破碎，要做到这一点，只有发挥我们称之为想象力的这种智力。如果一位天才的诗人或画家听到我们让他奉若女神的想象力发挥这种作用而感到受了伤害，或许他会耸耸肩膀说："那么一个机敏的青年猎手也有出色的想象力咯？"那么我们很愿意承认，这里所说的只是想象力极其有限的运用，是它最低微的效能。但是无论这种效能多么小，它总还是来自想象力的作用。因为，如果完全没有想象力，就很难对各种物体形式上的联系有一个清晰的、形象的认识。我们愿意承认，良好的记忆力对此有很大的帮助，是否可以认为，记忆力是一种独立的精神力量，或者认为它恰好包括在那种能更好地巩固对地形的想象力之中呢？正因为这两种精神力量是很难分开来考虑的，所以我们对此就更加不敢肯定。不能否认，锻炼和理解力在这方面起很大的作用。名将卢森堡的著名军需总监皮塞居尔说，当初他在这方面不大相信自己，因为他发现，当他去远处取口令时，每次都迷了路。

自然，随着职位的提高，运用这种才能的范围就会扩大。如果说，骠骑兵或猎手进行侦察时必须善于认路，通常只需要有限的判断力和想象力，那么统帅就必须对整个战区和全国的地理概况胸中有数，对道路、河流和山脉等的特点都一目了然，但这并不说明他就不必具有判断局部地区地形的能力了。虽然他在熟悉总的地形时可以借助于各种情报、地图、书籍和回忆录，在了解细节方面可以得到身边人员的帮助，但是毫无疑问，迅速而清楚地判断地形的卓越能力，能使他的整个行动进行得更为轻松、更有把握，使他不致陷入内心的无助之中，也可以更少地依赖别人。

如果这种能力可以算作是想象力的话，那么这几乎是军事活动要求想象力这位女神所做的唯一贡献了。除此以外，想象力对军事活动与其说是有益的，还不如说是有害的。

到此为止已经论述了军事行动要求人们必须具备的智力、精神力量和各种表现。智力到处都是一种起主要作用的力量，因此不难理解，不管军事行动从现象上看多么简单，不具备卓越智力的人，在军事行动中不可能取得卓越成就。

有了上述的观点，人们就不至于把包抄敌人阵地这种常见的很简单的事，以及类似的许多行动，都看成是运用高智力的结果。

的确，人们习惯于把简单而能干的战士同那些长于深思、擅于发明或富于理想以及受过各种教育而才华出众的人对立起来，这种对立不是毫无现实根据的，但是这并不能证明战士的才干只能表现在他们的勇气里面，也不能证明，他们要成为出色的勇士就不需要某种特殊的智力活动和才能。必须重申，有些人一旦提升到与他们的才智不相称的较高职位，就会丧失军事活动能力，这样的事例屡见不鲜。我们还得不断提醒各位，我们所说的卓越的成就是指能使人们在相应职位上获得荣誉的战绩。因此，在战争中每一级指挥官都要具备与自己职位相称的智力，享有相应的名声和赞誉。

统帅，即指挥整个战争或整个战区的总司令，他和下一级指挥官之间的差别是很大的。原因很简单，后者受到更多的领导和监督，他自己的智力活动范围要小得多。这就使人们认为，通常只有在统帅这样最高职位上的人身上才有出色的智力活动，在这个职位以下的人员只要有一般的智力就足够了。人们不难看到，在战火中头发变白的、职位仅次于统帅的指挥官，多年来总从事某一方面的活动，他们的智力明显地变得贫乏了，在人们的眼中他们变得都有些迟钝了，所以在敬佩他们勇敢的同时，人们又嘲笑他们头脑简单。我们无意为这种勇敢的人正名，这样做并不能提高他们的作用，也不能给他们带来幸福，我们只是想说明实际情况，以免人们错误地认为，在战争中有勇无谋也能取得卓越的成就。

如果我们要求一个职位最低的想有所成就的指挥官必须具有卓越的智力，而且这种智力必须随职位的提高而提高，那么很自然，我们就会对那些在军中享有声誉的第二级指挥官有一种完全不同的看法。虽然他们和博学多才的学者、精明强干的企业家、能言善辩的政治家相比，头脑似乎简单一些，但我们不能因此忽视他们智力活动的突出方面。有些人会把他在较低职位上获得的声誉带到较高的职位上，而不管这种声誉与他们现在的实际职位是否相配，这种情况的确时有发生。这种人如果在新的职位上很少被使用，他们就不会暴露其弱点，而我们也就不能确切地判断究竟哪种声誉与他们相配。这种人的“功劳”就在于，使人们忽视那些在某些职位上还能够有所作为的人。

独特的天才是各级指挥官在战争中取得卓越成就所必需的。但历史和后世的评论，通常只把真正的天才这一称号加在那些身居最高职位的显赫的统帅的头上。原因在于这种职位要求必须具备极高的智力和精神力量。

要使整个战争或者我们称之为战局的大规模军事行动达到光辉的目标，就需要对更高的国家关系有卓绝的见解，在这里战争和政治就合二为一，统帅同时也就成为政治家。

人们之所以没把伟大天才的称号加给查理十二，是因为他不懂得以更高的见解和智慧来指导武力，更不懂得以此来达到光辉的目标。人们之所以没有给亨利四世以伟大天才的称号，是因为他没来得及在有生之年以武力效果影响一些国家间的关系，也没来得及在这个更高的领域一显身手。在这个领域里，高尚情感和骑士精神并不能像战胜内心的混乱那样起作用。

关于统帅必须概括地了解和正确地判断一切，可参阅第1章。统帅要成为政治家，但他仍然是一个统帅，一方面要概括地了解一切政治关系，另一方面又要确切地知道用自己所掌握的手段能做些什么。

既然这些关系各式各样，又没有明确的界限，而要考虑的因素又很多，大部分因素只能按照或然性的规律来估计，那么，如果一个统帅不能以辨明真相的洞察力来观察这一切，他的观察和考虑就会发生混乱，就不可能再做出正确的判断。从这个意义上说，拿破仑说得完全正确，需要由统帅来做出的许多决定，就像必须由牛顿和欧拉来解决的数学难题一样。

这里所要求的较高的智力是综合力和判断力，二者发展成惊人的洞察力，它能迅速触及并澄清千百个模糊不清的概念，而普通智力要解决这些概念则相当费劲，甚至得耗尽心智。但这种较高的智力，也就是说这种天才的眼力，如果没有我们前面讲过的情感和性格上的特性做依托的话，还是很难给人带来名垂青史的成就。

真理在人们心目中所产生的动力极其微弱，因此在认知和意愿之间，及在知识和能力之间总有很大的差别。促使人们行动的最强大的动力总是来自感情，而强大的后续力量则来自感情和智力的合成，这就是我们前面讲过的果断、坚强、坚定和固执。

此外，如果一个统帅的这种高超智力和感情活动没有在他的全部成就中显示出来，只相信他完全有这种力量，这就很难被载入史册了。

人们所了解到的战争事件的过程通常都很简单，并且大同小异，只凭简单的叙述，没人能了解在这些过程中需要克服的困难。只是偶尔在一些统帅或他们的亲信所写的回忆录中，或在对某一历史事件的专门研究中，才可以发现形成整个事件的大量线索中的一部分。而在某一重大战事活动之前所进行的大部分思考和思想斗争，有的因为涉及政治上的利益关系而被故意隐瞒了，有的因为仅仅被看作是高楼建成后就得拆掉的脚手架而被遗忘了。

最后，按照语言上所惯用的一般概念承认智力的差别，如果要问，军事天才首先需要具备哪种智力？对这个问题，只要对我们的论述和经验稍加考虑，就能够做出回答。军事天才与其说是有创造力的人，不如说是有钻研精神的人；与其说是追求单方面发展的人，不如说是追求全面发展的人；与其说是容易激动的人，不如说是头脑冷静的人。在战争中，我们就是想把亲人的幸福和祖国的荣誉与安全托付给这样的人。

第4章　论战争中的危险

在经历战争危险之前，人们并没把它想象得多可怕，而是富于吸引力的。受激情鼓舞猛然扑向敌人，不管子弹的飞啸和死亡的威胁，在瞬间闭上眼睛，冲向冷酷的死神，不知道是我们还是别人能够逃脱它的魔掌——而这一切都发生在胜利在即、荣誉的美果唾手可得时，这能说是困难的吗？这并不困难，尤其从表面看来，更不是困难的。但是，这种瞬间并不像人们想象的那样，好像脉搏一跳就没事了，而是像吃药那样，必须有一段时间将它冲淡和溶解——即使是这样的光阴，我们认为也是很少出现的。

让我们陪同那些从未打过仗的人到战场上去看一看吧。当我们走近战场时，隆隆的炮声，夹杂着炮弹的呼啸声，引起了他们的注意。炮弹开始在我们身前身后不远的地方落下来。我们急忙奔向司令员及其随从人员所在的高地。在这里，炮弹在附近纷纷落下，又在我们的身边不断爆炸，这种生死攸关的严酷现实打破了年青人天真的幻想。忽然间，一个熟人倒下去了—— 一颗榴弹落在人群中间，引起一片骚动——大家开始不再平静和镇定，就连勇敢的人也有些心神不定了。我们再向前一步，来到就近的那位师长身边，战场上激烈的战火就像戏剧场面一样展现在我们眼前：炮弹一发接一发地落下来，再加上我方枪炮的轰鸣，就更加使人感到惶恐不安了。我们离开师长来到旅长的身边，这位大家公认的勇敢的旅长，小心翼翼地隐蔽在丘陵、房屋或树木的后面——这充分说明危险加剧了。霰弹叮叮当当落在房顶上和田野里，炮弹呼啸着向四周飞射，从我们身边和头上掠过，尖锐的枪弹声不绝于耳。我们再向部队走近一步，来到步兵这儿，他们以无法形容的顽强精神已经在这儿坚持了好几个钟头的火力战了。到处都是嗖嗖飞舞的子弹，这种短促、刺耳的声音传来，枪弹从我们耳边、头上、胸旁掠过。再加上看到人们受伤和倒毙而产生的怜悯心，更使我们跳动不安的心感到阵阵悲痛。

新手在接触到上述不同程度的危险时，无不感到思考之光通过别的介质发生了不同的折射，在这里凭空臆想的活动是行不通的。一个人在接触到这些最初的印象时，如果能够不失去当机立断的能力，他必然是一个非同寻常的人。固然，习惯可以很快冲淡这些印象，半小时后，我们就开始或多或少地对周围的一切感到无所谓了。但作为普通人在这种情况下无法保持无拘无束、泰然自若的心情。由此可见，只具有普通的精神力量在这里是不够的，而且需要精神起作用的范围越大，情况就越是如此。在这一递减过程中，如果采取的行动达不到在研究中看似平淡无奇的程度，那么人们就必须表现出昂首阔步、顽强的姿态或天生的勇气、迫切的荣誉心或久处危险之中而不畏惧的习惯。

战争中的危险是战争的一种阻力，对它的正确认识，是追求真理所必需的，所以我们才在这里提到这一问题。

第5章　战争中的劳累

如果一个人面临严寒或酷暑的煎熬，在缺粮断水、饥渴难当和疲惫不堪的情况下判断战争走向，我们对他判断的正确性要存疑，但这些判断至少在主观上是正确的，也就是说，它们确切地反映了判断者与被判断事物的关系。想想不幸事件的目睹者，特别是当他们还处于事件中时，对这一事件的结果所做的判断往往是消极悲观的，甚至是言过其实的，这一点可以理解。这就是我们的经验，从这里我们看到体力上的劳累对判断所产生的影响以及在做出判断时判断者的劳累程度所应受到的重视。

在战争中，有许多事物无法严格规定它们的使用限度，尤其是体力。如果体力不被滥用，那么它是一切力量的系数，而且任何人都不能确切地说出，人体究竟能承受多少程度的劳累。正像射手的强壮臂膀才能把弓弦拉得更紧一样，在战争中，只有坚强的指挥官才能更大地发挥自己军队的力量。一种情况是一支军队大败之后而陷于危险之中，就像即将倒塌的墙一样濒于土崩瓦解，这时候，只有忍受得了极大的劳累才会有脱险的希望；另一种情况是，一支胜利的军队在自豪感的鼓舞下，能受统帅随心所欲的指挥。同样是忍受劳累，在前一种情况下至多能引起同情，但在后一种情况下，这种努力必须得到赞赏，因为它很难维持下去。

可见，即便是没有经验的人也可以看出，劳累是暗中束缚智力活动和消磨感情力量的诸多因素之一。

虽然这里所谈的本来只是统帅要求军队和指挥官要求部下忍耐劳累的问题，也就是他们是否有勇气要求军队和部下忍受劳累，以及如何要求他们做到这一点，但是统帅和指挥官本人的劳累也不应忽视。既然我们认真地进行了战争分析，那到现在为止，也必须该注意这种次要问题了。

这里特别谈到体力上的劳累问题，是因为它像危险一样，也是产生阻力的最重要因素之一，同时，由于它没有一定的衡量标准，很像弹性物体，众所周知，弹性物体的阻力是很难计算的。

为了避免滥用上述观点，避免对战争中的各种困难条件错误估计，大自然给了我们一种指导判断的感觉。一个人受到侮辱和攻击时，提到他个人的弱点并没有什么好处，而当他成功地驳斥或反击了这种侮辱以后，提到他的弱点倒很有好处。同样，没有哪一位统帅或哪一支军队能够通过描绘危险、困难和劳累来改变可耻的失败所造成的印象，但如果获得了胜利，提起这些危险、困难和劳累却能无限地增加他们的光彩。我们的情感会阻止我们做出明显合理的陈述，而情感本身就是一种更高的判断。

第6章　战争中的情报

情报是指我们对敌人和敌国所了解的全部材料，是我们一切想法和行动的基础。只要考虑一下这一基础的本质、它的不可靠性和多变性，我们很快就会有这样一种感觉，战争这座建筑物是多么的危险，多么容易倒塌，把我们埋葬在它的瓦砾下面。虽然所有的书里都说，只应相信比较可靠的情报，始终保持怀疑一切的警惕，但是这只不过是著书立说的人找不到更好的说法时提出的一种聊以自慰的可怜的遁词而已。

人们在战争中得到的情报，很大一部分是互相矛盾的，更多是假的，绝大部分是相当不确实的。这就要求军官具有一定的辨别能力，这种能力只有通过对事物和人的认识和判断才能得到。在这里他必须遵循或然性的规律。当我们还没走上真正的战场，只是在室内拟定最初计划的时候，辨别情报就已经不容易了，而在纷繁嘈杂的战争状态下，情报一个接一个涌来，辨别情报的困难就更加无限增大。如果这些互相矛盾的情报大体相当，只要对其加以分析就可辨别开来，算是幸运。对没有经验的指挥官来说，更糟糕的是情况恰恰不像上面所说的那样，而是一个情报支持、证实或补充另一个情报，图纸上新的色彩不断增加，最后迫于形势，他不得不匆匆忙忙地做出决定，但是很快就会发现这个决定是愚蠢的，而且所有这些情报都是虚假的、夸大的和错误的，等等。总之，大部分情报是假的，而且人们的胆怯使情报的虚假性和不真实性所产生的力量变得更大了。通常人们容易相信坏的，不容易相信好的，而且容易把坏的夸大。以这种方式传来的危险的消息尽管会像海浪一样消失，但也会像海浪一样无缘无故地又重新出现。指挥官必须坚定地保持自己的信念，像海中的岩石一样，要经得起海浪的冲击，要做到这一点是不容易的。谁要是天生不乐观，或者没有经过战争的考验，又或者判断力不强，那么他最好遵循这样一条规则：强迫自己摆脱恐惧，即抛弃自己内心的想法，面向希望。只有这样，他才能保持真正的镇静。情报不确实所造成的困难是战争的最大阻力之一，如果人们能够正确地认识这种困难，事情就会同人们所想象的完全不同。由感觉得来的印象比经过深思熟虑而产生的观念更强烈，而且强烈程度之大，使得司令员在完成任何一个比较重要的行动时，都不得不在行动的最初阶段克服一些新的疑虑。一般的人容易受别人意见的影响，所以往往遇到困难便不知所措。他们总认为，实际情况并不像他们所想象的那样，尤其是当他们又听信了别人的意见时，就更认为是这样了。即使是亲自草拟计划的人，当亲眼看到实际情况的时候，也很容易对自己原来的意见发生怀疑。这时，只有坚定的自信心，才能使他抵挡住暂时的假象冲击。只有当被命运推上战争舞台，那些绘有各种危险的布景被拆除，眼前没有障碍的时候，自己原来的信念才能最终得到证实。这就是制订计划和实施计划之间最大的差别之一。

第7章　战争中的阻力

没有亲身经历过战争的人不能理解，常说的战争中的困难在哪里，统帅所必须具备的天才和非凡的精神力量在这里究竟起什么作用。在他们看来，战争中的一切都那么简单，所需要的各种知识都那么浅显，各种行动都那么平常，如果说这也能使人惊奇的话，那么相比之下，哪怕高等数学中最简单的问题也能以其科学价值使人感到惊奇。但当他们亲眼看到战争以后，这一切又可以理解了。不过要说明引起这种变化的原因，指出这种看不见而又到处起作用的因素是什么，却是极其困难的。

在战争中一切都很简单，但是最简单的事情也同样是困难的。这些困难积累起来就会产生阻力，没有经历过战争的人对这种阻力很难想象。我们设想一下：有一个旅行者想在傍晚以前赶完一天旅程的最后两站路，这没有什么，只不过骑着驿马在宽敞的大道上走上四五个小时而已。可是，当他到达第一站时，找不到马或者找到的只是劣马，前面又是山地，道路极差，天也慢慢黑下来了，那么，当他经历了诸多艰难到达了下一站，并且找到一个简陋住处时，他就会感到很高兴。同样，在战争中，由于受到预先考虑不到的无数细小情况的影响，一切都进行得很不顺利，以至于离原定的目标还相当远，这时，只有钢铁般的坚强意志才能克服这种阻力，粉碎各种障碍，但同样也损伤了机器。我们以后还会常常谈到这一结论。一位自豪的统帅的坚强意志，就像一个地方要道交会处的方尖塔一样，在军事艺术中占有十分突出的地位。

一般说来，阻力可以算是把实际的战争和纸上谈兵区别开来的唯一要素。军事机器，即军队和属于军队的一切，其实都很简单，因此看上去也很容易操纵，但要想到，这部机器中没有任何部分是一整块的，所有部分都是由许许多多单个的人组成的，其中每个人在各个方面都会遇到各自的阻力。营长负责执行上级的命令，既然营是通过纪律而结成一个整体的，而营长又必然是公认的勤勉的人，那么，全营行动起来，就应该像轴木围绕坚固的轴颈转动一样，阻力很小。从理论上讲，这种说法很动听，但实际上并非如此。这种说法中包含的一切夸大和虚假的成分，这种成分在战争中会立刻暴露出来。营总是由一定数量的人组成的，这些人当中，如果碰巧的话，甚至最不重要的人也能造成部队滞留不前，甚至引起混乱。战争带来的危险和它要求人们忍受的劳累会使阻力大大增多，因此必须把危险和劳累看作是产生阻力最重要的原因。

这种可怕的阻力，不像在机械设备中那样集中在少数几个点上，而是处处存有偶然性，并且会引发一些根本无法预测的现象，之所以会这样，正是因为这些现象大部分都是偶然因素引起的。例如，天气就是这样的偶然因素。有时雾妨碍我们及时发现敌人，妨碍火炮适时射击，妨碍向指挥官呈送报告；有时，雨阻碍了这个营的到达或者使那个营不能按时到达

（原本三个小时的行军路程现在需要八个小时才能完成），又或马匹深陷泥沼，因而阻碍了骑兵有效地出击，等等。

举这几个例子，只是为了说明问题，使读者能够理解我的意思，否则仅仅这些困难就可以写好几本书。为了避免这样做，而又能使读者对战争中必须克服的大量细小的困难有一个明确的概念，我们想尽力做一些生动的比喻而又不致使大家厌倦，不过，那些早已了解本书的读者还是会原谅我们在这里再做一两个比喻。

战争中的行动如同是在有阻力的介质中运动。人在水中，甚至连走路这样最自然最简单的动作，也不能够轻松而准确地完成，而在战争中也同样如此，用一般的力量连中等的成绩也很难取得。因此，一个真正的理论家就像一个游泳教练一样，他教别人在岸上练习水中所需要的动作，而这些动作在那些没有想过要游泳的人看来是夸张和滑稽可笑的。但是正因如此，那些从未下过水或者不能从自己经验中抽象出一般原则的空想家，必然是不实际，甚至是愚蠢的，因此他们只能教人人都会的动作——走路。

每次战争都有许许多多的特殊现象，就像穿越一片未经航行过的、充满暗礁的大海，统帅可以凭智力感觉到这些暗礁，但是不能亲眼看到，而且要在漆黑的夜里绕过它们。如果再突然刮起一阵逆风，也就是发生某种对他不利的重大的偶然事件，就需要他有最高超的技巧和极度的镇定，并用最大的努力去应对。在远处的人看来，这一切都好像进行得很顺利。熟悉这些阻力是一个优秀的司令员必须具备的、常常受到赞扬的作战经验的主要部分。当然，充分认识阻力、但又最怕阻力的司令员（在有经验的司令员中常能见到这种畏首畏尾的人）不能算作好的司令员。他们必须了解这种阻力，以便尽可能地克服它，在行动时不强求因为这种阻力而不能达到的准确性。此外，在理论上人们无法完全认识这种阻力，即使能够认识，那种被称作随机应变的判断能力也还缺乏锻炼。在充满各种各样细小问题的领域比在具有决定性的重大场合更需要这种能力，因为在重大场合中，人们可以好好思考，或者同别人商讨。善于社交的人所以能够谈吐得当、举止得体，是因为他判断时能随机应变几乎已经成为习惯，同样，只有作战经验丰富的军官才能在大大小小的偶然事故上，或者说在战争脉搏的每一跳动中，都能恰如其分地做出判断和决定。有了这种经验和锻炼，他可以不假思索地判断什么可行，什么不可行。因此，他就不容易暴露出自己的弱点。如果在战争中常常暴露自己的弱点，就会动摇别人对他的信赖，这是极其危险的。阻力，或者说在这里叫作阻力的那些东西，使看来容易的事变得困难起来。以后我们还会常常提到这个问题，那时就会逐渐明白，一个卓越的统帅除了经验和坚强的意志外，还需具有其他一些非凡的精神素质。

第8章　结束语

危险、劳累、情报和阻力，是构成战争气氛的因素，是阻碍一切活动的介质。这些因素按其所起的妨碍效果来看，又可以归纳在阻力这个总的概念之内。有没有减轻这种阻力的润滑油呢？只有一种，而且它不是统帅和军队想得到就可以得到的，那就是培养军队的战争素质。

培养战争素质能使身体忍受巨大的劳累，精神承担极大的危险，判断不受最初印象的影响。不管在什么地方，通过培养就会获得一种宝贵的品质——镇静沉着，它是下至骑兵、弓箭手，上至师长所必须具备的素质，能够有效减少统帅在行动中的阻力。

人的眼睛在黑暗的房间里会扩大瞳孔，以吸收仅有的微弱光线，逐渐地辨认出各种东西，最后看得十分清楚，一个经过锻炼的士兵在战争中同样是这种情况，而新兵只会感到眼前一片漆黑。

战争素质的养成是任何一个统帅都不能赐予军队的，平时演习所能起的锻炼效果总要差一些。所谓差一些是同实战经验相比，而不是同以训练机械技巧为目的的军队操练相比。如果在平时的演习中安排一部分上述的阻力，使每个指挥官的判断力、思考力甚至果断性得到锻炼，那么这种演习的价值比没有实战经验的人所想象的要大得多。特别重要的是，它能使军人——无论哪一级军人，都不致到战争中才看到那些他们初次看到时会惊慌失措的现象。这些现象他们只要在战前看过一次，就可以熟悉一半。甚至忍受劳累的问题也是如此。这也需要锻炼，这样不仅使肉体，更主要使精神习惯于劳累。在战争中，新兵很容易把不寻常的劳累看成是整个指挥严重的缺点、错误和束手无策的结果，因而倍加沮丧。如果在平时的演习中有了这方面的锻炼，就不会发生这种情况了。

另外一种提高战争素质的方法是，聘请有战争经验的外国军官，这种方法虽然不能很广泛地采用，但极为重要。整个欧洲都处于和平状态是少有的，世界上其他地区，战争也从来没有停止过。因此，长期处于和平状态的国家，应该经常设法从那些战火不断的国家里聘请一些军官（当然只是那些优秀的军官），或者把自己的军官派到那些国家去熟悉战争。

尽管同整个军队相比，这些军官显得人数极少，但他们的影响却很显著。他们的经验、精神上的特征和性格上的修养对部下和同僚都会发生影响。而且，即便他们没有担任领导职务，也仍然可以把他们看作是熟悉某一地区情况的人，在许多具体场合可以向他们征询意见。

第二篇　论战争理论

第1章　军事艺术的区分

战争就其本义是斗争，从广义战争概念来看，只有斗争才是产生效果的要素。斗争是双方精神力量和物质力量通过物质力量展开的一种较量，由于精神状态对军事力量具有决定性的作用，因此我们不能忽视它。

出于斗争的需要，人们很早就有了一些发明，以便使自己在斗争中处于有利地位。这使得斗争发生了很大变化。但不管怎样变，斗争的概念并不会改变，它仍然是构成战争最本质的东西。

这些发明首先是斗争者的武器装备。武器装备必须适合斗争的性质，必须在战争开始以前就制造好，参战人员能熟练掌握它们的使用方法。但是很明显，制造和熟练使用武器装备这些与斗争有关的活动同斗争本身并不是一回事，它们只是斗争的准备，不是斗争的实施。显然，配备武器装备本质上不在斗争这个概念之内，因为赤手空拳的搏斗也是斗争。

斗争决定武器装备的配置，而武器装备又能改变斗争的形式，因此两者是相互作用的。

斗争是在十分独特的条件——即危险中进行的，因此它也是一种十分独特的活动。这里有必要把两种不同性质的活动区别开来。我们知道，在某一领域中极有才干的人，在别的领域中却往往是最无用的书呆子，只要指出这一点，就足以说明把两种活动区别开来的实际意义了。如果把装备好了的军队看作是现成的手段，只要了解其主要效能就可以有效地使用它，那么在研究时把两种活动区分开来也就不会有什么困难了。

由此可见，狭义的军事艺术就是在斗争中运用现成手段的艺术，被称为作战方法最为恰当；广义的军事艺术当然还包括一切为战争而存在的活动，也就是包括建立军队的全部工作——征募兵员、装备军队和训练军队。

从理论和现实意义看，区分这两种活动极为重要。如果军事艺术必须从军队的建立谈起，并根据它所规定的军队来制定作战方法，这种军事艺术只能适用少数场合，现有的军队同这种军事艺术所规定的军队很少相一致。但如果我们需要的是一种能适用于大多数场合，在任何场合都不致完全无用的理论，这种理论就必须以一般的战斗手段为根据，而且只能以它们最主要的效能为根据。

由此可见，作战方法就是部署和实施斗争。如果斗争是一个单独的行动，那就没必要再把它做进一步区分了。可斗争是由若干个本身完整的单独行动组成的，像在第一篇第2章里指出的那样，我们把这些行动称为战斗，它们是斗争的单位。于是产生了两种完全不同的活动，即这些战斗本身的部署和实施，以及为了达到战争的目的对这些战斗的运用，前者称为战术，后者称为战略。

战术和战略的区分很普遍，人们即使不清楚这样区分的理由，也能相当清楚地知道哪些现象应该列入战术，哪些应该列入战略。既然这种区分已较为普遍，必然有其深刻的道理。正是大多数人都采用这样的区分，才使我们找到了这个道理。与此相反，那些个别著作家不根据事物的性质而任意确定的概念，我们没有必要去考虑，并且只能认为它们是不会被采用的。

按照我们的区分，战术是在战斗中调兵遣将的学问，战略是为了达成战争目的运用战斗的学问。

至于如何进一步确定单个或单独的战斗的概念，以及根据什么条件来确定这一单位，只有对战斗进行更加详细的研究，才能完全说清楚。现在我们能够肯定的是，就空间（即同时进行的几场战斗）而言，它的范围受到个人命令所达的极限为止。然而，就时间（即一系列连续进行的战斗）而言，它会一直持续到战斗出现的危机完全过去为界限。

这里可能会出现一些难以确定的情况，也就是说，有时若干战斗也可看成是一个战斗，但这并不能否定我们这样区分的理由，因为一切现实事物的类别总是通过逐渐的分类才形成的，我们这种区分也不例外。因此，即使观点不变，也一定会有一些活动既可以列入战略范畴，也可以列入战术范畴。例如，像设岗哨那样疏松地分布阵地和某些渡河的部署等就是这样。

我们的区分只与使用军队有关，而且仅仅是针对使用军队而言。但是，在战争中还有许多活动虽然为使用军队服务，但是又不同于使用军队，有时同它的关系较密切，有时较疏远。所有这些活动都与维持军队状态有关。维持军队状态是使用军队的前提，是它的必要条件，这就像建立军队和训练军队同样是前提一样。但仔细考察起来，所有这些与维持军队有关的活动总还是被看作斗争的准备，不过它们和斗争非常接近，贯穿在整个军事行动之中，和使用军队交替进行。因此，我们有理由把这些活动像其他准备活动一样不列入狭义的军事艺术，即真正的作战方法之内。而且理论的首要任务是把不同种类的事物区分开，从这一点来看，我们也必须这样做。谁会把给养和管理这一套琐碎的事务列入真正的作战方法呢？它们虽然和使用军队经常互有作用，但本质上是不同于使用军队的。

我们在第一篇第2章里说过，如果把斗争或战斗规定为唯一直接有效的活动，就可以掌握住其他一切活动的线索，因为这些线索最后都要归结到战斗这里。我们想以此说明，有了战斗，其他一切活动才有目的，不过它们是按其本身的规律去达到目的的。在这里我们必须较为详细地谈谈这个问题。

战斗以外的其他活动在性质上是不同的。有些活动一方面属于斗争本身，与斗争相同，另一方面又为维持军队服务。另一些活动则仅仅属于维持军队，只是因为它们和斗争之间有相互作用，才以其结果对斗争产生一定的影响。

一方面属于斗争本身，另一方面又为维持军队服务的活动是行军、野营和舍营，因为它们包含了军队的三种不同的状态，而不管军队处于何处，都要做好战斗的准备。

其他仅仅属于维持军队的活动是给养、伤病员的救护和武器装备的补充。

行军和使用军队是完全一致的。战斗内的行军，虽然还不是真正使用武器，但和它有着内在的必然联系，是战斗不可分割的一部分。而战斗外的行军则无非是为了实现战略目的。这决定了应在何时何地以何等兵力进行战斗，而行军则是实现这种目的的唯一手段。

因此，战斗外的行军是一种战备手段，但它并不从属于战略，因为军队在行军中随时都有可能进行战斗，所以行军既要服从战略法则，又要服从战术法则。当我们指示一个纵队沿着山或河的一个方位行军，那就是战略决定，因为这里包含了一个意图：如果行军中有必要进行战斗，宁愿同敌人在河或山的近侧作战，而不在远侧作战。

当要一个纵队不沿谷底的道路行军，而在山梁上前进，或者为了便于行军而分成许多小的纵队，那就是战术决定，因为这些决定同发生战斗时如何使用军队有关。

行军的内部部署永远同战斗的准备有关，是可能发生战斗的预先部署，因此具有战术的性质。

既然行军是战略用来部署其有效要素——战斗的手段，包括在战略上只考虑战斗的结果而不考虑战斗的实际过程，那么，人们在研究中经常用行军这个手段来替换战斗这个有效要素也就不足为奇了。例如，人们常说的决定性的巧妙行军，指的却是行军所导致的战斗。这种概念替换是很自然的，表述的简化也能接受，因此不必特意反对，但这终究只是概念的替换，我们必须记住它的本质，否则就会犯错误。

认为战略行动可以不取决于战术结果就是这样的错误。有人进行了行军和调遣，不经战斗就达到了自己的目的，于是得出结论说，有一种不必通过战斗也能战胜敌人的手段。这种错误的严重后果将在后面的分析中说明。

虽然行军可以完全看作是斗争不可分割的一部分，但是在行军中有一些活动并不属于斗争，它们既不是战术，也不是战略。架桥、筑路等等这些便于军队行动的措施就是如此，它们只不过是一些条件。在某些情况下，它们可能与使用军队很接近，但还不同于使用军队，因此关于它们的理论也不列入作战理论。

我们所理解的野营跟舍营正好相反，是军队比较集中因而具有战备状态的一种布营方式。野营是军队的一种静止状态，即休息状态，同时又是可能在该地进行战斗的战略决定，而且从布营的方式来看，它又包含了战斗的特点，即进行防御战斗的条件。因此野营是战略和战术的重要部分。

舍营是军队为了更好地养精蓄锐而代替野营的一种活动。就营地位置和范围来看，它和野营一样是战略问题。就为了准备战斗而进行的内部部署来看，则是战术问题。

除了使军队得到休息外，野营和舍营通常还有另外的目的，如掩护某一地区或扼守某一阵地。我们知道，战略所追求的目的极其复杂，凡是有利于战略的都可以成为战斗的目的，而维持作战工具，往往也必然会成为某些战略行动的目的。

在这种场合，虽然战略仅仅是为了维持军队，但我们并没有离开主题，我们谈的仍然是使用军队的问题，因为军队在战区的任何地方做任何布置都包含在内。

但是在野营和舍营时为了维持军队而进行的不属于使用军队的活动，如修筑茅舍、架设帐篷、从事野营或舍营内的给养和清洁工作等，则既不属于战略，也不属于战术。

至于防御工事，虽然位置的选定和工事的安排显然是战斗部署的一部分，因而是战术问题，但就工事的构筑而言，它们并不属于作战理论范围。这方面的知识和技能必须是受过训练的军队早就具备了的，战斗理论的运用是以这些知识和技能为前提的。

在单纯属于维持军队而同战斗没有交集的活动中，唯有军队给养同战斗的关系最为密切，因为军人每天都离不开给养。因此给养在战略范围内对军事行动有较大的影响。之所以说在战略范围内，是因为在单个战斗中，军队给养的影响大到足以改变计划的情况尽管可能存在，却极为少见。军队给养大多只同战略发生相互作用，军队给养常常会影响到一次战役或战争的主要战略。但不管这种影响如何频繁和具有多大的决定意义，给养是一种本质上不同于使用军队的活动，它只是通过自己的结果对使用军队产生影响。

至于前面提到的其他管理活动，同使用军队的关系就更远了。伤病员的救护虽然对军队的健康来说非常重要，但是它涉及的只是一小部分人，对其他人的间接影响很小。武器装备的补充，除了作为军队内部的一项经常性职能外，只需要定期进行，因此很少在拟制战略计划中加以考虑。

但也绝不能产生误解。这些活动在个别情况下也可能具有决定性的重要意义。医院和弹药库的远近，确实可能是做出重大战略决策的唯一依据。这一点我们既不想否认，也不想掩饰。不过这里不谈个别的具体情况，而是从理论上抽象出一般。我们认为，不能把救护伤病员和补充武器弹药的理论上升到与作战理论具有同等的重要性，也就是说不值得把这些理论所得出的各种方式方法连同它们的结果，像军队给养一样列入作战理论。

现在再来明确一下我们研究的结论，属于战争的活动可以分为两大类：仅仅属于战争准备的活动和战争本身的活动。理论的分类也必须与之相呼应。

属于战争准备的知识和技能是为了建立、训练和维持军队。究竟应该给这些知识和技能起个什么样的总称谓，我们暂时不予讨论，但它们显然必须包括炮兵、防御工事、所谓的基本战术，以及军队所有的组织和管理，等等。战争理论则研究如何使用训练好了的手段来达到战争的目的。它只需要上述知识和技能的结论，也就是说只需要了解它们的主要结果。我们把这种理论叫作狭义的军事艺术，或者称为作战理论、使用军队的理论，虽然名称不同，指的却是一回事。

战争理论把战斗作为真正的斗争来研究，把行军、野营和舍营作为或多或少同斗争一致的军队状态来研究。但战争理论不把军队的给养作为自己范围内的活动来研究，而像对待其他既存条件一样，只关注它的结果。

狭义的军事艺术本身又分为战术和战略。前者研究战斗的方式，后者研究战斗的运用。行军、野营和舍营这几种军队的状态，只是由于战斗才同战略和战术发生关系。它们究竟是战术问题还是战略问题，还要看它们是同战斗的方式有关，还是同战斗的意义有关。

一定有读者认为，没有必要把战术和战略这两个十分接近的事物做如此细致的区分，认为这对作战本身没有直接作用。可是任何理论首先必须澄清杂乱无章的、甚至可以说是混淆不清的概念和观念。只有对名称和概念有了共同的理解，才可能清楚而顺利地研究问题。战术和战略是在空间和时间上相互交错，但在性质上又不相同的两种活动，如果不精确地确定它们的概念，就不可能透彻地理解它们的内在规律和相互关系。

如果有谁认为这一切都毫无意义，他要么根本不从事理论研究，要么还没有被那些杂乱无章、混淆不清、缺乏可靠根据、得不出任何结论的概念——那些时而平淡无味、时而荒诞无稽、时而空洞无物的论述——弄得头昏脑胀。在作战理论方面我们之所以还常常听到和读到这样的谬论，那是因为有科学研究精神的人很少研究过这个问题。

第2章　关于战争理论

军事艺术最初只被理解为军队的准备

以往人们把军事艺术或军事科学只理解为与物质事物有关的知识和技能的总和。这类知识和技能的内容就是：武器的结构、制造和使用；要塞和战壕的构筑；军队的组织及其行动的设备规定等。所有这些都是为了准备一支在战争中可以使用的军队。人们只涉及物质材料这种单方面的活动，说到底无非是一种从手工业逐渐提高到精巧的机械技术的活动。这一切同斗争本身的关系与铸剑术同击剑术的关系没有多大的差别。至于在危险时刻和双方不断相互作用时军队的使用问题，以及智力和勇气在预先设定方向上的活动等问题，在当时都还没有提到。

在攻城术中第一次谈到作战方法

在攻城术中第一次谈到斗争本身的实施问题，即运用上述物质的智力活动问题，但在大多数情况下这还只是一些能迅速体现在接近壕、平行壕、反接近壕、炮台等这类新物质对象中的智力活动，它们的每一步发展都以出现新的物质对象为标志。智力活动只是串联这些创造物所必需的一条纽带而已。由于在这种形式的战争中，智力几乎只表现在上述新事物中，因此攻城术能谈到这些也就够了。

战术也接触到这个方面

后来战术也企图按照军队的特性为军队的一般部署制订机械的规定。当然，这已涉及战场上的活动，但仍然没有涉及自由的智力活动，只是通过排兵布阵把军队变成了一部自动的机器，只要一有命令它就可以像上了发条的钟表那样展开行动。

真正的作战方法是在不知不觉中偶然提到的

人们曾经认为，真正的作战方法，也就是自由地（即根据具体情况的需要）使用准备好了的手段，只可能来自天赋，不可能成为理论研究的对象。随着战争从中世纪的赤手搏斗逐渐向比较有规则和比较复杂的形式过渡，人们对这一问题就有了一些看法，但这些看法多半只是附带地或隐性地出现在某些回忆录和故事中。

对战争事件的种种看法引起了建立理论的要求

各种看法逐渐增多，研究历史越来越需要有批判的眼光，人们迫切需要一种原则性和规律性的依据，以此来解决战史中常见的争执和分歧，因为人们厌恶漫无边际、不遵循明确准则的争论。

建立一种实证性理论的努力

人们努力为作战制订一些原则、规则，甚至体系。他们提出了这个积极的目标，却没注意到过程中会遇到的无数困难。正像前面指出的那样，作战几乎在任何方面都没有固定的范围，然而每一种体系，即每一座理论大厦，都有着综合归纳难以避免的局限性，这样的理论和实践之间必然存在着永远无法解决的矛盾。

局限于物质对象

理论著作家们早就感到这方面的困难，以为把他们的原则和体系限定在物质对象上和单方面的活动上就可以摆脱困难。他们企图像研究有关战争准备的科学一样，只要求得出十分肯定的和实际的结论，所以只研究那些可以计算的东西。

数量上的优势

数量上的优势是一个物质方面的问题。有人从决定胜利的各种因素中选中了它，因为通过时间和空间的计算，可以把它纳入数学法则。其他一切因素对双方来说都是相同的，可以互相抵消而不予考虑。如果是为了弄清这个因素的各个方面而偶然这样认识无可非议，但如果认为数量上的优势是唯一法则，或者在一定的时间和一定的地点造成数量上的优势是军事艺术的全部奥妙，那就是一种根本站不住脚和经不起现实生活考验的片面看法。

军队的给养

有人企图在理论研究中把另一个物质因素，即军队的给养发展成体系。他们从军队是一个现存的组织出发，认为给养对大规模作战有决定性意义。用这种方法可以得出一定的数值，但那些数值是以许多臆测为依据的，因而在现实中也站不住脚。

基地

有位才子曾企图把军队的给养、人员和装备的补充、与本国交通联络的安全以及必要时的退路安全等许多问题，甚至是与此有关的精神因素，都用基地这个概念来概括。最初他用基地这一概念概括上述各个方面，尔后用基地的面积或范围来代替这个概念本身，最后又用军队和基地所构成的角来代替这个区域。所有这一切只不过为了取得一种纯粹的几何学结果，毫无价值。因为每一次上述概念的替换都不得不使原来的概念受到损害，也无法不漏掉前一概念中的部分内容。对战略来说，基地这个概念确实是需要的，提出来也是一种贡献。但是像上面那样使用该概念是绝对不能容许的，这必然会导致以偏概全的结论，从而导致军事理论家进入一个相当荒谬的方向，即过分强调包围基地的优越性。

内线

与上述错误方向对立的另一种几何学原则即所谓的内线原则，后来登上宝座。虽然这个原则建立在良好的基础上，即建立在战斗是战争唯一有效的手段这一真理上，但由于它具有纯粹的几何学性质，所以仍然是一种片面的理论，它永远也不能起到指导现实生活的作用。

所有这些理论都应加以批驳

所有这些理论，只有分析局部可以看作是在探索真理方面的进步，其综合部分，即它们的规则和准则，则毫无用处。

这些理论都追求确定的数值，但战争中的一切是不确定的，可以作为计算根据的只是一些经常变化的数值；这些理论着重考察物质因素，但整个军事行动却始终离不开精神力量及其作用；这些理论又片面关注单方面的活动，但战争却是双方不断发生相互作用的过程。

这些理论把天才排斥在规则之外

这些片面而贫乏的理论把它们不能解决的一切问题都置于科学研究的范围以外，归之于超越规则的天才领域。

这些规则对天才来说毫无用处，天才可以高傲地对它们不理不睬，甚至大加嘲笑，那些必须在贫乏的规则中缩手缩脚的军人是多么可怜！事实上，天才所做的正是最好的规则，而理论所能做的最好的事情，正是阐明天才是怎样做的和为什么这样做。

那些同精神相对立的理论是多么可怜！不管它们摆出多么谦虚的面孔，都不能消除这种矛盾，而它们越是谦虚，就越会受到来自现实生活的嘲笑和鄙视。

理论一旦研究精神因素就会遇到困难

任何理论一接触精神因素，困难就无限增多。在建筑学和绘画艺术方面，当理论仅涉及物质方面的问题时，还是比较明确的，对结构方面的力学问题和构图方面的光线问题不会有什么分歧。然而一旦涉及创作物的精神作用，一旦要求唤起在精神上的印象和感情时，理论的全部法则就显得含糊不清了。

医学大多只研究肉体的现象，涉及的只是动物机体的问题，动物机体是不断变化的，每时每刻都在变化，这给医学带来很大困难，使医生的诊断比他的知识更为重要。如果再加上精神的作用，那该有多么困难呀！能运用精神疗法的人太了不起了！

在战争中不能排斥精神因素

军事活动并非仅仅针对物质因素，它同时还针对使物质具有生命力的精神力量，二者不能分开。

精神因素只有用内在的眼力才能看到，每个人的这种眼力各不相同。即使同一个人，在不同时刻这种眼力也往往不同。

战争中危险四伏，一切都笼罩在危险之中。因此，影响判断的主要因素是勇气，即对自己力量的信心，在某种程度上，它如同眼珠一样，一切现象先要通过它才到达大脑。

无疑，精神因素仅从经验方面来说就具有一定的客观价值。

任何人都知道奇袭、翼侧攻击和背后攻击的精神作用，也都认为，敌人一旦撤退，勇气就会变少，包括在追击时和被追击时，人们会表现出完全不同的胆量；任何人都根据对方的才望、年龄和经验来进行判断，并根据这些来确定自己的行动；任何人都非常注意敌我双方军队的精神状态和情绪。所有这些以及类似的精神领域作用都已经在经验中得到证明，并且反复出现，因此我们有理由认为这些精神因素确实存在，而且还在发挥作用。理论如果忽视这些因素，那还有什么价值呢？

经验是这些真理的必然来源。理论和统帅都不应陷入心理学和哲学的空谈之中。

作战理论的主要困难

为了弄清作战理论中的困难，并且根据这些困难找出作战理论必备的特性，我们须进一步考察军事活动的主要特点。

第一个特点：精神力量及其作用

（1）敌对感情

军事活动的第一个特点是精神力量及其作用。

斗争本来是敌对感情的表现，但在我们称为战争的大规模斗争中，敌对感情往往只表现为敌对意图，至少个人与个人之间通常不存在敌对感情，但这绝不是说战争可以完全摆脱敌对感情的影响。在我们这个时代的战争中，民族仇恨或多或少地代替了个人之间的敌意，没有民族仇恨的情况很少见。即使没有民族仇恨，最初没有愤恨的感情，在斗争中也会燃起敌对感情，因为任何根据上级的命令对我们使用暴力的人，都会使我们在反对他的上级以前，先向他本人进行报复。说这是人性也好，动物本性也好，事实就是如此。理论上人们习惯于把斗争看成是抽象的、没有任何感情成分的力量较量，这是理论没有看到由此产生的后果而犯下的千百个错误之一。

除了斗争中所特有的上述感情以外，还有其他的感情，如功名心、统治欲和其他各种激情等，它们在本质上不属于敌对感情，但同敌对感情的关系非常密切，因此很容易和它们结合在一起。

（2）危险的印象（勇气）

斗争充满危险，一切军事活动必然在危险中进行，正像鸟必然在空中飞翔，鱼必然在水里游动一样。危险对人的感情也有着直接的作用，即通过人的本能或是通过智力起作用。在前一种情况下，人们力图逃避危险，如果不能逃避，就会产生恐惧和忧虑。如果不是这样，那是因为勇气使他们克制住了这种本能的反应。然而勇气绝不是智力的表现，它和恐惧一样，也是一种感情；不过恐惧是怕肉体受到伤害，勇气是为了维护精神的尊严。勇气是一种高尚的本能。正因为如此，不能把勇气当作一种没有生命的工具来使用，不能预先规定好它的作用。

勇气不仅是抵消危险作用的平衡物，还是一种特殊的因素。

（3）危险的影响范围

正确估计危险对指挥官的影响，不该只限于当时肉体所遭受的危险。危险对指挥官而言，不仅使他本人遭到威胁，而且使他所有部下都遭到威胁；在它实际存在的时刻威胁着指挥官，还在其他一切与其关联的时刻，通过指挥官本人对它的想象威胁着指挥官；它不仅直接影响指挥官，而且间接地通过责任感也影响着指挥官，使他在精神上感到压力增加了十倍。当建议或决定进行一次大战役时，考虑到这一巨大的决定性行动所带来的危险和责任，谁能不在精神上感到紧张和不安呢？可以断言，战争中的行动，只要是真正的行动而不是单纯的存在，就永远不能完全离开危险。

（4）其他感情力量

我们把这些由敌意和危险激起的感情力量看作是战争中所特有的，但并不是说人类生活中的其他感情力量与战争就没有关系了，它们在战争中也经常起着不小的作用。尽管可以说，在这个人类生活最严肃的活动中，某些细小的激情被抑制了，其他职位低的指挥官就是这样。他们不断受到危险的威胁和劳累的折磨，无暇顾及生活中的其他事情，丢开了虚伪的习惯，因为在生死关头容不得虚伪，于是他们就具有一种被看作是军人最好的标志——简单的性格。但职位高的人就不同了，职位越高，考虑的问题就越多，关心的方面就越广，激情的活动就越复杂，其中有好的也有坏的。嫉妒和宽厚、傲慢和谦虚、愤怒和同情，所有这些感情力量都能在战争这种大型戏剧中起作用。

（5）智力的独特性

除了感情以外，指挥官的智力也同样有极大的影响。一个喜欢幻想、狂热而不成熟的指挥官的作为和一个冷静而强有力的指挥官的作为显然是不一样的。

（6）智力的多样性导致了达到目标方法的多样性

达到目标的方法之所以多种多样（像我们在第一篇中谈过的那样），或然性和是否幸运之所以在战争中起着无比巨大的作用，主要是由于各人的智力不尽相同。而这种智力的影响主要表现在职位较高的人身上，因为这种影响随职位的提高而增强。

第二个特点：活反应

军事行动的第二个特点是活的反应和由此产生的相互作用。这里我们不谈活的反应在计算上的困难，因为前面谈过，把精神力量作为一个因素来研究就会有困难，而这种困难已经把计算上的困难包括在里面了。我们要谈的是，作战双方的相互作用就其性质来说是与一切计划性不相容的。在军事行动的一切现象中，任何一个措施都会对敌人产生极不相同的作用。然而，任何理论所依据的都是一般现象，不可能把现实中所有个别的情况都包括在内，这些个别情况只能靠判断和才能去处理。在军事行动中，根据一般情况所制定的行动计划常常被意外的特殊情况所打乱，因此，同人类的其他活动比较起来，在军事活动中就必然更多地依靠才能，而较少地运用理论上的规定。

第三个特点：一切情况的不确实性

战争中一切情况都很不确实，这是一种特殊的困难，因为一切行动都仿佛是在半明半暗的光线下进行的，而且就像在云雾里和月光下观察一样，事物的轮廓变得很大，样子显得稀奇古怪。这些由于光线微弱而不能完全看清的一切，必须靠才能去推测，或者靠幸运解决问题。因此，在对客观情况缺乏了解的场合，就只好依靠才能，甚至依靠偶然性的恩惠了。

建立实证性理论是不可能的

鉴于军事活动具有上述特点，我们必须指出，企图为军事艺术建立一套实证性理论，好像搭起一套脚手架那样来保证指挥官到处都有依据，这是根本不可能的。即使可能，当指挥官只能依靠自己才能的时候，他也会抛弃它，甚至同它对立。而且不管实证性的理论多么面面俱到，总会出现我们以前讲到的那个结果，才能和天才不受法则的约束，理论和现实相互对立。

建立理论的出路（困难的大小并非到处都一样）

摆脱这些困难的出路有两条。

首先，探讨军事活动的一般特点时所谈的一切，并非对任何职位上的人都相同。职位越低，越需要有自我牺牲的勇气，而在智力和判断方面遇到的困难就小得多，接触的事物就比较有限，追求的目的和使用的手段就比较少，知道的情况也比较确切，其中大部分甚至是亲眼看到的。但职位越高，困难就越大，到最高统帅的地位，困难就达到了顶点，以至于几乎一切都必须依靠天才来解决。

即使从军事活动本身的区分来看，困难也不是到处都一样的。军事活动的效果越是体现在物质领域，困难就越小；越是体现在精神领域，成为意志的动力，困难就越大。因而用理论的法则来指导战斗的内部部署、装备和实施比指导战斗的运用要容易得多。在前一种情况下，用物质手段进行战斗，虽然其中也不可能不包含精神因素，但毕竟还是以物质为主。但是在运用战斗的效果时，也就是当物质的结果变成动力时，人们所接触的就只是精神了。总之，为战术建立理论比为战略建立理论困难要少得多。

理论应该是一种考察，而不是规定

建立理论的第二条出路所根据的观点是，理论不必是实证性的，也就是说不必是对行动的规定。如果某种活动一再涉及同一类事物，即同一类目的和手段，即使它们本身有些许的变化，采取的方式又是多种多样的，但它们仍然可以是理论考察的对象。这样的考察正是一切理论最重要的部分，而且只有这样的考察才配称为理论。这种考察就是对事物进行分析探讨时，使人们对事物有一个确切的认识，如果对经验进行这样的考察——即对战史进行这样的考察，就能对事物有深入的了解。通过理论，人们越深入地了解事物，就越能把客观的知识转变成主观的能力，就越能在一切依靠才能来解决问题的场合发挥作用。如果理论能够探讨构成战争的各个部分，能够比较清楚地区别初看起来好像混淆不清的东西，能够全面说明手段的特性，能够指出手段可能产生的效果，能够明确目的性质，能够不断批判地阐明战争中的一切问题，那么它就完成了自己的主要任务。这样理论就成为人们通过本书学习战争问题的指南，能为他们指明各条道路，使他们顺利前进，并且能培养他们的判断能力，防止他们误入歧途。

如果一个专家花费了半生的精力来全面阐明一个本来是隐晦不明的问题，他对这一问题的了解当然就比只用短时间研究这一问题的人要深刻得多。建立理论的目的是为了避免别人从头整理材料和从头开始研究，能够利用已经整理好和研究好的成果。理论应该培养未来指挥官的智力，或者更正确地说，应该指导他们自修，而不应该陪着他们上战场，这正像一位高明的教师应该引导和促进学生发展智力，而不是一辈子牵着他走。

如果从理论研究中自然而然地得出原则和规律，如果这些真理的原则和规律是来源于自然的结晶，那么理论就不但不和智力活动的这种自然规律相对立，反而会像建筑拱门时最后砌上的拱心石一样，把这些原则和规律凸显出来。理论之所以要这样做，也只是为了要和人们思考的逻辑关系一致起来，明确许多线索的汇合点，而不是为了制定一套供战场上使用的代数公式。因为这些原则和规律，主要是用于确定思考的基本线索，而不应像路标那样指出行动的具体道路。

有了上述观点才能建立理论，才能消除理论和实践的矛盾

有了上述观点，才可能建立一种令人满意的作战理论，即建立一种有用的、与现实不相矛盾的作战理论。这样的理论只要运用得当，就会接近实际，以致完全消除理论脱离实际的反常现象。

理论应该考察目的和手段的性质（战术上的目的和手段）

理论应该考察手段和目的的性质。

在战术中，手段是用以进行斗争的受过训练的军队，目的是取得胜利。至于如何进一步确定胜利的概念，以后在研究战斗时才能更详细地阐述，在这里胜利的标志是把敌人击退出战场。通过胜利，就达到了战略为战斗规定的目的，这种目的使战斗具有了真正的意义，当然对胜利的性质也会产生一定的影响。一个以削弱敌人军队为目的的胜利和一个以占领某一阵地为目的的胜利是不同的。由此可见，战斗的意义能够对战斗的组织和实施发生显著的影响，所以也应该是战术的一个研究对象。

在战术上使用手段时离不开的各种条件

既然有些条件是战斗所离不开的，会或多或少地对战斗发生影响，那么在使用军队时当然要予以考虑。这些条件就是地形、时间和天候。

地形最好分为地区和地貌两个概念，严格地说，如果战斗是在完全平坦的荒原上进行的，地形对战斗就不会有什么影响。这种情况在草原地带确实是可能发生的，但在文明的欧洲地区就几乎不可能。文明民族

间的战斗要不受地区和地貌的影响，几乎是妄想。

时间对战斗发生影响，是因为有昼夜之分，但这种影响的范围当然会超越昼夜的界线，因为每次战斗都有一定的持续时间，规模大的战斗甚至要持续许多小时。对组织一次大规模的战役来说，从早晨开始还是从下午开始是有重大区别的。但确实有许多战斗不受时间因素的影响，一般说来时间对战斗的影响是很有限的。

天候对战斗发生决定性影响的情况更为少见，通常只有雾会发生一定的影响。

战略上的目的和手段

在战略上，战术成果是手段，比如胜利是能直接导致媾和的因素，但媾和才是最后的目的。在战略上运用手段达到目的时，同样也离不开或多或少对此发生影响的那些条件。

在战略上使用手段时离不开的各种条件

这些条件仍然是：地区和地貌（地区应该扩大理解为整个战区的土地和居民），时间（应包括季节）以及天候（指严寒等特殊现象）。

构成了新的手段

战略上把上述条件和战斗成果结合在一起，就使战斗本身有了特殊的意义，也就是使战斗具有了特殊的目的。但只要这个目的还不直接导致媾和，那就是从属性的，应该把它也看作是手段。因此我们可以把具有各种不同意义的战斗成果或胜利都看作是战略上的手段。占领敌人阵地就是这样一种同地域结合在一起的战斗成果。不仅具有特殊目的的单个战斗应该看成是手段，而且在共同目的下进行的一系列战斗所组成的任何一个更高的战斗单位，也应该看成是一种手段，比如冬季战局就是这样一种和季节结合在一起的行动。

可见，只有那些可以看作是直接导致媾和的因素才是目的。理论应该探讨这些目的和手段的作用和相互关系。

只能根据经验来确定战略上应该探讨的手段和目的

战略怎样才能把这些手段和目的详尽无遗地列举出来？如果要用哲学上的方法得出一个必然的结论，就会陷入种种困难之中，使我们得不到作战和作战理论之间的逻辑上的必然性。因此只能面向经验，根据战史所提供的战例进行研究。当然用这种方法得出的理论会带有一定的局限性，它只适用于和战史相同的情况。但是这种局限性确是不可避免的，因为在任何情况下，理论讲述的问题或是从战史中抽象出来的，或至少是和战史比较过的。不过这种局限性与其说存在于现实中，不如说存在于概念中。

这种方法很大的优点在于能使理论切合实际，不致使人陷入无谓的思考、钻牛角尖和流于泛泛的空想。

对手段应分析到什么程度

理论对手段应分析到什么程度？只需要考察它们使用时的各种特性就够了。对战术来说，各种火器的射程和效能极为重要，至于它们的构造虽然能决定效能，却无关紧要，因为作战并不是用炭粉、硫黄和硝石制造火药，用铜和锡制造火炮，而是运用现成的有效的武器。对战略来说，只需要使用军用地图，并不需要研究三角测量；要取得辉煌的战果，并不需要探讨如何建设国家，怎样教育和管理百姓，只需要了解欧洲各国在这些方面的现状，并注意各不相同的情况对战争会发生哪些显著的影响。

知识的范围大大缩小

显然理论所需研究的对象显著地减少了，作战所需的知识的范围也会大大缩小。一支装备好了的军队所必须具备的一般军事活动的大量知识和技能，在进入战场去实现最终战争目的之前，必须压缩成极少的几条主要结论，就像一个地方的许多小河在流入大海以前先汇成几条大河一样。只有那些直接注入战争这个大海的主要结论，才是指挥战争的人必须熟悉的。

为什么伟大的统帅可以迅速培养出来，为什么统帅不是学者

事实上，我们的研究只能得出这样的结论。如果得出任何一种其他结论，我们的研究就是不正确的。只有这样的结论才能说明，为什么往往有些从未接触过军事活动的人却担任了较高的职务，甚至做了统帅，在战争中建立了丰功伟绩；为什么杰出的统帅从来不是来自知识渊博的军官，而大多数是那些环境不许可他们获得大量知识的人。那些认为培养未来的统帅必须从了解知识的一切细节开始，或者认为这样做至少是有益的人，一向被讥讽为可笑的书呆子。不难证明，了解一切细节对统帅来说是有害的，因为人的智力是通过他所接受的知识和思想培养起来的。关于重大问题的知识和思想能使人成大材，关于细枝末节的知识和思想，如果不作为与己无关的东西而拒绝接受的话，那就只能使人成小材。

以往的矛盾

以往人们没有注意到战争中所需要知识的简单性，总是把这些知识同那些为作战服务需要的大量知识和技能混为一谈。当它们和现实世界中的现象发生明显的矛盾时，只好把一切都推给天才，认为天才不需理论，理论也不是为天才建立的。

有人否认知识的用处，把一切都归于天赋

有些靠天赋办事的人似乎觉得非凡的天才同有学问的人有天壤之别，他们根本不相信理论，认为作战全凭个人的能力，而能力的大小则决定于个人天赋的高低，这样，他们就成了自由意志论者。不可否认，这种人比那些相信错误知识的人要好些，可是很容易看出这样的看法是不符合事实的。因为不积累一定数量的观念，就不可能进行智力活动，这些观念至少大部分不是先天带来的，而是后天获得的，这些观念就是知识。我们需要的是哪一类知识呢？可以肯定地说，战争中所需要的知识应该服务于人们在战争中直接处理的事情。

不同的职位需要不同的知识

在军事活动领域内，指挥官职位不同，需要的知识也不同。职位较低的需要一些涉及面较窄且比较具体的知识；职位较高的则需要一些涉及面较广且比较概括的知识。让某些统帅当骑兵团长，并不一定很出色，反过来也是一样。

战争中所需要的知识虽然很简单，但运用它们却不那么容易

战争中所需要的知识是很简单的，它只涉及很少的问题，而且只要掌握这些问题的最后结论就行了，但是运用这些知识却不那么容易。在战争中经常会遇到的困难，这在第一篇中已经谈过。这里我们不谈那些只能靠勇气克服的困难，至于智力活动，我们认为只是在较低的职位上才是简单和容易的，随着职位的提高，它的困难也越大，到统帅这样的最高职位，智力活动就成为人类最困难的精神活动之一。

这些知识应该是什么样的

虽然统帅不必是学识渊博的历史学家，也不必是政治家，但他必须熟悉国家大事，必须对既定的方针、当前的利害关系和存在的各种问题，以及当权人物等有所了解和有正确的评价。统帅不必是细致的人物观察家，也不必是敏锐的性格分析家，但他必须了解自己部下的性格、思考方式、习惯和主要优缺点。统帅不必通晓车辆的构造和怎样给拉火炮的马套缰绳，但他必须能正确地估计一个纵队在各种不同情况下的行军时间。所有这些知识都不能靠科学公式和机械方法来获得，只能在考察事物时和在实际生活中通过正确的判断来获得，或通过对事物的理解才能来获得。

职位高的人在军事活动中所需要的知识，可以在研究——也就是在考察和思考中，通过一种特殊的才能来取得，这种才能作为一种精神上的本能，像蜜蜂从花里采蜜一样，善于从生活现象中吸取精华；除了考察和研究以外，这种知识还可以通过生活实践来取得。通过富有教育意义的生活实践，虽然不能产生像牛顿或欧拉这样的人物，但却能获得像孔代或腓特烈那样杰出的推断力。

因此，我们没有必要为了强调智力在军事活动中的作用而陷入言过其实的学究气泥坑里。从来没有一个伟大而杰出的统帅是智力有限的人，但是常常有些人在较低的职位上表现得很突出，可是一到最高的职位就由于智力不足而表现得很平庸。甚至同样处于统帅的位置，由于职权范围不同，智力的表现也不同。

知识必须变成能力

现在我们还必须考虑另外一个条件，这个条件对作战知识来说比其他任何知识更为重要，那就是必须把知识融会贯通，变成自己的东西，使它不再是某种客观上的存在。几乎在人类的其他一切活动中，人们曾经学过的知识即使已经遗忘了，使用时也可以到落满尘灰的书本里去寻找，甚至他们每天在手头运用的知识，也可以完全是身外之物。当一个建筑师拿起笔来，进行复杂的计算来求得一个石墩的负荷力时，他得出的正确结果并不是他自己智力的创造。首先他必须努力查找资料，然后进行计算，计算时使用的定律并不是他自己发明的，甚至在计算时他还往往没有完全意识到为什么必须用这种方法，多半只是机械地运算。但在战争中不是这样。在战争中，客观情况的不断变化促使人们的精神不断做出反应，这就要求指挥官必须把全部知识变成自己的东西，必须能够随时随地做出必要的决定。因此，他的知识必须同自己的思想和实践完全融为一体，变成真正的能力。正是由于这个原因，那些杰出指挥官的所作所为看来都那么容易，似乎一切都应该归功于他们天赋的才能。我们所以说天赋的才能，是为了把这种才能跟通过考察和研究培养出来的才能区别开来。

我们认为，通过上面的研究，已经明确了作战理论的任务，并提出了完成这一任务的方法。我们曾把作战方法分为战术和战略两个范畴，正像已经指出的那样，建立战略理论无疑有较大的困难，因为战术几乎仅仅涉及有限的问题，而战略则由于直接导致媾和目的的多样性而陷入无穷无尽的可能性当中。不过需要考虑这些目的的主要是统帅，因此在战略中主要是与统帅有关的部分有较大的困难。

战略理论比起战术理论来，尤其是涉及重大问题的那一部分，更应该只是对各种事物的考察，来帮助统帅认识事物。这种认知一旦和他的整个思想融为一体，就能使他更顺利和更有把握地采取行动，不至于勉强自己服从于一个客观真理。

第3章　军事艺术和军事科学

用词尚未统一

（能力和知识。单纯以探讨知识为目的的是科学，以培养能力为目的的是技术）

这个问题虽然不难，但人们至今尚未决定，究竟采用军事艺术这个术语还是采用军事科学这个术语，也不知道应该根据什么来解决这个问题。我们在别的地方曾经说过，知识和能力是不同的。两者之间的差别极为明显，本来是不易混淆的。能力本来不能写在书本上，因此艺术也不应该作为书名。但是，人们已经习惯于把掌握某种技艺所需要的知识（这些知识也可能是几门独立的科学）叫作艺术理论，或者直截了当地称为艺术，因此必然会采用这样的区分，把凡是以培养创造能力为目的的叫作艺术，如建筑艺术，把凡是单纯以探讨知识为目的的叫作科学，如数学、天文学。不言而喻，在任何艺术理论中都可能包含某几门独立的科学。但值得注意的是，任何科学中也不可能完全没有艺术，例如在数学中，算术和代数的应用就是艺术，不过这还远远不是两者之间的界限。显然从人类知识的总和来看，知识和能力之间的差别极为明显，但在每一个人身上它们很难截然分开。

把认识和判断分开是困难的

任何思维都是一种能力。当逻辑学者画一条横线，表示前提（即认识的结果）已经结束，判断从此开始时，能力当即开始起作用。不仅如此，甚至通过智力的认识也是判断，因而也是一种能力，通过感觉的认识也同样如此。总之，一个人只有认识力而没有判断力，或者只有判断力而没有认识力，都是不可想象的。因而能力和知识不能截然分开。越是具体地体现在世界的外部形态上，它们的区别就越明显。我们再重申一下，凡是以创作和制造为目的的都属于艺术的领域，凡以研究和求知为目的的都属于科学的领域。由此可见，使用军事艺术比使用军事科学这个术语要恰当些。

对这个问题我们之所以谈了这么多，是因为概念必不可少。战争既不是真正意义上的艺术，也不是真正意义上的科学，人们正是看不到这一点，才走上了错误的道路，不知不觉地把战争同其他各种艺术或者科学等同起来，并进行了一系列不正确的类比推理。

人们早已感觉到了这一点，于是把战争说成是一种手艺。但这种说法弊大于利，因为手艺只不过是一种比较初级的艺术，它只服从于较固定和较狭隘的规律。事实上，军事艺术在雇佣兵时期带有手艺性质。但它产生这种倾向并不是由于内在的原因，而是外在的原因，更何况战史也已经证明，这在当时就是很不正常和无法令人满意的。

战争是人类的一种交往行为

我们认为，战争不属于艺术或科学的领域，而属于社会生活的领域。战争是一种巨大的利害关系的冲突，这种冲突是用流血方式来解决的，与其他冲突的区别也正在于此。战争与其说像某种艺术，还不如说像贸易，贸易也是人类利害关系和活动的冲突。然而更接近战争的是政治，政治也可以看成是一种更大规模的贸易。不仅如此，政治还是孕育战争的母体，战争的轮廓是在政治中隐隐形成的，就好像生物的属性在胚胎中就已形成一样。

区别

战争同艺术的根本区别在于：战争这种意志活动既不像技术那样，只处理死的对象，也不像艺术那样，处理人的精神和感情这一类活的、但却是被动的、任人摆布的对象，它所处理的既是活的又是有反应的对象。因此很明显，艺术和科学所使用的机械的思维方法很少适用于战争，力图从战争中寻找类似于静态的物质世界中所能找出的那些规律，必然会导致错误。然而，过去人们确立军事艺术时，正是以技术做榜样的。以艺术做榜样也行不通，因为艺术本身还非常缺乏法则和规律，而现有的几条法则和规律又往往是不完善和片面的，它们不断地被各种意见、感觉和习惯的巨流冲击而淹没。

至于在战争中发生和消失的这种活的对象之间的冲突是否服从一般法则，这些法则能否作为行动的有用的准绳，我们在本篇里将做一些探讨。但有一点很清楚，像没有超出我们认识能力的任何对象一样，战争这个对象是可以通过研究来阐明的，它的内在联系也或多或少可以弄清楚，而且只要做到这一点，理论就是名副其实的理论了。

第4章　方法主义

为了要说清楚在战争中起着如此巨大作用的方法和方法主义的概念，我们必须概略地观察一下支配一切行动的那套逻辑结构。

法则，这一对于认识和行动都同样适用的最普遍的概念，就词义来讲，显然带有某种主观性和武断性，但它恰好表达了我们和外界事物所必须遵循的东西。对认识来说，法则表明事物同它的作用之间的关系；对意志来说，法则是对行动的一种规定，与命令和禁令具有同等的意义。

原则，同法则一样是对行动的一种规定，但它没有法则那样严格确定的意义，只有法则的精神和实质。当现实世界的复杂现象不能纳入法则这种固定形式时，运用原则就可以使判断有较多的自由。因为在原则不能适用的场合，必须依靠判断来处理问题，所以，原则实际上只是行动者的依据或指南。

如果原则是客观真理的产物，适用于所有的人，那么它就是客观的；如果原则含有主观的因素，只对提出它的人有一定价值，那么它就是主观的，通常称为座右铭。

规则，常常被理解为法则，但是却和原则具有同等的意义。人们常说“没有无例外的规则”，却不说“没有无例外的法则”。这表明人们在运用规则时可以有较多的自由。

从另一个意义上讲，规则还是根据外露的个别特征去认识深藏的真理，并确定完全符合的行动准则。所有的比赛规则，数学中所有的简化方式等，都属于这一类。

细则和守则，也是对行动的规定，它涉及的是一些更细小、更具体的情况，这些情况太多且过于琐碎，不值得为它们建立一般性的法则。

最后，还有方法和方法主义。方法即方式，是从许多可能的办法中挑选出来的一种常用的办法；方法主义则是根据方法，而不是根据一般原则或个别细则来决定行动。这里必须有一个前提，那就是用这种方法去处理的各种情况基本上是相同的。但事实上不可能完全如此，至少应该保证相同的部分尽可能多，换句话说，这种方法应该适用于最可能出现的那些情况。因此，方法主义不是以个别的情况为前提，而是以各种相似情况的或然性为基础，建立并提出一种适用于一般情况的真理。如果以同样形式反复运用这一真理，不久就可达到机械般的熟练程度，最终可以自然而然地做出正确的处理。

法则这个概念，对于认识作战来说是多余的，因为战争中错综复杂的现象不会很有规律，而有规律的现象也不那么错综复杂，所以法则这个概念并不比简单的真理更为有用。凡是能用简单的概念和言词来表达的，而用了复杂的、夸张的概念和言词，那就是矫揉造作、故弄玄虚。在作战理论中，法则这个概念对行动来说也是不适用的，因为在这里各种现象变化多端而且极为复杂，所以普遍得足以称为法则的规定是没有的。

但是，如果想使作战理论成为固定的条文，原则、规则、细则和方法都是不可缺少的概念，因为在固定的条文中真理只能以这种浓缩的形式出现。

在作战方法中，战术理论最可能成为固定的条文，因此，上述概念在战术中也最为常见。非不得已，不得用骑兵攻击敌人队形完整的步兵；在敌人进入有效射程以前，不得使用火器；战斗中要尽量节约兵力，以备最后使用。这些都是战术原则。所有这些规定并不是在任何场合都绝对适用的，但指挥官必须铭记在心，以便当这些规定中所包含的真理可以发挥作用时，不致失去机会。

如果发现敌人生火做饭的时间反常，就可以断定敌人准备转移，如果敌人在战斗中故意暴露自己的部队就意味着佯攻，这种认识真理的方法就叫规则，因为从这些明显的个别情况中可以推断出其中包含的意图。如果说，在战斗中一旦发现敌人的炮兵开始撤退就应该立即猛烈地攻击敌人是一条规则，那就意味着，从个别现象推测出整个敌情，再根据这个敌情得出一条行动规定。这个敌情显示：敌人准备放弃战斗，正开始撤退，而在这个时候，它既不能进行充分的抵抗，也不像在撤退过程中那样便于完全摆脱我方。

至于细则和方法，只要训练有素的军队掌握了它们并把它们作为行动的准则，那么战争准备的理论就会在作战中起作用。有关队形、训练、野战勤务的一切规定都是细则和方法。有关训练的规定主要是细则，有关野战勤务的规定则主要是方法。这些细则和方法跟实际作战密切相关，它们都是作战方法中现成的方法，必然包括在作战理论中。

但是，对于自由使用军队的活动却不能规定细则，即不能规定固定的守则，因为细则是不能自由运用的。与此相反，方法作为执行任务的一般办法（如前所述，这种办法是根据或然性制定的），作为对原则和规则的精神实质的把握及其在实际中的运用，只要它不失去本来面目，不成为一套绝对的和必需的行动规定（即体系），而是可以代替个人决断，在一般办法中可供选择的最简捷和最佳的方法，它就可以列入作战理论。

在作战中常常按方法办事是非常重要和不可避免的。只要我们想一想，在战争中有多少行动是根据纯粹的假定或在完全弄不清情况的条件下决定的，我们就会相信这一点了。这是因为敌人会阻挠我们去了解那些对部署有影响的情况，时间也不允许我们充分去了解，而且即使我们知道了这些情况，也由于范围太广，过于复杂，不可能根据它们来调整一切部署，所以我们常常不得不根据几种可能的情况进行部署。只要我们想到，在每一事件中需要同时考虑的具体情况是无穷无尽的，那么我们除了进行由此及彼的大致推想，根据一般的和可能的情况进行部署以外，就没有其他任何办法。最后，我们还要提到，职位越低，军官的人数越多，就越不能指望他们具有独立的见解和熟练的判断力。除了来自勤务细则和经验的见解以外，就不应该要求他们有其他的见解，我们就不得不教给他们一套类似细则的方法，作为进行判断的依据，防止他们越出常规地胡思乱想，在经验特别有用的战争领域里，胡思乱想是特别危险的。

我们还必须承认，方法主义不仅是不可缺少的，而且还有很大的优点，那就是反复运用同一种方法，在部队的指挥上可以达到熟练、精确和可靠的程度，从而减少战争中的阻力，使机器便于运转。

因此职位越低，方法就用得越多，就越必不可少；职位越高，方法用得越少，到最高职位，方法就完全用不上了。因而方法在战术中比在战略中更能发挥作用。

从最高角度来看，战争不是由大同小异的、处理得好坏取决于方法好坏的无数细小事件构成的，而是由需要分别处理的、具有决定意义的各个重大事件构成的。战争不是一片长满庄稼的田地，收割时不需要考虑每颗庄稼的形状，收割得好坏仅仅取决于镰刀的好坏；而是一片长满大树的土地，在这片土地上，用斧头砍伐大树时，就必须注意到每棵大树的形状和方向。

军事活动中方法使用得多少，并不取决于职位的高低，而取决于事情的大小。统帅处理的是全面而重大的事情，所以他较少使用方法。统帅如果在战斗队形、布置先头部队和前哨方面，采取老一套方法，不仅会束缚他的部下，而且在某些情况下也会束缚他自己。固然，这些方法可能是他自己创造的，也可能是他根据情况采用的，但是只要它们是以军队和武器的一般特性为根据的，也可以成为理论研究的对象。然而像用机器制造东西那样，总是按照同一方法来决定战争计划和战役计划，却是应该坚决反对的。

但只要还没有令人满意的理论，对作战的研究还不够完善，职位较高的人有时也不得不破例地使用方法主义，因为在这些职位较高的人当中，有一部分人没有条件通过专门的研究和上层社会的生活来提高自己。他们在那些不切实际而又充满矛盾的理论和批判面前无所适从，他们健康的智力接受不了这些东西，于是除了依靠经验以外没有其他办法了。因此，在必须和可以单独地自由处理问题的场合，他们也喜欢运用从经验中得来的方法，也就是仿效最高统帅所特有的行动方式，这样就自然而然地产生了方法主义。腓特烈大帝的将军们总是采用所谓斜形阵势，法国大革命时代的将军们总是采用绵长战线的包围战法，而拿破仑手下的将领们则常常集中大量兵力进行血战，从这些办法的反复运用中，可以明显地看到一套袭用的方法，由此可见，高级指挥官也可能仿效别人的方法。如果有一套比较完善的理论，有助于研究作战方法，有助于提高那些力图上进的人们的智力和判断力，那么方法主义的作用范围就不至于这样大，而那些被看作是不可缺少的方法，至少会是理论本身的产物，而不是单纯仿效的结果。一个伟大的统帅无论把事情办得多么高明，他办事的方法中总有某些主观的东西，如果他有一种特定的作风，这种作风必须在很大程度上反映他的个性，而他的个性同仿效他的将领们的个性不会总是一样。

在作战方法中，要完全摒弃这种主观的方法主义或作风，既不可能也不正确。相反地，应该把它看作是战争的总的特性对许多个别现象所产生影响的一种表现。当理论还没有预见和研究这种影响时，就只能依靠方法主义。革命战争有它特殊的打法，这不是很自然的吗？但哪一种理论能预先把它的特点包括进去呢？可惜的是，一定情况下产生的方法很容易过时，因为情况在不知不觉地发生变化，而方法本身却没有改变。理论应该通过明确而合理的批判去防止这种过时的方法被使用。1806年，普鲁士的一些将军们，例如路易亲王在萨尔弗尔德，陶恩秦在耶拿附近的多恩山，格拉韦特在卡佩伦多夫前面和吕歇尔在卡佩伦多夫后面，都因为袭用了腓特烈大帝的斜形阵势而全军覆没。这不仅因为这种方法已经过时，而且还因当时方法主义已使智识极为贫乏，所以才导致了霍恩洛厄的军队史无前例的惨败。

第5章　批　判

理论上的真理总是更多地通过批判，而不是通过条文来对现实生活发生作用。批判就是把理论上的真理应用于实际，不仅使它更加接近实际，而且通过反复地应用，使人们更加习惯于这些真理。因此我们除了确定用什么观点建立理论以外，还必须确定用什么观点进行批判。

我们把批判地论述历史事件同简单地叙述历史事件区别开来。简单地叙述历史事件仅仅是罗列一些事实，至多不过涉及一些最直接的因果关系。

批判地论述历史事件，则有三种不同的智力活动。第一是考证历史上可疑的事实。这是纯粹的历史研究，同理论是两回事；第二是从原因推断结果。这是纯粹的批判的研究。这种研究对理论来说是不可缺少的，因为在理论中需要用经验来确定、证实、甚至加以说明的一切，都只能用这种方法来解决；第三是对使用的手段进行检验。这是既有赞扬又有指责的真正的批判。在这里，理论是用来研究历史的，或者更多是用来从历史中吸取教训的。

在后两种考察历史的纯粹的批判活动中，极为重要的是探寻事物的根源，直到发现毋庸置疑的真理为止，而不能像常见的那样半途而废，满足于某种随意做出的论断或设想。

由原因推断结果，往往有一种不易克服的外在困难，那就是根本不了解真正的原因。这种情况在战争中比在实际生活的其他任何活动中更为常见。在战争中，很少能完全了解事件的真相，至于行动的动机更是如此，因为这些动机或者被当事者故意隐瞒，或者由于它们是非常短暂和偶然的，历史上没有记载。因此批判的研究必须同历史的研究相结合，但即使如此，有时原因同结果往往还是不相吻合，也就是结果不能看作是已知原因的必然产物。在这里就必然会产生脱节现象，也就是说，有些历史事件我们无法从中吸取教训。理论所能要求的是，探讨到有这种脱节现象的地方必须停止，不再往下推论。如果误以为已知的原因已经足以说明结果，因而对它过分重视，那才是最糟糕的。

批判的研究除上述外在的困难外，还有一种很大的内在困难，那就是战争中事件的结果很少由单一的原因产生，而是由许多原因共同产生的，仅仅凭公正和认真的态度去追溯事件的一系列根源还不够，更重要的是必须弄清楚每个原因的作用。这样就必须对原因的性质做进一步的探讨，于是批判的研究就进入了纯粹的理论领域。

进行批判的考察，也就是对手段进行检验时，必须弄清当事者使用的手段会产生什么样的结果，这些结果是否符合当事者的意图。

要想知道手段会产生什么样的结果，就必须探讨手段的性质，这又进入了理论的领域。

我们已经说过，在批判中极为重要的是探寻事物毋庸置疑的真理，不能随意做出论断，因为既不能使别人信服，别人也可以用随意提出的主张加以反对。这样一来，就会争论不休，得不出任何结论，因此也就得不到任何教训。

不论是对原因的探讨，还是对手段的检验，都会进入理论的领域，也就是说，进入一般真理的领域（这种真理不是仅仅从当前具体情况中得出的）。如果有一种有用的理论，考察时就可以把理论中已经确定的东西作为根据，不必再去追溯。但当理论还称不上这样的真理时，考察就不得不追溯到底。如果必须经常这样做的话，那么人们常说的著作家们就会不胜其烦，因为有无数的事情要做，要对每一个问题都进行从容的研究几乎不可能。结果，为了限定自己的考察范围，他就不得不满足于随意提出的主张，尽管他本人不认为这些主张是随意提出的，但在别人看来则是如此，因为它们本身既不十分清楚，也没有得到证实。

因此，有用的理论是批判的重要基础。批判如果不借助合理的理论，一般无法使人获得教训，也就是说，它令人怀疑和能被反驳。

如果认为理论能够把每一个抽象的真理都包括在内，批判的任务只是看看具体情况是否符合相应的法则，那是一种幻想。如果规定，在批判时不能侵犯神圣的理论，那是可笑的书呆子的做法。创造理论的那种分析探讨的精神也应该指导批判活动，而且这种精神也常常会进入理论领域，进一步说明对它特别重要的问题。反之，如果在批判中只是机械地搬用理论，那就完全不能达到批判的目的。理论探讨得出的所有肯定的结论，一切原则、规则和方法形成的固定条文越多，就越缺乏普遍性，离绝对真理的距离就越远。这些东西本来是供人们应用的，至于它们是否适用，永远应该由判断来确定。在批判时，绝不应该把理论上的这些结论当作衡量一切的法则和标准，只能像当事者那样，把它们当作判断的依据。在一般战斗阵形中，骑兵与步兵不能处在同一线上，骑兵应配置在步兵的后面，如果说这是战术上的规定的话，对违背这一规定的任何配置都加以责难仍然是愚蠢的。在批判时，应该探讨违背这个规定的理由，只有发现理由不充分的时候，才可以引用理论上的规定。又如，理论上确定多路进攻会减少胜利的可能性，那么凡是采取了多路进攻而又恰好遭到失败的场合，不进一步了解实际情况就认为失败是多路进攻造成的，或者在多路进攻而又获得胜利的场合，就反过来认为理论上的规定是不正确的，这两种看法同样是不合理的，都是批判的分析探讨精神所不容许的。总之，理论上经过分析探讨而得出的结论是批判的主要依据，理论上已经规定了的，批判时就不必重新确定了。理论上之所以做出规定，就是为了批判时有现成的东西可以使用。批判的任务是探讨原因产生了什么样的结果，是探讨使用的手段是否同目的相适应，当原因同结果，目的同手段具有直接的联系时，这一任务是不难完成的。

如果一支军队遭到奇袭，不能有条不紊地、合理地发挥它的力量，那么奇袭的效果就毋庸置疑了。如果说理论上已经确定，在会战中进行围攻能获得较大的胜利，但获胜的把握较小，问题就在于指挥官采用这个方法是否主要是为了获得较大的胜利。如果是这样，他选用的手段就是正确的。如果他用这个手段是为了获得较有把握的胜利，像常见的那样，只根据围攻的一般性质采用了这个手段，而不是从具体情况出发，他就弄错了手段的性质，因而犯了错误。

在这里，批判地探讨原因和检验手段并不困难，只要局限于考察最直接的结果和目的，事情总是容易的。若人们撇开同整体的联系，只考察事物间的直接关系，那当然可以随意这样做了。

但像世界上其他活动一样，在战争中组成整体的一切都彼此联系着，因此每一个原因，即使是很小的原因，其结果也会对整个行动的结局发生影响，会使最后的结果有所改变，尽管改变可能会很少。每一个手段同样也必然会影响到最终的目的。

因此只要现象还有考察价值，就可以继续研究原因所导致的结果。人们不仅可以根据直接的目的去检验手段，也可以把这一目的当作达到更高目的的手段来加以检验，这样对一连串相互从属的目的进行探讨，一直到目的的必要性无须怀疑，不必再作检验时为止。在许多情况下，尤其是涉及具有决定意义的重大措施时，应该一直考察到最终的目的，即直接导致媾和的目的为止。

很明显在向上追溯过程中，每上升到一个新的阶段，人们的判断就有一个新的立足点。因此，同一个手段，从较低的立足点来看可能有利，但从较高的立足点来看却必须摒弃。

在批判地考察某一军事行动时，研究某些现象的原因经常是同根据目的检验手段配合进行的，因为只有通过对原因的研究，才能找到值得作为检验对象的东西。

这样自下而上和自上而下考察，会遇到很大的困难，因为事件离原因越远，支配它的各种力量和情况就越多，所以人们探讨的原因离事件越远，需要同时考虑的其他原因就越多，还要辨别这些原因对事件可能产生多大的影响。如果我们找到了一次会战失败的原因，当然也就找到了这次失败的会战影响整个战争结局的原因，但这仅仅是一部分原因，根据不同的情况，其他原因所造成的结果对战争的最终结局也有着或多或少的影响。

同样，随着立足点的提高，检验手段的复杂性也就增大，因为目的越高，为达到这种目的所运用的手段也越多。战争的最终目的是所有军队都追求的，因此为了达到这个目的所做的或可能做的一切都必须加以考察。

这样一来，有时就要扩大考察的范围，在此情况下，人们很容易感到迷惑并遇到困难，因为对那些实际上没有但很可能发生、因而不得不加以考察的事情也做出许多假定。

当1797年3月拿破仑率领意大利军团由塔利亚曼托河进攻卡尔大公时，他的意图是在卡尔大公所盼望的援军还没有从莱茵河赶来以前就迫使他决战。如果只从直接目的看，手段选得很正确，结果也证明了这一点。当时卡尔大公由于兵力很弱，在塔利亚曼托河只做了一次抵抗的尝试，当他看到敌方兵力过于强大和行动坚决时，就退出了战场和放弃了诺里施阿尔卑斯山的山口。拿破仑利用这一幸运的胜利可以达到什么目的呢？他可以一直进入奥地利帝国的心脏，支援莫罗和奥舍率领的两支莱茵大军的进攻，进而同他们取得紧密的联系。拿破仑就是这样考虑的，而且从这个角度来看，他是正确的。但是如果从较高的立足点，也就是从法国督政府的角度进行批判，它能够而且应该看到，六星期以后才能开始莱茵战局，那么拿破仑越过诺里施阿尔卑斯山的进军只能被看作是过于冒险的行动。因为假如奥地利人利用从莱茵河方面调来的援军在施泰尔马克组成强大的预备队，卡尔大公就可以用它们来攻击意大利军团，不仅意大利军团可能全军覆没，而且整个战局也会遭到失败。拿破仑到菲拉赫后看清了这一点，所以他很乐意签订里欧本停战协定。

但如果从更高的立足点进行批判，并且知道奥地利人在卡尔大公的军队和维也纳之间没有预备队，就可以看到维也纳会因意大利军团的进逼而遭到威胁。

假定拿破仑知道奥地利首都没有军队掩护，同时知道他在施泰尔马克对卡尔大公仍然占有决定性的优势，那么他急速地进逼奥地利的心脏就不再是没有目的的了。至于这个行动的价值，取决于奥地利人对保住维也纳的重视程度。因为，如果奥地利人很重视保住维也纳，以致宁愿接受拿破仑提出的媾和条件，那么威胁维也纳就可以看作是最终目的。如果拿破仑从某种根据中知道了这一点的话，那么批判就可以到此为止了。假如对这一点还有疑问，就必须从更高的立足点来继续批判，并进一步问：如果奥地利人放弃维也纳，向本国辽阔的腹地继续后退，情况又将怎样呢？很明显，如果不先分析莱茵地区双方军队之间可能发生的事件，就根本不可能回答这个问题。在法军兵力占决定性优势（13万人对8万人）的情况下，取得胜利是没有多大问题的。但又产生了一个问题，法国督政府想利用这个胜利达到什么目的呢？是想乘胜席卷奥地利帝国从而彻底打垮或消灭这个强国呢，还是仅仅想占领奥地利的大片土地，作为缔结和约的资本呢？必须找出这两种情况可能产生的结果，然后才能断定法国督政府可能选择其中的哪一个。假定研究的结果表明，要想彻底打垮奥地利，法国的兵力还太弱，以致这样做必然会引起整个局势的根本变化，甚至只想占领和保持奥地利的大片土地，也会使法国人在战略上面临兵力不足的局面，那么这样的结果就必然会影响到人们对意大利军团所处地位的评价，寄予它较小的希望。这无疑是拿破仑明知卡尔大公孤军无援却同意签订坎波福米奥和约的缘故。这个和约除了使奥地利丧失一些即使在最成功的战局之后也难于收复的地区以外，再没有要它做更大的牺牲。但如果法国人没有考虑下面两个问题，那么甚至不可能指望签订这个好处不大的坎波福米奥和约，也不可能把签订这个和约作为大胆进军的目的。第一个问题是，奥地利人如何估价上述两种结果；尽管在这两种情况下奥地利人都有最后获胜的可能，但是在这两种情况下，也就是在继续战争的情况下，他们就不得不做出牺牲，而签订一个条件不太苛刻的和约就可以避免这些牺牲，在这种情况下他们是否认为值得做这样的牺牲。第二个问题是，奥地利政府是否会利用自己的有利条件坚持最后胜利，它是否恰如其分地考虑过对方最终取得胜利的可能性，它是否会因一时的失利而丧失勇气。

对第一个问题的考虑并不是无谓的钻牛角尖，而是有重大的实际意义。人们每当提出极端的计划时，总会考虑到这一点，而且正是出于这种考虑，人们才常常不去实行这样的计划。

对第二个问题的考虑也同样必要，因为人们并不是同抽象的敌人作战，而是同必须经常注意的具体的敌人作战。大胆的拿破仑肯定懂得这一点，也就是说他一定相信自己的威名能够先声夺人。正是这种信念促使他在1812年进攻了莫斯科，可是那次他失算了，他的威名经过多次大战已经有所降低。在1797年，他的威名方盛，而且坚决抵抗到底的威力还是个没有被人们发现的秘密，尽管如此，如果不是他预感到可能失败而签订了好处不大的坎波福米奥和约，那么他的大胆在1797年也可能使他得到相反的结果。

到此为止我们对这个战例的考察可以划一个句号了，这个考察作为实例足以说明：在批判的考察中，当人们要追溯到最终目的，也就是检验为最终目的而采取决定性措施时，将会涉及多么广泛的范围和多么繁多的对象，包括遇到多么巨大的困难。从这里也可以看到，除了对事物的理论认识以外，天赋的才能对批判考察的价值也必然有巨大的影响，因为要阐明各种事物的相互关系，在错综复杂的无数事件中辨别哪些是真正重要的，这主要依靠天赋的才能。

同时在另一方面也需要有天赋的才能。批判的考察不仅要检验实际上已经使用的手段，还要检验一切可能的手段。因此，如果在考察中提不出一种可能的更好的手段，就不能指责已经使用的手段。尽管在大多数情况下，很少提出这种可能使用的手段，但不可否认，提出这些没有使用过的手段不仅是对现有事物的单纯分析，更是一种独立的创造，这种创造不能用理论加以规定，只能依靠丰富的智力活动。

我们并非要把那些只有在少数情况下可行的、非常简单的打法都看作是伟大天才的表现，有人把迂回阵地的打法当作天才的表现，这是非常可笑的。尽管如此，这种独立的创造活动还是必要的，而且批判的考察价值主要取决于这种创造性活动。1796年7月30日拿破仑决心放弃对曼托瓦的围攻，以便迎击前来解围的乌尔姆塞尔，并集中兵力对被加尔达湖和乔河隔开的乌尔姆塞尔的军队实行各个击破，他的这种做法被看作是获得辉煌胜利最可靠的途径。他也确实获得了这样的胜利。而且当敌人后来几次前来解围时，他用这种手段取得了更加辉煌的胜利。这一点受到了异口同声地赞扬。

但是，拿破仑如果不完全放弃继续围攻曼托瓦的想法，在7月30日就不能采取上述行动，因为这样的行动无法保住攻城辎重，而且在这一战局中他也无法取得第二套辎重。实际上，以后的围攻已变成了单纯的包围，尽管拿破仑在野战中取得了胜利，但这个只要继续围攻不出八天就能攻陷的要塞，又继续抵抗了六个月。

批判者由于提不出更好的对付援军的打法，曾认为这是完全不可避免的憾事。在围攻防卫圈上迎击前来解围的敌军这一手段早就受到批评和轻视，以至完全被遗忘了。路易十四时代常常奏效的这一手段，在百年后竟没有人想到至少是可以加以考虑的，这只能说是时髦的观点在作祟，如果认为这种手段可以使用，对当时形势的进一步研究就可以看出，只要拿破仑在曼托瓦围攻的防卫圈内配置他那4万世界上最精锐的步兵，在筑有坚固工事的条件下，是不必惧怕乌尔姆塞尔所率领的前来解围的5万奥军的，因为他们就是向围攻防卫圈作一次进攻的尝试都是十分困难的。在这里不打算进一步论证我们的看法，但是我们认为，上述看法已足以说明这种手段是值得加以考虑的。至于拿破仑本人在当时是否考虑过这一手段，我们不想妄加推断，但是在他的回忆录和其他出版物中都找不到他曾考虑过这点的痕迹。后人的评论中也都没有提到可以采用这一手段，它已经完全被人遗忘了。重新把这种手段提出来并不是什么了不起的功劳，因为人们只要摆脱时髦观点的影响就能做到这一点。但是，为了加以考察而提出这种手段，并且把它同拿破仑所使用的手段进行比较，却是十分必要的。无论比较的结果如何，在批判中都不能不做这种尝试。

1814年2月，拿破仑在埃托日、尚波贝尔、蒙米赖等地的战斗中击败了布吕歇尔的军队以后，他就抛开布吕歇尔，把矛头转向施瓦岑贝格，并在蒙特罗和莫尔芒打败了他的军队。人们十分钦佩拿破仑，因为他忽东忽西地调动自己的主力，巧妙地利用了联军分兵前进的错误。拿破仑在这些方向上进行的出色战斗，虽然没有能够挽救他的失败，但至少在人们看来失败不是他的过错。迄今为止，还没有一个人提出问题：如果拿破仑不把矛头由布吕歇尔转向施瓦岑贝格，而是继续进攻布吕歇尔，并把他一直逼到莱茵河边，结果又会怎样呢？我们确信，在这种情况下整个战局可能会有根本性的转折，联军的主力可能不会进军巴黎，而会退回莱茵河东岸。我们并不要求别人也同意我们这种见解，但是既然有人提出了另一种打法，在批判时就必须加以探讨，这是任何军事家都不会不同意的。

在此提出来做比较的打法，本来比在前一例中提出的打法更容易被人们想到，但人们只盲目地追随某一种见解，缺乏公正的态度，因而没有想到它。

虽然有些批判者认为有必要提出更好的打法来代替受到指责的打法，但他们只是提出了自认为较好的打法，并没有提出应有的论据。这样，提出来的打法不能使每个人都信服，别人也会提出另外一种打法，结果就产生了没有任何论据的争论。所有的军事著作中这类例子比比皆是。

只要提出的手段优点还不够明显，不足以达到令人信服的程度，就必须再提出我们所说的论据。所谓论据，就是探讨两种手段的特点，并且结合目的进行比较。如果能用简单的道理来说明问题，那么争论就不会无休止地进行下去。

在上例中，如果我们不满足于仅仅提出一个较好的打法，而想进一步证明继续追击布吕歇尔要比把矛头转向施瓦岑贝格更好，那么我们就可以提出下列简单的理由作为论据。

（1）通常在一个方向上连续进攻要比忽东忽西地进攻更为有利，因为采用后一打法会浪费时间，而且在敌军损失惨重、士气沮丧的情况下，连续进攻更容易取得新的胜利，能够充分利用已经取得的优势。

（2）虽然布吕歇尔的兵力比施瓦岑贝格弱，但由于他敢作敢为，对同一阵线的其他人会产生巨大的影响，因此打垮他比进攻施瓦岑贝格更为重要。

（3）当时布吕歇尔所受的损失几乎等于惨败，拿破仑因而占有很大的优势，要想迫使布吕歇尔一直退到莱茵河边几乎是不成问题的，因为他在这个方向上没有值得一提的援军。

（4）没有其他结果比布吕歇尔被迫退到莱茵河边更能引起恐惧，更容易造成失败的印象了，特别是使施瓦岑贝格这样以优柔寡断出名的将领产生恐惧和失败的印象更重要的了。符腾堡王太子在蒙特罗和维特根施坦伯爵在莫尔芒一带遭到的损失，施瓦岑贝格亲王肯定了解得相当清楚。如果布吕歇尔在从马恩河到莱茵河这条完全孤立和被隔离的战线上遭到失败，那这个消息就会像雪崩一样传到施瓦岑贝格那里。拿破仑采用威胁性的战略迂回来影响联军，在3月底向维特里进军，这一令联军绝望的行动显然是以恐吓为目的的，但那时情况已经完全不同了，拿破仑已经在拉昂和阿尔西两地遭到了失败，而布吕歇尔已经率领10万大军与施瓦岑贝格会师。

当然，一定会有人没有被上述理由所说服，但是他们至少不能反驳说：如果拿破仑继续向莱茵河前进，威胁施瓦岑贝格的基地，那么施瓦岑贝格也会威胁巴黎，即拿破仑的基地。而我们通过上述理由可证明，施瓦岑贝格根本不会向巴黎进军。

让我们再回到前面举过的1796年战局的例子上来。拿破仑认为他所采取的打法是击溃奥军最可靠的方法，即使确实如此，他所能得到的也只不过是一个徒有虚名的胜利而已，对攻陷曼托瓦并没有起到显著的作用。我们认为，用我们提出的打法来阻止解围要可靠得多。即使我们也像拿破仑那样，不认为这个打法更为可靠，甚至认为采用这个打法获胜的把握更小，那么问题就回到这两种打法的对比上来：一种打法是获得胜利的把握较大，但所能得到的好处不大，也就是说效果较小；另一种打法虽然获得胜利的把握较小，但效果却大得多。如果这样来权衡得失，有胆略的人就一定会赞成后一种打法，而从表面上看问题的人，就会有恰恰相反的看法。拿破仑肯定不是胆小的人，但毋庸置疑，他不可能像我们现在这样，可以从历史经验中认清当时情况的性质，并看到事件可能的结果。

考虑手段时，引用战史是很自然的事情，因为在军事艺术中经验要比一切哲理有价值得多。但是，这种历史的引证当然有它特定的条件，这一点我们将在第6章论述。只是人们很少注意这些条件，因而引用历史大多只能增加概念上的混乱。

现在还要考察一个重要问题，即批判者在判断某一事件时，在多大程度上可以甚至必须利用对事物比较全面的了解，利用为结果所证明了的东西来考虑问题；或者说在什么时候和什么场合必须抛开这些东西，完全站在当事者的立场上考虑问题。

如果批判者想要赞扬或者指责当事者，他们必须尽可能地站到当事者的立场上，也就是说，一方面必须去搜集当事者所知道的和产生行动动机的一切情况，另一方面又必须抛开当事者当时不可能知道的一切情况，比如必须先抛开结果。不过，这仅仅是人们努力追求的目标，实际上是不可能完全达到的，因为产生某一事件的具体情况，在批判者眼里和在当事者眼里绝不会是完全相同的。有一些可能影响当事者决心的细小情况已无从查考，有一些主观的动机也从来没有提到过。这些主观动机只能从当事者本人或同他十分亲近的人的回忆录中去了解，但是关于这方面的问题往往写得很不详细，或是有意隐瞒真相。因此，当事者所了解的必然有许多是批判者所不可能知道的。

另一方面，批判者要想抛开他们比当事者了解得多的情况就更为困难了。如果要抛开偶然发生的事情，即同事件本质没有联系的事情，那还是比较容易的，但是，要抛开一切重大的事情就非常困难了，而且也不可能完全做到。

我们先谈谈结果。若结果不是偶然的，那么知道结果以后再判断产生的原因，就几乎不可能不受已知结果的影响，因为我们是在已知的情况下观察这些事物的，而且其中有的部分只有参照结果才能完全了解并给予评价。战史的所有现象对批判来说都是教训的源泉，批判者用全面考察历史所得到的认识来阐明事物是很自然的。因此，他有时虽然想抛开结果，但却不能完全做到。

不仅对结果是这样，对事前发生的情况，也就是对那些决定行动的情况也是这样。这方面的材料在大多数情况下批判者要比当事者知道得多，也许有人认为完全抛开过多知道的那些情况很容易，但实际上并非如此。当事者对事前和当时情况的了解不是只靠确实的情报，还要根据大量的推测或假定，即使要了解的情况不完全是偶然的，也几乎都是先有假定或推测，尔后才有情报的，因此在得不到确切的情报时，就只有用推测或假定来代替了。不难理解，实际上已经知道事前和当时情况的后世的批判者，当他在考虑当事者不了解的情况中，推测哪些情况的可能性较大时，他本来不应该受多了解的情况影响。可是我们认为，要想完全抛开比当事人多了解情况的影响，如同要抛开结果一样，是不可能的，原因同上。

批判者赞扬或指责某一具体行动时，站到当事者立场上去的可能性是有一定限度的。在很多情况下，批判者在这方面能够满足实际要求，但在有些情况下却完全不能满足，这点不能不注意。

但是要求批判者同当事者完全一致，既无必要也不可取。在战争中的一切活动需要的是经过锻炼的禀赋，这样的禀赋称为造诣。当事者的造诣有高有低，高的可能比批判者还高，哪个批判者敢说自己具有像腓特烈大帝或拿破仑这类人物的造诣呢？因此，如果对一个具有伟大才能的人可以进行批判，那么就不能不允许批判者利用比当事者知道得多的这个有利条件。所以批判者在对伟大的统帅进行批判时，不能像验证算术例题那样，由用过的材料对他完成任务的情况进行检验，而是首先必须根据伟大统帅所取得的结果和他对事件的准确估计，来鉴赏他卓越的天才活动，了解天才的眼光所预见到的事物本质的联系。

不管当事者的造诣如何，即使是最低的，在对他进行批判时也必须站在较高的立足点上，以便掌握丰富的客观的判断根据，尽量避免主观，避免把批判者自己有限的智力作为批判的尺度。

批判时站在这种较高的立足点上，根据对问题的全面了解给予赞扬和进行指责，这本来不致引起人们的反感，但是如果批判者想突出自己，把经过全面了解以后所获得的全部高超见解，都说成是自己天才的表现，那就会使人反感了。尽管这种骗人的做法很容易被看穿，但是虚荣心却很容易诱使人们这样做，因此很自然地会引起别人的不满。更为常见的是，批判者完全不是有意要自吹自擂，只是没有特别注意防范，以致被性急的读者认为是自夸而立即非难他，说他没有批判能力。

当批判者指出像腓特烈大帝或拿破仑这类人物的错误时，并不是说批判者本人就不会犯这种错误，他甚至可能承认，如果他自己处于这些统帅的地位，也许会犯更大的错误；这只是说他根据事物的联系发现了这些错误，并指出当事者本该用自己的智慧察觉到这些错误。

这就是根据事物的联系进行的判断，即参照结果进行的判断。但如果只简单用结果来证明某种措施是否正确，结果对判断就有一种完全不同的作用。这种判断——我们可以称之为根据结果进行的判断——初看起来，似乎是完全无用的，但实际并非如此。

像1807年弗里德兰会战后拿破仑迫使亚历山大皇帝媾和，以及1805和1809年奥斯特利茨和瓦格拉姆会战后迫使弗兰茨皇帝媾和一样，1812年拿破仑进军莫斯科时，一切都取决于能否通过占领这个首都和以前的胜利迫使亚历山大皇帝媾和。因为如果他在莫斯科不能迫使亚历山大媾和，那么他除了撤兵以外就没有别的办法，也就是说他遭到了战略上的失败。我们既不想谈拿破仑为到达莫斯科曾做了些什么，他是否错过了很多可以促使亚历山大皇帝下媾和决心的机会，我们也不想谈拿破仑在撤退时是如何狼狈不堪以及产生这种情况的原因也许就在于这次战局的指挥。但问题依然如故，因为即使拿破仑在进军莫斯科的过程中获得了更辉煌的战果，仍然不能肯定亚历山大皇帝会感到恐惧而媾和。即使撤退时的损失并不那样惨重，但在战略上仍是一个大失败。如果1812年亚历山大皇帝签订了不利的和约，那么这次战局也就可以同奥斯特利茨、弗里德兰和瓦格拉姆会战相提并论了。相反，如果这几次会战没有签订和约，拿破仑可能也会遭到类似1812年的惨败。因此不管这位世界征服者如何努力，如何机敏，如何明智，决定战争最终命运的问题依然如故。难道人们根据1812年战局的失败，就可以否定1805、1807和1809年的战局，断言这几次战局都是不智之举，其胜利不是理所当然的？又或者难道人们就可以认为1812年的结果才是战略上理所当然的，只是幸运没有起作用？这种看法恐怕是非常勉强的，判断也非常武断，可能有一半是没有根据的吧！因为细究事件之间的必然的联系，没有人能够看到战败君主的决心。

然而我们更不能说，1812年战局本来应该取得与前几次战局相同的结果，其所以没有取得这种结果是某种不合理的原因造成的，因为我们不能把亚历山大的顽强看成是不合理的。

比较恰当的说法是，拿破仑在1805、1807和1809年对敌人的判断是正确的，而在1812年对敌人的判断是错误的，在前几次战局中他做对了，而在1812年他做错了。我们之所以这样说，因为结果是这样告诉我们的。我们说过，战争中一切行动追求的都只是可能的结果，而不是肯定的结果。

那些不能肯定得到的东西，就只好依靠命运或者幸运去取得。当然，人们可以要求尽量少地依靠幸运，可是，这只是对某一具体场合说的，也就是说，在具体场合可以尽量少地依靠命运或幸运，但并不是说不确实性最少的场合总是最好的。假如要这样说，那就同我们的理论观点有极大的抵触。在有些场合，最大的冒险倒表现了最大的智慧。

在当事者不得不依靠命运的情况下，他个人似乎既没有任何功劳，也不负任何责任。尽管如此，当我们看到他的愿望实现时，就抑制不住内心的兴奋，看到他的愿望落空时，又会感到不愉快，而且对当事者正确与否的判断，并不一定就是我们根据结果做出的——或者更确切地说是从结果中找到的——结论。

不能否认，当事者的愿望实现时之所以令人兴奋，落空时令人不快，是由于存在着一种模模糊糊的感觉，似乎凭幸运得来的结果和当事者的天才之间有一种微妙的、不易察觉的联系，而且我们也很乐意设想这种联系确实是存在的。如果一个当事者经常胜利或失败，我们对他的感觉就会逐渐加深而趋于固定，这就为上述见解提供了证明。从这里可以看出，为什么幸运在战争中要比在赌博中高贵得多。一个幸运的军事家只要在其他方面没有损害我们对他的好感，那么我们就乐意考察他的事迹。

在批判时，当人的智力所能推测和论证的一切都已考虑过以后，凡是深藏于事物中的神秘联系没有通过明显的现象表现出来的那一部分，就只能让结果来说明了。批判者一方面应该维护这种根据结果进行的判断，使它不受粗暴意见的非难，另一方面也应该反对这种滥用。

凡是人的智力所不能确定的东西，就必须根据结果来判断。在确定精神力量及其作用时，主要就是采用这种判断，一方面是因为智力对它们很难做出可靠判断，另一方面是因为它们同人意志本身的关系很密切，很容易左右意志。如果是恐惧或勇气左右了决心，那么在决心和它们之间就找不出任何客观的东西，因而在凭智慧和推测来判断可能的结果时就没有任何东西可做根据。

现在我们还必须对批判的工具，即批判时使用的语言进行一番考察，因为批判时使用的语言同战争中的行动是一致的。检验性的批判无非是一种思考，它和行动以前该做的思考一样。批判时所使用的语言和战争中的思考具有同样特点，这一点特别重要，否则就会失掉实际意义，不能成为使批判走向现实的桥梁。

我们在考察作战理论这一问题时已经说过，理论不应该给指挥官提供死板的条文和体系作为他们智力活动的工具，理论应该培养战争中指挥官的智力，或者更确切地说，在培养过程中起指导作用。如果说在战争中判断某一具体情况时，不需要也不允许像几何学那样使用辅助线，或者说在这里真理不是以体系的形式表现出来的，又或者说真理不能间接地发现，只能直接地由天赋的洞察力发现，那么在批判的考察中也应该如此。

我们已经看到，凡是事物的性质必须用冗长的道理才能确定时，在批判时就不得不依靠理论上已经确定了的有关真理。当然在战争中当事者遵循这种理论上的真理时，只是领会这些真理的精神，而不把它们看作外在的、僵硬的法则。同样，在批判中也不应该把这种真理当作外在的法则或使用时完全不必重新论证的代数公式来使用，而应该领会真理的精神，至于更精确和更详尽地证明这些真理，那可以由理论去进行。这样批判时就能避免使用隐晦不明的语言，而使用简洁的语言和清楚明白的观念。

当然批判者在表达时不是总能完全做到这一点的，但他应该努力这样做。在表达时应该尽量避免运用复杂的词句和概念，绝不要把辅助线当作万能的工具来使用，必须让不受任何体系限制的天赋的洞察力来阐明一切。

然而可惜的是，到目前为止，只在极少数的批判考察中能够看到这种虔诚的努力，而在大多数考察中，由于某种虚荣心的驱使，充满了炫耀自己博学多才的现象。

在批判中常见的第一种弊病是，把某种片面的体系当作金科玉律，滥用到令人难以容忍的地步。这类体系的片面性是不难指出的，而且一经指出，它将永远失去犹如法官判词般的威严。在这里我们只牵涉到一定的对象，这样片面的体系毕竟为数不多，因此危害也不大。

另一种较大的弊病是滥用名词、术语和比喻，它们就像宫廷侍卫一样尾随于各种体系之后，又像地痞流氓和散兵游勇一样，到处晃晃悠悠、横冲直撞。虽然有些批判者对任何一种体系都不满意，或者没有完整地学会任何一种体系，因而还不能完整地使用，但是他们有时仍然想从这些体系的一鳞半爪中，作为根据指出某一统帅行动的缺点。他们中间大部分人如果不到处拿军事理论的一些片段当作根据，就根本不能进行批判。这些片段中最小的就是术语和比喻，它们往往只被用作批判论述的点缀品。一切原属于理论体系的名词术语，一旦从原来的体系中被抽出来，当作一般的公理使用，或者当作比普通语言更有说服力的真理使用，它们就会失去其原有的正确性。

因此发生了这样的情况：理论书籍和批判书籍不是运用朴实、简单的思考方式，使作者知道自己说的是什么，使读者了解自己读的是什么，而是与此相反，充满了隐晦不明和易生歧义的术语，以致读者的理解和作者的表述很不一致。但更糟糕的是，名词术语往往像那些无核的壳子一样空洞无物，甚至连作者自己也不清楚想用它们说明什么，他们安于模糊的观念，这些观念在他们看来是无法用朴实的语言来表达的。

在批判中常见的第三种弊病是滥举史例，炫耀自己博学多才。在前面已经讲过历史对军事艺术起什么作用，下面我们还想用专门的章节来谈谈对战例和战史的看法。一个史实如果未经深入研究便加以引用，很可能被人用来证明完全相反的观点。如果从相隔很远的时代或国家中，在极不相同的情况下抽出三四个史例拼凑在一起，往往只能引起判断上的模糊和混乱，丝毫也不会有说服力。因为只要仔细地考察一下它们，就可以看出其中大多是没有用处的，只不过是作者用以显示自己博学多才而已。

这些模模糊糊、似是而非、混淆不清、随意杜撰的概念对于实际生活有什么好处呢？几乎没有。理论只要用了这样的概念，就始终同实践是对立的，往往还会受到能征善战的将帅的嘲笑。

但如果理论能切实地考察作战的各种问题，用简洁的语言能够表达确定的东西，摒弃错误的念头，避免滥用科学形式和历史引证粉饰自己，能够坚持实事求是的原则，密切关联在战场上依靠洞察力指挥作战的人，那么理论就不致产生上述种种弊病了。

第6章　关于史例

史例可以说明一切问题，在经验科学中，史例最具说服力。尤其在军事艺术中更是这样。香霍斯特将军在他写的《野战》手册中，对真正的战争做了最好的叙述。他认为史例在军事艺术中是极为重要的，而且令人钦佩地在手册中运用了史例。如果他不死于那次战争的话，就能把《炮兵手册》第四部分修改完毕，给我们提供一个更为出色的证明，说明他是以怎样的研究精神从经验中吸取教训的。

但一般理论著作家很少能这样运用史例，他们运用史例大多不但不能帮助读者，反而会妨碍读者对问题的理解。因此，正确地运用和防止滥用史例是很重要的。

作为军事艺术基础的各种知识，无疑都属于经验科学。虽然这些知识大部分是通过对事物性质的认识而获得的，但这些事物的性质多半只有通过经验才能认识。而且这些知识的运用方式在各种具体情况下是有变化的，仅仅根据手段的性质，不可能充分认识其作用。

火药这种现代军事活动的巨大动力，其作用只有通过经验才能认识到。人们现在还在不断地通过试验做更进一步的研究。子弹由于有了火药，其速度可以达到每秒1000英尺，可以杀伤它所碰到的任何生物。这是不言而喻的事实，无须再通过经验就可以知道。但是更精确地决定这种作用的还有数以百计的其他条件，其中有些条件只有根据经验才能认识。而且物质作用并不是我们唯一应该注意的问题，精神作用也是应该探讨的，要认识精神作用并给予评价，除了根据经验以外，没有任何其他方法。在中世纪，当火器刚刚发明时，由于构造不够完善，它的物质作用自然要比现在小得多，但是精神作用却比现在大得多。要想了解一支在危险中久经锻炼、通过多次胜利而对自己有最高要求的军队能够做些什么，就必须看到拿破仑在东征西战时所培养和指挥的那些军队在持久猛烈的炮火中表现出来的顽强性。人们单凭想象是绝不会相信这些的。另一方面，经验还告诉我们，在欧洲军队中现在还有一些几发炮弹就能打乱的军队，如鞑靼人、哥萨克人和克罗地亚人的军队就是这样。但是任何一种经验科学，都不能使自己提出的真理总有史例作证，军事艺术的理论也是如此。这一方面，由于每一个真理都用史例作证时过于烦琐，不可能做到；另一方面，单个的现象也难以论证经验。如果在战争中发现某种手段极为有效，那么这种手段就会被反复使用。由于此行彼效，这种手段就可能流行一时。这样，这种手段就通过经验得到了广泛的运用，并在理论中占有了地位。在这种场合，理论只是一般地引用经验说明手段的由来，并不加以论证。但如果要引用经验来否定某种常用的手段，指出值得怀疑的地方，或介绍一种新的手段，情况就完全不同了。这时必须从历史中举出实例来证明。

如果我们进一步考察史例的运用，那么很容易发现运用史例要着眼于以下四点：

第一，用史例可以单纯说明某种思想。在一切抽象的考察中，作者的思想很容易被人误解或者根本不为人们所理解，如果作者担心发生这种情况，就可以引用史例来说明自己的思想，以保证读者能正确理解作者的意图。

第二，用史例可以帮助说明某种思想的运用，因为引用史例可以指出细小问题的处理情况，而在一般地叙述一种思想时不可能把这些情况完全包括进去。这也正是理论和经验之间的区别。

第三，引用史实可以证明自己的观点。如果只是想证明某种现象或结果的可能性，那么使用这种方法就足够了。

第四，通过详细叙述某一史实或列举若干史实可以吸取某种教训，这时史实本身就为吸取教训提供了真正的证明。

做第一种使用时，大多只要简单地提出事例就够了，因为人们只是使用事例的一个方面。这里甚至事例的历史真实性都是次要的，举一个虚构的例子也未尝不可。不过史例总是具有优点的，它比较实际，能使它所说明的思想更接近实际生活。

做第二种使用时，必须比较详细地叙述事例，不过正确性在这里也是次要的，但我们也要做同前一场合相同的说明。

做第三种使用时，大多只要举出确凿无疑的事实就够了。如果有人提出一个论点，认为筑垒阵地在一定条件下能够发挥应有的作用，那只要举出邦策尔维茨阵地这个例子就可以了。

但如果叙述某种历史事实是要证明某种一般的真理，那么就必须确切而详尽地阐述同这个论点有关的一切，必须把史实毫无遗漏地展示在读者的眼前。这一点做得越差，证明力就越小，就越有必要通过许多事实来弥补这一缺点，因为人们有理由相信，无法叙述一个事实的详细情况时，可以引用一定数量的作用相当的事实来补救。

如果想用经验证明骑兵配置在步兵后面比配置在翼侧要好，那么只举几次骑兵配置在翼侧遭到失败的会战和骑兵配置在步兵后面获得胜利的会战是不够的；如果想要证明，无论在会战中还是在战区内——即无论是从战术上还是战略上，在没有掌握绝对优势的情况下，分兵几路包围敌人都是非常危险的，只举里沃利会战或瓦格拉姆会战的例子，或者举1796年奥军向意大利战区进攻以及同年法军向德意志战区进攻的例子也是不够的。为了证明这些，还必须叙述当时的一切情况和具体过程，说明上述配置形式和进攻形式是如何严重地造成了不利的结局。这就可以看出，这些形式在多大程度上应该受到否定，以及必须明确，一概加以否定无论如何是有损真理的。

上面我们说过，当不可能详细叙述一个事实时，可以用若干实例弥补证明力的不足，但是不能否认，这是一个经常会被人滥用的危险的办法。有些人不去详细地叙述一个事实，只满足于简单地提出三四个事例，这就造成了一个似乎很有说服力的假象。要知道，对有些经常反复出现的事情即便举出一打实例也证明不了任何东西，因为别人同样也可以很容易地举出一打反例来驳斥。如果有人给我们举出一打多路进攻遭到失败的战例，我们也可以给他举出一打同样打法获得胜利的战例。由此可见，这样做不可能得出任何结论。

考虑到上述各种不同情况，就可知道滥用实例多么容易出现。

如果不是从各个方面详细地叙述一个事件，只是简单地提示一下，这个事件就好像是从远处看到的东西，无法分辨它的每一部分，从各方面来看，它的外部形状都相同。这样的实例，事实上可以用来证明相互对立的两方面意见。对道恩指挥的几次战争，有些人认为是深谋远虑、谨慎周到的范例，而另一些人则认为是优柔寡断、踌躇不前的例子；1797年拿破仑越过诺里施阿尔卑斯山的进军，可以看成是英勇果断的表现，也可以看成真正轻率鲁莽的行为；1812年拿破仑在战略上的失败，可以说成是过于勇猛的结果，也可以说成是勇猛不足的结果。这些不同意见是由于人们对事物间的联系持有不同的看法而产生的。但是这些彼此对立的意见不可能都是正确的，其中必然有一方面意见是错误的。

我们十分感谢杰出的弗基埃尔在他的回忆录中给我们留下了许多史例，不仅有大量可能被湮没了的历史材料，而且第一次通过这些材料使理论观念（即抽象的观念）同实际生活有了非常有益的接近，他所举的史例可以被看成是对理论观点的解释和进一步说明。尽管如此，在没有成见的现代读者面前，他很难达到通常所追求的目的：用历史事实证明理论上的真理。因为，尽管他对事件有时叙述得比较详细，可是还远远不能说明，得出的结论都是从事件的内在联系中必然产生的。

再简单提示一下史实的另一个缺点：如果有些读者对这个史实还不十

分熟悉，或不完全记得，那就无法从中领会作者的思想。在这种情况下，读者要么盲目地赞叹不已，要么就根本不信服。

就像受到时间和空间的限制一样，因为受到材料的限制，用史实证明自己的论点并把历史事件再现或者展示在读者眼前是件很困难的事情。不过我们认为，要想确立一种新的见解或是明确一种值得怀疑的见解，详尽地叙述一个事件要比简单地提示十个事件更为有用。粗浅地引用史实的主要弊病，不在于作者错误地想用这种方法证明某些论点，而在于作者从来没有认真地了解过这些历史事件，这样肤浅而轻率地对待历史会产生数以百计的错误见解和杜撰的理论；如果作者意识到，他提出的新的见解和想用历史证明的一切观点，都应该从各种事物的紧密联系中自然产生，就不会出现这些错误的见解和杜撰的理论了。如果人们认识到运用史例的各类困难，认识到上述要求是必要的，那么也就会认为，只要最近的战史是大家都熟悉和经过研究的，就永远是选择史例最好的来源。

由于较远年代的条件不同，作战方法也不同，因而对我们来说，较远年代的事件其教育意义和实际意义都比较小。不仅如此，战史像其他历史一样，许多在最初还清楚的细小特征和情节会逐渐湮没，它也像图画一样，原来的色彩和生动的形象会慢慢消失，变得色彩暗淡，模糊不清，最后只有偶然遗存的一些色块和线条却因此受到了过分的重视。

如果考察一下现代作战的情况，我们一定会说，同现代战争很相似的，至少在武器方面很相似的，主要是奥地利王位继承战争以来的战争。尽管从那个时期起，战争的各个方面都发生了很大变化，但这些战争还是同现代的战争很相似，我们可以从中吸取教训。相比之下，西班牙王位继承战争就完全不同了，当时火器还不太完善，骑兵还是主要兵种。追溯的年代越久远，战史内容就越贫乏，记载就越不详细，用处也就越小，至于古代各民族的历史，必然是记载最不详细、用处最小的了。

当然，这些史实并不是绝对不能利用的，只是在必须详细说明情况的场合，或者在必须详细说明促使作战方法改变条件的场合，它们才是不适用的，不管我们对瑞士人反对奥地利人、勃艮第人和法国人的战争过程了解得多么少，我们仍然能够看出，在这些会战中，良好的步兵第一次明显地表现出其比最好的骑兵还要优越，只要我们概略地看一看雇佣兵时代就可以知道，作战的各方面是如何取决于人们所使用的工具，在其他任何时代中，用于战争的军队都不像这个时代那样带有真正的工具性质，也不像这个时代那样脱离国家和人民的其他生活。在第二次布匿战争中，当汉尼拔在意大利还没有被击败时，罗马人就通过进攻西班牙和非洲来抵抗迦太基人，这种奇特的方法是一个很能提供教训的考察对象，因为这种间接抵抗的方法之所以有效，是建立在当时国家和军队的一般情况基础之上的，大家对这些一般情况相当熟悉。但是事情越涉及细节，离一般的情况距离越远，我们就越不能从遥远的年代中寻找典型史例和经验，因为我们既不能对有关事件做适当的评价，也不能用它们来说明现代已经完全改变了的手段。

遗憾的是，各个时代的著作家都有援引古代史例的癖好。我们不想谈虚荣心和欺骗成分在这里面占多大的比重，在这里也看不到任何帮助别人和说服别人的诚恳愿望和热诚努力。我们只能把这样援引的史例看作是掩盖缺点和错误的装饰品。

如果能像弗基埃尔希望的那样，完全用史例教别人学习战争，那确实是个巨大的功绩。不过，必须先有长期的作战经验才能做到这一点，这是需要花费毕生精力的事业。

如果有谁甘愿从事这样的事业，但愿他像到远方朝圣一样，为这一虔诚的计划做好准备；但愿他不惜时间，不怕劳苦，不畏世俗权贵，克服自己的虚荣和自卑，像法国法典上所说的那样：讲真理，只讲真理，完全讲真理。

第三篇　战略概论

第1章　战　略

战略就是为了达到战争目的而对斗争的运用。战略与战斗有直接关系，但是，因为战斗由军队实施，首先对军队发生影响，所以，战略理论必须同时研究战斗的实施者（军队本身）以及同军队有关的主要问题，对战斗本身，战略理论必须研究战斗可能得到的结果和运用战斗时起重要作用的智力和感情力量。

战略是为了达到战争目的而对战斗的运用，因此，战略必须拟制战争计划，为整个军事行动确定一个适应战争目的的目标，并拟制各个战局的方案和部署其中的各个战斗。战争计划大多只能根据那些与实际并不完全相符的预想来确定，许多涉及细节的规定根本不能在事先做好。因此，战略必须用到战场上去，在现场处理各种细节问题，不断对总的计划做必要的修改。所以，战略在任何时刻都不能停止工作。

在拟制计划时，理论应当为战略服务，应当阐明事物本身和事物之间的相互关系，突出那些原则和规则。在战略上必须具备非凡的洞察力。

战略使用的手段和方式都极为简单，由于经常反复运用，已为人们所熟悉，因此，如果评论者频繁地过分夸张地谈论它们，在具有一般常识的人听来，只会觉得可笑。例如，被无数次运用过的迂回战法，在这里被称为最杰出的天才表现，在那里被赞为最透彻的洞察力的表现，甚至说是最渊博的知识的表现，难道这不是评论界最无聊的恶习吗?

更可笑的是，这些评论者根据最庸俗的看法，把一切精神因素都排除在战略理论之外，只想谈物质因素，把一切都局限在均势和优势、时间和空间这几个数学关系上，局限在几个角、几条线上。这点东西，恐怕还不够用来给小学生出一道数学习题。

我们认为，这根本不是什么科学公式和习题的问题，物质事物的关系非常简单，精神力量相对复杂，但只是在战略的最高范围，即战略接近政治和治国之道或者同它合而为一的地方才错综复杂，它们的种类和关系才多种多样。精神力量对军事行动规模的影响比对行动方式的影响要大一些。在行动方式占主要地位的地方，例如在战争的各个具体行动中，精神力量的影响就减少了。

由此可见，制定战略非常简单，但实现战略并不容易。在确定后，战争要坚定不移地沿着这条道路走下去，为把战略计划贯彻到底，不仅要有十分坚强的性格，还要有异常清醒和坚定的头脑。在上千个优秀人物中间，有的可能以智力著称，有的可能以洞察力见长，有的可能以大胆或意志坚强而出众，但是也许没有一个人能兼备所有这些品质而成为非同寻常的统帅。

同战术上相比，在战略上做出重要的决定需要坚强得多的意志力，凡是了解战争的人对此不会怀疑。在战术上，情况的变化非常迅速，指挥官觉得自己好像被卷在旋涡里一样，必须冒生命危险同它搏斗，他只好抑制住不断产生的种种疑虑，勇敢地冒险前进。在战略上，一切进行得很缓慢，自己的和别人的疑虑、异议和意见，甚至懊悔等都能发生较大的作用。在战术上，至少有一半的情况是人们亲眼所见，但在战略上一切都必须依靠猜想和揣测，因而信心也就比较小。结果大多数将帅在应该采取行动时却陷在错误的疑虑中。

现在让我们把目光转向历史，看一看腓特烈大帝在1760年的战局。这次战局以出色的行军和机动而闻名，曾被评论界称赞为战略上的真正杰作。但这只是战术上的成功，腓特烈大帝最大的成功是他在战略上的英明和智慧。他以有限的力量追求一个较大目标时，从不做力不从心的事情，而是采取正好能达到目的的行动。他这种智慧不仅在这次战局中可以见到，而且在这位伟大的国王所经历的全部三次战争中都有所体现。

他当时的目的是签订一个和约来确保对西里西亚的占有。

腓特烈大帝当时只是一个小国的首脑（这个国家的大部分情况同其他国家相似，只是在行政管理的某些方面较为优越），他不可能成为亚历山大，如果他想仿效查理十二，也同样会被击碎脑瓜。所以，他在战争中具有一种节制力，能够始终保持镇静，又不缺乏冲劲，在危急关头，能把力量发挥到令人惊异的地步，随后为了服从政治上哪怕是最微小的变动，又能继续保持平静。不管是虚荣心、荣誉心还是复仇心，都不能使他离开这条道路，正是这条道路引导他走向斗争的胜利结局。

这样几句话怎么能够评价这位伟大统帅在这方面的成就呢！只有仔细观察这次战争所取得的绝妙的结局，探讨促成这种结局的原因，人们才会深信，正是他敏锐的眼光使他顺利地绕过了所有的暗礁。在1760年战局中，腓特烈大帝的表现更为突出，因为在任何其他战局中，都不像在这次战局中那样以极少的牺牲同占绝对优势的敌人保持了均势。

使我们钦佩的另一方面是他克服了策略实行中的困难。从左翼或右翼迂回敌人，集中自己数量有限的兵力，以便在任何地点都能抗击分散的敌人，用迅速地运动使自己的力量发挥出几倍的作用，这看起来挺简单。在敌人的眼前行军，甚至往往在敌军的炮口下行军，这是极其危险的，但绝不轻率。因为他大胆、果断和意志坚强。在他那样的处境下，很少有统帅敢于使用这样的战略手段。

实行中还有另外一个困难，在这次战局中，腓特烈大帝的军队在不断地运动。它曾两次在有拉西追踪的情况下尾随着道恩，沿着难以行走的偏僻道路从易北河向西里西亚行军（7月初和8月初）。军队必须时刻做好战斗的准备，由于行军必须巧妙地进行，军队必须忍受极大的劳累。虽然有几千辆辎重车随行，甚至妨碍了行军，但是军队的给养仍然极其缺乏。在西里西亚，军队在里格尼茨会战以前，曾不得不连续夜间行军达8天之久，辗转在敌人阵地前沿，这要求军队忍受极大的劳累和困苦。

统帅调遣军队，不可能像测量员用手转动等高仪那样轻而易举，看到可怜的、饥渴交加的弟兄们疲惫不堪，指挥官们能不感到揪心吗？因此产生的牢骚和怨言能不传进他的耳朵吗？一个普通的人能有勇气提出这样的要求吗？如果没有对统帅的伟大和正确有无比的信任，这样的劳累必然引起士气低落和纪律松弛，破坏军队的武德。我们应该尊敬的地方正在这里，我们应该为之赞叹的正是这些奇迹。只有那些有亲身体验的人，才能充分领会这一切。那些只从书本上和演习场上了解战争的人，根本不能领会这一切。

仅仅把军队配置在某一地点，这只表明在这里有可能发生战斗，并不一定真正会发生战斗。这种可能性能不能被看作是现实性，看作是一种实际的东西呢？当然可以。战斗的可能性只要具有效果，就可以被看作是实际的东西，而战斗的可能性总是有效果的，不管效果如何。

可能的战斗因其效果应该被看作是实际的战斗

如果派遣一支部队去截断逃跑的敌人的退路，而敌人没有进行战斗就投降了，那么正是我们派去的这支部队准备进行战斗，才使敌人做出了投降的决定。

如果我军占领了敌人一个没有设防的地区，从而剥夺了敌人大批的补充力量，那么，我军所以能够占有这个地区，只是因为我们派去的部队已经使敌人看到：如果他要夺回这个地区，我军就要同他进行战斗。

在上述两种场合，战斗只是有发生的可能，就已经产生了效果，可能性就成为现实性。假定在这两种场合敌人以优势兵力抗击我军，迫使我军不经战斗就放弃自己的目的，那么，纵然我们没有达到目的，但我们原定在这里进行的战斗，仍然是有效果的，因为它把敌人的兵力吸引来了。即使整个行动失利了，这种部署有一定的效果，只不过这种效果同一次失利的战斗的效果相似而已。

由此可见，不管战斗已实际进行，或者仅仅是做了部署而并未实际发生战斗，只有通过战斗的效果才能实现消灭敌人军队和打垮敌人的目的。

战斗的双重目的

战斗的效果是双重的，即直接的和间接的。如果战斗不是直接以消灭敌人军队为目的，而是通过其他活动来达到这个目的，尽管有所曲折，但能够以更大的力量来达到消灭敌人军队的目的，那么，这种战斗的效果就是间接的。占领某些地区、城市、要塞、道路、桥梁、仓库等等，可以是一次战斗的直接目的，但绝不是最终目的。它们只是取得更大优势的手段，目的在于在敌人无力应战的情况下同他作战。因此，它们只是中间环节，是通向有效要素的阶梯，绝不是有效要素本身。

战例

1814年，拿破仑的首都被占，于是战争的目的达到了。从巴黎开始的政治崩溃局面发生了作用，一条巨大的裂痕使这个皇帝的权势趋于崩溃。但是，这一切必须按下述观点来分析：政治上的崩溃急剧地削弱了拿破仑的兵力和抵抗力，联军的优势相对地增长了，拿破仑无法再进行任何抵抗，这样才有可能同法国媾和。假如当时联军的兵力由于外在原因遭到了同样的削弱而丧失优势，那么，占领巴黎的全部效果和重要性也就消失了。

我们应当考虑到敌我双方在战争中和战局中每一时刻发起的大小战斗产生的效果，只有这样，在制订战局计划或战争计划时才能确定一开始应该采取哪些措施。

如果不这样看问题，就会对其他活动做出错误的评价。

战争或战争中的各个战局是一条完全由相互衔接的一系列战斗所组成的锁链，占领某些地点或未设防的地区只是一系列事件中的一个环节，在战争中只有最终的结局才能决定各次行动的得失。

如果指挥官的智力始终集中在一系列战斗上，只要这些战斗能够事先预见到，那么他就始终是在通往目标的笔直道路上行进，这样，智力的运动就具有了一种恰如其分的、不受外界影响的速度，也就是说，意愿和行动就具有了一种恰如其分的、不受外界影响的动力。

第2章　战略要素

战略要素可区分为以下几类：精神要素、物质要素、数学要素、地理要素和统计要素。

精神要素及其作用所引起的一切属于第一类；军队的数量、编制、各兵种的比例等等属于第二类；作战线构成的角度、向心运动和离心运动（只要它们的几何数值是有计算价值的）属于第三类；制高点、山脉、江河、森林、道路等地形的影响属于第四类；一切补给手段等属于第五类。这些要素在所有军事行动中大多是错综复杂并且紧密结合在一起的，因此，如果有人想根据这些要素来研究战略，那么，这将是一种最不幸的想法。他必然会在脱离实际的分析中迷失方向，就像在梦中从抽象的桥墩向现实世界架桥一样，必然会徒劳无益。但愿上天保佑，不要有哪个理论家做这样的开端。我们绝不想离开整个现实世界，也绝不想使我们的分析超过读者对我们的思想所能理解的程度。我们的思想并不是从抽象研究中得来的，而是从整个战争现象给我们的印象中得来的。

第3章　精神要素

精神要素是战争中最重要的问题之一。精神要素贯穿于整个战争领域，它们同推动和引导整个物质力量的意志紧密地结合在一起，仿佛融合成一体，因为意志本身也是一种精神要素。

军队的武德、统帅的才能和政府的智慧以及他们的其他精神素质，作战地区的民心，一次胜利或失败产生的精神作用，这些东西本身各不相同，对战争产生极不相同的影响。

这些问题属于军事艺术理论的范畴。如果有人墨守成规，把一切精神要素都排除在规则和原则之外，一遇到精神要素，就把它作为例外，那么这只能是一种可怜的哲学。

战略理论也不应该把精神要素排斥在外，因为物质力量和精神力量的作用是完全融合在一起的，不可能像用化学方法分析合金那样把它们分解开。战略理论为物质力量制订每条规则时，都必须考虑精神要素可能占有的比重，否则，规则就会变成绝对的条文，有时显得小心翼翼而局限性很大，有时又超乎寻常的宽泛。即使完全不想涉及精神内容的理论，也必然会不知不觉地触及精神领域，因为不考虑精神的影响，任何问题都根本得不到说明，例如胜利所产生的作用。本篇论述的大部分问题，既涉及物质的因素和作用，又涉及精神的因素和作用，物质的因素和作用不过是本质的刀柄，精神的因素和作用才是贵重的金属，才是真正锋利的刀刃。

历史最能证明精神要素的价值和它们的惊人的作用，这正是统帅能够从历史中吸取的最宝贵、最纯真的精神养料。我们本来可以详尽地考察战争中的各种最主要的精神现象，并且像勤勉的讲师那样仔细地探讨每一种精神现象的利弊。但是，这样做就很容易陷入一般和平庸的境地，在分析过程中容易忽视实质，不知不觉地只注意那些人所共知的东西。因此，我们在这里宁愿采用不全面的和不完整的叙述方法，使大家普遍注意到这个问题的重要性，并指出本篇所有论点的精神实质。

第4章　主要的精神力量

主要的精神力量指统帅的才能、军队的武德和军队的民族精神。这几种主要的精神力量中哪一种价值较大，任何人都不能笼统地加以确定，因为要指出它们各自的价值就已经很困难了，要比较它们价值的大小那就更加困难，最好的办法是对它们中间的任何一种都不要轻视。

现代欧洲各国军队在技能和训练方面差不多都达到了相同的水平，作战方法也基本一致。就目前的情况来看，军队的民族精神和战争习惯在战争中起着更大的作用。

军队的民族精神（热情、狂热、信仰和信念），在山地战中表现得最为明显，这时，自上而下直至每个士兵都必须独立活动。因此，山地是民众武装最合适的战场。

军队的熟练的技能和经过锻炼的勇敢精神（它使军队紧密地团结在一起，就像一块熔合的金属一样），在开阔的平原上能得到最充分的发挥。

统帅的才能在复杂的地形上和丘陵地上最能发挥作用。在山地，统帅很少指挥单独的部队，要指挥所有的部队又力所不及；在开阔的平原上，指挥军队过于简单，不能充分施展他的才能。

在制订作战计划时应该考虑上述这些明显的关系。

第5章　军队的武德

武德不同于单纯的勇敢，更不同于对战争事业的热情。勇敢固然是武德必要的组成部分，但是，军人的勇敢不同于普通人的勇敢，普通人的勇敢是一种天赋的品质，而军人的勇敢是通过训练和习惯养成培养出来的。军人的勇敢必须摆脱个人勇敢所固有的那种不受控制和随心所欲地显示力量的倾向，它必须服从更高的要求：服从命令、遵规守纪、讲究方法。对战争事业的热情，虽然能使武德增添生命力，使武德的火焰燃烧得更旺盛，但并不是武德必要的组成部分。

战争是一种特殊的事业（不管它涉及的方面多广，即使一个民族所有能拿起武器的男子都参加这个事业，它仍然是一种特殊的事业），它与人类生活的其他各种活动是不同的。武德表现在个人身上就是：深刻了解这种事业的精神实质，锻炼、激发和吸取那些在战争中起作用的力量，把自己的全部智力运用于这个事业，通过训练使自己能够确实而敏捷地行动，全力以赴，从一个普通人变成称职的军人。从事战争的人只要还在从事战争，就永远会把同自己一起从事战争的人看成是一个团体，而战争的精神要素，主要是通过这个团体的规章、制度和习惯养成固定起来的。事实上也确实如此。因此，我们绝不能轻视军队中的这种团体精神。这种团体精神就如同一种黏合剂，把各种精神力量粘贴在一起，令武德结晶成形，要依靠这种团体精神才能比较容易地凝结在一起。

一支军队，如果它在极猛烈的炮火下仍能保持正常的秩序，永远不为想象中的危险所吓倒，而在真正的危险面前也寸步不让，如果它在胜利时感到自豪，在失败的困境中仍能服从命令，不丧失对指挥官的尊重和依赖，如果它在困苦和劳累中仍能像运动员锻炼肌肉一样增强自己的体力，把这种劳累看作制胜的手段，而不是看成倒霉晦气，如果它不只抱有保持军人荣誉这样一个唯一的简短信条，而不忘上述一切义务和美德，那么，它就是富有武德的。

但是，即使没有这种武德，也可以像旺代人那样出色地战斗，像瑞士人、美国人和西班牙人那样完成伟大的事业，甚至可以像欧根和马尔波罗那样，率领没有武德的常备军同样能够取得胜利。因此不应该说，没有武德就不可能取得胜利。事实上武德并不是一切。武德是一种可以单独考虑的特殊的精神力量，它的作用是可以估计的，如同一件工具一样，它的力量是可以计算出来的。

在阐述了武德的特点以后，我们谈一谈武德的作用以及获得武德的途径。

武德同军队各部分的关系就像统帅的天才同军队的整体的关系一样。统帅只能指挥军队整体，不能指挥军队的各个单独的部分。统帅指挥不到的部分，就必须依靠武德。选拔统帅应该以他的卓越品质所享有的声誉为依据，而选拔大部队的主要指挥官则应该经过仔细的考察，指挥官的职位越低，这种考察可以越少，对个人才能的要求也可以相应地降低，由相应的武德来代替。一个武装起来作战的民族的勇敢、机智、刻苦和热情等天赋品质，也可以起同样的作用。这些品质可以代替武德，而武德也可以代替这些品质。从这里可以看到以下两点：

1. 只有常备军才具有武德，也只有它最需要武德。民众武装天赋的品质，在战争时可以代替武德，而且这些品质在战争时期发展较快。

2. 常备军在对民众武装作战时，比对常备军作战时更需要武德，因为在这种场合兵力比较分散，各部队需要更多地依靠自己。而当军队能够集中使用时，统帅的天才就起较大的作用，可以弥补武德的不足。一般说来，战区和其他情况使战争变得越复杂，兵力越分散，军队就越需要武德。

由此可见，如果军队缺乏武德，就应该尽可能简单地组织战争，或者加倍注意战争组织的其他方面，不要指望徒有虚名的常备军能够提供真正的常备军才能提供的东西。

因此，军队的武德是战争中最重要的精神力量之一。如果缺少这种力量，就应该有其他精神力量，如统帅的卓越才能、民族的热情等来代替，否则，所做的努力就收不到应有的效果。看一看亚历山大统率的马其顿军队，恺撒统率的罗马军团，亚历山大·法尔涅捷统率的西班牙步兵，古斯达夫·阿道夫和查理十二统率的瑞典军队，腓特烈大帝统率的普鲁士军队和拿破仑统率的法国军队，我们就会知道军队的这种精神力量，这种像从矿石中提炼出的闪闪发光的金属似的优秀品质，促成了多少伟大的事业。这些统帅只是依靠富有这种精神力量的军队才在最困难的情况下取得了惊人的成就，显示出他们的伟大。如果不承认这一点，就是故意无视一切历史事实。

这种精神力量只能产生于两个来源，而且只有两者结合起来才能产生这种精神力量。第一个来源是军队所经历的一系列战争和取得的胜利，另一个来源是使军队不断经受极度的劳累的活动，只有在劳累中军人才能认识到自己的力量。一个统帅越习惯于向自己的士兵提出要求，他就越能保证这些要求的实现。士兵克服了劳累，会同克服了种种危险一样感到骄傲。因此，只有在不间断的活动和劳累的土壤中，武德的幼芽才能成长，而且只有在胜利的阳光下才能成长。武德的幼芽一旦长成粗壮的大树，就可以抵御不幸和失败的大风暴，甚至可以抵制住和平时期的松懈，至少在一定时期内是如此。因此，虽然只有在战争中和在伟大的统帅的领导下才能产生这种精神力量，但是，一旦具有了这种精神力量，即使这支军队是在平庸的统帅领导下和处于很长的和平时期，至少也可以保持好几代。

一支满身创伤、久经磨炼的部队的团体精神，是那种单靠条令和操典黏合在一起的常备军的自负和虚荣心所不能比拟的。相当严厉的要求和严格的条令可以使军队的武德保持得长久一些，但不能产生武德，因此，它们虽然总是有价值的，但我们不应该过高地估计它们的价值。良好的秩序、高级的技能、坚定的意志以及一定的自豪感和饱满的士气是和平时期训练出来的军队的特色，这些都应该珍视，但它们并不能单独发挥作用。整体只能依靠整体来维持，就像一块冷却得太快的玻璃一样，一道裂缝就可以使整体完全破裂。这样的军队即使有世界上最饱满的士气，一遭到挫折，也很容易变得胆怯，甚至草木皆兵，溃不成军。这样的军队只有依靠统帅才能有所作为，单靠它自己将一事无成。这样的军队，在它没有经受胜利和劳累的锻炼，没有适应艰苦的战斗以前，统率它就必须加倍谨慎。因此，我们不能把军队的武德和士气混淆。

第6章　胆　量

促使人们在精神上战胜极大危险的这种可贵的干劲，在战争中也应该被看成是一种独特的有效要素。对军人来说，从辎重兵、鼓手直到统帅，胆量都是最可贵的品德，它就如同使武器锋利和发光的真正的钢。

胆量在战争中甚至占有自己的优先地位。在战争中，除了对时间、空间和数量的计算以外，胆量也起一定的作用，当一方的胆量超过对方时，他的胆量就因为对方怯懦而发挥了作用。因而胆量是真正的创造性的力量。有胆量的人遇到怯懦的人，就必然有获胜的可能，因为怯懦能够使人失去镇静。而只有遇到深思熟虑的谨慎的人时，他才处于不利地位，因为这样的谨慎同样可以说是胆量，至少和胆量同样坚强有力。但这种情况比较少见。在所有谨慎的人当中，有很大一部分人是胆怯的。

在军队中，大力培养胆量这种力量，绝不至于妨碍其他力量的发挥。因为军队在战斗部署和条令条例的约束和规定下是服从更高的意志的，是受上级思想的支配的。胆量在这里，就像是压缩待发的弹簧一样。

指挥官的职位越高，就越需要有深思熟虑的智力来指导胆量，使胆量不致发挥得毫无目的，不致成为盲目的激情冲动，因为地位越高，涉及个人牺牲的问题就越少，涉及其他人生存和全体安危的问题就越多。如果军队已经受到第二天性的条令的控制，那么，指挥官就必须受深思熟虑的约束。指挥官在行动中如果只靠胆量，就很容易造成错误。但是，这种错误还是可嘉的，不应该和其他错误同等看待。这好比生长茂盛的杂草，它们正是土壤肥沃的证明。甚至是蛮勇，即毫无目的的胆量，也不能低估它，从根本上说，它跟胆量是同一种感情力量，只是表现为一种不受任何智力支配的激情而已。只有当胆量同服从背道而驰，因而忽视上级明确的意志时，它才是一种危害。但我们把它视为危害，并不是由于胆量本身的缘故，而是由于拒绝服从，因为在战争中没有比服从更重要的了。

在战争中，当指挥官的认识相同时，因小心怕事而坏事比因大胆而坏事多千百次。按理说，有了合理的目的，就容易有胆量，因而胆量本身的价值就会降低，但事实上却正好相反。

当有了明确的思想，或者智力占优势时，一切感情力量就会大大失去威力。因此，指挥官的职位越高，胆量就越小，因为，在不同的职位上，即使见解和理智没有随职位的上升而提高，客观事物、各种情况和各种考虑也仍然会从外部对他们频频施加强大的压力，他们越是缺乏个人的见解，就越感到压力的沉重。法国有句谚语："在第二位上光彩耀目，升到第一位时却黯然失色。"历史上一些平庸甚至优柔寡断的统帅，在职位较低时几乎个个都曾以大胆和果断而著称。

有些大胆的行为是由必要性引起的，我们必须区别对待。必要性在程度上是不同的。如果必要性十分迫切，当事者在巨大的危险中追求自己的目的，以避免遭受同样大的其他危险，那么值得我们称赞的就只是他的果断，而果断有它自己的价值。一个年轻骑手，为了表现他的骑术而跃过深渊，那是有胆量，假使是在一群土耳其士兵的追杀下跃过深渊，那就只是果断了。反之，行动的必要性越不迫切，必须要考虑的情况越多，必要性对胆量的影响就越小。1756年腓特烈大帝看到战争不可避免，只有先发制人才能免于灭亡，所以他发动战争是由于有必要性，但同时也是很有胆量的，因为在他那样的处境下，恐怕只有少数人才能下这样的决心。

虽然战略只是统帅或最高指挥官的事情，但其他各级人员的胆量，同他们的其他武德一样，也与战略有关。一支来自勇敢的民族而又不断受到大胆精神哺育的军队，与缺乏这种武德的军队所能从事的活动大不相同。因此，我们也谈到了军队的胆量的问题。而我们的研究对象本来是统帅的胆量，可是当我们尽自己所知阐明了胆量的一般特性后，关于统帅的胆量也就没有多少话可说了。

指挥官的职位越高，智力、理解力和认识力在他的活动中就越起主导作用，胆量这种感情力量就越被挤到次要位置。在身居高职的人中间，胆量是很少见的，正因为少见，所以，这些人身上的胆量就更值得称赞。有卓越智力作指导的胆量是英雄的标志，这种胆量的表现，不在于敢违反事物的性质和粗暴地违背或然性的规律，而是在于迅速做出准确的判断和决策并予以有力的支持。智力和认识力受胆量的鼓舞越大，它们的作用就越大，眼界也就越开阔，得出的结论也就越正确。当然，较大的目的总是和较大的危险联系在一起的。一个普通人，姑且不谈懦弱的人和优柔寡断的人，至多只有在远离危险和责任的情况下，在自己的房间里设想某种活动时，才可以得出那种不需要实际观察即能得出的正确的结论。但是，如果危险和责任从各个方面袭来，他就会丧失全面观察的能力，即使由于别人帮助没有失去这种能力，也会失去决断能力，因为在这方面别人是无法帮忙的。

因此，没有胆量的人绝不能成为杰出的统帅，胆量是成为杰出的统帅的首要条件。这种天赋的力量随着教育程度的提高和生活锻炼而有所发展和改变，当一个人升到高职位时，它还能剩下多少，这是另外一个问题。当然，这种力量剩得越多，天才的翅膀就越硬，飞得就越高。冒险精神越大，追求的目的也就随之提高。

一支军队所以能够具有大胆精神，可能是因为这个民族本来就具有这种精神，也可能是因为在有胆量的指挥官指挥下，通过胜利的战争培养了这种精神。在我们的时代里，只有通过依靠胆量进行的战争才能培养一个民族的大胆精神。只有依靠胆量进行的战争才能抵制住懦弱和贪图安逸的倾向，防止民族的堕落。

一个民族，只有它的民族性格和战争养成不断地相互促进，才肖指望在世界政治舞台上占据巩固的地位。

第7章　坚　忍

在战争中，事情往往与人们的想象大不相同。建筑师可以多么平静地望着建筑物如何按照他的设计图逐步建造起来！医生虽然比建筑师要遇到多得多的意外结果和偶然现象，但他对自己所用手段的作用和用法是很清楚的。而在战争中，一个统帅却经常受到种种情况的冲击，诸如假的和真的情报，由于恐惧、疏忽和急躁所造成的错误，由正确或错误的见解、险恶用心、真的或假的责任感和懈怠或疲劳所引起的违抗行为，以及一些谁也想象不到的偶然事件等等。总之，他陷入成千上万的感受之中，这些感受绝大多数是令人担忧的，只有极少数是令人鼓舞的。长期的战争经验能使他对具体现象迅速做出判断，高度的勇敢和内心的坚强能使他像岩石抗拒波涛的冲击一样抵御住这些感受。谁在这些感受面前让步，谁就会一事无成。所以，在实现自己的计划时，只要还没有充分的理由可以否定这个企图，就十分需要有坚忍精神来同这些感受相对抗。何况在战争中，任何丰功伟绩，几乎没有一件不是经过无限的劳累、艰辛和困苦才取得的。在战争中，肉体和精神上的弱点常常容易使人们屈服，那么只有那种伟大的意志力，才能引导人们达到目标，这种意志力就是为世世代代所赞赏的毅力。

第8章　数量上的优势

无论在战术上还是在战略上，数量上的优势都是最普遍的制胜因素。

战略规定了战斗于什么时间、在哪个地点和用多大的兵力进行。它通过这三个方面的规定对战斗的开始产生十分重大的影响。只要战术上进行了战斗，并有了结果，不论是胜利还是失败，战略就可以根据战争的目的来运用这种结果。当然，战斗结果同战争目的之间的关系是很间接的，很少是直接的。它们之间还有一系列其他目的作为手段而从属于战争目的。这些目的（它们相对于较高的目的来说又是手段）在实际使用中是多种多样的，甚至最终目的，即整个战争的目标，也几乎在每次战争中都是不同的。

在战略规定（在一定程度上也就是决定）战斗时，影响战斗的大部分因素都不明确。战略在规定时间、地点和兵力时，可以有各种各样的方法，而每一种方法对战斗的开始和战斗的结果都会产生不同的影响。因此我们只能逐步地，即通过进一步的具体研究再来熟悉它们。

如果撇开战斗的目的和产生战斗的条件所引起的一切变化不谈，最后再撇开军队的质量（因为这是既定的）不谈，那么剩下的就只有战斗这一赤裸裸的概念，即抽象的斗争了。在这个抽象的斗争中，除了作战双方的数量以外，就没有其他东西可以进行比较了。这样，数量就决定着胜负。在一次战斗中数量上的优势只是制胜因素之一，有了数量上的优势还远远算不上赢得了一切，也绝不能说是获得了主要的东西，而且由于同时起作用的其他条件的变化，获得的东西还可能是微不足道的。

但是，优势有程度上的不同，它可以是两倍，也可以是三倍、四倍等等。每个人都懂得，如果照这样增加上去，数量上的优势必然会压倒其他一切。数量上的优势是决定一次战斗结果的最重要的因素，只不过这种优势必须足以抵消其他同时起作用的因素。由此可以得出一个结论：必须在决定性的地点把尽可能多的军队投入战斗。

不管投入战斗的军队是否够用，我们在这方面要做到现有手段所允许做的一切。这是战略上的首要原则。这个原则具有普遍的意义，它既适用于法国人和德国人，也适用于希腊人和波斯人，英国人和马拉提人。为了使这个问题能够更加明确，我们不妨考察一下欧洲的军事情况。

欧洲各国军队在武器装备、编制体制和各种技能技巧方面，彼此非常相似，只是在军队的武德和统帅的才能方面有时还有些差别。翻遍现代的欧洲战史，已经找不出像马拉松那样的战例了。

腓特烈大帝在勒申以大约3万人击败了8万奥军，在罗斯巴赫用2.5万人打败了5万多联军，但这是同拥有两倍或两倍以上兵力的强敌作战而取得胜利的绝无仅有的战例。我们不能引用查理十二在纳尔瓦会战的战例，因为当时俄国人几乎还不能被看作是欧洲人，而且这次会战的主要情况很少有人知道。拿破仑曾经在德累斯顿以12万人对抗22万人，对方的兵力优势还不到一倍。在科林，腓特烈大帝以3万人对抗5万奥地利人，但是没有成功。拿破仑在殊死的莱比锡会战中，以16万人对抗过28万多人，同样也没有成功，对方的优势还远远不到一倍。

由此可见，在目前的欧洲，即使最有才能的统帅，也很难战胜拥有双倍兵力的敌军。在一般条件下进行的大小战斗中，不论其他方面的条件如何不利，只要有数量上的显著优势，而且无须超过一倍，就足以取得胜利了。当然，人们可能想到有些隘口即使用十倍的兵力也难以攻陷，但在这种情况下，就根本谈不上是战斗了。

决定性地点上的兵力优势，在我们欧洲的这种情况下以及一切类似的情况下，是十分重要的，即使在一般情况下，也是一个最重要的条件。在决定性地点上能够集中多大的兵力，取决于军队的绝对数量和使用军队的灵活性。因此，首要的规则应该是把尽量多的军队投入战场。

长期以来，人们从未把军队的数量看作重要条件，为了证明这一点，只要指出下列事实就够了：在大多数战史中，甚至在18世纪比较详尽的战史中，军队的数量或者根本没有被提及，或者仅仅顺便谈到，而从来没有被人重视过。滕佩霍夫是最早谈到这个问题的著作家，他在七年战争史中曾多次谈到这个问题，但谈得也十分肤浅。马森巴赫在他评论1793年和1794年普鲁士军队在孚日进行的战局的许多文章中，对山脉、谷地、道路和小径谈了许多，但对双方的兵力却只字未提。

可以证明这一点的另外一个事实是某些评论家的头脑中有一种奇异的想法，他们认为军队应该有一个最理想的固定的标准数量，超过这个数量的多余的兵力不但不能带来益处，反而是累赘。

最后，还有许多例子说明，人们所以没有把一切可以利用的兵力都投入会战或战争，是因为他们不相信数量上的优势确实是重要的。

如果人们确信，集中显著优势的兵力可以夺取一切可能夺取的东西，那么，这条明确的信念就必然会反映在战争的准备上，会把尽量多的兵力投入战争，以便自己在兵力上占优势，或者至少不让敌人在兵力上占优势。

绝对兵力的数量是由政府规定的。尽管这种规定已经是真正的军事活动的开始，而且在军事活动中是一个非常重要的战略问题，但在大多数情况下，将在战争中指挥这支军队的统帅，却必须把绝对兵力的数量看作既定数，因为或者他没有参与决定这个数量，或者条件不允许他把兵力扩大到足够的程度。在这种情况下，即使不能取得绝对优势，也要巧妙地使用军队，以便在决定性地点上造成相对的优势。

这样，空间和时间的计算就似乎是最重要的，于是人们认为战略上的这种计算几乎包括用军的全部问题。有些人甚至认为，伟大的统帅天生有一种能在战略上和战术上从事这种计算的器官。

如果我们不抱偏见地阅读战史，那么就会发现，由于计算上的错误真正导致重大损失的情况，至少在战略上是极为少见的。一个果断而又灵活的统帅（如腓特烈大帝和拿破仑），用一支军队以急速的行军击败几个敌人，如果这一切情况，都要用空间和时间的巧妙结合这个概念来表明，那么我们就会徒劳无益地陷入套语的迷阵中。为了使概念明确而有用，必须用确切的名称来称呼各种事物。

腓特烈大帝和拿破仑对敌方（道恩和施瓦岑伯格）的情况的正确判断，敢于在一段时间内仅以少量兵力同敌人对峙的冒险精神，进行强行军的毅力，迅速袭击的胆量，以及伟大人物在面临危险时所表现出来的异乎寻常的作为，这都是他们取得胜利的原因，这一切同正确计算空间和时间毫不相干。

但是，像腓特烈二世借着罗斯巴赫胜利的余威又取得勒申会战的胜利，和拿破仑在蒙米赖胜利后乘胜又取得蒙特罗胜利那样的反跳式用兵，这种在防御战中经常为伟大统帅所信赖的方法，确切地说来，也毕竟只是历史上罕见的现象。

要取得相对的优势，也就是在决定性地点上巧妙地集中优势兵力，往往需要准确地选定决定性地点，使自己的军队一开始就有正确的方向，为了主要的东西（即为了大量集中自己的兵力）不惜牺牲次要的东西。例如腓特烈大帝和拿破仑在这方面做得就十分突出。

数量上的优势应该被看作是基本原则，不论在什么地方都是应该首先和尽量争取的。

但是，数量上的优势并不是取得胜利必不可少的条件。只要能最大限度地集中兵力，那就完全符合这个原则了。至于由于兵力不足是否应该避免战斗，那只有根据总的情况才能决定。

第9章　出敌不意

要达到相对优势，就必然要争取出敌不意。一切行动都建立在出敌不意的基础之上，否则不可能在决定性的地点上取得优势。

因此，出敌不意是取得优势的手段，但就其精神效果来看，它还可以被看作是一个独立的因素。非常成功的出敌不意会造成敌人的混乱和使敌人丧失勇气，从而会成倍地扩大胜利，这可以从许多大小战例中得到说明。这里谈的出敌不意不是指进攻范围内的奇袭，而是一般地用各种措施，特别是用调配兵力的方法达到的出敌不意。这种出敌不意在防御中也同样可以采用，特别在战术防御中更为重要。

虽然一切行动都无一例外地要以出敌不意为基础，但是程度极不相同，因为行动的性质和条件是不同的。这种差别由于军队、统帅以及政府的特点不同就已经开始存在了。

保密和迅速是出敌不意的两个因素，而两者是以政府和统帅具有巨大的魄力和军队能严肃地执行任务为前提的。软弱和松懈是无法达到出敌不意的效果。虽然出敌不意是到处应争取的，甚至是不可缺少的，而且确实是不会毫无效果的，但是，非常成功的出敌不意也确实很少见，这是由它本身的性质决定的。因此，如果认为在战争中用这种手段一定能获得很大收获，那就大错特错了。在想象中，出敌不意是非常引人入胜的，但在实行中，出敌不意却多半因为整个机器中的阻力而难以实现。

在战术上，由于涉及的时间和空间的范围都比较小，出敌不意自然就比较容易实现。因此，在战略上，越是接近战术范畴的措施，就越有可能做到出敌不意，越是接近政治范畴的措施，就越难做到出敌不意。

准备一次战争通常需要几个月，把军队集中到主要的配置地点，多半需要建造一些仓库和补给站，需要进行大规模的行军，这些动向是很快就会被人知道的。

因此，一个国家出敌不意地向另一个国家挑起战争，或者出敌不意地将大量兵力指向另一个国家，这是极为少见的。在以围攻为主的17世纪和18世纪中，人们曾尽力争取出敌不意地包围一个要塞，并认为这是军事学中特有的重要的一章，但是，成功的例子仍极为罕见。

与此相反，一两天内就可以完成的活动，出敌不意的可能就较大。因此，比敌人抢先一步行军，从而抢先占领某一阵地、某一地点或者某一条道路等等，往往并不困难。但是很明显，这样的出敌不意虽然较容易达到，但收效甚微，而较难达到的出敌不意，往往效果较大。小规模的出敌不意往往很难收到很大效果。

当然，凡是从历史上研究这些问题的人，都不应该只注意历史评论家那些渲染的辞藻、结论和自鸣得意的术语，而必须正视事实本身。例如在1761年的西里西亚战局中，就有过以出敌不意而闻名的一天。那是7月22日。那天，腓特烈大帝在向尼斯附近的诺森行军时，比劳东将军抢先了一步，据说，这就使奥军和俄军不能在上西里西亚会师，因而他赢得了4个星期的时间。但谁要是仔细阅读一下大史学家们关于这一事件的记载，并且不抱偏见地考虑一下，那么，他就绝不可能认为7月22日的行军有这样大的意义，而只能看出对这次行军的流行看法是充满矛盾的，并且看出在那个以机动闻名的时代里，劳东的行动有许多是没有道理的。在渴望了解真相和获得确证的今天，人们怎能容忍这种历史证明呢？

要在战争过程中利用出敌不意取得巨大的效果，就必须要有保证出敌不意的手段，如当机立断、调兵遣将以及强行军。腓特烈大帝和拿破仑是大家公认在这方面造诣最深的统帅，但是，从他们的战例中也可以看到，即使充分地做到了这一切，也并非总能取得预期的效果。腓特烈大帝在1760年7月曾非常出敌不意地从包岑袭击拉西将军，转而又袭击德累斯顿，在整个这段插曲中他实际上不仅一无所得，而且丢失了格拉茨要塞，使自己的处境明显地恶化。

拿破仑在1813年曾经两次突然从德累斯顿袭击布吕歇尔（至于他从上劳西茨突入波希米亚就根本不用提了），两次都完全没有收到预期的效果，只不过是竹篮打水一场空，既浪费了时间又损失了兵力，反而使德累斯顿几乎陷于十分危险的境地。

因此，在战争中要通过出敌不意取得巨大的成功，只靠指挥官的努力、魄力和果断是不够的，还必须具备其他有利条件。

在这方面，这两位统帅也提供了另外两个鲜明的例子。1814年，当布吕歇尔的军队离开主力军团向马恩河下游移动时，拿破仑对它进行了一次著名的袭击。两天出敌不意的行军很难取得比这更大的战果了。首尾相隔三日行程的布吕歇尔的军队被各个击破了，遭受了相当于一次主力会战失败那样的损失。这完全是出敌不意的效果，因为，假使布吕歇尔预料到拿破仑极有可能对他袭击，他就会完全以另外一种方式来组织行军了。这次奇袭的成功同布吕歇尔组织行军的错误是分不开的。当然拿破仑并不知道这些情况，因此，他的成功中掺杂着一种幸运的偶然性。

1760年的里格尼茨会战也是如此。腓特烈大帝在这次会战中取得了辉煌的胜利。因为他刚刚占领了一个阵地，在当夜又转移了，这完全出乎劳东的意料之外，因而使劳东损失了70门炮和1万人。虽然当时腓特烈大帝为了避免会战，或者至少为了打乱敌人的计划，经常采取忽东忽西运动的原则，但是14日夜间转移阵地，却恰恰不是因为这个原因，而像他自己所说的那样，是因为他不喜欢14日的阵地。因此，偶然性在这里也起着很大的作用。如果劳东的进攻不是偶然地碰上了腓特烈大帝在夜间转移了阵地，不是偶然地碰上了难以通过的地形，那么，结果就可能不是这样了。

就是在较高的和最高的战略范围内，也有一些利用出敌不意获得巨大成功的战例。大选帝侯同瑞典人作战时，从弗兰肯到波莫瑞以及从马尔克到普雷哥尔河的两次辉煌的进军，1757年的战局；1800年拿破仑越过阿尔卑斯山的那次著名的行动。在1800年这个战例中，一支军队投降后交出了整个战区；在1757年的战局中，另一支军队几乎也同样地交出战区并投降。最后，还可以举出腓特烈大帝侵入西里西亚作为一场完全出敌不意的战争的例子。上述各例中的战果都是非常巨大的。但是，如果不把这种情况同一个国家由于缺乏活动力和毅力而没有做好战争准备的情况（如1756年的萨克森和1812年的俄国）混为一谈，这种情况在历史上还是少见的。

出敌不意的另一个关键问题是：只有能够左右对方的人才能做到出敌不意，而只有行动正确的人才能左右对方。如果采用了错误的措施来奇袭敌人，那么不但不能取得良好的结果，反而会招致恶果，至少敌人对我们的奇袭不必特别担心，他会从我们的错误中找到防止不幸的对策。由于进攻比防御包含更多的积极行动，因此，出敌不意自然也就更多地为进攻者所采用，但这也不是绝对的。进攻者和防御者也可能同时采取出敌不意的行动，这时候，谁的措施最恰当，谁就必然占上风。

按理应该如此，但实际生活并不能做到如此严格符合这一准则。借助出敌不意的精神作用，往往能使最坏的事情变成好事，并使对方无法做出正确的决定。尤其是在这里，我们所指的不仅仅是对方的高级指挥官，还指每一个指挥官，因为出敌不意的特点就是使部队涣散，因而每个指挥官的个性在这时都很容易表现出来。

在这里，许多问题都取决于敌我双方总的情况的对比。如果一方在总的精神方面占有的优势，能使对方士气低落和惊慌失措，那么利用出敌不意就能取得更大的效果，甚至在本来应该失败时也会取得良好的结果。

第10章　诡　诈

诡诈以隐蔽自己的企图作为前提，它同直率的、无所隐讳的，即直接的行动方式相对立，和欺骗很相似，因为欺骗也隐蔽自己的企图。如果诡诈完全得逞，它本身甚至就是一种欺骗，但由于它并不是直接的言而无信，因而和一般所谓的欺骗毕竟还有所不同。使用诡诈的人要使被欺骗的人自己在理智上犯错误，使他在转瞬之间看不清事物的真相。因此可以说：如果双关语是在思想上和概念上变戏法，那么诡诈就是在行动上变戏法。

初看起来，"战略"这个名称源于"诡诈"，似乎不无道理。尽管从希腊时代以来，战争在许多方面发生了真正的和表面的变化，但战略这个名称似乎依然表示它本来具有的诡诈的实质。

如果人们把暴力行为（即战斗本身）的实施归为战术，而把战略看作是巧妙运用战斗的一种艺术，那么，除了各种感情力量（像压缩待发的弹簧一样的炽烈的荣誉心，不易屈服的坚强意志等等）以外，其他禀赋似乎都不能像诡诈那样适合于指导和鼓舞战略活动了。上一章谈到对出敌不意的普遍追求时就已经含有这个意思，因为任何一次出敌不意都是以诡诈（即便诡诈的程度很小）为基础的。

战略的活动只是采取相关的措施来部署战斗。战略不像生活中的其他方面那样，可以单纯在口头上进行活动，发表意见，宣布声明等等。但使用诡诈进行欺骗时，所要利用的却主要是这些不需要付出很大代价的活动。

战争中也有与此类似的活动，例如，故意向敌人透漏骗人的方案和命令，泄漏假情报等等。这些活动在战略范围内通常不会产生很大的效果，只有在个别碰巧的场合才是合适的，因此不能看作是指挥官可以随意进行的活动。

但是要通过部署战斗等这样的活动使敌人受骗，就要花费大量的时间和兵力，而且活动的规模越大，花费就越多。人们通常都不愿为此付出这种代价，佯动在战略上很少收到预期效果。事实上，在较长时间内把大量兵力单纯用来装模作样是危险的，很可能不起作用，甚至在决定性地点上却无法使用这部分兵力。指挥官在战争中时刻都能体会到这个客观的道理，因此他对狡猾灵活的把戏往往不感兴趣。单调而严肃的必然性经常迫使他不得不采取直接行动，而没有玩弄这种把戏的余地。

我们得出的结论是：虽然诡诈在不妨害必要的感情力量（然而往往是有妨害的）的情况下没有什么害处，但是对统帅来说，正确而准确的眼力比诡诈更为必要，更为有用。

但是，战略支配的兵力越少，使用诡诈的可行性就越大。因此，当兵力很弱，任何谨慎和智慧都无济于事，一切办法似乎都无能为力的时候，诡诈就成为最后手段了。人们越是在绝望的处境中，就越想孤注一掷，而诡诈也就越能助长他们的胆量。在丢掉一切其他打算，不再考虑一切后果的情况下，胆量和诡诈可以相互促进，并使希望的微光集中于一点，成为一道也许还可能燃起火焰的光芒。

第11章　空间上的兵力集中

最好的战略是首先在总兵力方面，然后在决定性的地点上始终保持十分强大的力量。因此除了努力扩充兵员（但这往往不是统帅所能决定的）以外，战略上最重要而又最简单的准则是集中兵力。除非为实现迫切的任务，否则任何部队都不应该脱离主力。我们要严格遵守这一准则，并把它看作一种可靠的行动指南。同时，我们也会看到，上述准则并非在每一次战争中都产生同样的效果，由于目的和手段不同，它可能产生不同的效果。

有些人只是稀里糊涂地按照别人的习惯做法把兵力分割和分散了，但并不确切地知道为什么要这样做，这种现象听来好像难以置信，却重复了几百次。集中全部兵力是一个准则，分散和分割兵力都只是例外。

第12章　时间上的兵力集中

战争是方向相反的两个力量的碰撞，较强的一方不但可以抵消对方的力量，还可以迫使对方做反方向的运动。因此，在战争中根本不容许力量陆续（逐次）地发挥作用，必须集中全力。

但是，只有在战争确实像机械碰撞一样时，才会产生上述现象。如果战争是双方力量持续不断地相互抵消的过程，那么就应当让力量陆续发挥。在战术上就是这样，这主要是因为火器是一切战术的重要基础，但也还有其他原因。如果在火力战中以1000人对500人，那么双方伤亡的多寡同双方参战人数的多少都有关系。1000人发射的子弹比500人多一倍，而1000人被击中的可能性也比500人中弹的可能性大一些（因为1000人的队形肯定比500人的队形更为密集）。假定1000人被击中的可能性比500人大一倍，那么双方的伤亡就会相同。例如用500人战斗的一方伤亡200人，那么用1000人战斗的一方也同样有200人伤亡。如果用500人战斗的一方后面还有500人保留在火力范围以外，那么，双方都还有800个可以战斗的人。但是，其中一方的800人中有500人是弹药充足、体力充沛的生力军，而另一方的800人却都是队形松散、弹药不足和体力受到削弱的士兵。不过，仅仅由于1000人比500人多一倍，被击中的可能性就大一倍，这样的假定当然是不正确的。因此，保留半数兵力的一方也可能在一开始就受到较大的损失，这是一种不利。在一般情况下，用1000人战斗的一方一开始就拥有把敌人逐出据点和迫使敌人撤退的有利条件。但是，他以后作战时只有800名经过战斗而处于松散状态的士兵，而对方参战过的士兵的战斗力也不弱多少，而且还有500名生力军，这是对他不利的。在一般情况下，优势掌握在拥有生力军的一方。由此可见，在战斗中使用过大的兵力将会导致多么大的不利。使用优势兵力在最初可能带来很大的利益，但在以后却可能不得不为此付出代价。

不过，只有当军队秩序混乱、队形松散和体力疲惫时，换句话说，当出现每次战斗中都会有的（胜利的一方也会有的）危机时，才有上述危险。当一方的军队处于削弱状态时，对方相当数量的生力军的到来就起决定性的作用。当胜利一方的松散状态已经消失，只剩下胜利带来的精神方面的优势时，对方再投入生力军也无法挽回败局了，而且，这支新的生力军也会被卷入失败的旋涡。一支被击败的军队，是不可能依靠强大的预备队在第二天转败为胜的。从这里我们可以看到战术和战略之间的一个十分重要的区别的根源。战术上的成果，即在战斗进行中和在战斗结束前取得的成果，绝大部分是在队形松散和体力疲惫的情况下取得的，而战略上的成果，即整体战斗的成果或最终的胜利（不论是大是小），却不是在这种情况下取得的，它是在部分战斗的成果结合成一个独立的整体时才产生的，这时，危机已不存在，军队恢复了原来的状态，损失的只不过是实际被消灭了的那一部分。

从这种区别可以得出这样的结论：在战术上兵力可以逐次使用，而在战略上兵力却只能同时使用。

在战术上，如果开始阶段取得的成果不能解决一切问题，而必须考虑到下一阶段，那么，自然会得出以下结论：为了取得开始阶段的成果，只能使用必要的兵力，而把其余的兵力配置在火力战和白刃战的杀伤范围以外，以便用来对付敌方的生力军，或者用来战胜力量受到削弱的敌人。但在战略上却不是这样。一方面，在战略上一旦产生了成果，就无须担心敌人的反击，因为随着战略成果的出现，危机也就不存在了；另一方面，战略上所使用的兵力并不一定都会受到削弱。只有在战术上同敌人发生冲突的那部分兵力，即参加战斗的那部分兵力，才会被敌方削弱。也就是说，只要在战术上不无谓地滥用兵力，那么受到削弱的就只是不得不被削弱的那一部分，而绝不是在战略上参加冲突的全部兵力。在兵力占优势的情况下，某些参加战斗不多甚至根本没有参加战斗的部队，仅仅由于它们的存在就可以起决定性作用。这些部队在战斗结束后还保持着原来的状态，就像闲置的部队一样，可以用于新的目的。这种用来造成优势的部队对总的成果会有多么大的贡献，是显而易见的。有了这样的部队，我方在战术上参加冲突的那部分兵力的损失将会大大减少。

因此，如果说，在战略上使用的兵力增多，损失不但不会增大，甚至往往会有所减少，从而我们的决战自然会更有保障，那么，自然可以得出结论：在战略上使用的兵力越多越好，因此，必须同时使用现有一切可以使用的兵力。

但是，我们还必须从另一方面来对这个原则进行彻底的论证。到目前为止，我们所谈的只是斗争本身，但是，斗争离不开人、时间和空间，必须考虑到这些因素。

战争中的疲乏、劳累和物资缺乏，是一种特殊的消极因素，这种因素并不属于斗争本身，但同斗争有着一定的关系，特别是同战略有着密切的关系。在战术上，固然也有劳累和物资缺乏，而且可能非常严重，不过战术行动的持续时间比较短，对于它们的影响可以不必作太多的考虑。但在战略上，时间和空间的范围都比较大，这种影响往往不仅十分明显，而且经常起决定性作用。一支常胜的军队，没有败于战斗却败于疾病，这种情况并不少见。

在战略上是否也可以像在战术上那样，应该用尽量少的兵力来争取开始阶段的成果，以便把生力军留在最后使用？为了对这种在许多场合好像很有道理的思想做出确切的评价，我们必须探讨它的各个具体概念。首先，我们绝不能把纯粹的兵员增加同原有的生力军混淆起来。在大多数情况下，当战局临近结束时，不论是胜利的一方还是失败的一方，都迫切希望增加兵员，甚至认为这具有决定性的意义。在这里却不是这么回事，因为，假如一开始就拥有足够强大的兵力，就没有必要增加兵员了。至于认为新参战的部队就其精神价值来说比作战已久的部队更值得重视，就像战术上的预备队比在战斗中受过很大损失的部队更值得重视一样，那是同所有的经验相矛盾的。失利的战局固然会使部队的勇气和精神力量受到某种程度的挫伤，但胜利的战局也能使勇气和精神力量得到同样程度的增强，综合起来看，两者得失互相抵消，而战争锻炼则作为纯粹的收益被盈余了下来。此外，在这里应该更多地以胜利的战局为着眼点，而不是以失利的战局为着眼点，因为，如果预料到失利的可能性较大，这意味着本来就兵力不足，不可能设想还把一部分兵力留待以后使用。

这个问题解决以后，还有一个问题：劳累和物资缺乏使军队受到的损失，是否像在战斗中一样，会随着兵力的增加而增加呢？我们对这个问题的回答是否定的。

劳累大多是由危险引起的，而危险总是存在于军事行动的每一个瞬间。军队要想处处应付这种危险，保证确有把握地行动，就必须进行大量的活动，这些活动就是部队在战术上和战略上的勤务。兵力越弱，这种勤务就越繁重，兵力优势越大，这种勤务就越轻松，因此在战局中对抗比我们兵力小得多的敌人，比对抗兵力相等或大于我们的敌人，劳累要小得多。

物资缺乏主要指两方面：部队给养品的缺乏和宿营条件（不管是舍营还是舒服的野营）的缺乏。集结在同一地点的部队越多，这两方面的物资当然也就越缺乏。但对于向外扩展、取得更大的空间、取得更多的给养和宿营条件来说，兵力优势是最好的手段。

1812年拿破仑进军俄国时，曾史无前例地把军队大量集中在一条道路上，因而造成了同样史无前例的物资缺乏，这不能不归咎于他的那条原则：在决定性的地点上集中的兵力越多越好。他如果要避免遭到物资缺乏的困难，只需横向以较宽的幅面前进就行了。在俄国不缺少空间，出现缺少空间的情况也是极少的。因此，从这里找不出任何根据可以证明同时使用优势很大的兵力就必然会较大地削弱军队。假如有人认为：虽然把本来可以留待必要时使用的多余的兵力都用上去能减轻整个军队的负担，但大风大雨和作战时不可避免的劳累不但不能够减轻负担，反而会使它减员。但是，这种减员的不利总是小于兵力优势在其他各方面所能取得的利益。

在部分战斗中，很容易确定哪些兵力对于取得某个较大的成果是必要的，哪些兵力是多余的，但在战略上要这样做就几乎不可能，因为战略上要获取的成果是不固定的，是没有明显限度的。因此，在战术上可以看作是过剩的那部分兵力，在战略上却必须看作是可以用来伺机扩大战果的手段。利益的百分比是随战果的增大而增加的，因此，使用优势兵力很快就可以达到谨小慎微地使用兵力所无法达到的程度。

1812年，拿破仑依靠自己的巨大优势，成功推进到莫斯科，而且占领了这个首都。如果他依靠这一优势完全粉碎了俄国的军队，那么，他也许可以在莫斯科缔结一个通过任何其他途径都很难得到的和约。这个例子只是用来说明上述观点，而不是用来证明，如果要证明它，就需要详尽地阐述，在这里不适合这样做。

以上论述只是针对逐次使用兵力的观点说的，而不是针对预备队这个概念本身说的。在这里要明确一点：就战术范围，单是实际使用军队的时间延长，就能使军队实力受到削弱，因而时间是削弱军队的一个因素，但在战略范围，虽然时间对军队也起损害作用，但是这种损害作用一部分由于兵力众多而被减小了，一部分通过其他途径得到了补偿，因此，在战略上不能纯粹为了时间的缘故，就企图通过逐次使用兵力的方法使时间对自己有利。

我们要阐明的法则是：一切用于某一战略目的的现有兵力应该同时使用，而且越是把一切兵力集中用于一次行动和一个时刻就越好。但是，在战略范围也存在着一个有重点地和持续地发挥作用的问题，即逐步部署生力军的问题，特别是在生力军是争取最后胜利的主要手段时，更不能忽视这个问题。

第13章　战略预备队

预备队有两种不同的用途：第一是延长和恢复战斗，第二是应付意外情况。第一个用途以逐次使用兵力能取得利益为前提，因而在战略范围内不可能出现。把一个部队调到即将失守的地点去，这显然属于第二个用途的范畴，因为在这里不得不进行的抵抗，是没有充分预见到的。如果一支部队仅仅为了延长战斗而被留下来，被配置在火力范围以外，但仍然受这次战斗的指挥官指挥和调遣，那么它就是战术预备队，而不是战略预备队。

但是在战略范围也可能需要准备一定的兵力以防意外，因此，也可能需要有战略预备队，不过只是在可能出现意外情况的条件下才是这样。在战术范围，人们多半是通过观察来了解敌人的举措，任何一个小树林和起伏的地褶都可以把敌人的举措隐蔽起来，因此人们必须时刻准备应付意外情况，以便可以随时加强薄弱的环节，针对敌人的情况调整我方的兵力部署。战略行动同战术行动有直接联系，在战略范围也必然会出现这种情况。在战略上，有些部署也只有根据观察，根据每日每时获得的情报，根据战斗产生的实际效果才能予以确定。因此，根据情况的不确实程度保留一定兵力以备以后使用，也是战略指挥上的一个基本要求。在防御中，特别是在江河、山地这一类地形的防御中，会不断出现这种情况。但是，战略活动离开战术活动越远，这种不确实性就越小，当战略活动接近政治领域时，这种不确实性就几乎完全不存在了。

敌人把纵队派往什么地方去进行会战，这只能通过观察去了解，敌人将在什么地方渡河，这可以从他事前暴露的某些准备措施中来了解。至于敌人可能从哪个方向侵入我国，通常还在一枪未发以前，所有的报纸就已透露了。措施的规模越大，就越难做到出敌不意。时间是如此之长，空间是如此之大，产生行动的各种情况又是如此明显而很少发生变化，以致人们或者有足够的时间来了解它，或者可以确切地推断出来。另一方面，措施越涉及全局，预备队（如果有的话）在战略范围内的作用也就越小。

部分战斗的结局本身是没有什么意义的，只有在整体战斗的结局中才能看到所有部分战斗的价值。但是，即使是整体战斗的结局，也只有相对的意义，这取决于被击败的敌军在其全部兵力中占多大的比重和有多大的重要性。一个军的失利可以用一个军团的胜利来弥补，一个军团在会战中的失利，不仅可以由一个更大的军团的胜利来抵消，甚至可以转败为胜

（例如1813年在库耳姆的两天会战）。但是，被击败的那一部分敌军越重要，胜利（整体战斗的胜利）就越重要，敌人挽回失败的可能性也就越小。

第三方面：如果说在战术上兵力的逐次使用总是使决定性行动延迟到整个行动的末尾，那么在战略上同时使用兵力的法则却几乎总是使主力决战（不一定是最后决战）在大规模行动开始时就进行。这样，我们根据这三点结论就有足够的理由认为：战略预备队的用途越广泛，战略预备队的必要性就越小，就越没有用处，带来的危险就越大。

在主力决战中全部兵力必须都使用进去，把现有军队组成的任何预备队留在主力决战以后使用都是荒谬的。在战术上预备队是应付敌人意外的调兵的手段，是战斗失利时挽救无法预见的后果的手段，在战略上，至少在大规模的决战中，应该放弃这种手段。在战略上，某一处的失利通常只能通过别处取得的胜利来挽救，在少数情况下可以把别处的兵力调来挽救败局，但是绝不应该也不允许有预先保留兵力准备应付失利的思想。

建立一支不参加主力决战的战略预备队的思想是错误的。有人认为这是战略上智谋和谨慎的精华，有人则把它连同任何预备队（因而也连同战术预备队）一概否定。这种混乱思想也反映在现实生活中。如果人们想看看这方面突出的例子，那么可以回忆1806年的事件。那时普鲁士曾经把符腾堡欧根亲王指挥的2万人的预备队留在马尔克，结果这支预备队未能及时赶到扎勒河，另外还把2.5万人留在东普鲁士和南普鲁士，作为预备队以备后用。

第14章　兵力的合理使用

人的思路很少是仅仅沿着某些原则和观点发展的直线，它总有一定的自由活动的余地。在实际生活的一切艺术中都是如此。用横坐标和纵坐标描不出美丽的线条，用代数公式做不出圆和椭圆。因此，指挥官有时必须依靠高度准确而迅速的判断（这来自天赋的敏感和深入思考的锻炼），几乎在不知不觉中就察明真相，有时必须把规律概括成明确的要点作为行动的规则，有时还必须以惯用的方法作为行动的依据。

我们认为，经常注意使所有兵力都发挥作用，随时随地注意不把任何一部分兵力搁置不用，这就是合理使用兵力的要点。谁在不与敌人打交道的地方配置过多的兵力，谁在敌人攻击时还让一部分军队在行军，也就是说，有一部分军队没有发挥作用，谁就是不善于合理地使用兵力。从这个意义上说，有而不用就是浪费，这比用而不当更为糟糕。一旦需要行动，首先就要使所有的军队都行动起来，因为即使是最不恰当的活动，也可以牵制或击败一部分敌人，而完全搁置不用的军队，在这一时刻却是完全不起作用的。这个观点同前三章阐述的原则是联系在一起的，是同一个真理，我们只不过是从更广泛的角度进行考察，把它归纳成一个独立的概念而已。

第15章　几何要素

究竟几何要素或者说兵力配置的形式在多大程度上能够成为战争中的重要因素？在筑城术中，我们看到几何学几乎支配着从大到小的一切问题。在战术上，几何学也起着很大的作用。在狭义的战术中，即在军队运动的理论中，几何学是基础。在建筑野战工事中，以及在关于确定阵地和对阵地进攻的学说中，几何学上的角和线像决定一切的立法者一样居于统治地位。在这里，有些几何要素被滥用了，而另外一些则只是毫无意义的游戏。但在现代战术中，每次战斗都寻求包围敌人，这时，几何要素又重新具有了巨大的作用，它们被简单却反复地应用着。尽管如此，现代战术比起要塞战来，它的一切都更灵活机动，精神力量、个人特性和偶然性都起着较大的作用，因而几何要素不像在要塞战中那样占统治地位。在战略范围，几何要素的影响就更小了。在这里兵力配置的形式和国土的形状固然也有很大的影响，但几何要素不像在筑城术中那样起决定性作用，也远不像在战术中那样重要了。

在战术范围，时间和空间容易迅速变小。一个部队如果翼侧和背后都受到敌方的攻击，就会很快陷于无法撤退的困境。这种处境接近于完全无法继续战斗，必须设法摆脱它，或者预先防止陷入这种境地。这就要求为此而采取的所有行动一开始就具有巨大的作用，这主要就是使敌人对后果产生顾虑。因此，兵力配置的几何形式是产生上述作用的一个很重要的因素。

但在战略范围，空间很大，时间很长，因而这一切只产生微弱的影响。人们不能从一个战区射击到另一个战区，实现一个预定的战略迂回往往需要几个星期或几个月。而且空间如此广阔，即使采取最好的措施，要想分毫不差地达到目的也只有很小可能性。

因此，在战略范围，几何要素的作用要小得多，正因为这样，在某一地点实际取得的胜利的作用就大得多。在战略上更为重要的是战斗胜利的次数和规模，而不是联系这些战斗的几何形式，这是一条既定的真理。

但是，与此相反的观点却恰恰成为现代理论所喜爱的论题，人们认为，这样就可以使战略具有更大的重要性。他们又把战略看作是更高的智力活动，并且以为这样就可以使战争更为高贵，用一句时髦的话来说，就是使战争更加科学化。我们认为，一个完善的理论的主要用处就在于揭穿这种谬论的迷惑作用。由于这种现代理论常常以几何要素这个主要概念为出发点，因此我们特别强调了这个问题。

第16章　军事行动中的间歇

战争被看作是相互消灭的行为，战斗双方一般说来都是在前进的。但就某一时刻来说，只有一方在前进，而另一方在等待。因为双方的情况绝不可能完全相同，或者不可能永远相同，随着时间的推移，情况可能会发生变化，因而当前这个时刻对某一方就会比对另一方有利。假定双方统帅都完全了解这一点，那么，一方前进的根据同时也成为另一方等待的根据。因此，在同一个时刻双方不会都感到前进有利，也不会都感到等待有利。在这里，双方不可能同时抱有同样目的的原因不是来自一般的两极性，因此同第二篇第5章的论点并不矛盾，而是双方统帅定下决心的根据实际上是同一回事，也就是他们未来处境是改善还是恶化的可能性。即使双方的情况可能完全相同，或者由于双方统帅对对方情况了解不够，误认为情况是完全相同的，仍然不可能产生间歇，因为双方的政治目的是不同的。从政治上看，双方必然有一方是进攻者，双方的企图如果都是防守，那就不会发生战争了。进攻的一方抱有积极的目的，防御的一方只有消极的目的；进攻的一方必须采取积极的行动，因为只有这样才能达到积极的目的。因此，即使双方的情况完全相同，积极的目的也会促使进攻的一方采取行动。

根据这种想法，军事行动中的间歇严格说来是同战争的性质相矛盾的，因为两支军队是两个敌对的因素，任何一方必然在不停止地消灭对方，就像水和火永远不能相容，不到一方完全消失，它们之间的相互作用就绝不会停止。但是，我们对两个摔跤者长久地扭在一起僵持不动的现象又如何解释呢？军事行动本来应该像上紧发条的钟表一样一刻不停地运动。但是，不管战争的性质多么暴烈，它总还受人的弱点的限制，人们一方面在追求危险和制造危险，同时却又害怕危险，战争中存在着这种矛盾。

如果我们浏览一下战史，往往可以看到同上述情况相反的现象，在战争中为了达到目标并不总是不停顿地前进，很显然，间歇和停顿是军队的基本状态，而前进却是例外。这几乎使我们怀疑上述观点的正确性。但是，尽管战史上的大量事实所证明的是这样，最近的一系列事件却恰好证明了我们前面的观点。革命战争充分表明了这个观点的现实性，也充分证明了它的必然性。在革命战争中，特别是在拿破仑的各次战局中，战争的进行达到了最大限度地发挥力量的程度，我们认为这是暴力的自然规律。

事实上，如果不是为了前进，在战争中付出许多力量又如何解释呢？

面包师只是为了要烤面包才烧热炉子；人们只是为了要用车才把马套在车上。如果除了使敌方付出同样大的力量以外不想得到任何其他东西，那又为什么要做这样巨大的努力呢?

对于这个总的原则的论述，我们就谈这么多，现在再来谈谈它在现实中的变化。

在这里必须指出引起变化的三个原因，它们是内在的牵制力量，可以阻止战争这个钟表走得太快或无休止地走下去。

第一个原因是人本性上的怯懦和优柔寡断。它使行动具有经常趋于停顿的倾向，因而是一种抑制因素，它是精神世界中的重力，但不是由引力引起的，而是由斥力引起的，是由害怕危险和害怕负责任引起的。

在战争的烈火中，人的惰性一般情况下比较大，因此要持续不断地运动，就必须有更强大的动力不断地推动他。仅仅有战争目的还不足以克服这种重力，如果没有这种在战争中如鱼得水的英勇善战精神做主宰，没有来自上级的巨大责任的压力，那么停顿就会变成常事，前进就会成为例外。

第二个原因是人的认识和判断上的不完善性。这在战争中比在其他任何地方都显得更为突出，因为人们很难每时每刻都很确切地了解自己的情况，至于敌人的情况，由于是隐蔽的，所以只能根据不多的材料加以推测。因此，常常会发生这样一种情况：实际上等待只对一方比较有利，但双方却都认为对自己有利，每一方都认为等待另一个时刻是明智的。

第三个原因是防御力量的相对增强性。它像钟表里的制动装置一样，随时都会使行动停顿下来。甲方可能觉得不足以攻克乙方，但不能因此得出结论说，乙方就有足够的力量来进攻甲方。防御能够增强力量，因此，如果一方不进行防御而采取进攻，那么他不仅会失去这种力量，反而会把它转给对方。形象地说，就是A＋B和A－B的差等于2B。因此，不仅双方自己都觉得无力进攻，而且实际上也是如此。

这样，人们就在军事艺术中为谨慎小心和害怕巨大危险找到了合理存在的立足点，从而抑制战争所固有的暴烈性。

但是，这些原因还不足以说明，为什么在过去那些不是由重大利害冲突引起的战争中会有长时间的间歇，在这些战争中，十分之九的时间是在无所作为的休战状态中度过的。这种现象主要是一方的要求和另一方的状况和士气对战争的影响引起的，关于这一点我们在论战争的性质和目的那一章中已经谈过了。

这一切都可能产生十分巨大的影响，使战争成为不伦不类的东西。这样的战争往往只是一种武装监视，只是为了支持谈判而摆出的威胁姿态，只是一种缓和的行动，在自己略占优势的情况下以便伺机行事，或者并非出于自愿，而只是勉强履行同盟义务。

在所有这些场合，利害冲突不大，敌对因素不强，每一方都不想对对方采取过分的行动，也并不十分害怕对方，没有很大的利害关系逼迫和驱使他们行动。在这种情况下，双方政府下的赌注不会很大，于是就出现了这种温和的战争，而真正的战争所具有的敌对情绪受到了束缚。

战争越是这样不伦不类，必然性就越少，偶然性就越多，建立理论就越缺乏必要的确定的根据和基础。

但是，即使在这样的战争中，也是需要才智的，而且同在其他战争中比较起来，它的表现形式更为多样，活动范围更为广泛，就像用金币做赌注的赌博变成拿硬币来做小买卖一样。在这里，作战的时间都花费在装腔作势的小行动上，即半真半假的前哨战，没有任何效果的长时间的部署，以及被后人称颂为大有学问的布阵和行军上（所以被称颂为大有学问，因为这样做的一些微小原因已经不得而知，而一般人又无法想象出来）。恰好就在这里，某些理论家发现了真正的军事艺术，他们从古代战争中运用的虚刺、防刺、防右下刺和防左上刺中找到了所有理论研究的对象，发现智力比物质重要。他们认为最近几次战争反而是野蛮的搏斗，没有什么值得学习，而只能看作是向野蛮时代的后退。这种观点与它论及的对象一样，都毫无价值。在缺乏巨大的力量和伟大的激情的地方，小聪明当然就容易发挥作用。但是，指挥庞大的军队作战，像在狂风骇浪中掌舵一样，难道不是一种更高的智力活动吗？难道上述的击剑术式的作战方法没有包括在真正的作战方法之内吗？前者和后者的关系不就像人在船上的运动和船本身的运动关系一样吗？实际上，这种击剑术式的作战方法只有在对方并不强于我方的条件下才能采用。但是，难道我们能够知道这种条件能保持多久吗？难道法国革命不正是在我们对于旧式作战方法稳妥可靠的幻想中袭击了我们，把我们从夏龙赶到莫斯科的吗？腓特烈大帝不正是用类似的方式使安于老一套战争习惯的奥地利人大吃一惊，并震撼了奥地利王朝吗？在对付一个只受内在力量限制而不受其他任何法则约束的野蛮的敌人时，一个政府如果采取不坚决的政策，运用墨守成规的军事艺术，那就太可怜了！这时，行动和努力上的任何懈怠都会增强敌人的力量。一个击剑运动员用他那套架势去摔跤是不那么容易的，往往只要被轻轻地一推，就会被摔倒在地上。

从上述所有的原因中可以看出，一次战局中的军事行动不是连续不断的，而是有间歇的；因此，在各次流血行动之间总有一个双方都处于守势而互相观望的时期；但一般说来，抱有较高目的的一方主要采取进攻的原则，它处于前进的态势，因此它的观望态度稍有不同。

第17章　现代战争的特点

拿破仑的幸运和大胆使以前通用的一切作战手段都变得一文不值，许多一流的强国几乎被他一击即溃。西班牙人通过他们顽强的斗争表明，民众武装和起义尽管在个别方面还有缺点和不够完善，但总的说来是能起很大作用的。俄国的1812年战局告诉我们：第一，一个幅员辽阔的国家是不可征服的；第二，即使会战失利、首都沦陷或某些地区失守，仍有可能最后获胜。当敌人进攻的力量已经枯竭时，在自己的国土上进行防御的一方往往就成为最强大的，这时，转守为攻具有十分巨大的力量。1813年的普鲁士进一步说明，通过紧急建立民兵的方式可以使军队增加到平时兵力的六倍，这些民兵在国外像在国内一样可以使用。上述这些情况表明，民心和民意在国家力量、军事力量和作战力量中是一个多么重要的因素。既然各国政府已经知道这些辅助手段，它们在未来战争中就会使用这些手段，不管是危险威胁到它们的生存也好，还是强烈的荣誉心驱使它们这样做也好。

显而易见，双方用全民力量进行的战争和只依靠常备军进行的战争，是按不同的原则组织的。以往的常备军好像是舰队，陆军和海军同国家其他方面的关系一样，因此陆军的军事艺术曾经采用过海军战术中的某些原则，而现在却完全不采用那些原则了。

第18章　紧张与平静

战争的力学定律

我们在本篇第16章已谈过，在大多数战局中，间歇和平静的时间比行动的时间要长得多。尽管我们在第10章中又谈到现代战争具有完全不同的特点，真正的军事行动总是被或长或短的间歇所中断。因此，我们有必要对这两种状态的实质做进一步探讨。

如果军事行动中发生了间歇，双方都不抱积极的目的，那么就会出现平静，因而也就出现均势。当然，这里指的是最广义的均势，不仅指军队的物质力量和精神力量的均势，还包括一切关系和利害在内的均势。但是，只要双方中有一方有了新的积极目的，并且为此进行了活动（即使只是一些准备活动），而对方一旦对此采取对策，那么双方之间就会出现紧张状态。这种紧张状态将持续到决战结束时为止。

在双方决战结束以后，接着就会出现向这一方向或那一方向的运动。

如果这个运动遇到必须克服的困难（如内部阻力）或新出现的对抗力量的作用而衰竭下来，那么，不是再度出现平静，就是产生新的紧张决战，然后又会出现一个新的、在大多数的情况下方向相反的运动。

在平静和均势的状态下，也可能有某些活动，但这些活动只是由偶然的原因引起的，而不是由能导致重大变化的目的引起的。这些活动中也可能包括重要的战斗，甚至是主力会战，但是它们的性质毕竟是完全不同的，因而往往产生不同的效果。

当出现紧张状态时，决战总是具有更大的效果，这一方面是因为在这时人们的意志能发挥更大的力量，环境会产生更大的压力，另一方面是因为这种大规模的行动已经有了各方面的准备。这样的决战犹如密封良好的地雷的爆炸效果，而同样规模的事件如果在平静状态中发生，却仿佛是散放着的火药在燃烧。

此外，紧张的程度各不相同，从最紧张的状态到最不紧张的状态之间有各种不同程度的紧张状态，最弱的紧张状态同平静状态之间就只有很小的区别了。

上述考察中对我们最有益的就是由此得出的结论：同样的措施在紧张状态中比在均势状态中具有更大的重要性和更好的效果，而在最紧张的状态中，其重要性也就上升为最大。

例如，瓦尔密炮击比霍赫基尔希会战更有决定性的意义。

在敌人无法防御而放弃的地区展开驻防，同在敌人为了等待更有利的决战时机而退出的地区展开驻防，应该采取完全不同的方式。抗击敌人的战略进攻时，一个不合适的阵地，或者一次错误的行军，都会造成严重的后果。但在均势状态中，这些缺点只有在特别突出的时候才会促使敌人行动。

以往大多数战争的绝大部分时间是在均势中度过的，或者，至少是在程度较轻、间歇较长和作用较小的紧张中度过的。在这种状态下发生的事件很少会产生很大的结果，它们有时只是为了庆祝女皇的诞辰（霍赫基尔希会战），有时只是为了争取军人的荣誉（库涅斯多夫会战），有时只是为了满足统帅的虚荣心（弗赖贝格会战）。

我们认为统帅必须清楚地辨别这两种状态，并且能针对这两种状态合理地行动，这是一个很重要的要求。但1806年战局的经验却告诉我们，人们往往离这个要求还很远。在当时那种一切都集中于主力决战的高度紧张状态中，统帅本来应该把全部力量都用在这个事关重大的主力决战上，然而，却只是建议性地提出了一些措施，即使有一些措施确已付诸行动（例如对弗兰肯地区进行侦察），也不过是一些只能在均势状态中引起微弱振荡的活动而已。人们只注意了这些引起混乱和占用精力的措施和意见，却把唯一能够挽救大局的必要措施遗忘了。

这种理论上的区分对于进一步阐述我们的理论也十分必要，因为关于进攻和防御的关系以及实施进攻和防御所要谈的一切都同危机状态（各种力量在紧张和运动时所处的状态）有关，危机是真正的战争，均势状态只不过是危机的反射而已。在均势状态中进行的一切活动，我们只能看作是派生的东西。

第四篇　战　斗

第1章 概 要

我们在前一篇考察了那些在战争中起作用的要素，现在我们来研究一下真正的军事活动——战斗。这种活动通过物质的和精神的效果时而直接时而间接地体现着整个战争的目的。因此，在这种活动及其效果中，上述战略要素必然又会出现。

战斗本身的部署属于战术范畴。在实际运用中，由于战斗有各种不同的直接目的，每个战斗也就有其特殊的形式。但是，同战斗的一般性质比较起来，战斗的特殊形式大多不是很重要，因此大部分战斗彼此十分相似。为了避免太多重复，我们认为在谈战斗的具体运用问题前，有必要先考察一下战斗的一般性质。

因此，在下一章中我们先从战术角度简单阐述一下现代会战的特点，因为我们关于战斗的概念是以现代会战为基础的。

第2章 现代会战的特点

根据战术和战略的概念，战术的性质有了变化，战略必然也会受到影响。战术具有完全不同的特点，那么战略必然也会具有完全不同的特点，只有这样，才是合乎逻辑和合乎情理的。因此，我们在进一步研究战略上如何运用主力会战之前，先说明一下现代主力会战的特点是很重要的。

现代主力会战一般是怎样进行的呢？首先是从容地把大批军队前后左右配置好，然后按一定的比例展开其中的一小部分，让它在火力战中进行几小时搏斗，不时地穿插进行一次次小规模的冲锋、白刃格斗和骑兵攻击，并且调来调去形成拉锯战。当这一小部分在这个过程中逐渐把战斗力消耗殆尽时，就把它撤回，用另一部分代替。这样，会战就像潮湿的火药慢慢燃烧那样有节制地进行着。当黑夜来临，什么都看不见了，谁也不想盲目地去碰运气，于是会战就会中止。这时，人们就要估计一下，敌我双方还剩下多少可以使用的兵力，也就是还剩下多少兵力没有完全像爆发后的火山那样一蹶不振。再估计一下阵地的得失情况以及背后是否安全。最后，把这些估计的结果同敌我双方在勇敢和怯懦、聪明和愚蠢等方面的表现综合起来，形成一个总印象，根据它就可以做出决定：撤出战场还是明天早晨重新开始战斗。

上面的描绘并非现代会战的全貌，只是勾画了现代会战这幅画的基本色调，它既适用于进攻者，也适用于防御者。在这幅画上添上预定的目的、地形等特殊的色彩，并不会改变其基本色调。

可是，现代会战具有这种特点并不是偶然的。它所以这样，是因为敌对双方在军事组织和军事艺术方面的水平大致相当，是因为现代战争是由重大的民族利益引起的，战争要素突破了种种束缚，已沿着它的自然方向发展。在这两种情况下，会战就始终保持着这种特点。

我们以后在确定兵力、地形等等各个系数的价值时，这个关于现代会战的一般概念，在许多地方是有用的。不过，上述情况只适用于一般的、规模大的、有决定意义的战斗以及类似的战斗，至于小规模的战斗，其特点固然也在向这个方向变化，但比起大规模的战斗来，变化的程度较小。对这一点的证明，就属于战术的范畴了，不过我们以后还有机会做些补充，把它说得更清楚些。

第3章　战斗概论

战斗是真正的军事活动，其余的一切活动都是为它服务的。战斗就是斗争，目的是消灭或制服敌人，而每一次在具体战斗中的敌人就是和我们对峙的军队。这就是战斗的简单的概念。

在野蛮民族的简单关系中，把国家和它的军事力量视为一个整体，自然也就会把战争视为大规模的战斗。但现代战争却是由大大小小的、同时发生的或相继发生的无数战斗构成的。军事活动分成这么多单个行动，是因为在现代产生战争的情况异常复杂。

现代战争的最后目的，即政治目的，往往比较复杂。即使这个目的十分简单，由于军事行动同许多条件和考虑联系在一起，因而不可能通过一次单独的大规模行动达到，只有通过结成一个整体的一系列大大小小的活动才能达到。每个这样的具体活动都是整体的一部分，各有其特殊的目的，并通过它们同整体联系在一起。

战略行动就是运用军队，运用军队始终是以战斗这个概念为基础的，每个战略行动都可以归结到战斗这个概念上。因此，在战略范围内，我们可以把一切军事活动都归结到战斗的整体上来，而且只研究战斗的一般目的。至于战斗的特殊目的，我们在谈到同它们有关的一些问题时，将逐步地予以阐明。战斗不论大小，都有从属于整体的特殊目的。消灭敌人和制服敌人只是达到这一目的的手段。事实上也确实是这样。但是，这个结论只是从形式上来看是正确的，只是为了使各个概念在逻辑上有联系才显得重要。我们指出这一点，正是为了防止这样看问题。

什么是制服敌人呢？这永远而且只能是消灭他的军队，不论是通过造成敌方伤亡的方式还是通过其他什么方式，不论是全部彻底地消灭它还是只消灭它的一部分，使它不愿意继续作战。因此，只要撇开各个战斗的一切特殊目的，就可以把全部或部分地消灭敌人看作是一切战斗的唯一目的。

在大多数情况下，特别是在大规模战斗中，战斗的特殊目的只不过是一般目的的表现形式，或只是同一般目的结合在一起的从属目的。在使战斗具有特殊性质方面，它是重要的，但同一般目的比起来，它只是次要的，即使这个从属目的达到了，也只是完成了战斗的次要任务。如果这个论断是正确的，那么不难看出，认为消灭敌人军队只是手段而另有目的的话，只从形式上来看是正确的。战斗的特殊目的中也包含着消灭敌人军队这个内容，特殊目的只是消灭敌人军队的一种较小变形。

在最近几次战争以前，正是因为人们忘记了这一点，所以出现了一些完全错误的见解、倾向和不完整的理论体系，认为理论越不要求使用真正的工具，即越不要求消灭敌军，理论越能摆脱手艺的习气。如果不提出一些错误的前提，不用一些误认为是有效的手段来代替消灭敌人军队，当然就不会产生上述那种理论体系了。以后只要有机会，我们还要同这种错误作斗争。如果我们不强调消灭敌人军队的重要性和它的真正价值，不提防那种纯粹形式上的真理所能引起的谬论，我们就无法研究战斗。

但是，怎样才能证明，在大多数以及最重要的战斗中，消灭敌人军队是最重要的呢？有人认为用一种特别巧妙的方式直接消灭敌人的少数兵力，就可以间接消灭它更多的兵力，或者运用一些规模不大但却非常巧妙的攻击，就可以使敌人陷于瘫痪状态，就可以控制敌人的意志，并认为这种方法应该是最好的捷径。对于这种美妙的想法我们又将如何对待呢？不错，在这里进行战斗和在那里进行战斗可能有不同的价值。在战略上，的确有巧妙地部署各次战斗的问题，战略无非是进行这种部署的艺术。我们并不否认战略部署的价值，但不管在什么地方，直接消灭敌人军队总是最主要的事情。这是头等重要的原则。

同时必须记住，我们谈的是战略而不是战术，也就是说，并不是谈那些在战术上可能存在的、不消耗很大力量就能消灭敌人很多军队的手段。我们认为直接消灭敌人是战术上的成果，因此，只有重大的战术成果才能导致重大的战略成果，战术成果在作战中具有极其重要的意义。

我们觉得要证明这个论点是相当简单的，这个证明就存在于每种复杂的（巧妙的）行动都需要的时间中。究竟是简单的攻击，还是比较复杂、比较巧妙的攻击有更大的效果呢？如果把敌人看成是被动的对象，就会毫无疑问地认为后者的效果大。但是，任何复杂的攻击都需要更多的时间，只有在一部分军队受到攻击但不致破坏我们整个军队的准备工作的效果时，我们才能赢得这样的时间。如果敌人决定在短期内发动一次比较简单的攻击，那么敌人就会占有优势，因而使我方的宏大计划失去作用。因此，我们在衡量复杂的攻击有多大价值时，必须把准备期间内可能发生的一切危险考虑在内。只有在不怕敌人用简单攻击来破坏我们的准备的情况下，才能采用复杂的攻击。一旦在准备过程中遭到敌人的简单攻击，我们就不得不采用比较简单的行动，而且必须根据敌人的情况采取尽可能简单的行动。一个敏捷、勇敢而又果断的敌人，绝不会让我们有时间去计划大规模的巧妙攻击的，对付这样的敌人，最需要巧妙的本领。简单和直接行动的效果要比复杂行动的效果更重要。

我们并不认为简单的攻击是最好的攻击，而只是说，准备时间不能超出环境许可的范围，敌人越有尚武精神，就越有必要采用直接的行动。因此，与其在复杂的计划方面胜过敌人，不如在简单的行动方面永远走在敌人的前面。

如果我们研究一下这两种打法的最根本的基础，我们就会发现，一种打法的基础是智慧，一种打法的基础是勇气。人们很容易受到迷惑而认为，普通的勇气兼高超的智慧，比普通的智慧兼出众的勇气有更大的作用。但是，如果人们不违反逻辑地考虑这两种因素，就应该看到，在勇气起主要作用的危险领域内智慧不可能比勇气更重要。在一切武德中，作战的魄力总最能使军队获得荣誉和成功。

经过这些抽象考察，根据实际经验只能得出上述结论，不会得出其他结论，而且实际经验是我们进行上述考察的唯一原因。

消灭敌人军队不仅在整个战争中，而且在各个战斗中，都应该被看作是主要目标，这是我们的原则。至于如何贯彻这一原则，以及如何使它同产生战争的各种情况所必然要求的一切形式和条件相适应，我们将在后面加以研究。

通过上面的论述，我们只是想充分说明这个原则的一般重要性，现在，我们根据上述结论再来讨论战斗。

第4章　战斗概论（续）

消灭敌人军队在战争中永远是最主要的。至于同消灭敌人军队这个目的混合在一起的、或多或少有一定重要性的其他目的，我们将在下一章中先作一般的论述，以后逐步阐明。在这里，我们把战斗的其他目的完全撇开，只把消灭敌人看作是战斗的唯一的目的来探讨。

对消灭敌人军队应该怎样理解呢？应该理解为使敌人军队损失的比例比我方大得多。如果我方军队在数量上占很大的优势，那么，当双方损失的绝对数量相同时，我方的损失当然就比敌方小，这是对我方有利的。既然我们在这里撇开战斗的其他目的来谈战斗，那么，我们就必须把那些用来间接地消灭更多的敌人军队的目的也排除在外。因此，只能把相互杀伤过程中直接取得的利益看作是目的，因为这种利益是绝对的利益，始终保留在整个战局的账本上，而且在最后的结算中总是一种纯利。至于其他各种胜利，或者是通过在这里根本不予考虑的其他目的取得的，或只是一种暂时的相对利益，这一点举个例子就可以说明。

如果我们以巧妙的部署使敌人陷于不利的境地，以致他不冒险就不能继续战斗，因而稍做抵抗就撤退了，那么可以说，我们在这一点上把他制服了。但是，如果在这个制服敌人的过程中，敌我双方军队的损失比例相同，那么这次胜利（如果这样一个结果可以称为胜利的话）在战局的总结算中就没有留下什么利益。因此，像这样制服敌人，就没有达到消灭敌人的目的。战斗的目的就是在相互破坏过程中直接取得利益，这种直接取得的利益不仅包括敌人在战斗过程中所受的损失，也包括敌人在撤退过程中直接遭受的损失。

这里有个众所周知的经验，在战斗过程中，胜者和败者在物质损失方面很少有较大差别，往往根本没有，有时甚至胜者的损失还可能大于败者。败者的决定性损失是在开始撤退以后才出现的（而胜利者却不会有这种损失）。剩下的惊慌失措的部队被骑兵冲散，疲惫不堪的士兵累倒在地上，损坏了的火炮和弹药车被抛弃，剩下的火炮和弹药车也因道路不好不能迅速撤退，因而被敌人的骑兵所追获。在夜间，零星的部队迷失了方向，毫无抵抗地落入敌人手中。胜利的这种结果，多半是在胜负决定之后才出现的。这种情况，如果不作如下的解释，就难以理解。

双方在战斗过程中不仅有物质方面的损失，精神也会受到震惊、挫伤，甚至一蹶不振。要决定战斗是否还能继续，不仅要考虑人员、马匹和火炮的损失情况，还要考虑秩序、勇气、信心、内部联系和计划等方面受到挫折的情况。在这里，起决定作用的主要是这些精神力量，特别在双方物质损失相等的情况下，起决定性作用的就只是这些力量。

在战斗过程中要比较双方物质力量的损失无疑是困难的，但要比较精神力量的损失却并不难。能说明精神力量损失的主要有以下两点：第一，作战地区的丧失；第二，敌人预备队的优势。我方预备队比敌人的预备队减少得越多，就说明我方为了保持均势使用了更多的兵力。这是敌人在精神方面占优势的明显证明，这常常使统帅感到一定的苦恼，使他低估自己部队的力量。但主要的是，经过长时间作战的部队都多少会像燃烧殆尽的煤渣一样，子弹打完了，队形打散了，体力和精力都耗尽了，也许连勇气也大受挫折。像这样的部队，且不谈人数上的减少，就是作为一个有机的整体来看，也和战斗以前的情况大不相同了。所以，根据预备队的消耗程度可以衡量精神力量的损失。

地区的丧失和预备队的缺乏通常是决定撤退的两个主要原因，但我们也绝不想否认或者忽视其他原因，例如各部队的联系和整个作战计划遭到破坏等等。因此，任何战斗都是双方物质力量和精神力量以流血方式和破坏方式进行的较量。最后谁在这两方面剩下的力量最多，谁就是胜利者。

在战斗过程中，精神力量的损失是决定胜负的主要原因。胜负决定后，精神力量的损失还在增长，要到整个行动结束时才达到顶点。因此，使敌人精神力量遭受损失也是摧毁敌人物质力量从而获得利益的一种手段，而获得这种利益是战斗的真正目的。军队一旦队形混乱，行动不能协调，个别部队的抵抗往往就是徒劳无益的了。整个军队的勇气受到了挫折，原来那种不顾危险地力争得失的紧张情绪就会松弛下来，这时，危险对大多数人来说不但不能激发勇气，反而像一种严厉的惩罚。因此，军队一旦看到敌人取得胜利，力量就会受到削弱，锐气就会受到挫伤，他们就再也不能依靠危险激发自己的勇气来解除危险了。

胜利者必须利用这个时机，以便在摧毁对方物质力量方面获得真正的利益。只有在摧毁对方物质力量方面得到的利益才是确实可靠的，因为失败者的精神力量可以逐渐恢复，队形能够重新建立，勇气也能再度高涨。而胜利者在精神方面取得的优势在大多数情况下却只有极小一部分能够保留下来，有时甚至连极小一部分也不能保留下来。在极个别情况下，由于失败者抱有复仇心和更加强烈的同仇敌忾，反而可能产生相反的精神效果。与此相反，在杀伤敌人、俘获敌人和缴获敌人火炮等方面，胜利者所获得的利益却永远不会从账本中勾销。

会战过程中的损失主要是人员的伤亡，而会战后的损失却主要是火炮的丢失和人员的被俘。前一种损失对胜败双方来说都或多或少存在，后一种损失通常只是失败的一方才有，至少失败一方的这种损失要大得多。因此，缴获的火炮和俘获的人员在任何时候都是真正的战利品，是衡量胜利的尺度，因为根据这一切可以确实无误地看出胜利的大小。甚至胜利者精神优势的大小，从这方面看也比从其他方面看更为明显，特别是把它同伤亡人数对比着看，就更为明显。因此，缴获的火炮和俘获人员的数量也是产生精神效果的一种新的力量。

在战斗过程中和在战斗后的撤退中受到挫伤的精神力量是可以逐渐恢复的，有时甚至可以完全恢复。但这只是就整体中的较小的分队说的，至于大分队，却很少能这样。对军队的大分队来说还有这样的可能，但对军队所属的国家和政府来说，却极少、甚至根本不会有这样的可能。在国家和政府里，人们判断问题时是从较高的角度出发，很少带有个人的偏见。根据留给敌人战利品的数量，以及把这些战利品同伤亡人数作对比，很容易就可以看出自己军队软弱无力的程度。

总之，虽然精神力量的削弱没有绝对价值，也不一定会在最后的战果中表现出来，但精神力量受到削弱有时可能成为举足轻重的因素，以不可抗拒之势压倒一切。因此，削弱敌人的精神力量也常常可以成为军事行动的巨大目标，关于这一点我们将在其他的地方论述。但在这里，我们还必须考察一下它的几个基本方面。

胜利的精神效果随着被击败的军队数量的增多而增大，但不是以同等的比例，而是以更大的比例，不仅在范围上增大，还在强度上增大。一个被击败的师容易恢复秩序，它只要跟整个军队靠在一起，勇气就容易得到恢复，就像冻僵的手脚贴在身体上容易温暖过来一样。尽管较小胜利的精神效果还没有完全消失，但对对方来说，这种效果已经有一部分没有作用了。然而，如果整个军队在一次会战中失败，那就会导致全军各个部分相继崩溃。一堆大火所发出的热度和几堆小火所发出的热度是完全不同的。此外，胜利的精神效果还取决于交战双方的兵力对比。用少数兵力击败多数兵力，不仅得到了双倍的成果，还表明胜利者有一种更大的、更全面的优势，使战败者永远不敢卷土重来。然而，实际上这种影响几乎看不出来。在采取行动的当时，通常对敌人的实际兵力了解得很不准确，对自己的兵力也估计得不很真实，而且拥有优势兵力的一方甚至根本不承认这种兵力上的悬殊，或者在长时间内不承认兵力占优势的全部真相。这样，他就可以避免由于这一点而可能产生的不利的精神影响。那种精神力量在当时一直为不了解情况、虚荣心或谋略所掩盖，往往是到了后来才被人们从历史中发现。这时，这支以少胜多的军队和它的指挥官立刻光彩倍增，但对早已成为过去的事件来说，这种精神力量已经不能起什么作用了。

如果说俘虏和缴获火炮是体现胜利的主要标志，是胜利的真正结晶，那么，组织战斗时也就要特别考虑到这一点，在这里，用杀伤的办法消灭敌人只是一种手段。这一点对战斗中的部署有什么影响，与战略毫不相干，但是，战略对战斗的决定同这一点是有关系的，这主要表现在保障自己的背后和威胁敌人的背后这个问题上。这一点在很大程度上决定了能俘获多少敌人和缴获多少火炮，在许多情况下，当战略上极为缺乏相应的措施时，单靠战术往往是做不到这一点的。

被迫同敌人两面作战是危险的；无退路就更危险。这两种情况都可致军队瘫痪和削弱其抵抗力，因而影响胜负。而且在战败时，这两种危险会增大军队的损失，甚至导致全军覆没。因此，背后受威胁不仅会使失败的可能性增大，还能使其程度更严重。

因此，在全部作战过程中，特别是在大大小小的战斗中，就产生了一种本能的要求，即保障自己的背后和威胁敌人的背后。努力争取保障自己背后和威胁敌人背后是战斗中最紧迫的任务，而且是一个普遍适用的原则。在任何一次战斗中，如果除了单纯的硬冲以外，不采取上述两种或者其中的一种措施，那是不可设想的。即使是最小的部队也不能不考虑自己的退路就去攻击敌人，而在大多数情况下，人们都会试图去切断敌人的退路。

至于这种本能的要求在复杂的情况下会经常受到阻碍，因而不能顺利地实现，以及在遇到困难时又往往必须服从其他更重要的考虑等等，要谈起来就会离题太远，在这里，我们只要指出这种本能的要求是战斗中的一个普遍的自然法则就够了。

这种本能的要求到处都发生作用，到处都使人感到它的压力，因而成为几乎所有的战术机动和战略机动必须围绕的中心法则。

胜利的总概念包括三个要素：

1.敌人的物质力量损失大于我方；

2.敌人的精神力量损失大于我方；

3.敌人放弃自己的意图，公开承认以上两点。

双方关于人员伤亡的报道从不准确，也很少真实，在大多数情况下都是故意歪曲事实，甚至公布的战利品数目也很少完全可靠。因此，如果报道的战利品的数目不很大，那么是否真正获胜还是值得怀疑的。至于精神力量的损失，除了战利品尺度以外，就根本没有适当的尺度加以衡量了。因此，在许多情况下，只有一方放弃战斗可以作为另一方获得胜利的唯一确凿的证明。所以垂下军旗就等于承认自己的失利，就等于承认敌人在这次战斗中是正确的和占优势的。这种屈服和耻辱同失去均势引起的其余一切精神后果是有区别的，它是构成对方胜利的一个重要部分，因为恰好是这一部分，能够对军队以外的公众舆论以及对交战国和所有盟国的人民和政府产生影响。

但是，退出战场并不等于放弃意图，甚至经过顽强而持久的战斗以后退出战场也是如此。如果部队的前哨经过一番顽强的抵抗后撤退了，恐怕谁也不能说它放弃了自己的意图。甚至在以消灭敌人军队为目的的战斗中，也往往不能总认为退出战场就意味着放弃意图。例如，事先计划好的撤退，就是一边撤退一边还在消灭敌人。在大多数情况下，放弃意图和退出战场是难以区分的，退出战场在军内和军外引起的印象是不容忽视的。

对于一些没有声誉的统帅和军队来说，即使根据实际情况需要撤退，也常常会感到特别为难。因为在一系列战斗中连续撤退，给人们造成的印象就是节节败退，这种印象能带来非常不利的影响。在这种情况下，撤退者不可能处处表白自己的特殊意图，借以避免这种精神影响，因为要想避免这种影响，势必公开他的全部计划，显而易见，这是完全违背他的根本利益的。

在索尔会战中，战利品并不多（只有几千名俘虏和20门火炮）。当时腓特烈大帝考虑到整个局势，本来已经决定向西里西亚撤退，但仍然在战场上停留了5天，并且以此宣告胜利。正如他自己说的，他确信利用这种胜利的精神效果，能比较容易地缔结和约。尽管他在劳西茨的卡托利希-亨内斯多夫战斗和克塞耳斯多夫会战中又赢得几次胜利后才缔结了和约，但我们仍然不能说索尔会战是没有精神效果的。

如果胜利动摇了敌人的信心，那么夺得的战利品就会达到惊人的程度。对对方来说，失利的战斗便成为不平常的大败。失败者在精神上往往会瓦解，完全丧失抵抗能力，以致全部行动只能是撤退逃跑。耶拿会战和滑铁卢会战就是这样的大败，而博罗迪诺会战却不是。

大败和一般的失败的区别只是失败的程度不同，只有书呆子才去寻找为它们划分界限的标志。但是，明确概念是弄清理论观念的中心环节，是十分重要的。至于我们用同一个词来表达在敌人大败的情况下取得的胜利和在敌人一般失败的情况下取得的胜利，这是术语上的缺陷。

第5章　战斗的意义

我们在前一章中考察了战斗的绝对形态，也就是把战斗当作整个战争的缩影进行了考察。现在，我们把战斗作为一个较大整体的一部分来研究它同其他部分之间的关系，首先我们要探讨一下战斗的直接意义。既然战争无非是敌对双方相互消灭的行为，那么双方就都要集中自己的全部力量，并将他们投入到一次大规模的冲突中，以获得最终的一切结果。无论在理论上还是在现实中，这看来似乎是极为自然的。这种看法也确实有许多正确的地方。而且，如果我们坚持这种看法，把最初的一些小战斗只看作是像刨花一样不可避免的损耗，那么，总的看来这也是十分有益的。但是，问题绝不是这么简单就可以解决的。

显然，战斗数目所以增多，是把兵力区分开的缘故，因此各个战斗的直接目的和兵力的区分要一并讨论。但是，这些目的以及具有这些目的的战斗，一般是可以分类的，而现在弄清它们的类别，将有助于阐明我们的论点。

消灭敌人军队是一切战斗的目的，但可能有其他一些目的同消灭敌人军队结合在了一起，甚至还占主要地位。因此，我们必须区分两种情况：一种是消灭敌人军队是主要目的，一种是消灭敌人军队主要是手段。除了消灭敌人军队以外，占领一个地方和占领一个目标也可能是一次战斗的总的任务。这种总任务可能只是三者中的一项，也可能不止一项。在后一种情况下，通常总有一项是主要的。在我们不久将要谈到的进攻和防御这两种主要作战形式中，上述三项中的第一项是相同的，其他两项却不相同。因此我们可以列表如下：

进攻战斗	防御战斗
（1）消灭敌人军队	（1）消灭敌人军队
（2）占领一个地点	（2）防守一个地点
（3）占领一个目标	（3）防守一个目标

但是，如果我们考虑到侦察和佯动，那么上面这个表并没有把所有的目的都包括在内，因为上述三项中的任何一项都显然不是这类战斗的目的。实际上，我们不得不承认还有第四种目的存在。仔细考察一下就可以看出，侦察是为了使敌人暴露自己，骚扰是为了疲惫敌人，而佯动是为了使敌人不离开某一地点或者把他从某一地点引到另一地点。所有这些目的只有假借上述三种目的中的一种目的（通常是第二种），才能间接地达到。因为要进行侦察就必须装出真正进攻、打击或者驱逐对方的样子。这种假借的目的并不是真正的目的，而我们这里所要讨论的只是真正的目的。因此，我们必须在进攻者的那三种目的以外再加上第四种目的——诱使敌人采取错误的措施，就是进行佯攻。这个目的只能属于进攻的范畴。

防守一个地点可以有两种方式。一种是绝对的，就是绝对不允许放弃那个地点，另一种是相对的，就是只需要防守一段时间。后一种情况在前哨战和后卫战中屡见不鲜。

战斗任务的不同，对战斗本身的部署具有重大的影响。只想把敌人的哨兵从他们的岗位赶走，同要全部消灭他们时所使用的方法是不同的；不惜一切代价坚守一个地点，同暂时阻击敌人时使用的方法也是不同的。在前一种情况下，很少考虑到撤退，在后一种情况下，撤撤退是主要的事情。

这些都属于战术范畴，在这里列举它们，不过是为了更清楚地说明问题。至于在战略上如何看待战斗的各种不同的目的，将在谈到这些目的的章节中予以论述。这里只作几点一般的说明：

第一，这些目的的重要性大致按上面表中所列的次序依次递减；第二，在主力会战中占首要地位的是第一种目的；第三，防御战斗的后两种目的不能带来真正的利益，这两种目的完全是消极的，只是在有利于达到其他积极目的情况下，才间接地带来利益。因此，如果这样的战斗过于频繁，就是战略形势恶化的征兆。

第6章　战斗的持续时间

如果我们不再就战斗本身，而是就它同其他军队的关系来研究战斗，那么战斗的持续时间就具有了独特的意义。

战斗的持续时间可以看作是战斗的一种次要的、从属的成果。对胜利的一方来说，决出胜负越快越好，对失败的一方来说，战斗时间拖得越长越好。对胜利的一方来说，胜利来得越快，效果也就越大；对失败的一方来说，失败来得越迟，损失也就越小。但是，只有在相对防御战斗中，这一点才具有实际的重要性。在相对防御战中，全部成果只取决于战斗的持续时间。这就是我们把战斗的持续时间列为战略要素的原因。战斗的持续时间和战斗的基本条件之间有一种必然的联系。这些条件是：兵力的绝对数量，对方的兵力和兵种的比例以及地形的性质。例如2万人不会像2000人那样很快地消耗掉；抵抗比自己兵力多一两倍的敌人不能像抵抗兵力相等的敌人那样长久；骑兵战比步兵战胜负决定得快些，单用步兵作战的战斗比有炮兵参加的战斗胜负决定得快些；在山地和森林地作战，前进的速度就不能像在平原上那样快。

由此可见，想通过战斗的持续时间来达到某一目的，就必须考虑到兵力、兵种和配置的情况。但是我们在这一问题的专门探讨中，重要的不是得出这条规则，而是把经验在这方面所提供的主要结论和这条规则联系起来。

一个由各兵种组成的8千至1万人的普通师，即使在不十分有利的地形上对抗具有很大优势的敌人，也可以抵抗数小时；如果敌人的优势不太大，或者根本不占优势，也许能够抵抗半天。一个由三四个师编成的军的抵抗时间，能比一个师的抵抗时间延长一倍，一个8万至10万人的军团的抵抗时间大约可延长两三倍。这就是说，这些军队在上述的时间内可以单独作战。如果在这一段时间内能够调来其他军队，而他们发挥的作用能够马上同已经进行的战斗所取得的结果合而为一，那么这仍然算是同一个战斗。

上述数字是我们从经验中得来的。但对我们来说，进一步阐明决定胜负的时刻，从而阐明结束战斗的时刻，同样重要。

第7章　决定战斗胜负的时刻

在任何一次战斗中都有一些非常重要的时刻，对胜负的决定起着主要的作用，但是任何战斗的胜负都不只是在某一个时刻决定的。一次战斗的失败如同天平的秤盘下降一样，是逐渐形成的。但是，在任何战斗中都有一个时刻，可以看作是这次战斗胜负已定的时刻，此后再进行的战斗，是一个新的战斗而不是原来那个战斗的继续了。对这个时刻有个明确的概念，对决定是否可以利用援军有效地进行战斗来说，是很重要的。

人们常常在一些无法挽回的战斗中无谓地牺牲了生力军，在还可以扭转局势的战斗中，却常常错过了机会。下面两个例子最能说明这一点。

1806年，霍恩洛厄亲王在耶拿附近以3.5万人同拿破仑所统率的6至7万人进行会战，结果遭到惨败，可以说几乎全军覆没，这时布吕歇尔将军企图以大约1.2万人的兵力重新恢复会战，结果在转瞬之间同样一败涂地。

与此相反，在同一天，大约2.5万普鲁士军队在奥尔施泰特附近同达乌率领的2.8万法军一直战斗到中午，虽然失败了，但军队并没有瓦解，也没有比完全没有骑兵的对方遭受更大的损失。而普军却错过机会，没有利用卡耳克洛伊特将军率领的1.8万名预备队来扭转局势。如果当时利用了预备队，那么这次会战就绝不会失败。

每个战斗都是一个整体，各个部分战斗汇合成总结果。战斗的胜负由这个总结果决定。这个总结果不一定恰好是我们在第6章中所说的那种胜利。因为有时可能并没有做出取得那样胜利的计划，有时则由于敌人过早地撤退了，没有机会取得那样的胜利。在大多数情况下，即使在敌人顽强抵抗的战斗中，决定胜负的时刻往往也比构成胜利概念的那个主要成果出现得早。

于是我们要问：通常什么时刻是决定胜负的时刻，从什么时刻起即使用一支相当强大的生力军也不能扭转战斗的不利局面？

如果撇开本来就无所谓胜负的佯攻不谈，那就是：

1.如果战斗的目的是夺取一个活动的目标，那么对方丢失这个目标就是决定胜负的时刻。

2.如果战斗的目的是占领一个地点，那么对方丧失这个地点多半是胜负已定的时刻。但也并非总是这样，只有在这个地点特别难以攻克时才是如此。如果是一个容易攻占的地点，那么不管它多么重要，敌人也可以不冒很大危险把它重新夺回去。

3.在不能以上述两种情况决定战斗胜负的其他一切场合，特别是在以消灭敌人军队为主要目的的场合，胜利的一方不再处于松散状态，不再处于某种软弱无力的状态，而失败的一方逐次使用兵力（这一点已经在第三篇第12章中谈过）也已经没有益处，这一时刻就是决定胜负的时刻。我们在战略上是根据这一时刻来划分战斗单位的。

如果在战斗中进攻的敌人完全没有或者只有一小部分秩序混乱和失去作战能力，而我方却在不同程度上处于涣散状态，那么我们是无法恢复战斗的；如果敌人的作战能力又重新恢复了，那么战斗同样是无法恢复的。

因此，实际参加战斗的兵力越小，留作预备队的兵力越大，对方使用生力军夺回胜利的可能性就越小，因为我方预备队的存在就可以对胜负起决定作用。任何统帅和军队，只要在战斗中善于最合理地使用兵力，处处都能充分利用强大预备队的精神效果，就能最有把握地取得胜利。现代法国军队，特别是在拿破仑亲自统率下作战时，在这方面是非常出色的。

此外，胜利一方参加战斗的兵力越小，消除战斗的危机状态和恢复作战能力的时刻就来得越早。一支骑兵小分队在快速追击敌人以后，几分钟内就可以恢复原来的队形，危机也不会持续得更长。整个骑兵团要恢复秩序却需要较长的时间。成散兵线的步兵恢复队形所需要的时间还会更长。由各兵种组成的部队，它各个部分的前进方向可能不同，发生战斗时队形就会混乱，由于相互间都不明确知道对方的位置，队形会更加混乱，恢复队形就需要更长的时间。胜利的一方要把投入到战斗中的分散的军队以及一部分队形混乱了的部队重新集合起来，稍加整顿，配置到适当的地点，也就是说恢复战场秩序，是需要很长时间的。军队越大，恢复秩序的时刻来得就越迟。此外，当胜利者还处于危机状态时，黑夜的到来会推迟恢复秩序的时刻，地形的复杂和隐蔽也会推迟这一时刻的到来。但黑夜也是一种有效的掩护手段，因为利用夜袭取得良好结果的情况是很少的，像1814年3月10日约克在拉昂夜袭马尔蒙而成功的例子，是不多见的。同样，隐蔽和复杂的地形对长时间处于危机状态的胜利者也可以起到掩护作用，使他不致受到反击。因此，黑夜和隐蔽而复杂的地形，会使恢复战斗变得更加困难。

以上我们所谈的失败者的援军，只是指单纯增加的兵力，也就是说仅仅从自己后方来的援军，因为这是一般常见的情况。但是，如果援军从对方的翼侧或背后上来，情况就完全不同了。

属于战略范围内的翼侧攻击和背后攻击的效果，我们将在其他地方讨论。我们在这里讨论的是为恢复战斗而进行的翼侧攻击和背后攻击主要属于战术范畴。

军队向敌人翼侧和背后攻击，可以大大提高攻击的效果，但有时也可能削弱攻击的效果。这个问题和其他任何问题一样，都是由战斗的各种条件决定的，我们在这里不去深入讨论它。但下面两点对我们当前研究的问题是重要的。

第一，翼侧攻击和背后攻击对胜负决定后的成果的影响，通常比对决定胜负本身的影响要大。在恢复战斗时，首先应争取的是胜利，而不是计较成果的大小。一支赶来恢复战斗的援军，不同原来的军队会合而去攻击敌人的翼侧和背后，不如直接同它会合更有利。在许多情况下确实是这样，但我们也必须承认，在更多的情况下并不是这样，因为在这里下述第二点起很重要的作用。

第二，赶来恢复战斗的援军，一般都会带来出敌不意的精神效果。

出敌不意地攻击敌人的翼侧和背后，效果总是很大的，因为正处于危机状态中的敌人是分散和混乱的，很难挡住这种攻击。在战斗初期，敌人的兵力是集中的，对翼侧攻击和背后攻击总是有防备的，所以这种攻击不会起多大作用，但到了战斗的末尾就完全不同，这一点不是很清楚的嘛！

因此，在大多数情况下，一支援军攻击敌人翼侧或背后，能产生更大的效果。在杠杆上同样的力作用于力臂较长的一端时能发挥更大的作用，一支从正面进攻不足以恢复战斗的军队，如果攻击敌人翼侧或背后，用这样的力量就能把战斗恢复起来。精神力量在这里起着主要作用，它的效果几乎是无法估计的，因此大胆和冒险在这里就有了用武之地。

在难以确定能否挽回一个失利的战斗时，必须注意到上述这一切，必须考虑上述各种相互影响的力量的作用。如果战斗还不能认定已经结束，那么，援军所开始的新的战斗就会跟原来的战斗合而为一，取得共同的结果。原来的失利就从账本中一笔勾销了。如果战斗的胜负已定，情形就不同了，这时就产生两个互相独立的结果：如果援军兵力有限，不能和敌军相抗衡，那就很难指望新开始的战斗会获得有利的结果。如果援军相当强大，可以不考虑前一个战斗的结果就能进行下一个战斗，那么它虽然能够以胜利的结果来补偿前一个战斗的失利，甚至还有更大的收获，但绝不能把前一个战斗的失利从账本中勾销。

在库涅斯多夫会战中，腓特烈大帝在第一次攻击时占领了俄军左翼阵地，缴获了70门火炮，但在会战终了时又都丢了，所以前一部分战斗的全部成果就从账本中勾销了，假使他适可而止，把会战的后一部分推迟到第二天进行，那么即使失利了，第一次战斗的收获也可以抵消这个失利。

但是，如果在战斗还未结束时已经预见到战斗的不利情况，并且把它扭转了过来，那么它的不利结果不但可以从我们的账本上一笔勾销，而且还可以成为更大胜利的基础。在战斗结束以前，各个部分战斗的一切结果都是暂时的，在总结果中不仅可能被抵消掉，甚至还可能向相反的方向转化。我方的军队被击溃得越多，敌人消耗的兵力也就越大，因而敌人的危机状态也就越严重，我方生力军的优势也就越大。如果这时总的结果转化为对我方有利，我们从敌人手中夺回了战场和战利品，那么敌人在夺取战场和战利品时所耗费掉的一切力量都成为我们的纯利，而我们以前的失败却成为走向胜利的阶梯。这时，敌人的辉煌战绩就化为乌有，剩下的只是对牺牲了的兵力的懊悔心情了。胜利的魅力和失败的惩罚就是这样变幻莫测。因此，如果我们占有决定性的优势，能够以更大的胜利来抵消敌人所取得的胜利并报复他们，那么，最好是在这次战斗（如果它是相当重要的话）尚未结束以前就扭转不利的局势，而不是发动第二次战斗。

1760年劳东将军在里格尼茨进行战斗时，道恩元帅曾企图援助他。但是当劳东战斗失败时，道恩虽然有足够的兵力，却没有设法在第二天进攻腓特烈大帝。由此可见，在会战以前进行浴血的前卫战，只能看作是不得已而采取的下策，如果不是万不得已，那就应该尽量避免。

我们还要研究另一个问题。

如果一次结束了的战斗是一件完结了的事情，那么它就不能成为进行一次新的战斗的理由。决定进行一次新的战斗，必然是以其他情况为根据的。但是，这个结论同我们必须考虑的一种精神力量是相互抵触的，这就是复仇心。上自最高统帅，下至地位最低的鼓手都不缺乏这种感情，再没有什么比复仇心更能激起军队的斗志了。不过，前提是，被击溃的只是整个军队中不太大的一部分。否则，复仇心就会由于整个军队感到自己无能为力而消失了。

因此，为了立即挽回损失，特别是在其他条件允许的情况下发动第二次战斗时，利用上述精神力量是很自然的。在大多数情况下第二次战斗必然是进攻。

在大量次要的战斗中，可以找到很多这种复仇的例子。但是，大规模的会战通常都是由许多其他原因决定的，而很少是由这种较弱的精神力量促成的。

可敬的布吕歇尔在他的两个军在蒙米赖被击败以后三天，于1814年2月14日率领第三个军走上了同一个战场，毫无疑问，这是复仇心驱使他这样做的。如果他知道可能与拿破仑本人相遇，那他当然暂时不去复仇。但他当时是希望找马尔蒙报仇，结果他那种高贵的复仇心不但没有带来什么好处，反而带来了失败。

负有共同作战任务的几个部队之间的距离，取决于战斗的持续时间和决定胜负的时刻。这种配置只要是为了进行同一个战斗，那就是战术部署。但是，只有当它们距离很近，不可能进行两个独立的战斗，也就是说它们所占的空间在战略上可以看作是一个点的时候，这种配置才能被看作是战术部署。然而，在战争中常常可以看到，甚至负有共同作战任务的部队之间，也不得不保持相当的距离，尽管它们的主要意图是共同进行一个战斗，但也不排除分别作战的可能。因此，这种配置是战略部署。

属于这一类部署的有：分成几个部分和纵队的行军，派出前卫部队和侧翼部队，调遣预备队，支援多个战略点，集中分散宿营的军队，等等。这类战略部署是不断出现的，它们在战略上好比是辅币，而主力会战以及具有同等重要性的一切则是金币和银币。

第8章　战斗是否须经双方同意

“不经双方同意，战斗是不会发生的”，搏斗就是完全建立在这个思想上的。一些历史著作家，正是根据这一思想，提出了一系列妙论，得出了许多模糊和错误的观念。这些著作家在论述中总离不开这样一种提法：一个统帅向另一个统帅挑了战，而后者却未应战。

但是，战斗是一种起了极大变化的搏斗，构成战斗基础的不仅有双方对斗争的欲望（即双方同意战斗），还有同战斗联系在一起的目的。这些目的永远从属于更大的整体，即使把整个战争看作是一个斗争时，它的政治目的和条件也是从属于更大的整体的。因此，要求战胜对方的这一欲望本身处于完全从属的地位，它不能独立存在，它只是更高的意志赖以活动的神经。

“白白地向敌人挑战”这句话，在古代民族中间，以及在常备军出现的初期，比起现代来还有一些意义。古代各民族是在没有任何障碍的开阔的战场上进行战斗的，这是一切部署的根据，因此当时的全部军事艺术都表现在军队的部署和编组上，也就是表现在战斗队形上。那时，军队通常都驻扎在营寨里，因此营寨中的阵地被看作是难以侵犯的，只有当敌人离开营寨，像进入比武场一样，来到开阔的地方，才可能进行会战。

如果有人说，汉尼拔白白向法比乌斯挑战了，那么，对法比乌斯来说，这句话无非表明这一会战不在他的计划之内，这句话本身不能证明汉尼拔在物质方面或精神方面占有优势；但对汉尼拔来说，这种说法是正确的，因为它表明汉尼拔真正希望进行会战。

常备军出现初期进行的大规模战斗和会战的情况与古代战争相似。一支庞大的军队必须编成战斗队形才能投入战斗，才能在战斗中指挥它。这样的军队是一个庞大、笨拙整体，总要在平原上才能作战，在复杂隐蔽的地带或山地里，就既不适于进攻也不适于防御了。因此，防御者从这里找到了一种避免会战的手段。这样的情况虽然逐渐减少，却一直保持到第一次西里西亚战争。到了七年战争时期，才开始在难以通行的地形上进攻，而且逐渐普遍起来。到了现代，对那些想利用地形的人来说，地形虽然还可以增强其力量，但已经不再像魔法那样可以束缚战争的自然力量了。

30年来，战争发展得更不受地形束缚了，对于真正想通过战斗决定胜负的人来说，没有什么可以阻碍他找到敌人和进攻敌人。如果他不这样做，就不能认为他是想进行战斗的。因此，向敌人挑战而敌人没有应战这种说法，在今天无非表明他认为战斗的时机不十分有利。这就等于承认这种说法不恰当，证明他只不过是想借此掩饰一下而已。

当然即使在今天，虽然防御者已不可能拒绝战斗，但他只要放弃阵地从而放弃防守阵地的任务，仍然可以避免战斗。这样，进攻者取得的成果就是半个胜利，只能承认他暂时占了优势。

因此，现在再也不能用向对方挑战但对方没有应战这种口头上的胜利来掩饰进攻者本应前进但却停滞不前的状态了。只要防御者没有撤退，就说明他希望会战，在他没有受到攻击时，也可以说他是在挑战。

从另一方面看，在现代，凡是希望和能够逃避战斗的人，是不会被迫进行战斗的。然而进攻者往往不满足于从敌人逃避中得到的利益，而迫切要求获得一次真正的胜利，因此他有时就会通过特别巧妙的办法去寻找和运用为数不多的、但是可能的手段，迫使这样的敌人也进行战斗。

要做到这一点，最主要的手段有两种：第一种是包围，使敌人不能撤退，或者撤退十分困难，因而宁愿接受战斗；第二种是奇袭。第二种手段在以前各种运动都不方便的时代是适用的，但是现在已经很不起作用了。现代的军队具有很大的灵活性和机动性，甚至在敌人的眼前也敢于撤退，只有极其不利的地形，才会给撤退造成很大的困难。

在这里，内雷斯海姆会战可以被看作是一个例子。这次会战是卡尔大公于1796年8月11日在劳埃阿布山对莫罗发起的，他的目的只是使自己更容易撤退。尽管如此，我们还是承认，直到现在我们还没有完全理解这位著名的统帅和著作家当时的想法。

在罗斯巴赫会战中，如果联军的统帅确实没有进攻腓特烈大帝的意图，那么这次会战就是另一个例子。关于索尔会战，腓特烈大帝自己说过，他所以接受会战，是因为他感到在敌人面前撤退是危险的。同时，腓特烈大帝也还举出了接受这次会战的其他理由。

总的说来，除了真正的夜袭以外，上述情形总是少见的。而用包围的方法迫使敌人接受战斗，主要只能是针对单独的军队，例如在马克森会战中对芬克军就采用了这种方法。

第9章　主力会战：主力会战的决战

什么是主力会战？主力会战是双方主力之间的斗争，它不是为了一个次要目的而进行的不重要的斗争，不是一种一旦发现难以达到目的就可以放弃的纯粹的尝试性活动，而是为了真正的胜利而进行的全力以赴的斗争。

在一次主力会战中，可能有一些次要的目的同主要目的混杂在一起。主力会战由于产生它的各种情况不同，也可能具有某些特色，因为一次主力会战也是同更大的整体联系在一起的，它只是其中的一部分。然而，因为战争的实质是斗争，而主力会战是双方主力之间的斗争，所以，必须永远把主力会战看作是战争的真正的重心。因此，主力会战的显著特点，就在于它的独立性比任何其他战斗都大。

这一点对主力会战的决战形式以及主力会战胜利的效果都有影响，并且决定着战略理论应该给予主力会战这一达到目的的手段以什么样的评价。因此，我们在这里把主力会战作为专门研究的对象，然后再谈同它有联系的特殊目的，因为只要它是一次名副其实的主力会战，那些特殊目的就不会对它的性质有根本上的改变。

既然主力会战基本上具有独立性，它的胜负就必然取决于它本身，只要还有获胜的可能，就应该在主力会战中寻求胜利，除非兵力十分不足，绝不应该由于个别原因而放弃主力会战。

怎样才能比较明确地判定决定胜利的时刻呢?

如果像现代军事艺术中的很长一个时期那样，把军队的某种巧妙的队形和编组看作是军队能发挥勇敢精神和夺取胜利的主要条件，那么，这种队形被破坏时就是胜负已定的时刻。只要一翼被击溃，就决定了还在战斗的其他部分的命运。如果像在另外一个时期那样，防御的实质在于军队同地形以及地面的障碍紧密结合，军队和阵地仿佛成为一体，那么，占领了这个阵地的一个主要地点就是决定胜负的时刻。因此人们常说：阵地的关键点丢失了，整个阵地就守不住了，会战就不能继续了。在上述两种情况下，被击败的军队就像断了弦的乐器一样，已经不能履行自己的使命了。

不论是前一种几何学原理还是后一种地理学原理，都必然使作战的军队像结晶体一样，无法将现有兵力用到最后一个人。这两种原理的影响现在已经大大减少，不再起主导作用。尽管现代军队也以一定的队形进入战斗，但队形不再起决定作用。尽管现在地形障碍还可以用来加强抵抗力，但已经不再是唯一的靠山。战斗队形只是便于使用兵力的一种配置，而会战过程就是每一方逐渐消耗对方兵力的过程，最后看谁先使对方兵力耗尽。

同其他战斗相比较，在主力会战中定下放弃战斗的决心，取决于双方剩下的预备队的兵力对比情况，因为只有预备队还保留着全部的精神力量，而那些被战火燃烧得像煤渣一样的部队，是无法同它相提并论的。地区的丧失也是衡量精神力量损失的尺度，因此也在我们的考察范围之内，不过它更多地被看作是损失的标志，而不是损失本身。因此，尚未投入战斗的预备队的人数始终是双方统帅最关心的问题。

会战的发展趋势在一开始虽然不怎么明显，但通常已经确定。甚至在会战的部署中这种趋势就已经在很大程度上确定了。一个统帅看不到这种趋势而在十分不利的条件下开始了会战，那就说明他缺乏这种认识能力。这种趋势即使暂时没有确定，在会战过程中，均势自然而然地会缓慢地发生变化，这种变化最初不明显，随着时间的推移，变化越来越大，越来越明显，而并不像有人根据对战斗的不实描写所想象的那样，时而这样时而那样的变化不定。

尽管均势可能在一个长时间内很少受到破坏，或者一方失利后还能恢复均势，反而使对方失利，但在大多数情况下，战败的统帅在撤退前早就觉察到了这一点。如果有人说，个别情况出乎意外地对整个会战的进程发生了强大的影响，这多半是战败者掩饰自己会战失利的借口。

在这里我们只能求助于那些没有偏见而又富有经验的人的判断，他们一定会同意我们的观点，并且在没有亲身经历过战争的那部分读者面前为我们辩护。如果要论证为什么会战过程必然是这样的，那就会过分地进入这个问题的战术领域。在这里我们关心的只是这个问题的结论。

尽管战败的统帅在决定放弃会战以前，通常早就看到这种不利的结局，但是也有相反的情况，否则我们的论点就会自相矛盾。如果由于会战已出现失败的趋势，就认为这场会战的败局已定，那就不会再拿出兵力去扭转败局，也就不会在失败趋势出现以后很长一段时间才开始撤退了。然而也有这样的情况：一方的失败趋势已定，但结果却是另一方失败了。这种情况是极其罕见的。可是，时运不佳的统帅总把希望寄托在这种很罕见的情况上，只要还有一点挽回败局的可能性，他就必然指望出现这种情况。只要勇气和理智不相矛盾，他总是希望通过忍受更大的劳累、发挥剩余的精神力量，以及通过创造奇迹或者借助幸运的偶然机会扭转败局。关于这一点我们还想多说几句，但在此以前先要说明什么是均势变化的征兆。整体战斗的结果是由各个部分战斗的结果组成的，而各个部分战斗的结果则体现在以下三个不同的方面：

第一，指挥官内心受到的精神影响。如果一个师长看到他的各个营是如何失败的，这就会对他的行动和报告发生影响，他的报告又将影响到统帅的措施。因此，失利的部分战斗，即使看来可以补救，也会造成不良的影响，而由此形成的印象总是很容易地、甚至不可抗拒地涌进统帅的心里。

第二，我方部队比对方更快地被消耗。这种消耗在缓慢而有秩序的现代会战过程中很容易估计出来。

第三，地区的丧失。所有这一切就好像一个罗盘，统帅根据它就可以辨别会战这只船的航向。如果自己损失了全部炮兵，却没有夺得敌人的火炮，如果自己的步兵营被敌人的骑兵冲垮，而敌方的步兵营却坚不可摧，如果自己战斗队形的火力线不得不从一个地点退到另一个地点，如果为了占领某些地点而白白地消耗了力量，而且向前推进的步兵营每次都恰好被敌人雨点般的榴霰弹打散，如果在炮战中我方的炮火开始减弱，如果大批没有受伤的士兵随着伤员后撤，火线上的步兵异常迅速地减少，如果会战计划被破坏，一部分部队被截断和被俘，如果退路开始受到威胁，那么，统帅就必须从这些情况中看出这次会战的趋势。会战的这种趋势持续得越久，就越具有决定性，要挽回败局就越困难，放弃会战的时刻也就越来越近。现在我们来谈谈这个时刻。战斗双方预备队的对比，往往是最终决定胜负的主要根据。统帅如果看到在预备队的对比上对方占有决定性优势，那么他就要下决心撤退。现代会战的特点是，会战过程中的一切不幸和损失都可以通过生力军来补救，因为，现代战斗队形的编组方法和部队投入战斗的方式使人们几乎在任何地方、在任何情况下都能使用预备队。一个看来将要遭到不利结局的统帅，只要还有具备优势的预备队，他是不会放弃会战的。但是，一旦他的预备队开始比敌方的预备队少了，那就可以认为胜负已定。至于他还可能采取什么措施，一方面要看当时的具体情况，另一方面要看他的勇气和毅力的大小，不过，这种勇气和毅力有时也可能变成不明智的顽固。统帅怎样才能正确地估计双方预备队的对比，这是实践中的技艺问题，绝不是这里要谈的问题。我们这里只谈由他的判断而得出的结论。不过，得出结论的时候还不是决定胜负的时刻，因为一个只是逐渐形成的结论还不足以促使统帅定下决心，它只是统帅定下决心的一个一般的根据，要下决心还需要一些特殊的因素。这里主要有两个经常起作用的因素，即撤退的危险和黑夜的到来。

随着会战的进展，如果撤退受到的威胁越来越大，而且预备队已经大大消耗，已经不足以打开新局面，那么，除了听天由命和有秩序地撤退以外，就没有别的出路了。在这种情况下，长时间地耽搁就有可能陷入溃败、甚至覆灭的危险之中。

一切战斗，通常随着黑夜的到来而结束，因为夜间战斗只有在特殊的条件下才是有利的。黑夜比白昼更利于撤退，凡是必须撤退或者很可能要撤退的人，都愿意利用黑夜撤退。

除了这两种常见的最主要因素以外，还可能有许多比较小、比较特殊，但又不容忽视的其他因素，因为会战越是临近均势性骤变的时刻，每个部分战斗对这种改变的影响就越显著。因此，损失一个炮兵连，敌人两三个骑兵团顺利地突入阵地等等，都能促使人们实现正在成熟的撤退的决心。

在结束这个论题的时候，我们还必须谈一下统帅的勇气同理智之间的斗争的问题。

一方面，屡战屡胜的骄傲情绪，天生倔强带来的不屈不挠的意志，由高尚激情引起的顽强的抵抗精神，都要求统帅不退出战场，而应该把荣誉留在那里；另一方面，理智却在劝阻他不要把力量用完，不要孤注一掷，要保存必要的力量，以便有秩序地撤退。在战争中，尽管勇气和顽强应该得到很高的评价，尽管没有决心竭尽全力争取胜利的人很少有获胜的希望，但这总有一个限度，超过这个限度顽固地坚持下去，就只能是绝望的挣扎、愚蠢的行动。拿破仑在他最著名的滑铁卢会战中使出了最后的兵力，企图挽回一场已经不可挽回的会战，他拿出了最后一文钱，最终像乞丐一样逃出了战场，逃出了他的祖国。

第10章　主力会战（续）：胜利的影响

由于立足点不同，人们可能会对某些大会战获得特大的效果，而另一些大会战没有获得什么效果而感到十分惊讶。现在我们谈谈一次大胜利的影响的性质。

我们很容易区分以下三种影响：一，胜利对战争工具本身，即对统帅及其军队的影响；二，胜利对参战国的影响；三，上述两种影响在以后的战争过程中所起的真正作用。

胜利者和失败者在战场上的伤亡、被俘人数和火炮损失方面的差别，往往是不显著的。要是只看到这种微不足道的差别，就会感到这个差别所产生的后果是完全不可理解的。实际上，这是极其自然的事。

我们在第7章中曾经讲过，一方的胜利不仅随另一方被击败的军队数量的增多而增大，而且以更大的比例增大。一场大规模战斗的结局给失败者和胜利者带来的精神影响相对于物质力量的得失来说要更大。这种影响会促使物质力量受到更大的损失，而物质力量的损失又反过来影响精神力量，两者相辅相成。因此，人们应该特别重视这种精神影响。这种精神影响对胜利者和失败者所起的作用是相反的：它能够削弱失败者的各种力量，同时加强胜利者的力量和活动。但是，这种精神影响主要对失败者发生作用，因为对失败者来说，它是造成新的损失的直接原因。此外，这种影响同危险、劳累和艰难，总之同战争中的一切困难因素结合起来，并在它们的影响下不断增大。对胜利者来说，这一切都能够进一步激发它的勇气。失败者从原来的均势下降的程度比胜利者上升的程度大得多，这就是为什么当我们谈到胜利的影响时，主要是指失败者所受的影响。如果说这种影响在大规模的战斗中比在小规模的战斗中强烈，那么，在主力会战中肯定比在其中一次次要的战斗中更要强烈得多。主力会战具有独立性，它应该以最大的努力争取胜利。主力会战的意图是在要会战的这个地方、这个时刻战胜敌人，它体现着全部战争计划和一切措施以及对未来的一切遥远的希望和蒙眬的想象。对这个大胆的问题做出答案，是命运攸关的事情。这就会引起精神上的紧张，不仅统帅如此，他的整个军队直到最低一级的辎重兵都是如此。当然，职位越低，紧张的程度就越小，产生的影响也越小。不论在哪个时代，主力会战绝不是一种不做准备的、突发的、盲目的日常活动，而是一种规模宏大的军事行动。这种行动不论就其本身的性质还是就指挥官的意图来说，都比一般的战斗活动更能增强所有人的紧张情绪。人们越是紧张地注视着会战结局，会战结局的影响也就越大。

胜利的精神影响在现代会战中比在现代战史初期的会战中要大得多。既然现代会战是双方力量的真正较量，那么起决定性作用的当然是物质力量和精神力量的总和，而不是个别的措施，更不是偶然性。

人们犯了错误，下次可以改正，如果遇到幸运和偶然的机会，也可能在下一次得到更多的好处。但是，精神力量和物质力量的总和却不是很快就可以改变的。因此，一次胜利在这方面引起的变化对整个未来都会有更为重大的意义。在所有参加会战的人中间（不管是军人还是非军人），虽然只有极少数的人考虑到这种变化，但会战的过程本身会使每个参加会战的人感觉到这种变化。尽管关于会战过程的公开报道可以用一些牵强附会的个别情况来粉饰真相，但别人也能从中或多或少地看出：胜负主要取决于总的情况，而不取决于个别情况。

从来没有亲身经历过失败的大会战的人，很难对失败的会战有一个活生生的、完全真实的概念。这一次或那一次小失败的抽象概念不能构成一次失败的大会战的真正概念。现在让我们来看一看一次失败的大会战的情景吧。

一次失败的会战，能够左右人的思考（也可以说左右人的智力），首先是兵力的消耗，其次是地区的丧失（这种现象经常出现，即使是进攻者，在不顺利时也会丧失地区），再次是队形的破坏，各部分的混乱和撤退的危险（除了少数例外的情况以外，撤退总是危险的），最后是撤退（这往往是在夜间开始，或者至少是在整个夜间还继续进行的）。撤退一开始，我们就不得不丢下大批疲惫不堪的和跑散了的士兵，而他们往往正是冲得最远和坚持得最久的勇士。本来只有高级军官才有的失败的感觉，这时就波及各级军官，一直到普通的小兵。特别是当他们想到在这次会战中有许多真正为大家所敬爱的勇敢的战友落在敌人手里的可怕景象时，失败的感觉就更加强烈。同时，每个人都会在不同程度上认为由于上级指挥官的过错使自己的努力徒劳无益，因而对上级指挥官产生不信任感，于是失败的感觉更加强烈。这种失败的感觉并不是人们随便产生的想象，它是敌人占优势的证明。敌人占优势这一事实，最初可能被某些原因所掩盖，不易被人们发现，但到会战结束时，总会明显地显露出来。也许人们早已看到了这一事实，但在缺乏确凿根据的情况下，必然会希望出现偶然情况，相信幸运和天意，或者进行大胆的冒险。最后，当这一切都证明已经无济于事时，严峻的事实就冷酷无情地摆在了人们的面前。

这些情况还不能说是惊慌失措。由于会战失败而导致惊慌失措，不仅在有武德的军队中不会出现，就是在其他的军队中，也只在个别情况下才会出现。但是，上述那些情况，却是在最优秀的军队中也会产生的。如果说长期的战争锻炼和胜利的传统，以及对统帅的极大信任，有时可以减少这些情况，但在失败的最初时刻却不可能完全避免这些情况。这些情况并不是仅仅由于敌人获得了战利品而引起的，因为这种情况通常是到后一阶段才会出现，而且大家也不会很快知道。因此，即使是在均势逐渐而又缓慢地变化中，也会产生这些情况，正是这些情况构成了胜利的影响。战利品的数量可以加强这种影响。

处在上述情况下，作为战争工具的军队将会遭到多么严重的削弱啊！一支处在这种削弱状态下的军队对作战中很普通的困难都会感到难以对付，怎么还能期待它做出新的努力，重新夺回已经失去了的东西呢！在会战之前，交战双方之间有一种真正的或者想象的均势，这个均势一旦遭到破坏，要想恢复它就必须有外因的帮助。如果缺乏这样的外援，任何新的努力都只会导致新的损失。

在这种情况下，主力取得的哪怕是最微小的胜利，也会使均势像天平一样不断向一边下降，直到新的外在条件的参与使它发生改变为止。如果没有这种新的外在条件，而胜利者又是一个有强烈的荣誉心、不断追求远大目标的人，那么，要想使他高涨的优势不致像洪水泛滥，要想通过许多小规模的抵抗使这股洪流缓和下来，直到胜利的影响沿着一定的渠道最后消失，对方就必须有一位杰出的统帅，就必须有一支久经战争锻炼而具备高度武德的军队。

现在我们来谈谈胜利对民众和政府的影响。对方一旦获得胜利，我们的民众和政府的迫切希望就会突然变成泡影，自尊心也会遭到彻底的打击，恐惧情绪就会以可怕的膨胀力蔓延到任何一个地方，最后使他们完全陷于瘫痪状态。这是一种真正的精神上的打击，是交战的一方所遭受的电击般的打击。这种影响，尽管在这里和在那里会有所不同，但绝不可能完全没有。在这种情况下，人们不但不积极地去发挥自己的作用以扭转败局，反而惧怕自己的努力会徒劳无益，于是在应该前进的时候踌躇不前，甚至束手待毙，听天由命。

这种胜利的影响在战争过程中产生的成果，一部分是由胜利一方统帅的性格和才能决定的，但更多的是由促成胜利以及胜利所带来的各种条件决定的。当然，统帅如果没有胆量和敢作敢为的精神，即使是最辉煌的胜利也不会带来很大的成果。但是，即使统帅具有胆量和敢作敢为的精神，但却受到各种条件的限制，那么这些精神力量也会很快地枯竭。如果利用科林会战胜利的不是道恩元帅而是腓特烈大帝，如果进行勒申会战的不是普鲁士而是法国，那么结果将会多么不同啊！

促使巨大胜利产生巨大成果的各种条件，我们在讨论与此有关的问题时再作研究。那时才能解释清楚，为什么胜利同它的成果之间有不一致的现象，为什么人们总是喜欢把它归咎于胜利者缺乏魄力。在这里我们只研究主力会战本身，我们不想离开这个题目，所以只想指出：胜利必然产生上述影响，这种影响随着胜利的增大而增强。一次会战越是成为主力会战，越是把全部作战力量集中在一次会战中，越是把全部军事力量变成作战力量，越是把全国的力量变成军事力量，胜利的影响也就越大。

然而，难道理论就可以把胜利的影响视为完全不可避免吗？难道就不应该竭力寻求有效的手段来消除这种影响吗？对这个问题做出肯定的答复，似乎是很自然的，但是，愿上帝保佑我们，不要像大多数理论家那样走上既赞成又反对的自相矛盾的歧路。

实际上，上述影响是必然存在的，这是事物的性质决定的。即使我们找到了可以抵制它的方法，它仍然存在，犹如一颗炮弹，即使它是从东向西发射的，因而它随地球自转的运动速度会有所减小，但它仍然随着地球的自转在运动。

整个战争的进行离不开人的弱点，进行战争也正是针对着人的这种弱点。

我们以后在别的地方还要谈到主力会战失败后应该怎么办，还要研究在绝望的处境中可能剩下的手段，还相信在这样的处境中有可能把失去的一切重新夺回来，但这并不等于说，这样一次失败的影响就逐渐消失而等于零了。因为人们用来挽回败局的力量和手段本来可以用到一些积极的目的上去。这里不仅指物质力量，而且还包括精神力量。

另一个问题是，一次主力会战的失败可能唤起一些在其他情况下根本不可能产生的力量。这种情况是可以想象的，在许多民族中也的确出现过。但是，怎样才能激起这种强烈的反作用，这已不属于军事艺术研究的范畴。军事艺术只在假定会出现这种作用的前提下，对它进行考虑。

胜利给胜利者带来的结果，可能由于胜利的反作用，即唤起了失败者的其他力量而变得有害了。这种情况是极少有的例外，但是既然有这种情况，那就有理由认为，由于战败的民族或国家的特点不同，同样的胜利所产生的结果也是有差别的。

第11章　主力会战（续）：会战的运用

无论战争在具体情况下是多么多种多样，我们只要从战争这个概念出发，仍可以肯定以下几点：

1. 消灭敌人军队是战争的主要原则，对采取积极行动的一方来说，这是达到目标的主要途径；
2. 消灭敌人军队主要是在战斗中实现的；
3. 具有一般性的大的战斗才能产生大的结果；
4. 若干战斗汇合成为一次大会战，才会产生最大的结果；
5. 只有在主力会战中统帅才亲自指挥，在这种情况下他宁愿相信自己。

根据上述五点可以得出一个双重法则，它包含相辅相成的两个方面：消灭敌人军队主要是通过大会战及其结果实现的，大会战又必须以消灭敌人军队为主要目的。

当然，在其他手段中也可能或多或少地包含着消灭敌人军队这个因素。也有这样的情况：由于各种条件有利，在一次小战斗中也可能异乎寻常地消灭了敌人很多的军队（如马克森会战）；而另一方面，有时在一次主力会战中，主要目的却不过是占领或坚守一个阵地。但总的来说，进行主力会战只能是为了消灭敌军，而且也只有通过主力会战才能达到消灭敌军的目的。

主力会战是战争的集中表现，是整个战争或战局的重点，如同太阳光聚在凹镜的焦点上一样，战争的各种力量和条件也都集中在主力会战中，产生高度集中的效果。

几乎在一切战争中，都要在一定程度上把军队集中成为一个大的整体。这表明，不管是进攻者还是防御者，都企图利用这个整体进行一次大的战斗。如果这样的大战斗没有发生，那就说明在敌对感情这个战争的最初动机起作用的同时，还有其他缓和和抑制因素在削弱、改变或者完全阻止这种作用。但是，即使双方都不采取行动（这是过去许多战争的基调），在他们的思想中主力会战仍然是未来的目标，是构成他们的计划的远焦点。战争越是成为真正的战争，越是成为发泄敌对和仇恨的感情以及互相制服的手段，一切活动就越集中在流血的战争中，主力会战也就越加重要。

凡是抱有大的和积极的目的的人，也就是以严重损害对方利益为目的的人，就必然采取主力会战这一手段。主力会战是最好的手段。谁害怕大的决战而逃避主力会战，通常谁就得自食其果。

只有进攻者才有积极的目的，所以主力会战主要是进攻者的手段。尽管我们在这里还不能更详细地确定进攻和防御的概念，但也必须指出，即使是防御者，要想或迟或早地适应防御的需要，完成自己的任务，大多也只有采用主力会战这个唯一有效的手段。

主力会战是解决问题的最残酷的方法。虽然主力会战不等于单纯的相互残杀，不在于杀死敌人的士兵，它的效果更多的是摧毁敌人的勇气，但是流血永远是它的代价，而“屠杀”这个词既表示了会战的名称，又说明了它的性质。作为一个人，统帅对于这一点也会感到不寒而栗。一旦想到将要通过一次战斗决定胜负，他精神上的压力会更大。在主力会战中，一切行动都集中在空间和时间的某一点上，在这种情况下，人们会有一种模糊的感觉，仿佛他们的兵力在这个狭小的空间里无法展开和无法活动，仿佛只要有时间，就可能赢得很大的好处，但实际上时间对我们毫无益处。这种感觉只是一种错觉，但是这种错觉也是不容忽视的。人们在做任何重要决定时都会受这种错觉的影响，当一个统帅要做出这样一种重大决定时，他的这种感觉就会更强烈。

因此各个时代都有一些政府和统帅，设法回避决定性的会战，希望不通过会战也可以达到自己的目的，或者悄悄地放弃自己的目的。于是，那些历史学家和理论家们，就竭尽全力地想从这些以其他方式进行的战局和战争中找到可以代替决定性会战的等价物，甚至找到更高超的艺术。这样一来，在现代，就有人根据战争中合理使用兵力的原则，把主力会战看作是由错误导致的祸害，是正常的、慎重的战争中绝不应该出现的病态。在他们看来，只有那些用不流血方式进行战争的统帅才有资格戴上桂冠，而那种真正的婆罗门教义式的战争理论，恰好就是传授这种艺术。

现代历史已经粉碎了这种谬论，但谁也不能保证这种谬论不再重现，不再诱惑当权者相信这种适合人的弱点，因而容易为人们所接受的颠倒黑白的看法。也许在不久以后就会有人认为，拿破仑进行的几次战局和会战是野蛮而近乎愚蠢的，并以满意和信任的心情再次推崇那种已经过时的、装模作样的旧式部署和打法。如果人们听从理论的忠告而警惕这些东西，这就是理论的重大贡献。但愿这对我们可爱的祖国的那些军事领域的权威能有所帮助，在这方面做他们的向导，督促他们对这些问题进行认真的考察。

战争的概念和经验也证实了这一点。自古以来，只有巨大的胜利才能导致巨大的成就，对进攻者来说必然是这样，对防御者来说或多或少也是这样。拿破仑如果害怕流血，恐怕也不会获得乌尔姆会战的胜利（这样的胜利在他所有的战争中也是唯一的一次），这一胜利，可以看作是他前几次战局胜利的第二茬收割。因此，不仅那些大胆的、富有冒险精神的或者倔强的统帅力图用决定性的会战这一重要的冒险手段来完成自己的事业，就连那些幸运的统帅，也同样如此。

我们不想听那些不经流血而获得胜利的统帅的故事。如果说血腥的屠杀是残酷可怕的，这只能使我们更加严肃地对待战争，不应该使我们出于人道而让佩剑逐渐变钝，以致最后有人用利剑把我们的手臂砍掉。一次大的会战是主要的决战，但不一定是一次战争或战局中必不可少的、唯一的一次决战。一次大会战能够决定整个战局胜负的情况，只有在现代才是常见的，至于能够决定整个战争胜负的情况，那是极为罕见的例外。

一次大会战所产生的决定意义，不仅仅取决于大会战本身，即集中到会战中的军队的多少和取得胜利的大小，还取决于双方国家及其军事力量方面的许多其他情况。但是，由现有军队的主力进行的大规模的搏斗，也会形成一次主要的决战，决战胜负的规模，在某些方面是可以预测的，但不是所有方面。这样的胜负，即使不是唯一的一次，但作为第一个胜负，对以后的决战也会发生影响。因此，周密计划的主力会战始终应该被看作是当前整个军事行动的中心和重心。统帅越是具有真正的战争精神（即战斗精神），越是具备必须和肯定能打垮敌人的感情和想法（即意识），他就越会把一切都放到第一次会战的天平上，希望并力争在第一次会战中夺取一切。拿破仑在他所从事的战争中，大概没有一次不是想在第一次会战中就打垮敌人的。腓特烈大帝进行的战争虽然规模较小，危机也有限，但当他率领一支兵力不大的军队从背后攻击俄国人或帝国军队而想打开一个新的局面时，也同样是这样想的。

会战的成果，更确切地说，胜利的大小，主要取决于下列四个条件：

1.会战采取的战术形式；

2.地形特点；

3.各兵种的比例；

4.兵力的对比。

只采取正面进攻而不采取迂回的会战，很少能像采取迂回敌人或者迫使对方或多或少地改变正面会战那样获得很大的成果。在复杂的地形上或者在山地上进行的会战的成果同样也比较小，因为在这里进攻力量处处都受到限制。

如果失败者的骑兵和胜利者的骑兵同样多或者更多，那么胜利者追击的效果就会减小，会失去很大一部分胜利成果。

在同样采取迂回敌人或者迫使敌人改变正面作战的方法的条件下，以优势兵力取得的胜利，要比以劣势兵力取得的胜利有更大的成果。勒申会战可能会使人们怀疑这个原则的正确性，在这里请允许我说一句我们平常不大爱说的话：没有无例外的规则。

因此，统帅利用上述四种条件可以使会战具有决定性的意义。固然，他冒的危险也会因此而增大，不过，他的全部活动本来就免不了要受精神世界的这个力学定律的支配。

在战争中没有什么比主力会战更重要的了。战略上最大的智慧就表现在为主力会战提供手段，巧妙地确定主力会战的时间、地点和使用兵力的方向，以及利用主力会战的结果。

上述这些都很重要，但是并不能因此就认为它们很复杂，很不容易捉摸。恰恰相反，这一切都很简单，并不需要很多巧妙的艺术，只需要有敏锐的判断力、魄力和贯彻始终的精神，以及朝气蓬勃、敢作敢为的精神，总之要有英雄气概。在这方面，统帅很少需要书本上的知识，他更多地要通过书本以外的其他途径学到知识。

要想进行主力会战，要想在主力会战中主动而有把握地行动，就必须对自己的力量有信心和对必然性有明确的认识，必须有天生的勇气和在丰富的生活经历中锻炼出来的锐敏的洞察力。

光辉的战例是最好的教师，但是，一旦让理论上的偏见像乌云一样遮蔽住这些战例，情况就糟糕了。因为，乌云能使阳光产生折射和变色。这些偏见有时会像瘴气那样扩散开来，理论的迫切任务就是粉碎这些偏见。理智上产生的错误，只能用理智来消除。

第12章　利用胜利的战略手段

战略默默无闻地为赢得胜利做好准备，这是一件困难的工作，几乎得不到任何赞扬，只有取得胜利后，战略才显得光彩和荣耀。

会战可能有什么样的特殊目的，它对整个军事行动会产生什么样的影响，在各种情况下如何取得胜利以及胜利的顶点在什么地方，所有这些问题我们将在以后讨论。但是，如果取得了胜利而不进行追击，那就很难产生巨大的效果；不论胜利的发展是怎样短促，它也总有个初步追击的时间。为了避免到处重复这一点，我们想概括地谈一谈胜利所必然带来的这个附属任务。

对战败了的敌人的追击，是从他放弃战斗撤出阵地的时刻开始的。在这之前双方所出现的一切前进和后退的运动，都不能算是追击，只属于会战过程本身。在对方放弃战斗撤出阵地的瞬间，胜利虽然已经确定，但规模通常还很小，效果也不大。如果不在当天进行追击，那么通过胜利所获得的利益就不会很大。在大多数情况下体现胜利的那些战利品是通过这种追击获得的。我们首先就来谈谈这种追击。

会战前夕的各种活动都是紧迫的，交战双方军队的体力通常在会战前就已受到很大削弱。而在长时间的搏斗中体力消耗很大，军队可能会精疲力竭。此外，胜利者在部队分散和队形混乱方面并不比失败者好多少。因此，有必要进行整顿，召集失散人员，补充弹药，这一切使胜利者自己也处于危机状态。如果被击败的只是敌军的一个从属部分，它们可能被主力收容，或者得到强大的增援，那么，胜利者就很容易丧失胜利。在这种情况下，胜利者考虑到这种危险，就会立刻停止追击，或至少严格地限制追击的程度。即使不必担心失败者会得到较大的增援，但在上述危机状态中，胜利者追击的冲击力也会受到很大的限制。即使不必担心胜利会被夺走，仍然可能发生不利的战斗，仍然可能减少既得利益。此外，人们生理上的需要和弱点也必然对统帅的意志施加全部压力。统帅指挥的成千上万的人，都需要休息和恢复体力，都要求暂时避免危险和停止活动。只有少数人可以例外，只有他们还能看到和想到比眼前更远的东西，只有他们还有发挥勇气的余地，在完成了必要的任务以后，还能想到其他成果，这些成果在别人看来已经是美化胜利的奢侈品。但是，统帅身边的人会将成千上万人的呼声反馈给他，因为，人们的这种切身利益会通过一级级指挥官一直传到统帅那里。统帅本身精神也很紧张，身体也很疲劳，他的内心活动也会有所削弱。于是，由于人的这种常情，人们所做到的往往比能够做到的要少得多，而且做到的也只是最高统帅的荣誉心、魄力和严酷所要求的。只有这样才能解释：为什么有许多统帅在以优势兵力取得了胜利以后，在扩大胜利的成果时却迟疑不决。胜利后的初步追击，一般只限于当天，最迟到当天夜间，因为在这个时间以后，由于自己也需要休整，在任何情况下都要中止追击。

初步追击就其程度来说可分以下几种：

第一，单独用骑兵进行的追击。这种追击主要是威胁和监视敌人，而不是真正紧逼敌人，在这种情况下，即便是很小的一个地形障碍往往也可以妨碍追击者前进。骑兵虽然能攻击零星队伍，但对敌人整个军队进行追击时，它始终只是辅助兵种，因为敌人可以用预备队来掩护撤退，就近利用地形障碍进行有效的抵抗。只有真正逃窜的完全瓦解的军队在这里才是例外。

第二，各兵种组成的强有力的前卫进行的追击。这里边包括大部分的骑兵。这种追击可以迫使敌人一直退到他后卫的或整个军队的下一个阵地。通常失败者不会立刻有利用这种阵地的机会，因此胜利者可以继续追击，但多半不超过一小时的行程，至多不过几个小时的行程，否则，前卫就可能得不到充分支援。

第三，也是最强有力的一种，胜利者倾其所有军队的力量向前推进追击。在这种情况下，即使失败者可以利用地形所提供的阵地，但只要觉察到追击者准备进攻或者迂回，就会放弃大部分阵地，至于他的后卫，就更不敢进行顽强的抵抗了。

在所有这三种情况下，如果黑夜到来，通常都会使尚未结束的整个追击停止下来。而少数情况下可以彻夜不停地进行追击，这是极其猛烈的追击。

夜间战斗时一切都或多或少要依赖偶然性，而且在会战临近尾声时，各部分之间的正常联系和会战的正常步骤已受到严重破坏，所以双方统帅都害怕在夜间继续战斗。除非失败者已经完全瓦解，或者胜利者的军队具有非同寻常的武德，能够确有把握地取得成果，否则，在夜战中几乎一切都只能靠运气，而这是任何人，甚至最鲁莽的统帅也不愿意做的。因此，即使会战是在天黑前不久才决出胜负，黑夜也会使追击停止。黑夜给失败者一个喘息和集合部队的机会，如果他想在夜间继续撤退，夜暗可以帮助他摆脱敌人。黑夜一过，失败者的处境会显著地好转。大部分溃散的士兵重新归队，弹药得到补充，整个部队会重新恢复秩序。在这种情况下，如果他还要继续同胜利者作战，那么这个战斗就是一个新的战斗，并不是上一次战斗的延续。即使在这一次战斗中失败者没有取得一个绝对良好的结局，也仍然是一次新的战斗，而不是胜利者收拾上次战斗的残局。

因此，在胜利者可以彻夜追击的情况下，即使只用各兵种组成的强有力的前卫进行追击，也能显著地扩大胜利的效果。勒申会战和滑铁卢会战就是例证。

这种追击的全部活动，基本上是战术活动，我们谈论它，只为了更清楚地认识到：通过追击所获得的效果不同于其他胜利效果。

在初步追击中将敌人追到他的下一个阵地，这是每个胜利者的权利，它几乎不受以后计划和情况的任何限制。这些计划和情况虽然可能大大减小主力获得的胜利的积极成果，但不会妨碍对于胜利的这种初步利用。即使有这样的情况，也是极为罕见的，根本不能对理论产生显著的影响。现代战争为人的魄力开辟了一个崭新的活动领域。在过去那些规模较小的、局限性很大的战争中，追击如同其他许多活动一样，受到一种不必要的、习惯上的限制。在当时的统帅看来，胜利的概念和荣誉是十分重要的，以致他们在胜利时很少想到真正消灭敌人军队的问题。在他们看来，消灭敌人军队只不过是战争的许多手段中的一个手段而已，从来就不是主要的手段，更谈不上是唯一的手段了。一旦敌人把剑垂下，他们便乐于把自己的剑插入鞘中。在他们看来，胜负一见分晓，战斗就可以停止，继续流血就是无谓的残忍。尽管这种错误的理论不是人们做出全部决定的唯一依据，但它却能产生一种观点，认为力量已经耗尽，军队已不可能继续进行战斗，这种观点极易为人们所接受并能占据主导地位。如果一个统帅只有一支军队，而且估计不久将会遇到无力完成的任务，就像在进攻中每前进一步都会遇到的那样，那么他当然要十分珍惜这个夺取胜利的工具。但这种估计是错误的，因为追击时自己兵力遭受的损失要比对方小得多。因为人们没有把消灭敌人军队看作是主要目的，这种看法才一再产生。因此，在过去的战争中，只有像查理十二、马尔波罗、欧根、腓特烈大帝这些真正的英雄人物，才在胜负决定以后立即进行有力的追击，而其他统帅大多是占领了战场就满足了。到了现代，由于导致战争的情况更为复杂，作战更加激烈，才打破了这种因循守旧的限制，追击成了胜利者的主要事情，战利品的数量因此大大增加。如果在现代会战中看到不进行追击的情况，那只是例外，往往是由一些特殊原因造成的。

例如在格尔申会战和包岑会战中，联军由于骑兵占有优势才避免了彻底的失败。在格罗斯贝伦和登纳维次会战中，由于瑞典王储不愿意而没有追击。在拉昂会战中，由于年老的布吕歇尔身体不适，才没有进行追击。

博罗迪诺会战也是属于这方面的例子，关于这个例子，我们还要多讲几句，一方面我们并不认为单单责备一下拿破仑就可以完事，另一方面我们认为这种情况以及许多类似的情况（即在会战结束时统帅被总的形势所束缚的情况）是极其罕见的。有些法国著作家和拿破仑的崇拜者（例如沃东库尔、尚布雷、塞居尔）严厉地责备拿破仑，怪他没有把俄军全部逐出战场，没有用他最后的兵力粉碎俄军，否则就可以使俄军由会战失利变成彻底的失败。在这里详尽地说明双方军队当时的情况将会离题太远，但有一点是很清楚的，当拿破仑渡过涅曼河时，他统率的准备参加博罗迪诺会战的军队共有30万人，而到博罗迪诺进行会战时，却只剩下12万人了。他可能担心这些兵力不足以向莫斯科进军，而莫斯科是决定一切问题的焦点。取得这次胜利后，他确信可以占领这个首都，因为看来俄国人绝不可能在八天内再发起第二次会战。拿破仑是希望在莫斯科缔结和约的。假使能把俄军打垮，缔结和约的把握当然更大，但无论如何到达莫斯科是重要的：率领一支兵力雄厚的军队到达莫斯科，就可以依靠这支军队控制首都，从而控制整个俄国及其政府。后来的事实表明，他带到莫斯科的兵力不足以完成这个任务。但是，如果为了打垮俄军而把自己的军队也消耗殆尽，那就更难完成这个任务了。拿破仑深深感觉到了这一点。在我们看来，他做得完全正确。

因此，这种情况不能算是统帅不能在胜利后进行初步追击的例子。这里还没有涉及纯粹追击的问题。当天下午4时，胜负已经决定，可是俄军仍然占据着绝大部分战场，还不打算放弃它。他们准备在拿破仑重新发起攻击时进行顽强的抵抗，尽管这种抵抗一定会遭到彻底失败，但也会使对方付出很大的代价。因此我们只能把博罗迪诺会战列入包岑会战一类没有进行到底的会战。但包岑会战中的失败者愿意早一些离开战场，而博罗迪诺会战的胜利者却宁愿满足于半个胜利，这不是因为他怀疑胜局是否已定，而是因为他的兵力不足以获取全胜。

对初步追击可以得出如下的结论：胜利的大小主要取决于追击时的猛烈程度；追击是取得胜利的第二个步骤，在许多情况下甚至比第一个步骤更为重要；战略为了同战术接近以利用战术上取得的完整的成果，要求战术在展示其威力的第一个步骤中就获得全胜。

但是，初步追击只是发挥胜利潜力的第一步，只在极少数的情况下，胜利的效果才仅仅表现在这种初步追击上。胜利的潜力的作用由其他条件决定。我们不准备在这里谈这些条件，但是我们不妨谈谈追击的一般情况，以免在可能涉及它的场合一再重复。

继续追击就其程度来说又可分为三种：单纯的追踪、真正的紧逼和以截断敌人退路为目的的平行追击。

单纯的追踪可以使敌人继续撤退，一直退到他认为可以再度发动一次战斗的地点为止。因此，单纯的追踪能够充分发挥已得优势，可以得到失败者所不能带走的一切，如伤病员、疲惫不堪的士兵、行李和各种车辆等。但是，这种单纯的追踪不能像下面两种追击那样使敌方军队进一步瓦解。

如果我们不满足于把敌人追到原来的营地和占领敌人放弃的地区，而是要索取更多的东西，也就是说，每当敌人的后卫要占据阵地时，我们就用前卫发起攻击，这就可以促使敌人加速运动，使敌人加速瓦解。敌人的瓦解主要是由于敌人在撤退中毫无休止地逃窜引起的。对士兵来说，在强行军后正想休息时又听到敌人的炮声，没有什么比这更令人苦恼的了。如果在一段时间内天天遇到这种情况，就可能引起惊慌失措。在这种情况下，失利的一方就不能不承认，自己已无力抵抗，只能服从对方的意志。这样一种意识会极大削弱军队的精神力量。如果能迫使敌人在夜间撤退，那么，紧逼追击就将达到最好的效果。因为，假如失败者在傍晚时被迫离开选定的营地（不论这个营地是整个军队用的还是后卫用的），他们就只能进行夜行军，或者至少在夜间继续后撤另找宿营地，这两种情况差不多，但胜利者却可以安然度过一夜。

在这种情况下，部署行军和选择营地还取决于许多其他条件，特别是取决于给养、较大的地形障碍、大城市等，因此，企图利用几何学的分析来说明：追击者可以摆布撤退者，迫使他在夜间行军，而自己在夜间却可以休息，这是可笑的书呆子的做法。尽管如此，在部署追击时，采用紧逼追击的方法仍然是正确适用的，而且可以大大提高追击的效果。实际上这种追击方法人们很少采用，因为追击的军队自己在确定宿营地和支配时间方面比通常情况下要困难得多。拂晓时出发，中午到达宿营地，剩下的时间筹措生活之需，夜间休息，这比完全根据敌人的运动来确定自己的运动要轻松得多。在后一种情况下，总是在最后极短的时间内做出相关决定，有时清晨出发，有时傍晚出发，一天之中总要同敌人接触上几个小时，进行小规模的遭遇战，打上一阵炮战，部署迂回作战，简单地说，要采取各种必需的战术措施。对追击的军队来说，这当然是相当沉重的负担，而在负担本来就够多的战争中，人们总想摆脱不必要的负担。上述考察是正确的，它适用于整个军队，通常也适用于强大的先锋部队。出于这些原因，第二种追击，即紧逼撤退者的追击，是相当少见的。甚至拿破仑在1812年对俄战局中也很少使用这种方法。原因很明显，在战局尚未达到目的之前，艰难困苦就已经使他的军队有全军覆没的危险。然而，在其他的战局中，法国人在紧逼追击方面却出色地发挥了他们的力量。

第三，此种方法也是最有效的一种追击方法，就是向失败者撤退的最近的目的地进行平行追击。

任何失败的军队在自己身后总有一个他撤退时首先渴望达到的目的地。这个目的地可能是山口关隘，不预先占领它继续撤退就会受到威胁；或者是大城市、仓库等，先敌到达那里具有重要意义；或者是坚固的阵地、同友军的会合点等，到达那里就能够重新获得抵抗能力。

如果胜利者沿着同撤退者平行的道路向这一地点追击，这将使得撤退者更加急剧地加速撤退，最后可能变成逃窜。在这种情况下撤退者只有三种应付的对策。第一种是迎击敌人，通过出敌不意的攻击，来争取获胜的可能性。不过，从失败者的处境来看，这种可能性不大。只有英勇果敢的统帅和虽败不溃的优秀军队，才有获得成功的可能性。因此，只有在极少的情况下失败者才采用这种办法。

第二种对策是加速撤退。这恰好是胜利者所期待的，因为这很容易使部队过度劳累，使大批人员掉队，使火炮和各种车辆损坏，造成巨大的损失。

第三种对策是避开敌人，绕过容易被对方截断的地点，离敌人尽量远一些，比较轻松地撤退，从而避免匆忙撤退时的不利情况。这是三种对策中的下策，它通常像一个无力偿还债务的人又欠下一笔新债一样，只会导致更为狼狈的局面。但是在有些情况下，这个办法还是有效的，甚至有时还是唯一的对策，而且也有成功的先例。然而，人们采用这种办法大多不是借此达到目的，更多的是由于其他令人难以容忍的理由，这就是害怕同敌人进行真正的战斗。害怕同敌人进行真正的战斗的统帅多么可怜啊！不论军队的精神力量受到多大的挫折，不论对自己同敌人遭遇时在这方面将处于劣势的担心是多么正确，胆小怕事，回避同敌人战斗，只能对自己更加不利。假使拿破仑在1813年回避哈瑙会战而在曼海姆或科布伦茨渡过莱茵河，那么，他甚至不能像在哈瑙会战后那样把三四万人带过莱茵河了。这说明，失败者完全可以利用防御的有利地形，周密地准备和谨慎地进行一些小规模的战斗。正是通过这些战斗才能使军队的精神力量重新振作起来。这时，哪怕取得一点点成功也会产生令人难以置信的有利效果。但是，对大多数的指挥官来说，进行这种尝试必须克服自己的疑虑，而避开敌人，初看起来似乎容易得多，因而人们往往愿意采用这种方法。然而通常情况下，失败者避开敌人恰好最能促使胜利者达到目的，而使自己彻底失败。但这是指整个军队说的，至于一支被截断的部队企图通过绕开敌人重新同其他部队会合，那是另一回事。因为，这种情况下，形势有所不同，而且获得成功的例子也不少见。这种奔向同一目标的赛跑的条件是：追击者要有一支部队紧跟在撤退者的后面，收集一切被遗弃的东西，使撤退者一直感到无法摆脱掉敌人。在布吕歇尔从滑铁卢追击法军到巴黎的过程中，其他方面都可以称为典范，而唯有这一点没有做到。

这样的追击同时也会削弱追击者本身的力量。如果撤退的敌军可能会被另一支强大的军队收容，或者率领它的是一位杰出的统帅，而追击者尚未做好消灭敌人的充分准备，那就不宜采用这种追击方法。但如果情况允许，这种手段却能够发挥巨大的作用，失败的军队的损失会随着伤员和掉队士兵的增多而增大，士兵时刻担心被消灭，精神力量因而受到极大削弱，以至于最后几乎无法再进行真正的抵抗。每天都会有成千上万的人不战被俘。在这种万分幸运的时刻，胜利者无须担心分散兵力，可以尽可能地把他的军队都投入这个旋涡之中，截击敌人小分队，攻占敌人未及防守的要塞，占领大城市等等。在出现新的情况以前，他可以为所欲为，他越是敢作敢为，新的情况就出现得越迟。

在拿破仑的战争中，通过巨大的胜利和出色的追击而取得辉煌战果的例子是不少的。我们只要回忆一下耶拿会战、累根斯堡会战、莱比锡会战和滑铁卢会战就够了。

第13章　会战失败后的撤退

在失败的会战中，军队的力量受到了破坏，而精神力量受到的破坏比物质力量受到的破坏更大。在新的有利情况出现以前进行第二次会战，必将招致彻底的失败甚至全军覆灭。这是军事上的一条公理。撤退应该进行到力量的均势重新恢复时为止，这种均势的恢复或者是由于得到了增援，或者是由于有坚固的要塞作掩护，或者是由于有较大的地形障碍可以利用，也可能是由于敌方兵力过于分散。均势恢复的迟早取决于损失的程度和失败的大小，但更多地取决于自己的对手是什么样的敌人。战败的军队的处境在会战后没有丝毫改变，但这支军队却在撤退后不久就重新整顿就绪，这样的例子难道还少吗！其原因或者是胜利者精神力量比较弱，或者是会战中所获得的优势不足以进行强有力的追击。

为了利用敌人的这些弱点或错误，为了不在形势所要求的范围以外多退一步，更主要的是为了尽可能保持自己的精神力量，撤退必须缓慢地进行，必须且退且战，一旦追击者在利用优势时超过了限度，就予以大胆而勇敢的反击。伟大的统帅和善战的军队的撤退，往往像一只受伤狮子的撤退一样。这是撤退的最好的理论。

实际上，人们在摆脱危险处境的时候，往往不是迅速地摆脱危险，而是喜欢玩弄一些无用的形式，无谓地浪费时间，这样做确实很危险。久经锻炼的指挥官认为迅速摆脱危险这一原则是十分重要的。但是，不能将摆脱危险同会战失败后的总撤退混为一谈。谁认为在撤退中通过几次急行军就可以摆脱敌人，就很容易站稳脚跟，谁就大错特错了。一开始必须尽可能缓慢地撤退，一般说来，以不受敌人的摆布为原则。要坚持这个原则，就必须同紧追不舍的敌人浴血奋战，为此做出牺牲是值得的。不遵守这一原则，就会加速自己的撤退，不久就会溃不成军。在这种情况下，仅仅掉队的士兵就会比进行后卫战时可能牺牲的人还要多，而且，连最后仅剩下的一点勇气也会丧失殆尽。

用最优秀的部队组成一支强大的后卫，由最勇敢的将军率领，在关键时刻全军予以支援，小心谨慎地利用地形，在敌人先遣部队行动轻率和地形对我有利时设下强有力的埋伏，准备和策划一系列真正的小规模会战，这都是贯彻上述原则的手段。

各次会战的有利条件和持续时间不尽相同，因此失败后撤退时的困难自然也不尽相同。从耶拿会战和滑铁卢会战中，我们可以看到，竭尽全力抵抗优势敌人后的撤退会混乱到什么程度。

时常有一种分兵撤退的论调，主张军队分成几个部分，甚至进行离心式方向的撤退。如果分成几个部分只是为了便于撤退，共同作战依然是可能的，而且始终具有共同作战的意图，那就不是这里要谈的问题了。任何其他做法，都是极其危险的，是违背事物的本质的，是非常错误的。任何一次失败的会战都是一种削弱和瓦解因素，这时，最迫切需要的是集中兵力，并在集中的过程中恢复秩序、勇气和信心。在敌人乘胜追击的时刻，撤退者把军队分开，从两侧去骚扰敌人，这种想法完全是荒谬的。如果敌人是一个胆小怕事的书呆子，那么这种办法也许能起作用和收到效果；如果不能肯定敌人有这种弱点，那就不应该采用这种办法。如果会战后的战略形势要求用单独分开的部队掩护自己的两翼，那也只能限于当时的需要而不要过分地分开。即便如此，也只能看作是不得已的下策，而且，在会战结束的当天也很少能够做到这一点。

腓特烈大帝在科林会战后，放弃对布拉格的围攻，分三路撤退，并不是他自己的选择，而是因为他的兵力部署和掩护萨克森的任务不容许他采用其他办法。拿破仑在布列讷会战后命令马尔蒙向奥布河方向撤退，而自己却渡过塞纳河转向特鲁瓦。这样撤退之所以没给他带来什么不利，只是因为联军不但没有追击，反而同样也分散了兵力，一部分（布吕歇尔）转向马恩河，另一部分（施瓦岑贝格）则担心兵力太弱，因而推进得十分缓慢。

第14章　夜间战斗

夜间战斗是怎样进行的，它的特征是什么，这都属于战术研究。在这里，我们只是把它作为一个特殊的手段从整体上考察。

任何夜间攻击都只是程度稍强的奇袭。初看起来，这种奇袭似乎十分有效，因为在人们的想象中，防御者出乎意料地遭到攻击，而进攻者对于所要发生的一切却必然早有准备。他们把夜间战斗想象成：一方面防御者处于极其混乱的状态，另一方面攻击者只要从中收获果实就行了。所以，那些不指挥军队、不必承担任何责任的人常常主张进行夜袭，然而在现实中夜袭是很少见的。

上述那种想象都是在下面的前提下产生的：攻击者了解防御者的措施，因为那些措施都是事前采取的而且是很明显的，是攻击者通过侦察和研究一定可以了解到的，与此相反，攻击者的措施是在进攻之前所采取的，对方一定无法了解。但实际上，攻击者的措施并不是完全无法知道的，防御者的措施也不是完全能够了解到的。如果我们距离敌人不是像霍赫基尔希会战前奥地利军队同腓特烈大帝那样近，可以直接看到对方，那么我们只能通过侦察和巡逻以及从俘虏和密探那里了解敌人的配置情况。这样了解到的情况很不完全，难以达到确实可靠的程度，因为这些情报总是或多或少有些过时，敌人的配置可能已经有所变动。不过，在过去军队采用旧的战术和野营方法时，要了解敌人的配置情况比现在容易得多。幕营线比厂营或露营容易识别得多，部队有规则地展开成横队的野营也比目前常用的各师成纵队的野营易于识别。即使我们能够看到敌人某个师成纵队地野营的整个营地，也无法想象其中的配置情况。而且，我们不仅要了解配置情况，还要了解防御者在战斗过程中采取的措施。正是这些措施使得现代战争中的夜袭比在以往的战争中要困难得多，因为在现代战争中，这些措施比战斗前采取的措施多得多。在现代的战斗中，防御者的配置多半是临时的，而不是固定的，因此防御者比过去更能出敌不意地反击敌人。

因此，除了直接观察以外，攻击者在夜袭时很少能或者根本不能了解到防御者更多的情况。

但是，从防御者的角度来看，他还有一个小小的有利条件，他对自己阵地内的地形比攻击者熟悉，就好像一个人在他自己的家里，即使是在黑暗中，也比陌生人更容易辨明方向。同攻击者比较起来，他能清楚地知道他军队的各个部分在什么地方，可以比较容易地到达那里。

在夜间战斗中，攻击者需要像防御者一样了解情况，因此，只有由于特殊的原因，才能进行夜间攻击。这些特殊的原因多半只同军队的某一部分有关系，很少关系到军队的整体。因此，夜袭通常只是出现在从属性的战斗中，在大会战中很少进行夜袭。

如果其他情况有利，我们就可以用巨大的优势兵力攻击敌军的一个从属部分，把它包围起来，全部歼灭，或者使它蒙受重大的损失。但是，我们必须出敌不意地行动，否则这种意图是不可能实现的，因为敌人的任何一个部分都不会自愿投入这样一次不利的战斗，而会回避这种战斗。除了利用十分隐蔽的地形这样的少数情况以外，只有在夜间才能达到高度的出敌不意。因此，如果打算利用敌军某一从属部分配置方面的缺点来实现上述意图，就必须利用黑夜，即使正式的战斗要在拂晓开始，至少也要在夜间预先做好战斗部署。对敌军的前哨或小部队的小规模夜袭就是这样进行的，其关键在于用优势兵力，进行迂回，出敌不意地使敌人陷入一次不利的战斗，使他不遭受极大损失就无法脱身。

被袭部队越大，对它进行这样的夜袭就越困难，因为兵力较大的部队拥有较多手段，能在援军到来以前进行较长时间的抵抗。

由于上述原因，在一般情况下根本不能把敌人整个军队作为夜间攻击的对象，因为，即使没有外来的援军，它本身也有足够的手段可以对付多面攻击。特别是在现代，任何人对这种普通的攻击一开始就有所戒备。多面攻击能否有效地击败敌人，并不取决于出敌不意，而完全取决于其他条件。在这里我们暂不研究这些条件，而只想指出：迂回固然可以收到很大的效果，但也带有很大的危险性。除个别情况外，要想迂回就必须具备优势兵力，攻击敌军的某一从属部分。

但是，包围或迂回敌军的一支小部队，特别是在漆黑的夜间，还是比较可行的。因为我们使用的部队不管对敌人有多大的优势，毕竟是自己整个军队的一个从属部分。在这种冒巨大危险的赌博中，人们只会拿一部分兵力做赌注，而不会拿整个军队做赌注。此外，军队的大部分甚至全部，通常都可以支援和收容前去冒险的这一支部队，从而减少这次行动的危险。

因为夜袭是在冒险，而且实行起来也困难重重，所以只能由较小部队来进行。既然出敌不意是夜袭的基础，那么隐蔽行动就成为夜袭的基本条件。小部队比大部队容易隐蔽地行动，而整个军队的纵队却很少能做到这点。因此夜袭通常只能针对敌军的个别前哨，至于较大的部队，只有当它没有足够的前哨时，才能对它进行夜袭，例如腓特烈大帝在霍赫基尔希会战中就是因此才遭到夜袭。整个军队遭到夜袭的情况与小分队相比极其罕见。

在现代，战争比以前进行得更加迅速、更加激烈，双方始终处于胜负决定之前的紧张状态中，因此，虽然双方军队经常相距很近，而且不设强大的前哨体系，但双方都有很充分的战斗准备。与此相反，在以前的战争中却往往有一种习惯，即使除了相互牵制以外没有任何其他的企图，双方军队还是要面对面地安营扎寨，相持很久的时间。腓特烈大帝就经常和奥军在近到可以进行炮战的距离上相持几个星期。

但是，这种便于进行夜袭的设营方法在现代战争中已经不用了。现代军队已不再携带全部给养和野营必需品，因此通常有必要在敌我之间保持一日行程的距离。如果还想特别考察一下整支军队进行夜袭的问题，那么可以看出，足以促使这种夜袭的原因很少，可归纳如下：

1.敌人特别粗心或者鲁莽，但这种情况不常见；即使有这种情况，敌人精神方面的巨大优势也将弥补这一缺点。

2.敌军惊慌失措，或我军精神力量的优势足以代替指挥。

3.要突破敌军优势兵力的包围，因为这时一切都有赖于出敌不意，而且只有突破重围这个意图才能使兵力更好集中。

4.敌我双方兵力悬殊，我方处于十分绝望的处境，只有冒极大的危险才有成功的希望。

此外还需具备一个条件，就是敌军就在我们眼前，而且没有前哨掩护。

大多数的夜间战斗是随着日出而告终的，接近敌人和发起首次攻击都必须在黑夜中进行，这样，进攻者就能更好地利用敌人的混乱。相反，如果只利用黑夜接近敌人而战斗要在拂晓才开始，那就不能算是夜间战斗了。

第五篇　军　队

第1章　概　要

本篇从以下四个方面研究军队：

1. 军队的兵力和编成；
2. 军队在非战斗时的状态；
3. 军队的给养；
4. 军队同地区、地形的一般关系。

本篇要对军队的几个关系进行研究，探讨它们的本质和特点。但这些关系只是战斗的必要条件，而不是战斗本身。它们同战斗紧密联系、相互作用。

第2章　兵团、战区和战局

我们不可能对这三个表示战争中的时间、空间和数量的不同事物下一个精确的定义。但为了避免引起误解，我们尽可能地明确说明这三个概念。

战区

所谓战区，是指四面都有掩护因而具有一定独立性的整个战争空间的一部分。这种掩护，可以是周围有要塞或大的地形障碍，也可以是这个部分同战争空间的其余部分之间有较大的距离。这个部分不仅是整体的一个组成部分，而且它本身就是一个小的整体，因而其他部分发生的变化在某种程度上对这一部分不致产生直接的影响，只能产生间接的影响。如果人们想要在这里找出一个明确的标志，那么，这个标志只能是：在这一部分空间里军队在前进，而在另一部分空间里军队却可能在后退；在这一部分空间里军队在防御，而在另一部分空间里军队却可能在进攻。当然，我们并不能把这种严格的区分应用于任何地方，在这里我们只是指出问题的实质而已。

兵团

所谓兵团，就是指处于同一战区内的所有军队。当然，这并没有说明兵团这个惯用术语的全部含义。1815年，布吕歇尔和威灵顿虽然在同一个战区，但他们统率的却是两个兵团。因此，司令员是兵团这个概念的另一个标志。这个标志同上述标志的关系很密切，因为在安排恰当的情况下，同一个战区内只应该有一个司令员，而且一个独立战区的司令员必须有一定程度的独立性。

兵团这个名称并不仅仅由军队的绝对数量所决定。有时，几个兵团在同一个战区内受同一个司令员的指挥，它们所以还保留兵团这个名称，不是因为它们的兵力大，而是因为它们保留了过去的名称（如1813年的西里西亚兵团，北方兵团等）。此外，用在一个战区内的大量军队，可以分为几个军，但绝不能分为几个兵团，否则，至少是不符合兵团这个看来是切合实际的惯用术语的含义的。另外，如果把每一个单独行动在遥远地区的分遣部队都叫作兵团，固然是书呆子式的做法，但当人们把法国革命战争时期旺代人的军队称为兵团时，却没有任何人感到奇怪，尽管它的兵力并不很多。因此，兵团和战区这两个概念，通常是互相联系，互为补充的。

战局

人们往往把一年中所有战区内发生的军事活动叫作战局，但更普遍和更确切的说法是，战局是指一个战区内发生的军事活动。如果以一年作为确定这个概念的界限，那就更不妥当了，因为战争已经无法根据固定的长时期的冬营这个自然标志划分为以一年为界的战局了。既然一个战区内的军事活动可以自然而然地分为几个较大的阶段，也就是说，当比较重大的危机的直接影响已经消失，而新的冲突即将挑起时，我们必须考虑这些自然形成的阶段，把属于某一年（战局）的全部军事活动都划归这一年。没有人会认为1812年战局结束于默麦尔河畔，因为1813年1月1日军队还停留在那里，也不会把法军从1月1日以后直到渡过易北河的撤退划归于1813年战局，因为这一撤退显然是从莫斯科开始的整个撤退的一部分。

这几个概念即使确定得不够精确，也不会带来什么害处，因为它们不像哲学定义那样，可以作为其他定义的某种依据。这些概念只要能使我们的论述更加清楚明了就够了。

第3章　兵力对比

在第三篇第8章中，我们已经说明了数量的优势在战斗中的价值，从而也说明了一般的优势在战略上的价值，从中可以看出兵力对比的重要性。在此我们必须进一步研究这个问题。

研究现代战争史可以发现，数量上的优势越来越具有决定性的意义。在决定性的战斗中尽可能多地集中兵力这个原则，现在比过去任何时候都更重要。

军队的勇气和武德在任何时期都曾使军队的物质力量成倍地增强，今后仍会这样。但是，在历史上也有过一些时期，军队在组织和装备上的巨大优势造成了精神上显著的优势。在另外一些时期，军队机动性方面的巨大优势造成了精神上显著的优势。有时新的战术体系造成了精神上显著的优势；有时军事艺术又极力主张根据概括性的原则巧妙地利用地形，有的统帅在这方面还往往能够从对方得到很大的好处，但是这种做法现在已经过时，不得不让位给自然而简单的作战方法了。从最近几次战争的经验看，无论是在整个战局中还是在决定性的战斗中，特别是在主力会战中，这种现象已经很少见了，关于这一点可以参阅上一篇的第2章。

现在，各国军队在武器装备和训练方面都很接近，最好的军队和最差的军队在这些方面已经没有十分明显的差别。当然，各国军队的科学水平可能还存在显著差别，但在大多数情况下，这种差别只表现为一些国家是先进装备的发明者和首先使用者，而另一些国家则是紧随它们的模仿者。甚至像军长和师长这样一级的指挥官，在他们所从事的军事活动中也都抱有大致相同的见解和采用大致相同的方法，除了最高统帅的才能以外（统帅的才能很难说同民族的文明程度和军队的教育程度有什么固定的关系，它的产生完全是偶然的），只有军队的战争养成还可能造成显著的优势。因此，双方在上述各方面越是处于均势，兵力的对比就越具有决定意义。

现代会战的特点是由上述均势造成的。让我们不抱成见地读一读博罗迪诺会战史吧！在这次会战中，是世界上第一流的法国军队同组织装备以及部队的各个环节都远远落后的俄国军队进行较量。在整个会战中没有表现出任何高超的技艺和智谋。这是双方力量的一次默默的较量，由于双方力量几乎相等，结果，优势最后只能像天平一样渐渐倾向指挥官毅力较大和军队战争养成较好的一方。在这次会战中双方兵力处于均势状态，而在其他会战中很少出现这种情况。

并不是所有的会战都必然如此，但大多数会战基本上都是这样的。

在一次会战中，如果双方缓慢而又有步骤地进行较量，那么兵力多的一方获胜的把握肯定要大得多。过去常见的那种战胜双倍兵力的敌人的会战在现代战争史中已经很难找到了。拿破仑这位现代最伟大的统帅，除了1813年的德累斯顿会战以外，在历次胜利的主力会战中，总是善于集中优势兵力，或者至少集中的兵力不比敌人少很多。每当他做不到这一点时（如在莱比锡、布里耶纳、拉昂和滑铁卢会战中），他就会失败。

不过，绝对的兵力在战略上大多是既定的，是统帅无法改变的。我们研究的结果并不是要说明在兵力显著弱于敌人时就不可能进行战争了。战争并不总是出于政治上的自愿，尤其在双方力量相差悬殊时更是如此。因此，在战争中任何兵力对比都是可能的，一种战争理论如果在最需要它的时候却不能够发挥作用，那它只能是一种令人奇怪的战争理论。因此，尽管理论十分希望双方兵力相当，但绝不能说兵力很不相当时理论就用不上了，在这个问题上是无法确定界限的。

兵力越小，目的就应该越小，战争持续的时间也就越短。因此，兵力较小的一方在这两方面就有回旋的余地（如果可以这样说的话）。在作战时兵力的大小到底会引起哪些变化，我们只能在以后遇到这类问题时逐步加以说明。在这里只要说明我们的总的观点就足够了。但为了使这个总的观点更完整，还需要做一点补充。

被卷入一场力量悬殊的战争中的一方，越是缺乏兵力，就越应该在危险的压力下提高精神上的紧张和努力程度。如果不表现出视死如归的英雄气概，而是丧失了勇气，那么，任何军事艺术都无济于事。如果把明智的节制同军队的这种努力结合于确定的目的之中，那么，就会出现既辉煌又有节制的打击行动，这就是腓特烈大帝所指挥的几次战争令人钦佩的地方。

但是，节制和谨慎所起的作用越小，紧张和努力就必然越占主要地位。如果兵力相差极为悬殊，无论怎样限制自己的目的也不能保证免于失败，或者危险可能持续的时间很长，即使最节省地使用兵力也不能达到目的，那么，就应该把力量尽可能地集中到一次殊死之战中去。一个陷入绝境的人，当他几乎不可能获得任何援助时，就会把他全部的和最后的希望寄托在精神力量的优势上，因为精神力量的优势可以使每个勇敢的人奋不顾身。于是他就把无比的大胆看作是最高的智慧，在必要时，还会求助于冒险的诡诈。最后，即使这些努力都没有取得成效，那么也可以在光荣的毁灭中寻求将来复兴的权利。

第4章　各兵种的比例

本章从战术角度讨论三个主要兵种：步兵、骑兵和炮兵。

战斗是由两个根本不同的部分组成的：火力战和白刃战（或单兵作战）。后者可能是进攻也可能是防御（在这里作为两个要素，进攻和防御应该理解为完全绝对的进攻和防御）。炮兵显然只通过火力战发挥作用，骑兵只通过单兵作战发挥作用，步兵则通过上述两个途径发挥作用。

在进行单兵作战时，防御的实质是固守原地，进攻的实质是运动。骑兵完全不具备前一种性能，但充分具备后一种性能，因而骑兵只适用于进攻。步兵主要具备固守原地的性能，但也并非完全没有运动的能力。从战斗的基本性能在各兵种中的分布情况来看，步兵比其他两个兵种具有优越性和全面性，因为步兵是唯一兼备三种基本战斗性能的兵种。其次，三个兵种的联合在战争中可以更充分地发挥力量，人们通过各兵种的联合可以加强步兵所固有的这种或那种战斗性能。

在现代战争中，火力歼灭战起着重大的作用，但是，个人对个人的单兵作战应该是构成战斗的真正的独立的基础。因此，在战争中整个军队仅仅由炮兵组成是不可思议的。一支仅仅由骑兵组成的军队虽然是可以想象的，但它的作战力量很弱。仅仅由步兵组成的一支军队，不仅是可以想象的，而且作战力量也很强。因此，就单独作战的能力来看，三个兵种的次序应该是：步兵、骑兵、炮兵。

但当三个兵种联合作战的时候，每个兵种的重要性就不是按照这个顺序来排列了。火力比运动起的作用更大，所以一支军队没有骑兵可以，但没有炮兵就会削弱很大的力量。

一支仅由步兵和炮兵组成的军队，与一支由三个兵种组成的军队作战，虽然会处于不利的地位，但是，如果有相当数量的步兵代替缺少的骑兵，并在作战方法上稍做改变，仍然可以完成自己的战术任务。当然，它在前哨方面会有较大的困难，永远无法猛烈地追击溃败的敌人，而自己撤退时则更为艰苦。但是，这些困难还不足以使这支军队完全退出战场。相反，这样的一支军队，在同只由步兵和骑兵组成的军队作战时，却能发挥很好的作用。而后者要抵抗住三个兵种组成的军队，简直是难以想象的。

上面关于每个兵种的重要性的考察，是从战争中一般情况下抽象出来的，而且我们并不打算把这个抽象出来的真理运用于所有战斗的每一种具体情况中。一个担任前哨或正在撤退的步兵营，也许宁愿配备一个骑兵连，而不愿意带几门火炮。在迅速追击或者迂回溃逃的敌人时，骑兵和炮兵可以完全不需要步兵，等等。

我们把这些考察的结果概括起来，那就是：

1. 步兵是各兵种中单独作战能力最强的兵种；
2. 炮兵是完全没有单独作战能力的兵种；
3. 多兵种联合作战时，步兵是最重要的兵种；
4. 多兵种联合作战时，缺少骑兵影响最小；
5. 三个兵种联合作战能够发挥最大的威力。

既然三个兵种联合作战能够发挥最大的威力，那么人们自然要问，什么样的比例才是最恰当的呢？这个问题不好回答。

如果能够比较一下建立和维持各兵种所需要消耗的各种力量，再比较一下每个兵种在战争中所起的作用，那么，也许可以得出一个肯定的结论，用以抽象地表示各兵种最恰当的比例。然而，这样做不过是一种概念游戏。这个比例的第一项就很难确定：虽然其中的一个因素——财力消耗，是不难算出来的，但是另一个因素——人的生命的价值，却是谁也不愿意用数字来表示的。

此外，三个兵种中的每一个兵种都要以国家的某一方面的力量为基础，例如步兵以人口为基础，骑兵以马匹为基础，炮兵以现有的财力为基础，这些都是外在的决定性因素。我们从各个民族和各个时期的历史概况中，可以清楚地看到这些因素所起的主导作用。

但我们必须有一个可以用来作比较的标准，我们用可以计算的因素——钱财消耗，来代替这个比例的整个第一项。在这方面，一般说可以相当精确地指出：根据一般经验，一个150匹马的骑兵连，一个800人的步兵营和一个有8门6磅火炮的炮兵连，其装备费用和维持费用是差不多的。

至于这个比例的另一项，即一个兵种与另一个兵种相比作用究竟大多少，就更难得出确定的数值了。如果这个数值只取决于火力的大小，那么也许还有可能把它求出来；但是，每个兵种都有自己专门的任务，都有自己的不固定的活动范围，以至于无法扩大或者缩小它；更何况，活动范围的大小只能引起作战方法形式上的变化，不会带来决定性的不利。

人们常常谈到经验在这方面提供的根据，认为从战史中可以找到足够的根据来确定各兵种的比例。但这只是一种空谈，因为它不是以事物财富本质和必然性为依据的，所以在研究性的考察中可以不考虑它。

即使可以为各兵种最恰当的比例设想出一个固定的数值，这个数值也是一个无法求出的未知数X，因而这样做只不过是玩概念游戏而已。尽管如此，我们还是可以说明，同一个兵种在数量上比敌军占很大优势或处于很大劣势时将会产生怎样的影响。

炮兵可以增强火力，是各兵种中最可怕的兵种。军队缺乏它就将明显地削弱自己的威力。另一方面，它也是最难于运动的兵种，它使军队变得不灵活。它总是需要部队掩护，因为炮兵不能进行单兵作战，所以，如果炮兵过多，配属给它的掩护部队无法抗击敌军的所有攻击，炮兵就会落到敌人手中，从而带来新的不利（三个兵种中唯有炮兵有这种不利）：炮兵的主要装备（即火炮和弹药车）可能会立刻被敌人用来对付我们。

骑兵可以加强军队的运动能力。如果骑兵过少，一切行动就会变慢（步行），各种行动就必须更加谨慎地进行组织，战争要素的燃烧速度就会变慢。这样，结满胜利果实的庄稼就不能用大镰刀而只能用小镰刀来收割了。

骑兵过多，固然不能认为军队的力量就会受到直接的削弱，也不能认为军队的内部比例失调，但是，给养方面的困难增加了，军队的力量自然会受到间接的削弱。少用1万名过多的骑兵，就可以多用5万名步兵。

由于某个兵种比例不当而产生的上述特点，对于狭义的军事艺术来说更为重要，因为狭义的军事艺术是研究运用现有军队的学问。现有军队交给一个统帅指挥时，通常各兵种的比例已定，统帅对此也没有太多的决定权。

某个兵种比例不当会使作战的特点发生以下变化：

炮兵过多，作战必然带有更多的防御性和被动性。这时，必须更多地利用坚固的阵地、较大的地形障碍，甚至是山地阵地，以便利用地形障碍来防卫和保护大量炮兵，让敌军前来自取灭亡。整个战争就将以庄重而又缓慢的小步舞节奏进行。

炮兵不足时，我们将主要采取进攻的、积极的和运动的原则。行军、吃苦耐劳就成了我们的特殊武器。于是，战争变得更复杂、更活跃、更曲折。大的军事行动将转化为许多小的军事行动。

在骑兵特别多的情况下，我们将寻找广阔的平原并乐于采取大规模的运动。同敌人保持较远的距离，我们就可以得到更多和更舒适的休息，而不给敌人以安宁的机会。我们由于控制着空间，因此敢于进行更为大胆的迂回和更加冒险的运用。我们可以很轻松地运用佯攻和奔袭。

骑兵严重缺乏会像炮兵过多那样减弱军队的运动能力，但不能像炮兵过多那样增强军队的火力。在这种情况下，小心谨慎和擅用策略就成了战争的主要特点。始终接近敌人，以便时刻监视敌人；避免作迅速的，尤其是仓促的运动；总是以大量集中的兵力缓慢前进；宁可进行防御和选择复杂的地形；必须进攻时就直捣敌军的重心，这些都是在这各种情况下的自然倾向。

作战方式由于某一兵种过多所发生的上述变化很少是以这样全面和彻底的方式出现，以至于仅仅或者主要是因为这种变化就决定了整个行动的方向。采取战略进攻还是战略防御，在这个战区还是在那个战区，进行主力会战还是采取其他作战手段，这些都取决于其他更重要的条件。如果人们认为不是这样，那么他们恐怕至少是把次要问题当成主要问题了。但是，尽管主要问题已经由其他原因所决定了，某一兵种过多总还会产生一定的影响，因为，在战争的各个阶段和各个具体活动中，人们在进攻时也可能是小心和慎重的，而在防御时也可能是果断和勇敢的，等等。

战争的特点也能对兵种的比例产生显著的影响。

第一，依靠后备军和民兵进行的民众战争，自然只能建立大量的步兵。因为在这种战争中，缺乏的往往是装备而不是人员，而且装备也只限于一些最必需的东西，一般来说，建立一个拥有8门火炮的炮兵连所需要的费用完全可以用来建立两个或三个步兵营。

第二，兵力弱的一方同兵力强大的一方作战时，如果不能从民众武装或与此相近的后备军中寻求出路，那么，增加炮兵就是兵力弱的一方谋求均势的最简捷的手段，这样既可以节省人力，又可以加强自己军队的最根本的因素——火力。而且，兵力弱的一方的战区往往比较小，这对炮兵来说更为适用。腓特烈大帝在七年战争的后几年就曾采用过这种手段。

第三，骑兵是适于进行运动和大规模决战的兵种。在战区辽阔、需要广泛机动和企图进行决定性打击时，使骑兵超过一般的比例是很重要的。拿破仑就在这方面提供了一个范例。

进攻和防御本身对兵种比例没有什么实际的影响，这在以后我们谈到军事行动的这两种形式时才能讲清楚。在这里我们只想说明一点，进攻者和防御者通常都在一个空间内行动，至少在许多情况下，他们都可能有同样的决战意图。关于这一点，我们可以回忆一下1812年战局。

人们通常认为，在中世纪骑兵要比步兵多得多，从那以后，一直到今天，骑兵所占的比重就逐渐减少了。这种看法至少有一部分是出于误解。如果人们研究一下有关中世纪军队的比较精确的资料，就会发现，那时骑兵在数量上所占的比例平均来说并不很大。我们只要回忆一下十字军的或德意志皇帝远征罗马时的步兵数量就够了。但是，当时骑兵的重要性却大得多。骑兵是一个较强的兵种，是由民族中最优秀的一部分人组成的，它的数量虽然一直很少，但仍被视为主要兵种，而步兵却不受重视，几乎无人提及，因此，人们就产生了当时步兵很少的看法。当然，那时在德国、法国和意大利等国国内发生的一些小规模军事冲突中，一支规模较小的军队完全由骑兵组成的情况的确比今天常见得多。由于骑兵在当时是主要兵种，所以这并没有什么矛盾。但是，如果我们看到人数众多的大军队的一般情况，那么上述情况就不能说明什么问题。直到在战争中废除了一切封建隶属关系，战争开始由募兵、佣兵和饷兵来进行，也就是说战争开始依靠金钱和征募来进行，即在三十年战争和路易十四战争时期，才停止使用用处不大的大量步兵。如果不是火器的显著改进使步兵的重要性提高了，因而步兵在比例上保持了某种程度的优势，那么也许又会恢复到完全用骑兵作战的局面了。在这个时期，步兵同骑兵比例是：步兵较少时为1∶1，步兵较多时为3∶1。

在这以后，随着火器的不断改进，骑兵日益丧失其原有的重要性，这一点实际上不难理解，只是必须说明，火器的改进不仅是指武器本身和使用武器的技能的改进，而且是指对装备这种武器的部队的使用的改进。在莫尔维茨会战中，普鲁士军队的射击技能达到了最高的水平，至今还没有谁能超过这个水平。但是，在复杂的地形上使用步兵和在散兵战中使用火器，却是后来才发展起来的，应该看作是火力战方面一个巨大的进步。

骑兵所占的比例变化很小，它的重要性却有很大变化。这看来似乎是矛盾的，但实际上并非如此。中世纪军队中步兵的数量很多，并不是由步兵同骑兵的内在关系决定的，而是因为不能编入费用很大的骑兵里的人全部编入了步兵，因此，建立这种步兵，只不过是一种权宜之计。骑兵的数量如果只根据骑兵本身的价值来决定，那么再多也不会嫌多。这样就可以理解，骑兵的重要性尽管在不断降低，但却始终能够保持一定的价值，并且在长时期内一直保持着这个比例。

至少从奥地利王位继承战以来，骑兵同步兵的比例根本没有什么变化，始终保持在1∶4、1∶5和1∶6之间。这种情况似乎表明，这样的比例正好满足了自然的要求，它似乎就是那个无法直接求得的未知数。我们对这一点表示怀疑，在许多最著名的事件中骑兵的数量之所以那样多，显然是由其他原因造成的。

俄国和奥地利就是可以说明这个问题的国家，因为这些国家还保留着鞑靼制度的残余。拿破仑为了实现自己的目的从来不嫌兵多。当他利用征兵制最大限度地征兵以后，就只有用增加辅助兵种的办法来加强自己的军队，这样做主要的是花钱而不是增加人。在拿破仑的一些规模极大的战局中，骑兵起的作用比在一般情况下要大。

腓特烈大帝曾经精打细算，为他的国家省下每一个新兵。尽量利用外国的力量来维持强大的军队，他这样做是有原因的，因为他当时的国土本来就很小，再除去普鲁士和威斯特法伦的各省，我们就会理解这一点。

骑兵需要的人数本来就少，通过征募也很容易得到补充，而且腓特烈大帝的作战方法是以运动战的优势为基础的，因此，一直到七年战争末期，虽然他的步兵有所减少，而骑兵却仍然不断增多。在七年战争结束时，他的骑兵数量也只勉强达到战场上步兵的四分之一强。

在上面讲过的这个时期里，有不少骑兵力量非常弱而获得胜利的战例。最著名的例子是大格尔申会战。如果只计算参加战斗的师，那么拿破仑当时有10万兵力，其中骑兵5000人，步兵9万人；联军有7万的兵力，其中骑兵2.5万人，步兵4万人。拿破仑比对方少2万名骑兵，却只多5万名步兵，按理说他应该多10万名步兵。既然拿破仑以5万兵力的优势就取得了会战的胜利，那么假如当时双方步兵的比例是14万对4万，难道他就有可能失败吗？

当然，联军骑兵的优势的巨大作用在会战以后立即就显示出来了，因为拿破仑在会战以后几乎没有获得任何战利品。由此可见，会战的胜利并不等于一切，但是，难道获得胜利不是主要的事情吗？

在进行了这些考察以后，我们就很难相信，骑兵和步兵80年来所形成和保持的比例，是完全根据它们的绝对价值得出来的最恰当的比例。相反，我们认为这两个兵种的比例经过多次的变动之后，将来还要像目前一样继续变化下去，而且骑兵的绝对数量最后将大大减少。

至于炮兵，自从发明了火炮以后，火炮的数量自然是随着火炮的重量的减轻和构造的日益完善而增多的。然而，从腓特烈大帝时代以来，火炮的数量差不多总是保持在每千人两到三门的比例。这是战局开始时的比例，因为在战斗过程中炮兵的损失不会像步兵那样大，所以在战局结束时，火炮的比例会显著增大，可能达到每千人三四门乃至五门。至于这个比例是否恰当，火炮的数量能否继续增多而不致在总的方面不利作战，这些问题只有靠经验才能解决。

现在我们把整个考察的主要结论归纳如下：

1.步兵是主要兵种，其他两个兵种从属于它。

2.骑兵和炮兵不足时，可以在作战指挥上通过更艺术和更积极的活动得到一定程度的弥补，但这必须以步兵比对方强大得多作为前提，而且步兵越是精良，就越可能达到这一点。

3.炮兵比骑兵更加不可缺少，因为炮兵是主要的火力，而且在战斗中炮兵同步兵的关系更为密切。

4.总之，就火力来说，炮兵是最强有力的兵种，而骑兵是最弱的兵种。因此，人们必须经常考虑：炮兵可以多到什么程度而不致产生不利的影响，骑兵可以少到什么程度却照样能够应付得了。

第5章　军队的战斗队形

所谓战斗队形，就是将组成整体各个部分的各个兵种进行区分、编组以及这些兵种的配置形式，这种区分、编组和配置形式对整个战局或战争来说应该成为一个标准。

战斗队形从某种意义上说是由一个算术要素和一个几何要素（即区分和配置）构成的。前者以军队平时的固定编制为基础，它以步兵营、骑兵连、骑兵团和炮兵连这样的部分为单位，根据具体情况的需要把它们编组成更大的单位，直至整体。同样，配置是根据平时用来教育和训练军队的基本战术（应该看作是战时也不会有根本改变的军队的一种特性）进行的，它结合战争中大规模使用军队的各种条件，决定军队进行战斗部署时应该遵循的标准。

过去大部队开赴战场时都是这样，有些时期甚至还把这种形式看作是战斗的最主要的部分。

17世纪和18世纪，火器的改进使步兵的数量大大增加，使步兵列成纵深很浅的长横队。战斗队形虽然因此变得简单了，但在编组这种队形时却更加困难而且需要更多的技巧了。骑兵除了配置在受不到射击范围并有活动余地的两翼外，还没有其他的配置方法，所以战斗队形总是使军队成为一个完整的和不可分割的整体。这样的军队，只要在中间被截断，就会像一条被切断的蚯蚓一样，虽然两头还活着，还能活动，但已丧失了其原有的机能。军队受整体的束缚，如果要将其中某些部分单独配置，每次都必须重新进行小规模的分组和重组工作。整个军队在行军时，在一定程度上处于无规则状态。如果敌人离得很近，就必须用高超的技巧组织行军，以便某一线或某一翼能够始终同另一线或另一翼保持不太远的距离而越过一切艰难险阻。这种行军经常是悄悄地进行的，而且只有在敌人也同样受这种约束的情况下，才不至于受到惩罚。

到了18世纪后半期，人们想出了把骑兵配置在军队后面的办法，这样配置的骑兵像配置在两翼一样，能够很好地掩护两翼，除了能同敌人的骑兵单独进行战斗外，还可以完成其他任务，这是一个很大的进步。这样一来，在整个正面，也就是在阵地的整个宽度上的军队，就完全由相同的部队组成，因此可以把它任意分成几个部分，每个部分同其他部分以及整体都很相似。军队不再是一个不可分割的整体，而是一个由若干部分组成的整体了，屈伸自如，行动灵便。各部分可以毫不费劲地从整体中分割出去并再回到整体中来，战斗队形却始终保持不变。这样，就产生了由各兵种组成的部分，人们在很早以前就感觉到的这种需要变成了现实。

当然，所有这一切都是从会战的需要出发的。从前，会战就是整个战争，将来的会战也永远是战争的主要部分。但战斗队形更多地属于战术而不属于战略。我们通过这样的推导，只是想说明，战术是怎样通过把大整体分化为小整体来为战略做准备的。

军队越多，分布的空间越广阔，它的各部分的作用越是错综复杂地交织在一起，战略的作用就越大。因此，我们所定义的战斗队形就必然同战略发生某种相互作用，这种相互作用主要表现在战术同战略的衔接点上，即表现在军队从一般配置转换为战斗的特殊配置的那个时刻。

现在，我们从战略观点来研究区分、各兵种的联合和配置这三个问题。

区分

从战略观点出发，问题从来就不是一个师或一个军应该有多大的兵务，而是一个兵团应该有几个军或几个师。把一个兵团分为三个部分是拙劣的做法，更不要说只分为两个部分了，因为在这种情况下，司令员就几乎没有什么作用了。

一支大部队或者一支小部队应该有多大的兵力，不管是按照基本战术还是按照高级战术来确定，都有相当大的活动余地，在这个问题上真不知道已经发生过多少争论了。相反，一个独立的整体需要分为几个部分，却是既明确又肯定的要求。这个要求使得战略有了真正的理由，来确定大部队的数目并进而确定它们的兵力。至于像连、营这样的小单位的数目及其兵力的确定，则是战术范围的事情。

即使一个最小的独立整体，也应当分为三个部分，一个部分作前卫，一个部分作后卫，另一部分作主力。当然，如果分为四个部分，那就更为恰当了，因为充当主力的那个最中间部分比其他两个部分都强大一些。如果经常需要把一个部分作为前卫，三个部分作为主力，即作为右翼、中央和左翼，两个部分作为预备队，一个部分作为右侧部队，一个部分作为左侧部队，那么就可以把一支部队分成八个部分，一个兵团分为八个部分，这是最为恰当的。我们不是死板地强调这些数字和形式，但这些数字和形式表现了最普遍的和反复出现的战略配置，是一种恰当的区分。

指挥一支部队（以及指挥任何一个整体），只向三四个人下达命令，好像要方便得多。但是，为了获得这种方便，统帅却要在两方面付出很大的代价：第一，传达命令的层次越多，命令的速度、效力和准确性受到的损失就越大，如在统帅和师长中间设有军长，就属于这种情况；第二，统帅的直属部下的权限范围越大，统帅自己的实际权限和作用就越小。一个拥有10万兵力的统帅，他自己的权限在10万人分为8个师的情况下比只分3个师的情况下要大得多。这里面原因很多，最主要的原因是，任何一个指挥官都认为对自己指挥的各个部分有某种所有权，要从他那里抽调一部分部队，不管时间长短，他几乎每次都是要反对的。凡是有些战争经验的人都会明白这一点。

另一方面，为了不致造成秩序混乱，区分的部分也不能过多。一个兵团的司令部要指挥八个部分就已经很不容易了。区分的部分最多不能超过10个。在师里，由于传达命令的手段很少，因此，区分的部分要少一些，分为四个部分，最多分为五个部分。

如果觉得5和10这两个因数还不够，旅的人数太多，那就必须增添军一级编制。这样一来，就增加了一级新的权限，其他各级组织的权限就大为减小了。

究竟一个旅拥有多少人才算兵力太大呢？通常一个旅有2000至5000人，不得超过5000人，原因有两个：第一，旅是一个指挥官能够直接用口令指挥的部队；第二，一个兵力较大的步兵部队，往往配有炮兵，而这种有各兵种初步联合的部队，就自然成为一个独立的部分了。

我们不想陷在这些战术上的细节问题里，也不打算争论三个兵种应该在什么时候、以怎样的比例进行联合，是在8000至12000人的师里，还是在2万至3万人的军里进行联合。不过，即使坚决反对这种联合的人，恐怕也不会反对我们的论断：只有这样的联合，才能使一个部队具有独立性；而且对那些在战争中常常需要独立行动的部队来说，至少是希望有这种联合的。

一个20万人的兵团分为10个师，每个师又分为5个旅，则每个旅的兵力为4000人。我们看不出这样的区分有什么不妥当的地方。当然，也可以把这个兵团分为5个军，每个军分为4个师，每个师再分为4个旅，每个旅为2500人。但是，抽象地看来，我们认为还是第一种区分法较好，因为采取第二种区分法，除了增加军一级机构以外，5个军对于一个兵团来说，单位太少，不够灵活。一个军分为4个师，也是一样，而且一个旅只有2500人，兵力也太小。如果这样区分的话，整个兵团中将有80个旅，而采取第一种区分法，只有50个旅，比较简单。人们放弃第一种区分法的所有这些优点，只是为了使司令员直接指挥的将领减少一半。人数较少的兵团再分为军显然就更不恰当了。

以上仅仅是一种抽象的看法。在具体情况下还可能根据别的理由作出不同的决定。首先，8个师或10个师如果集中在平原上，还是可以指挥的，但是，如果分散在广阔的山区阵地上，恐怕就无法指挥了。一条大河将把一个兵团一分为二，一个司令员就只能指挥其中的一部分。总之，具有决定性作用的地形特点和具体情况有上百种之多，抽象的规则必须服从它们。

经验告诉我们，抽象的规则经常是很有用的，它们不适用的具体场合比我们想象的要少得多。

现在我们把研究的内容做一个简单的概括，并且把重点一一列举出来。

我们下面所说的整体的各个部分只是指直接区分出来的第一级单位，因此我们说：

1.一个整体区分的部分太少，整体就不灵活；

2.整体的各个部分兵力过强，最高统帅的权力就会受到削弱；

3.增加任何传达命令的新层次，都会从两方面削弱命令的效力，一方面是命令多经过一个层次受到的损失，另一方面是传达命令的时间延长所造成的效力的减弱。

这一切都要求尽量增多平行的单位，尽量减少上下的层次，唯一的限度是：兵团司令员能够顺利指挥的单位不超过8到10个，次一级的指挥官能够顺利指挥的单位不超过4到6个。

各兵种的联合

在战略上，战斗队形中各兵种的联合，只对那些经常需要单独配置、因而可能被迫独立作战的部分才是重要的。这些单独配置的部分是第一级单位，而且主要只是这一级单位，这是由事物的性质决定的。单独配置大多是从整体的概念和需要出发的。

严格地说，战略只要求在军的范围内，如果没有军这一级，则在师的范围内，进行各兵种的固定联合，在下一级单位中，可根据需要进行临时联合。

我们发现，如果一个军的兵力有三四万人之多，那么往往也需要进行分割配置。因此，在兵力这样强大的军里，各师之间就有必要进行各兵种的联合。否则，从距离很远的别的地方匆忙调一部分骑兵来配属给步兵，必然会延误时间，更不用说会造成混乱了。如果有人认为这种延误是无所谓的，那么我们只能说他是毫无战争经验的人。

有关三个兵种联合的更具体的问题，即应该在什么范围内联合，联合的密切程度如何，应该按怎样的比例进行联合，以及每个兵种应该保留多少预备队等等，都属于纯战术问题。

配置

军队的各部分在战斗队形中应该按什么样的空间关系进行配置，同样也完全属于战术问题，只同会战有关。当然，也有战略上的配置，但战略上的配置只是由当时的任务和要求决定的，其中理性依据的部分不包括在“战斗队形”这个概念内，因此我们将在“军队的一般配置”一章中研究。

由此可见，军队的战斗队形就是对一支准备出战的军队的区分和配置。各部分的配置，应该使派出去的每一部分的运用既能满足当时的战术要求，又能满足当时的战略要求。如果当时已经没有需要，那么派出的各部分就应该归回原位。这样，战斗队形就成为有效的方法主义的最初环节和主要基础，这种方法在战争中就像钟摆一样，调节着全部零件。关于这一点，我们已经在第二篇第4章中讲过了。

第6章　军队的一般配置

当战略上已经把军队派到战斗地点，战术上已经给各个部分规定了位置和任务时，也就意味着决战时机已经成熟。从军队开始集中到战斗时机成熟，这段时间一般很长。从一次决定性的军事行动到另一次决定性的军事行动也是这样。

从前，这一段时间间隔好像根本不属于战争范围。只要看一看卢森堡是如何野营和行军就可以了解这一点。他是以野营和行军而闻名的统帅，可以被看作是当时的代表人物。我们从《佛兰德斯战争史》中，对这位统帅比对当时其他统帅了解得更多一些。

当时，野营通常背靠河流、沼泽或者深谷，这在今天看来，也许是一种荒唐的做法。在当时，野营的正面很少是根据敌人所在的方向决定的，背向敌方，正面冲着本国的情况经常出现。这种在今天看来完全不可思议的做法是可以理解的。当时人们在选择野营的位置时，主要（甚至仅仅是）考虑是否舒适，他们把野营看作是军事行动以外的状态，在一定程度上就像剧院的后台，人们在这里可以无拘无束。野营的背面紧靠天然障碍，被看作是唯一可取的安全措施。当然，这是就当时的作战方法而言。如果在野营中可能被迫进行战斗，这种措施就完全不适用了。但在当时不必担心这一点，那时的战斗差不多都是经双方同意后才开始的，就像决斗一样，要等双方都到达约好的合适的地点以后才能进行。在当时，一方面由于骑兵很多（处在全盛时代末期的骑兵仍然被认为是主要兵种，特别是在法国），另一方面由于军队的战斗队形很不灵活，军队不是在任何地形上都能够作战，因此军队配置在复杂的地形上，就好像处于中立地区一样，可以得到保护。处于复杂地形的军队自己也很少能够进行战斗，它宁愿出去迎击前来会战的敌人。卢森堡所指挥的弗勒吕斯、斯滕克尔克和内尔温登等会战，是以另一种精神进行的。这种精神在当时还只是刚刚使这位伟大的统帅摆脱旧的作战方法，还没有影响到野营的方法。军事艺术中的变革，总是先从某一些有决定意义的行动开始的，通过这些行动，再逐渐扩展到其他行动上去。从前，人们很少把野营状态看作是真正的作战状态。当时，当有人离开营地去侦察敌人时，人们往往说“他作战去了”，这句话就说明了这种看法。

那时，人们对行军的看法同对野营的看法也没有多大不同。行军时，炮兵为了沿比较安全和良好的道路行进，完全同整个军队分开，两翼的骑兵为了轮流享受担任右翼的荣誉，经常互换位置。

现在，主要是从西里西亚战争以来，军队在非战斗状态已经同战斗状态有了极为密切的关系，它们之间形成了一种最密切的相互作用，抛开其中一种状态，就不能全面地考虑另一种状态。如果说以前战斗是战局中的真正的武器，非战斗状态只是武器的握柄，前者是钢刀，后者是镶在钢刀上的木柄，整体是由两个性质不同的部分构成的，那么现在应该把战斗看作是刀刃，而非战斗状态是刀背，这个整体是一块锻造在一起的金属，已经辨认不出哪儿是钢，哪儿是铁了。

现在，战争中的这种非战斗状态，一方面是由军队平时的组织和勤务规则决定的，一方面是由战时的战术部署和战略部署决定的。军队可能有的三种非战斗状态是：舍营、行军和野营。这三者都是既属于战术，又属于战略，而且战术和战略在这里从各方面来看都很接近，好像是相互交织在一起的，或者实际上就是如此，有许多部署，既可以看作是战术部署，又可以看作是战略部署。

我们想先从总的方面谈谈这三种状态，然后再结合其特殊目的进行研究。我们之所以必须首先研究军队的一般配置，是因为它对野营、舍营和行军来说，是更高一级和更具有概括性的问题。

如果我们一般地考察军队的配置（即不考虑其特殊目的），就只能把军队作为一个单位，即仅仅作为一个进行共同战斗的整体来考虑，因为这种最简单的形式的任何改变，都要有一个特殊目的为前提。于是就产生了一支军队的概念，而不管这支军队是大是小。

此外，在还没有任何特殊目的的时候，唯一的目的就是维持军队和保障军队的安全。使军队能够存在而不致遭到特别的不利，使军队能够集中起来进行战斗而不致遭到特别的不利，这是两个必要的条件。将这两个条件同关于军队的存在和安全的问题进一步相结合就必须考虑以下几点：

1.便于取得给养；

2.便于军队宿营；

3.保障背后的安全；

4.前面有开阔地；

5.阵地本身设在复杂的地形上；

6.具有战略依托点；

7.分割配置要合理。

对上述几点我们分别说明如下：

前两点要求我们寻找可以耕种的田地、大城市和大道。这两点在一般配置时比军队已有特殊目的时更为重要。

保障背后安全问题将在“交通线”一章中加以论述。在这里最迫切和最重要的问题是应该将军队配置在与附近的主要撤退道路垂直的方向上。

至于第四点，一个兵团作一般配置时，当然不能像会战时的战术配置那样，可以观察到面前的整个地区。但前卫、先遣部队和侦察部队等都是战略的眼睛，它们在开阔地上进行侦察当然要比在复杂地形上容易。第五点则恰好同第四点相反。

战略依托点与战术依托点的不同之处有两点：一方面它不需要直接同军队联在一起，另一方面它的范围必须极为广阔。因为就战略的性质而言，战略活动的范围比战术活动的范围要宽广，活动时间也较长。如果一个兵团配置在距离海岸或者大河河岸一普里的地方，它在战略上就以大海或大河为依托，因为敌人无法利用这个空间进行战略迂回。敌人不会深入这个空间几普里或几日行程，更无法在这个空间里逗留几天或几周。相反，一个周长几普里的湖泊在战略上几乎不能看作是障碍，在战略活动中，向左或向右多走几普里是无所谓的。要塞只有当它本身较大，而且通过出击所产生的作用范围较大时，才能成为战略依托点。军队的分割配置或者根据特殊的目的和需要进行，或者根据一般的目的和需要进行。在这里只研究后一种情况。

首先，需要把前卫同其他侦察部队配置在前方。

其次，一支大的军队通常要把预备队配置在后方几普里远的地方，即分割配置。

最后，通常需要配置专门的部队来掩护军队的两翼。

所谓掩护两翼不能理解为抽调军队的某一部分去防御两侧的空间，使敌人不能够接近这个所谓的弱点。如果这样理解，那么谁去防御两翼的翼侧呢？这种看法很普遍，却完全错误。两翼本身并不是军队的薄弱部分，因为敌人也有两翼。敌人要想威胁我军的两翼，就必然使自己的两翼也受到同样的威胁。只有当双方的处境不同时，比如敌军拥有优势的兵力，他的交通线比我方强大（参阅“交通线”一章），只有这时，我军的两翼才会变成比较薄弱的部分。我们在这里不是谈这种特殊情况，因此也不谈根据其他具体情况指定某个部队去防御翼侧空间的问题，因为这个问题已不属于一般配置的范围。

两翼不能是特别薄弱的部分，反而是特别重要的部分，一旦两翼被敌人迂回，抵抗就不再像正面交锋那样简单了，我们所应采取的措施就将变得复杂，需要花费的时间和需要做的准备工作就增多了。因此，必须时刻注意防止两翼遭到敌人的意外攻击。这就必须使配置在两翼的兵力比单纯侦察敌人时强大。两翼的兵力越大，敌人为了击退它们（即使它们不进行顽强的抵抗）所需要的时间就越长，敌人投入的兵力就越多，他们的意图也就暴露得越明显。这样，我们的目的就达到了。至于尔后的任务，应该根据当时的具体计划来确定。因此，人们可以将配置在两翼的部队看作是侧卫，它们的任务是阻碍敌人向翼侧空间前进，为我们赢得采取对策的时间。

如果规定这些部队向主力撤退的同时主力不撤退，那么，这些部队就不应同主力配置在同一条线上，而是必须向前超出一点。因为，即使没有发生激烈的战斗就进行撤退，也不能让它们完全对着主力的侧面撤退。由于分割配置的这些内在原因，产生了由四个或五个单独配置的部分构成的自然的配置体系（究竟是四个部分还是五个部分，要看预备队是否同主力配置在一起）。

由于军队的给养和舍营条件也能影响军队的配置，因此，在对军队进行分割配置时也要考虑到这两个因素，同上述分割配置的内在原因联系在一起，我们不能满足这一方面，就忽视另一方面。在大多数情况下，一支军队分为五个单独配置的部分以后，舍营和给养方面的困难就已经克服了，不必再为此作较大的变动。

单独配置的部分相距多远还能够相互支援，还能够共同作战？对此不可能做出绝对的规定，只能做一个最一般的规定。

前卫的距离是最容易确定的。由于前卫撤退时是向主力运动的，所以前卫的派出距离可以达到一个不致被迫进行独立作战的较大的行程。但也不应将其配置得太远，不应超过保证军队安全所需的距离，因为需要撤退的距离越远，所遭受的损失就越大。

侧翼部队：一个拥有8000至10000人兵力的普通师在决定胜负以前，通常可以持续战斗数小时，甚至半天，因此人们可以毫无顾虑地将其配置在数小时行程的距离上，即一二普里以外的地方。由三四个师编成的军，可以配置在一日行程的距离上，即三四普里远的地方。

军队的一般配置，即把军队分为四到五个部分并按上述距离进行的配置，就成了一种方法主义。只要特殊目的不起决定性的作用，就可以机械地根据这种方法主义对军队进行分割配置。

虽然我们已经肯定，分割配置的前提是，彼此分离的各个部分都适于独立作战，而且每个部分都有被迫独立作战的可能，但是我们绝不能由此就得出结论说：分割配置的真正意图就是为了独立作战。分割配置大多只是暂时的。如果敌人已经向我军接近，企图通过一场正常的战斗来决定胜负，那么战略配置的阶段即告结束，一切都要集中到会战上来，这时，分割配置的目的已经达到，也就不再存在了。会战一开始，就不必再考虑舍营和给养的问题，在正面和两侧侦察敌人以及利用适当的阻击削弱敌人的运动速度等等任务也已经完成，一切都转向主力会战这个大的整体上来。是否把分割配置只看作是条件，看作是迫不得已的下策，而它的目的只是为了共同战斗，这是判定它的价值的最好的标准。

第7章　前卫和前哨

前卫和前哨是两个既属于战术又属于战略的问题，同时也是一种配置。一方面，它们属于战术部署，使战斗具有一定的形态并保证实现战术企图，另一方面，它们又往往能够形成独立的战斗，往往配置在距离主力较远的地方，是一系列战略活动中的一个环节。

任何一支没有充分做好战斗准备的军队，都需要有前方警戒，这样就可以在发现敌人前就能够掌握敌人推进的情况并加以研究，因为视力所见通常并不比火器的射程远多少。前哨是军队的眼睛，军队对前哨的需要程度是各不相同的。兵力的强弱及其分布、时间、地点、环境、作战方式，甚至偶然事件都会影响这种需要的程度。战史中对使用前卫和前哨的记载都不是简单而明确的，只是对各种复杂情况杂乱地罗列，就是这个原因。

军队的警戒有时由固定的前卫部队担任，有时由一个前哨组成很长的前哨线担任，有时两者并用，有时既不用前者又不用后者，有时几个行军纵队共同派出一个前卫，有时各纵队有各自派出的自己的前卫。本章对此做一些归纳分析。

如果军队处于运动之中，则由较大的部队组成前方警戒，即前卫，在军队撤退时前卫则变为后卫。如果军队在舍营或野营，则由兵力不大的哨所配置成一条线作为前方警戒——前哨。军队驻扎时，前方警戒可以而且必须比运动时掩护更大的地区，这是由事物的性质所决定的。因此，在军队驻扎时，前方警戒自然是前哨线，在军队运动时，前方警戒就自然是集中的部队。

组成前卫和前哨的兵力可以是各不相同的，可以从一个轻骑兵团到一个各兵种编成的强大的军，可以从仅仅是由野营地派出的警戒哨到一条由各兵种组成的坚固的防线。因此，前方警戒的作用也可以从单纯的侦察一直到抵抗敌人，这种抵抗不仅能够使军队赢得完成战斗准备所需的时间，还能够使敌人的措施和意图提前暴露，从而显著地提高侦察的作用。

因此，军队完成战斗准备所需要的时间越长，它的抵抗越是需要根据敌人的特殊部署来加以计划和组织，它就越需要有一个比较强大的前卫和前哨。

在所有的统帅中，腓特烈大帝可以称得上是最善于完成战斗准备的统帅了，他几乎只用口令就可以指挥他的军队投入会战，而不需要强大的前哨。他一直是在敌人眼前野营，有时用一个轻骑兵团担任警戒，有时用一个自由步兵营或者从野营地派出的小警戒哨担任警戒，不用大部队作警戒。在行军时，用几千名骑兵（大多是属于第一线两翼的骑兵）组成前卫，行军结束后又把它们撤回主力部队。用固定的部队担任前卫的情况极为少见。

一支兵力较小的军队要想总是以全部力量非常迅速地行动，发挥训练优良和指挥果断的特长，就必须像腓特烈大帝同道恩作战时那样，几乎完全是在敌人鼻子底下行动。谨慎的配置或者复杂的前哨体系，都会使这支军队的特长完全失去作用。虽然腓特烈大帝由于判断错误和做得过于夸张导致了霍赫基尔希会战的失利，但这并不能证明这种做法本身不对，相反，我们应该从中认识到腓特烈大帝的卓越才能，在几次西里西亚战争中，像霍赫基尔希这样的会战总共就只有一次。

拿破仑的做法与腓特烈大帝不同，他既不缺乏精锐军队又不缺乏果断精神，在前进时几乎每次都要派出强大的前卫，这样做有两个原因：

第一，战术有了变化。拿破仑的军队已经不是一个简单的整体，不能只用口令指挥它投入会战，不能再像一次大决斗那样靠技巧和勇敢就可以解决问题，他的军队必须更多地适应地形和情况的特点，将战斗队形配置成一个多环节的整体，从而会战也变成了一个由多部分组成的整体了。这样，就必须以复杂的计划来代替简单的决心，以较长的命令来代替简短的口令。为此就需要时间和情报。

第二，现代军队的规模很大。腓特烈大帝只率领三四万人进行会战，而拿破仑则率领一二十万人。

战史上也有一些例外，如在西里西亚战争中，奥地利军队的前哨体系要强大得多，而且经常派出一个前卫军，这与腓特烈大帝的做法不同。在最近的几次战争中，也屡屡出现了不同的做法。甚至法国的一些元帅，如麦克唐纳在西里西亚，乌迪诺和奈伊在马克，他们率领六七万人的大部队前进时，我们也没有看到他们用一个军来作前卫。

当一支军队在一定的宽度上前进或撤退时，并列的各纵队可以有一个共同的前卫和后卫，或者各有自己的前卫和后卫。如果有一个军担任前卫，那么它的任务本来只是确保在中央行进的主力的安全。如果主力是沿几条彼此接近的道路行进，这个前卫军也可能在这几条道路上前进，因而也掩护了这些道路，那么翼侧的纵队当然就不需要专门的掩护了。但与主力相距甚远的真正独立的部队，在行进时就必须要有自己的前卫。甚至是组成中央主力的各个部队，由于道路方面的意外原因而距离中央太远时，也应该有自己的前卫。因此，一支军队分为几个独立纵队并列前进，就有几个前卫。如果各纵队的前卫的兵力比可以作为共同的前卫的兵力小得多，那么它们更多地属于战术部署，在战略上根本不能算前卫。如果中央的主力有一个强大的部队作前方警戒，那么这个部队就应该看作是整个军队的前卫。

为什么要在中央设置比两翼强大得多的前方警戒呢？有下面三个原因：

1.因为在中央行进的通常是兵力较大的部队；

2. 凡是一支军队所处区域的中心点显然是其最重要的部分，一切作战计划主要是同中央主力有关，因此军队的中央部分通常比两翼更靠近战场；

3. 因为在中央的先遣部队，即使不能作为两翼真正的前卫直接保护两翼，对两翼的安全也具有很大的间接保护作用。敌人不可能在这种部队侧旁的一定距离内通过，从而对某一翼采取重大的行动，因为敌人担心自己的翼侧和背后会遭到攻击。中央的先遣部队对敌人的威胁即使不足以完全保障翼侧部队的安全，也能够消除翼侧部队所担心的许多不利情况。

因此，中央的前方警戒，如果由一个专门的前卫军来担任，这比两翼的前方警戒强大得多，那么，它就不再是简单地完成前方警戒的任务——保护后面的部队不受袭击，而是在一般战略关系上起先遣部队的作用了。

使用先遣部队可以达到以下几个目的：

1. 在需要很多时间进行兵力部署的场合，可以提高一般的前方警戒的作用，用先遣部队进行一次比较强有力的抵抗，迫使敌人比较谨慎地前进。

2. 当军队的主力很庞大时，可以把行动不便的主力控制在距敌人较远的地方，让一支运动灵活的先遣部队在敌人附近活动。

3. 即使我军主力由于种种原因而不得不远离敌人，仍然可以派先遣部队到敌人附近进行侦察。

有人认为，派一支人数不多的侦察队，或者派一支别动队，也能很好地完成这种侦察任务。但这样的侦察队或别动队容易被敌人击退，而且同大部队比较起来，它们的侦察手段也极有限，所以这种做法不可取。

4. 追击敌人时，用配属有绝大部分骑兵的前卫部队比用整个军队进行追击，行动要快，而且晚上可以迟一些宿营，早晨可以早一些出发。

5.最后，在撤退时作后卫，可以用来防守险要的地区。即使在这种情况下，中央仍然是特别重要的部分。初看起来，好像这样的后卫经常有翼侧被迂回的危险。但即使敌人在后卫的侧方前进了一定的距离，他要真正威胁我军的中央部分，还必须经过通向中央的那一段路程，而中央的后卫总是可以进行较长时间的抵抗，并且在撤退时可以殿后。如果中央比两翼撤退得快，情况就严重了，就会立刻造成被突破的印象，而这个印象本身就是很可怕的。人们在任何时候都没有比在撤退时更强烈、更迫切地感到需要集中和联合了。所以，两翼的任务是在最后仍然回到中央，即使给养条件和道路状况迫使它在相当宽的正面上撤退，当撤退结束时，仍然要在中央形成集中的配置。由于敌人通常以主力向我军中央推进并施加压力，所以中央的后卫特别重要。

由此可见，在上述任何一种情况下，都应当派出一个专门的前卫军。但是，如果中央的兵力并不比两翼大，那么就不必派出这种前卫了，例如，1813年麦克唐纳在西里西亚迎击布吕歇尔，以及布吕歇尔向易北河进军，都是如此。当时，二者的兵力都是三个军，通常分成三个纵队沿着不同的道路并列地向前推进，因此他们并没有这样的前卫。但这种把兵力分为三个同样大的纵队的做法是不值得推荐的，这种部署把一支军队分为三个部分，使整个军队很不灵活，这一点我们在第三篇第5章中已经讲过了。

在把整体分为中央部分和独立的两翼的情况下（我们在前一章中曾经说过，只要军队还没有特殊任务，这是最自然的配置方式），最简单的方式就是把前卫军配置在中央部分的前面，因而也是在两翼线的前面。然而，既然侧方部队对翼侧的意义实际上同前卫对正面的意义是相似的，因此，侧方部队时常同前卫位于同一线上，而且，根据具体情况的需要，甚至还可以比前卫配置得更前些。

前卫的兵力一般由一个或几个从整体区分出来的第一级单位编成，并加强一部分骑兵。如果一支军队区分为若干个军，那么前卫就是一个军，如果区分为若干个师，那么前卫就是一个或几个师。整个军队区分的单位较多，对派遣前卫来说也是有利的。

前卫应该派出去多远，完全根据情况来决定，它有时距离主力超过一日行程，有时就在主力的近前方。在大多数情况下，前卫同主力的距离为一到三普里，这虽然不能成为一条必须遵循的规则，但是实践证明这样的距离最为常见。

前哨适用于驻扎的军队，前卫适用于运动的军队，那是为了追溯这两个概念的起源而暂时把它们区分开来；但是，如果我们死板地按这句话来区别它们，那显然是一种书呆子式的做法。

行军的军队到了晚上要宿营，以便第二天早晨继续前进，前卫当然也必须宿营，而且每次都要派出哨兵担任自己的和整个军队的警戒，但它并不因此就变成了纯粹的前哨。只有当担任前方警戒的部队的主力分散成单独的前哨，只留下很小的一部分还保持集中状态，或者已经完全不是集中的部队时，也就是说，一条长长的前哨线的概念已经大于一支集中的部队的概念时，才能把担任前方警戒的部队看作是前哨而不是前卫。

军队宿营的时间越短，就越不需要完善的掩护。在一夜之内，敌人根本没有机会弄清我军哪里有掩护，哪里没有掩护。宿营的时间越长，对所有通道的侦察和掩护就必须越完善。因此，当停留的时间较长时，前卫将逐渐展开成前哨线。至于前卫是应该完全展开成前哨线，还是应该以集中的部队的形式为主，这主要取决于两方面的情况：

第一，双方军队接近的程度。如果敌我双方军队之间的距离已经很近，那么在敌我两军之间通常不能派大部队做前卫，而只能配置一些兵力不大的前哨来保障军队的安全。

一般说来，集中的部队很少直接掩护接近地，所以要它发挥作用就需要较多时间和较大空间。在军队的正面很宽的情况下（如舍营），要想用集中的固定的部队掩护接近地，就必须同敌人保持相当远的距离。因此，冬季舍营时军队大多用前哨线作掩护。

第二，地形特点。如果有大的地形障碍，就可以用少数兵力组成坚强的前哨线。

另外，冬季舍营时气候严寒，前卫部队可以展开成前哨线，这样前卫部队本身也便于舍营。

在1794年至1795年冬季战局中，英荷联军在荷兰运用加强的前哨线达到了最完善的地步。当时的防线是由各兵种组成的许多旅以独立防哨的方式形成的，并有一支预备队可作支援。曾在英荷联军中服役的香霍斯特把这种方法带回东普鲁士，并于1807年在帕萨尔格河畔的普鲁士军队中应用。在近期很少有人再使用过这样的警戒方法，这主要是因为在战争中运动增多了。有时，即使有运用这种方法的机会，但是却错过了，例如莫拉在塔鲁提诺会战中就是这样。当时，他如果把自己的防线拉长一些，恐怕不至于在前哨战中就损失20多门火炮了。

第8章　先遣部队的行动方法

前卫部队和侧方部队对迫近的敌人所产生的影响对军队的安全具有决定性作用。但是这些部队一旦同敌军主力发生冲突时，它们的兵力总是很弱的。因此，需要对此专门探讨一下，它们怎样才能既完成自己的任务，又不必担心由于兵力悬殊而遭到严重的损失。

先遣部队的任务是侦察敌人和减缓敌人的推进。如果派一支小分队，那么连第一个任务也永远完成不了，这一方面是因为它比较容易被击退，另一方面是因为利用它的手段（即它的眼睛），是侦察不到很远的。侦察部队的作用应该更大一些，它应该迫使敌人在自己面前展开其全部兵力，不仅让其更清楚地暴露它的兵力，而且让其暴露它的计划。如果派一支大部队作先遣部队，那么仅仅是它的存在就可以发挥这种作用，它只需要等到敌人做好击退它的准备，然后撤退就可以了。

先遣部队还有减缓敌人前进的任务，为此就需要真正的抵抗。

先遣部队为什么既能够等到最后的时刻，又能够进行抵抗，而且不致处于遭到重大损失的危险之中呢？这是因为敌人前进时也派有前卫，而并不是整个军队以压倒一切的优势兵力同时前进的。即使敌人的前卫一开始就比我方先遣部队占优势（敌人自然会这样安排的），即使敌军主力距其前卫的距离比我军主力距先遣部队的距离较近，而且敌军主力正在前进，很快就能赶来全力支援它的前卫战斗，我方先遣部队仍然能够在同敌人前卫（双方的兵力差不太多）接触的第一阶段赢得一些时间来侦察敌人前进的情况，同时也不致使自己的撤退有什么危险。

先遣部队可以在适当的阵地上进行一些抵抗。在抵抗优势敌人时，主要的危险永远是军队有可能遭到敌人的迂回和包围攻击，因而陷入非常不利的处境。但是先遣部队在适当的阵地上抵抗时，这种危险往往是很小的，因为行进中的敌人常常摸不清我军主力距离先遣部队有多远，顾虑派出的纵队会遭到来自两面的火力夹击。因此，行进中的敌军总是使各个纵队大体上保持在同一条线上，只有在确实查明我方情况以后，才开始小心谨慎地迂回我军的这一翼或那一翼。由于敌军到处这样摸摸索索和小心谨慎地行动，我方先遣部队就有可能在真正的危险来到之前先行撤退。

先遣部队对正面攻击或者开始迂回的敌人究竟可以抵抗多长时间，这主要取决于地形的特点和自己援兵的远近。如果由于指挥不当，或者由于主力需要较多的时间而先遣部队不得不忍受牺牲，导致先遣部队的抵抗时间超过了允许的限度，那么先遣部队必然会遭到很大的损失。

当先遣部队可以利用大的地形障碍的时候，就可以以真正的战斗进行抵抗。但是，先遣部队的这种小规模战斗的持续时间是很短的，这种战斗很难赢得足够的时间。要想赢得足够的时间，就必须通过下列三个步骤：

1.使敌人的前进比较谨慎，因而比较缓慢；

2.进行一定时间的真正抵抗；

3.撤退。

撤退应该在保证安全的前提下尽可能慢些。如果出现有利的地形可以用作新的阵地，就必须加以利用，迫使敌人重新作攻击和迂回的准备，再一次赢得时间。甚至在这个新的阵地上，还可以进行一次真正的战斗。由此可见，战斗抵抗同撤退是紧密地结合在一起的。战斗本身的持续时间不够，就在撤退时通过反复多次的战斗来赢得足够的时间。这就是先遣部队的抵抗方式。这种抵抗的效果，首先取决于这支部队的兵力大小和地形的特点，其次取决于它撤退的路程的长短以及它可能得到的支援和接应的情况。

一支小部队即使同敌人的兵力相等，也不能像大部队那样进行长时间的抵抗，因为兵力越大，采取行动（不管是什么样的行动）的时间就越长。在山区，行军很缓慢，在每个阵地上进行的抵抗又能持续很长时间而且比较安全，同时，在山区到处都有这样的阵地可以利用。

先遣部队向前推进得越远，退路就越长，通过抵抗所能赢得的绝对时间就越多。但从这个先遣部队的处境来看，它的抵抗能力就越小，所得到的支援就越少，撤退速度与距离主力比较近时相比也就越快。

先遣部队可能得到的接应和支援，会对它的抵抗时间发生影响，因为小心谨慎的撤退必然会占去抵抗的时间，从而缩短抵抗的时间。

如果敌人在下午才同先遣部队接触，那么先遣部队通过抵抗赢得的时间就会增加，因为敌人很少利用夜间继续前进，我们通常可以多赢得一夜的时间。例如，1815年普鲁士第一军大约3万人在齐滕将军的率领下同拿破仑的12万人对抗，在从沙勒尔瓦到林尼这段还不到2普里的短短的路程上，普鲁士军队就为自己的集中赢得了24个多小时。齐滕将军是在6月15日上午9时左右遭到攻击的，而林尼会战到16日下午2时左右才开始。当然，齐滕将军遭到了很大的损失，伤亡和被俘的人员达五六千人。

根据经验可以得出下面的结论：

一个配属有骑兵的1万至1.2万人的师，向前推进一日行程（三四普里），在一般地形上能够阻滞敌人而赢得的时间（包括撤退时间在内），相当于单纯撤退时的行军时间的一倍半。但是，如果这个师只向前推进1普里，这阻滞敌人的时间就可能为单纯撤退时行军时间的二三倍。因此，在前卫师离主力4普里的情况下（这段距离通常需要大约10个小时的行军时间），从敌人在该师面前出现到向我军主力发起进攻，大约需要15小时。相反，如果前卫距离主力仅为1普里，敌人可能向我军主力发起攻击的时间，可以设想为在3至4小时后，甚至在6至8小时后，因为敌人为了攻击我军前卫而采取最初措施所需要的准备时间同前一种场合是相同的，而我军前卫抵抗敌人的时间，相对地却比在前一种场合长得多。在前一种情况下，敌人要想在击退我军前卫的当天就进攻我军主力是不容易的。在后一种情况下，敌人要想在当天同我军进行会战，那么它就必须在上午击退我军前卫。在前一种情况下，由于黑夜对我军有利，由此可以看出，前卫推进得远一些可以赢得较多的时间。

一支军队的侧方部队的行动方式在大多数情况下或多或少取决于具体运用时的具体情况。最简单的方式是把它们看作派在主力侧方的前卫，它们应该向前推进得稍远一点，撤退时向主力作斜向运动。

侧方部队不是在主力的正前方，主力不便于从两侧接应它。如果敌军两翼的攻击力比较强，如果我方的侧方部队在最不利情况下没有撤退空间的话，侧方部队就会遭到较大的危险。

接应先遣部队时最好而且最常用的方法是利用强大的骑兵，因此当先遣部队离主力较远时，应该把骑兵预备队配置在主力和先遣部队之间。

因此，最终的结论是：先遣部队作用的发挥，与其说是通过真正的力量的发挥，不如说是仅仅由于它们的存在，与其说是通过它们真正进行的战斗，不如说是通过它们进行战斗的可能性。先遣部队在任何情况下都不能阻止敌人行动，而只能像钟摆一样减缓和限制敌人的行动，使我们有可能正确地估计敌人的行动。

第9章 野 营

我们从战略的角度来研究军队的三种非战斗状态，把它们看作是一次次战斗的预先状态，即需要对地点、时间和兵力加以确定。野营的内部部署和向战斗状态过渡等问题，则属于战术范畴。

野营，是指舍营以外的各种宿营，包括幕营、厂营和露营。野营同它所预示的战斗，在战略上是完全一致的，在战术上却未必总是一致，因为人们基于某些原因所选择的营地，可能并不一定就是预定的战场。

从前，即从军队的兵力再一次大大增加，战争变得更持久，战争的各个部分联结得更紧密的那个时候起，直到法国大革命时为止，军队始终是用帐篷宿营的。这是当时的正常情况。春天一到，军队就离开营房，到了冬季，再回到营房里去。冬营被看作是非战争状态，军队在冬营时就像停了的钟表一样不再起作用了。军队在进入真正的冬营以前为了休整而进行的宿营，以及在面积较小的地方进行的短时间的其他各种宿营，都是过渡状态和特殊状态。双方军队这样有规律的和自愿的休战，为什么一直能够同战争的目的和本质协调一致，这个问题以后再谈。

自从法国革命战争以来，因为运送帐篷必须有庞大的辎重，许多军队就完全不用帐篷了。一方面人们认为，在一支十万人的军队中，用六千匹马来运送帐篷，不如用来增加五千名骑兵或者几百门火炮。另一方面，在大规模的快速运动中，这种庞大的辎重只能是一种累赘，而不会有多大用处。这样，就产生了两个负面因素：兵力的消耗增大；对地方的破坏更严重。不管粗麻布造的帐篷的保护作用多么小，人们都不能忽视，军队长时间没有帐篷会感到很不舒适。某一天使用或不使用帐篷，差别不大，因为帐篷几乎不能挡风、御寒，也不能完全防潮。但是，如果一年之内不用帐篷宿营的情况重复两三百次，那么微小的差别就变成很大的差别。由于生病而造成较大的损失，就成为十分自然的结果。军队没有帐篷使地方遭到破坏。由于取消帐篷只产生上述两种不利的影响，有人可能会认为，战争的激烈程度一度会受到另一种方式的削弱，即军队不得不经常长时间地进行舍营，而且由于缺乏设营器材，有帐篷时本来可以采取的一些配置也只好放弃了。

但战争在这个时期发生了极大的变化，战争的原始暴烈性和威力迅速增长，军队定期的休息时期也被取消了，双方都在不可抑制地尽其全部力量寻求决战，关于这一点我们将在第九篇中详细论述。在这种情况下就根本不存在不使用帐篷而导致军队的运用发生变化的问题。至于军队应该厂营还是露营，只能根据整个行动的目的和计划来决定，根本不考虑什么天气、季节和地形条件。

第10章　行　军

行军是军队从一个配置地点向另一个配置地点的单纯的转移。行军有两个主要的前提。

第一个前提是军队的舒适，要避免无谓地消耗本来可以有效使用的力量；第二个前提是运动的准确，军队要准确无误地到达目的地。一支10万人的军队如果只编成一个纵队，沿着一条道路不间断地行军，那么这个纵队的首尾绝不可能在同一天到达目的地。在这种情况下，军队不得不非常缓慢地前进，否则就会像水柱一样，最后分散成许多水滴，加上纵队很长，必然会使最后的部分过度劳累，使全军很快就陷入混乱状态。

如果编入一个纵队的人数越少，行军就越容易和越准确。于是就产生了区分兵力的必要性，但是这种区分同为了分割配置而进行的那种区分是不同的。因此，虽然在一般情况下是根据军队配置的需要将军队区分为若干个行军纵队，但并不是在每一个具体情况下都是如此。一支大的军队要想集中地配置在某一地点，在行军时也必须区分为若干个纵队。但即使分开行军是根据分割配置的需要，也可能有时以满足配置的要求为主，有时则以满足行军的要求为主。例如，如果一支军队配置的目的只是为了休息，而不是在休息中等待战斗，则满足行军的要求就是主要的，这些要求主要就是要选择良好的、修筑好的道路。人们有时根据舍营和野营的情况选择道路，有时则根据道路的情况选择舍营和野营的地点。如果一支军队要进行一次会战，而且关键是要到达适当的地点，那么，必要时就得毫不犹豫地通过最难走的小道。反之，如果军队还在通向战区的行军途中，那么就应该为各个纵队选择最近的大道，尽可能地在大道附近寻找舍营和野营地点。

不管行军属于上述两种行军中的哪一种，现代军事艺术的一般原则认为：在预料可能发生战斗的任何地点，即在真正战争的整个范围内，编组行军纵队时必须使其中的每个纵队都能进行独立战斗。这就必须使纵队内有三个兵种的联合，对整体进行有机的区分，而且任命合适的指挥官。由此可见，为了主要是因为行军而产生了新的战斗队形，行军也从新的战斗队形中得到最大方便。

在十八世纪中叶，特别是在腓特烈二世的战争中，人们已经开始把运动看作是战斗本身的一个要素，开始利用出敌不意的运动来取得胜利。当时，还没有出现有机的战斗队形，因此，军队行军时不得不进行十分复杂而累赘的部署。军队要想在敌人附近运动，就必须时刻做好战斗的准备，但只有整个军队集中在一起，才能形成一个整体。侧敌行军时，第二线为了与第一线保持不太远的距离，即不超过四分之一普里，必须充分熟悉具体地形，不顾艰苦地越过一切险阻前进，因为在四分之一普里的距离内无法找到两条平行的良好道路。军队向敌人垂直行军时，两翼的骑兵也会遇到同样的情况。行军中有炮兵时，它需要有步兵掩护的单独的道路，这就会产生新的困难，因为步兵必须保持一条连续线，而炮兵会使本来已经拉得很长的步兵纵队拖得更长，并且打乱纵队内步兵的各部分之间的间隔。人们只要读一读滕佩霍夫著的《七年战争史》中的行军部署，就可以了解这一切，并了解到战争因此而受到的种种束缚。

现代军事艺术规定军队可以进行有机的区分，各个主要部分都可以被看作是一个小的整体，它们在战斗中能发挥大的整体所能发挥的一切作用，唯一的差别是小整体发挥的作用持续时间比较短，为了一次共同的战斗，各个纵队在行军中不必相互靠得特别近，以便在战斗开始之前就能够全部集中，只要各纵队在战斗过程中能够集中起来就够了。

军队的人数越少，运动就越容易，也越不需要为了避免行动不便而进行兵力区分（不是指为了分割配置而进行兵力区分）。一支兵力小的军队可以沿着一条道路行进，即使要沿几条道路前进，也不难找到彼此接近的、可以满足需要的道路。但军队的人数越多，就越需要区分，分成的纵队的数目就越多，对良好的道路甚至大路的需求就越大，各纵队之间的间隔就越大。区分兵力的危险同区分兵力的需要，用算术术语来说，恰好成反比。各部分越小，就越需要相互支援，各部分越大，能够独立行动的时间就越长。前一篇曾讲到，在耕种区内主要大道两旁几普里以内，总可以找到几条平行的筑好的道路。由此可见，在部署行军时，并没有什么非常大的困难足以使军队的迅速前进和准确到达同军队的适当集中发生矛盾。在山地，虽然平行的道路最少，各条道路之间的联系也最困难，但是每个纵队的抵抗能力却大得多。例如，根据经验，一个8000人的师同它所属的炮兵和一些别的车辆在行军时，队尾比队首差一个小时的行程，因此，两个师先后沿着同一条道路前进时，第二个师将比第一个师迟一小时到达指定地点。我们在第四篇第6章中已经讲过，一个兵力这样大的师，即使面对优势的敌人也能抵抗几个小时。因此，即使在最不利的情况下，即第一个师被迫立即开始战斗时，第二个师迟一小时到达也不算太晚。在欧洲中部耕作地区，在一小时的行程内，行军大路左右多半能够找到可以行军的小道，而不必像七年战争时期那样常常需要越野行军。

一支由4个步兵师和1个骑兵预备队组成的军队，即使在不好走的道路上行军，先头部队完成3普里的行程，最快通常需要8个小时。如果每个师的行军按一小时的行程计算，骑兵预备队和炮兵预备队行军距离也同样按一小时的行程计算，那么整个部队的行军时间将是13小时。这个时间并不算太长，但在这种情况下，却有4万人沿着同一条道路行进。当然，这支军队也可以寻找和利用其他小道，因而很容易缩短行军时间。如果在一条道路上行进的部队比上述部队还要多，那么整个军队不一定必然都在当天到达，因为在现代，这样大的一支军队绝不可能一遭遇敌人就立即进行会战，通常要在第二天才进行会战。

由此可见，在现代战争中，组织行军不再那么困难。现在，组织最迅速和最准确的行军，已不像腓特烈大帝在七年战争中那样需要特殊的技巧和精确的地理知识，现在只要利用军队的有机区分，行军几乎就可以自动地进行，不需要拟制庞大的计划。从前，单凭口令就可以指挥会战，组织行军却需要很长的计划，现在，编组战斗队形需要很长的计划，而组织行军却几乎只凭口令就行了。

行军分为垂直行军和平行行军两种。平行行军又称侧敌行军，侧敌行军时要改变军队各部分之间的几何位置：并列配置的各部分在行军时要前后排列，原来前后配置的各部分在行军时则要并列前进。虽然直角范围内的任何角度都可能成为行军的方向，但仍然需要确定行军主要属于上述哪一种。

只有在战术上，才有可能这样彻底地改变各部分之间的几何位置，也只有使用所谓纵队行进时才能做到这一点，但对大部队来说是无法做到的。在战略上更不可能这样做。过去，战斗队形中几何关系的改变只是两翼和各线之间的改变，在现代的战斗队形中通常却是第一级单位，即军、师或者旅（根据整体的区分而定）之间的改变。我们在前面谈到现代战斗队形时所得出的结论，对这一点也是有影响的，既然现在已经不需要像从前那样，在战斗开始前就把整个军队集中在一起，所以人们更加关心的是使已经聚集在一起的各个部分各自都成为一个整体。如果两个前后配置的师（后面的为预备队）沿两条道路向敌人推进，那么，任何人都不会让每一个师都分成两部分在两条道路上行进，而会毫不迟疑地让两个师各沿一条道路并列前进，让每个师长各自组织预备队以备发生战斗时使用。统一的指挥要比原来的几何关系重要得多。如果两个师在行军中没有经过战斗就到达了指定的阵地，那它们仍然可以恢复原来的关系位置。如果两个并列配置的师沿两条道路进行平行行军，人们就更不会让每个师的第二线或预备队都沿后面的道路行进，而是给每个师各规定一条道路，在行军过程中把一个师看作是另一个师的预备队。如果一支军队由四个师编成，三个师配置在前面，一个师在后面作预备队，以这样的队形向敌人行进，那么自然应该给前面的三个师各规定一条道路，而让预备队在中间那个师的后面行进。如果三条道路之间的距离不合适，就可以毫不犹豫地沿着两条道路行进，这并不会带来什么明显不利。

在平行行军时情况也是这样。

另一个问题是各纵队从右边还是从左边开始行军。平行行军时，答案是很明确的。向左侧运动时，任何人都不会从右翼开始行军。垂直行军（前进或撤退）时，行军的次序实际上应该根据道路同预定的展开线的关系位置来确定。在战术上，在很多场合都能够做到这一点，因为战术上的空间较小，几何关系比较容易看清楚。但在战略上则完全不可能。如果在战略上经常照搬战术上的东西，那纯粹是书呆子的做法。过去军队在行军中仍然保持一个不可分割的整体，行军的目的只是进行一次整体战斗，因而整个行军的次序纯粹是战术上的问题。尽管如此，施韦林在5月5日从布兰代斯地区出发时，还是因为不知道未来的战场在他的右边还是左边，最后不得不进行了一次有名的反转正面的行军。

如果一支按照旧的战斗队形进行配置的军队要成四个纵队向敌人推进，那么，两翼第一线和第二线的骑兵应编为外边的两个纵队，两翼的两线步兵则编为中间的两个纵队。这些纵队的行军可以完全从右边开始，或者完全从左边开始，或者右翼从右边开始，左翼从左边开始，或者左翼从右边开始，右翼从左边开始。后一种情况下的行军，人们称之为“中央开始”的行军。初看起来，这些形式好像同未来的展开有关，但实际上采取哪一种形式都是一样的。腓特烈大帝前往勒申进行会战时，曾经按原来各翼的次序组成各个纵队，从右边开始行军，由于他恰好要攻击奥军的左翼，因而很容易地变换为线式战斗队形，从而受到所有的历史著作家的赞扬。假如当时他要迂回奥军的右翼，那么，他就得像在布拉格那样进行一次反转正面的行军了。

这些形式在当时就已经不符合行军的目的，在今天，这些形式纯粹是一种儿戏。现在同过去一样，任何人都很难知道未来的战场同行军道路的关系位置如何，即便由于行军开始的次序不正确而损失了一点时间，也远不像从前那样重要了，因为新的战斗队形发挥了良好的作用。哪一个师最先到达，哪一个旅最先投入战斗，都是一样的。

军队从右边或者从左边开始行军，只起到调节军队各部分的疲劳程度的作用，军队从中央开始的行军只能偶尔采用。从战略上来看，一个纵队从中央开始行军是不合理的，因为这种行军次序是以有两条道路为前提的。

其实，行军次序问题与其说属于战略范围，不如说属于战术范围，因为它只是把整体分为若干部分，行军结束后这些部分又重新恢复成一个整体。但是，现代军事艺术已不再重视各个部分的完全集中，而是使各个部分在行军时距离远一些，让它们可以独立行动。这样，就很容易发生各个部分单独进行的战斗，而且每一个这样的战斗都应该看作是整体战斗。

我们在本篇第2章已看到，在没有任何特殊目的的情况下，三个部分并列配置最为合理，因此行军时采用纵队也最合理。

纵队的概念不仅是指沿一条道路前进的一个部队，而且在战略上也把在不同的日期沿同一条道路行军的各个部队叫作各个纵队。区分为纵队的主要目的是为了缩短行军时间和便于行军，因为兵力小的部队总要比兵力大的部队的行军要快一些和方便一些。部队不是沿不同的道路行军，而是在不同的日期里沿同一条道路行军，也可以达到这个目的。

第11章　行　军（续）

一日行程的标准和走完这一行程所需要的时间，要根据一般经验来确定。

现在的军队通常情况下一日的行程为3普里，长途行军时，为了让劳累的军队得到片刻休整，常常需要在中途进行必要的休息，平均一日的行程要减少为2普里。一个8000人的师，在平原上沿着普通的道路行军时，一日行程需要8到12小时，在山地则需要10到12小时。如果几个师编成一个行军纵队，即使除去后面的师晚出发的时间，行军时间也要多几个小时。由此可见，走完一日行程几乎要占用一整天的时间。士兵背着行囊一天行军10到12小时，其劳累程度是不能同一般情况下步行3普里相比的，因为单个人沿普通的道路步行，只要5小时就能走完3普里。非连续行军的一日行程达5普里，最多达6普里，连续行军的一日行程达4普里，这都属于强行军了。走完5普里的行程，中间就需要有数小时的休息时间，因此一个8000人的师走完这样的行程，即使有良好的道路，也不能少于16小时。如果行程为6普里，而且是几个师在一起行军，那么行军的时间至少需要20小时。

这里所说的行军是指集中在一起的几个师从一个野营地到另一个野营地的行军，这样的行军是战区内常见的形式。如果几个师成一个纵队行军，那么前面的几个师就应该提前一些集合和出发，它们也会提前同样多的时间到达野营地。然而，提前的这段时间绝不能达到走完一个师的行军所需要的时间，即不能达到法国人所常说的“流过”（经过）一个师所需要的时间。因此，这种方法并不能减轻士兵的劳累，而且部队数量的增多往往会使行军时间延长很多。一个师如果用类似的方式，让各个旅在不同的时间集合和出发，是极不可行的。这就是以师为行军单位的原因。

军队以小部队为单位从一个舍营地向另一个舍营地进行长途跋涉行军时，途中不在一定地点集合，其行程可能增加，因为舍营必须绕弯路。

如果军队每天都要以师、甚至以军为单位集合在一起行军、舍营，那么这种行军需要的时间是最多的，而且只有在富庶的地区和部队人数不太多的情况下才能这样行军，因为只有在这种情况下，部队才容易通过较好的给养和舒适的舍营来很好地消除长途跋涉的劳累。1806年，普鲁士军队在撤退中为了取得给养曾每夜都进行舍营，这无疑是一种错误的做法。其实，军队进行野营（露营），同样能够获得给养，又不至于在过度劳累的情况下行军大约50普里而用去14天的时间。

在较差的道路上和山地上行军时，上述关于时间和行程的一切规定都要有很大的改变，很难确切地计算出走完一日行程所需要的时间，更不用说作出一般的规定了。因此，必须进行仔细的计算，为那些无法预料的情况多留出一些时间来，同时，也应该考虑到天气和部队的状况。

自从取消帐篷和采取就地强征粮秣的给养方法以来，军队的辎重显著减少。这样，军队运动加快了，军队的每日行程加大了。

战区内的行军却很少因为辎重减少而加快，因为行军目的要求行军超过一般速度的情况下，辎重或者留在后边，或者先行，通常在整个行军过程中总是同部队保持一定的距离。因此，辎重一般说不会影响军队的运动。只要它不再直接影响军队，不管它可能受到多大的损失，人们是不会去考虑它的。在七年战争中有几次行军的速度就是在今天也很难超过。例如，拉西1760年为支援俄军对柏林的牵制性攻击而进行的行军。他的军队从施维德尼茨出发，经劳西茨到达柏林，在10天内行军45普里，平均每天4.5普里。对于一支1.5万人的军来说，能够达到这样的行军速度，就是在今天也是罕见的。

从另一方面来看，给养制度的改变也给现代军队的运动带来一个迟缓的因素。因为军队不得不常常自己解决一部分给养，这比起从面包车上领取现成的面包来需要花费更多的时间。在长途行军时，部队不能大量地在一个地方设营，为了便于取得给养，各师必须分开设营。有一部分军队，尤其是骑兵，是必须进行舍营的。这一切都会导致行军显著迟缓。1806年拿破仑追击普鲁士军队并且力图切断其退路时，以及1815年布吕歇尔追击法军并力图断其退路时在10天之内都只走了约30普里。腓特烈大帝从萨克森向西里西亚往返行军时，虽然携带全部辎重，也曾达到这一速度。

虽然如此，辎重的减少，还是会显著增加大小部队在战区内的机动性和轻便性。一方面，即使骑兵和炮兵的数量不减少，马匹也减少了，不必像过去那样经常顾虑饲料；另一方面，军队在配置时所受的限制也减少，它不必总是顾虑拖在后面的长长的辎重队。

1758年，腓特烈大帝放弃对奥尔米茨的围攻后率领军队行军时，曾带有4000辆辎重车，为了掩护这些辎重车，他曾经把一半军队分散成独立的营和排。在今天，这样的行军即使碰上最胆小的敌人，也会失败。总之，减少辎重与其说能够提高运动的速度，还不如说能够节省力量。

第12章　行　军（续）

现在我们必须研究一下行军对军队的损害效应。这种效应很大，是与战斗同等重要的一个特殊因素。一次适度的行军并不会使军队这个工具受到什么损害，但是连续几次这样的行军就会使军队受到损害，如果是连续几次艰难的行军，那么军队受到的损害会更大。

在战区内，缺乏给养和宿营条件，道路路况很差或破坏严重，军队要经常保持战斗准备，这些都会造成军队力量的过度消耗，使人员、牲畜、车辆和被服受到损失。

人们常说，长时间的休息对军队的健康并没有什么好处，长时间的休息会比适度的活动更容易使人生病。固然，士兵挤在狭小的营房里，可能而且必然会生病，但是在行军中挤在狭小的房舍里也是会生病的。生病的原因不是因为缺乏空气和运动，因为人们在操练中是很容易呼吸到空气和运动的。

试想一下，一个士兵淋着大雨背着沉重的行囊病倒在野外泥泞的道路上，同在营房里生病相比，身体受到的损害和削弱将有多么大不同！一个士兵在野营中生了病，可以立刻被送到附近的村镇去，不致于完全得不到治疗。但在行军途中生病，却要先在路旁躺上几小时，得不到任何护理，然后成为掉队者，拖着病体追赶已经走出几普里远的部队。在这样的情况下，有多少轻病变成了重病，又有多少重病变成了不治之症！试想一下，在尘土飞扬的道路上和夏日灼热的阳光下，即使是一次适度的行军，也会使士兵感到酷热难当，使他们由于极度口渴而狂饮生水，因而患病甚至死亡。

这并不是说要减少战争中的活动。工具就是为了使用，使用就会造成损耗，这是由事物的性质决定的。我们只想说明，一切都应该恰如其分。我们反对的是某些理论家的空谈，他们硬说高度的出敌不意、最迅速的运动、毫无休止的活动用不着付出什么代价，就像丰富的矿藏一样，只是由于统帅的惰性才未被充分利用。这些理论家对待这些矿藏的态度，就像对待金矿银矿一样，只看到产品，而不问开采这些矿物要花费多少劳动。

在战区外作长途行军时，尽管行军的条件通常比较好，每天的损失也比较小，但最轻的病号通常也会被长时间地丢在后边，因为他们刚刚恢复健康，不可能赶上不断前进的部队。骑兵中受马鞍伤以及累跛的马会不断地增多。部分车辆也会遭到损坏而无法使用。一支军队连续行军100普里或者更远的距离以后，就会受到显著削弱，特别是马匹和车辆的损失更为严重。

如果必须在战区内，即在敌人的眼前长途行军，那么战区行军和长途行军二者所具有的不利条件就会集中出现。在人数众多而且其他条件不利时，损失就可能达到令人难以置信的程度。

下面仅举几个例子来证明上述观点。

1812年6月24日拿破仑渡过涅曼河时，他准备进攻莫斯科启用的是巨大的中央兵团，达30.1万人之多。8月15日，他在斯摩棱斯克附近派出了1.35万人，按理说他这时还应该有28.75万人，但实际上只剩有18.2万人，也就是说，已经损失了10.55万人。在这之前只发生过两次有名的战斗，一次是达乌同巴格拉齐翁之间的战斗，另一次是莫拉同托尔斯泰-奥斯特尔曼之间的战斗。由此，我们可以估计出，法军在这两次战斗中遭受的损失至多为1万人，而在52天内连续行军大约70普里的过程中，仅病号和掉队的就损失了9.5万人，约占总兵力的1/3。

三星期以后，在博罗迪诺进行会战时，法军损失已经达到14.4万人（包括战斗中的伤亡）。又过了8天，到达莫斯科时，损失已经达到19.8万人。这一时期，法军在第一阶段每天的损失占当初总兵力的1/150，在第二阶段每天的损失达1/120，在第三阶段每天的损失达1/19。

拿破仑渡过涅曼河抵达莫斯科的运动是连续行军，这次行军用了82天，只走了120普里，而且法军在途中还正式休息了两次：一次在维尔纽斯，大约休息14天，另一次在维捷布斯克，大约休息11天，在休息期间，许多掉队的士兵又回到了部队。在这14个星期的行军期间，季节和道路不能算是最坏的，因为当时还是夏天，所走的道路大多是沙土路。但是，庞大的部队集中在一条道路上行军，给养十分缺乏，而敌人虽然是撤退，但并不是逃窜，这些都是造成行军困难的条件。追击法军的俄军从卡卢加地区出发时为12万人，到达维尔纽斯时就只剩下3万人了，当时俄军在战斗中的伤亡是很少的。

我们再从1813年布吕歇尔在西里西亚和萨克森的战局中举一个例子。这次战局不是以长途行军，而是以多次往返行军而著称的。布吕歇尔属下的约克军于8月16日以约4万人开始这次战局，10月19日到达莱比锡附近时就只剩下1.3万人了。据最可靠历史家的记载，在戈尔特贝克、吕文贝克一带的主要战斗中以及在卡茨巴赫河畔、瓦尔腾堡和默肯（莱比锡）会战的主要战斗中，这个军大约伤亡了1.2万人，可见非战斗减员在8个星期内达1.6万人，占这个军的2/5。

因此，如果人们想要在战争中进行频繁的行军，那就必须做好兵力将遭受大量损耗的准备，就必须根据这一情况制定其他各项计划，首先就要考虑以后的兵员补充问题。

第13章　舍　营

在现代军事中，舍营必不可少，无论是帐篷还是完备的辎重，都不能使军队完全放弃舍营。厂营和野外宿营（即所谓的露营），不管如何改进，不是常用的宿营方法，如果常用这种方法，军队迟早（这取决于气候情况）要因为发生疾病而过早地消耗力量。在1812年远征俄国的战局中，法军在十分恶劣的气候条件下，整整有六个月的时间几乎完全没有进行舍营，是极为罕见的战局之一。这种狂妄的努力得到了可怕的结果。

当敌人距离我们很近和我军运动迅速时，军队无法舍营。因此，只要决战迫近，军队就得放弃舍营，不到决战结束，不能再进行舍营。

在最近25年我们所看到的一切战局中，战争要素充分地发挥了其全部威力。凡是在战争中可能进行的活动和可以使用的力量，在这些战局中多半都进行和使用了。但这些战局的持续时间都很短，很少有达到半年的，大多只几个月就达到了目的，失败者很快就被迫停战甚至媾和了，或者胜利者很快就用尽了力量。在这样高度紧张的时间内，很少谈得上什么舍营，因为就是在胜利的追击中，由于快速的运动，军队也不可能进行舍营。

如果战争的进程不很激烈，双方力量出现平稳的较量，那么，舍营就成为人们关心的主要问题。舍营对于作战本身也有一定的影响。一方面由于人们力图利用兵力较大的前哨或者配置得较远的更为强大的前卫，来赢得更多的时间和保障更大的安全；另一方面人们很少会从战术上考虑地形的利弊，或者线和点的几何关系，而是更多地考虑当地的富庶与农作物的情况。一个有两三万居民的商业城市，一条沿途有很多大村庄和繁华城镇的大道，都能给部队的集中配置提供便利条件。这种集中所提供的灵活性和活动余地足以抵得上地点的有利条件所带来的利益。

关于舍营部署的形式：

军队的舍营分为两种：一种是作为主要任务的舍营，另一种是作为次要任务的舍营。如果在战局过程中，部队根据战术和战略上的要求进行配置，而且规定军队在配置地点附近进行舍营休息（尤其是骑兵常有这种情况），那么，舍营就是次要任务，是用来代替野营的，因此，军队的舍营必须设在能够保证及时到达配置地点的范围以内。如果部队舍营是为了休整，那么舍营就是主要任务，其他措施（当然也包括配置地点的选择）都必须根据这个主要任务来制定。

整个舍营地区的形状应该是一个狭长的矩形，实际上相当于战术上的战斗队形的扩大。集中地点在舍营地区之前，司令部设在其后。但是，这三种规定对整个军队在敌人到来之前进行可靠的集中是有妨碍的，甚至是对立的。

舍营地区越是接近正方形乃至圆形，部队就越能迅速地在一个地点（即中心点）集中。集中地点越往后移，敌人到达这个地点就越迟，我军用于集中的时间就越多。集中地点设在营地的后面是绝不会有危险的。司令部越向前移，就能越早地得到情报，司令员就越能更好地了解各方面的情况。尽管如此，上面讲的三种规定并非毫无根据，也还是多少值得考虑的。

有人主张通过扩大舍营地的宽度来掩护可能被敌人征发物资的地区。这个主张对于整个军队的外翼来说，还是正确的。但如果各部队大多在集中地点周围舍营，那么对两个部队之间的中间地带来说，这个主张就不正确了，因为敌军是不敢侵入这个中间地带的。为了防止敌人在我们附近地区征发物资，还有更简单的方法。

把集中地点设置在前面的目的是为了掩护舍营地。理由是：第一，如果把集中地点设置在后面，那么当部队匆忙拿起武器时，在舍营地区常常会留下一个很容易落入敌手的尾巴，即掉队的士兵、病员、行李、储备品，等等。第二，如果敌人以骑兵部队绕过前卫，或者突破了前卫，那么就会袭击我们分开舍营的各个团和营。但是，如果敌人遇到的是一支配置好的部队，那么即便这支部队很弱并且最后一定会被敌人打垮，它毕竟还可以阻挡一阵，赢得一些时间。

司令部的位置应该越安全越好。

根据上述种种考虑，我们认为，舍营地区的形状最好接近于正方形或接近于圆形，集中地点设在中央，兵力很大时，司令部应该设在较为靠前的位置。

我们在“一般配置”一章中谈到关于掩护翼侧的一些问题，在舍营时也适用。因此，派往左右两侧的部队，即使目的在于和主力共同进行战斗，也应该在主力的同一线上各有自己的集中地点。

地形的特点一方面通过有利的地形决定着军队的配置地点，另一方面通过城市和村庄的分布情况决定着舍营的位置，几何形态在这里起不到决定性作用。但是，这种几何形态也和所有的一般法则一样，对一般情况时多时少地起着重要作用，因此，对它也应予以注意。

关于什么是舍营地的有利位置，我们可以指出，军队必须选择一个有掩护作用的地段，以便在它的后面进行舍营，同时派出许多小部队监视敌人；或者在要塞后面进行舍营，在这种情况下，敌人不可能摸清要塞守备部队的兵力，必然会更加谨慎和小心。

关于加固的冬营，我们将开辟专章论述。

行军部队的舍营不同于驻军部队的舍营，为了避免绕路，行军部队往往沿着行军道路进行舍营，而很少展得很开。只要舍营地延展的距离不超过一日行程的最低标准，这种舍营不会影响迅速集中。

在双方前卫之间的距离不太大的情况下，前卫和前哨的兵力和位置应该根据舍营地区的大小和部队集中所需要的时间来决定。如果前卫和前哨的兵力和位置是根据敌情和其他情况决定的，那么就应该反过来，舍营地的大小由前方警戒的抵抗能赢得多少时间来决定。

至于该如何看待先遣部队的抵抗，我们在本篇第3章中已经谈过了。从先遣部队的抵抗时间中，必须扣除传达命令和部队准备出发的时间，剩下的时间才是向集中地点行军可能利用的时间。

如果舍营地的半径相当于前卫的派出距离，集中地点大致位于舍营地的中央，那么，在前卫抵抗敌人前进所赢得的时间，大多数情况下可以用来传达命令和部队准备出发是够用的，即使不用烟火信号、炮声信号等传达命令，只用分程传令（只有这种方法才是可靠的）也是如此。当前卫的派出距离为3普里时，可供舍营的地区就接近30平方普里。在中等人口密度的地区，这样大的面积上大约有1万户人家，军队如果有5万人，除去前卫，每户人家大约要容纳4人，这是很舒适的。军队的人数再多一倍，每户也只不过容纳9人，这样的舍营也不算十分拥挤。相反，如果前卫的派出距离不超过1普里，那么舍营地的面积就只有4平方普里，因为，尽管赢得的时间不会随着前卫派出距离的缩短而按同样的比例减少，尽管前卫的派出距离为1普里时，仍然还可以指望赢得6小时，但是在同敌人相距这样近的情况下，却必须加强戒备。在这个面积内，只有当居民十分稠密时，5万人的军队才能勉强找到舍营的地方。由此可见，可供1万到2万人的军队在一起舍营的大城市或者比较重要的城镇起着怎样的决定性作用。

如果我们距离敌人并不太近，也派出了适当的前卫，那么，即使面对集中的敌人也依然可以进行舍营。1762年初腓特烈大帝在布勒斯劳，1812年拿破仑在维帖布斯克都曾这样做过。但是，即使由于我们距离集中的敌人相当远，而且已经采取了适当的措施，无须担心军队集中时的安全，我们也绝不能忘记：一支军队在仓促集合时是做不了别的事情的，它对当场所出现的情况缺乏应变能力，因而大部分作战能力得不到发挥。只有在下述三种情况下，军队才可以完全地进行舍营：

1.敌人也在舍营；

2.据部队的状况绝对有舍营的必要；

3.部队当前的任务仅限于防守坚固的阵地，只要求部队能够及时在阵地集中，而不需要做别的任何事情。

关于舍营军队的集中问题，1815年战局提供了一个十分值得注意的例子。齐滕将军率领3万人担任布吕歇尔兵团的前卫，配置在沙勒尔瓦附近，距离兵团预定的集中地点桑布勒弗只有2普里。这个军团最远的舍营地离桑布勒弗约有8普里，也就是说，舍营地的一端越过了锡内，另一端直到列日。尽管如此，越过锡内舍营的部队在林尼会战前数小时已经到达集中地点，而在列日附近舍营的部队（标洛军队），如果不是因为偶然情况和通信联络不当，也能及时到达的。普鲁士军队这样舍营，对军队的安全考虑得不够。但当法国军队已经在广大地区上舍营时，普军这样做是有道理的。他们的错误只在于，当他们接到情报，知道法军已经开始运动和拿破仑已经到达军中时，没有立刻改变原来的配置。普军在敌军开始攻击前，仍有可能在桑布勒弗集中起来。尽管布吕歇尔在6月14日夜间，即在齐滕将军真正受到敌人攻击前12小时，就接到了敌人前进的情报，而且已经开始集中他的部队，但是，当齐滕将军于15日上午9时已经同敌人展开激战时，在锡内的提尔曼将军才刚刚接到向纳缪尔开进的命令。提尔曼不得不以师为单位集中军队，然后行军6.5普里到达桑布勒弗，这一切是在24小时之内完成的。假如标洛将军能及时接到命令，就也有可能在这一时刻到达。

拿破仑并没有在6月16日下午2时以前对林尼发起攻击。他担心一方面要对付威灵顿，另一方面要对付布吕歇尔，兵力不足使他的行动减缓了。可见，在比较复杂的情况下，连最果断的统帅也难免因为谨慎的试探而使行动变得迟缓。

第14章　给　养

给养在现代战争中比以往更加重要，原因有二：第一，现代军队一般比中世纪或古代的军队庞大得多。从前偶尔也有一些军队在人数方面等于或者远远超过现代的军队，但那是罕见的、暂时的现象，在自路易十四以来的现代战史中，各国的军队一直都十分庞大。第二，更为重要的也是我们这个时代所特有的，即现代战争的内部联系更为紧密，作战的军队必须经常处于战备状态。在古代，大多数战争是由一些单个的、毫无联系的军事行动构成的，各次军事行动之间都有间歇，在这些间歇中，或者战争实际上已经完全中止，只在政治上还可以说存在战争，或者双方军队相隔很远，可以不必顾虑对方而各行其是。

现代战争，即从威斯特法伦和约以来的战争，由于各国政府的欲望强烈，已变得更有规则、更有联系了。战争的目的高于一切，因而要求在给养方面有一些能够处处满足战争需要的制度。17世纪和18世纪的战争虽然有时也曾接近于完全中止而双方处于长期休战的状态，即定期地进行冬营，但冬营总是从属于战争目标的。当时，这样做并不是因为部队的给养问题，而是因为季节不好。随着夏季的到来照例要结束冬营，在良好的季节里，需要采取不间断的军事行动。战争总是从一种状态逐步向另一种状态过渡，从一种行动方式向另一种行动方式过渡。在反对路易十四的战争中，联军为了便于取得给养，常常把部队派到遥远的地区去冬营，而在西里西亚战争中，就不再有这种现象了。各国以雇佣兵制度代替了封建义务兵制度以后，军事行动开始变得有规则、有联系。这时，封建义务已变为赋税，人身服役或者已经完全取消，代之以募兵制，或者只用于最下层的民众，对贵族来说，人身服役已代之以赋税，即人头税（像目前在俄国和匈牙利还实行的那样）。这时的军队已经变成了政府的一种工具，给养的基础主要是国库或政府的收入。

由于军队的建立和兵员的补充发生了变化，军队的给养也必然发生同样的变化。有些阶层的人为了免除当兵的义务已经缴纳了赋税，不再负担军队给养了。政府、国库必须负担军队的给养，把军队的给养完全视为自己的事情，在本国内不再由地方负担军队的生活费用。这样，军队的给养从两方面都变得更加困难了，一方面，给养已成为政府的事情，另一方面，军队却必须经常接近敌人。这不仅形成了一个专门从事战争的阶层，还形成了一种专门的军队给养制度，这种制度正日趋完善。

用于给养的储备，不论是采购来的还是国家领地缴纳的，都要由远方运来，储存在仓库里，再由专门的运输队从仓库运送到部队，在部队附近由专门的面包房烤成面包，然后由部队的运输队从面包房把面包运走。我们之所以考察这种制度，不仅因为它可以说明实行这种制度的战争的特点，也因为这种制度绝不会完全被废止，其中的个别部分将会一再被人采用。

这样，军事组织就有逐渐摆脱对国民和地方依赖的趋向。战争虽然因此而变得更有规则，更有联系，更加从属于战争目的，即政治目的，但它的运动同时也受到更大的限制和束缚，威力也大为减弱。军队由于依赖仓库和受到运输队活动范围的限制，在一切活动中很自然地都要考虑尽量节约给养。只能吃到可怜的一小块面包的士兵，会像一个幽灵似的四处摇晃。在这种挨饿的时刻，往往又没有任何可以改变这种状况的希望来安慰他们。

如果有人认为士兵得到这样可怜的给养是一件无关紧要的事情，并且只看到腓特烈大帝依靠这种缺乏给养的士兵完成的事业，那么他就没有公正地看待这一问题。能忍饥挨饿的确是士兵最重要的美德之一，如果没有这种美德，军队就谈不上有什么真正的武德。但是，忍饥挨饿必须是暂时的，只能是迫于环境，而不能成为一种可怜的制度，不能是对部队的迫切需要进行苛刻的抽象计算的结果。否则，每个士兵的体力和精神力量一定会不断地受到削弱。我们不能把腓特烈大帝用他的军队获得的成就作为标准，这一方面是因为，他的对手采用的也是这种给养制度，另一方面，假如条件允许他像拿破仑那样供养自己的军队，我们不知道他将取得多少更加伟大的成就。

这种复杂的给养制度无法用到马料的供应上，因为马料的需要量大，运输更困难。一匹马一天需要的饲料大约是士兵的一份口粮的10倍重，但是军队中的马匹又不止人数的1/10。现在，军队中的马匹是人数的1/4到1/3，以前是1/3到1/2，马料的重量是口粮的三四倍或者5倍。因此，人们力图用最直接的方法，即就地抢掠的方法来满足这种需要。但这种方法使作战受到另一种很大的限制：一方面，采用这种方法，军队就几乎只能在敌国领土上作战，另一方面，采用这种方法，军队就不能在一个地方久留。在西里西亚战争时期，就已经很少采用这种方法了，因为这种方法使地方遭到很大的破坏和消耗，采用就地征收和强征的方法能更好地满足需要。

法国革命时，民众力量又登上了战争舞台，这样，只依靠政府的财力就显得不够了。以这种有限的财力为基础和保障的整个军事制度被粉碎了，给养制度也随着整体崩溃了。革命领导人并不怎么关心仓库，更少考虑像精密的钟表一样的给养组织（这种组织像钟表的齿轮一样推动着一级级的运输队）。他们把士兵送上战场，驱使将军进行会战，要他们通过征收、劫取和掠夺取得所需的东西来供养、加强、鼓舞和刺激军队。

拿破仑进行的战争以及反拿破仑的战争都处于上述两种极端之间，在这个时代的战争中，两种方法中的任何手段只要适用就被采用。今后，恐怕仍然是如此。

现代军队在取得给养方面，尽量利用当地所能供应的一切，而不考虑它的所有权。方法共有四种：屋主供养、军队强征、正规征收和仓库供给。

这四种方法通常是综合使用的，但通常以某一种方法为主，有时也只采用其中的一种。

屋主或村镇供养，这两者都是一样的

一个村镇，即使像大城市那样居民都是消费者，也一定存有几天的粮食，即使是居民最稠密的城市，不需要特别筹备也能供养大约同居民人数相等的部队一天的饮食，如果部队的人数比较少，就可以供养几天。在相当大的城市中，可以取得相当令人满意的结果，可以在同一个地点取得给养。在一些较小的城市或农村中，不能取得令人满意的结果，因为在这里，一平方普里有三四千居民就算人口相当稠密了，它只能供养三四千人，所以人数多的部队必须分散开来，到更广阔的地区去宿营，很难兼顾其他条件。但是在农村，甚至在一些小城镇中，战争极为需要的给养品的数量却多得多。一户农民的面包储存量，一般说平均起来可供全家8到14天食用，肉类每天都能得到，蔬菜通常可以吃到下一次收获期。在还没有驻过军队的地方，居民供养相当于自己3到4倍的军队数目是没有困难的，这又是一个令人满意的结果。如果一个3万人的纵队不能在较大的城市宿营，那么它在人口密度为每平方普里二三千人的地区宿营时，大约需要4平方普里的地区，即每边宽2普里的地区。一支9万人的军队（其中大约有7.5万人是战斗人员），如果分成三个纵队并列前进，在有三条道路的情况下只要正面有6普里就够了。如果有几个纵队先后进入这个地区舍营，虽然地方当局必须采取特别措施，但不会因为增加一天或几天的给养而感到困难。即使驻9万人后又有同样多的军队在第二天到达，后来军队的给养也不会有什么困难，两天的军队加起来，已经是一支有15万名战斗人员的相当大的军队了。

马匹的饲料问题更易解决，因为饲料既不需磨碎又不需焙烤，农民为自己的马匹储存的饲料可以一直用到下一次收割期。即使军队在厩舍饲养牲畜很少的地方宿营，也不会缺乏饲料。当然，饲料要由村镇供应，而不是由屋主供应。在组织行军时，应该考虑到地区的特点，不要将骑兵恰好安排到工商业城市和地区去舍营。

由上述粗浅的考察可以得出结论：在中等人口密度的地区，即每平方普里约有2000至3000名居民的地区，一支拥有15万名战斗人员的军队，在不妨碍共同战斗的条件下有限度地分散宿营时，通过屋主和村镇供养就可以取得一两天的给养。这样一支军队在连续行军时，即使没有仓库及其他给养准备也是可以维持的。法国军队在革命战争时期和在拿破仑指挥下的行动，就是以这个结论作依据的。他们从阿迪杰河向多瑙河下游和从莱茵河向维斯拉河行军时，虽然除了屋主供养外，没有采用其他任何方法，但在给养上并没有发生什么困难。他们以物质上和精神上的优势作为行动依据，以不断取得确定无疑的胜利为前提，在任何情况下都没有因犹豫不决和小心谨慎而迟滞不前，因此他们在胜利道路上的运动大多是不间断的行军。如果环境不很有利，当地居民并不稠密或者工人比农民多，土地贫瘠或者已经数次驻过军队，那么取得给养的结果会差一些。但如果把一个纵队的宿营边长从2普里增加到3普里，宿营地区的面积就立刻可以增加到两倍以上，也就是说，已不是4平方普里，而是9平方普里。这样的宿营依然可以保证进行共同战斗，那么，在不间断的运动中，即使在不利的情况下，这种取得给养的方法仍然是可行的。

如果军队要停留几天，在没有采取其他方法早作准备的情况下，就一定会发生极大的困难。即使在现在，一支庞大的军队如果不采取下列两项准备措施，也是不能停留几天的。第一项措施是给部队配属辎重队，携带三四天最必需的给养——面包或面粉。这样，再加上士兵自己携带的三四天口粮，八天用的最必需的给养总是可以得到保障的。第二项措施是设置适当的军需机关，以便在部队休息的任何时刻都能从远方运来粮食。这样，就可以随时从屋主供养的方法改用另一种给养方法。

屋主供养这种方法有很多优点，它不需要任何运输工具，在最短的时间内就能做到。当然，其前提是部队一般都进行舍营。

军队强征

一个单独的营要野营时，就有必要在一些村庄附近进行，并且可以指定这些村庄供给给养品。从这一点来看，这种给养方法在实质上同前一种方法没有什么不同。但是，在一个地点野营的部队人数往往很多，那么，为了供给一个较大的整体（如一个旅或一个师）所需要的给养，唯一的办法是从一些地区共同进行强征，然后再来分配。这种方法不可能为大量的军队取得必要的给养。从一个地区强征到的粮食比部队在这个地区舍营时所能得到的粮食要少得多。在舍营时，三四十个士兵进入一户农民家里，必要时甚至能够把农民最后的一点粮食都弄到手。但是，派遣一个军官带领几个士兵去强征，既没有时间，也没有办法把一切存粮都搜出来，而且常常缺乏运输工具，因此只能得到现有粮食中的很少一部分。另一方面，如果大量军队密集在一个地点上野营，那么对于整个军队的需要来说，能够很快征到给养品的那些地区就显得太小了。一支三万人的部队，只在半径为一普里的范围内，即在三四平方普里的面积内能够强征到多少给养品呢？他们很少能够征到所需要的东西，因为大多数邻近的村庄都有部队在宿营，他们不会让村庄把东西交出来。最后，这种方法常常造成很大的浪费，因为个别部队得到的东西超过了他们的需要，许多东西没有食用就扔掉了，等等。

所以，用这种强征的方法解决给养问题，只有在部队不太大时（例如对一个8000至10000人的师来说），才会有成效，而且，即使在这种情况下，也只能当作一种迫不得已的办法。

一切直接在敌前行动的部队（例如前卫和前哨），在向前运动时，通常不可避免地要采用这种方法，因为在他们要到达的地点根本不可能事先准备好粮食，而且通常距离为军队主力所征集的粮食太远。此外，独立行动的别动队也只能采用这种方法。最后，在万一没有时间和无法采用其他方法的一切情况下，也不可避免地要用这种方法。

军队越是适于采取正规征收的方法，时间和环境越是允许采用这种方法，取得给养的结果就越好。但是，时间往往不允许采取这种正规征收的方法，而军队用强征的方法直接取得给养却可以快得多。

正规征收

这是筹备给养的最简单和最有效的方法，也是现代一切战争的基础。

这种方法同前一种的区别主要在于，正规征收是在地方当局参与下进行的。在有存粮的地方不是用暴力强行征取，而是经过合理的分派和有秩序地交纳，只有地方当局才能做好这项工作。

这一切都取决于时间。时间越多，分派就越广泛，负担就越轻，收效就越有规律。甚至可以把现金采购作为辅助手段，在这种情况下，正规征收就和第四种方法接近。在本国国土内集中军队时，采用这种方法毫无困难，在军队后撤时，通常也不会遇到什么困难。相反，在进入我们尚未占领的地区时，安排正规征收的时间就较少。通常情况下，前卫只不过比主力先到一天。前卫只能向地方当局提出要求，要他们在某地准备好多少粮秣。这时只能在附近的地方，即周围几普里的范围内筹集和征收粮秣。人数较多的军队如果自己不携带几天的给养，只靠匆忙征收的粮秣是远远不够用的。因此，军需机关的任务就是掌管这些粮秣，把它只分发给那些毫无给养储备的部队。但是，随着时间的推移，困难会逐日减少，因为能够征收粮秣地区的面积一天天扩展，征收的效果会随之增大。如果可供征收粮秣的地区在第一天只有4平方普里，在第二天就会有16平方普里，在第三天就会有36平方普里。第二天比第一天增加了12平方普里，第三天又比第二天增加了20平方普里。

这里所谈的只是大致的情况，征收粮秣的地区的扩大还受许多其他情况的限制，其中最主要的，军队刚刚去过的地方不可能像没有驻过军队的地方那样能提供很多的粮秣。但从另一方面来看，征收粮秣的地区的半径每天也可以扩大两普里以上，或者三四普里，有些地方还可能扩大得更多。

为了把分派的粮秣，至少其中的大部分确实征收起来，当然要依靠配属给地方当局的征粮小分队行使权力，但更重要的是要使全体居民害怕负责任、受到惩处和虐待，使他们通过这一切感到普遍的压力。

一支军队，即使兵力很大，只要它带有几天的粮食，采用正规征收的方法是可以解决给养问题的。这种方法可以在军队到达某地以后立即采用，最初只限于附近的地区，以后慢慢扩大征收的范围，由越来越高的当局进行安排。这种方法可以无限期地使用，除非当地的力量已经枯竭，非常贫困或者遭到了严重破坏。军队驻扎的日期较长时，可以要求地方最高当局组织征收，它在安排时当然就会竭尽全力使负担尽可能地平均一些，还可以通过收购来减轻征收粮食的压力。即使是外国军队，如果它想较长时期驻在我们的国土上，通常也不会那样粗暴而无所顾忌地把全部的给养负担完全加在当地民众身上。正因为如此，这种征收方法便逐渐地自然而然地接近于仓库供给的方法，但不会因此就完全停止发挥作用，它对军事活动的影响也不会有显著的变化。这是因为，尽管可以从较远的地方运来储备的粮食以补充当地的粮食，但是当地依然是军队取得给养的真正源泉。在18世纪的战争中，给养通常完全由军队独立管理，与地方毫不相干，这两种情况是截然不同的，其主要区别在于：前一种给养方法利用当地的运输工具和面包房，因此，军队废除了庞大的、几乎经常妨碍作战的辎重队。

现在的军队虽然不能完全没有给养辎重，但是给养辎重已经少多了，多半只是用来运载当日剩余的、供第二天使用的粮食。在现代也还有一些特殊情况，例如1812年拿破仑在俄国时，军队就不得不使用庞大的辎重队，而且必须携带野战面包房。但这只是一种例外，因为30万人在波兰和俄国这样的国家，在青黄不接的时候几乎沿着一条大路前进130普里，这是很少见的；即使在这种情况下，军队本身采取的一些措施也只能看作是一种辅助手段，而就地征收却始终应该看作是全部给养的基础。

自法国革命战争最初的几次战局以来，就地征收方法始终是法国军队解决给养的基本方法，甚至与之相对抗的联军也不得不改用这种方法，看来将来也很难废除这种制度。不论从发挥战争的威力还是从保证军队轻便和自由地作战来看，任何其他方法都不如这种方法效果好。因为不管向哪个方向行军，在最初三四个星期内，给养通常是不会遇到困难的，而且到后来就可以依靠仓库供给，在战争中采取这种给养方法可以获得最充分的自由。当军队从敌国撤退，给养会有许多不利的条件。其一，这时运动是连续的，通常不会作专门的停留，没有时间征粮。由于撤退的环境大多很不利，部队必须始终保持集中，根本不能分开舍营，或分为几个纵队在宽大的正面上撤退。其二，军队同当地的关系是敌对的，只进行分派而没有行政权力支持，是征收不到粮食的。其三，在这种时刻也特别容易引起当地居民的反抗和恶意。因此，军队通常只能在建好的交通线和撤退线上撤退。1812年，拿破仑想撤退时，只能沿着他进军时的道路撤退，就是由于给养问题，因为他要沿着任何其他道路撤退，可能会失败得更早。因此，甚至是法国的一些著作家在这一点上对他提出的一切批评，也都极不合理。

仓库供给

在尼德兰、莱茵河畔、上意大利、西里西亚以及在萨克森这些地方，大量的军队在同一地点进行了长达7年、10年、12年之久的战争，使得这些地区粮秣濒于枯竭，再也无法为军队提供给养。

到底是战争决定给养制度，还是给养制度决定战争呢？我们的回答是：只要战争所依赖的其他条件允许，首先是给养制度决定战争；但当这些条件不允许时，战争就反过来对给养制度发生影响，战争就决定给养制度。

以就地征粮和地方给养这种制度为基础的战争，比单纯采用仓库供给制度的战争有极大的优越性，后者好像是另外一种工具。因此现在没有哪一个国家敢用后一种战争对抗前一种战争。即使一个愚昧无知的国防部长，无视这种关系的普遍的必然性，在战争开始时仍用旧的给养方法维持军队，现实中的具体情况很快也会迫使统帅放弃这种方法，自然而然地采用征收的方法。仓库供给制度需要巨大的费用，而任何国家的财力都不会是绰绰有余的，这就必然会缩小军备的规模，减少军队的人数，除非交战双方通过外交途径达成协议（而这只不过是一种概念游戏而已），这样的一种装备是无法实现的。

因此，今后的战争多半都要采用征收的方法。某些政府也可能采用复杂的给养制度作为补充，以减轻地方的负担等等。但政府能做的事情不多，因为在战争时期，人们首先考虑的总是最迫切的需要，而复杂的给养制度并不属于这种最迫切的需要之列。

如果战争久拖不决，战场比较狭小，那么，征收制度将使军队所在地区的力量枯竭，使交战双方被迫缔结和约，或者采取措施减轻地方负担，由军队独立负担自己的给养。拿破仑统率的法国军队在西班牙时就曾经采取后一种方式，由军队自身携带给养。但最常见的还是被迫缔结和约。在大多数的战争中，国家力量的消耗急剧增加，导致这些国家都不愿斥巨资进行战争而宁愿媾和。因此，这也是促使现代战争持续时间缩短的一个原因。

虽然如此，我们不想一概否认用旧式给养制度作战的可能性。如果交战双方的情况决定应该采取旧式制度，出现了有利于这样做的其他条件，那么这种制度也许会再度出现。但这种给养方式是不合理的，它只是在特殊环境下的一种不正常状态，绝不是从战争的本义中产生出来的。我们更不能由于这种办法比较仁慈，就认为它能使战争趋向完善，战争天生就不是什么仁慈的行为。

不论采用何种给养方法，在富庶和人口稠密的地区总比在贫瘠和人烟稀少的地区容易取得给养，人口疏密同当地存粮有两方面的关系：第一，消费多的地方，储存也必然多；第二，人口稠密的地方，通常生产也比较多。工业工人居多的地区是例外，特别是当它们位于周围土地十分贫瘠的山谷中时（这种情况并不少见）更是如此。一般情况下，人口稠密的地区总比人烟稀少的地区容易满足军队的需要。住有40万人的400平方普里的地区，即使土地非常肥沃，一定不如住有200万人口的400平方普里的地区容易供养10万人的军队。在人口稠密的地区，陆上交通和水上交通也比较发达和便利，运输工具也比较多，商业交易也比较容易和可靠。总之，在佛兰德斯供养一支军队要比在波兰容易得多。

因此，战争这个“多栖动物”就最喜欢在交通要道、人口众多的城市、富饶的河谷或者通航的海岸上落脚。

由此可以看出，军队的给养问题对作战的方向和形式，对战区和交通线的选择具有普遍的影响。这种影响的范围有多广，筹备给养的难与易对作战有多大影响，又取决于进行战争的方式。如果战争是按其固有的精神进行的，战争要素发挥了它的不可抑制的威力，双方渴望和需要进行战斗并决出胜负，那么，军队的给养虽然重要，也是从属的问题。但是，如果双方形成均势，双方军队多年来只在同一地区进进退退，那么，给养往往就成为主要的问题了，统帅变成军需官，指挥作战就变成了管理辎重队。

在无数战局中，往往什么事情也没有做，任何目的也没有达到，白白地浪费了力量，而把一切都归咎于给养的缺乏。但与此相反，拿破仑却经常说：不要跟我谈给养问题！这位统帅在俄国战局中的做法清楚表明，人们可能会过分忽视给养问题，虽然并不能说，他的整个战局完全由于缺乏给养而失败（因为这毕竟只是一种推测），但他的军队在前进时之所以遭到前所未闻的损耗，在撤退时几乎遭到彻底的毁灭，无疑是由于他忽略了给养的缘故。尽管拿破仑是一个狂热的赌徒（他常常敢于走向疯狂的极端），但他以及在他以前的一些革命军统帅，在给养问题上破除了顽固的偏见，指出给养问题只应该被看作是一个条件，绝不应该被看作是目的。

在战争中，缺乏给养同身体的劳累和危险一样，统帅在这方面对军队的要求是没有固定界限的。一个性格刚强的统帅比一个柔弱而重感情的统帅能提出更高的要求，而且不同的军队由于士兵的意志和力量不同（这取决于战争养成、武德、对统帅的信赖和爱戴、对祖国事业的热忱），承受这些要求的程度也是不同的。但是，必须要有一定的原则，即不论给养缺乏和困苦多么严重，永远只应该看作是暂时的现象，以后给养必然会充足起来，甚至，总有一天会绰绰有余。如果我们想到，成千上万的士兵，穿得破破烂烂，背着三四十磅重的行李，不顾天气和道路的好坏，成天拖着疲乏不堪的脚步行军，把自己的健康和生命置之度外，而且为此得到的不过是填不饱肚子的一丁点面包，难道还有比这更感人的事情吗？这在战争中是屡见不鲜的，但事实上人们却几乎不能理解，为什么这种情况往往不会导致意志消沉和力量衰竭，为什么单凭人们心目中的一种信念就能够长久地激发和支持这种不懈的努力。凡是为了伟大的目标而要求士兵忍受给养上的极大缺乏的人，不论是出于感情或是出于理智，任何时候都不能忘记，有机会时要给他们相应的报酬。

现在我们还应该谈一谈给养在进攻和防御中的差别。

防御者在防御过程中可以不断地利用事先为军队的给养所做的准备。因此，防御者不会缺乏给养，在自己国土上尤其如此，在敌人国土上也是这样。而进攻者却远离自己的给养基地，只要他继续前进，甚至在停止行军时的最初几个星期内，他每天都必须筹备必要的给养，总是感到缺乏或困难。

这种困难如果是在下述两种情况下发生的，就会变得特别严重。第一种情况是军队还在胜负未分的前进途中。这时候，防御者的给养都在自己身边，而进攻者的给养却只能放在自己的后方，他的大量军队必须集中，因而不能占领广大地区，只要会战行动一开始，甚至他的辎重队也无法跟上来。在这种情况下，如果事先没有做好准备，在决定性会战的前几天，部队就会因缺乏给养而陷入困境，军队无法很好地进行会战。第二种情况是，当交通线过长时，在胜利道路上的最后一段路程上缺乏给养，尤其是当战争在贫穷、人烟稀少、居民怀有敌意的国家中进行时更是如此。从维尔纽斯到莫斯科这一条线上，要取得每一车粮食都必须使用暴力，而在从科隆经列日、鲁汶、布鲁塞尔、蒙斯、瓦朗谢讷、康布雷到巴黎这一条线上，只要一张商业合同或者一张支票，就可以得到几百万军队一天的口粮。这两条交通线的差别有多么大！

给养困难带来的后果便是，军队的伟大胜利的光芒消失了，各种力量耗尽了，撤退不可避免，尔后，真正的失败逐渐来临。

至于饲料，正如我们说过的那样，在开始时很少会感到缺乏，但在当地的力量濒于枯竭时，感到缺乏的却首先是饲料，因为饲料的需要量很大，很难从远方调运，而且马匹比人更容易因缺乏粮草而死亡。因此，骑兵和炮兵过多，可能成为军队真正的负担和实际削弱力量的因素。

第15章　作战基地

一支军队从建立它的地方出去活动，不论是进攻敌军或战区，还是到本国的边境去设防，都必须依赖这个地方，同这个地方保持联系，因为它是军队存在的条件。这种依赖性，无论在程度上，还是在范围上都会随着军队人数的增多而增大。但是，军队既不可能，也没有必要同整个国家保持直接的联系，它只要同正后方它所掩护的那一部分地区保持联系就行了。在这一地区内，必要时将为储备品建立专门的设施，并为军队力量的经常性补充建立一些组织。因此，这一地区是军队及其一切行动的基础，应该把它同军队看作一个整体。如果为了确保更大的安全而把储备品存放在筑有防御工事的地区，这就是基地，但这个概念并不是因为有了防御工事才形成的，在很多场合，基地是没有防御工事的。

敌国的一部分领土也可以作为军队的基地，至少可以成为基地的一部分，因为，军队进入敌国以后，有很多必需品要从占领的地区取得。在这种情况下必须具备一个条件：这支军队必须确实成为这个地区的主人，即这个地区确实已经服从军队的命令。通常只有在小部分卫戍部队和来回的巡逻队对当地居民具有威慑作用的范围以内，居民才会服从。因此，就军队的需要而言，在敌人国土上能够取得各种必需品的地区是很有限的，多半是不能满足需要的。更多的必需品就必须由本国提供，军队背后的那部分本国的地区是基地不可缺少的组成部分。

我们必须将军队的需要区分为两类，一类是任何耕种区都能供应的，另一类是只能由建立军队的地区解决的。第一类主要是给养品，第二类主要是各种补充。因此，第一类也可以在敌国解决，而第二类，如人员、武器，往往还有弹药，则通常只能由本国解决。虽然在个别情况下也有例外，但这种例外的情况不多，不足以作为根据。上述区别非常重要，军队与本国的联系必不可少。

不论在敌国还是在本国，给养品大多集中储备在没有防御工事的地方，因为一方面给养品到处都需要，而且消耗得很快，没有这么多要塞来储存所需的大量储备品，另一方面，给养有了损失也比较容易得到补充。与此相反，各类补充的储备，例如武器、弹药和装备要从较远的后方运来，不能轻易储存在战区附近没有防御工事的地方，在敌国境内，则只能存放在要塞里。基地的重要性，主要是由于它能供应各类补充品，而不是由于它能供应给养品。

这两类必需品在使用前越是集中在大仓库里，它们的各个来源越是汇集成大的储备地，这种储备地就越可以代替整个国家，基地这个概念就越同这个巨大的储备地联系在一起。但是，仅仅这种储备地并不算作基地。

如果补充和给养来源十分丰富，地区广阔而富庶，并组成几个较大的补给点，在军队的掩护下，距离军队很近，交通方便，同军队的后方连成一片，甚至有一部分还将军队包围在其中，那么，这些地区可以给军队带来更大的生命力，给军队的运动带来更大的自由。有人曾经企图用作战基地的大小来概括军队的这些有利条件，用基地同作战目标的关系，即基地两端同这个目标（把目标想象为一个点）所形成的角度，来表示军队补充和给养的来源地的位置和状况等有利条件和不利条件的总和。这不过是一种几何学游戏。军队的基地由军队赖以生存的三个部分组成：当地的补给物资、各个地点上建立的仓库和向仓库提供储备品的地区。这三个部分的位置是分开的，不能合而为一，更不能用一个要塞到另一个要塞、一个省城到另一个省城或沿着国境线等随意想出来的代表基地宽度的一条线来表示。也不可能确定这三个部分之间的固定关系，它们的性质总是或多或少地混在一起的。有时，要从遥远的地方运来的一些补充品在附近就有；有时，甚至连粮食都不得不从远方运来；有时，附近一些要塞本身就是大屯兵场、港口或商埠，可以容纳整个国家的军队；有时，要塞不过是一个物资缺乏、几乎不能自给的土城。

因此，论述基地与作战关系的任何几何学作战理论，在实际的战争中就毫无意义，它只能在观念世界引起一些错误的倾向。这些作战理论的出发点是真实的，但结论是错误的。

因此，不管基地的作用是大是小，以及作用为什么有大有小，基地都影响着作战。如果某一地区或某一方向已经为军队准备了补充和给养，这个地区就是这支军队的基地，即使在本国内也如此。变更基地总是要花费时间和精力，所以，即使在本国内，也不可能天天变换基地，因此军队的作战方向总是或多或少地受到基地的限制。在敌国境内作战时，如果到处都建立有各种设施，就可以把毗连敌国的全部边疆都作为军队的基地，但边疆并不是每一处都有这样的设施，因此并非任何场合都可以作为基地的。在1812年战局开始时期，俄军在法军的进攻面前撤退时，俄军把整个俄国视为它的基地，因为俄国幅员辽阔，军队向任何方向撤退都有宽阔的地区可以活动。这并不是幻想，后来当俄国军队从几个方向反击法国军队时，这也的确成了事实。但就战局的每一具体时期来说，俄国军队的基地并不那么辽阔，它的基地主要还是在军队来往运输物资的大道上。俄军由于受到这种限制，在斯摩棱斯克附近会战3天之后不得不继续撤退时，只能向莫斯科撤退，不能向其他方向随意撤退，也不能像人们原先建议的那样突然转向卡卢加，以便把敌人从莫斯科方向引开。要想改变撤退方向，只有经过长时期的准备才有可能。

军队对基地的依赖程度和范围随军队人数增多而增大。军队好比是一棵树，它从土壤中取得生命力。如果是一棵小树，或是灌木，那么要移植它还是很容易的，如果树长大了，要移植就很困难，长得越大移植就越困难。一支小部队也要有自己的生活源泉，它在任何地方都容易扎根，而人数众多的大军队却不是这样。因此，在谈到基地对作战的影响时，必须以军队兵力的大小为尺度。

就军队当前的需要来说，给养比较重要，若要较长时间维持军队，补充就比较重要，因为后者的来源是固定的，而前者却可以通过各种渠道获得，这进一步说明了基地对作战的影响。

虽然基地影响很大，但必须经过相当长的时间以后，这种影响才能产生决定性的作用，而在相当长的时间内究竟可能发生什么事情是难以预料的问题。因此，作战基地的价值能够影响作战行动的选择的场合很少，只有在人们要做一些力不从心的事情时，它才会产生决定性影响。在基地方面可能产生的困难，应该同其他各种有效手段联系起来进行衡量；当决定性胜利产生力量的时候，这些困难往往就消失了。

第16章　交通线

从军队配置地点到军队给养和补充源泉的主要聚集地区的道路，一般也是撤退用的道路。这些道路具有双重意义：第一，它们是经常补给军队的交通线，第二，它们是撤退道路。

按照目前的给养方式，军队主要在当地取得给养，但应把军队和它的基地看成一个整体。交通线是这个整体的一个组成部分，它们构成基地和军队之间的联系，是军队的生命线。沿着这些交通线布满各种供给品、弹药车、来往的小分队、邮局和信差、医院和仓库、弹药库、行政机关，它们的总价值对军队具有决定性的意义。这些生命线既不能长期中断，又不能过长和通行困难，因为路途过长总会使力量受到一些损失，结果就会削弱军队。

交通线作为撤退道路来说，实际上成为军队的战略后方。这些道路的价值取决于它们的长度、数量、位置（也就是它们的总方向和在军队附近的方向）和状况，以及地形难度、当地居民的情况和情绪、有无要塞或地形障碍作掩护。

不过，从军队配置地点通到军队的生活源泉和力量源泉的道路并不都是军队的真正的交通线。这些道路必要时也可以利用，可以作为交通线体系的补助线，但是，只有那些有专门设施的道路才构成真正的交通线体系。只有设有仓库、医院、兵站和邮局，驻有宪兵和守备部队并指定了指挥官的道路，是真正的交通线。在这个问题上，本国军队同敌人军队有一个十分重要却经常被人忽视的区别。军队在本国内固然也需要专门设置的交通线，却并不完全受这些交通线的限制，必要时可以离开这些道路，而选用任何其他现有的道路。因为军队在本国内任何地方都像在自己的家里，到处都有自己的政府机关，到处都可以得到善意的帮助。即使其他道路不太好，不太适合军队的情况，仍然是可以选用它们的，当军队被敌人迂回，必须变换正面时，也可以利用这些道路。与此相反，在敌国境内，通常只有军队已经通过的道路才可以作为交通线。在敌国境内前进的军队，只能在前进中、在自己的掩护下设置一些构成交通线的设施，使居民由于存在害怕军队的心理而产生一种印象，觉得这些设施是不可改变的和非常必要的，把这些设施看作是战争灾难在一定程度上的减轻。沿路留下的兵力不大的守备部队可以支援和维护整个交通线。但是，如果在军队没有到过的较远的道路上派出军需官、兵站司令、宪兵、战地邮局以及其他机构，那么，居民就会把这些看作是他们完全可以摆脱的一种负担。如果敌国还没有彻底失败，还没有陷入惊慌失措的状态，那么，这些派出的官员就会受到敌视，就将被打得头破血流并被赶走。因此，要想控制新的道路，首先必须要有守备部队，守备部队的兵力必须比一般情况下更强大一些。即使如此，这些守备部队仍然有遭到当地居民反抗的危险。总之，在敌国境内前进的军队必须依靠武力首先设立自己的行政机关使当地居民屈服。但是，并不是随时随地都能设立这种机关。由此可见，军队在敌国境内不能像在国内那样用变换交通线的方法来更换基地（在国内必要时还是可能的）。军队在敌国境内运动时要受到较大的限制，因而更害怕被敌人迂回。

交通线的选定和在交通线上建立设施，从一开始就会受到很多条件限制。作为交通线的道路要比较宽阔，道路越宽阔，沿线人口稠密、生活富裕的城市越多，可以用作掩护的要塞越多，就越适合作战需要。作为水路的河流，作为渡河点的桥梁，也具有很大的作用。因此，选定交通线的位置和军队的进攻路线，受地理条件的限制。我们只有一定程度的选择自由。

上述一切都是决定军队同军队基地之间联系是否紧密的条件，如果再把对方军队同基地之间的联系和这些条件作一个比较，就可以看出，交战双方中谁能首先切断对方的交通线甚至退路，谁就更能迂回对方。除了精神上和物质上的优势以外，只有交通线上优越的一方，才能有效地迂回对方，否则，对方就会同样用迂回的方法很容易地保障自己的安全。

根据道路的双重意义，这样的迂回也具有双重的目的。

1. 可以破坏或切断交通线，折磨和困绝敌人军队，迫使敌军撤退

在实行现行的给养制度的情况下，交通线暂时中断一般不会产生较大的影响。如果在相当长的时间内一直切断敌人的交通线，使敌人遭受一系列零星的损失才能增大影响。在采用复杂的给养制度的时代，成千上万辆面粉车往返奔忙，一次侧翼攻击就可以使对方受到决定性的打击。但是现

在，即使侧翼攻击成功了，也根本不会产生效果，因为这至多也不过中断一次运输，使敌人受到一些削弱，而绝不能迫使敌人撤退。只有在交通线很长，情况很不利，特别是随时随地都会遭到民众武装袭击时，遭到侧翼攻击才危险。

2.切断敌人退路

不能过分夸大由于退路受到限制和威胁而可能产生的危险，从最近的作战经验来看，切断一支由大胆的指挥官指挥的优良部队的退路比突破这支部队还要困难。

交通线很长时，可以在军队配置地点附近以及军队撤退道路上占领一些要塞，如果没有要塞，就在适当地点构筑堡垒，善待当地居民，在军用道路上建立严格的法纪，在这个地区内配备优良的警察，不断整修道路，用这些方法保障交通线路的通畅。这些方法可以减少不利，但不能完全避免不利。

此外，在谈给养问题时我们关于军队首先应该选择何种道路的论述，特别适用于交通线。经过最富庶的城市和穿过最富饶的耕种区的宽阔的道路是最好的交通线。即使利用这些道路时要走很多弯路，也值得优先利用。在大多数情况下，这些道路对军队配置的决定有直接的影响。

第17章　地区和地貌

地区和地貌同军事行动有着十分密切而永远存在的关系，它对战斗过程本身和战斗的准备和运用，都有决定性的影响。

地形的作用绝大部分表现在战术范围，但其结果则表现在战略范围。山地战斗同平原地战斗的结果完全不同。地区和地貌对军事行动的影响主要有三个方面：妨碍通行、妨碍观察和对火力的防护，其他一切影响都可以归结到这三个方面上来。地形的这三种影响是军事行动中新增加的三个因素，它使军事行动变得更加多种多样、错综复杂和需要技巧。

在现实中，只有对很小的部队，只在某一时刻来说才存在纯粹的、完全开阔的平原概念，即对军事行动毫无影响的地形概念。当部队的活动较大、持续时间较长时，地形就必然会对军事行动发生影响。对整个军队来说，即使在某一时刻，例如在一次会战中，地形不发生影响的情况也几乎是不可想象的。

由此可见，地形的影响几乎始终存在。随着地区特点的不同，这种影响有大有小。

一个地区相比完全没有障碍的开阔的平原地，主要有以下三个方面的不同：首先是地貌，地势有起伏，其次是有森林、沼泽和湖泊等天然物，最后是耕种所造成的变化。地形在这三个方面同平坦地差别越大，对军事行动的影响就越大。地形可分为：山地、很少耕种的森林沼泽地和很好的耕种地。在这三种地形上，作战变得更加复杂，更加需要技巧。

耕种地也有很多差异，对作战都具有不同的影响。影响最大的是佛兰德斯、霍尔施坦因和其他地区常见的那种耕种地。这些地区的土地被许多沟渠、篱笆、栅栏和堤坝切断，到处分布着一座座房屋和一簇簇小灌木丛。如果不考虑利用地形障碍进行防御的话，平坦的、耕种均匀的地区作战最容易。

这三种地形中的每一种都以各自的方式在阻碍通行、妨碍观察和对火力的防护三方面产生影响。

森林地主要是妨碍观察，山地主要是阻碍通行，复杂的耕种地对观察和通行都有妨碍。

在森林地，大部分地区都不便于运动（通行困难，完全不能观察，不能利用所有的林间道路），这一方面使行动简单了，但另一方面也给行动造成了同样大的困难。在这种地形上进行战斗时很难充分地集中兵力，但也不必像在山地和极其复杂的地形上那样分散兵力。虽然分散兵力是不可避免的，但分散的程度比较小。在山地，主要是通行受到妨碍，表现在两个方面：第一，不是到处都能通行；第二，即使在可以通行的地方，军队的运动也比较缓慢、费力，各种行动的速度受到很大的限制，整个活动要花费更多的时间。但是，山地也具有一种其他地方没有的特点，即某一地点高于其他地点。有些地点本身很重要，还能够对其他地点产生影响。山地的这种特点会导致兵力极度分散。

当地形的这三种影响达到极点的时候，统帅作用就会降低，而下级军官乃至普通士兵的作用就会相应地提高。部队越分散，观察越困难，每个行动者就越要独立行动。在军队比较分散、行动方式错综复杂时，智力的作用一般说必然要增加，最高统帅的才能这时可以得到比较充分的发挥。但是，在战争中各个成果的总和比这些成果相互联系的形式更有决定意义。如果设想一支军队分散成一条很长的散兵线，每一个士兵都各自进行一个小型的战斗，那么，一切就更多地取决于各个胜利的总和，而不是这些胜利相互联系的形式。因为好的组合的效果只能产生于积极的结果，而不能从消极的结果中产生。因此，个人的勇气、技巧和士气在这种场合能决定一切。只有在双方军队的素质相同，或者双方军队的特点不相上下时，统帅的天才和智谋才会又起决定性作用。因此，民族战争和民众武装等等（在这里即使每个士兵的胆量和技巧并不一定十分优越，但是，他们的士气至少一直是高昂的）在极其复杂的地形上和兵力十分分散的情况下，可以发挥其优越性。但只有在这种地形上才会这样，因为民众武装通常都缺乏大部队集中作战时不可少的一切特性和武德。军队的性质也是从一个极端一级一级地逐步向另一个极端转变的，比如在保卫祖国的条件下，即使是常备军，也会带上一些民族的性质，也就比较适合于分散作战。

军队越是缺乏这些特点和条件，对方在这些方面越是优越，它就越害怕分散，越要避开复杂地形。但是，能否避开复杂地形，很少能够由它自己决定，人们不能像挑选货物那样随意选择战区。因此，有些在性质上适合集中作战的军队，总是不管地形的特点，千方百计地完全按自己的作战方法作战。这样，它们就只能在其他方面处于不利的地位，例如给养的缺乏和困难，宿营条件恶劣，在战斗中往往会遭到多面攻击等。但如果完全放弃自己的特长，恐怕会遭到更大的不利。

集中兵力和分散兵力是两种相反的倾向，军队倾向于这一方面或那一方面的程度，取决于军队的性质适应这一方面还是那一方面的程度。但是，在最紧要的关头，适于集中的军队不一定能够始终集中在一起，而适于分散的军队也不一定能够单靠分散活动取得成效。法国军队在西班牙，就曾经不得不分散兵力，而西班牙人通过民众起义来保卫祖国时，也曾经派一部分兵力参加大战区的大规模战斗。

地形同兵种比例的关系也是最重要的。

所有通行极为困难的地区，不论是山地、森林或耕种区，都不适于使用大量骑兵，密林区不适于使用炮兵，因为这里往往缺乏充分发挥炮兵威力的空间、可以通行的道路、马匹的饲料。炮兵在复杂的耕种区比较有利，在山地最有利。尽管这两种地区都利于防护火力，而对主要靠火力发挥作用的兵种不利，在这两种地区，步兵可以畅通无阻，笨重的火炮却常常陷于进退不得的境地。但是，在这两种地区存在着使用大量炮兵的空间，而且炮兵在山区还有一个很大的好处：敌军运动较慢，这又增加了炮火的效力。

不可否认，在每一种困难的地形上，步兵都比其他兵种优越得多，因此在这种地形上，步兵的数量可以大大超过一般的比例。

第18章　制　高

地形对使用军队的影响，恐怕有一半以上是由占据优势这个因素带来的。军事学中的许多法宝，诸如瞰制阵地、锁钥阵地、战略机动等等都是以此为基础的。

任何物质力量的发挥，自下而上总比自上而下困难。战斗也是如此，这里有三个原因：第一，任何高地都可以看作是通行的障碍；第二，从上面向下射击虽然不会显著地加大射程，但是从各种几何关系来看，比从下面向上射击容易命中；第三，便于观察。我们把由于制高得到的几个战术上的有利条件综合成一个总的有利方面，把它看作是战略上的第一个有利方面。

上述三个有利条件中的第一个和最后一个，在战略上也必然会出现，因为在战略上也要行军和观察，这与在战术上没有什么两样。因此，如果说军队配置在高处对低处的军队来说高地就构成了通行的障碍，那么，这就是战略可以从中获得的第二个有利方面，便于观察就是第三个有利方面。

这些因素构成了居高临下、占据优势和控制敌人的效力，因此，一支占据山顶的军队看到敌人在自己下面时会产生优越感和安全感，下面的军队会感到处于劣势。这种综合印象可能比制高的实际作用还要强烈，因为制高的优点比造成这些优点的实际条件给人的感觉要强烈得多，也许超过了实际效果。在这种情况下，必须把人的想象力看作是增加制高效果的一个新的因素。

当然，就便于运动这一点来说，高处的军队并不总是绝对有利的，只有当敌人想接近它时才是有利的。如果一个大山谷把双方隔开，那么在高处的一方就没有什么利益了。如果双方想在平原进行会战（霍恩弗里德堡会战）那么，在低处的军队反而有利。同样，居高临下对观察也有很大的局限：下面繁茂的森林以及军队所占领的山脉本身，都很容易妨碍观察。人们按照地图选定的制高阵地，有时在所在地看来很难找到什么有利条件，甚至会使人感到陷入了不利的境地，这种情况不胜枚举。但是，这些局限和条件并不能抵消高处的军队在防御和进攻中所具有的优越性。下面简略地谈谈制高在防御和进攻中是如何占据优势的。制高在战略上有三个有利方面：战术上较大的利益、敌人通行困难和我方便于观察。其中前两个方面实际上只有防御者才可以利用，因为只有驻守在那里的军队才能利用它们，运动中的进攻者不能利用它们。至于第三个有利方面，则是进攻者和防御者都可以利用的。

由此可见，制高对防御者是多么重要，只有在山地阵地上，制高才能带来决定性利益，山地阵地能为防御者提供一个重要的有利条件。这一点在其他情况影响下会有什么变化，我们将在“山地防御”一章中阐述。如果只谈某一地点的制高问题，那么战略上的有利方面就只表现为一次有利的战斗，这只是一个战术利益了。但是，我们所谈的不只是某一地点（例如一个阵地）的制高问题。人们可以把一个广大地区（如整个省）设想为一个倾斜的平面，就好像是分水岭的斜坡一样，军队可以在这上面行军几天而能始终瞰制前面的地区，那么，战略上的有利方面就会增加，因为这时制高不仅有利于单个战斗中兵力的运用，而且有利于对几个战斗的运用。在防御中就是这样。

制高用于防御时的有利方面，在进攻时也同样可以得到。战略进攻不像战术进攻那样只是一次孤立的行动，它的进程不像齿轮的运转那样连续不断，而是通过几次行军实现的，各次行军之间都有或长或短的间歇，在每次间歇中，进攻者同他的敌人一样，也处于防御状态。

制高不论对防御还是对进攻在便于观察方面都是有利的。制高便于各个单独的部队发挥作用，因为整体从瞰制阵地中获得的有利条件，每个部分也能够从中得到。一支单独的大部队或小部队有这种有利条件，总比没有这种有利条件要好一些；将部队配置在瞰制阵地上总比没有这种阵地时遭到的危险要少一些。

如果我方在制高和地理条件方面都比敌人有利，而敌人的运动却由于种种原因（例如在大河的近旁）受到其他的限制，敌人会被迫尽快离开这个不利的位置。一支军队如果不占领大河谷两侧的高地，就不可能扼守住那个河谷。

由此可见，制高可能成为真正的控制，这个观点的现实意义不容否认。

但是，“瞰制地区”“掩护阵地”“国土的锁钥”等名称并不只是根据地势高低确定的，否则，只是一些空壳，里面根本没有健康的内核。有些人为了粉饰军事行动平凡的外表，首先抓住这些理论上的高贵因素不放，于是这些东西就成为那些博学多才的军人们津津乐道的话题，成为战略法师手中的魔杖。这种空洞的概念游戏以及同实际经验的种种矛盾，都无法使作者和读者信服。他们这样做无异于达那伊得斯往无底桶里注水。有人把事物的条件当成了事物本身，把工具当成了使用工具的手；把占领这样的地区和阵地看作是力量的发挥，看作是击剑中的砍和刺；把地区和阵地本身看作是真正的目的。其实，占领地区和阵地只是相当于为了砍和刺而抬起胳臂，这样的地区和阵地无非是一种死的工具，一种只有通过某种客体才能体现出来的特性，一个还不带数值的正号或负号。而这种砍和刺，这个客体，这个数值就是胜利的战斗，只有它才真正起作用，才能用来计算。不论在书本上评论或是在战场上行动时，人们都必须牢牢记住这一点。

只有胜利的战斗的数量和重要性才起决定作用，双方军队及其指挥官的素质是首要因素，地形的作用是次要的。

第六篇　防　御

第1章　进攻和防御

防御的概念

防御的概念是什么？是抵御进攻。防御的特征又是什么？是等待进攻。具有这一特征的军事行动就是防御行动，在战争中只有根据这一特征才能将防御同进攻区别开来。但纯粹的防守同战争的概念是完全矛盾的（因为纯粹的防守就只有一方在进行战争），在战争中防守只能是相对的。因此，防御的这个特征只是就防御的总概念而言，而不是就防御的各个部分而言的。如果我们等待敌人的攻击，等待敌人的冲锋，那就是一次局部的防御战斗；如果我们等待敌人的进攻，即等待敌人出现在我们的阵地前面，进入我们的火力范围，那就是一次防御会战；如果我们等待敌人进入我们的战区，那就是防御战局。在上述各种情况下，等待和抵御这个特征都是对防御的总概念而言的，并不因此而同战争的概念发生矛盾，因为等待敌人向我们冲锋，向我们的阵地进攻或者向我们的战区开进对我们是有利的。但是，我方要想真正进行战争，就必须对敌人进行还击，而防御战中的这种进攻行动一定程度上也是在防御的总前提下进行的，也就是说，我们所采取的进攻行动是在阵地或战区的范围内进行的。这样，在防御战局中可以有进攻行动，在防御会战中可以使用某些师进攻，而那些仅仅是在阵地上等待敌人冲锋的部队，也可以用进攻的子弹迎击敌人。因此，防御这种作战形式绝不是单纯的盾牌，而是由巧妙的打击组成的盾牌。

防御的优点

防御的目的是什么？是据守。据守比夺取容易，由此可以得出结论说，如果使用的是同一支军队，进行防御就比进攻容易。但是，为什么据守或者防御比较容易呢？因为进攻者没有利用的时间而防御者则可以利用，防御者可以坐享其成。凡是进攻者由于错误的估计、恐惧或迟钝而没有利用的时机，都是对防御者有利的。在七年战争中，防御的这个优点曾经不止一次地使普鲁士免遭覆灭。这种由概念和目的带来的优点包含在一切防御的性质中，在生活的其他领域中，特别是在同战争非常近似的法律诉讼中，并且由拉丁谚语“占有者得利”所证明。另一个纯粹来自战争本身的优点，就是防御者可以优先享用的地形之利。

明确了这些一般概念以后，现在我们就来谈谈防御本身。

在战术领域，凡是将主动权让与敌人，等待他们来到我们阵地前面战斗，那么不论战斗是大是小，都是防御战斗。从敌人来到我们阵前这一时刻起，我们就可以采用一切进攻的手段而不失去上面提到的防御的两个优点——待敌之利和地形之利。在战略范围，首先是战斗变成了战局，阵地变成了战区；然后战局变成了整个战争，战区变成了全国国土，在这两种情况下，像在战术领域一样，采用进攻手段仍然不会失去防御的上述优点。

防御比进攻容易，这一点我们已经泛泛地谈过了。但是，防御具有消极的目的——据守，进攻则具有积极的目的——占领，后者可以增加自己的作战手段，前者却不能。所以，为表述确切起见，我们应该说：防御是比进攻更为有效的作战形式。这就是我们所要得出的结论。虽然这个结论完全是由事物的性质决定的，而且是被经验千百次证明了的，但流行的说法却完全同这个结论相反。这就证明，那些肤浅的著作家能够在概念上造成多么大的混乱。

既然防御是一种更为有效的但带有消极目的的作战形式，那么不言而喻，只有在力量较弱而需要运用这种形式时，才不得不运用它。一旦力量强大到足以达到积极的目的时，就应该立即放弃它。人们在防御中取得了胜利，通常就可以造成比较有利的兵力对比，因此，以防御开始而以进攻结束，这是战争的自然进程。把防御作为最终目的，是同战争的概念相矛盾的，同样，不仅在总的方面把防御看作是消极的，而且把防御的各个部分都看作是消极的，这也是相互矛盾的。换句话说，在战争中，把防御所取得的胜利只用于抵御，而根本不想反攻，就如同在会战中让纯粹的防守（消极性）在任何情况下都占主导地位一样，是十分荒谬的。

可能有人会举出许多战例（在这些战例中，防御者一直到最后仍然采取防御，而并不考虑反攻）来否定上述总看法的正确性。他们可以这样做，只不过他们忘记了这里仅仅是就总的方面而言的，而那些用来反驳这一看法的战例，都必须被看作是反攻的机会尚未到来的情况。

例如在七年战争中，至少在这次战争的最后三年，腓特烈大帝并没有想要进攻，我们甚至认为，他在这次战争中只不过把进攻看作是一种比较好的防御手段。他的整个处境迫使他不得不这样做，而一个统帅只做那种最符合他当时处境的事，这是十分自然的。尽管如此，如果我们不把有可能对奥地利进行反攻的想法看作是他整个行动的基础，如果我们不承认，反攻的时机只是在那时还没有到来，那么我们就不能全面地考察这一防御战例。上述总的看法即使在这一战例中，也能找到实际的根据，缔结和约的事实就是证明。若不是奥地利认识到，仅仅以自己的力量不能同这位国王的才能相抗衡，认识到它无论如何必须比过去做出更大的努力，而且只要它稍稍放松努力，就可能再度丧失领土，那么，还有什么能够促使它缔结和约呢？实际上，如果腓特烈大帝的兵力没有被俄国、瑞典和帝国的军队牵制住，他就会力图在波希米亚和摩拉维亚再次击败奥军，这是毫无疑问的。

在明确了防御的概念（在战争中这一概念只能像我们上面那样理解）和规定了防御的界限以后，现在我们再回到防御是更为有效的作战形式这一论点上来。

对进攻和防御进行仔细考察和比较后，这一点就十分清楚了。现在我们只想指出，与此相反的论点是如何自相矛盾并且同经验相抵触的。如果说进攻是更为有效的作战形式，那么根本就没有采取防御这种作战形式的理由了，因为防御的目的终究是消极的；如果双方都只想进攻，那么就根本不存在什么防御了。但是，想追求较高的目的就要付出较大的代价，这也是十分自然的。谁认为自己的力量相当强大，足以采取进攻这种较强的作战形式，谁就可以追求较大的目标；谁给自己提出较小的目的，谁就可以享用防御这种更为有效的作战形式所带来的利益。从以往的经验中，我们发现，在两个战区内，从来没有听说过较弱的军队发起进攻，而较强的军队实施防御。如果说自古以来情形都恰恰与此相反，那就充分证明了，即使是最喜欢进攻的统帅，也仍然认为防御是更为有效的作战形式。在谈到具体问题以前，我们在以下几章里还必须先说明几个问题。

第2章　进攻和防御在战术领域的相互关系

首先我们必须探讨一下在战斗中克敌制胜的因素。

这里不谈军队的优势、勇敢、训练或其他素质，因为决定这一切的通常不包括在这里所谈的军事艺术的范畴内，而且它们对进攻和防御所起的作用是相同的。甚至连总的数量优势，在这里也不能加以考虑，因为军队的数量同样是一个既定的事实，不是根据统帅的意愿决定的。况且这些东西同进攻和防御的利害关系是相同的。除此以外，在我们看来，极有利于取得胜利的只有三个因素，即出敌不意、地形优势和多面攻击。出敌不意的效果是，使敌人在某一地点面临远远出乎他意料的优势兵力。这种数量上的优势与总的数量优势十分不同，它是军事艺术中最重要的有效因素。至于地形优势怎样有助于取得胜利，这是很容易理解的，不过有一点需要加以说明，这里所说的地形优势，不仅仅是指进攻者在前进时所遇到的种种障碍，如峭壁悬崖、高山峻岭、泥泞的河岸、丛生的荆棘等等，而且是指那些能使我们隐蔽地配置军队的地形。甚至一个极为普通的地形，我们也可以说，谁熟悉它，谁就能从中得到利益。多面攻击包括战术上的所有大大小小的迂回，它所以起作用，一方面是因为火力的两面夹击，一方面是因为敌人害怕被切断退路。

那么，从这些因素来看，进攻和防御的关系又是怎样的呢？

通过分析上述有利于胜利的三个因素，我们得出的答案是：进攻者只能利用第一个和最后一个因素的一小部分，而防御者则可以利用这两个因素的大部分和第二个因素的全部。

进攻者只能用全部军队对敌人的全部军队进行一次真正的奇袭以取得出敌不意的效果，而防御者却能够在战斗过程中通过不同程度和方式的袭击不断地做到出敌不意。

进攻者比防御者容易包围对方的全部军队和切断它们的退路，因为防御者处于静止状态，而进攻者是针对这种状态进行运动的。但是，进攻者的这种迂回只是针对整个军队而言，至于在战斗过程中以及对军队的各个部分来说，防御者比进攻者更容易采取多面攻击，因为，正如上面说过的那样，防御者比进攻者更容易通过不同程度和方式的袭击出敌不意。

防御者可以充分地利用地形优势，这是很显然的。防御者之所以能够通过不同程度和方式的袭击达到出敌不意的效果，是因为进攻者必须在大小道路上行进，因而不难被侦察出来，而防御者却可以隐蔽地配置，在决定性时刻到来以前，进攻者几乎无法发现他。自从普遍采用了正确的防御方法以来，对防御的侦察已经完全过时了，也就是说，这种侦察已经不可能了。虽然人们有时还进行这种侦察，但是收获很少。防御者可以在选好的地形上配置军队并在战斗前熟悉地形，这对他极为有利，他隐蔽在这种地形中必然比进攻者更能出敌不意，这个道理也很简单。尽管如此，人们现在仍然不能摆脱陈旧的观念，似乎接受一次会战就等于输了一半。这种观念是由20年前和七年战争中就已经流行的防御方法引起的，当时人们期望从地形方面获得的利益无非是占有一个难以接近的正面（陡峭的山坡等），而且当时军队的配置没有纵深，两翼运动不便，这就产生了一种弱点，即军队的配置总是从一个山头延伸到另一个山头，以至于情况越来越糟糕。这时，如果找到某种依托，军队就像一块绷紧在刺绣架上的布帛一样，任何一点都无法被突破。军队占领的地区的任何一点都对整体有直接的影响，因此每一点都不得不加以防守。这样一来，在会战中就既谈不上运动，也谈不上出敌不意了。这样的防御同可以称之为好的并且在现代也确实出现过的好的防御是完全相反的。

实际上，人们之所以轻视防御，往往是因为时代不同的缘故，某种防御方法过时了，我们上面所谈的防御方法也是这样，它有一个时期确实优于进攻。

我们不妨研究一下现代军事艺术的发展过程，最初，也就是在三十年战争和西班牙王位继承战争期间，军队的展开和配置是会战的最主要的任务之一，是会战计划的最主要的内容。这种情况通常对防御者十分有利，因为他的部队已经配置和展开完毕。后来，军队的机动能力一增加，这个有利条件立刻不复存在，于是有一个时期进攻者取得了优势。以后，防御者设法以河流、深谷和山岭作掩护，重新取得了决定性的优势，直到进攻者变得十分机动、灵活，甚至敢于深入这些复杂的地区，并分几个纵队进攻，即能够迂回对方时，防御者才又失去优势。这就迫使防御者把正面配置得越来越宽，这必然又使进攻者想出了另一个办法，即把兵力集中在几个点上，以突破对方纵深不大的阵地。于是进攻者第三次取得优势，而防御者则不得不再次改变自己的防御体系。在最近几次战争中，防御者已经改变了方法。他把兵力集结成几个大的集团，通常不预先展开，而是尽可能隐蔽地配置好，也就是只做好行动的准备，等到进攻者的措施进一步暴露后再采取行动。

这种防御方法并不完全排斥在部分地区进行消极防御，这种消极防御的优点极大，以至于在战局中不能不成百次地利用它。但是这种扼守地区的防御通常情况下已不再占主要地位了，我们此处要指出的正是这一点。

如果进攻者再发明某种新的有效的方法（但在现在一切都趋向简单、一切都以事物的内在必然性为依据的情况下，恐怕难以期待会出现什么新的方法），防御者也就必须改变自己的方法。但是地形有利于防御却永远是肯定无疑的，而且由于现在地形对军事行动的影响比过去任何时候都大，所以一般情况下可以保证防御所固有的优势。

第3章　进攻和防御在战略领域的相互关系（续）

首先我们又要提出一个问题：在战略上有利于取得成果的因素是什么?

正如以前说过的那样，在战略领域是不存在胜利的。所谓战略成果，一方面是指为战术的胜利做好的有效准备，这种准备越充分，战斗中的胜利就越有把握；另一方面是指利用战术上已取得的胜利。会战胜利以后，战略能够通过各种安排使会战胜利产生的效果越多，它能够从被会战动摇了基础的敌军那里夺取的战利品越多，它能够大批大批地取得的在会战中费尽力量也只能一点一点取得的东西越多，它的成果就越大。能导致这种成果或使这种成果容易取得的主要条件，也就是在战略上起作用的主要因素有下述几个：

1.地形优势；

2.出其不意（或者是通过真正的奇袭，或者通过在一定的地点出敌意外地配置大量的军队）；

3.多面攻击；

（上述三个因素同在战术上的三个因素是相同的。）

4.战区通过要塞及其一切附属设施所产生的有利作用；

5.民众的支持；

6.对巨大的精神力量的利用。

那么，从这些因素来看，进攻和防御的关系又是怎样的呢？

作为第一个因素的地形优势，防御者占有地形优势，而进攻者具有奇袭的有利条件，这在战略领域和在战术领域完全相同。但是应该指出，奇袭这个手段在战略领域比在战术领域有效得多和重要得多。在战术领域，奇袭很少能够发展成为大的胜利，而在战略领域，通过奇袭一举结束整个战争的情况却不少见。但必须指出，采用这个手段是以敌人犯了重大的、决定性的、少有的错误为前提的。因此，奇袭并不能在天平上为进攻的一端加上很大的砝码。

第二个因素，在一定地点配置优势兵力造成出敌不意，这又同战术上的情况非常相似。如果防御者把兵力分割配置在自己战区的若干通道上，那么进攻者显然就拥有了以全部兵力打击某一部分的有利条件。

但是，新的防御艺术已通过别的行动方法不知不觉地确定了与此不同的防御原则。如果防御者不必担心，敌人利用未设防的道路奔向重要的仓库或补给站和未做准备的要塞或首都，他就没有任何理由分割自己的兵力，即使防御者存在这种顾虑，他也应该到进攻者选定的道路上去迎击敌人，否则就会失去退路。因为，如果进攻者选择的不是防御者所在的道路而是另外一条道路，防御者在几天之后还可以用全部兵力在这条道路上找到敌人。而且在大多数场合，防御者甚至可以确信，他一定会荣幸地受到进攻者的拜访。如果因为给养关系使分割兵力成为不可避免的选择，进攻者不得不分兵前进，那么，防御者显然还处于有利地位，能够以自己的全部兵力迎击敌军的部分兵力。

第三个因素是多面攻击，在战略领域，翼侧攻击和背后攻击涉及战区的背后和侧面，因此，它们的性质就大大改变了。

1.火力夹击不存在了，因为从战区的一端不可能射击到另一端；

2.被迂回者对于失去退路的恐惧小得多了，因为在战略领域内，空间不像在战术领域那样容易被人封锁；

3.在战略领域，由于空间较大，内线（即较短的路线）的效果增大，这对抗衡多面攻击极为有利；

4.交通线非常脆弱是一个新的因素，交通线一旦被切断，影响就很大。

在战略领域内，由于空间较大，通常只有掌握主动的一方，即进攻的一方才能进行包围（即多面攻击）；防御者不能像在战术领域那样，在行动过程中对包围者进行反包围，因为他既不能将他的军队配置得纵深较大，也不能配置得很隐蔽。当然这都是由事物的性质决定的。但是，既然包围不能带来什么利益，那么，容易包围对进攻者来说又有什么好处呢？因此，如果不是因为包围攻击对交通线还有些影响的话，在战略领域也许根本就不会把它作为一个能赢得胜利的因素了。不过，在最初的时刻，即在进攻者和防御者刚刚接触，还保持原来部署的时候，这个因素的作用并不大。随着战局的发展，当进攻者在敌国国土上逐渐成了防御者，它的作用才变大。这时，新防御者的交通线脆弱，原来的防御者就能够作为进攻者来利用这个弱点了。但是，这种进攻的优越性总的说来不能算作是进攻本身的优越性，因为它实际上是从防御本身的较高关系中产生的，谁还不明白这一点呢？

第四个因素，即战区的有利作用，自然是在防御者一方。当进攻的军队发起了一次战局，他们也就离开了自己的战区，并因此而受到削弱，也就是说，他们把要塞和各种仓库留在后方了。他们需要通过的作战地区越大，他们受到的削弱就越大（因为要行军和派出驻防部队），而防御者的军队则仍然保持着同各方面的联系，也就是说，他们可以利用自己的要塞，不会受到什么削弱，而且离自己的补充基地较近。

作为第五个因素，民众的支持并不是在每一次防御中都能得到的，因为有的防御战局可能是在敌人的国土上进行的，但这一因素终究是从防御的概念中产生出来的，而且在大多数场合都有它的用武之地。此外，这里所说的民众支持主要是（但并不完全是）指战时后备军和民众武装的作用，同时也是指所遇到的各种阻力都较小，各类补充基地都离得比较近，补充来源比较丰富等情况。

1812年的战局使我们像通过放大镜一样清楚地看出第三个和第四个因素中提出的那些手段的效果：渡过涅曼河的是50万人，而参加博洛季诺会战的只有12万人，到达莫斯科的就更少了。

可以说，这次大会战的效果很大，俄国人即使不继而发起反攻，也可以在长时期内不致遭到新的侵犯。当然，除瑞典以外没有一个欧洲国家同俄国的情况相似，但是这个因素仍然是起作用的，只不过作用的大小有所不同罢了。

对第四个和第五个因素还需要作一点说明，这两种防御力量在真正的防御中，也就是在本国境内防御时才能发挥作用，当在敌国国土上进行防御，而且同进攻行动交织在一起时，它们的作用就会受到削弱，这就像上述第三个因素一样，成为进攻的一种新的不利因素。因为，正如防御不是单纯由抵御因素构成的一样，进攻也不是由纯粹的积极因素构成的，甚至一切不能直接导致媾和的进攻，都不得不以防御告终。

既然在进攻中出现的一切防御因素由于都具有进攻的性质，即由于它们属于进攻行为而受到削弱，那就不能不把这一点看作是进攻的普遍弱点。

这并不是无谓的诡辩，相反，一切进攻的主要弱点正在这里，因此在制订一切战略进攻计划时必须一开始就特别注意这一点，也就是特别注意进攻后接踵而来的防御。之后我们将在有关战略计划的篇章中再详细研究。

巨大的精神力量，有时像真正的发酵酶似的渗透在战争要素中，因而在一定情况下统帅能够利用它们来增强自己的力量。应该认为，防御者同进攻者一样，都拥有这些精神力量；尽管有些精神力量，如造成敌军的混乱和恐惧，在进攻中的作用特别显著，但它们通常只在决定性打击以后才出现，因而对决定性打击本身很少能起重大作用。

至此，我们认为防御是比进攻更有效的一种作战形式这一论点已得到充分的论证。但是还剩下一个一直没有谈到的小因素需要提一下，这就是勇气，即军队由于意识到自己是进攻者而感到占有优势的感觉。这种感觉确实存在，但是，很快就会湮没在由于军队胜利或失败、指挥官的才干或无能而产生的更普遍、更强烈的感情中。

第4章　进攻的向心性和防御的离心性

进攻的向心性和防御的离心性这两个概念，这两种在进攻和防御中使用军队的形式，在理论和实践中经常出现，以致不知不觉地形成了一种印象，似乎它们分别是进攻和防御所固有的形式。但稍加思索就可以知道，事实并非如此。因此，我们想尽早地对它们做出研究，得出一劳永逸的明确的概念，以便今后进一步考察进攻和防御的关系时可以完全撇开它们，免得经常受到它们所造成的似乎有利或有弊的假象的影响。因此，我们在这里把它们看作是纯粹抽象的东西，像提炼酒精似的把它们的概念抽出来，至于这些概念对具体事物的影响，则留待以后再作研究。

无论在战术领域还是在战略领域，人们都可以想象防御者是处于等待状态的，即处于静止状态；而进攻者则处于运动状态，而且是相对于防御者的静止状态进行运动的。由此必然得出结论：只要进攻者一直在运动，防御者一直保持静止状态，那就只有进攻者可以随意进行包抄和合围。进攻者可以根据利弊得失决定是否采取向心进攻，这种自由应该被看作是进攻的普遍优点。然而，进攻者只是在战术领域才有这种选择的自由，在战略领域并不总是如此。在战术领域，防御者的依托点几乎无法绝对保障其两翼，而在战略领域，当防线从一个海岸直线地延伸到另一海岸，或由一个中立国延伸到另一中立国时，两翼的依托点则常常是安全的，在这种情况下就无法进行向心的进攻，上述选择的自由也就受到了限制。而当进攻不得不向心地进行时，这种选择自由就受到了更大的限制。如果俄国和法国要进攻德国，它们的军队只能形成合围态势，而不能事先集结在一起。如果我们可以假定，在大多数情况下，向心的形式对发挥兵力的作用来说是较弱的形式，那么，进攻者因选择时所具有的较大的自由而获得的利益，恐怕会被在别的情况下被迫采用这种较弱的形式而完全抵消掉。

现在我们想进一步考察这两种形式在战术领域和战略领域的作用。

军队从圆周向圆心做向心运动时，兵力在前进中越来越集中，人们把这看作是第一大优点。兵力越来越集中固然是事实，但并不存在什么优点，因为双方兵力都在集中，对双方的利益是平衡的。在分割兵力发挥离心效果时也是这样。

而另一个优点，也可以说是真正的优点，那便是军队的向心运动都针对共同的一个点发挥作用，而离心运动则不是这样。可是向心运动能产生哪些效果呢？我们必须分别从战术和战略两个方面来谈这个问题。

我们不想作过于详尽的分析，所以把下列看作向心运动的有利效果：

1. 当军队的各部分相互接近到某种程度时，火力的效果就可以增加一倍，至少会有所增强；

2. 可以对敌人的同一个部分进行多面攻击；

3. 可以切断敌人的退路。

切断退路在战略领域也是可能的，不过显然要困难得多，因为广大的战略空间不容易受到封锁。至于对某一部分进行多面攻击，一般说来，被攻击的这一部分军队越小，越是接近最低限度，即越是接近单个士兵，这种攻击就越有效，就越能起决定性作用。一个兵团完全可以同时多方面作战，一个师要做到这一点就困难一些，而一个营只有集结在一起才能做到这一点，至于单个士兵，就根本不可能多方面作战。在战略领域有大量的军队、广阔的空间和较长的时间，而在战术领域则恰恰相反。由此可见，多面攻击在战略领域不可能取得同战术领域一样的效果。

火力效果根本不属于战略领域的问题，但是，在战略领域与此相应的却有另一个问题，这就是基地受到威胁的问题，当敌人在背后或远或近的地方取得胜利时，任何军队都会在不同程度上有基地受到威胁的感觉。

因此可以肯定，军队的向心运动有一个优点，那就是对甲产生效果时，同时对乙产生效果，而且并不因此削弱对甲的效果；对乙产生效果时，又同时对甲产生效果，因此，总的效果不是对甲和乙产生的效果之和，而是更大一些。这一优点在战术领域和战略领域虽然有所不同，但都是存在的。

可是军队在离心运动时，相应的优点是什么呢？显然是军队集结在一起和在内线运动这两点。至于这两点怎么能够成倍地增加力量，以致进攻者没有巨大的优势就不敢使自己处于这种不利情况之中，已经没有必要展开论述了。

防御者只要一开始运动（尽管这种运动比进攻者开始得晚，但总可以及时地摆脱停滞的被动状态），那么，比较集中和处于内线这两个优点与进攻的向心形式相比，对取胜具有更大的决定性意义和作用。而要取得成果必须是以取得胜利为前提。在考虑切断敌人退路以前，必须先战胜敌人。简而言之，向心运动和离心运动的关系大体上同进攻和防御的关系相类似。向心运动能带来辉煌的战果，离心运动能更有把握地取得成果，前者是具有积极目的的较弱的形式，而后者是具有消极目的的更有效的形式。因此，在我们看来，这两种形式各有长短，不相上下。现在只需补充一点，即防御并不是在任何时候都无法向心地使用兵力（因为防御不是在任何场合都是纯粹的防御），人们就至少再也没有理由认为，单是向心运动的效果就足以使进攻比防御具有普遍的优势。同时，这也可以使人们摆脱这一看法时刻对判断所产生的影响。

我们以上所说的，既适用于战术领域，也适用于战略领域。现在还必须指出只同战略有关的极为重要的一点。内线的利益是随着内线空间的扩大而增大的。人们在几千步或者半普里的距离上所赢得的时间，当然不能像在几天行程乃至20到30普里的距离上所能赢得的时间那样多。前一种场合空间较小，属于战术领域，后一种场合空间较大，属于战略领域。虽然在战略领域要达到目的的确比在战术领域需要更多的时间，战胜一个兵团不能像战胜一个营那样快，但是在战略领域需要增加的时间也有一定的限度，也就是说增加到一次会战持续的时间那么长，或者至多是拖延几天的时间，在这段时间里不进行会战也不会遭受太大牺牲。此外，先敌行动带来的利益在战略领域同在战术领域相比也有很大的差别。在战术领域空间比较小，会战中一方的运动几乎是在另一方的眼皮底下进行的，因而处于外线的一方多半可以迅速发觉敌人的运动。可是在战略领域空间比较大，一方的运动连一天都瞒不过敌人的情况是极其罕见的，如果只是一部分军队在运动，而且是被派遣到很远的地方去，那么，几个星期不被发现也是常有的事。如果一方处于最适于隐蔽的地方，这种隐蔽能给他带来多么大的利益，是一目了然的。

关于发挥兵力的向心运动和离心运动的效果，以及它们同进攻和防御的关系我们就研究到这里，以后在谈到进攻和防御时，我们还要谈到这方面的问题。

第5章　战略防御的特点

我们早已在前面谈了防御究竟是什么。防御无非是一种更为有效的作战形式，人们想利用这种形式赢得胜利，以便在取得优势后转入进攻，也就是转向战争的积极目的。

即使战争的意图只是保持现状，单纯的抵御攻击也是同战争的概念相矛盾的，因为作战无疑不是忍受。当防御者取得显著的优势时，防御就已完成了它的使命，如果防御者不想自取灭亡，他就必须利用这一优势进行反攻。理智告诉我们必须趁热打铁，要利用已经取得的优势防止敌人的第二次进攻。至于应该怎样以及在何时何地开始反攻，当然要根据许多其他条件来决定，这些问题将在以后加以阐述。我们这里只想指出：应该把转入反攻看作是防御发展的必然趋势，是防御的一个基本组成部分；不论在什么场合，如果通过防御形式所取得的胜利在军事上不以某种方式加以利用，而听任它像花朵一样枯萎凋谢，那就是重大的错误。

迅速而猛烈地转入进攻（这是闪闪发光的复仇利剑）是防御最辉煌的部分。谁要是在防御时不考虑这一部分，或者更确切地说，不把它看作是防御的一部分，他就永远不会理解防御的优越性，就永远只会想到通过进攻来摧毁敌人的手段和获得自己的手段。但是，这些手段的丧失和取得并不取决于如何打结而是取决于如何解结。此外，如果认为进攻总是出敌不意的攻击，因而把防御想象成无非是处境困难和陷于混乱，那就完全歪曲事实了。

征服者进行战争的决心自然比没有恶意的防御者下得早，如果征服者善于对他的措施进行保密，他就往往可以在某种程度上出敌不意地进攻防御者，但是这不是战争中必然的现象，实际情况不应该如此。战争与其说是随征服者一起出现的，毋宁说是随防御者一起出现的，因为入侵引起了防御，而有了防御才引起了战争。征服者总是爱好和平的（如拿破仑一贯声称的那样），他非常愿意和和平平地进入我们国家。但是为了使征服者不能得逞，我们就必须进行战争，因而就得准备战争，换句话说，正是那些被迫进行防御的弱小国家，应该时刻做好战争的准备，以免遭到突然入侵。这正是军事艺术对人们提出的要求。

至于谁先出现在战场上，这在多数场合并不取决于他抱有进攻意图还是抱有防御意图，而完全取决于另外的一些东西；所以进攻意图和防御意图不是原因，而往往是结果。如果突然袭击很有利的话，那么谁先做好准备，谁就能由此而采取进攻的方式；而准备较迟的一方，只好利用防御的优点来多少弥补准备较迟所产生的不利。

然而，能够有效地利用较早做好准备这一点，一般说来应该被看作是进攻的优点（这在第三篇中也已经肯定），但这一优点的出现并非在任何场合都是必然的。

因此，如果我们设想一下，防御应该是什么样的，那么我们说，防御应该是：尽可能地准备好一切手段，有一支能征善战的军队，有一位不是因心中无底而提心吊胆地等待敌人而是行动主动、沉着冷静的统帅，有不怕围攻的要塞，最后，还有不怕敌人而使敌人害怕的坚强的民众。在具备了这些条件以后，防御同进攻比较起来，大概就不会扮演可怜的角色了，而进攻也不会像某些人所认为的那样轻而易举和万无一失了，在这些人看来，进攻意味着勇敢、意志力和运动，而防御却意味着软弱和瘫痪。

第6章　防御的手段

在防御中除了军队的绝对数量和质量，决定战术结果和战略结果的还有地形优势、出敌不意、多面攻击、战区的有利作用、民众的支持和巨大的精神力量等因素，防御者在利用这些因素方面所具有的自然优势，我们在本篇第二、三章里已经谈过了。我们认为，在这里再谈一谈主要供防御者使用的那些手段是有益的，而这些手段在一定程度上可以被看作是支持防御这座大厦的种种支柱。

第一，后备军。在现代，后备军也出国对敌作战，而且不容否认，在有些国家（例如普鲁士）后备军已经不再只用于防御，而被看作是常备军的一部分。但不容忽视的是，人们在1813、1814和1815年广泛利用后备军是从防御战争开始的；后备军只在极少数地方是像普鲁士那样组织的，而那些组织不完善的后备军，用于防御必然要比用于进攻更为适当。此外，在后备军的概念中总是包含着这样一种意思，即全体民众以他们的体力、财产和精神在战争中非同寻常地、或多或少自愿地协助作战。这一组织越偏离这种性质，编成的队伍就越成为一种变相的常备军，就越具有常备军的优点，但也就越缺乏真正的后备军的优点。真正后备军的优点，就是拥有广泛得多、规模小得多、非常容易因精神和信念的作用而大大增强的力量。后备军的实质就表现在这些方面，后备军这一组织形式必须让全体民众有发挥这种协助作用的余地，否则，期待后备军有什么特别的成就只能是一种幻想。

不容忽视的是，后备军的上述实质同防御的概念有着非常密切的关系，因此不能不看到，这样的后备军用于防御总比用于进攻更为合适，后备军挫败进攻的效果主要在防御中表现出来。

第二，要塞。进攻者利用要塞的作用，仅限于边境附近的要塞，因而要塞对他的帮助不大。防御者却能够利用全国的要塞，因而很多要塞都能发挥作用，而且这种作用本身也强大得多。一个能够促使敌人进行真正的围攻而又经得住攻击的要塞，在战争中当然比一个只能打消敌人占领这一地点的念头、而不能真正牵制和消灭敌人军队的要塞具有更大的作用。

第三，民众。尽管战区内单个居民对战争的影响，在大多数场合像一滴水在整个河流中的作用那样，是微不足道的，但是，即使在根本不是民众暴动的场合，全国居民对于战争的总的影响也绝非无足轻重。如果民众确实是服从本国政府的，那么在本国进行一切活动都比较容易。敌人要使居民尽任何大小义务，除非公开使用暴力，用强制手段才有可能，而使用暴力必须动用军队，这将使敌人消耗大量兵力和增加许多劳累。防御者却可以得到这一切，即使民众并非真正心甘情愿地做出自我牺牲，长期养成的公民的服从性也会使他们贡献一切（这种服从性已成为居民的第二天性，它由一些根本不是来自军队的、同军队毫无干系的其他威吓和强制手段维持着）。而且，出于真正忠诚的自愿协助，在任何情况下都是很起作用的，在一切不需要流血牺牲的事情上，这种协助从来不会缺少。这里，我们只想提到一件对作战具有重大意义的事情，这就是情报。这里不是指通过侦察获取的重大的情报，而是指军队在日常勤务中遇到的无数弄不清的细小的情况，同居民的良好关系使防御者在这方面到处占有优势。最小的巡逻队、每一个警卫和岗哨以及每一个外派的军官都需要向当地居民了解关于敌人、友军和对手的情报。

如果我们在考察了这种一般的而且经常发生的情况以后，再研究一下特殊的情况，即国民开始参加斗争，并发展到最高阶段，像在西班牙那样，主要以民众战争的方式进行斗争，那么，我们就会懂得，在这种情况下已经不单纯是民众支持的增加，而是出现了另外一种真正的力量，因此我们可以提出：民众武装或民兵是一种独特的防御手段。

最后，我们还可以把同盟者称为防御者的最后支柱。这里指的当然不是进攻者也有的普通的同盟者，而是指同某个国家的存亡有着切身利害关系的那些同盟国。只要看一看目前欧洲各国的情况，我们就会发现，毫无疑问，国家和民族的大大小小的利益都极为复杂和极易变化地交织在一起（我们在这里不谈力量和利益系统化的均势，这种均势实际上并不存在，因此往往理所当然地被否定掉了）。每一个这样的交叉点都是一个和平稳定作用的结，因为在这种结上，一个趋向是另一个趋向的平衡力量；所有这些结又联结成较大的整体，任何变化都必然部分地影响到这种联系。因此，各国相互间的关系的总和更多是有助于维持整体的现状，而不是使它发生变化，也就是说，一般说来存在着维持现状的倾向。

我们认为，必须对政治均势作上述的理解，而且，凡是许多文明国家多方面接触的地方，都自然会产生上述意义上的政治均势。

至于共同利益要求维持现状的倾向能起多大作用，这是另外一个问题。当然，可以想象，个别国家之间的关系会发生变化，有的变化使整体易于发挥这种作用，有的变化则使整体难以发挥这种作用。在前一种场合，这种变化是保持政治均势的力量，因为它们同共同利益的倾向是一致的，所以它们也会得到共同利益中的大部分。可是在后一种场合，这种变化是一种变态，是个别部分在积极活动，是一种真正的病态。在由大大小小的许多国家结成的很不牢固的整体内出现这种病态，是不足为奇的，即使是在生物调节功能很好的有机体内，也会出现这种病态。

因此，如果有人向我们指出，历史上曾有个别国家能够实现只对自己有利的重大变化，而整体却连阻止这种改变的尝试都没有，甚至个别国家能够高踞其他各国之上，几乎成了整体的独裁统治者，那么，我们的回答是：这绝不能证明共同利益要求维持现状的倾向就不存在了，而只能证明这个倾向的作用在当时不够强大；向某一目标的引力并不等于向那个目标的运动，但绝不能因此就说这种引力不存在，这个道理我们在天体力学上看得再清楚不过了。

我们说：要求保持均势的倾向就是维持现状，当然，前提是现状中存在着平静状态（即均势）；因为一旦这种状态遭到了破坏，出现了紧张局面，保持均势的这种倾向当然也可能发生变化。但是，如果我们从本质上看问题，那么，这种变化总是只涉及少数几个国家，永远不会涉及大多数国家。由此可以肯定，大多数国家都看到它们自己的生存始终是由各国的共同利益来维持和保证的，同时也可以肯定，每一个没有同他国处于紧张状态的国家在进行自卫时，支持它的国家比反对它的国家要多。

谁嘲笑这些考察是乌托邦式的梦想，谁就抛弃了哲学上的真理。可是，尽管哲学上的真理使我们认识了事物的基本要素之间的相互关系，但如果不考虑一切偶然现象，企图从这种相互关系中推论出能够支配每一个具体情况的法则，当然也是不妥当的。不过，正如一位伟大的作家所说的那样，谁要是不能超乎于轶事趣闻之上，而是用这些东西来编纂全部历史，处处从个别的现象出发，从枝节问题出发，而且只限于寻找最直接的原因，从来不深刻地探讨在根本上起支配作用的一般关系，那么他的见解就只能对个别事件有价值。对这种人来说，哲学对一般情况所规定的一切，自然是一个梦想了。

假如不存在那种普遍追求平静和维持现状的倾向，那么许多文明国家就绝不可能长时期地共同存在，它们必然会合并成一个国家。既然现在的欧洲已存在了一千多年，我们就只能把这种结果归功于共同利益要求维持现状的倾向。如果整体的作用不总是足以维护每一个国家，那也只是这一整体生活中的不正常现象，这种不正常现象并没有破坏整体，反而被整体消除了。

一些严重破坏均势的变化会被其他国家的多少有点公开的反抗所阻止或消除，这一点只要浏览一下历史就可以明白，罗列大量事实来加以证明完全是多余的。我们在这里只想谈一个事件，因为那些嘲笑政治均势思想的人经常提到它，而且在这里谈谈一个无辜的防御者因没有得到任何外援而遭到灭亡的事例，可能是十分合适的。我们说的是波兰。一个拥有800万人口的国家被灭亡了，被另外三个国家瓜分了，而其他国家中却无一拔刀相助。

这一事实初看起来似乎充分地证明了政治均势通常是不起作用的，或者至少表明在个别情况下是不起作用的。这样一个幅员辽阔的国家会被灭亡，成为几个最强大的国家（俄国和奥地利）的掠夺物，看上去是一种极为特殊的情况。既然这种情况不能对整个欧洲各国的共同利益发生影响，那么人们会说，这种共同利益对维护各个国家应起的作用只能说是虚构的。然而，我们仍然坚持认为，个别事件无论多么突出，都不能成为否定一般情况的论据；其次，我们认为，波兰的灭亡并不像表面上看来那样难以理解。难道波兰真的可以被视为一个欧洲国家，可以被视为欧洲各国中一个同等的成员吗？不能！它是一个鞑靼国，不过它不是像克里米亚的鞑靼人那样位于黑海之滨，位于欧洲国家的边缘地区，而是位于欧洲各国之间的维斯拉河流域。我们这样说既不是蔑视波兰人民，也不是想证明这个国家应该被瓜分，而只是为了真实地说明情况。近百年来，这个国家基本上没有再起什么政治作用，对其他国家来说，它只不过是一个引起纷争的金苹果。就其本身的状况和国家的结构来说，波兰不可能在其他各国之间长期存在下去；而要根本改变这种鞑靼国的性质，即使波兰领袖有这种愿望，也需要半个世纪甚至一个世纪才能完成。何况这些领袖本身的鞑靼习气浓厚，很难产生这种愿望。动荡的国家生活和他们极端的轻举妄动相互助长，使他们踉踉跄跄地坠入深渊。早在波兰被瓜分以前，俄国人在那里就如同在自己家里一样，独立自主的国家这个概念根本就不存在；完全可以肯定，即使波兰不被瓜分，它也一定会变成俄国的一个省。

如果情况完全不是这样，如果波兰本来是个有自卫能力的国家，那么三个强国就不会这样轻而易举地瓜分掉它；同时那些同波兰的存亡有着切身利害关系的强国，如法国、瑞典和土耳其就可能以完全不同的态度协力维护波兰了。但一个国家的生存完全依靠外国来维持，这种要求自然就太过分了。

一百多年以来已多次谈到瓜分波兰的问题，从那时起，人们就不把这个国家看作是门禁森严的住宅，而看作是一条外国军队经常来来往往的公共大道。难道制止这一切是其他各国的义务吗？难道能要其他国家经常拔出利剑来维护波兰国界在政治上的尊严吗？这就无异于要求人们做一件道义上不可能做的事情。在这个时期波兰从政治上看就像是一片荒无人烟的草原；人们无法始终保护这片位于其他国家之间、没有防守的草原不受这些国家的侵犯，也不能保障这个所谓的国家的不可侵犯性。根据所有这些理由，正像对克里米亚鞑靼国的默默无闻地灭亡一样，对波兰的无声无息的灭亡，也不应该感到惊讶。无论如何，土耳其当时比任何一个欧洲国家对保持波兰的独立有更大的利害关系，但是土耳其看到，保护一片毫无抵抗能力的草原是徒劳无益的。

再回到我们讨论的问题上来。我们已经证明了，防御者一般比进攻者更能指望得到外国的援助。防御者的存在对于一切其他国家越重要，也就是说它的政治、军事状况越是健全，它就越有把握得到这种援助。

我们在这里提出来的防御的主要手段并不是每一次防御都能具备的，

这是很显然的，可能有时缺少这几种，有时缺少那几种，但是，就防御这个总概念而言，它们全都属于防御。

第7章　进攻和防御的相互作用

进攻和防御是可以区别开的两个概念，现在，我们准备对二者加以特别考察。由于下列原因，我们将从研究防御开始。防御的规则以进攻的规则为根据，而进攻的规则又以防御的规则为根据，这是十分自然和必要的。但是，要使这一系列概念有一个开端，也就是说，要使这些概念能够成立，必须从进攻和防御之中找出一个起点。现在要谈的第一个问题就是这个起点。

如果我们从哲学上来研究战争的发生，那么，战争的概念不是随进攻而是随防御一起产生的，因为进攻的绝对目的与其说是斗争不如说是占领，而防御则以斗争为直接目的，抵御和斗争显然是一回事。抵御的目的完全是对付进攻，因而必然以对方的进攻为前提；进攻的目的却不是对付抵御，而是为了别的东西，是为了要占领，因而不必以对方的抵御为前提。因此，首先使战争要素发生作用、首先从自己的立足点出发考虑到作战双方并为战争制订最初法则的一方自然是防御者。这里谈的不是个别情况，而是理论为确定其发展道路而设想的一般的、抽象的情况。

由此我们可以知道，在哪里可以找到进攻和防御的相互作用的起点，那就是防御。

如果上述结论是正确的，那么即使防御者对进攻者的行动还一无所知，他也一定有确定行动的根据，而且这些根据必然决定着战斗手段的部署。相反，进攻者如果不了解敌情，他就一定没有确定行动的根据（包括确定如何使用战斗手段）。他所能做的除了携带战斗手段，即借助于军队去实行占领以外就没有别的什么了。实际情况正是如此，因为携带战斗手段还不等于使用战斗手段。进攻者携带战斗手段是基于一种极其一般的前提，即他可能要使用战斗手段，也就是他不是用派遣官员和发表宣言的方式，而是用军队来占领别国的土地，实际上这还不能说是积极的军事行动。但是，防御者不仅集中了战斗手段，而且还根据自己的作战企图部署了战斗手段，他首先采取了真正符合战争概念的行动。

第二个问题是：在不考虑进攻这个概念以前，在理论上最先确定防御行动的根据可能是什么呢？为了占领而前进显然就是根据，这种前进应该说是战争以外的东西，但是军事行动的最初规则却是以它为根据的。防御要阻止这种前进，因此必然会联系到国土上来，于是就产生了最初的、最一般的防御方法。这些方法一经确定，进攻就针对它们采取对策；研究了进攻所使用的手段后，就又产生新的防御原则。这就出现了相互作用，只要不断产生的新结果值得考虑，理论就可以继续不断地研究这种相互作用。

为了使我们今后的一切考察更为透彻和更有根据，这一简短的分析是必要的。进行这种分析不是为了在战场上应用，也不是为了未来的统帅，而是为了一群至今还过分轻率地对待这些问题的理论家。

第8章　抵抗的方式

防御的概念是抵御，在抵御中包含有等待，我们认为等待是防御的主要特征，同时也是防御的主要优点。

但是，战争中的防御不能是单纯的忍受，所以等待也不能是绝对的，而只能是相对的。至于同等待有关系的对象，就空间来说，是国土、战区或者阵地，就时间来说，是战争、战局或者会战。我们非常清楚，它们不是一成不变的单位，只是纵横交错的一定范畴的中心。可是，在实际生活中我们往往不得不只满足于对事物的分类，而不再严格地加以区分，而且这些概念在实际生活中已经十分明确，因此，我们可以很方便地根据它们来集中其余的观念。

因此，国土防御只不过是等待敌人进攻国土，战区防御只不过是等待敌人进攻战区，阵地防御只不过是等待敌人进攻阵地。防御者在这一时刻以后实施的任何积极的、因而或多或少带有进攻性质的活动，都不会改变防御的性质，因为防御的主要特征和主要优点——等待，已经实现了。

从时间范畴来区分的战争、战局和会战同国土、战区和阵地是相应的概念，因此我们上面的论述对于战争、战局和会战也是适用的。

所以，防御是由等待和行动这两个性质不同的部分组成的。当我们使等待同一定的对象发生了关系，并在采取行动之前先进行等待，我们就有可能把两部分结合成一个整体。但是，一次防御行动，特别是一次大的防御行动，如战局或者整个战争，从时间上说，却不能划分为两个阶段，即第一个阶段只是等待，第二个阶段只是行动；它是由等待和行动这两种状态交织构成的，等待像一条连绵不断的长线贯穿于整个防御行动之中。

我们所以这样重视等待，是由事物本身的性质所决定的。迄今为止的任何理论都没有把等待作为一个独立的概念提出来，但是在实际生活中它已经不断地成为行动的根据了，虽然这往往是不自觉的。等待是整个军事行动的一个基本组成部分，没有等待，军事行动几乎就不可能存在。因此，在以后谈到等待在力量的相互作用中的效果时，我们还要常常提到这一点。

现在我们想谈一谈，等待这个因素如何贯穿在整个防御行动之中，以及由此可以产生哪些程度不同的防御方式。

为了相对简单地说明我们的观念，我们打算把国土防御留到“战争计划”一章一起去研究，因为在国土防御中，政治关系非常复杂，而且它们的影响也比较大。而另一方面，阵地上和会战中的防御行动是战术问题，只有作为整体才构成战略活动的起点。因此最能说明防御情况的是战区防御。

我们说过，等待和行动（行动常常是还击，也就是反应）是组成防御的两个十分重要的部分，没有等待防御就不成其为防御，没有行动防御就不成其为战争。这个见解使我们在前面就已经得出这样一个观念：防御无非是更有把握地战胜敌人的一种更为有效的战争形式。我们之所以必须绝对坚持这一观念，一方面是因为归根到底只有它能使我们避免犯错误，另一方面是因为这一观念越是生动，越是为人们所掌握，就越能使整个防御行动强而有力。

如果有人想要把防御的第二个必要组成部分反应再加以区分，只把狭义的抵御，即把守卫国土、战区和阵地看作是必要的部分（这一部分活动只进行到足以保障这些地区的安全为止）而把转入真正战略进攻的进一步反应看作是同防御无关的、可有可无的东西，那么，这种看法是同我们上述观念相违背的。因此，我们将这种区分看作是毫无意义的。我们必须坚持把报复思想作为防御的基础，因为不论防御者最初的反应在顺利时能使敌人受到多大损失，仍然不能造成进攻和防御在对比关系上所需要的均衡。

因此我们说：防御是可以比较容易战胜敌人的更有效的战争形式，可这个胜利能否超过防御最初的目的，则要看具体情况。

但是，防御是同等待这个概念分不开的，所以战胜敌人这一目的只有在一定条件下，即只有在出现了进攻的条件下才能存在。因此，不言而喻，如果没有出现进攻，防御就只能满足于保持原有的东西，这是防御在等待状态中的目的，也是它最直接的目的。同时，防御只有在满足于这一较低的目的时，才能实现它作为更为有效的战争形式的那些优点。

如果我们现在设想一支军队奉命防守它的战区，那么防御就可以这样进行：

1. 敌人一进入战区，军队就立即向他进攻（如莫尔维茨会战、霍恩弗里德堡会战）。

2. 军队在战区边沿附近占领阵地，等待进攻的敌人出现在阵地前面，然后进攻敌人（如恰斯拉夫会战、索尔会战和罗斯巴赫会战）。显然，在这种情况下，行动比较被动，等待的时间较长。虽然在真正出现敌人进攻的情况下，采取这种防御方式与前一种方式相比所能赢得的时间不多，或者等于零，但是在前一种场合肯定会发生会战，而在这种场合则不一定会发生会战，敌人可能没有足够的决心发起进攻，因此等待的成效也就更大了。

3. 军队在战区边沿附近的阵地上不仅等待敌人下决心进行会战（即等待敌人出现在我们阵地前面），而且等待敌人真正的进攻（为了引用同一个统帅的战例，我们以邦策尔维茨筑垒阵地为例）。在这种场合，人们将进行一次真正的防御会战；然而，正如我们前面说过的，这种防御会战还是可以包括这一部分或那一部分军队的进攻行动。像第二种场合一样，这里也根本不考虑赢得时间的问题，但是敌人的决心却要受到新的考验。有的进攻者在发起进攻以后，发现对方的阵地过于坚固，在最后时刻或者在进行了第一次尝试以后便放弃了进攻的决心。

4. 军队退入本国腹地进行抵抗。这一撤退的目的，是使进攻者的兵力受到削弱，并等待进攻者削弱到不得不自行停止前进，或者至少不能击破我们在他进攻路程的终点对他进行的抵抗。

如果防御者能够在撤退中留下一个或几个要塞，迫使进攻者去围攻或者包抄，那么上述情况将表现得最为清楚和明显。在这种情况下，进攻者的兵力会受到多大的削弱，防御者有多好的机会可以以巨大的优势兵力在一个地点上攻击进攻者，是十分清楚的。

但是，即使没有要塞，向本国腹地撤退也能使防御者逐渐取得他需要而在战区边沿无法得到的均势或优势，因为在战略进攻中任何前进都必然会使兵力遭到削弱，这种削弱一方面是前进本身引起的，另一方面是必要的兵力分割所造成的。关于这一点我们在研究进攻时再作做一步阐述。

在这里我们先提出这一真理，因为我们认为这是历次战争充分证明了的事实。

在这第四种场合，首先应该把赢得时间看作是一种重大的利益。如果进攻者围攻我们的要塞，我们就赢得了要塞可能陷落前的这段时间，这段时间可能长达几个星期，在有些情况下可能长达几个月。如果进攻者的削弱，即他的进攻力量趋于枯竭只是由于前进和占领必要的地点所造成的，只是路程漫长造成的，那么，我们赢得的时间在大多数情况下还会更多，我们转入行动就不致被限定在一定的时刻了。

除了考虑在进攻者进攻路程的终点双方兵力对比的变化以外，我们还必须考虑防御者因等待而不断增长的利益。即使进攻者实际上并没有由于前进而削弱到不能在我们主力停下来的地方发起进攻的地步，他也可能下不了决心发起进攻，因为在这里采取进攻行动往往比在战区边沿需要更大的决心。这一方面是因为他的军队已经削弱，不再是新锐的军队了，同时危险也已增加；另一方面是因为对于一些优柔寡断的统帅来说，到达并占领了所到达的地区以后，他们或是真正认为或是借口已没有进行会战的必要，往往便完全放弃了进行会战的想法。这样，防御者固然不能像在战区边沿那样充分取得消极结果，毕竟也赢得了很多时间。

显而易见，在上述四种场合，防御者都可以得到地形优势；同样十分明显的是，他在行动中还能利用要塞的作用和得到民众的帮助。这些因素的作用是按上述四种防御方式的次序依次递增的，在第四种防御方式中削弱敌人力量的主要是这些因素。等待的利益也是按这四种防御方式的次序依次递增的，因此，不言而喻，上述四种防御方式的次序应该被看作是防御力量的真正的依次增强，作战方式越是与进攻不同，它的力量就越强大。我们并不害怕人们因而责难我们，说我们认为一切防御中最消极的防御是最强的，因为抵抗行动并不按上述四种防御方式的次序依次减弱，它仅仅是被延迟和推后了而已。人们可以借助坚固而合适的筑垒阵地进行更有力的抵抗，而且当敌人的兵力因遭到抵抗而损失一半的时候，就可以对他进行更有效的还击，这绝不是荒谬的。如果道恩没有利用科林附近的有利阵地，他恐怕就不能取得那次胜利。假如他在腓特烈大帝率领超过1.8万人的军队撤离战场时进行了更猛烈的追击，这次会战就可能成为战史上最辉煌的胜利之一。

因此，我们断言，防御者的优势，或者更确切地说，防御者所具有的抵抗能力，将会按上述四种防御方式的次序依次递增，因而防御者的还击力量也会随之增强。

但是，这几种递增的防御利益能够完全凭空得到吗？不能。换取这些利益的代价也在相应地增加。

如果我们在自己的战区内等待敌人，那么，不论在距边沿多么近的地方进行决战，敌人军队总要侵入这一战区，这就不可能不给我们带来损失，除非我们采取进攻，才能把这种不利转嫁给敌人。如果我们不是一开始就迎向敌人对它发起攻击，损失将会更大；敌人所占领的空间越大，敌人接近我们阵地所用的时间越长，我们的损失就越大。如果我们打算进行一次防御战，也就是说让敌人决定会战和选定会战的时刻，那么敌人将长期保持他所占领的地区，我们由此而赢得的时间，是以我们的损失为代价的。如果我们向本国腹地撤退，这种损失将更大。

防御者所遭受的这一切损失，多半是力量方面的损失，这种损失只是间接地（也就是在以后，而不是立即）影响到他的军队，而且往往是如此间接，以至于很难感觉到这种影响。可见，防御者是在牺牲将来的利益换得当前的强大，也就是说，像一个穷人那样，他必须借贷。

如果我们想要考察这些不同的抵抗方式的效果，那么我们就必须看一看进攻的目的。敌人进攻的目的是占领我们的战区，或者至少占领我们战区的大部分，因为至少是大部分才能理解为整体，而占领几普里的地方在战略上通常是没有独立的重要意义的。因此，只要进攻者还没有占领我们的战区，也就是说，只要他因为惧怕我们的军队，而根本没有向我们的战区发起进攻，或者没有进攻我们的阵地，或者在我们打算会战时，他却回避会战，我们就算达到了防御的目的，并充分发挥了各种防御措施的作用。当然，这种成果是消极的，不能直接给真正的还击增加力量，但是，它能够间接地增加力量，也就是说，它能为还击做好准备，因为进攻者正在丧失时间，而时间上的任何损失都是一种不利，都必然要以某种方式削弱丧失时间的一方。

因此，在采用前三种防御方式时，也就是说，当防御在战区边沿进行时，没有进行决战就是防御所取得的成果。

但是在采用第四种防御方式时，情况却不是这样。

如果敌人围攻我们的要塞，那么，我们就必须适时为它们解围，因此，以积极行动决定胜负，是由我们来决定的。

如果敌人不围攻我们的任何要塞而尾随我们进入腹地，情况也是这样。在这种场合，虽然我们有较充裕的时间，可以等待到敌人极度虚弱时再行动，但最终要转入行动这一前提始终是不变的。敌人也许占领了作为他进攻目标的整个地方，但这只不过是借给他罢了，紧张状态仍在持续，决战还在将来。只要防御者的力量日益增强，进攻者的力量日益削弱，拖延决战就对防御者有利。但是，只要必然会出现的顶点一出现（即使这个顶点只是由于防御者总的损失产生了最后影响才出现的），防御者就应该采取行动和进行决战，这时，等待的利益应该被看作是已经利用殆尽了。

当然，这个时刻并没有一定的标准，因为它取决于很多的情况和条件，但是我们必须指出，冬季的来临通常可以被看作是自然的转折点。如果我们无法阻止敌人在他占据的地方过冬，那么，通常就可以认为我们已经放弃这个地方。不过，只要想一想托里斯–韦德拉斯这个例子就可以知道，这个规律并不具有普遍的意义。

那么，一般说来决战到底是什么样的呢？

我们在考察中一直把决战想象为会战的形式，当然这不是绝对的，它可以是分散的部队所进行的一系列战斗行动，这些行动或者通过真正的血战，或者通过战斗可能产生的效果迫使敌人不得不撤退，从而导致剧变。

在战场上不可能出现别的方式的决战。根据我们所确定的战争的观点，得出这个结论是必然的。因为，即使敌军仅仅因为缺乏粮食而撤退，这也是我们的武力限制了他们才造成的结果。假如我们的军队根本不存在，敌人军队肯定会设法解决粮食问题。

因此，即使敌人在进攻路程的终点已经被进攻中的种种困难弄得疲惫不堪，由于兵力分散、饥饿和疾病而受到了削弱和消耗，能促使他撤退并放弃已得到的一切的，也永远只能是对我们武力的畏惧。当然这样的决战同在战区边沿进行的决战有很大区别。

在战区边沿进行的决战中，只有以我们的武力对付敌人的武力，只有用我们的武力制服或者摧毁敌人的武力。但在进攻路程的终点，敌军由于劳累消耗了一半，我们的武力在这时所起的作用就完全不同了。因此，我们的军队虽然是决定胜负的最终因素，却不再是唯一的因素了。敌军在前进中的损失为决定胜负做了准备，这种损失可以达到如此程度，以致仅仅是我们有反攻的可能性就可以促使敌人撤退，也就是说就可以引起剧变。在这种场合，决定胜负的真正的原因只能是敌人在前进中的劳累。当然，防御者的武力不起作用的场合是没有的。但是在实际分析问题时，重要的是区别两个因素中哪一个起主要作用。

在这个意义上，在防御中根据进攻者是被防御者的利剑所消灭，还是由于自己的劳累而溃败，存在着两种决定胜负的方式，也就是说，有两种反应方式。

不言而喻，第一种决定胜负的方式主要用于前三种防御场合，第二种决定胜负的方式主要用于第四种防御场合。而且，后者主要出现在向本国腹地作深远的撤退中，同时，正因为通过这种方式能够决定胜负，人们才愿意进行这种牺牲重大的撤退。

这样，我们就了解了两种不同的抵抗原则。在战史中有一些战例可以十分清楚地把这两个原则区别开，就像在实际生活中的基本概念那样清楚。1745年，当腓特烈大帝在霍恩弗里德堡进攻奥地利军队时，奥军正好想从西里西亚山区下来，这时奥军的兵力既没有由于分散，也不可能由于劳累而受到显著的削弱。与上面的情况完全不同的战例是：威灵顿在托里斯–韦德拉斯的筑垒阵地上，一直等待到马森纳的军队由于饥寒交迫而不得不自行撤退。在这种情况下实际上削弱进攻者的并不是防御者的武力。在另一些战例中，这两种抵抗原则错综复杂地交织在一起，但其中肯定有一种原则是主要的。1812年的情况便是如此。在这一著名战局中尽管发生了那么多的流血战斗（如果在其他场合，发生这么多流血战斗也许就可以说是彻底用武力决定胜负了），仍然没有一个战例比这个战例更能清楚地说明，进攻者是怎样由于自己的劳累而遭到覆灭的。30万人编成的法国中央兵团到达莫斯科时只剩下9万人左右，而派遣出去的却不过1.3万人左右，因而，法军总共损失了19.7万人，其中战斗减员肯定不超过1/3。

在所有以所谓拖延制胜著称的战局中，例如在有名的“拖延者”非比阿斯进行的那些战局中，主要是指望敌人被自己的劳累所拖垮。

总之，这一抵抗原则在很多战局中起了主要的作用，可是并没有得到应有的重视。只有抛开历史著作家们杜撰的原因，深入地研究事件本身，才能找到这个决定许多胜负的真正原因。

说到这里，我们认为已经充分阐明了防御的一些基本观念，清楚地指出了各种防御方式和这些防御方式中的两种主要的抵抗原则，并且说明了等待这个因素是如何贯穿于整个防御概念之中，是如何同积极行动密切结合的，积极的行动迟早是要出现的，而当它出现时，等待的利益就不存在了。

我们认为，至此我们已经从总的方面分析并研究了防御的问题。当然，防御中还有一些十分重要的问题，即要塞、营垒、山地防御、江河防御和翼侧活动等的实质和作用等问题，它们可以构成专门的章节，也就是说可以成为独立的思想体系的中心，它们也是我们必须探讨的，我们准备在以下各章加以论述。但是，我们认为所有这些问题并没有超出上述一系列观念的范围，只不过是这些观念在具体地方和具体情况中的进一步运用而已。上述一系列观念是我们从防御的概念和防御同进攻的关系中得出来的，我们把这些简单的观念同实际联系起来，就指出了怎样才能从实际中再回到那些简单的观念上来，也就是说，能够找到可靠的根据，以免在讨论问题时求助于那些本身毫无根据的论据。

然而，由于战斗的组合复杂多样，尤其是在流血战斗实际上并没有发生、而只是有可能发生就发挥作用的情况下，武力抵抗在形式和特点上都有很大变化，因而很容易使人们认为，这里一定还有另一种发挥作用的因素。简单会战中的流血抵抗同根本不至于发展到流血战斗的战略计谋所产生的效果是有很大差别的，因而人们必然推想还存在着一种新的力量，就像天文学家根据火星和木星之间的广大空间而推论出还有其他行星存在一样。

如果进攻者发现防御者据守着一个坚固的阵地就认为这是无法攻下的，如果他发现防御者有一条大河作掩护就认为自己不能渡涉，甚至担心在继续前进中自己的给养得不到保障，那么，能产生这些效果的始终只有防御者的武力。进攻者之所以被迫停止行动，是由于他害怕在主要战斗中或者在一些特别重要的地点上被防御者的武力击败，只不过他根本不愿意或者至少不能够坦白地说出这一点罢了。

即使人们同意我们的意见，承认在未经流血战斗而决定胜负的场合，最终起决定作用的还是那些没有真正进行而只是作了部署的战斗，他们仍然会认为，在这种场合，应该被看作有效因素的是这些战斗的战略部署，而并非战术上的胜负。而且当他们谈到使用武力以外的其他防御手段时，他们所指的只是战略部署的突出作用。我们承认这种说法，但是，这正是我们想要讨论的问题。我们的意思是：如果说一切战略必须以战斗中的战术成果为基础，那么总会发生这样的情况，即进攻者一定会针对这个基础采取有效的措施，首先力求使自己在赢得战术成果方面占有优势，以便随后彻底粉碎防御者的战略部署，这始终是防御者所担心的。因此，绝不能把战略部署看作是某种独立的东西，只有当人们有足够的根据确保取得战术成果时，战略部署才能发挥作用。为了简单地说明这一点，我们在这里只想提一下，像拿破仑这样的统帅能不顾一切地冲破敌人的全部战略部署而寻求战斗，是因为他对战斗的结局从不怀疑。因此，只要对方在战略上还没有倾其全力以优势兵力压倒拿破仑，而去玩弄比较精巧的（无力的）计谋，战略部署就会像蜘蛛网似的被撕破。然而，像道恩这样的统帅，却容易被战略部署所阻止。因此，企图以七年战争中普鲁士军队对付道恩及其军队的办法来对付拿破仑和他的军队是愚蠢的。为什么呢？因为拿破仑非常清楚地知道，一切都取决于战术成果，并且确信能够取得战术成果，而道恩却不是如此。因此，我们认为应该指出：任何战略部署都只能以战术成果为基础，通过流血还是不流血的途径来解决问题，战术成果都是决定胜负真正的根本原因。只有对胜负决定已不必担心时（不论这是由于敌人的特点或敌人的情况，还是由于双方军队的精神的和物质的均势，甚至是由于我军占有优势的缘故），才可以指望从战略部署本身得到利益。

从全部战史中我们可以看到，在很多战局中进攻者没有进行流血决战就放弃了进攻，因而可以说战略部署发挥了很大作用。这可能使人认为，这些战略部署至少本身拥有巨大的力量，而且当进攻者在战术成果方面不占有显著的决定性优势时，战略部署大多就可以单独解决问题。对于这一点，我们必须回答说，上面所谈的现象，即使其原因存在于战场上，也就是说它更多地属于战争本身的现象，这一观点也是错误的；许多进攻所以没有发挥作用，原因在于战争所处的更高的关系，即战争的政治关系中。

产生并形成战争基础的总的关系也决定着战争的特点，关于这一点我们在以后研究战争计划时还要详细阐述。这些总的关系使大多数战争变成半真半假的战争，而原来的敌对感情由于必须通过各种冲突关系，最后变得极其微弱，这一点在采取积极行动的一方（即进攻的）当然表现得更为明显，更为突出。因此，只要稍加压力，软弱无力的进攻就会停止下来，这自然是不足为奇的。对付一个脆弱的、为重重顾虑所削弱了的、几乎已不存在的进攻决心，往往只要做出抵抗的样子就够了。

因此，防御者之所以能用不流血的方法多次取得成功，并不是由于在各处都构筑起了坚不可摧的阵地，并不是依靠横贯战区林木茂密的山脉和穿过战区的宽阔的江河，也不是通过某些战斗部署他真能轻而易举地瓦解敌人用以攻击他的力量，成功的原因不在这里，而在于进攻者意志薄弱，踌躇不前。

我们可以而且必须考虑上述这些阻抗力量，但是应该恰如其分地认识它们的作用，而不应该把它们的作用归之于这里所谈的其他事物身上。我们不能不强调指出，如果批判者不改变错误的观点，那么战史在这方面的叙述就很容易成为不真实的和带有欺骗性的记载。

现在让我们来简单地考察一下许多没有采用流血方式进行的进攻战局是怎样失败的。

进攻者侵入敌国，迫使敌人后退一段距离，但对进行一次决定性会战却顾虑重重；于是他占领了一个地方，在敌人面前停下来，好像除了占据这个地方以外就没有什么其他任务了，好像寻求会战应该是敌人的事情，好像他每天都在等待进行会战似的。这一切都是统帅借以欺骗他的部下、宫廷、世界、甚至他自己的借口。真正的原因是他发现敌人过于强大。我们这里所说的情况不是指进攻者因为不能利用已取得的胜利而放弃进攻，也不是指他在进攻路程的终点已经没有足够的力量来开始一轮新的进攻而放弃进攻，而是以有一次成功的进攻（即真正的占领）为前提的。我们这里指的是，进攻者还没有达到预定的占领目的就停顿不前了。

这时，进攻者就进行等待，以便利用有利的时机，但通常这种有利时机是不可能出现的，因为预定的进攻已经证明，不远的将来并不比现在有更大的希望。因此，这也是一个虚伪的借口。如果这次行动像常见的那样，与同时进行的其他行动有联系，那么，人们就会把自己不愿意承担的任务推到其他军队身上，借口支援不足和协同不够为自己的一事无成辩护。他会诉说种种不可克服的困难，并在各种复杂微妙的关系中寻找理由。进攻者的力量就这样地消耗在无所作为之中，或者更确切地说，消耗在不彻底的因而毫无成果的活动之中。防御者赢得了对他来说非常重要的时间，恶劣的季节临近了，进攻者退回自己的战区进行冬营，进攻亦随之结束。

这一整套虚假现象都被载入了战册，掩盖了使进攻者没有取得成果的简单而又真实的原因，即畏惧敌人的武力。如果批判者想研究这样的战局，那么他就会被许多相互矛盾的原因搅得头昏脑胀而无法得出有说服力的结论，因为这些原因都是没有根据的，而人们又没有去探索事情的真实面目。

但是，这种欺骗不仅仅是一种恶劣的习惯，而且是以事物的本质为依据的。那种削弱战争的基本威力，也就是减弱进攻的牵制力量，大部分存在于国家的政治关系和政治企图中，人们总是把这些关系和企图隐蔽起来，使世界、本国人民和军队都蒙在鼓里，在许多场合甚至连统帅都蒙在鼓里。例如，任何人都不会也不愿意承认，他决定停止或放弃行动的原因是担心自己的力量不足以坚持到底，或者是怕招致新的敌人，或者是不愿让自己的盟国变得过于强大等等。对所有这类事情人们都长期甚至永远保守着秘密。但是，对于采取的任何行动，都必须向世人解释清楚其来龙去脉，于是统帅为他自己、为他的政府着想，只好编造出一套虚假的理由。在军事问题上进行辩论时反复出现的这种欺骗手法在理论上已经僵化成一些体系，里面当然不会包含什么真理。只有像我们力图做到的那样，沿着事物内在联系的简单线索进行探索，理论才能弄清事情的真相。

如果用怀疑的眼光来观察战史，那么，种种关于进攻和防御的空洞理论就不攻自破，而我们在这方面提出的简单观念就会自然而然地显现出来。因此我们认为，这个简单观念适用于整个防御领域；人们只有完全依靠它，才能够十分清楚地掌握大量事件的真相。

现在我们还要研究一下各种防御方式的使用问题。

这些防御方式一个比一个更有力，那是用一个比一个大的代价换来的。因此，如果没有其他条件的影响，仅仅这一点就足以决定统帅的选择方式，他会选择适当的防御方式，既能使他的军队具有所需的抵抗力，又能使他不至于退得过远，造成不必要的损失。但是，必须看到，选择这些防御方式时大多受到很大的限制，因为防御中出现的一些重要条件必然会迫使统帅选择这种或那种防御方式。向本国腹地撤退需要有辽阔的疆域，或者要具有像1810年的葡萄牙那样的条件，当时有一个同盟国（英国）作它的后盾，而另一同盟国（西班牙）则以它的辽阔的疆域大大地削弱了敌人的攻击力量。要塞是多处于边境，还是多处于本国腹地，同样可以决定是否采取这样的计划，而国家的地理和地形状况、居民的特性、习俗和信念则起更大的作用。选择进攻会战还是防御会战，则应根据敌人的计划、双方军队和统帅的特点来决定。最后，是否占有特别有利的阵地或防线也可以导致采取不同的防御方式。总之，上述列举的条件已足以说明，防御方式的选择在很多场合更多地决定于这些条件，而不决定于单纯的兵力对比。这里提到的这些最重要的条件，我们还要进一步探讨，因此它们对选择防御方式的影响也要在以后才能阐述得更加明确，在最后的《战争计划和战局计划》那篇里，我们再把这一切总括起来探讨。

但是，这种影响多半只在兵力对比不太悬殊的情况下才起决定性作用，在兵力对比悬殊的情况下，也就是在一般情况下，兵力对比起主要作用。战史充分证明，人们并没有根据我们在这里阐述的一系列观念，而只是像在战争中的大多数场合所做的那样，糊里糊涂地依据纯粹的判断来选择防御方式。同一个统帅，同一支军队，在同一个战区，这一次挑起了霍恩弗里德堡会战，那一次却在邦策尔维茨扎营。至于说到会战，就连统帅中最喜好进攻的腓特烈大帝，在兵力悬殊时也终于认识到必须占领真正的防御阵地。拿破仑以往像一只野猪似的冲向自己的敌人，可是1813年8月到9月间，当兵力对比的变化对他不利时，他就像被困在栏中的野兽那样东碰西撞，而不再是不顾一切地继续向其中某一个敌人开火，这一点难道我们没有看到吗？而在同年10月，当兵力悬殊达到极点时，他就像一个人缩在房间角落里那样，在莱比锡附近的帕尔特河、埃耳斯特尔河和普来塞河所构成的角落里寻找掩护并等待敌人，这种情况难道我们没有看到吗？

我们不能不指出，本章比本篇其他任何一章都更清楚地表明，我们的目的不是要提出作战的新原则和新方法，而在于探讨久已存在的东西的内在联系，并弄清其最基本的要素。

第9章　防御会战

我们在前一章中已经说过，如果防御者在敌人一进入其战区后就迎击敌人，那么他就可以在防御中进行一次纯粹的战术上的进攻会战。但是，他也可以等敌人来到自己的阵地前沿以后，再转入进攻，在这种情况下进行的会战，尽管已经受到一定的限制，但从战术上来看仍然是进攻会战。最后，防御者还可以在自己的阵地上真正等待敌人的进攻，即进行局部的防御，同时又以一部分兵力发动攻击，以抵抗敌人的进攻。在这里当然可以设想，在防御中，随着积极还击因素的减少和地区防御因素的增加，存在着不同程度和不同等级的防御。我们在这里不可能说明防御到底可以分成多少等级，也不可能说明两个因素成何种比例最有利于取得决定性的胜利。但是，我们仍然坚持认为，要想取得决定性的胜利，在防御会战中绝不能完全没有攻击部分；而且我们确信，攻击部分像战术上纯粹的进攻会战一样，能够而且必然会带来决定胜利的一切效果。

从战略上来看，战场仅仅是一个点，同样，一次会战的时间不过是一瞬间，在战略上起作用的因素不是会战的过程，而是会战的结局和结果。

可见，如果任何防御会战中都含有的攻击要素确实可以导致彻底的胜利，那么从战略部署的角度来看，进攻会战和防御会战之间，基本上没有什么差别。我们认为的确是这样，当然，从表面上来看并非如此。为了弄清这一问题，为了阐明我们的观点，消除表面上的假象，我们不妨简略地描绘一下我们所想象的防御会战的情景。

防御者在一个阵地上等待进攻者，为此他选择了适当的阵地，并做了种种准备，也就是说，他仔细地熟悉了地形，在几个最重要的地点构筑了坚固的工事，开辟并修整了交通线，设置了火炮，在一些村庄构筑了防御工事，还为自己的部队找好了隐蔽的配置场所等等。如果在阵地的正面筑有一道或几道平行的壕沟，或者设有其他障碍物，或者有坚固的可以控制周围地区的制高点，敌人因而难以接近，那么，在争夺核心阵地以前的各个抵抗阶段，当双方在一些接触点上相互消耗兵力时，防御者就可以利用这种阵地以少量兵力杀伤敌人大量兵力。防御者两翼的依托点，可以保障他不致受到多方面的突然夹击。防御者为配置部队所选择的隐蔽地形，使进攻者小心翼翼，甚至畏缩不前，而他自己却可以通过多次成功的小规模攻击，减缓部队向核心阵地后撤的速度。于是，防御者以满意的目光注视着在他面前徐徐燃烧的战火。当然，防御者不会认为其正面的抵抗力是无穷无尽的，不会相信自己的翼侧是牢不可破的，同时，也不会指望几个步兵营或者几个骑兵连的成功的攻击就使整个会战发生剧变。他的阵地是纵深的，因为战斗队形中的每一部分，从师一直到营，都有应付意外情况和恢复战斗用的预备队。他还把一支占总兵力四分之一到三分之一的强大部队远远地配置在会战地区以外，使它完全不受到敌方火力的杀伤，有可能时，远远地部署在进攻者可能的迂回线以外（因为他有可能包围我们阵地的这一翼或那一翼）。这部分部队用以掩护自己的翼侧免遭敌人过于纵深的迂回，用以应付意外情况。而在会战的最后阶段，当进攻者的计划全部暴露，而且其绝大部分兵力已投入战斗时，防御者就可以用这部分部队攻击进攻者的一个部分，使用攻击、奇袭、迂回等各种进攻手段，对它展开小规模攻击战，在决定会战胜负的关键时刻，采取这样的行动就会迫使敌军全部撤退。

这就是我们通常所设想的建立在现代战术水平上的防御会战。在这样的会战中，防御者用局部包围来对付进攻者的全面包围（这是进攻者用来增大进攻成功的可能性和使战果更辉煌的手段），也就是用自己的军队去包围敌人用于迂回的那部分军队。这种局部包围只能达到使敌人的包围不起作用的目的，它不可能发展成为进攻者那样的全面包围。因此，进行这两种包围时，军队取得胜利的特征往往是不同的：在进攻会战中，包围敌人军队时是向敌人军队的中心点行动，而在防御会战中，则或多或少地是从圆心沿半径向圆周运动。

在战场范围内和在追击的最初阶段，包围必然经常被看作是比较有效的形式，但是，包围所以有效，主要不是由于它具有的这种形式，只有进行最严密的包围，也就是说，在会战中能大大限制敌人军队的撤退时，包围才比较有效。不过，防御者积极的反包围正是为了对付这一严密的包围。在很多场合，这种反包围即使不足以使防御者获得胜利，也可以使防御者不至于遭到严密的包围。但我们必须承认，在防御会战中这种危险（即撤退受到极大限制的危险）是主要的危险，如果防御者不能摆脱这一危险，那么进攻者在会战和追击的最初阶段取得的成果就会大大增加。

但是，通常只有在追击的最初阶段，也就是在夜幕降临以前才会出现上述情况；第二天包围就结束了，作战双方在这方面又恢复了均势。

不错，防御者可能丧失最好的退路，因而在战略上继续处于不利的态势，但除少数例外，包围本身总是会结束的，因为它原来就是只打算在战场范围内进行的，所以不能超出战场很远。不过，如果防御者获得胜利，那么另一方又将出现什么情况呢？战败一方的兵力被分成几部分，这种情况在最初时刻是有利于撤退的，但在第二天人们往往迫切需要把各部分兵力集中起来。如果防御者已取得具有决定性的重大胜利，并展开猛烈的追击，那么战败者要集中兵力往往是不可能的，分散的兵力可能导致极其严重的后果，可以逐渐导致其崩溃。假如拿破仑在莱比锡战胜了，那么分为几部分的联军就会招致战略地位一落千丈的后果。在德累斯顿，拿破仑虽然没有进行真正的防御会战，但他的进攻却具有我们在这里所说的那种几何形式，即由圆心指向圆周的形式。谁都知道，当时联军由于兵力分散，处境十分困难，卡茨巴赫河畔的胜利才使他们摆脱了这一困境，因为拿破仑得到这一消息后，就率领近卫军转回德累斯顿去了。

卡茨巴赫会战本身就是这种类型的战例，防御者在最后时刻转入进攻，随即采取了离心式运动，这样，法军的各部被迫四处溃散，庇托的师在会战后几天就落入联军手中，成为联军的战利品。

由此我们得出结论，进攻者能够利用在性质上同进攻相适应的向心形式作为扩大胜利的手段，防御者也同样可以利用在性质上同防御相适应的离心形式作为扩大胜利成果的手段，而这比军队成平行配置向敌人垂直攻击所取得的成果要大得多，而且我们认为，至少这两种手段的价值是相同的。

如果我们在战史上很少看到防御会战取得像进攻会战所能取得的那样巨大的胜利，那么这与我们关于防御会战能够取得巨大胜利的观点毫不矛盾。防御会战所以没有取得进攻会战那样巨大的胜利，原因在于防御者所处的情况与进攻者不同。防御者不仅在兵力方面，而且就总的情况来看，多半是较弱的。在大多数场合，他不能或者自己认为不能使胜利扩大为巨大的战果，因而只满足于消除危险和挽救军队的荣誉。毫无疑问，防御者由于力量比较弱和条件不利，会受到很大的限制。但是，有人却常常把这种必然性所造成的结果看作是采取防御所造成的结果，于是对防御得出了一条实际上很愚蠢的看法，似乎防御会战只以抵御为目的，而不以消灭敌人为目的。我们认为这种错误极为有害，它把形式与事情本身完全混淆起来了。我们坚决认为：采用我们叫作防御的这种作战形式，不仅更有把握获胜，而且胜利的规模和效果可以同进攻时一样大，只要具备足够的力量和决心，不仅在构成战局的所有战斗的总成果中是这样，而且在单个会战中也是这样。

第10章　要　塞

从前，在出现大规模的常备军以前，要塞，即城堡和筑垒城市只是为了保护当地居民而设置的。贵族在受到多方面威胁时，就躲进自己的城堡避难，以便赢得时间，等待有利的时机；城市则力图凭借其坚固的城墙使自己不致遭到掠过本城的战争风暴的侵袭。这是要塞最原始和最自然的使命，但要塞的使命并不仅限于此。由于要塞所在的地点同整个国土和在国内各处作战的军队都有关系，因而要塞很快就具有了更大的重要性，具有了超出城墙范围的作用，对占领或保卫国土、对战争胜败的整个结局都有了影响。于是，它甚至成为一种把战争更紧密地联结成一个整体的手段。

要塞具有的战略意义有一个时期特别受重视，以致它对制定战局计划的轮廓起着决定性的作用，使战局计划主要是以夺取一个或几个要塞为目的，而不是以消灭敌人军队为目的。后来，人们回想起当初使要塞产生这种意义的原因，即构筑要塞的地点对整个国土和军队的关系，于是就认为，在确定构筑要塞的地点时，把要塞的使命想象得怎么全面、细致、抽象也不过分。要塞有了这种抽象的使命以后，它本来的使命就几乎完全被人们遗忘，于是就产生了在没有城市和居民的地方设置要塞的想法。

另一方面，不需要其他军事设施，只凭加固的城墙就可以完全保障一个地点不致被席卷全国的战争洪水所淹没的时代已经过去了。而以前加固的城墙所以能起到这种作用，一方面是因为从前各民族被分割为一些小国家，另一方面是因为当时的进攻带有定期的性质，在那时，或者由于诸侯急于回家，或者由于已付不出钱给雇佣兵队长，进攻几乎像四季那样有一定的十分有限的持续时间。自从庞大的常备军能够用强大的炮兵部队按部就班地粉碎各个地点的抵抗以来，就没有任何城市和其他小团体再愿意以自己的力量作赌注了，因为为了使城市迟几个星期或者几个月失守，将会受到更加残酷的惩罚。分散兵力据守许多只能稍微延缓敌人前进而最后必然会陷落的要塞，更不符合军队的利益。除非我们可以依靠同盟军来为我们的要塞解围并解救我们的军队，否则，我们必须始终保留足够的兵力，以便在野战中同敌人抗衡。因此，要塞的数量必然要大大减少，这一点势必使人们从利用要塞直接保护城市居民和财产的想法演变为另一种想法：把要塞看作是保护国土的一种间接手段（即要塞通过其本身作为战略上的枢纽点这一战略意义而起到这种保护作用）。

这就是有关要塞的想法的演变过程，不仅在书本上，而且在实际生活中也是如此；但是，像常见的那样，书本上自然会谈得更抽象些。

尽管事情必然会这样发展，可是上述这些想法未免太过分了，臆造的空洞的东西排挤了自然的真正为人们所需要的东西。当我们谈到要塞的使命和条件时，我们将只考虑这些自然的真正为人们所需要的东西。我们将先谈简单的，再谈复杂的，并将在下一章中研究由此而得出的关于决定要塞的位置和数目的问题。

显然要塞有两种不同的效果，一种是消极效果，一种是积极效果。前者是保护其所在地区和这一地区内的一切，后者是对炮火射程以外的周围地区也发生一定的作用。

这种积极效果表现在守备部队能够对向要塞接近到一定距离的任何敌人进行出击。守备部队的兵力越多，可以抽出来用于出击的部队就越多；这样的部队越多，通常能出击的范围就越大，由此可见，与小要塞相比，大要塞不仅有显著的积极效果，而且发挥作用的范围很广。但这种积极效果本身又产生于两种活动：要塞本身的守备部队的活动和一些本身不是守备部队但同守备部队有联系的大小部队的活动。这些大小的部队力量单薄，不足以单独对抗敌人，有了要塞的掩护（在紧急情况下他们可以退入要塞），他们就能够在其活动的地区立足，并在一定程度上控制这个地区。

要塞的守备部队所能进行的活动总是相当有限的。即使要塞很大和守备部队很强，能够派出去进行活动的部队比起用于野战的常备军队来往往还不够强大，它们活动范围的直径很少超过几日行程。如果要塞很小，那么派出的部队就会非常少，其活动范围大多仅限于邻近的村庄。然而，那些不属于守备部队因而没有必要返回要塞的部队所受的束缚要小得多，当其他条件十分有利时，利用这些部队可以大大地扩大一个要塞的积极效果。所以，当我们一般地谈到要塞的积极效果时，必须特别注意上述这部分效果。

但是，即使是最弱的守备部队所起的最小的积极效果，对于要塞所应该完成的一切使命来说，仍然是一个十分重要的部分；因为严格地说，即使是要塞所有活动中最消极的活动（即对进攻的抵御），没有上面所说的积极效果也是不可想象的。同时，显而易见，在要塞一般地或者在某一时刻所能完成的各种不同的使命中，有的偏重于产生消极效果，有的偏重于发挥积极效果。这些使命有些是简单的，有些是复杂的。在前一种场合，要塞的效果在一定程度上是直接的，在后一种场合，要塞的效果则或多或少是间接的。我们准备先谈前者，再谈后者，但是先要说明一点，那就是一个要塞可以同时（至少在不同时刻）担负几个使命，甚至担负全部使命。

因此，我们说要塞是防御的首要的和最大的支柱，这表现在下列几个方面：

作为有安全保障的仓库

进攻者在进攻时只需要考虑当前两天的给养；而防御者通常必须早就做好准备，也就是说他不能仅仅依靠他驻扎的地方获取给养，因为这本来是他想加以保护的地方。因此，仓库对防御者是必需的。当进攻者在前进时，他的各项储备都留在了后方，因而不会受到战区的种种危险，然而防御者的储备则经常处于这种危险之中。如果各种储备不放在筑垒的要塞里，那么这对野战行动必然会发生极为不利的影响，因为为了掩护这些储备，往往不得不把部队配置在不是自由选定的极为广阔的阵地上。

一支进行防御的军队如果没有要塞，就像一个没有穿铠甲的人一样，可能有上百个地方被人击伤。

用以保障富庶的大城市的安全

这一使命同前一个使命非常近似，因为富庶的大城市，特别是商业中心，是军队的天然仓库，它们的得失对军队有直接的影响。此外，花费一些力量来保护这部分国家财产总是值得的，因为一方面，从这里可以间接地得到力量，另一方面，重要的城市本身在媾和谈判时有非常显著的作用。

要塞的这一使命在现代没有得到应有的重视，但是，它毕竟是最自然、最起作用、最正确的使命之一。如果一个国家，不仅在所有富庶的大城市中构筑了要塞，而且在每个人口稠密的地方都构筑了要塞，并且由当地的居民和附近的农民来防守，那么战争推进的速度就会极大地减弱，遭到进攻的人民在战争中就能发挥极大的作用，使对方统帅的才能和意志力不能发挥作用。我们提出在全国构筑要塞的设想，只是为了使人们对上面所谈到的要塞的使命给以应有的重视，希望人们在任何时刻都不要忘掉要塞的直接保护作用。并且，这一想法同我们的考察并不矛盾，因为在那么多城市中，必然会有几个城市的要塞构筑得比其他城市更为坚固，它们可以成为军队的真正支柱。

要完成第一和第二个使命，要塞几乎只需要发挥其消极效果就可以了。

作为真正的封锁堡

要塞可以用来封锁道路，在大多数场合也可以用来封锁流经附近的河流。

要找到一条可以用来迂回要塞的小路，并不像人们平常想象的那样容易，因为这种迂回不仅必须在要塞炮火射程以外进行，而且由于守备部队可能出击，还必须在相当远的地方绕道进行。

如果地形稍微难以通行一些，那么稍稍偏离大路就往往使行军变得缓慢，以至于可能耽误一整天的行程，如果这条通路必须经常使用，这种耽误就可能非常严重。至于利用要塞封锁江河上的航道对进攻者行动的影响，是不言而喻的。

作为战术上的依托点

由于一个不太小的要塞的火力范围通常可达几小时行程，而出击的活动范围还要大一些，所以，要塞永远可以被看作是阵地翼侧的最好的依托点。几普里长的湖泊肯定可以算是极好的依托点，但是一个中等要塞却能够起到更大的作用。阵地翼侧不必完全靠近要塞，因为进攻者不会在阵地翼侧和要塞之间突入，那样做他将失去一切退路。

作为兵站

如果要塞位于防御者的交通线上（实际上，情况往往如此），那么对一切来往于这条路上的军队说来，要塞就是方便的兵站。交通线受到的威胁往往只是敌方别动队所进行的短暂的袭扰。一支重要的运输队在发现这种彗星般的别动队接近时，只要能够加快前进或迅速后退进入要塞，就可以得救，然后，它可以等危险消失后再行动。此外，一切来来往往的部队都可以在这里休息一天或几天，以便加快以后的行军速度，而休息期间恰恰是部队最容易受到威胁的时候。因此，一条30普里长的交通线，如果中间有一个要塞，这条交通线就好像缩短了一半。

作为弱小部队或败退部队的避难地

任何一支部队在一个不太小的要塞的炮火掩护下，即使没有专门构筑的营垒，也可以避免遭到敌人的袭击。当然，一支部队如果想在这里停留一段时间，往往无法继续撤退。不过，在有些情况下，不能继续撤退并不是什么重大的损失，因为继续撤退也许只能以全军覆没而告终。

但是，在很多情况下，部队可以在要塞停留几天而不致失去撤退的可能性。特别对那些先于战败的军队到达此地的轻伤员和溃散的士兵等等来说，要塞是他们的避难地，他们可以在这里等候自己的部队。

在1806年，假使马格德堡恰恰位于普鲁士军队的撤退线上，而且这一撤退线没有在奥尔施泰特附近被切断，那么，普军当然就可以在这个大要塞中停留三四天，从而集结并重新组织起来。甚至在当时那样的情况下，马格德堡也成了霍亨洛黑的残余军队的集合地点，这支军队在那里得以重新组织。

人们只有通过自己在战争中的直接体验，才能对自己附近的要塞在情况不利时所起的良好作用有一个正确的认识。在这些要塞里储存着枪支弹药、饲料和面包，可以给伤病员提供住宿，使健壮的人得到安全，使惊慌失措的人恢复镇静。因此要塞可以说是荒原上的旅店。

要塞在完成上述后四项使命时，需要较多地发挥积极效果，这是不言而喻的。

作为抵挡敌军进攻的真正盾牌

防御者留在自己前方的要塞就像大冰块一样，分割着敌人进攻的洪流。敌人不得不包围这些要塞，如果守备部队作战勇敢，敌人就必须投入双倍的兵力。此外，大多数情况下，一半的守备部队由那些没有要塞就根本不能作战的人员组成，如未经充分训练的后备军、半残废军人、武装的居民、民兵等等。因此，在这种场合，敌军受到的削弱大概为我军的四倍。

敌军的这种不成比例的削弱，是被围攻的要塞通过其抵抗给我们带来的第一个也是最重要的利益，但这并不是唯一的利益。从进攻者突破我们要塞防线的那刻起，进攻者的一切运动都受到很大的束缚；他的退路受到限制，而且必须经常考虑如何直接掩护他所进行的围攻。

因此，在这方面要塞对防御行动起着巨大的、决定性的作用。我们必须把这一点看作是要塞的一切使命中最重要的使命。

尽管如此，我们在战史上很少看到这样使用要塞的，尤其很少看到经常重复地这样使用要塞，这是由过去大多数战争的性质所决定的，对这些战争来说，使用这一手段似乎太坚决、太强硬了。这一点到以后才能做进一步的说明。

要塞的这个使命从根本上来说主要是需要要塞发挥出击力量，至少要塞在这种情况下的效果是以这种出击力量为基础的。对进攻者来说，如果要塞只不过是一个不能占领的地点，那么，虽然这个要塞会对进攻者起到阻碍作用，但这种作用绝不会使进攻者感到有必要围攻要塞。然而，进攻者不能容许有6000、8000乃至1万名敌军在他背后任意活动，所以，他才不得不用相当的兵力去攻击他们，为了不至于拖的时间太长，就必须占领要塞，也就是必须围攻要塞。从要塞被围攻的时刻起，要塞的作用主要是发挥消极效果。

要塞的所有上述使命，都是以相当直接和简单的方式完成的，但是，对于以下两项使命，要塞发挥作用的方式就较为复杂了。

用以掩护广大的舍营地

一个中等的要塞掩护舍营地的通道时，掩护的正面可达三四普里，这是要塞的存在而产生的一个十分直接的作用。但是这样一个要塞究竟怎样才能够掩护长达15到20普里的舍营线呢？这在战史上倒是经常谈到的，如果真有其事，就需要加以分析，如果只是幻想，则需要加以指出。

在这里应该研究下列几种情况：

1.要塞可以封锁一条主要道路，并确实掩护宽度达三四普里的地区。

2.要塞可以被看作是一个非常强大的前哨，也就是说，它能使人们比较全面地了解当地的情况（设置在一个大城镇的要塞通过附近地区居民的关系可以得到秘密情报等，这样对当地情况的了解会更加全面）。因为人们在一个有6千、8千到1万人口的城镇里，自然比在一个偏僻的村庄（普通前哨的配置地点）里能更多地了解到周围地区的情况。

3.一些较小的部队可以依靠要塞，得到要塞的掩护和保障；他们可以不时到敌人所在的方向去获取情报，或者袭击经过要塞附近的敌人的背后。因此，要塞虽然不能动，却可以在一定程度上起到先遣部队的作用（见第五篇第8章）。

4.防御者可以把军队集中起来后直接配置在要塞后面；在这

种情况下进攻者要想迫近这一配置地点，其背后就不能不受到要塞的威胁。

当然，对舍营线的任何进攻都应该被看作是带有奇袭性质的进攻，或更确切地说，这里的进攻仅仅是指奇袭。不言而喻，奇袭的时间比针对战区发起进攻的时间要短得多。如果说，进攻者在对战区发动进攻时，必须包围和封锁他要经过的要塞，那么他在对舍营线进行奇袭时，就没有必要这样做了，因此要塞也不会像削弱进攻那样削弱奇袭。这是事实，而且位于要塞两侧6至8普里距离上的舍营地是得不到要塞的直接掩护的，但是，这种奇袭的目的并非袭击几个舍营地。至于这种奇袭的真正意图以及能够达到的目的，只有在“进攻”一篇中才能有比较详细的说明，但在这里我们可以提出：奇袭的主要成果，不是袭击几个舍营地，而是迫使一些急于赶到某一地点集中而尚未作好战斗准备的部队进行战斗。但是，进攻者的这种推进和追赶总是或多或少指向敌人的舍营地中心，这时位于这一中心前面的大要塞会给进攻者造成很大的困难。

我们认为，如果对上述四方面的效果综合加以考虑，那么就可以看出，一个大要塞能以直接和间接的方法在一定程度上保障的舍营地的范围，无疑比最初想象的要大得多，所以说一定程度的保障，是因为所有那些间接的效果并不能使敌人停止前进，而只能使敌人的前进困难一些，使他们的顾虑多一些，从而前进的可能性小一些，对防御者的危险少一些。然而，对要塞所能要求的以及要塞所能起的掩护作用也只能是这一些。真正的直接的安全保障，则必须依靠配置前哨和正确地组织舍营才能获得。

因此，认为大要塞有能力掩护它后面的宽大的舍营线，并不现实。但是也不能否认，在实际的战争计划中，尤其是在历史著作中，常常有一些空洞的言辞，或者有一些不切实际的看法。因为，既然只有各种条件一同起作用才能产生上述掩护作用，而且即使有了这种作用，也只是减少一些危险，那么不难看出，有些特殊情况，特别是敌人的大胆，在一些场合可能会使这种掩护作用成为泡影。因此，在战争中我们不能满足于笼统地假定要塞的这一作用，而必须深入细致地考虑各种具体条件。

用以掩护没有军队防守的地区

如果在战争中某个地区根本没有军队驻守，或者没有大部队驻守，而且多多少少有遭到敌人侵袭的危险，那么人们就会把位于这个地区的一个不太小的要塞看作是对该地区的掩护，或者看作是对该地区的保障。人们当然可以把要塞看作是对该地区的保障，因为敌人在占领要塞以前是控制不了这个地区的，这样，我们就赢得了时间，可以赶来防御这个地区。但是，这种掩护当然只能被理解为一种非常间接的掩护，或者一种非本义的掩护。因为要塞只能通过它的积极效果在一定程度上限制敌人的侵袭。如果只靠守备部队来发挥这一作用，那么将不会收到很大的效果，因为这种要塞的守备部队大多兵力较弱，通常只是由步兵（而且还不是精锐的步兵）组成。如果有一些小部队同要塞保持联系，把要塞作为它们的依靠和后盾，那么要塞的掩护作用就有了较大的现实意义。

作为民众武装的中心

在民众战争中，粮食、武器和弹药不可能有正规的供应，而是靠民众设法解决的，通过这种方式，可以发掘出数以千计的、较小的抵抗力的源泉，不进行民众战争，这些抵抗力就始终得不到利用，这正表现了民众战争的性质。然而，不难理解，如果有一个储存有这类紧急物资的大要塞，整个抵抗将会更加有力、更加可靠、联系更加紧密，更有连续性。

此外，要塞是伤病人员的避难地，是领导机关所在地，是金库，是军队采取较大军事行动时的集结地，最后，还是抵抗的中心，它能使敌人军队在围攻时处于一种便于民众武装进行袭击的状态。

用来防御江河和山地

要塞位于大的河流沿岸，比位于其他任何地方更能达到较多的目的，起到较大的作用。要塞在这里可以保障我军随时渡河，阻止敌人在周围几普里以内的地方渡河，控制河上运输，收容一切船只，封锁桥梁和道路，使防御者有可能用间接的方法，即占领敌方的阵地来防守江河。显然，由于这种多方面的作用，要塞对江河防御极为有利，应该被看作是江河防御的一个重要环节。

同上述情况相类似，在山地的要塞也是很重要的。山地的要塞控制着整个道路网，成为道路网的枢纽，并由此控制着山地道路所通过的整个地区，因此，山地的要塞应该被看作是这个地区的防御体系的真正支柱。

第11章　要　塞（续）

我们已经谈了要塞的使命，现在来谈谈要塞的位置，这个问题初看起来似乎极为复杂，因为要塞的使命很多，而且每一个使命又因地形不同而可能有所变化。但如果我们把握住事情的本质，避免在一些无意义的枝节问题上纠缠，那就没必要顾虑这些了。

显然，如果在那些可以被看作是战区的地区内，把位于连接两国的大路上的最大最富庶的城市，尤其是靠近港口、海湾以及江河沿岸和山地中的城市都构筑成要塞，那么，前面所提出的所有的使命就都能实现了。大城市和大路总是在一起的，两者还同江河和海岸有着密切的天然关系。所以四者很容易结合在一起而不致发生矛盾。可是山地却不然，因为大城市很少位于山地。因此，如果某一山地就位置和方向来看适于作为防线，就可以构筑一些小堡垒来专门封锁山地的道路和隘口，但应该尽量少花费用，因为大的要塞设备应该留给平原上的大城市。

我们还没有谈到在边境设置要塞的问题，也没有谈到整个要塞线的几何形式以及设置要塞的地点的其他地理条件，因为我们把前面所谈到的使命看作是要塞的最重要的使命，并且认为，在很多场合，尤其是在一些小国，只考虑这些使命也就足够了。当然就那些幅员辽阔的国家来说，有的拥有很多大城市和大路，有的则相反，几乎根本没有大城市和大路；有的非常富裕，在现有的很多要塞之外还想构筑新的要塞，有的则相反，非常贫穷，不得不以很少的要塞勉强应付。总之，如果要塞的数目同需要构筑要塞的大城市和大路的数目不相适应，大城市和大路不是特别多就是特别少，那么选择构筑要塞的地点时，就可以而且需要考虑另外一些依据。我们只是简单地谈一谈这个问题。

现在还有下面几个主要问题需要讨论：

1.当联结两国的道路很多，不能在每一条道路上都设置要塞时，应该选择在哪些道路上设置要塞；

2.要塞应该仅仅设置在边境附近，还是应该分布在全国；

3.要塞应该平均地还是成群地分布；

4.设置要塞时必须考虑的地理条件。

就要塞分布的几何形式来说还有许多其他问题，如：这些要塞应该成一线配置，还是成多线配置，也就是说，要塞重叠配置的作用大还是并列配置的作用大；应该棋盘式配置，还是直线式配置，或者要塞线应该像要塞本身的形状那样具有一些凹进去的和凸出来的部分。我们认为这些都是毫无意义的枝节问题，也就是说，是一些不必加以考虑的问题，当人们提到更重要的问题时，就绝不会再去谈论它们了。我们在这里所以提起这些问题，只是因为在有些书本上不仅谈到这些内容贫乏的东西，还认为它们有很重要的意义。

关于第一个问题，为了把问题讲得更清楚些，我们只想提一提南德意志与法国，即与上莱茵地区的关系。如果我们不考虑构成南德意志的各个邦的情况，只把它看作一个整体，从战略上来决定构筑要塞的地点，那么就会出现巨大的不确定性，因为从莱茵河通往弗兰肯、巴伐利亚和奥地利的腹地有无数漂亮的艺术之路。虽然在这些大路上并不缺少像纽伦堡、符茨堡、乌尔姆、奥格斯堡、慕尼黑这样的大城市，但是，如果不打算在所有这些城市都构筑要塞，就必须有所选择。此外，即使人们根据我们的观点，认为主要应该在最大最富庶的城市构筑要塞，他们也还是不得不承认，由于纽伦堡和慕尼黑的位置不同，这两个城市显然具有不同的战略意义。因此，始终存在着这样一个值得考虑的问题：是否可以不在纽伦堡而在慕尼黑地区的某个地方，即使是比较小的地方构筑要塞。

至于在这种情况下如何做决定，也就是说，如何回答第一个问题，请读者参阅我们论述一般防御计划和选择进攻点的那几章。哪里是最自然的进攻点，哪里就是我们特别应该构筑要塞的地方。

因此，在敌国通往我国的许多主要道路中，我们将首先在那些最直接通往我国心脏的道路上构筑要塞，或在那些因穿过富饶的地区或靠近通航的河流而最便于敌人行动的道路上构筑要塞。这样，这些要塞才能比较保险地阻止敌人的前进，或者当敌人企图从要塞侧旁通过时，我们自然就可以获得威胁他翼侧的有利机会。

维也纳是南德意志的心脏，仅从对法国作战这个角度来看（假定瑞士和意大利都是中立的），慕尼黑或奥格斯堡作为主要要塞显然会比纽伦堡或符茨堡起更大的作用。如果同时还考虑到从瑞士经过蒂罗尔和从意大利来的道路，这一点就更加清楚了，因为对这两条道路来说，慕尼黑或奥格斯堡总可以起到一些作用，而符茨堡和纽伦堡对它们却几乎什么作用都没有。

现在我们来谈谈第二个问题：要塞应该仅仅设置在边境附近，还是应该分布在全国。首先必须指出，对小国来说，这个问题是多余的，因为战略上可以称之为边境的地方，在小国几乎就是整个国土。国家越大，考虑这个问题就越有必要。

对这个问题的最自然的回答是：要塞应该设置在边境附近，因为它是用来保卫国家的，而守住了边境也就保卫住了国家。这一看法一般说来是正确的，但是，它也有很大的局限性，下面的探讨就可以证明这一点。

凡是主要指望外来援助的防御，都特别重视赢得时间。这种防御不采取强有力的还击，而是采取缓慢的抵抗行动，它主要的利益更多地在于赢得时间，而不在于削弱敌人。假定其他一切情况相同，关于要塞，一种情况是彼此相隔很远地分布于全国，另一种情况是密集地分布在边境线上，敌人攻占前者比攻占后者所费的时间要长一些，这也是很自然的。其次，凡是在想通过使敌人拉长交通线和生活遭到困难而战胜敌人的一切场合，也就是说在那些可以主要依靠这种抵抗方式的国家中，仅在边境附近设置要塞是完全错误的。最后，如果考虑到下述情况，那么就可以看出，在腹地设置要塞多少总是有道理的。这些情况是：只要条件允许，必须把在首都构筑要塞看作是首要的事情；各个地区的首府和商业中心，根据我们的原则也需要构筑要塞；横贯全国的江河、山脉和其他地形障碍都有利于设置新的防线；有些城市天然地势险要，需要构筑要塞；最后，某些军事设施，例如所有兵工厂，设置在腹地就比设置在边境附近有利，并且由于它们很重要，的确值得用要塞来掩护。我们认为，在那些有很多要塞的国家中，即使把多数要塞设置在边境附近是有道理的，但在腹地完全不设置要塞，终将是个严重的错误。很明显，法国就犯了这样一个错误。如果某个国家的边境地区完全没有大城市，只在深远的后方才有大城市（例如在南德意志这种情况就特别明显，在施瓦本几乎没有大城市，而在巴伐利亚却有很多），那么就更容易产生疑惑了。我们认为，没有必要根据一般的论据一下子彻底消除这种疑惑，而是必须在考虑了具体情况后才能做出结论，此外我们请读者注意本章最后的结论。

第三个问题是，要塞主要应该成群集中地设置，还是主要应该平均分散地设置。如果对各方面的情况都进行了考虑，那么对这个问题就会很少产生疑惑了。但是，我们并不因此就认为这是毫无意义的枝节问题，因为由距离一个共同中心只有几日行程的两三个或四个要塞组成的要塞群，当然能使这一中心和在该地的军队增强力量，因此，只要其他条件允许，人们必然力图构筑这样的战略堡垒。

最后一个问题是关于决定设置要塞地点的其他地理条件。要塞设置在海滨、江河沿岸和山地，能加倍发挥作用，这一点我们在前面已经谈过了（因为这是一个必须加以考虑的主要问题），此外，还有一些其他的条件应该加以考虑。

如果一个要塞不能直接设置在江河沿岸，那就最好不要把它设置在江河附近，而要设置在离江河10到12普里的地方。不然的话，江河在我们上面提到的一切方面都会限制和影响要塞的作用范围。

在山地就没有这种情形，因为山地不会像江河那样把大小部队的行动限制在几个点上，但在山地的向敌一面设置要塞是不利的，因为这样设置的要塞离敌人近，很难为它解围。如果把要塞设置在我们这一面，就会使敌人的围攻非常困难，因为山地切断了敌人的交通线。对此，我们可以回忆一下1758年围攻奥尔米茨一例。

难以通行的大片森林和沼泽的情况同江河相类似，这是不难理解的。

位于难以通行的地形上的城市是否应该设置坚固的要塞，这也是一个经常被人提起的问题。因为这种城市用少量的费用就可以筑成要塞进行防守，换句话说，这种城市付出同等的力量，却可以建成更加坚固而往往难以攻克的要塞，同时，因为要塞的使命更多的是消极的而不是积极的，所以即便有人认为这种城市很容易被封锁，我们对此似乎也没有必要去过多地考虑。

最后，再回过头来考虑一下我们所提出的在全国构筑要塞的非常简单的理论，我们可以说：这种理论建立在一些直接关系到国家根基的重大而长远的事情和条件的基础之上，因而里面不可能有关于战争的短暂的流行的时髦观点、空想的战略和只适合于暂时的个别需要的观点，这些观点和妙计对于为了使用500年、甚至1000年而构筑的要塞来说是错误的，只能引起无可挽救的后果。腓特烈二世在西里西亚境内苏台德山脉的一个山脊上构筑的齐尔伯堡，在情况完全变化了以后，就几乎失去了它的全部意义和作用；而布雷斯劳如果始终是一个坚固的要塞，那么在任何情况下，无论是对抗法国的军队，还是对抗俄国的军队、波兰的军队和奥地利的军队，它都能继续保持其原来的意义和作用。

请读者不要忘记，我们的这些考察并不是针对一个国家完全从头构筑要塞的那种情况提出的，如果是这样，那么这些考察就毫无用处了，因为那种情况是很少出现的，甚至是根本没有的。我们所进行的这些考察对设置任何一个要塞都是有用的。

第12章　防御阵地

凡是我们利用地形作为防护手段来展开会战的阵地就是防御阵地，至于当时我们的行动是以防守还是以攻击为主，这没有关系。仅仅从我们关于防御的总看法中就可以得出这一结论。

此外，一支向着敌人前进的军队在受到敌人挑战而被迫应战时所处的任何阵地，我们也可以称作防御阵地。实际上，大多数会战都是这样发生的，整个中世纪没有其他形式的会战，大多数阵地都属于这一类，这里只要指出阵地的概念同行军的野营地不同就够了，但我们要谈到的却不是这一类阵地，那些专门的防御阵地同这一类阵地肯定还有不同之处。

在一般阵地上决战时，时间概念显然是主要的；相向运动的双方军队进行决战时，地点是次要的，它只要不是非常不合适就行了。但是，在真正的防御阵地上进行决战时，地点概念却是主要的，因为决战应该在这一地点进行，或者更确切地说，主要应该利用这一地点进行。这里所指的仅限于这种阵地。

这时，地点的意义表现在两方面，一方面，这个地点可以使配置在这里的军队对整个防御起一定的作用；另一方面，这个地点的地形可以作为掩护和加强这一部分军队的手段。简单地说，这两方面的意义也就是战略意义和战术意义。

如果我们要求精确的话，那么防御阵地这个术语，只是从上述战术意义的角度提出来的，因为，如果从战略意义的角度来看，配置在这一地点的军队即使不通过它的存在对整个防御关系产生影响，也可以通过进攻的方式来达到防御国土的目的。

上述意义中的第一种意义，即阵地的战略作用，在以后研究战区防御时才可以得到充分的说明。我们在这里只打算探讨一下现在可以探讨的问题，为此，我们必须先弄清楚两个非常近似因而往往被混淆的概念，即对阵地进行迂回和从阵地侧旁通过。

对阵地的迂回是指通过阵地的正面，这种迂回有时是为了从翼侧甚至从背后攻击这一阵地，有时是为了切断这一阵地的退路和交通线。

前一种情况，即翼侧和背后攻击，具有战术的性质。现在，军队的机动性很大，一切战斗计划都或多或少地以迂回和包围为目的，因此每个阵地都必须对此有所防备。一个名副其实的坚固的阵地不仅应该有坚固的正面，而且当翼侧和背后受到威胁时，应该还能在那里组织有利的战斗。这样，尽管阵地受到迂回、受到来自翼侧或背后袭击的威胁，但是，它不仅不会失去作用，而且会在这里发生的会战中发挥其原来的作用，同时仍能给防御者带来在通常情况下阵地所能提供的利益。

如果遭到进攻者为了对退路和交通线构成威胁而迂回防御的阵地，那么，这就是战略问题了，这时问题在于阵地能坚持多久和能否在保障交通线和撤退线方面优于敌人，而这两点都取决于阵地的位置，也就是说主要取决于双方交通线的关系。任何良好的阵地都应该在这方面保障防御的军队占有优势。无论如何阵地应该不至于因遭到迂回而失去作用，与此相反，至少应该使进行这种迂回的那部分敌军不起任何作用。

但如果进攻者不去理睬在防御阵地上等待的敌军，而以主力从另一条道路前进，去追求自己的目的，这就是从阵地侧旁通过。如果进攻者能够不受阻碍地这样做，那么，当他通过以后，防御者就不得不立即放弃这个阵地，换句话说这个阵地已失去了作用。

如果仅就字面意思来看，世界上几乎没有不能从“侧旁通过”的阵地：像彼列科普地峡那样的情况是极为少见的，几乎可以不予考虑。因此，不能从阵地侧旁通过，一定是由于进攻者从阵地侧旁通过会遭到不利的缘故。至于这种不利究竟是什么，我们在第27章将有更好的机会予以阐明。这种不利或大或小，不管怎样，它代替了阵地尚未发挥出来的战术效果，并同这种战术效果共同构成防御阵地的目的。

根据以上的考察可以看出，防御阵地具备两种战略上的作用：

1. 使敌人不能从它的侧旁通过；
2. 在保障交通线的斗争中使防御者处于有利地位。

现在我们还要补充另外两种战略上的作用：

3. 交通线的状况对防御者的战斗进程也应产生有利作用；
4. 地形一般说来应该对防御一方产生有利的影响。

交通线状况不仅关系到进攻者能否从阵地侧旁通过，能否切断阵地上的粮食供应，而且也关系到会战的整个进程。斜向的退路在会战中不仅有利于进攻者进行战术迂回，还束缚了防御者自己的战术活动。然而，斜向配置并不总是战术上的过失，它往往是战略上选择地点不当的结果。比如说，如果道路在阵地附近改变方向，那么斜向配置是完全不可避免的（例如1812年的博洛季诺会战）。在这种情况下，进攻者可以不改变他原来的垂直配置而使自己处于可以迂回防御者的方向上。

此外，如果进攻者有很多退路，而我们只有一条退路，那么进攻者在战术上同样有更大的活动自由。在所有这些场合，防御者即使用尽了一切巧妙的战术，也不能消除战略错误所造成的不利影响。

至于最后第四点，地形也可能在某些方面对防御者十分不利，以致即使精心地选择并且非常巧妙地运用了战术手段，也不能消除这一不利情况。在这方面，应该注意的最主要的情况是：

1. 在观察敌人和在自己阵地范围内能迅速攻击敌人方面，防御者首先必须争取有利条件。只有符合阻止敌人接近的地形障碍以及这两个条件结合的地方，地形才特别有利于防御者。

一切在制高点瞰制之下的地点对防御者都是不利的；所有或者大多数山地的阵地（这一问题在有关山地战的那几章中还要专门论述），一切侧依山地的阵地（因为山地虽然给敌人从阵地的侧旁通过增加困难，但却便于他进行迂回），此外，所有面临山地的阵地，以及不符合上述对地形要求的一切地点对防御者都是不利的。

在同上述不利情况相反的情况中，我们只想提出阵地背靠山地这一情况，这种情况可以带来很多利益，一般说来可以把它看作是对防御阵地最有利的情况之一。

2. 地形应该在一定程度上同军队的特点和编成相适应。一支骑兵占多数的部队，当然会去寻找开阔地。而一支骑兵和炮兵都比较少，但拥有大量经过战争锻炼而又熟悉地形的勇敢的步兵部队，就最好选择非常困难的、复杂的地形。

在这里，我们没有必要详细论述防御阵地的地形对军队所具有的战术意义，而只需要谈谈它总的作用，因为只有这种作用是战略上的一个有效因素。

毫无疑问，军队单纯为了等待敌人进攻而占据的阵地，应该为这支军队提供非常有利的地形条件，这种条件可以看作是使军队力量成倍增加的因素。在大自然提供了很多有利条件、但仍未能满足我们愿望的地方，就要求助于筑城术。用这种方法往往可以使阵地的某些部分加强到坚不可摧的程度，在个别情况下甚至可以使整个阵地加强到坚不可摧的程度。显然，在整个阵地坚不可摧的情况下，防御措施的整个性质就起了变化。这时，我们的目的就不再是寻求有利条件进行会战，不再是通过这种会战取得战局的成果，而是不经过会战就取得成果。我们让军队在坚不可摧的阵地上固守，这等于我们断然拒绝会战，迫使敌人采用其他方法来决定胜负。

因此，我们必须把这两种情况完全区别开来，后一种情况我们将在下一章以坚固的阵地为题作专门的探讨。

我们在这里所谈的防御阵地，无非是一个通过加强而变得十分有利于防御者的战场。但是，防御阵地要成为战场，加强的程度就不宜过大。防御阵地究竟应该坚固到什么程度呢？显然，敌人进攻的决心越大，阵地的坚固程度也要越大，这一点取决于对具体情况的判断。对抗拿破仑这类人物同对抗道恩或者施瓦尔岑堡这类人物比较起来，可以而且必须守在更坚固的防御工事后面。

如果阵地的某一部分（例如正面）是坚不可摧的，那么就应该把它看作是构成阵地的全部力量的一个因素，因为在这些地点节省下来的兵力可以用在其他地点。但是，必须指出：敌人由于无法攻击这些坚不可摧的部分，就会完全改变他的攻击方式，这时首先必须弄清楚，这对我们是否有利。

例如，如果在距一条大河很近的地方设置阵地，以致可以把这条大河看作是对正面的加强（这是常有的情况），那么实际上无非就是把江河作为我们左、右翼的依托点，而敌人就不得不在左方或右方更远的地方渡河，变换向我们进攻的正面。这时主要的问题是，这种情况会给我们带来哪些利弊。

我们认为，防御阵地的坚固程度越不暴露，我们在战斗中出敌不意的机会越多，防御阵地就越接近于理想。正如应设法对敌人隐瞒自己真正的兵力和军队真正的动向一样，我们同样也应力求对敌人隐瞒自己想从地形方面获得的利益。当然这只能做到一定的程度，而且也许需要一些特殊的、迄今还很少运用过的办法。

任何一个位于大要塞（不论它在哪个方向）附近的阵地，都可以使军队在运动和作战方面比敌人占更大的优势。适当地使用野战工事可以弥补某些地点天然条件的不足，这样就可以根据自己的意愿预先决定战斗的大体轮廓，这就是一些用人工加强阵地的方法。如果我们把这些方法同善于选择地形障碍（使敌军行动困难，但又不致不可能行动）结合起来，如果我们尽量利用环境带来的一切利益，比如，我们熟悉战场而敌人不熟悉，我们能够比敌人更好地隐蔽自己的各种措施以及在战斗过程中能够比敌人更好地运用出敌不意的手段，那么，这些条件结合在一起就使地形产生了一种强有力的、具有决定意义的作用，使敌人由于这种作用而遭到失败，却不知道自己失败的真正原因。这就是我们所理解的防御阵地，并且在我们看来，这是防御战的最大优点之一。

撇开特殊情况不谈，我们可以认为，农作物不多但也不是很少的起伏的耕种地带，多半可以提供这样的阵地。

第13章　坚固的阵地和营垒

我们在前一章已经说过，如果一个阵地通过天然条件和人工的加强，牢固到坚不可摧的程度，那么它的意义就已经完全超出了作为一个有利的战场的程度，因而就具有了特殊的意义。我们准备在本章中考察这种阵地的特点，并且由于它具有近似要塞的性质而把它称为坚固的阵地。

这种阵地，单靠人工构筑的工事是不容易形成的（除非是要塞附近的营垒），至于单靠天然障碍，就更不容易形成了。这种阵地是天然条件和人工构筑结合的产物，因此常常被称为营垒或筑垒阵地。实际上任何一个或多或少筑有工事的阵地都可以叫作筑垒阵地，不过，这样的阵地同我们在这里所谈的阵地性质完全不同。

构筑坚固阵地的目的是使配置在这一阵地内的军队处于坚不可摧的地位，从而或者是直接地真正掩护一个地区，或者只是掩护配置在这一地区内的军队，以便用这部分军队以另外的方式间接地掩护国土。以往战争中的防线的作用，特别是法国边境上的防线的作用是前一种，而四面都形成正面的营垒以及构筑在要塞附近的营垒的作用是后一种。

如果阵地的正面由于设有筑垒工事和阻止敌人接近的障碍物而坚不可摧，那么敌人就只能通过迂回来攻击我们的翼侧或背后。为了使敌人不容易进行这种迂回，就要为这些防线寻找可以掩护其翼侧的依托点，莱茵河和孚日山就是阿尔萨斯防线上的依托点。这种防线的正面越宽，就越容易防止敌人的迂回，因为任何迂回对迂回者说来总是有一定危险的，而且这种危险随着军队偏离原行动方向的角度增大而增大。因此，阵地如有一个坚不可摧的宽大的正面和良好的依托点，就能够直接掩护广大地区不受敌人的侵袭。以往至少是根据这种想法来构筑防御设施的。右翼依托莱茵河、左翼依托孚日山的阿尔萨斯防线，以及右翼依托斯海尔德河和土尔内要塞、左翼依托大海的长达15普里的佛兰德斯防线，都是为这个目的构筑的。

但是，在一个没有如此宽大而坚固的正面和良好的依托点的地区，一支军队如果还想借助良好的筑垒工事来防守这样的地区，那就必须使这个地区和阵地的四面都成为正面，以掩护自己免遭敌人的迂回。这时，真正受到掩护的不是这个地区，而只是这支军队，因为阵地本身在战略上只不过是一个点，但受到掩护的军队却能够防守这个地区，也就是说它可以在这个地区坚守。对这样的营垒敌人是无法迂回的，也就是说，这种营垒的翼侧和背后不能被当作比较薄弱的部分而加以攻击，因为它的每一面都是正面，处处都一样坚固。但是，敌人可以从这种营垒的侧旁通过，而且比从筑垒防线侧旁通过要容易得多，因为营垒的正面几乎没有宽度。

要塞附近的营垒基本上起着坚固阵地的第二种作用，因为它的使命是掩护集中在营垒内的军队；但是，它在战略上所起到的更进一步的作用，也就是这支被掩护的军队所起的作用，同其他营垒是有些不同的。

在谈完了这三种不同的防御手段的产生方式以后，我们想探讨一下它们的价值，并且用筑垒防线、筑垒阵地和要塞附近的营垒这三个名称来区别它们。

筑垒防线

筑垒防线是最为有害的单线式作战方式，这种防线只有在强大火力的掩护下才能对进攻者起到障碍作用，而它本身可以说是毫无价值的。但是，能使军队发挥这种火力效果的防线的宽度同国土的宽度比较起来总还是很窄的。这种防线必然是很短的，因而只能掩护很少的国土，或者说，军队将不能真正防守所有的地点。于是人们产生了这样一种想法：不占领防线上所有的点，而只是加以监视，像防守一条中等河流时所做的那样，利用配置好的预备队来加以防御。但是，这种做法与防线这一手段的性质相背。如果天然的地形障碍很大，以致可以采用这种防御方法，那么筑垒工事不但毫无用处，而且很危险，因为这种防御方法不是扼守地区，而筑垒工事却只是为了扼守地区而设置的。如果把筑垒工事本身看作是阻止敌人接近的主要障碍，那么，不言而喻，不加防守的筑垒工事在阻止敌人接近方面的作用是多么的小。试问，成千上万的军队一起进行攻击时，如果没有火力杀伤它们，一条12或15普尺深的壕沟和一座10到12普尺高的垒墙又能起什么作用呢？由此可以得出结论：这种防线如果很短，因而相对的防守力量比较多，它就会遭到迂回；如果它延伸得很长，又没有相应的兵力来防守，它就很容易被敌人从正面攻破。

这种防线使军队局限于扼守地区而失去任何机动性，所以用它来对抗敢作敢为的敌人是极不适当的。如果说这种防线在现代战争中还保持了很长的时间，那只是因为战争要素受到了削弱，结果表面上的困难往往起了真正的困难的作用，同时还因为，这种防线在多数战局中只是在次要的防御方向上用来对付敌人的侵袭。如果说，它的作用十分有限的话，那么我们必须看到，假如把用于这种防御的部队用在其他地方，或许会做出很多更为有利的事情来。在最近的战争中，根本没有人采用这种防线，连这种防线的痕迹也找不到了，很难想象，这种防线还会再度出现。

筑垒阵地

奉命在一个地区进行防御的军队在该地固守多久，这个地区的防御就持续多久（这一问题在第27章将详尽地论述），当这支军队离开和放弃这个地区时，防御也就终止了。

如果一支军队奉命固守遭到优势敌人攻击的国土，那么，对付敌人的办法就是利用坚不可摧的阵地抵御敌人的武力，掩护自己的军队。

正如我们已经谈过的那样，这种阵地四面都是正面，所以如果兵力不够强大（要是兵力很大，那就不符合这里所假定的整个情况了），采用通常宽度的战术配置便只能防守很小的地区。这个地区在整个战斗过程中将会遭到许多不利，即使尽可能利用筑垒工事来增强力量，恐怕也难以进行顺利的抵抗。因此，这种四面都是正面的营垒必须在每一面都有相当大的宽度，而且每一面还都应该是近乎坚不可摧的。在要求有很大的宽度的情况下，又要求每一面具有如此的坚固程度，这是筑城术所做不到的。因此，利用地形障碍将营垒加固到某些部分完全无法接近，另外一些部分难以接近，是构筑这种营垒的一个基本要求。为了能够运用这一防御手段，必须具备有地形障碍的阵地，凡是没有这种阵地的地方，只靠构筑工事是不能达到目的的。上述这些考察关系到战术上的结果，我们所以谈到这些，目的是想说明筑垒阵地可以作为战略手段使用。为了清楚地说明这个问题，我们在这里列举皮尔纳、邦策尔维茨、科尔贝格、托里斯–韦德拉斯和德里萨这些营垒为例子。现在我们来谈谈营垒在战略上的特点和效果。

这种阵地应具备的首要条件，当然是配置在这一营垒中的军队的给养在一定时间内能得到保障，也就是说，在需要营垒发挥作用的期间能保障军队的给养。要做到这一点，只有像科尔贝格和托里斯－韦德拉斯那样，阵地的背后靠着港口，或者像邦策尔维茨和皮尔纳那样同附近的要塞有紧密的联系，或者像德里萨那样在营垒内部或营垒近处有大批存粮。

只有在上述第一种场合，营垒的给养才能得到较为充分的保障，而在第二、第三种场合，只能得到有限的保障，因而总面临缺乏给养的危险。由此可见，给养保障的需要使许多本来适于作营垒的地点不能构筑营垒，适于构筑这种阵地的地点也随之变少了。

为了弄清这种阵地的作用以及它能带来的利益和危险，我们必须研究一下进攻者对这种阵地会采取什么行动。

（一）进攻者可以从筑垒阵地的侧旁通过，继续前进，而以一定数量的军队监视这个阵地。

在这里，我们必须区别两种情况：筑垒阵地由主力部队占领，还是仅由次要部队占领。

在第一种情况下，进攻者只有在除了攻击防御者的主力以外还有其他可以追求的具有决定意义的进攻目标（如攻占要塞、首都等）时，从筑垒阵地侧旁通过才是有益的。而且，即使进攻者有这样的进攻目标，也只有当他的基地的坚固程度和交通线的状况使其不必担心自身的战略翼侧会受到威胁时，才能去追求这样的目标。

虽然由此可以得出结论说，防御者可以以主力占领筑垒阵地，并且能使这个阵地发挥作用，但是这只有在下述情况下才是可能的：或者是这个阵地对进攻者的战略翼侧能产生决定性的影响，防御者有把握通过对战略翼侧的威胁把进攻者牵制在对自己无害的地点上；或者是根本不存在防御者所担心的会被进攻者夺去的目标。如果存在着这样的目标，同时敌人的战略翼侧又不致受到严重的威胁，那么防御者的主力或者根本不能占据这样的阵地，或者只能佯作占据，对进攻者进行试探，看他是否认为这个阵地会发挥作用，但这总是有危险的，一旦试探失败，防御者想援救受威胁的地点也来不及了。

如果坚固的筑垒阵地只是由次要的部队占领，那么进攻者就绝不会没有别的进攻目标了，防御者的主力就可以成为进攻者的目标。因此，在这种情况下，阵地的意义就仅限于对敌人的战略翼侧可能有威胁作用，并且阵地的意义就取决于是否能起到这种作用。

（二）如果进攻者不敢从阵地侧旁通过，那他可能会围困这一阵地，迫使阵地上的守军因饥饿而投降。但是，要进行这种围困必须有两个先决条件：第一，阵地没有自由的后方；第二，进攻者的兵力足够强大，完全可以进行这种围困。在具备这两个条件的前提下，防御者即便能够通过这个筑垒阵地在一段时间里抵抗住进攻的军队，也不得不以一定的兵力损失作为代价。

由此可见，防御者要用主力占据坚固的筑垒阵地必须具备下列条件：

（1）具有十分安全的后方（如托里斯–韦德拉斯营垒）。

（2）预料敌人兵力的优势不足以围困自己的营垒。如果敌人在优势不足的情况下仍要进行围困，那么防御者就能够从阵地成功地出击，各个击破敌人。

（3）可以期待援军解围。1756年萨克森的军队在皮尔纳营垒就是这样。1757年布拉格会战以后的情况基本上也是如此，当时的布拉格只能被看作是个营垒，如果卡尔·亚历山大不知道摩拉维亚兵团能够前来解围，他也许就不会让敌人把自己包围在这个营垒中了。

因此，如果想选用主力占据筑垒阵地的方法，就必须具备上述三个条件中的一个。但不得不承认，后两个条件对于防御者来说还是需要冒很大危险的。

但是，如果是一支为了整体的利益可以做出牺牲的次要部队，那么，就无需考虑这些条件了，这时需要考虑的是用这种牺牲能不能免除一种实际上存在的更大灾难。这种情况尽管很少见，但也不是不可想象的。皮尔纳营垒就曾经阻止了腓特烈大帝在1756年对波希米亚的进攻。当时，奥地利军队毫无准备，波希米亚的失陷似乎是肯定无疑的了，如果它失陷了，损失的兵力也许会超过在皮尔纳营垒投降的1.7万名盟军。

（三）如果进攻者不是像（一）和（二）两项中所说的那样去行动，也就是说防御者具备了我们上面所提出的条件，那么进攻者当然就像一条猎狗在发觉一群野鸡时会停下一样，在阵地前面停下来，满足于靠派出一些部队尽量扩大所占领范围这种没有决定意义的微小的利益，而把占领这一地区的问题留待将来解决。这时，阵地也就充分发挥了它的作用。

要塞附近的营垒

正如已经说过的，要塞附近的营垒的使命不是掩护一个地区，而是掩护一支军队免遭敌人的攻击，因此一般地说这种营垒也属于筑垒阵地，它同其他筑垒阵地的不同之处，实际上仅在于它和要塞已成为一个不可分割的整体，并因而具有了强大得多的力量。

因此，这种营垒还具备下列一些特点：

（1）这种营垒可以担负其他使命，那就是使敌人完全不可能或者难以围攻要塞。如果要塞是一个不能封锁的港口，那么军队为了上述目的而遭受重大的牺牲是值得的。但是，如果不是这样，要塞可能很快就会由于饥饿而陷落，因而不值得牺牲大量的兵力保卫。

（2）要塞附近的这种营垒可以供一支在开阔地上无法立足的小部队使用。四五千人在要塞城墙的掩护下或许成为不可战胜的力量，而在开阔地上，他们即使据守世界上最坚固的营垒，也仍然可能被消灭。

（3）这种营垒可以用来集中和整顿那些新兵、后备军、民兵等等，他们内心往往还不够坚强，因而没有要塞城墙的掩护便无法同敌人作战。

因此，要塞附近的营垒如果不派兵驻守就会或多或少地不利于要塞，这种营垒如果没有这样严重的缺点，可以说是在很多方面都占据有利因素的非常值得推荐的措施。但既要使要塞始终保持足够的守备部队，又可以分出一定兵力去驻守营垒，这很难做到。

因此，我们倾向于这样一种看法：只在海岸要塞附近才适合于构筑这种营垒，在所有其他场合构筑这种营垒都是利少弊多的。

最后，把我们的意见归纳起来，那就是：

1. 国土越小，回旋的空间越小，就越需要坚固的阵地；

2. 越是有把握得到援救和解围（不管是依靠其他军队，还是因为恶劣的气候，或是因为民众的反抗，甚至是因为进攻者缺乏供应等等），阵地遭到的危险就越小；

3. 敌人的进攻越不坚决，阵地的作用就越大。

第14章　侧面阵地

只是为了便于读者在本书中找到这个在常见的军事理论领域中很突出的概念，我们才像编纂词典那样把侧面阵地单列为一章，但我们并不认为它是一个独立的事物。

凡在敌人从侧旁通过后还在固守的阵地都是侧面阵地，因为自敌人在侧旁通过的时刻起，这一阵地除了威胁敌人的战略翼侧外，就没有任何其他作用了。因此，所有的坚固阵地必然同时是侧面阵地，因为它们坚不可摧，敌人只能从其侧旁通过，在这种情况下，这种阵地只能通过威胁敌人的战略翼侧来实现其价值。至于阵地本来的正面位置如何，是像科尔贝格那样，同敌人的战略翼侧相平行，还是像邦策尔维茨和德里萨那样，同敌人的战略翼侧相垂直，完全无关紧要，因为一个坚固的阵地的四面必须都是正面。

但是，即使我们所占领的不是坚不可摧的阵地，只要阵地的位置在撤退道路和交通线方面能使我们占有优势，不仅使我们能有效地攻击进攻者的战略翼侧，而且使他们为自己的退路感到担忧，因而无法彻底切断我们的退路，那我们就仍然可以在敌人从阵地侧旁通过后固守这一阵地。如果敌人没有这种顾虑而能够彻底切断我们的退路，由于我们的阵地不够坚固，也就是说，并非坚不可摧，那么，我们就面临着在没有退路的情况下作战的危险。

1806年的战例向我们说明了这一点。如果配置在扎勒河右岸的普鲁士军队面向扎勒河构筑正面，并且在这个阵地上等待事态的发展，那么，当拿破仑进军经过霍夫时，这个阵地就完全可以成为侧面阵地。

如果当时双方在物质和精神方面相差并不悬殊的话，如果法军的统帅只是道恩这类人物，那么，普军的阵地将会显示出巨大的作用。要从这个阵地侧旁通过是完全不可能的，甚至拿破仑也看到了这一点，所以他下定决心对阵地发起进攻。至于切断这一阵地的退路，就连拿破仑也未能完全做到，如果双方在物质力量和精神力量方面的差别不大，那么要做到这一点就同从阵地侧旁通过一样，是不可能的，因为普军左翼失败时带来的危险比法军左翼失败时带来的危险要小得多。然而，即使双方在物质力量和精神力量方面的差别很大，如果统帅果敢而慎重，普军仍有很大可能取胜。实际上没有什么妨碍不伦瑞克公爵在13日采取适当的部署，在14日拂晓以8万人对付拿破仑在耶拿和多恩堡附近渡过扎勒河的6万人。即使这种兵力优势和法军背靠扎勒河陡峭的河谷的处境还不足以使普军取得决定性胜利，但我们仍然认为，这种局面本身是十分有利的，如果不能利用这种有利的局面赢得决战的胜利，那么当初根本就不应该考虑在这一地区进行决战，而应该继续撤退，以便在撤退中加强自己并削弱敌人。

可见，扎勒河畔的普军阵地尽管可以被攻破，但对于途经霍夫的那条道路来说，仍可被看作是一个侧面阵地，只是这个阵地像任何可以被攻破的阵地一样，并不完全具有侧面阵地的特性，因为只有当敌人不敢进攻它时，才可以被看作是侧面阵地。

有一些阵地在进攻者从其侧旁通过时不能固守，因此防御者就想在这种阵地上从侧面对进攻者发起攻击。如果人们仅仅因为这一攻击是从侧面进行的，就想把这些阵地叫作侧面阵地，那就更不符合侧面阵地的明确概念了。因为这样的翼侧攻击同阵地本身几乎没有什么关系，至少主要不是以侧面阵地的特性（即可以威胁进攻者的战略翼侧）为依据的。

从上述介绍可以看出，关于侧面阵地的特性已没有什么新东西可谈了。在这里我们只需要简单地谈谈侧面阵地作为一种防御手段所具有的特点。

关于真正的坚固阵地根本不必再谈了，因为这个问题已经谈得相当清楚了。

一个并不是坚不可摧的侧面阵地是一种极为有效的手段，但是，正由于它还没有达到坚不可摧的程度，因而自然也是一种危险的手段。如果进攻者被侧面阵地牵制住了，那么防御者用小量的兵力就会产生巨大的效果，就像用小手指拉动长长的灵敏的马衔铁可以产生很大的效果一样。但是，如果效果太小，进攻者没有被牵制住，那么，防御者一般说来就会失去退路，他要么设法迅速地绕道逃却，力求在非常不利的条件下寻找脱身之计，要么陷入背水一战的危险。对付那些大胆而精神上占优势的、寻求有效决战的敌人，采取这一手段是极为冒险和不适当的，就像上面所举的1806年的例子所证明的那样。相反，对付那些谨慎的敌人和在双方仅限于武装监视的战争中，这一手段却是有才能的防御者可以利用的最好的手段之一。斐迪南公爵通过左岸阵地防御威悉河，著名的施莫特赛芬阵地以及兰茨胡特阵地，都是这方面的例子。不过，1760年富凯军在兰茨胡特惨遭失败，也说明了错用这种手段所带来的危险。

第15章　山地防御

山地对作战的影响是很大的，因此这个问题在理论上非常重要。既然这种影响是一个能够减缓军事行动进展的因素，那它首先属于防御范畴。我们在这里研究这种影响，但并不局限于山地防御狭义的范畴。因为我们在研究这一问题时在某些方面所得出的结论同一般人的意见是相反的，所以我们必须深入分析。

首先我们想研究一下这个问题的战术性质，以获得从战略上考察的结合点。

部队在山路上行军会遇到无穷无尽的困难，而一支配置在防哨中的小部队，如果正面有陡峭的山坡作掩护，左右又有山谷作为依托，却能获得异常强大的力量。毫无疑问，正是这两种情况使人们一向都认为山地防御能产生很大的效果和力量，只是在一定时期受武器和战术特点的限制，大部队才没有能够在山地进行防御。

一个纵队弯弯曲曲地穿过狭窄的山谷，艰难地往山上攀登，然后，像蜗牛似的翻过山头前进，炮兵和辎重兵骂骂咧咧地鞭打着筋疲力尽的骡马通过崎岖不平的山道，损坏的每一辆车，都要经过千辛万苦才能把它清理掉，同时后面的一切均会被堵住，而且谩骂声不绝于耳，在这种情况下，人人都会这样想：在这里只要出现几百个敌人，一切就都完了。因此，一些历史著作家在谈到关隘时，总喜欢用“一夫当关，万夫莫开”这个成语。但是，每个熟悉战争的人都知道，或者应该知道，这种山地行军同山地进攻很少有或者根本没有共同之处。所以，从这种困难推论出山地进攻有更大的困难，那是错误的。

一个毫无战争经验的人得出这种错误的结论是很自然的，甚至某个时期的军事艺术陷入这种错误也不足为奇，因为在当时，山地作战对于有没有战争经验的人来说是一样的，都是一种新现象。在三十年战争以前，由于战斗队形纵深大、骑兵多、火器不完善和其他特点，利用险要的地形障碍还很不普遍，正式的山地防御，至少用正规部队进行山地防御几乎不可能。后来战斗队形比较松散，步兵及火器占了主要地位，人们才想到山岭和谷地。直到一百年以后的18世纪中叶，山地防御的思想才发展到登峰造极的地步。

第二种情况是，配置在难以接近的地形上的一个很小的岗哨能够发挥巨大的抵抗力，这更足以证明，山地防御具有强大的威力。有人甚至认为，似乎只要把这种岗哨的兵力增加几倍，就能够让一个营发挥一个兵团的作用，让一座山产生一道山脉的效果。

毋庸置疑，一个小小的岗哨如果选择了有利的山地阵地，就可以获得异乎寻常的力量。在平原地带，一支小部队可以很轻易地被几个骑兵连打败。能够迅速逃掉，不被击溃和俘虏，就算是万幸了。而在山地，它却能够以一种战术上的狂妄姿态，公然出现在一支大部队的眼前，迫使它以一种真正的战争态度进行正规的进攻或采取迂回等行动。至于这支小部队如何利用地形障碍、翼侧依托点和在撤退途中所占领的阵地来增强抵抗能力，可以从战术上进行阐明，我们把它称作经验性原则。

人们自然会相信，许多这样坚固的岗哨并列地配置在一起，必然形成一个固若金汤、坚不可摧的正面。所以，问题只在于保障自己不被迂回，为此，正面必须尽可能向左右延伸，直到找到能够满足整个防御要求的依托点，或者直到人们认为正面的宽度已足以保障自己不致被迂回为止。多山的国家特别容易采用这种方式，因为这里的岗哨很多，而且似乎一处胜似一处，以致人们竟不知道应该延伸到哪里为止。于是人们只得派兵占领和防守一定宽度上所有的山口，并认为，只要用10个或者15个单独的岗哨占领宽度大约为10普里或者更多的地区，就可以在可恶的迂回面前高枕无忧。这些岗哨之间的难以通行的地形（因为纵队不能离开道路行进）使这些岗哨似乎紧密地联结在一起，因此，人们就以为这是在敌人面前构筑了一道铜墙铁壁。此外，防御者还保留几个步兵营、几个炮兵连和十几个骑兵连作预备队，以应付阵地某一点可能被突破的意外情况。

不可否认，这种看法已经完全过时了，但是并不能说，这种错误的看法已经完全消失了。

中世纪以来，随着军队人数的增加，战术训练有了长足的发展，这也促使人们像上面所说的那样，将山地运用到军事行动中。

山地防御的主要特点是完全处于被动，因此，在军队具有今天这样的机动性以前，倾向于山地防御是十分自然的。随着军队人数的日益增多和火力的日益加强，军队越来越多地被配置成正面延伸很长但纵深较小的队形，这种队形的编组非常复杂，运动极其困难，有时根本不可能运动。对这样的队形进行配置，就像安装一台复杂的机器一样，常常需要花费半天的功夫，这将占去会战的一半时间；而我们现在的会战计划所包含的一切内容，在当时则几乎仅仅围绕配置队形这一项而进行。这种配置一旦完成，就很难根据新出现的情况进行改变。进攻者一般配置队形较晚，他可以根据防御者阵地的情况进行配置；而防御者却无法采取相应的对策。于是，进攻取得了一般的优势，而防御则除了寻求地形障碍的掩护之外，没有其他方法来对抗这一优势了。只有在山地，才可以随处找到这样有效的地形障碍，因此，人们力图使军队同险要的地形结合在一起。于是二者形成一个整体，军队防守山地，山地掩护军队。这样，借助于山地，消极防御的力量就大大增强了，这种做法本身并没有什么害处，只是防御者活动的自由更少了，而实际上，人们也很少对这种自由加以专门的利用。

当敌对双方进行较量的时候，暴露的翼侧（即一方的弱点）很容易遭到对方的打击。如果防御者一动不动地固守在坚不可摧的防哨中，那么进攻者就可以大胆地进行迂回，因为他不必再对自己的翼侧有所顾虑。这种情况实际上已经发生了，所谓的迂回很快被提到日程上来了。为了避免遭到迂回，阵地部署越来越向两翼延伸，正面相应地有所削弱。这时，进攻者突然采取了完全相反的办法：不是通过展开来进行迂回，而是集中兵力攻击一点，进而突破整个防线。现代战争中的山地防御大体上就处于这样的阶段。

于是进攻又取得了完全的优势，这是借助于日益提高的机动性而取得的。防御也只能求助于这种机动性，但是山地的性质与机动性相悖。因此，整个山地防御可以说遭到了彻底失败。那些迷信山地防御的军队在革命战争中就曾多次遭到这样的失败。

然而，我们不能良莠不分，全盘否定，也不能人云亦云，得出一些已经千百次被现实否定了的论点，我们必须根据具体情况有区别地对待山地防御的各种作用。

在这里，对弄清其他一切问题具有决定作用的一个主要问题是：人们打算利用山地防御进行相对的抵抗还是进行绝对的抵抗，也就是说只是抵抗一段时间呢，还是坚持到最终取得一次决定性的胜利为止。对相对抵抗来说，山地是最为适宜的，它能极大地增强抵抗的力量；相反，对绝对抵抗来说，山地通常是完全不适宜的，只是在少数特殊情况下才适宜。

在山地，任何运动都比较缓慢和困难，因此消耗的时间也更多，如果运动处于危险的氛围中，那么人员的损耗也会更多。而时间和人员的损耗是衡量抵抗力的标准。因此，只有进攻者处于运动中时，防御者才具有决定性的优势，而一旦防御者也必须运动时，他立刻就会失去这种优势。相对抵抗可以比绝对抵抗有大得多的被动性，而且它允许这种被动性达到极限，也就是说一直持续到战斗结束为止，而在绝对抵抗中是绝不允许这样的，这是由事物的性质所决定的，也就是说，是由战术原则所决定的。因此，山地像一种高密度的介质一样，使运动变得困难，并且削弱着一切积极的活动，它完全适合于相对抵抗的要求。

我们已经说过，山地里一个小小的防哨凭借地形能够获得异乎寻常的力量，尽管对这一战术上的结论不需要进一步证明，但我们还需要作一点补充，那就是在这里必须区分这个小防哨是相对的小还是绝对的小。一支一定数量的部队，如果将其中一部分脱离开整体单独配置，那么，这一部分就可能遭到全部敌军优势兵力的攻击，同这种优势兵力相比，它的确是比较小的。在这种情况下，进行防御的目的通常就不能是绝对抵抗，而只能是相对抵抗。这个防哨中的部队同己方以及同敌方的全部兵力相比，兵力越小，情况就越是如此。

但是，即使是一个绝对小的防哨，也就是说敌人并不比它强大，因而它敢于进行绝对的抵抗并追求真正的胜利，它在山地的处境也比一支大部队要优越得多，从险要的地形获得的利益也要大得多，这一点我们将在下面加以阐明。

因此，我们的结论是，小的防哨在山地具有强大的力量。它在每逢需要有限抵抗时，所具有的决定性作用自是不言而喻的。但是面对一支大部队在山地进行绝对抵抗是不是同样能带来决定性的作用呢？现在我们就来研究这个问题。

首先我们再提一个问题：由若干个这样的防哨组成的防线所具有的力量，是否会像人们一向所想象的那样，同这些防哨单独存在时的力量之和一样大呢？肯定不是，因为持有这种观点的人至少犯了下面两种错误之一。

首先，人们常常把没有道路的地区同不能通行的地区混为一谈。在纵队、炮兵和骑兵不能行军的地方，步兵却在多数情况下可以通过，炮兵大概也能通过，因为战斗中的运动虽然非常紧张，但是距离较短，不能用行军的标准来衡量。因此，想让各个防哨之间具有可靠联系的想法无疑是不现实的，这些防哨的翼侧并不安全。

其次，人们认为这些防哨的正面是坚固的，它们的翼侧也就同样是坚固的，因为深谷、悬崖等对小防哨来说是很好的依托点。但它们为什么能产生这么大的效果呢？并不是因为这些地方无法进行迂回，而是因为它们能使敌人的时间和兵力在迂回中损耗与防哨的正面效果相当。由于防哨的正面牢不可破，敌人就会而且只能不顾地形的险恶对防哨进行迂回，而要进行这样的迂回，大概需要半天的时间，并不可避免地会有人员伤亡。如果这样的防哨可以得到援军，或者只打算抵抗一段时间，或者其力量足以与敌人的力量相抗衡，那么，防哨的翼侧依托就发挥了应有的作用，这样，就可以说，这个防哨不仅有一个坚固的正面，而且也有坚固的翼侧。但是，如果是由一系列防哨组成宽大的山地阵地，情况就不同了。这时，上面的三个条件就都不存在了。敌人可以以优势的兵力进攻一点，而我们从后方得到的援军则微不足道，而且这时必须进行绝对抵抗，在这种情况下，这些防哨的翼侧依托作用便一点也发挥不出来了。

进攻者将打击指向这一弱点。以集中的即优势的兵力从正面的一点攻击，遭到的抵抗就这一点来说是非常激烈的，但就整个防线来说却是微不足道的，进攻者克服了这一抵抗，就突破了整个防线，也就达到了目的。

由此可以看出，相对抵抗一般来说在山地比在平原能发挥更大的力量，如果这种抵抗是由小部队进行的，那么它的力量相对说来最大，这种力量并不随着兵力的增加而增长。

现在我们来谈谈一般的大规模作战的真正目的，即赢得积极的胜利这一问题，这也应该成为山地防御的目的。如果在山地防御中动用了整个军队或者主力，那么山地防御就变为山地防御会战了，即用全部兵力去消灭敌人军队的一次会战，这成了战斗的形式，而取得胜利则成为战斗的目的。这种情况下的山地防御就成为从属性的了，因为它不再是目的，而变成了手段。这时，山地对获得胜利这个目的会产生什么影响呢?

防御会战的特征是在正面阵地上进行消极的抵抗，而在后面阵地上进行有力的积极的还击，但山地却是阻碍积极还击的致命因素。这是由两种情况造成的：第一，山地没有可供部队从后方沿各个方向迅速推向前方阵地的道路，甚至战术上的突然袭击也会被崎岖不平的地形所削弱；第二，视野受到限制，不易观察敌军的运动。因此，山地在这里给敌人提供的有利条件同在正面阵地上给我们提供的有利条件是一样的，这就使整个抵抗中较为有效的后半部分难以发挥作用。另外，还有第三个情况，那就是有被切断同后方联系的危险。尽管山地非常有利于在正面受到全面攻击时实行撤退，尽管山地能给企图迂回我们的敌人造成大量的时间损失，但这一切利益只有在相对抵抗时才能得到，而在进行决定性会战，即在坚持抗战到底的情况下，就不存在这些利益了。当敌人的侧翼纵队尚未占领那些可以威胁或封锁防御者退路的地点以前，防御者抵抗的时间还可以稍微长一些，而一旦敌人占领了这些地点，防御者就没有什么挽救的办法了。从后面发起的任何攻击，都无法将敌人赶出这些地点，即使投入全部力量垂死挣扎，也不能突破敌人的封锁。如果有人说这里有矛盾，认为进攻者在山地拥有的那些有利条件也必然对突围者有利，那就是他没有看到两种情况的差别。进攻者派去封锁通路的部队没有绝对防御的任务，他们大概只要抵抗几小时就够了，因此他们同小防哨的处境是一样的。此外，这时的防御者已经不再拥有各种战斗手段，他已陷入混乱状态，缺乏弹药等，无论如何，他获胜的希望很小，这种危险使得他对这种情况比对其他任何情况都更为担忧，这种忧惧对整个会战都会发生作用，它会侵入渗透每一个战斗者的神经里。此外，防御者对翼侧受到威胁有一种病态的敏感，进攻者派到我们后方林木茂密的山坡上去的每一小撮人，都成为他获得胜利的一个新的手段。

在山地防御中，如果将整个军队集中配置在广阔的平地上，那么绝大部分不利条件就会消失，而有利条件却被保留下来。在这种情况下，可以想象，有一个坚固的正面，两翼又很难接近，而且不论是在阵地内部还是在后方都有最充分的运动自由。这种阵地可以算是世界上最坚固的阵地。但是，这种阵地几乎只存在于幻想之中，因为，虽然大多数山脉的山脊比山坡容易通过，但是，大多数山中的平地对于上述用途来说要么太小，要么名不符实，并不是几何学意义上的平地，而只是地质学意义上的平地。

此外，正如我们已经指出的那样，对于小部队来说，山地防御阵地的那些不利条件会减少，其原因在于小部队占据的空间较小，需要的退路较少，等等。单独的一座山算不上山地，也没有山地的那些不利条件。但是，部队越小，其配置就越可以局限于单个的山脊和山头上，而不必陷入丛林密布的悬崖峭壁的罗网里，这个罗网正是产生上述一切不利条件的根源。

第16章　山地防御（续）

现在，我们来研究上一章所得出的那些战术上的结论如何在战略上应用。

我们分以下几个方面来进行研究：

1.山地作为战场；

2.占领山地对其他地区的影响；

3.山地作为战略屏障的效果；

4.在给养方面的考虑。

关于山地作为战场

我们还必须进一步区分：第一，作为主力会战的战场；第二，作为从属性战斗的战场。

我们在上一章已经指出，山地在决定性会战中对防御者很少有利，而对进攻者却是非常有利。这种看法同一般人的见解恰恰相反。当然，根据一般见解会把很多事情搞乱，因为这些见解很少区分极不相同的事情。这些见解往往从小部队所具有的异乎寻常的抵抗力出发，认为一切山地防御都异乎寻常地强而有力。如果有人否认防御中的主要行动——防御会战强大的抵抗能力，就会为这种见解感到惊诧。而另一方面，这些见解总是把山地防御中每次会战的失败都归咎于无法理解的单线式防御的缺点，而看不到事物的本质在其中必然产生的作用。我们不怕提出与上述见解截然不同的看法，还要指出，我们很高兴有一位著作家持有同我们相同的观点，这就是卡尔大公，他论述1796年和1797年战局的著作中在很多方面都提出与我们相同的见解，他是一位优秀的历史著作家，一位优秀的评论家，更是一位优秀的统帅。

如果防御者兵力较弱，他费尽千辛万苦集中了所有的军队，企图在一次决定性会战中向进攻者显示自己对祖国的忠诚，显示其奔放的热情和机智沉着，又受到人们焦急而殷切的关注，如果他把军队配置在昏暗如夜的山地里，一举一动都受到险恶地形的束缚，并且处于一种可能遭到敌人千百次优势兵力袭击的危险之中，那么，我们就不能不说这种处境十分可悲。这时他只能在一个方面继续发挥他的才智，那就是尽可能地利用各种地形障碍，这又将很容易把他引向有害的单线式作战，而这却又是他竭力避免的。因此，在企图进行决定性会战的情况下，我们绝不认为山地是防御者的避难所，我们宁愿奉劝统帅尽最大可能避开山地。

当然，有时候不可能做到这一点。那么，这时的会战必然同在平原上的会战有着显然不同的特点，这时的阵地要开阔很多，多数情况下是平原上的两三倍，而军队的抵抗要被动得多，还击力也弱很多。这是山地带来的无法避免的影响。尽管如此，仍然不应该把这种会战中的防御变为纯粹的山地防御，其主要特点应该只是将军队集中配置在山地里，这样，所有的部队在一个战斗中受一个统帅的直接指挥，并且保留足够的预备队，以便使其更多地成为一次决战而不至于变成单纯的抵御，变成仅仅在敌人面前举起盾牌。这是山地防御战必不可少的条件，但这一点并不容易做到，这种防御很容易变成纯粹的山地防御，在现实中也经常出现这种情况，所以不足为奇。但如果理论不能尽力警告人们预防这种倾向，这是极其危险的。

关于主力在山地进行决定性会战就谈到这儿。

相反，山地对于意义和重要性较小的战斗却极为有利，因为这种战斗不是进行绝对抵抗，而且也不会产生具有决定意义的结果。如果我们把这种抵抗的目的列举出来，就可以更清楚地理解这一点了：

1.单纯为了赢得时间。这一目的曾千百次地出现过，每当我们为了侦察敌人的情况而设置防线时，就会有这个目的；此外，在等待援军时，也是这个目的。

2.为了抵御敌人纯粹的佯动或小规模的行动。如果一个地区有山地掩护，山地又有军队防守，那么不管这种防守力量多么薄弱，总足以阻止敌人对这一地区的袭扰和掠夺等小规模行动。如果没有山地，这样薄弱的防线是无济于事的。

3.为了自己进行佯动。要使人们对山地有一个正确的认识还需要较长的时间。在这之前，总有些敌人害怕山地，不敢在山地作战。在这种情况下，也可以使用主力进行山地防御。在不太激烈以及运动不大的战争中，常常是可以这样做的。但是，这样做的一个不变的前提是，既不打算在这一山地阵地上接受主力会战，也不致被迫进行这样的会战。

4.一般说来，山地适于用来配置那些不准备进行主力会战的部队，因为各个小部队在山地都比较强而有力，只是整个军队作为整体来看力量比较弱。此外，在山地不大容易遭到奇袭，也不容易被迫进行决定性战斗。

5.最后，山地是真正适合民众武装活动的地方。民众武装必须经常得到正规军小部队的支援，然而，附近有大部队却可能对民众武装产生不利的影响，因此，通常不能以支援民众武装为理由派大部队进入山地。

关于山地以及在山地设置战场问题就谈到这儿。

山地对其他地区的影响

正如我们已经谈到过的那样，由于兵力较弱的防哨在山地很容易确保大片地区的安全（这样弱的防哨如果处于便于通行的地区也许无法立足，还会不断遭到危险）；由于在山地（如果山地为敌人所占有），任何推进都比在平原缓慢得多，也就是说不能以在平原上同样的速度前进，所以地区为谁占有的问题，在山地比在同样大小的其他地区都重要。在平原，地区为谁占有可能天天都有变化；只要用强大的部队向前推进，就可以迫使敌人让出我们所需要的地区。但在山地却并非如此，在山地，即使用很小的兵力，也可能进行出色的抵抗，因此，如果我们需要占领一片山区时，通常必须采取专门的行动，需要消耗大量的兵力和时间才能达到目的。既然山地不是进行主要军事行动的场所，那么我们就不能像在行动较为便利的地区那样，依赖于主要的军事行动占领这些地方，不能把取得和占领山地看作是我们前进的必然结果。

由此可见，山地具有较大的独立性，对它的占有一般比较彻底，很少会发生变化。再者，如果就其自然条件来说，山地可以使人们从其边缘很好地俯视开阔地，而它本身却始终像隐藏在漆黑的夜里一样，因此，对位于任何一座山地附近但还没占领它的一方来说，它可以被看作是产生不利影响的永不枯竭的源泉，也可以是敌人的隐蔽场所。如果山地不仅为敌人所占有，而且是在敌国的领土上，那么这种情况就更为明显。勇敢的游击小分队在遭到追击时，可以逃到山地躲避，然后又平安无事地出现在另一地点。一些大部队也可以在山地悄悄地行进。我们的军队，如果不想进入山地的瞰制范围，不想进行一场不平等的战斗——遭到敌人的袭击和进攻而无法还击，就必须始终同山地保持相当大的距离。

任何山地都是这样对一定距离内的较低的地区发生着影响。这种影响会立刻在一次会战中发生作用（如1796年莱茵河畔的马耳希会战），还是要经过较长的时间才对交通线发生作用，这要看该地区的地形状况。至于这种影响能否被在山谷或平原发生的决定性行动所抵消，则取决于双方兵力的对比情况。

拿破仑在1805年和1809年向维也纳推进时，并没有对提罗耳山区考虑很多；而莫罗在1796年所以必须离开施瓦本，主要是因为他没有控制地势较高的地区，所以监视这个地区就必须使用很多的兵力。在双方势均力敌形成拉锯战的阵势中，我们应该摆脱敌人占领的山地对我们不断产生的不利影响，设法占领并守住保障我们进攻的主要路线所必需的那部分山地。在这种情况下，山地通常成为敌我双方相互发动小规模战斗的主要战场。但是，人们不应该过高估计山地的影响，不应该在任何场合都把山地看作是解决全部问题的关键和主要的目的。当一切取决于胜利时，胜利是主要的目的。一旦胜利到手，胜利者就可以根据自己的需要来安排其余的一切。

山地作为战略屏障

在这里，我们必须区分两种情况。

第一种情况又是决定性会战。比如人们可以把山脉看作同江河一样，是一种仅有有限通路的屏障。它把前进中的敌军分隔开，使它们只能在有限的几条道路上行进，我们因此能够用集中配置在山后的军队分别袭击敌军的某一部分，这样，它就给我们造成了取得胜利的机会。进攻者在山地行进时，即使没有任何其他顾虑，也不可能成一个纵队行进，因为这样做可能会陷入具有决定性意义的危险之中，会在只有一条退路的情况下进行决定性会战。因此，这种方法只能建立在敌军分开前进的基础之上。但是，山地和山地通路是各不相同的，因此在采用这种手段时一切都取决于地形本身的情况，这种手段也只能被认为是可能采用的一种手段，而且必须想到，采用这种手段还有两个不利：一是敌人遭到打击时，在山地能够很快找到掩护；二是敌人也可以占据较高的地势，这对防御者来说虽然不是具有决定意义的不利，但毕竟总是个不利。

如果不把1796年对阿耳文齐的会战算在内的话，就没有采用过这种手段的会战了。但是，拿破仑在1800年翻越阿尔卑斯山的行动清楚地说明，对方是可以采取这种措施的，当时，梅拉斯本来是能够而且应该在拿破仑的各纵队集中起来以前就用全力对他进行袭击的。

第二种情况是，山地作为一种屏障，当它切断敌人的交通线时，会产生什么样的影响。除了设置在通路上的堡垒和民众武装所发挥的作用以外，路况极差的山路在气候恶劣的季节中也能够使敌军陷入绝望，敌人在这样的山路上累得筋疲力尽，往往不得不撤退。如果这时又出现了游击队的频繁的袭击，甚至展开了人民战争，敌人就必须派出大量的军队来应付，最后不得不在山地设置一些坚固的防哨，这样敌人就会陷入进攻战中最不利的处境。

山地与军队给养的关系

这个问题很简单，也很容易理解。当进攻者被迫停留在山地，或者至少把它留在自己背后时，防御者就可以充分利用给进攻者造成的给养困难来获得利益。

关于山地防御的这些考察，也是对山地进攻的必要说明，所以这实际上包含了对整个山地战的考察。我们不能因为是在山地而不是在平原，而且也无法变平原为山地，不能因为战场的选定是由许多其他因素决定的，对战场似乎没有多大的选择余地，便认为这些考察不正确，或者不切实际。从较大范围内来看，我们会发现，对战场选择的余地并不那么小。如果谈的是主力的部署和作用，而且是在决定性会战时的部署和作用，那么，军队向前或向后多走几日行程，就可以摆脱山地进入平原，果断地把主力集中在平原上，就可以使附近的山地失去作用。

现在，我们还想把上面分别论述的各点归纳成一点，形成一个明确的观念。

我们认为已经证明：无论在战术范围还是在战略范围，山地一般对防御都是不利的，而这里所说的防御是指具有决定意义的、其结果关系到国土得失的防御。山地使防御者无法观察敌情，又妨碍向各个方向的运动；山地迫使防御者陷于被动，不得不派兵把守每一条通道，这样一来，这种防御总是或多或少地变成了单线式防御。因此，人们应该尽可能使主力避开山地，把主力配置在山地的一侧，或配置在山前山后。

另一方面，对于达到次要目的和发挥次要作用的部队来说，山地却是一种增强力量的因素。如果我们说，山地对于弱者，即对于不敢再寻求绝对决战的部队来说，是真正的避难之地，这同我们上面的观点并不矛盾。非主力部队可以从山地得到利益就再一次说明了能把主力用于山地。

但是，所有这一切考察都很难改变人们直接得到的印象。不仅所有没有战争经验的人，而且那些习惯于运用拙劣的作战方法的人，在具体场合也会强烈地感觉到，山地像一种密度大、黏性强的介质，会给进攻者的一切运动带来很多困难，因此很难使他们不认为我们的见解是奇谈怪论。对十八世纪战争史上出现的独特作战方式做过泛泛考察的人，跟上述抱有直接印象的人一样，绝不会相信，比如说，奥地利在保卫它的各州时，在意大利方向并不比在莱茵河方向上更容易抵抗。相反，法军曾经在勇猛果敢的统帅指挥下作战20年之久，对自己取得的胜利一直记忆犹新，他们不管在山地战斗中，还是在其他场合，都将长期地通过熟练而准确的判断力获得出色的成绩。

这样一来，就好像开阔地比山地更能掩护一个国家，西班牙如果没有比利牛斯山会更强大，伦巴第如果没有阿尔卑斯山会更难接近，而平原国家（例如北德意志）比山地国家（例如匈牙利）更难征服了。针对这种错误的结论，我们想做最后一点说明。

我们并不认为，西班牙没有比利牛斯山会更强大，而是说，如果一支西班牙军队感到自己很强大，能够进行决定性会战，那么它集中配置在埃布罗河后边，要比分兵把守比利牛斯山的15个隘口更好一些，而比利牛斯山绝不会因此失去它对作战的影响。这种看法对意大利军队来说也同样适用。如果意军分散部署在高高的阿尔卑斯山上，那么它就可能被任何一个果敢的敌人所突破，它甚至没有机会进行决定胜负的决战，相反，如果它部署在都灵平原上，那么它就像任何其他军队一样有获胜的可能。但是，没有人会因此而认为，对进攻者来说，通过像阿尔卑斯山这样的大山脉并把它留在身后，是一件轻而易举的事。此外，在平原进行主力会战，并不排斥用小部队进行暂时的山地防御，而且，在阿尔卑斯山和比利牛斯山这样的山地进行这种防御是值得推荐的。最后，我们绝不认为，征服一个平原的国家比征服一个多山的国家容易，除非通过一次胜利可以完全解除敌人的武装。征服者在这一胜利之后就进入防御状态，这时山地正如以前对原来的防御者极为不利一样，对征服者也必然同样不利，甚至更为不利。如果战争继续下去，外来的援军纷纷赶到，群众都拿起了武器，那么，这一切抵抗就会因为山地而增强力量。

对这一问题的研究就像折光镜中的物体一样，当物体向一定方向移动时，物体的影像越来越清晰，但不能随意地移动下去，只能到焦点为止，一超过焦点，一切就适得其反了。

既然在山地的防御比较弱，那么这就可能使进攻者首先把山地作为其进攻的方向。不过，这种情况很少发生，因为给养和交通的困难，以及无法肯定敌人是否恰恰准备在山地接受主力会战和是否把主力配置在山地，这一切都抵消了上述那种可能得到的利益。

第17章　山地防御（续）

我们在第15章论述了山地战斗的性质，在第16章论述了山地战斗在战略上的应用，在这些论述中曾多次提到真正的山地防御这一概念，但没有详细论述这种防御的形态和部署。我们想在这里稍微详细地探讨一下这一问题。

山脉往往呈条形或者带状延伸于地球表面，将水流左右分开，因而成为整个水系的分水岭。山脉的各个部分也是这样分布的，各支脉或山脊从主脉分出后又形成较小的水系的分水岭。所以，山地防御的概念很自然地主要是构成一个狭长的、像一道大屏障似的障碍。虽然地质学家对于山脉的产生及其形成规律至今尚无定论，但是，不论是山脉是水流（通过冲刷过程）形成的产物，还是水流是山脉的产物，水流的流向总是最直接和最准确地表明了山脉的体系。因此，在考虑山地防御时以水流的流向作根据也是很自然的。人们不仅应该把水流看作是一个天然的水准仪，通过它全面地了解地面的起伏情况（即地表断面情况），还应该把那些由水流形成的谷地看作是最容易到达山顶的道路，不管怎样，水流的冲刷过程总能使高低不平的山坡变得平坦而规则一些。由此可以得出山地防御的概念：当防御的正面基本上同山脉平行时，山脉就可以看作是一种阻碍通行的巨大障碍，是一堵以谷地为出入口的墙。这时防御阵地应处于这堵墙的顶部，即处于高山上的平地的边缘，并且横向切断各主要谷地。假如山脉的主要走向几乎垂直于防御的正面，那么山脉的一个主要支脉就应设成防线，该防线必须同主要谷地平行并一直延伸到主脉的山脊（此处可以看作是防线的终点）。

我们所以在这里谈到这一套按照地质结构进行的山地防御的配置方式，是因为这一套配置方式在军事理论中确实曾经风靡一时，而且它在所谓的地形学中把冲刷过程的规律同作战方法混合在一起了。

但是，这种见解中的一切都充满了错误的假定和不确切的概念替换，在现实中，由这种见解几乎得不出任何可以用来制定系统理论的根据。

实际上，山脉的主要山脊都无法歇宿，而且难以通行，因而无法在上面配置大量部队；小山脊往往不仅不宜于歇宿和难以通行，而且不是太短就是太不规则，因而同样不能配置大部队。平地并不是在所有山脊上都有的，即使有，大多都很狭窄，不宜于歇宿。如果仔细观察的话，就连那种主山脊较长、两侧大体可以被看成斜面或至少可以被看成阶梯状山坡的山脉也很少见。主山脊总是蜿蜒曲折而又分支很多，大支脉则成曲线伸向原野，而且往往恰好在其终点又高耸入云，成为高出主山脊的山峰；山麓同山峰连接，构成了同山脉体系不相称的巨大深谷。此外，在几条山脉交叉的地方，或者几条山脉向外伸展的起点，就根本不存在狭长的呈条形或带状的山脉了，而只有呈辐射状分布的水流和山脉。

由此可见，任何一个人，如果像上面那样来观察山地，他就能更清楚地认识到，要想在山地系统地部署军队是行不通的，要是坚持以这种想法作为部署军队的基本思想，是不切实际的。但是，关于山地的具体应用还有一个重要的问题值得注意。

如果我们再仔细地考察一下山地战在战术上的现象，那么就会清楚地看到山地战主要表现为下面两种防御：陡坡防御和狭谷防御。后者，时常（甚至大多数情况下）能发挥较大的抵抗效果，却无法同时在主山脊上设防，因为占领谷地本身往往更为必要，而且由于谷地接近平原的部分比较低，所以占领谷地近平原的部分比占领谷地靠山的起点更为必要。此外，即使在山脊上完全无法设防，这种谷地防御仍然是防御山地的一种手段；因此，山脉越高，山路越艰险，谷地防御的作用通常也就越大。

从所有这些考察中可看出，防御一条同某一地质线相一致并多少近乎规则的防线的想法必须彻底抛弃，人们应该把山地只视为高低不平和布满各种障碍的地面。对于这种地面的各个部分，只要情况允许，就应尽可能加以利用。某一地区的地质线即使对了解山地的概貌是不可缺少的，在防御措施中也没有多大的用处。

无论是在奥地利王位继承战争中，还是在七年战争中，或是在革命战争中，我们都还没发现军队遍布整个山系并按山脉的主要轮廓组织防御的情况。我们从未见过军队部署在主山脊上。军队总是部署在山坡上，有时高一点，有时低一点，有时在主山脊的这一面，有时在那一面；有时同主山脊平行，有时与它垂直，有时则与之斜交；有时顺水而下，有时逆水而上。在一些较高的山地，如在阿尔卑斯山，军队甚至常常沿着谷地部署；而在一些较低的山地，如在苏台德山，则会出现一种极为奇特的情况，军队常常部署在自己一方的半山腰，即面对着主山脊配置，如1762年，腓特烈大帝为了掩护对施魏德尼茨的围攻，就将阵地面对欧累峰设置。

七年战争中，著名的施莫特赛芬阵地和兰茨胡特阵地一般就设置在低深的谷地里，福拉耳贝克州的费尔德基希阵地的情况也是这样。在1799年和1800年战局中，法军和奥军的一些主要防哨一直都是配置在谷地里的，这些防哨不仅横向封锁着谷地，而且沿着整个狭长的谷地驻守，但是各山脊却根本无人占领，或者只配置了少数几个单独的防哨。

高高的阿尔卑斯山的山脊既不便于通行，又不宜于歇宿，因而不可能用大量部队加以防守。如果一定要派军队驻扎在山地以控制这个地区，那么只能把军队配置在谷地里。初看起来，这样做似乎是错误的，因为根据一般的理论，人们一定会说谷地处于山脊的瞰制之下。但是，实际情况并不那样可怕，在山脊上只有很少的道路和小径可以通行，而且除了极个别情况外，只有步兵可以通行，因为所有的车道都分布在谷地里。因此，敌人只能用步兵登上山脊的个别地点。而在这样的山地里，双方军队相距太远，超过了步枪的有效火力范围，所以部队配置在谷地里并不像表面看来那样危险。当然，这种谷地防御还面临着另一种巨大的危险，即被切断退路的危险。虽然敌人只能用步兵，缓慢而费劲地从几个地点下到谷地，也就是说他不能进行奇袭，但是，从山脊通往谷地的小径没有部队防守，敌人就可以逐渐把优势兵力调集下来，然后在谷地展开，进而粉碎防御者纵深很小的、一下子变得非常脆弱的防线，这时，除了一道浅浅的山间小溪以外，也许就找不到其他任何掩护了。在这种情况下，进行谷地防御的很多部队只能被围困在里面，因为在没有找到撤出山区的出口以前，防御者在谷地只能分批后退。正是由于这个原因，奥地利军队在瑞士几乎每次都有三分之一或二分之一被俘。

现在还要稍微谈一谈进行这种防御时的兵力分割程度问题。

任何一种这样的配置，都是以主力在最主要的山间通道上占领的阵地为中心的。其他部队从这一阵地向左右派遣出去，占领最重要的山口，因此，整个防御配置就由大致位于一条线上的三四五六以致更多的防哨组成。这条防线能够延伸或者必须延伸多长，应视具体情况的需要而定。几天的行程，也就是6至8普里就非常适当，当然也能见到延长到20普里，甚至30普里的。

还有一些次要的通道往往处于相距一小时，或两三小时行程的各个防哨之间，人们后来才会注意到它们。这里可能有一些可以配置几个营而又非常适于用来联络各主要防哨的好地方，这些地方也要派兵占领。而且，不难看出，兵力还可以进一步分割下去，一直分割到单个步兵连和骑兵连，而且这种情况已经屡见不鲜了。总之，兵力的分割在这里并没有一定的限度。另一方面，各防哨的兵力应视整个军队兵力的大小而定，因此，对主要防哨可能或应该保持多少兵力的问题，就没有什么可谈的了。我们只想根据经验和事物的性质提出几项原则作为考虑兵力部署的依据。

1.山脉越高，越难通行，兵力分割就可以越大，而且也必须越大，因为一个地区的安全越是难以通过部队的机动来保障，就越必须依靠直接的掩护来保障。阿尔卑斯山同孚日山或巨人山的防御相比，兵力分割程度必须大得多，因而更接近于形成单线式防御。

2.凡是进行山地防御的地方，至今兵力都是这样区分的：主要的防哨大都是在第一线只配置步兵，在第二线只有几连骑兵；只是配备在中央的主力在第二线才有几个营的步兵。

3.只有在极少数的情况下，才留有战略预备队以增援遭到进攻的地点，因为在正面延伸很长的情况下，人们本来就已经觉得处处兵力薄弱了。因此，增援遭到攻击的防哨的援军，大都是从防线上没有遭到攻击的防哨中抽调的。

4.即使兵力分割的程度比较小，各防哨的兵力不算薄弱，这些防哨进行的主要抵抗也总是扼守地区的防御，某一防哨一旦被敌人完全占领，就不能再指望用增援部队夺回来了。

由此可见，究竟从山地防御中可以得到什么，在哪些场合可以运用山地防御这一手段，防线的延伸和兵力的分割可能和容许达到什么程度，理论只能把这一切留给统帅的才智去解决，理论只需要告诉统帅这个手段的本质特点是什么，它在两军交战时能起什么作用就够了。

一个统帅，如果采用了正面宽大的山地阵地而遭到失败，是应该被送交军事法庭的。

第18章　江河防御

从防御角度来看，大中型江河像山地一样，也是战略屏障之一。但江河与山地在两个方面有所不同。它们首先体现在相对防御上，其次体现在绝对防御上。

江河和山地一样，都能使相对抵抗的能力增强。而江河如同脆硬的材料做成的工具一样，其特点是，它要么使防御能坚强地抵抗住任何打击，要么完全失去作用，导致防御失败。如果江河很大，而且其他条件对防御一方有利，那么进攻一方要想渡河是绝对不可能的。不过，突破江河防御的任何一点就能完全瓦解整个防御。除非江河本身就在山地，防御一方就不能像在山地那样进行持久地抵抗。

从战斗角度来看，江河的另外一个特点是，在一些情况下，在江河地区为那些为决定性会战而采取的部署可以变得非常有利。通常这些在江河地区采取的部署也比在山地更为有利。

江河和山地也有相同之处：两者都是危险而诱人的，常常吸引人们采取错误的措施，使他们陷入危险境地。我们将在深入考察江河防御时提醒人们注意一些问题。在一定的时期，人们曾认为他们可利用一切有利的地理条件增强绝对防御体系。但战史上江河防御成功的例子很少，这说明江河并不像人们所想象的那样，是强有力的屏障。但是，一般来讲，江河对战斗和国土防御的有利作用还是不可否认的。

为了系统而全面地了解事物的本质，我们先列举研究江河防御时的几个着眼点。

首先，我们应当把设防的江河的战略效果同未设防的江河对国土防御的影响区别开来。

其次，根据防御本身的意义，可以将其分为以下三种：

1. 用主力进行的绝对抵抗；

2. 纯粹的假抵抗；

3. 用次要兵力，如前哨、掩护部队以及其他次要部队等进行的相对抵抗。

最后，还能以江河防御的形式把江河防御区分为以下三种：

1. 直接防御，即阻止敌人渡河；

2. 较间接的防御，即只把江流和河谷作为进行更有利的会战的手段；

3. 完全直接的防御，即在对岸固守坚不可摧的阵地。

下面我们分别考察这三种江河防御。首先我们研究各种江河防御同第一种抵抗，也是最重要的抵抗的关系，再谈谈它们同其他两种抵抗的关系。下面我们研究阻止敌军渡河的直接防御。

只有水量充足的大江河，才能用来进行这种防御。

这种防御在理论上的基本问题是空间、时间和兵力的配合，这使江河防御变得非常复杂，以至于很难得出一个固定的结论。然而，任何人在经过思考之后都会得出以下的观点。

根据敌人架桥需要的时间可以确定防御江河的各部队之间相隔的距离。防线的整个长度除以这个距离，就得出需要部队的数目。用这个数目去除全军的总数，就可得出各支部队的兵力。比较这些部队的兵力同敌人在架桥期间可能利用其他方法渡河的兵力，防守一方就可判断出自己是否能够进行一次有效的抵抗。因为，只有当防御者在敌人的桥梁架成以前有可能以极大优势的兵力，也就是以一倍左右的兵力来攻击使用其他方法渡河的敌人的情况下，我们才可以认为敌人的强渡是不可能的。例如：

如果敌人需要24小时来架桥，在这段时间内能够用其他方法渡河的敌人不超过2万人，而防御方在12小时左右可以把2万人调动到任何地点，那么强渡就可认为是不可能的，因为在这种情况下进攻一方的2万人刚渡过半数时，防御部队就能够赶到。在12小时内，除命令传达和信息传递所占的时间，人们可以行军4普里。因此每隔8普里需要有2万人。防御长达24普里的河段则需要6万人。防御方有这样的兵力，就可以把2万人调到任何地点，即使敌人在两处渡河也是这样。如果敌人只在一处渡河，防御方甚至可以减少4万人。

在这里，下面三个因素起着决定性作用：（1）河流宽度；（2）渡河设备；这两个因素不但决定了架桥需要的时间，而且也决定了架桥期间能够渡河的部队数量；（3）防御兵力。至于对方军队总的兵力，这时可以不予考虑。根据这个理论我们可以认为，使敌人的渡河成为不可能，甚至使任何优势的敌人的渡河成为不可能，都是可以做到的。

这就是直接的江河防御的简单理论，它的目的在于阻止敌人完成架桥和渡河（这里我们没有考虑渡河一方可能采用的佯动和欺骗的因素）。以下我们将考察这种防御的详细情况和必要手段。

首先需要指出的是，抛开地理上的任何具体因素不谈，上述理论所描述的各个部队应该紧靠江河分别集中配置。这是因为任何远离江河的配置部队的方法都会增加调动时的行军路程。这既没必要，也无好处。宽大的河流可以保证部队不会遭到敌军的大的威胁，因而没有必要像一般国土防御中的预备队那样把部队部署在后面。其次，一般来讲，河边的道路比从后面到河边任何一处的斜行路更便于通行。最后，这样的部署无疑比纯粹的防哨线更有利于对江河进行监视，这主要是因为这时指挥官都在附近。

在这种情况下，部队必须分别集中部署，不然就不能采用上述的计算方法了。所有了解集中军队需要消耗多少时间的人都会明白，防御的最大效果恰恰来自这种集中部署，利用防哨部队使敌人不可能漕渡的方法，乍看确实很吸引人。但是，除了少数例外，特别是便于渡河的地点以外，采取这种部署方法都是非常不利的。在大多数情况下，敌人从对岸以优势火力就可以击退防哨部队。即使是排除这种可能，这样部署部队通常还是白费力量。这种防哨除了能促使敌人另选渡河点以外，达不到任何目的。由此可见，只要不是兵力强大到可以把河流当作要塞的外壕来防守（在这种情况下，也就不需要任何规则了），这样的河岸防御就必然达不到目的。除了这些一般配置原则以外，还应该考虑到：第一，江河的具体特点；第二，清除渡河器材；第三，沿岸要塞的作用。

江河作为防线上下两端都应当有依托点（例如海洋或中立区），或者拥有其他条件，使敌人无法从防线两端以外的地点渡河。但是，只有在江河防线很长的情况下才可能得到这种依托点或其他这样的条件。所以，在通常情况下，江河防线必须很长，因此在现实中人们不可能把大量军队配置在相对短的河段上。而我们常常必须以具体现实情况为依据。这里的相对短的河段，是指河段的长度比军队不在江河附近配置时的正面只稍大一些。我们认为，这样的情况在现实中并不存在。而且任何江河的直接防御，总是单线防御，至少就其防御正面的宽度来说是这样。在这种防御中，集中配置时自然会采用的那些对付迂回的方法就根本不适用了。因此，江河的直接防御，不管它在其他方面有多么好的条件，只要可能遭到敌人的迂回，就总是一种极为危险的措施。

很明显，就整条江河来说，并不是所有地点都同样适于渡河。我们当然可以对什么样的地点不适于渡河作更详细的一般说明，但不能做严格的规定。这是因为有些微乎其微的地形特点因素往往比书本上认为重要的东西更有决定性的意义。而且，做严格的规定根本没有用处，因为我们只要考察一下江河，再从当地居民那里了解些情况，就基本可以明确判断渡河的合适地点了，因而没有必要去考虑书本上的东西。

为了更具体详细地说明这些问题，我们可以指出，通往江河的道路、江河的支流、沿岸的大城镇、特别是江河中的洲岛等等都对渡河有利。而与这个结论相反，制高点、渡河点附近的弯曲河道等等这些书本上往往认为作用很大的东西却很少发生作用。究其原因，它们的作用是以绝对河岸防御这个狭隘观念为基础的。而在大型江河的情况下，却很少或者根本不可能进行绝对河岸防御。

在河流上的一些地点适于渡河的一切条件，不管是什么条件，都会对部署军队产生影响，并会使一般的几何法则有一定程度的改变。但是，过分轻视这些条件，或过分依靠某些地点给渡河造成的困难都是不恰当的。这是因为，如果敌人确信在那些从天然条件看来不利于渡河的地点同我们遭遇的可能性最小，恰好就会在那里渡河。

用尽可能强的兵力防守江河中的洲岛的措施，是在任何情况下都值得推荐的，这是因为敌人如果对洲岛进行真正的进攻，就确切地暴露了渡河地点。

部署在河边的各个部队根据情况向上游和下游行军。因此，如果没有同江河并行的大路，那么整修紧靠河岸的小路或新修短距离道路都是重要的防御准备工作。

我们要论述的第二点是清除渡河设备的问题。在江河的主流上清除渡河设备当然很不容易，至少要花掉相当多的时间。而要在敌岸的支流上清除渡河设备，困难简直是无法克服的，因为这些支流通常为敌人所控制。在这种情况下，利用要塞封锁这些支流的河口十分关键。

敌人携带的渡河设备，如架桥用的桥脚舟，在渡过大江大河时一般情况下都不够用。因此，敌人的问题主要在于能否从江河主流、各支流和己方的各大城镇中找到这些渡河设备，以及江河附近是否有可以用来制造船只和木筏的木材等等。有时在这方面的条件对敌人非常不利，甚至无法渡河。

另外，位于江河两岸或者敌岸的要塞地域，不仅可作为防止敌人从要塞左右附近的各个地点渡河的盾牌，控制这些要塞也是封锁各支流和迅速收集那里的渡河设备的手段。

关于在流量充足的江河进行直接防御我们就谈到这里。陡峭的深谷或者沼泽较多的河岸，虽然会增加渡河的困难，从而增加防御的效果，但是它们毕竟不能代替流量充足的江河本身，还不能构成绝对断绝的地形。而绝对断绝的地形是直接防御的必要条件。

如果我们要问这种江河直接防御在战局战略中占有什么样的地位，人们只能回答，这种防御绝不可能导致决定性的胜利。一方面，这是因为它的目的仅仅是阻止敌人渡河，歼灭最先渡河的敌军，另一方面，江河也妨碍了防御者通过有力的出击扩大自己已取得的利益，以取得决定性的胜利。

不过这种江河防御常常能够赢得更多的时间，这对防御方来说一般相当重要。进攻者为了筹集渡河设备往往要花费大量的时间，如果进攻方几次试渡都没有成功，防御方就能赢得更多的时间。如果敌人因为不能渡河而完全改变前进方向，那么防御方也许还会得到其他一些利益。另外，在进攻方不是全力以赴进攻的情况下，江河就会使其停止进攻的企图。这时，江河就成了保卫国土的永久性屏障。

因此，当江河很大，条件有利时，我们可以认为江河的直接防御是主力对主力的一种非常有效的防御手段，它能够产生当前人们很少重视的那种效果（人们很少重视，是因为他们只注意到了那些因为力量不足而失败的江河防御）。在上述这些前提条件下（这在莱茵河和多瑙河这样一些江河上确实是容易找到的），6万人在24普里长的地段上就能对拥有显著优势兵力的敌人进行一次有效的防御，这当然可以说是一个值得重视的效果。

上面我们提到了对拥有显著优势兵力的敌人的防御，现在我们就来谈谈这个问题。根据我们提出的理论，只要企图渡河的兵力不小于进行江河防御的兵力，一切就都取决于渡河设备，而不取决于企图渡河的兵力。这种说法似乎很令人费解，但事实确实如此。当然，人们不应该忘记，大多数江河防御，确切地说，一切江河防御，都没有绝对的依托点，即都可能遭到敌人的迂回，并且敌人的兵力优势越大，就越容易进行这种迂回。

这种江河的直接防御，即使被敌人突破，也不同于一次失利的会战，很少能导致彻底的失败，因为我们投入战斗的只是一部分军队。而且敌人只能通过一道桥梁慢慢渡河，因此必然会受到阻碍，不能立刻迅速地过桥扩大胜利战果。如果人们看到这些，就更不会过分轻视这种防御手段了。

在现实生活中，处理一切事情，问题都在于是否恰到好处。在进行江河防御时也是一样，防御的结果依赖于对各种情况判断得是否正确。一个表面上无关紧要的事物很可能使整个局势发生重大变化，一个在别处极其合适有效的措施，在这里却可能变成有害的举动。对各种情况做出正确的判断，就是不单纯地把一条河流看作是一条河流。在江河防御中这些或许比在其他场合更难做到。因此，我们必须特别提防错误地运用和理解江河防御的危险。不过，在进行了如此的分析之后，我们不能不明确地指出，一些人的喧哗根本不值一提。他们根据自己模糊的感受和含混的观念，把一切都寄托在进攻和运动上，把骑兵挥舞马刀奔腾向前看作是战争的全部。

即使指挥官能够长久保持这种感受和观念，也不足以解决问题（我们只要想一下1759年齐利晓会战中显赫一时的独裁指挥官韦德尔就明白了）。更糟糕的是，这样的感受和观念很少能够持久，当指挥官面对着牵涉到各方面的重大而复杂的现实情况时，这种观念和感受就会在最后一瞬间在他们身上消失得无影无踪。

因此，我们认为在防御方满足于阻止敌人渡河这一目的时，如果部队足够强大，条件有利，进行江河直接防御是可以得到良好效果的，但对较小的部队来说则不同。如果说6万人在一定长度的河段上能够阻止10万乃至10万以上的敌军渡河，那么要是1万人在这样长的河段上就能阻挡1万人、甚至5千人渡河（只要这5千人不怕同有同样优势的敌人在一个河岸上相遇）。这并不难理解，因为渡河设备的数量是一样的。

至今我们还很少谈到佯渡，因为在很少情况下佯渡在江河的直接防御中起较大作用。一方面是因为这种防御的关键不在于把军队集中在一点，而在于各部队各自防守一个河段；另一方面，即使具备上述渡河条件，进行佯渡也非常困难。如果进攻方的渡河设备本就很少，即现有的设备还不足以保障渡河的需要，那么进攻方就不可能也不愿意把大部分设备用于佯渡。不管怎样，进攻方在真正渡河点上可以漕渡的兵力会因佯渡而减少。这样，防御方能够重新赢得本来因敌情不明而可能丧失的时间。

一般来说这种江河直接防御仅适用于欧洲主要河流中下游。

第二种江河防御适用于中等江河，甚至也适用于深谷中的小河流。这种防御要求在离江河较远的地方占领阵地，并应保证阵地到江河有一定的距离。在敌军同时在几个地点渡河的情况下，防御方能够迎击分散在各处的敌军；当敌人在某一点渡过江河时，防御方能够把敌人限制在河流附近或者一座桥梁和一条道路上。这时进攻方被迫背靠江河或深谷，并在只有一条退路的情况下会战，这种局势对进攻方是极端不利的。利用进攻方的这种不利态势是一切中等江河和深谷防御的实质所在。

我们认为，把整个军队分为几支大部队紧靠江河部署是进行直接防御时的最有利的配置。不过，这种部署要以不会有大批敌人突然渡河为前提，不然就有被分割进而被各个击破的危险。如果防御方进行江河防御的条件并不太有利，或者敌人掌握着足够的渡河设备，或者江河中有很多岛屿，甚至浅滩，或者江河不宽，或者防御兵力不足等等，在这些情况下防御方就不易实施江河的直接防御了。这时，各个防御部队为了保证相互联系，必须离开江河一段距离。在这种情况下唯一可以采取的办法是，在敌人渡河时尽快地向渡河地点集中兵力，并在敌人还没有扩大占领范围和占用数个渡口时攻击敌人。在这种情况下，应使用前哨部队对江河或者河谷进行监视并稍做抵抗，而整个主力则应分为几支大部队部署在离江河一定距离（通常几小时的行程）的适当地点。

在这里，防御所凭借的主要是由江河和河谷构成的谷地。不仅水量，而且河谷的整个情况在这里都起着重要的作用。与宽阔的江河相比而言，谷岸陡峭的谷地通常作用更大些。实际上，大部队通过陡峭的深谷所遇到的困难，比事先想象的要大得多。令进攻者不安的是，通过深谷需要相当长的时间，这样，当他们通过深谷时，防御者就随时可能占领周围的高地。进攻者的先头部队如果前进得太远，就会同敌人过早地遭遇而面临被优势敌人击败的危险，如果停留在渡河点附近，就要在极不利的形势下作战。因此，只有兵力上占很大优势，指挥上有很大把握时，进攻者才能通过深谷到江河对岸去同敌人较量，否则就是一种冒险行动。

当然，这种防御的防线不能像直接防御大江河时那样长，这一方面是因为防御者需要集中全部兵力作战，另一方面是因为进攻者渡河毕竟不像过大江河那样难。因此，在这种情况下进攻者就比较容易采取迂回战术。但是进攻者进行迂回时需要离开原来的方向（我们假定河谷大体上垂直于这个方向），而且撤退线还会受到遏制，同时还不能马上实现消除因此而产生的不利影响，这还需要一个渐进的过程。所以，进攻者即使没有面临在危机状态中受到防御者攻击这样的困难局面，而且其通过迂回取得了稍大的活动空间，但所处的境地仍然不如防御者有利。

讨论江河时我们不仅要涉及它的水量，更要重视河谷的深度，因此，我们必须事先说明，不应该把河谷理解为真正的山谷，否则，在这里就要运用有关论述山地时所考察过的一切理论了。但众所周知，在很多平原，甚至很小的河流也有陡峭的深谷。此外，如果河岸上有沼泽或有其他能阻止敌人接近的障碍物，这也都属于该范畴。

因此，在这些条件下，将防御的军队部署在中等江河或者较深的河谷之后就是一种非常有利的配置，这样的江河防御应该算是最好的战略措施。

这种防御的弱点，即防御者容易犯错误的地方，在于军队的防线容易过长。防线过长时，防御者会很自然地把军队分散在可能被使用的渡河点上，因而忽略了必须封锁的真正被使用的渡河点。然而，如果不能把整个军队集中在真正的渡河点作战，就不能达到这种防御应有的效果。在这种情况下，即使军队没有被整体消灭，但一次战斗的失败，一次不得已的撤退以及各种各样的混乱局面和损失都会使整个军队面临彻底失败。

在上述条件下，防御者不应该把防线延伸得过长，并且必须在敌人渡河的当天傍晚以前把自己的兵力集中起来，这两点我们已经作了充分的阐释，因此无须讨论那些受地形条件限制的时间、兵力和空间的配合问题了。

在这些情况下发生的会战必然有其特点，即防御者的行动必须非常猛烈，因为进攻者的佯渡使防御者一时弄不清情况，通常只有到了最紧急的时刻，防御者才能弄清真相。防御者在局势方面之所以有利，是因为正面的敌军处于不利的境地。如果敌军的其他部队从其他渡河点过来包围防御者，那么防御者就不能像在防御会战中那样，在后面有力地打击这部分敌军，因为这样做他会失去有利的局势。因此，他必须在这部分敌军还没有威胁到他的时候，先解决正面的问题，也就是说，他必须尽可能迅速而有力地击败正面的敌军，从而解决全部问题。

不过，这种江河防御绝不是以抵抗具有显著优势兵力的敌人（这在大江河的直接防御中还是可以设想的）为目的的。实际上，在这种防御中，防御者通常需要对付敌军中的绝大部分，即使情况对防御者有利，人们也很容易看出，在这里必须考虑兵力对比问题。

大部队在一般大小的江河和深谷进行的防御就是这样。如果在河谷的边缘进行强有力的抵抗，会造成阵地分散的不利情况，对大部队来说，不能采用这种方法，因为大部队所追求的是决定性的胜利。如果仅仅是较顽强地守住次要的防线，进行暂时的抵抗，以等待援军，那么，当然就可以在河谷边缘、甚至在河岸进行直接防御。在这里虽然不能期望得到山地阵地那样的有利条件，但是抵抗的时间比在一般地形上总会长些。只有在河道蜿蜒曲折时（深谷中的河流往往是这样），防御者进行这种防御才是非常危险的，甚至是不可能的。只要看一看德国境内的摩泽尔河的河道就可以了解这一点。在那里防守河道突出部分的部队撤退时恐怕不可避免地要被消灭。

很明显，大部队在一般大小的江河上采用的防御手段，也可以用在大江河上，而且这里的条件更为有利些。一旦防御者要争取彻底的胜利，他们总要运用这个手段（如阿斯波恩会战）。

至于防御者为了把江河或深谷作为阻止敌人接近的战术障碍，也就是作为战术上加强的正面，而紧靠江河或深谷配置部队，这完全是另一种情况。对这个问题的详细研究是战术范围内的事情，但我们要指出的是，从效果上来看，这实际上完全是自欺欺人的办法。如果陡谷很深，阵地正面当然绝对不可攻破，但是由于通过这种阵地侧旁同通过任何其他阵地的侧旁一样容易，所以防御者这样配置军队实际上几乎就是给进攻者自动让路，这显然不会是该配置的目的。因此，只有当地形对进攻者的交通线十分不利，以致他一离开自己的通道就会产生极为不利的后果时，防御者这样配置军队才可能是有利的。

采用第二种防御手段时，进攻者的佯渡会给防御者带来更大的危险，因为这时进攻者更容易实施佯渡，而防御者的任务却是要把全部军队集中在真正的渡河点上。但是，在这种场合防御者在时间方面并不十分紧迫，因为在进攻者把全部兵力集中起来占领几个渡河点以前，条件一直对防御者有利。此外，与对单线式防御进行佯攻的情况相比而言，进攻者在这种场合进行佯渡的效果要小一些，因为在单线式防御中必须保证每一个据点都不被攻破，因而预备队的使用就是比较复杂的问题，此外，在单线式防御中需要判明敌人最先可能攻占哪个地点，而在这里却只要弄清敌人的主力在哪里就可以了。

关于上面所讲的在大江河和一般大小的江河上进行的这两种防御，我们还必须概括性地强调：如果在仓促和混乱的撤退过程中部署这两种防御，而缺乏准备，没有清除渡河器材，也没有确切地考察地形，那么当然就达不到上面所说的任何效果了。在这种情况下大都不可能具备有利的条件，而为了取得这些有利条件而把兵力分散在宽大的阵地上则是极为愚蠢的做法。

总之，在战争中凡是在目的不明确和意志不坚定的情况下所做的努力都免不了失败，与此类似，如果因没有勇气同敌人会战而选择了江河防御这种手段，指望利用宽阔的江河和低深的河谷来阻挡敌军，那么江河防御是不会带来好结果的。在这种情况下，统帅和军队对自己的处境没有真正的信心，他们往往忧虑重重，这种忧虑往往很快就会变成事实。决斗要求双方的情况完全相同，而会战则不一样。一个防御者，如果在防御过程中不善于利用防御的特点，不善于利用迅速的行军、熟悉的地形和自如的运动获取利益，那他就不可挽救。江河和河谷根本不能拯救这样的防御者。

第三种防御手段是在敌岸占领坚固的阵地。这种防御所以能够产生效果，是因为敌人的交通线在这种情况下被河流切断，从而被限制在一座或两三座桥梁上。显而易见，这里指的只能是流量充足的大江大河，因为，只有大江大河才能导致这种情况的出现，与此相反，一条谷深水少的江河一般都有很多渡口，因而根本不可能产生上述危险。

这种阵地必须非常坚固，几乎无法攻破，否则就会符合敌人的希望，防御者也就失去了有利的条件。如果阵地坚固到敌人不敢进攻的程度，那么在某些情况下，敌人甚至会被束缚在防御者所在的河岸上。假如他渡河，他就会失去自己的交通线。当然，他也可以威胁防御者的交通线。这时，情况就与双方相互从对方阵地侧旁通过时一样，一切都取决于：谁的交通线在数量、位置和其他方面有更好的保障；谁在这种场合下做其他的打算将面临失败的可能性更大，也就是说谁做其他打算时可能会轻易地被对方战胜；最后，谁的军队有更多制胜力量的保障，以便在紧急情况下能有所依靠。在这种场合，江河的作用无非是增加了交通线面临的危险，因为双方的交通线都被限制在桥梁上。通常，由于有要塞掩护防御者的渡河点和各种仓库比进攻者的要更安全些。如果这一点能够肯定，那么这种防御手段当然是可以采用的。甚至当其他措施不适于对江河进行直接防御时，也可以用这种防御手段来代替直接防御。这样，虽然军队没有防守江河，江河也没能掩护军队，但是两者的结合保证了国土的安全，而这正是所要达到的目的。

但是必须承认，这种不进行决战的防御，就像正负电荷简单地接触时产生的电压一样，只适于阻止力量较小的攻击。如果对方统帅小心谨慎、犹豫不决、不会轻易受任何因素的影响而采取猛烈行动，那么，即使他拥有兵力上的极大优势，防御者还是可以采取这种防御。同样，当双方形成平稳的均势，彼此力争的仅仅是微小的利益时，防御者也可以采取这种防御。但是，如果要面对的是冒险家指挥下的优势兵力，采取这种防御就有走向灭亡的危险。

另外，这种防御方法看起来既大胆而又合乎科学，以致可以称得上高雅的防御方法。但是，高雅的一般容易流于华而不实，而战争却不像社交那样可以容许华而不实的作风存在。因此，采用这种高雅方法的实例是很少见的。不过，这第三种防御手段可以用作前两种的特别补充，即通过这种手段控制桥梁和桥头堡以便使军队可以随时渡河威胁敌人。

这三种江河防御手段中的任何一种，不仅可以是主力进行的绝对抵抗，还可以是假抵抗。

防御者固然可以采取其他很多措施，构筑不同于行军中的野营地的阵地，使这种消极抵抗能产生绝对抵抗的假象。但是，只有这一系列措施相当复杂，以致敌人以为其效果会比其他场合更大、更持久时，在大江河进行的假防御才能起到真正的欺骗作用。对进攻者来说，面临敌人强行渡河总是一个重大的步骤，因此，采取这样的行动时往往要考虑很久，有时要将行动推迟到更有利的时机。

因此，进行这种假防御时，防御者有必要大体上像真防御那样将主力分布、配置在河边。但是，仅仅假防御这种意图本身就说明当时的情况是不利于真防御的，因此，各部队哪怕是进行微弱的抵抗，也会由于防线较长和部队分散而有遭到重大损失的危险。就实际意义而言，这是一种不完全的措施。可见，进行假防御时一切行动的目的都在于必须使军队确实能集中在遥远后方（往往有几日行程的距离）的某一地点，因此假防御时进行抵抗只能以不妨碍这一集中为限度。

为了清楚地阐述我们的看法，并指出这种假防御可能有的重要意义，我们想提一下1813年战局末期的情况。当时，拿破仑率领约4到5万人退过了莱茵河。联军按照自己前进的方向本来是可以在曼海姆到奈梅根这个区域内轻而易举地渡河的。对拿破仑来说，要以上述兵力防守这段河流实际上是不可能的。他只能考虑在法国的马斯河沿岸附近进行第一次真正意义上的抵抗，因为在那里他可以得到一定的增援。但是，假如他立刻退到马斯河，联军就会紧紧地追至那里，而假如他让部队渡过莱茵河去舍营休息，那么同样的情况不久也会出现，因为联军即使小心谨慎到极为胆小的程度，也会派遣一些哥萨克和其他轻装部队渡河，而一旦知道渡河非常顺利，他们一定还会派其他部队接着渡河。因此，法军有必要在莱茵河进行认真的防御。可以预见，联军一旦真正渡河，这个防御就失去了任何意义。所以，这次防御可以看作是纯粹的假防御。但在这种场合，法军根本不用冒任何危险，因为他们的集中地点是在摩泽尔河上游。大家知道，只是麦克唐纳犯了错误，他率领2万人停留在奈梅根附近，一直等到1月中旬温岑格罗迭军（该军到达较迟）把他逐走时他才后退，这就妨碍了他在布列讷会战以前同拿破仑会师。可见，正是莱茵河的假防御才促使联军停止了前进，并且不得不下决心把渡河时间推迟到援军到来以后，也就是推迟了6个星期之久。对于拿破仑来说，这6个星期是极为宝贵的。假如没有莱茵河上的这次假防御，联军就会趁着莱比锡的胜利直驱巴黎，而法军根本不可能在首都这边进行一次会战。

采取第二种江河防御，即利用一般大小的江河进行防御时，也可以采用这种欺骗手段，只是一般来讲效果要差得多。因为尝试性的渡河在这种场合是比较容易成功的，因而这种戏法很容易被戳穿。

采取第三种江河防御时，佯动的效果恐怕要更差一些，就其效果而言，它不会超过任何临时占领的阵地。

最后，前两种防御手段非常适用于为某种非主要目的而设置前哨线或其他防线（单线式防御），它们也适用于仅仅为进行牵制而配置的非主力部队，在有江河的情况下运用这两种防御手段，比在没有江河的场合有更大的力量并有更大的把握。因为所有这些场合下进行的都是相对的抵抗，而这种难以通行的地形自然会明显增强相对抵抗的威力。在这里人们不仅应该认识到，抵抗战斗能赢得相当长的时间，而且应该认识到，敌人在每一次行动前都会有很多顾虑，如果不是紧迫的原因，这些顾虑有百分之九十九的可能会使他的行动中止。

第19章　江河防御（续）

现在我们再谈谈不设防的江河对国土防御所起作用的问题。

任何一条江河，连同其主流的河谷和支流的河谷，可以构成一个庞大的地形障碍，因而一般对防御有利。我们从以下几个主要方面对它特有的影响做进一步说明。

首先，我们必须分清江河同国境，即同总的战略正面是并行的，还是斜交或直交的。如果是并行的，我们还必须明确江河是在防御方的背后，还是在进攻方的背后，并明确在这两种情况下军队同江河之间的距离。

如果防御部队背后不远的地方（但不少于一般的一日行程）有一条大河，河上有足够的安全渡河点，则防御者所处的位置无疑比没有江河时有利得多。这是因为，虽然防御者由于渡河点的限制在行动上失去部分自由，但在战略后方的安全上（主要是交通线的安全）仍能获得很大利益。显而易见，我们这里考虑的是在本国内进行的防御。因为在敌国，即使敌军在前，防御方仍然不能不时常或多多少少担心它出现在自己背后的江河对岸，此时由于渡河点有限，江河对防御方处境的影响更多是有害而不是有利。江河在军队背后越远，对军队的利益就越少，到了一定距离，它的影响就完全消失了。

如果进攻的军队不得不渡江前行，则江河对其运动只会起到不利的影响，因为它的交通线被限制在江河的几个渡河点上了。1760年亨利亲王在布雷斯劳附近的奥德河右岸迎击俄军时，显然是以其身后一日行程远的奥德河为依托的。与此相反，切尔尼晓夫指挥下的俄军后来渡过奥德河以后，却处于非常不利的位置，即有陷入丧失整个退路的危险，因为他只控制一座桥梁。

如果江河同战区正面或多或少成直交，则江河又会给防御者带来利益。这是因为，第一，由于有江河依托和可以利用支流的河谷来加强正面，通常可以占领很多有利的阵地（例如七年战争中易北河对普鲁士军队所起的作用）。第二，进攻方要么完全放弃两岸中的一岸，要么把兵力散开，而这样分割兵力，对防御方有利，因为防御者占有比进攻者更多和更安全的渡河点。人们只要全面考察一下七年战争的情况就会明白，尽管整个七年战争中没有在奥德河和易北河进行过一次真正的防御，而且这两条河同敌人的正面在大多数情况下都是斜交的或直交的，很少并行，但这两条河对腓特烈大帝防守其战区，即西里西亚、萨克森和马克，却非常有利，从而大大妨碍了奥军和俄军占领这些地区。

一般看来，江河只有或多或少同战场正面成直交并可以作为运输线时，它才对进攻方有利。因为进攻方的交通线较长，在输送各种必需品方面困难较大，所以水运必然会主要给其带来极大的方便和益处。在这种情况下，虽然防御方也有其有利的一面，即可以在国境一侧以要塞封锁江河，但是，国境那边的一段江河给进攻者带来的益处却不会因此而消失。不过，有些军事上从其他角度看宽度并不小的江河，却不能通航；有些江河不是四季都可以通航，有些江河逆流航行时非常缓慢，往往十分困难；有些大江河曲折很多，往往使路程增加一倍以上；而且现在两国之间的主要交通路多为公路；最后，现在大部分必需品通常都是在附近就地筹措，而不像经商那样从远处运来。如果人们考虑到这一切，就会清楚地看到，水运对军队给养所起的作用根本不像书本上通常所描绘的那么大。因此，它对事件进程的影响是微乎其微的，而且并不一定会起作用。

第20章　沼泽地防御和泛滥地防御

沼泽地防御

像北德意志的布尔坦格沼泽地那样的大沼泽地是很少见的，因此不值得论述这样的沼泽地。但是我们不应该忘记，洼地和泥泞的河岸却是常见的，而且它们往往可以构成相当大的地段用来进行防御，事实上人们也经常这样利用这些地段。

虽然沼泽地防御的措施与江河防御的措施大致相同，但是仍然需要注意以下几个特点。

沼泽地的第一个特点和最主要的特点是，步兵除了沼泽通道以外别无他途，而通过它比渡过任何一条江河都困难得多。原因在于：第一，修筑一条沼泽通道不像架一座桥梁那么快；第二，没有任何临时运输工具可以把掩护修筑沼泽通道的部队运到对岸。在江河上，只有当掩护部队渡到对岸之后，才能开始架桥。但在沼泽地却没有任何相应的辅助工具可以运送掩护部队过去。即使只是步兵，也只有铺设木板才能通过沼泽地。但是，如果沼泽地相当宽阔，那么铺设木板通过沼泽地要比第一批渡河船只抵达对岸需要的时间多得多。如果沼泽地中间出现一条不铺设桥梁就不能通过的河流，那么运送先头部队的任务就变得更加困难，因为如果只能铺设木板，即使单兵可以通过，但却无法运送铺设桥梁所必需的笨重的器材。在某些情况下，这一困难是不可克服的。

沼泽地的第二个特点是，人们不能像破坏渡河器具那样彻底地破坏沼泽地上的通道。桥梁可以破坏到根本不能利用的程度，甚至可以拆除，但沼泽通道却充其量只能掘断，而这样做毫无意义。如果沼泽地中间有一道小河，固然可以拆掉小河上的桥梁，但对整个通道的影响并不像大河的桥梁被破坏那样大。因此，防御方要想使沼泽地对自己有利，就必须投入相当大的兵力占领所有的沼泽通道，并且进行积极的防守。

这样，在沼泽地的防御中，人们一方面不得不进行扼守地区的防御，而另一方面，由于沼泽通道以外的其他地段难以通行，又使这种防御相对容易，而以上两个特点必然使沼泽地防御比江河防御更局限在一个地段以及更为被动。

由此可以得出结论：与在江河的直接防御中所需兵力相比，在沼泽地防御中投入的兵力必须多一些，换言之，投入相同的兵力，却不能像在江河的直接防御那样控制较长的防线，在耕作发达的欧洲更是这样，因为在这里，即使情况对防御最有利，通道的数目通常也非常多。

从这个角度来说，沼泽地不如大江河有利。认识到这一点非常重要，因为一切扼守地区的防御都具有不可靠性和危险性。不过，这种沼泽地和洼地通常都很宽，甚至比欧洲最大的江河还宽，因而防守通道的哨位绝对不存在被进攻方火力压制的危险，而哨位自身的火力却因为这样一条狭长的沼泽通道而提高了效果。在这样一条四分之一普里或半普里长的隘路上耽搁的时间比通过一座桥梁要多得多。这样看来，人们不能不承认，在通道并不太多的情况下，这种洼地和沼泽地可能是世界上最坚固的防线。

正如我们在讨论江河防御时曾经谈到的那样，在难以通行的地形上进行间接防御，以便展开一次有利的主力会战，这种方法在沼泽地上同样适用。

但是，由于通过沼泽地需要耽搁很多时间而且困难很大，采取在敌岸占领阵地的第三种江河防御方法在这里就过于冒险。

有些沼泽地、草地、低湿地除沼泽通道以外并非绝对不能通行，在这些地区进行防御是非常危险的。敌方一旦发现一个可以通行的地段，就可以突破整个防线，而这在必须进行抵抗的情况下常常会给防御方带来重大损失。

泛滥地防御

现在我们就来谈一谈泛滥地。泛滥地无论作为防御手段，还是作为自然现象来讲，无疑都与大的沼泽地近似。

这种泛滥地的确是很少见的。荷兰或许是欧洲唯一值得我们研究的泛滥地国家。而正是在这个国家有过1672年和1787年值得注意的战局，同时这个国家又处在同德、法两国关系密切的位置，我们有必要对这种泛滥地进行一些研究。

荷兰的泛滥地同普通沼泽地和通行困难的洼地有以下几个不同特点：

1. 土地本身是干燥的，或者是干燥的草地，或者是耕地；

2. 在这片土地上纵横交错排列着很多深浅宽窄不同的、平行的排灌渠；

3. 在这里到处都有供灌溉、排水和航行用的两岸有堤坝的大运河，这些运河没有桥梁是不可能通过的；

4. 整个泛滥地的地面明显低于海平面，同时也低于运河的水面；

5. 由此可见，掘断堤坝，关闭和开放水闸就可以淹没土地，这时除了较高的堤坝上的一些道路还是干的，其他道路或者完全淹没在水中，或者至少被水浸蚀到无法利用的程度。如果泛滥地的水深只有三四英尺，那么必要时在短距离内还可以徒步行军，但是当上述第二点所提到的小渠道淹没在水中看不见时，它们也会妨碍徒步行军。只有当这些渠道都朝着一个方向，人们可以在渠道之间行进而不必翻越任何渠道时，泛滥地才不会成为行进的绝对障碍。由此不难理解，这种情况常常只能在很短的距离内有效，也就是说只能用于十分特殊的战术需要。

根据上述特点可以得出以下几点结论：

1.进攻方只能沿着有限的几条通道行进，这些通道都位于相当狭窄的堤坝上，左右两侧通常都有水渠，因而形成一条危险的很长的隘路。

2.在这种堤坝上的防御可以很容易加强到坚不可摧。

3.然而，防御方也受到限制，对各个地段只能采取最被动的防御，因而只能寄希望于被动的抵抗。

4.这里的防御与利用简单的屏障保卫国土截然不同，在这里，防御方处处都可以利用障碍物掩护自己的侧翼，阻拦敌人接近，可以不断设置新的防御阵地。第一道防线中的一段失守后可以利用新的一段来补充。我们可以说，在这里配置的方式像在棋盘上布棋一样，简直是无穷无尽。

5.但是，一个国家只有在耕作发达、人口稠密的前提下才有可能做到这一点，因此，通道和封锁通道的阵地自然比在其他战略部署中要多得多；从这里又可以得出结论：这种防线的正面不应当是宽阔的。

荷兰最主要的防线从须德海滨的纳阿尔登起，中间绝大部分从佛赫特河后面经过，最后到伐耳河畔的侯尔康止，实际上是到比斯博施地区，长约8普里。1672年和1787年，荷兰人曾经部署2.5万人到3万人防守这条防线。如果守军确实能够进行不屈不挠的抵抗，那么肯定能起到很大的作用，至少对防线后面的荷兰省来说是这样。1672年，这条防线确实抵挡过两位统帅（最初是孔代，后来是卢森堡）所指挥的优势兵力。他们本来可以率领4万到5万人进攻这条防线，但是，他们却按兵不动，想等待冬季的到来，结果冬季并不十分寒冷。与此相反，1787年在这第一条防线上进行的抵抗却丝毫没起任何作用。甚至在须德海同哈勒姆海之间的短得多的防线上进行的抵抗也在一天之内就被粉碎了。尽管这里的抵抗稍微强一些，尽管实际向这条防线前进的普鲁士军队的兵力并不比防御方的兵力大多少，甚至根本不大，只不过不伦瑞克公爵采取的战术部署是巧妙的、适应当地情况而已，但这条防线在一天之内就被粉碎了。

两次防御之所以结果不同的原因在于最高司令官不同。1672年，荷兰人在丝毫没有战备的情况下遭到路易十四的突然袭击，每个人都知道，在这种情况下，荷兰军队的士气不高。当时绝大多数要塞装备都很差，守备部队战斗力很弱，而且都是雇佣兵，要塞司令官要么是一些背信弃义的外国人，要么是一些庸碌无能的本国人。因此，荷兰军队原来从勃兰登堡手里占领的莱茵河沿岸要塞以及他们自己在上述防线以东所有的要塞（除格罗宁根以外），大都未经真正防御就很快地落入法国人手里了。当时，15万法军的主要任务就是占领这一批要塞。

但是，1672年8月，德·维特兄弟被杀，奥伦治亲王执政，在防御上有了统一的指挥，还有时间将上述防线重新组成一条完整的防线，各项措施配合默契，以致屠朗和路易十四率领两支军队离开后，孔代和卢森堡，这两位指挥留驻荷兰法军的司令官就都不敢对这条防线上的各个防哨采取什么行动了。

而1787年的情况就完全不同了。真正反对进攻方和进行主要抵抗的已经不是七省联合组成的共和国，而只是荷兰一省。这次根本用不着占领所有的要塞（这在1672年却是主要的），防御从一开始就集中在上述防线上。进攻方并不是15万人，而仅仅是2.5万人，而且担任指挥的不是邻国有权势的国王，而是一个远方国家派遣的处处受到限制的统帅。虽然包括荷兰省在内的全国国民都分裂成两派，但是共和派在荷兰省却占绝对优势，而且，当时人民的情绪确实是十分高昂的。在这种情况下，1787年的抵抗至少应该取得和1672年的抵抗同样好的结果。但是，在1787年有一个不利的因素，那就是没有统一的指挥，这是与1672年抵抗战最大的不同。1672年指挥全权交给了英明而坚强的奥伦治亲王，1787年却交给一个所谓防务委员会，这个委员会的四个成员虽然都很顽强，但他们互不信任，所有活动不能协调一致，因而整个委员会的工作漏洞百出而软弱无力。

我们花费这么多的时间谈这个问题，为的是进一步明确这一防御措施的概念，同时指出，整个指挥在统一性和连贯性上的不同所产生的效果具有多么大的差别。

虽然防线的组织和抵抗方法属于战术问题，但是，我们却不能不就1787年战局来说明一下这种抵抗方法，因为它已经涉及战略问题。我们认为，尽管各个防哨的防御就其性质来说必然是很被动的，但是，当敌人像1787年那样兵力不占显著优势时，从防线的某一地段进行主动出击并不是不可能的，而且往往结果不错。尽管这种主动出击只能在沼泽通道上进行，不会有很大的运动自由和特别大的冲击力量，但是，对于用不着的一切沼泽通道和道路，进攻方是不会占领的，因此熟悉本国国土情况并占据坚固阵地的防御方还可以利用这种主动出击对前进中的各个进攻纵队进行真正的翼侧攻击，或者切断它们的补给。考虑到进攻方所受到的限制，特别是比其他一切场合更依赖于交通线的情况，人们完全理解，防御方任何一次主动出击，即使其成功的可能性极小，甚至仅仅是一种佯动，也必然会收到很好的效果。荷兰军队只要实施一次这样的佯动（例如从乌德勒支出发），我们就有必要怀疑，小心谨慎的不伦瑞克公爵是否还敢接近阿姆斯特丹。

第21章　森林地防御

首先，我们必须把茂密的、难以通行的野生林区同大面积的人造林区分开，人造林一方面非常稀疏，另一方面又有无数道路纵横其间。

防御时，人们应该在人造林的前面建立防线，或尽可能避开它。防御方比进攻方更需要开阔的视野，这一方面因为防御方通常兵力较弱，另一方面因为从防御地位的有利条件来看，它必须后发制人。如果防御方在一片森林后面建立防线，那就会使自己像盲人同正常的人作战一样。如果他在森林中间设防，那么双方就都成了盲人，这种双方利害相等的条件与防御方的要求相距甚远。

因此，防御方只能在这种森林的前面设防，借助森林为自己后方作隐蔽，利用森林来掩护撤退。除此之外，森林地不能给防御方的战斗带来任何其他利益。

这里谈的只是平原上的森林地，因为任何一个地方如果具有明显的山地特点，此特点必然对战术和战略起很大影响，而关于山地特点的影响问题我们在前面已经谈过了。

但是，难以通行的森林，即只能从固定通道行军的森林，无疑会像山地一样可以通过间接防御为进行有利的战斗创造条件。这时防御方的军队可以在森林后面保持一定程度的集结，等到敌人从林中隘路出来时立即进行袭击。从效果来看，这种森林地与其说接近于江河，还不如说接近于山地，因为森林中的道路虽然很长和不易通行，但从撤退的角度来看，森林却是利多弊少的。

即使森林通行十分困难，森林的直接防御仍然是一种冒险行为，甚至对轻装的前哨部队来说也是如此。因为鹿砦仅仅是想象中的障碍，任何森林通行的困难程度都不会大到足以阻止小部队从成百个地段通过，这些小部队对一条防线来说就像渗透堤坝的头几滴水一样，它们可以迅速地使整个堤坝决溃。

任何大森林对民众武装活动的影响都至关重要，它无疑是民众武装真正的活动场所。因此，如果战略防御计划能够使敌人的交通线通过一些大森林，那就等于为防御添上了强有力的杠杆。

第22章　单线式防御

凡是用一系列相互联系的防哨来直接掩护某一地区的防御部署，都可以称为单线式防御。之所以说直接掩护，是因为一支大部队分几个部分并列配置时，不构成单线式防御也能掩护广大地区不受敌人侵犯，只不过这种掩护不是直接的，而是通过一系列行动和运动的结果实现的。

要想直接掩护广大地区，就必须有很长的防线，这样长的防线显然只具备很小的抵抗能力。即使在这条防线上配置最大兵力，如果进攻兵力同防御兵力差不多，这条防线的抵抗力还是很小的。因此，单线式防御的目的只是抵御力量较弱的进攻（不论进攻力量较弱的原因是战斗意志不强，还是投入兵力不大，都是如此）。

中国的万里长城就是在这个意义上修筑的，它是为抵御鞑靼人的侵袭而修筑的屏障。同亚洲和土耳其接壤的欧洲各国的所有防线和边防设施也都有相同意义。在这种情况下采取单线式防御，既合理也符合目的。当然，这种防御并不能防止每一次侵袭。但它毕竟能增加侵袭的困难，因而能减少侵袭的次数。在这些国家同亚洲各民族几乎总是处于战争状态的情况下，这种作用非常重要。

在现代战争中欧洲各国之间的防线，同这种单线式防御极为相似，如莱茵河畔和尼德兰境内法军的防线就是这样。建立这些防线的目的，实际上只是防止敌人为了征收军税和掠夺物资而对国土发动的进攻。这些防线只是用来抵御敌人的小规模行动，因而只宜使用次要的力量。但是，当敌军用主力进攻此类防线时，防御方当然也就不得不用主力防守此类防线，这种防御不能说是最好的。由于存在这种不利，以及由于防止敌人的临时侵袭并不是主要目的，用这种防线去达到这个次要目的又很容易过多地浪费兵力，因此在今天看来，这种防线是有害的手段。战争的威力越大，这一手段就越没有益处，就越有危险。

最后，为掩护军队舍营而设置的具有一定抵抗能力的、正面宽大的前哨线防御，也可以被看作是真正的单线式防御。

前哨线进行的抵抗主要是针对威胁个别营地安全的袭扰，在地形有利的情况下，这种抵抗足以发挥作用。如果进攻的是敌军的主力，前哨线就只能进行相对的抵抗，也就是说只能为了赢得时间而进行抵抗。而且，这样赢得的时间在大多数场合也不会很长，因此也不能把赢得时间看作是前哨线防御的目的。敌军的集结和进军绝不可能保密到防御方只有通过前哨的报告才能发觉它。如果防御方处于这样的境地，他的处境就不妙了。

可见，即使在这种场合，单线式防御也只是用来抵御力量较弱的进攻，而且像在其他两种场合一样，并不与其使命发生矛盾。

但是，把肩负抵抗敌军主力保卫国土重任的主力分散成一长列的防哨，也就是把它们分开配置成单线式防御，是非常不合情理的，我们有必要详细地探讨随同这种配置出现的情况和造成这种配置的原因。

任何山地阵地，即使它是为了集中兵力进行会战而占领的，也都可以而且必须有比平原阵地更宽大一些的正面。这种阵地的正面之所以可以宽大一些，是因为地形条件使抵抗能力大大提高了。这种阵地的正面之所以必须宽大一些，是因为防御方，像我们在山地防御一章中已经说过的那样，需要有一个更广阔的撤退用的地区。但是，如果没有很快进行会战的可能，如果敌人有可能同我们长时间对峙，不出现对他有利的时机就不会采取行动（这是大多数战争中极为常见的状态），那么，防御方自然就可以不局限于只占领最必需的地区，他自然就可以在保障军队安全的前提下向左右尽可能多控制一些地区，从而取得种种利益，这一点我们还要进一步说明。在便于通行的开阔地带，人们通过运动可以比在山地更有效地达到这一目的，因此，在开阔地区很少有必要通过扩大阵地正面和分散兵力来达到这个目的。同时，这样做也非常危险，因为分散的每个部分只有较小的抵抗能力。

但是，在山地要想保住任何一个地区，主要依靠扼守地区的防御。在山地，防御方不可能很快地赶到受威胁的地段，如果敌人抢先一步，那么，即使防御方投入的兵力比进攻方大一些，他也很难把敌人赶走。由于这些原因，人们在山地防御时经常采用的兵力部署，尽管不是真正的单线式防御，也是近乎单线式防御。当然，这种分散成许多防哨的部署和单线式防御还有区别，但是，统帅往往在不知不觉中跨过这个差别而陷入单线式防御。最初，他们分散兵力的目的只是为了掩护和保住某个地区，后来是为了军队本身的安全。每个防哨的指挥官都希望占领自己防哨左右的这个或那个地段以便对自己有利；这样一来，整个部队就在不知不觉中逐渐地把兵力分散了。

因此，以主力进行的单线式防御，我们认为并不是为了制止敌人军队的进攻而有意选择的作战形式，而是防御方为了追求另一个与此完全不同的目的（即在敌人无意采取决定性行动时为了保住和掩护自己的国土）而陷入的一种状态。尽管如此，陷入这种状态总是一种错误，而诱使统帅陆续派出一支支小部队去设立防哨的理由，同军队主力所要达到的目的相比，总是无足轻重的。我们上面这样的认识只是说明统帅有可能产生这样的错误。人们往往没有注意这是由于对敌我形势估计的错误，而认为是防御方法本身有缺陷。而且，每当采用这种方法取得有利的结果时，或者至少没有遭受损失时，他们又默认这种方法是有效的。在七年战争中亨利亲王在他指挥的几次战局里，虽然采取了最令人难以理解的、最明显的正面宽大的防哨部署，因而这几次战局比任何其他战局更值得被称为单线式防御，但是，国王认为这几次战局是无可非议的，人们也就因此对之赞不绝口。人们当然完全可以为亲王这些部署辩解，他们可以说亲王是了解情况的，他知道敌人不会采取任何重大的行动，他配置军队的目的始终是尽可能占领宽正面地区，所以只要情况许可，他是应当尽可能地扩大防御正面的。但是，假设亲王由于这种部署而遭到失败，损失惨重，人们恐怕就会这样说了：这并不是亲王采用的防御方法本身有缺陷，只是他选择手段不恰当，使用这种方法的场合不适宜。

以上我们详尽地说明了主力部队在战区内是怎样形成所谓单线式防御

的，并且说明了这种防御怎样才是合理的、有利的，而不是荒谬的，但是，我们还必须指出，统帅或他们的司令部，有时确实可能由于忽略了单线式防御本来的意义，而把它的相对价值绝对化了，相信它真能防止敌人的任何进攻，这样就不是采用手段不当，而是把手段完全理解错了，事实上似乎也曾经有过这种情况。我们认为，1793至1794年，普、奥两军在孚日山的防御中做的似乎就是这种蠢事。

第23章　国土的锁钥

在军事艺术中，在批判时任何理论概念都没有受到同我们将要谈到的这个概念那样的重视。这个概念是人们在记述会战和战局时最爱加以炫耀的东西，是常用的作出论断的根据，是一种徒具科学形式的、不完整的论据，只是批判者用来夸耀自己博学的东西。但是，这个概念却既没有定义，也从来没有人能清楚地加以说明。

我们将尽力把这个概念阐述清楚，并且看一看它对实际行动究竟有什么价值。

我们之所以在这里才研究这个概念，是因为同它直接相关的概念，比如山地防御和江河防御以及坚固阵地和筑垒阵地等，必须先阐述清楚。

这是一个古老的军事用语，一个暗喻，其包含的概念却混乱而不明确，它有时指最容易接近的地区，有时却又指最难以接近的。

一个要侵入敌国就必须占领的地区，当然可以被称为国土的锁钥。但是，理论家并不满足于赋予这个概念这样简单明了、但内容却不怎么丰富的含义，于是他们把它的含义扩大了，把它设想为能决定全部国土得失的地区。

当俄国人想要进入克里米亚半岛时，他们首先必须控制彼列科普和那里的防线，这样做并不是为了取得入口（因为拉西在1737年和1738年曾两度绕过这条防线），而是为了能够比较安全地据守在克里米亚。这个事件非常简单，在这里用锁钥地点这个概念当然说明不了太多的问题。然而，如果有人说，谁占有了朗格勒地区，谁就占有或者控制了整个法国乃至巴黎，或者说，谁就可以决定要不要占领巴黎直到整个法国，那么这显然是重要得多的另一回事了。按照前一种看法，如果不占领所谓锁钥地点，就不能占领整个地区，这是只要有普通常识就可以理解的。但是，按照第二种看法，如果占领了我们称为锁钥的地点，结果就一定能够占领整个地区，这就显然有点不可思议了。普通常识已不足以理解这种看法，在这里就需要用神秘哲学的魔法了。大约在50年前，这种难以理解的神秘观念开始在书本中出现，到18世纪末它发展到了顶点。虽然拿破仑的战争史明确而极具说服力地消除了对这种看法的迷信，但是我们却仍然可以在一些书本中看到这种难以理解的神秘观念的存在。

抛开我们所理解的锁钥地点的概念，很明显在任何国家里都有一些特别重要的地点，在那里有很多道路汇合在一起，便于筹集给养和向各个方向移动，简单点说，占领了这些地点就可以满足许多需要，得到许多利益。如果统帅们想用一个词来表示这种地点的重要性，而把它叫作国土的锁钥，那么似乎只有书呆子才会加以反对，我们认为用这个词表示这种地点是很明确的，是十分令人满意的。但是，如果有人想把用朴素的语言表达的这朵小花变成一颗种子，并使它发展成系统的理论，像一棵大树那样有着繁茂的枝干，那么理智健全的人就不得不来恢复这个名词真正的含义了。

统帅们在叙述他们的军事活动时使用的国土锁钥这一概念是有实际含义的，但其含义不明确，如果人们想把这一概念发展成系统的理论，就必然要把它们明确起来，这些含义因此就更片面了。这样，人们就从所有同这个概念有关的内容中选出了高地。在一条通过山脊的道路上，人们在到达最高点后开始下坡时，都是满心欢喜的。对单身行人是如此，对军队更是如此。这时，一切困难似乎都已经被克服，在大多数情况下事实也的确如此。下坡是一件容易的事情，这时，人们会觉得自己比企图阻挡他们的任何人都占优势，他可以看到前面的整个地区，并可以在事先就轻易控制整个地区。因此，一条通过山岭的道路的最高点经常被看作是具有重大意义的地点，在大多数情况下事实的确是这样，但绝不是在所有情况下都如此。所以，统帅们在叙述他们的历史时常常把这样的地点叫作锁钥地点，当然，他们是在另一种意义上，通常是从狭隘的角度上把这些地点叫作锁钥地点的。有一种错误的理论主要就是以这种看法为基础的（劳埃德也许可以说是这种理论的创始人），它把通向某个地区的几条道路的汇集点所在的高地看作是这个地区的锁钥地点，看作是控制这个地区的地点。这种看法很自然地同一个与它非常相近的观念（即系统的山地防御）融为一体，因而使问题越来越玄虚了。人们再把山地防御中起重要作用的一系列战术要素同它联系起来，就会很快离开山地道路的最高点这个概念，而总是把整个山脉的最高点，即分水点看作是地区的锁钥。

正是在那个时期，即18世纪的下半叶，流行着一种比较明确的看法，即认为地球表面是由冲刷过程形成的，于是自然科学就在地质学范围内支持了军事理论，使在实践中获得的真理都像堤坝被冲溃了一样，当时的各种论断都是按地质学进行类比而得出的，都非常不切实际。因此，人们在18世纪末听到（应该说读到）的，除了关于莱茵河和多瑙河的起源以外，就没有别的东西了。诚然，这种胡闹多半只是出现在书本上，而书本上的知识能够进入现实世界的永远只是一小部分，况且理论越荒谬，进入现实世界的就越少。但是，我们这里谈到的这种理论对德国并不是没有产生过坏的影响，我们不是信口胡说。我们只要提一下两个事件，就可以证实这一点：一个是1793年到1794年普鲁士军队在孚日山的两次重要的战局，这两次战局都受了格拉韦尔特和马森巴赫的学究气浓重的书本理论的影响。第二个是1814年的战局，当时一支20万人的军队盲目地遵循这种理论，通过瑞士开往朗格勒。

一个地区的高地，即使是所有河流的发源地，通常也不过是一个高的地点而已。在18世纪末和19世纪初，人们所写的关于这种高地对战争事件的影响，由于夸大和滥用了这个本来是正确的概念，而完全成为荒诞无稽的东西。即使是一个莱茵河和多瑙河以及德国所有六大河流共同的发源地的山岭，也至多不过在它上面设置一个三角标记，除此以外不可能有更大的军事价值。要在这个山上设置烟火信号已经不大适宜，要设置骑哨就更不适宜，至于要部署一支军队，那根本就是无稽之谈。

因此，要在所谓锁钥地区（即各个支脉的共同发源地和水源的最高发源地）寻找一个地区的锁钥阵地，纯粹是纸上谈兵，甚至是违背自然规律的，在大自然中山脊和山谷并不像地形学所说的那样便于从上而下通行，山脊和山谷实际上都是纵横交错着的，而且周围山峰环绕、中间低洼积水的情况也并不少见，人们只要看一看战争史就会知道，某地区在地质学上的重要地点，在军事上所起的作用通常是很小的，人们构筑的防线往往在它旁边却没有利用它，因为具备其他地形条件和符合其他要求的地点比它重要得多。

我们之所以用了这么长的篇幅来谈这个错误的观念，是因为有一种妄自尊大的学说就是以它为基础的，现在我们暂时放下这个问题，先谈谈我们的看法。

我们认为，如果一定要在战略范围找到一个与锁钥阵地这个名词相符合的独立概念，那么，它只能是侵入敌国时必须占领的地区。但是，如果想用这个名词来称呼任何一个便于进入敌国的入口，或者这个国家的任何一个容易靠近的中心点，那么它就失去了原来的含义，也就是失去了原来的价值，它就只能代表一些在某种程度上随处可见的地点了。这样，它就只是华丽的辞藻，除了让人高兴外没有什么用处。

我们所说的锁钥阵地，当然是很少的。在大多数场合，最适于打开一个国家的门户的钥匙是对方的军队；只有具备了特别有利的条件时，地形才可能比军队更重要。我们认为，这种有利条件可能出现在下面的情形里：第一，部署在这个地点的军队借助地形优势能够在战术上进行强有力的抵抗；第二，这种阵地可以在敌人威胁我方交通线以前，有效地威胁敌人的交通线。

第24章　侧翼活动

在这里我们谈的是战略侧翼，也就是战区的侧面；至于会战中从侧翼攻击（即战术上的侧翼活动），与此毫无关系，这点几乎无需特别说明。即使当战略上的侧翼活动在同战术上的侧翼活动在最后阶段合而为一时，我们也还是可以把二者明显地区别开来，因为它们之间从来就不存在互为结果的必然联系。

这种侧翼活动以及与此有关的侧翼阵地也都是人们在理论中用以炫耀自己的东西，而它们在战争中作用甚少。这并不是因为此种手段本身不能产生效果或为空想的产物，而是因为敌对双方通常在事先都会竭力防止受到这种威胁，无法预防的情况很少。然而，就是在这很少的情况下，该手段却往往能产生巨大的效果。也正是由于它能够产生这种效果以及在战争中可经常令人产生顾虑，故而在理论上对这种手段有一个明确的看法是十分重要的。尽管战略上的侧翼活动不仅适用于防御，同样也适用于进攻，但它毕竟同防御更接近些，因此应该将其视为防御手段之一。

在深入探讨这个问题之前，我们必须提出一个简单但在以后的考察中却永远不可忽视的原则，即奉命在敌人背后和侧翼行动的兵力不可能同时对敌人的正面发生作用。因此，无论是在战略上还是在战术上，如果认为深入敌后这一行动本身具有什么价值，那就大错特错。这种行动本身没有价值，只有当这种行动同其他条件联系在一起时，根据这些条件的好坏才能断定所采取的行动是否有利。我们现在主要就是来探讨这些条件。

首先我们必须把战略的侧翼行动区分为两种：一种仅仅对交通线构成威胁，另一种对撤退线（也可能同时对交通线）构成威胁。

1758年道恩派遣别动队去拦截围攻阿里木茨的普鲁士军队的运输队时，他显然无意阻止国王向西里西亚撤退，恰恰相反，他倒是希望能促使国王向那里撤退而且他很乐意为国王让路。

在1812年的战事中，俄军主力在9、10两月派出的别动队也只是要切断其交通线，而并没有阻止敌人撤退的意图。但是，摩尔达维亚军在契查哥夫指挥下向别列津河推进，以及维特根施坦将军奉命向西德维纳河畔的法军各军发动进攻，其目的却显然都在于阻止敌人撤退。

我们举出这些例子仅仅是为了清楚地说明问题。

对交通线进行威胁是指袭击敌人的运输队、小股后续部队、通信员、个别来往人员以及小仓库等等，也就是将敌军用以维持战斗力和生活必需的一切东西作为袭击的目标。其目的在于通过这种活动削弱敌军，从而迫使敌军撤退。

对敌人的撤退线进行威胁，目的在于切断敌军的退路，因此只有当敌人真正下定决心撤退时，这种威胁方能奏效。当然，倘若这种威胁使敌人感到了危险，那么它也能促使敌人后退。所以说假装威胁敌人撤退线，也可以获得与威胁敌人的交通线同样的效果。不过，如前所述，所有这些威胁不能单靠迂回或兵力配置的几何形式，只有具备了合适的条件，这些威胁才能产生效果。

为了更清楚地了解这些条件，我们把这两种侧翼行动分开来研究。现在首先研究对交通线的威胁。

在此我们必须首先提出两个主要条件（要对敌人交通线构成威胁，必须具备这两个条件中的一个）。

第一个条件是：威胁敌人的交通线的兵力无需过大，其数量应保证抽出这些兵力以后对正面进攻几乎没有什么影响。

第二个条件是：敌人已经面临进攻进程的终点，已经没有能力再取得新的胜利，或者已没有能力对我撤退军队进行追击。

尽管第二个主要条件绝不像乍一看那样少见，但我们还是暂时把它搁下，先研究与第一个主要条件相关的一些条件。

这些条件列举如下：第一，敌人的交通线较长，几支精锐的守备部队不足以掩护；第二，从位置上看敌人的交通线暴露在我军的威胁之下。

敌人交通线暴露的情况可能有两种，一种可能是他的交通线的方向没有垂直于其军队配置的正面；另一种可能是他的交通线在我们的领土上通过。如果这两种情况结合在一起，那么暴露程度就更大。对这两种情况都必须加以详细的分析。有人也许会认为，如果军队掩护的是一条长四五十普里的交通线，那么在交通线末端配置的军队其正面处在同交通线垂直还是成斜角的位置并不十分重要，因为军队配置正面的宽度对这条交通线来说仅仅是一个点。但是，实际情况并非如此，如果进攻者的交通线同军队的配置垂直，那么防御者即使兵力占显著优势，它派出的别动队也难以切断对方的交通线。有人提出进攻者要绝对地掩护某一地区是困难的，他们也一定不会相信这种说法，而是认为，要抵御优势敌军可能派出的一切部队以掩护己方背后，即自己的后方区域，一定是很困难的。实际上，只有当战争像纸上谈兵那样能知悉一切时，情况才是如此——也就是说掩护部队会像盲人一样不知道别动队将在哪些地点出现，而别动队却能看到一切。如果考虑到战争中的所有情报既不完全可靠又非全面、且敌对双方都不断地在暗中摸索，那么就可以想象到从敌军侧翼绕到背后去的别动队的处境，他们就如同一个人跑进黑暗的房间里同许多人打斗一样，时间久了就一定会遭到毁灭。因此，当敌军的阵地同交通线成垂直时，对它进行迂回（即接近敌军而远离己方军队）的部队，时间久了也一定会被消灭。这样，不仅有损失大量兵力的危险，而且部队本身也会很快地失去锐气。设想进行迂回的部队只要有一个遭遇不测，其余的就会丧失胆量，于是人们再也不会看到勇敢的袭击和大胆的挑战，而只能看到不断逃窜的场面。

因此，如果军队配置的正面垂直于交通线，那么只要利用对方上述困难就能够掩护与自己距离最近的一段交通线，而且根据兵力的大小，这段距离可相当于二三天的行程。这一段交通线是最容易受到威胁的地方，因为它离对方最近。

相反，如果军队的配置处于与交通线成大角度的斜线上，那么距离军队最近的这段交通线就不能得到安全保障。即使对方施加最小的压力，进行一次威胁不大的行动，也会立即被击中要害。

为什么部队配置的正面方向会出现与交通线不垂直的情况呢？因为我军的正面是根据敌军的正面决定的。同样敌军的正面又是根据我军的正面决定的。这里出现了一种相互作用，我们必须探求这种相互作用的根由。

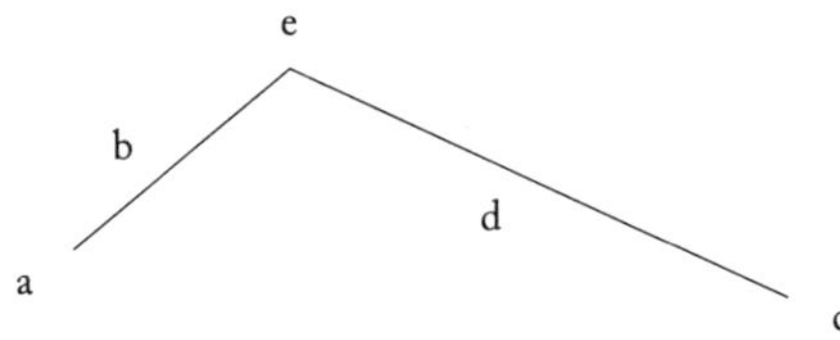

假设进攻者的交通线为ab，防御者的交通线为cd，它们之间的位置关系是，若两线延伸便可形成一个钝角。显然，如果防御者在两线的交点e处配置军队，那么从b点出发的进攻者单凭几何关系就能迫使防御者采取面向进攻者正面的防御配置，从而使防御者暴露其交通线。防御者若在d点附近配置军队，情况则相反。这时，进攻者如果受种种地理条件的严格限制，不能随意变换战线的位置（例如改在ad线上），他就只得采取面向防御者正面进攻的方案。由此可见，防御者在这一系列的相互作用中首先占据了有利地位，因为他只需要在两线交点的这边占领阵地就可以了。我们之所以再来考察这个几何要素，仅仅是为了把问题完全弄清楚，绝不表明会过分重视它，恰恰相反，我们确信，当地的情况，尤其是具体情况对防御者的配置起着更大的决定作用。因此，要笼统地判明双方中的哪一方会被迫更多地暴露自己的交通线根本不可能。

如果双方交通线的方向是完全相对的，那么采取斜角配置的一方当然就会迫使另一方也这样做，在这种情况下，利用几何要素是得不到任何好处的，双方受益和受害的程度是相同的。

因此我们在以下考察中，仅将一方暴露其交通线的事实作为依据。

交通线的第二个不利因素是，交通线在敌国领土上通过。在这种情况下，如果敌国的民众已经武装起来，就好像敌人的一支部队在我们的整个交通线上活动，那么，交通线会受到怎样的威胁就显而易见了。这些敌对力量虽然本身很薄弱，既不集中，又无强大威力，但是，我们应该考虑到在漫长的交通线上一处接着一处地受到敌人的袭扰和威胁将会产生什么后果。这一点无需进一步分析。此外，假设敌国民众没有武装起来，甚至这个国家没有后备军队或其他军事组织，乃至民众非常缺乏尚武精神，即使我方处于这些有利条件下，但仅凭他们对本国政府的臣属关系，对我们的交通线也非常不利。敌军的别动队很容易同居民取得联系，他们熟悉当地的人情地貌，能获取各种情报，并得到地方当局的支持。这些有利条件对别动队的小规模活动具有决定性意义，而且任何别动队都无须特别费力就可以得到这些有利条件。同时，在一定的距离内总不会没有要塞、江河、山地或其他隐蔽地形，只要我们没有正式占领那些地方并在那里配置守备部队，那些地方就永远属于敌人。

在这种情况下，尤其是还有其他条件时，进攻者的交通线即使垂直于己方配置的正面，仍然有可能受到防御者别动队的威胁，因为这些别动队不需要返回主力部队，它们只要躲入本国腹地就能得到足够的掩护。

由此可见，进攻军队的交通线在下列三种主要情况下可能被防御者以相当小的兵力切断：

1. 交通线的距离相当长；
2. 交通线与军队配置的正面成斜角；
3. 交通线通过敌方的领土。

最后，要想使切断敌人交通线产生影响，还需要第四个条件，这就是要在相当长的时间内使敌人交通线中断。关于这一点的理由请参阅第五篇第15章里的有关内容。

但是，这四个条件仅仅概括了这一问题的主要方面，同这四个条件相联系的还有很多当地的和具体的条件，那些条件往往比这几个主要条件本身还重要，起的作用还大得多。为了使人们能够注意这些具体条件中最主要的几点，我们仅提出如下几项：道路的状况，所通过的地区的地形，可以用来作掩护的江河、山脉和沼泽地，季节和气候，个别重要的运输队（例如攻城辎重）、轻装部队的数量等等。

因此，统帅能否有效地威胁敌人的交通线取决于所有这些条件，把这些条件对双方的影响作一个比较，就可以判断出双方交通线的状况孰优孰劣。双方统帅中哪一个能在切断交通线方面胜过对方，完全取决于这种对比。

这个问题论述起来好像极为烦琐，但在具体情况下却往往一眼就能决定。当然，要做出这种决定还需要有熟练的判断力。有些批判者认为，不需要说明什么具体理由，仅凭迂回和侧翼活动这两个词就可以说明问题。为了知道应该怎样反驳这类常见的愚蠢的看法，我们必须考虑这里所阐述的一切。

现在，谈谈进行战略上的侧翼活动所需要的第二个主要条件。如果敌军停止前进不是由于我军的抵抗，而是由于任何一个其他原因（不管是什么原因），那么我军就不必担心派出大量部队会削弱自己兵力了。这是因为，这时即使敌军真正想发动一次进攻来报复我们，我们只要避开它就可以了。1812年俄军主力在莫斯科附近的情况就是如此。不过，并不一定要有1812年战事中那样大的空间和兵力才可造成这种情况。在最初的几次西里西亚战争中，腓特烈大帝在波希米亚或者摩拉维亚的边境便遇到了这种情况。在统帅和他们的军队可能遭遇的各种复杂情况中，会有许多原因使他们不能继续前进，其中特别是政治方面的原因。

在这种情况下，用于侧翼活动的兵力可以大些，因此其他条件就不一定要那么有利，甚至敌我双方交通线的状况也未必一定要利于我方；而且在这种状况下敌人从我们的继续撤退中得不到特别的好处，与其说他有力量对我们进行报复，不如说他必须更多地考虑直接掩护自己军队的撤退。

因此，当人们不想通过会战（因为他们认为会战过于冒险）而想利用一种不像取得一次胜利那样辉煌但危险却较小的手段来获得成果时，采取上述方法是最合适的了。

在这种情况下，占领侧翼阵地即使暴露了自己的交通线也不会有很大的危险，而且每次占领侧翼阵地都可以迫使敌人的配置与其交通线斜交，所以使敌人的交通线与其部队配置的正面成斜角是不难的。其余条件和其他有利因素的促进作用越大，侧翼活动就能取得越好的效果，其他有利因素越少，就越要依靠高超的指挥技巧和迅速准确的行动。

这里是实施战略机动的真正场所。在七年战争期间的西里西亚和萨克森，在1760年和1762年的各次战事中，都多次出现过此类战略机动。在战争的原始威力很弱的战争中之所以频繁出现这种战略机动，当然并非每次都是由于统帅已经面临进攻路程终点的缘故，而是由于他缺乏果断、勇气和敢作敢为的精神，并且害怕负责任，这一切是阻止他前进的真正阻力。关于这一点我们只要回忆一下道恩元帅的例子就够了。

如果我们要把这些考察归纳成一个总的结论，那就是侧翼行动在下列情况下最有效：

1. 在防御中；
2. 在战局临近结束时；
3. 特别是在向本国腹地撤退时；
4. 同民众武装相结合时。

关于对交通线威胁的实施问题，我们只简单地说几句。

这些行动必须由精干的别动队完成。别动队可以分成若干小队，进行大胆的机动，袭击敌人兵力不大的守备部队、运输队、来往的小部队。它们可以鼓舞民兵并与民兵协同行动。这样的小队主要在于队的数量多，而不在于每队的兵力多，其编组必须保证可以集中几个小队进行规模较大的战斗，而且不至于因各队指挥官的自负和专断而过分妨碍集中。

现在，我们还必须谈一谈对撤退线的威胁。

在此问题上，我们必须特别注意在本章开始就已经提出的原则，即奉命在敌人背后进行活动的部队不可能同时对敌人的正面发生作用。因此，不应把在敌人背后或侧翼进行的行动视作力量本身的增加，只能看作是力量的使用效率得到了提高。所以，一方面是效率提高了，但另一方面危险性也增大了。

任何一种武力抵抗，只要不是直接的和简单的抵抗，要提高它的效果就必须以牺牲安全为代价。侧翼行动就是如此，不论是用集中的兵力从某一面威胁敌人侧翼，还是用分割的兵力从几方面包抄敌人，要提高效果都必须以牺牲安全为代价。

但是，如果切断敌军退路不是单纯的佯动而是实际行动，那么，只有进行决定性会战，或者至少创造决定性会战所必需的一切条件，才能真正解决问题。但是，正是这种解决问题的办法同时包含着较大的成果和较大的危险两种可能性。因此，一个统帅必须在占据种种有利条件时，才有理由采取这种行动。

在研究这一抵抗方式时，我们必须把前面提到的两种方式区别开。第一种是，统帅企图用整个军队从背后进攻敌人，这种进攻或者从（为了达到这一目的而占领的）侧翼阵地发起，或者通过正面迂回进行；第二种是，统帅采取兵分两路包围的部署方案，一部分在敌军背后行动，另一部分在敌军正面行动。

在上述两种情况下行动效果的加强程度是相同的，或者是确实地切断敌人的退路，从而俘虏或击溃敌人大部分兵力，或者是迫使敌军为了逃避危险而大幅度地后退。

但是，在这两种情况下可能增加的危险性却不一样。

如果我们用全部兵力迂回，那么危险只在于暴露了己方的背后，因此这时一切都取决于双方撤退线的对比情况。就像在类似情况下威胁敌人交通线时一切取决于交通线的对比情况一样。

倘若防御者在自己国内，那么不论在撤退线上还是在交通线上所受的限制肯定都比进攻者小，所以他更有能力进行战略迂回。然而，这个一般的对比还不足以作为建立有效方法的依据。因此，只有具体情况下的总体对比才起决定作用。

我们还能补充的有：宽阔的地区自然比狭小的地区有更多的有利条件；独立国家比依赖外国援助的弱小国家有更多的有利条件，因为依赖外国援助的国家其军队首先必须考虑同援军会师的地点；最后，在战局临近结束，进攻者的进攻力量已经被削弱时，情况对防御者最为有利；所有这些与对比交通线的情况时大体相同。

1812年，当拿破仑的进攻力量衰竭的时候，俄军占领从莫斯科到卡卢加的道路上的侧翼阵地就非常有利。

但是，假如在德里萨野营的俄军在战局开始时占领这种侧翼阵地，而又不能在紧要时刻明智地变更计划，那么就会陷入十分不利的境地。

采取另一种方式，即以分割的兵力进行迂回和切断退路是危险的，因为我军兵力分散，而敌人由于占有内线之利，兵力集中，能以优势兵力将我军各个击破。因此，使军队处于无法挽救的不利地位的重要原因只有下列三个：

1. 兵力本来已经分散，但又不愿意消耗太多的时间来改变这种状态，因而不得不采用这种方式；

2. 在精神上和物质上占有巨大优势，因而采取了这种有决定意义的方式；

3. 敌人到了进攻路程的终点，已经缺乏进攻力量。

1757年，腓特烈大帝指挥军队呈向心状进攻入侵波希米亚，虽然他的目的不是把正面进攻同战略上的背后进攻结合起来（至少，这不是他当时的主要目的，关于这一点我们将在其他场合作更详细的说明），但是无论如何，很明显他在入侵波希米亚以前不会把兵力集中在西里西亚或者萨克森，因为如果这样他会失去出其不意带来的一切有利之处。

联军在作1813年战事第二阶段的部署时，由于在兵力方面占有很大的优势，考虑用主力袭击拿破仑的右翼即易北河畔的军队，因而把战场从奥德河移到了易北河。至于他们在德累斯顿附近遭到的挫折，并不能归咎于总的部署，这个挫折是战略和战术上一些具体部署不妥当所致。他们在德累斯顿附近本来可以集中22万人来对付拿破仑的13万人，这个兵力对比是非常理想的，就连后来在莱比锡附近的兵力对比（285 ： 157）也不过如此。诚然，拿破仑采用了独特的防御方式，把兵力平均地分配在一线上（在西里西亚以7万人对抗9万人，在马克以7万人对抗11万人），但是，如果他不完全放弃西里西亚，而要在易北河畔集中一支能同联军主力决战的兵力是无论如何也难以办到的，更何况联军可以让弗腊德指挥的军队推进到美莱茵河畔，以期试探一下能否切断拿破仑通向美因茨的道路。

1812年，俄军终于敢派摩尔达维亚军开往沃伦和立陶宛，以便接着向法军主力的背后推进，因为完全可以肯定莫斯科将是法军进攻的终点。在这次战事中，俄军丝毫不担心莫斯科以东的领土，所以他们的主力没有任何理由认为自己兵力薄弱。

富尔将军最初制定的防御计划就曾包括这样的兵力部署。根据这项计划，巴尔克来指挥的军队应该固守德里萨营垒，巴格拉齐昂指挥的军队应该进到法军主力的背后。但是同一个措施在两个不同时期所产生的结果却是多么不同啊！在战事初期，法军兵力比俄军大两倍；而到了后期，俄军却比法军强大得多。在初期，拿破仑的主力足以打到莫斯科，也就是说他的进攻力量足以超越德里萨80普里，而在战事后期，它就不能从莫斯科再前进一步。战争开始时，法军的撤退线至涅曼河畔不过30普里，而到了后期却长达112普里。同样在后期实施的对敌军撤退线的威胁卓有成效，但要是在战争初期就实施，恐怕难免会变成最鲁莽和愚蠢的行为。

对敌人撤退线的威胁（如果不仅仅是佯动的话），就意味着正式进攻敌人背后，似乎还可以再谈下去，但是这一点放在“进攻”一篇中谈更为妥当，所以我们到此为止。而且我们认为，只要已经说明进行这种抵抗所需的条件就足够了。

但是，当有人企图通过对撤退线的威胁来迫使敌人撤退时，通常主要考虑的是佯装行动而不是实际行动。假如每一次有效的佯动都必须以完全能够实施的实际行动为基础（乍一看这似乎是理所当然的），那么佯动就会在一切条件上同实际行动毫无差别。但是，事实并非如此，我们在《佯动》一章里将看到，佯动的确是同一些其他条件结合在一起的，关于这一点，请参阅那一章。

第25章　向本国腹地撤退

我们把向本国腹地的主动撤退看作是一种特殊的间接抵抗。采用这种抵抗方式时，与其说是用我们的剑消灭敌人，不如说是让敌人通过劳累拖垮自己。因此，在向本国腹地撤退的情况下，防御者或者根本不准备进行主力会战，或者把主力会战推迟到敌军的兵力已经大为削弱以后再进行。

凡是前进中的进攻军队，其兵力都会由于前进而遭到削弱。这一点我们将在第七篇中更详细地研究，但在这里我们必须先提出这一论断。我们之所以能够先谈到这个论断，是因为战史上每一次长途前进的战事都清楚地说明了这一点。

如果防御者没有战败，他们的军队尚未受挫而是锐气十足，不在进攻者前面主动撤退，加之通过不断的、适当的抵抗使进攻者每前进一步都要付出血的代价，使进攻者的前进不是追击而是变成一种不断的艰苦的推进，那么进攻者在前进中所遭到的削弱就会增大。

从另一方面看，如果防御者是在一次会战失败后撤退的，那么他遭受的损失要比主动撤退时大得多。即使我们假定他能够对追击者进行逐步的抵抗，也至少要遭受与主动撤退时同样大的损失，何况还要算上在会战中的损失。而且，这种假定同实际情况是大不相符！即使是世界上最好的军队在会战失败后被迫向本国腹地撤退，也要蒙受巨大损失。如果像我们现在谈到的情况中假定的那样，敌人占有显著的优势并且像在出现在历次现代战争中的那样进行猛烈的追击，那么防御者的撤退就极有可能变为真正的溃逃，其结果通常是军队彻底覆灭。

所谓适当的、逐步的抵抗，是指撤退者的抵抗每次只能进行到战斗尚未完全失去均势时为止，要及时放弃所保卫的地方，以保证自己不致在战斗中失败。这样的抵抗可以导致进攻者的兵力损失至和防御者相同。虽然防御者中往往会有人在撤退中不可避免地被俘，但进攻者由于必须经常在不利的地形条件下作战，所以会有较多的人死于火力之下；防御者在撤退中固然要完全损失自己的重伤员，但进攻者同样也要暂时丢下他的重伤员（他们通常需要在医院里住几个月）。

因此，敌对双方在这种不断的接触中所受到的损失大体相同。

追击战败的军队时，情况就完全不同了。这种情况下，撤退者由于在会战中兵力受损，队形被打乱且士气受挫，因此对撤退产生了忧虑，很难进行上述那样的抵抗，甚至在某些情况下根本不可能进行抵抗。至于追击者，在前一种情况下他们会十分谨慎，前进时甚至会像盲人一样小心翼翼地探索着周围的一切，而在后一种情况下，他们会以胜利者的坚定步伐、幸运者的大胆和勇士的自信勇往直前，而且他越是不顾一切地勇往直前，就越可以加速事态向既定的方向发展，因为那里是各种精神因素充分发挥作用的领域，在那里精神因素的力量的不断增长和扩大是不受物质的有限数字和尺度束缚的。

由此可见，当军队在不同情况下到达可以看作进攻者进攻路程终点的地方时，双方的对比情况将多么不同。

上面所说的只是相互杀伤的结果。除此之外，进攻者还要算上在其他方面遭到的削弱（关于这一点，正如已经说过的那样，请参阅第七篇）。在大多数情况下撤退者能够得到增援，这些增援的部队可能是通过外援得到的，也可能是经过自己不断的努力重新建立的。

最后，撤退者和前进者之间在给养方面的差别也很大，前者往往绰绰有余，而后者却少得难以维持。

撤退者可以在他将要到达的地方储备一切物资，而追击者的一切却必须从后方运来。只要他们在不断前进，那么哪怕交通线很短运输也是很困难的，因此，他们从一开始就会感到物资缺乏。

撤退者将优先利用当地所能提供的一切，而且多数情况下把它们消耗殆尽，只留下一些空无的村庄和城市、践踏过的收割完庄稼的田野，以及汲干了的水井和污秽的溪流。

前进的军队往往从第一天起就要为取得最急需的物资而奔波。这时根本不可能指望得到敌人的储备物资，即便偶尔得到某处的储备物资，也纯属偶然，或者是出于敌人重大的失误。

毫无疑问，在幅员辽阔和交战双方兵力差距不大的情况下，防御者采用这种撤退方法可以造成对自己有利的兵力对比，使自己比在边境附近决战时更有把握获胜。这样，不仅胜利的可能性会因兵力对比的变化而增大，而且胜利的成果也会因态势的变化而增大。对进攻者来说，在边境附近的一次会战中遭到失败同在敌国腹地的一次会战中遭到失败是多么不同！何况，进攻者到达进攻路程的终点时还往往会出现这样的情况：即便会战中取得了胜利也不得不撤退，因为他在这时既没有足够的进攻力量来利用和发展胜利成果，又无法补充已损失的兵力。

因此，是在进攻路程的起点同进攻者进行决战，还是在进攻路程终点同他们决战，有很大差别。

除了上述几个优点以外，这种防御方法还有两个缺点：第一，国土会随着敌人的入侵而受到损失；第二，撤退会在精神上给人们造成不良影响。

绝不能将保持国土不受损失作为整个防御的目的，只有缔结一个有利的和约才是目的。防御者的一切努力都是为了尽可能有把握地缔结这个和约，为此，不可吝惜眼前的任何牺牲。但是，即使国土的损失没有决定性意义，也不能不权衡利弊，因为损失国土总要涉及防御者的利益问题。

这种损失对军队不会产生直接影响，只是或多或少地产生间接影响，可是，撤退本身却可以直接增加军队的力量。所以，要衡量这两方面的利弊是困难的，因为这是两个性质不同的问题，它们没有接近或共同之处。我们只能说：如果必须放弃的是一个富饶而人口稠密的地区和一些大的商业城市，那么损失就大些。如果在那里做好一半的或完全做好准备的战斗手段也随之丧失，那应被视为最大的损失。

第二个缺点是精神方面的影响。统帅常常必须克服这种影响坚定地贯彻自己的计划，同时必须顶住那些目光短浅和胆小怕事的人所起的妨碍作用。但是，这种影响并不会因此成为无须重视的幻象。它不是一种只对某一点起作用的力量，而是一种以闪电般的速度侵入人心和削弱民众及军队的一切活动的力量。向本国腹地撤退有时固然也能很快为民众和军队所理解，甚至能够加强他们的信心和希望，不过这并不多见。通常的情况是，民众和军队连撤退是主动的还是被迫的都分不清；至于采取这种计划是出于聪明地预见到了确实的利益还是迫于敌军的武力，那就更分不清了。看到被放弃的地区所面临的命运，民众就会产生同情和愤懑情绪，军队就很容易丧失对指挥官的信任，甚至对自己也失去信心，而在撤退过程中不断进行的每次后卫战，都会一再增加军队的这种忧虑。因此对撤退导致的这些后果不应该置之不理。当然，一个民族敢于公开地应战，使进攻者不付出惨重的代价就不可能越过这个民族的边境，这种做法本身似乎更合情合理，更直截了当、更高尚、也更符合民族的气节。

以上就是这种防御的优缺点，现在让我们再来看看这种防御所需要的条件和一些有利于这种防御的条件。

主要和根本的条件是国土辽阔，或者至少是撤退线较长，因为几天的行军显然不能使敌人明显削弱。1812年，拿破仑的中央兵团在维帖布斯克附近是25万人，到斯摩棱斯克成了18.2万人，到了博洛季诺附近减少到12万人，也就是说它同俄国主力兵团的兵力相等。博洛季诺距离国境90普里，但俄军直到在莫斯科附近时才开始占据绝对优势。这个绝对优势引发的变化结果是非常稳固的，以致法军在马洛亚罗斯拉韦茨的胜利都不能使之发生任何重大的改变。

任何其他欧洲国家都没有俄国那样辽阔的国土，而且只有极少数的国家会有长达100普里的撤退线。但是，像1812年法军这样庞大的兵力在其他时候也是不多见的。双方兵力对比像这次战争开始时那样悬殊的情况就更为少见，当时法军兵力超过俄军一倍以上，而且还占有决定性的精神优势。因此，在这次战争中经过100普里才达到的目的，在其他情况下也许只需50普里或者30普里就能达到了。

有利于这种防御的条件是：

1.农作物不多的地区；

2忠诚而尚武的民众；

3.气候恶劣的季节。

对敌人来说，这一切都会在维持军队方面增加难度，迫使他们组织庞大的运输队、派遣大量部队执行繁重的勤务、防止感染各种疾病，而对防御者来说，这一切却便于进行从侧翼行动。

最后，我们还必须谈谈对这种防御产生影响的军队绝对数量的问题。

不论同对方的兵力对比如何，一支小型部队的力量一般说要比一支大部队的力量先衰竭，因而它的进攻路程自然不可能像一支大部队那样长，它的战区范围也不可能那么大。因此军队的绝对数量和这支军队能够占领的地区之间仿佛有一种固定的比例关系。诚然这种比例关系不可能用数字表示，且在其他因素影响下会经常发生变化，但我们只要清楚这些事物的本质最深处存在这样的关系就够了。率领50万人可以进军莫斯科，但即使兵力对比对自己很有利，率领5万人无论如何也不能向莫斯科进军。

现在，假设军队的绝对数量同占领地区的面积的比例在上述两种情况中是一样的，那么数量越大的敌军在我们的撤退中所遭到的削弱无疑也就越大。

一是军队越庞大，给养和宿营就越困难，因为部队所占有的地区即使同部队的数量以同样的比例扩大，军队也绝不可能完全在这些地区获得给养，而且从后方运来的物资会遭到较大的损失。军队可以用来宿营的也绝不是整个地区，而只能是该地区的很小一部分，这部分地区也不会随军队数量的增加而成比例地扩大。

二是军队越庞大，前进就越慢，走完进攻路程所需要的时间就越长，前进中每天损失的总数也就越大。

3000人追击2000人时，在一般的地形条件下不容许撤退者以每日一二普里至多三普里的速度后退，也不会容许他们隔一定时间停下来休息几天。要想追上他们，攻击他们并把他们逐走，只要几个小时就可以了。但是，如果双方军队的数量各增加100倍，那么情况就完全不同了。在前一种情况下用几小时就可以取得的战果，现在也许需要一整天甚至两天。这时，每一方都不可能集中在一个地点，因而军队的各种运动和行动都变得更为复杂且需要更多的时间。但是，这时对进攻者的处境更为不利，由于他们的给养比撤退者更困难且不得不在比撤退者更宽的正面上推进，所以经常有在某一地点遭到撤退者优势兵力袭击的危险，俄国人在维帖布斯克就曾企图进行这样的袭击。

三是军队的数量越大，每个人消耗于战略和战术上的日常勤务的体力就越多。一支10万人的军队每天都要出发和行军，一会儿休息，一会儿继续前进，一会儿战斗，一会儿要做饭或者领取食品，而且在来自各方面的必要情报齐全之前它又不能宿营。这支军队在这些辅助活动上花费的时间，通常要比5万人的军队多一倍，但是对于双方来说一昼夜都是24小时。军队由于人数不同，走完一日行程所需要的时间和疲劳程度的差别有多大，这点我们在前一篇第9章中已经谈过。当然，不论是撤退者还是进攻者，都要忍受疲劳，但是后者要忍受更多，因为：

1.根据我们前面的假设，进攻者兵力占优势，因而其人数较多。

2.防御者用不断放弃土地作代价换取了经常保持主动的权利，以便让敌人受他们支配。他们可以预先做好计划，而且在大多数情况下计划不致被破坏。进攻者却只能根据防御者的配置情况制定计划，他们往往只有通过事先的侦察才能知道这种配置情况。

为了使人们不致认为我们的论述同第四篇第12章矛盾，我们必须提醒一句，这里所指的被追击者，是没有遭到失败的，连一次会战也未曾失败过的被追击者。

但是，使敌人受我们支配的这个权利，在赢得时间和增加力量方面，同在争取某些次要利益方面是有差别的，时间越长，这种差别就越大。

3.撤退者一方面尽一切努力使自己容易后退，派人改善道路和桥梁条件，选择最适合的宿营地点等等；另一方面，他们又竭力设法使追击者难以前进，派人破坏桥梁，使那些本来不好的道路在自己的军队通过后变得更加难以通行，占据最好的宿营地和水源地使敌人不能利用等等。

最后，我们还必须指出，民众作战也是一种对这种防御特别有利的条件。这个问题我们还要在专门一章里论述，因此在这里不详细分析。

至此，我们谈到了向本国腹地撤退的各种优点，谈到了满足它要付出的代价和必须具备的条件。现在，我们还想大致探讨以下它的实施问题。

我们要探讨的第一个问题是撤退的方向问题。

撤退应该退向本国腹地，也就是说，应该尽可能地退往这样的地点，在那里敌军的两侧被我们控制的区域所包围。这时，敌人就处于各方的威胁之下，而我们却不至于有被迫离开本国领土主要部分的危险。如果我们选择的撤退线离国境太近，就有遇到此类危险的可能。假如1812年俄军不向东方而向南方撤退，就会陷入这样的险境。

这是这种撤退行动的目的所在。至于退往国内的哪个地点最好，做出选择时的意图应为直接掩护首都或另一个重要地点，还是引诱敌人离开通往该地的方向，以及应在多大程度上实现这种意图，都取决于当时的情况。

假如俄军在1812年的撤退计划是预先策划好的，即完全是有计划的，那么他们当然可以从斯摩棱斯克往卡卢加方向退去，在那种情况下，莫斯科很可能完全免遭蹂躏，然而俄军却是在退出莫斯科后才选择了这条路线。

法军在博洛季诺附近约有13万人，假如俄军是在从斯摩棱斯克通往卡卢加的半路上进行那次会战，那么没有任何根据可以说法军在那里的兵力会多一些。在这种情况下法军能从这支部队中抽出多少兵力派往莫斯科呢？显然很少。这样少的兵力人们是不会把它派到50普里（从斯摩棱斯克到莫斯科的距离）以外的像莫斯科那样的一座城市去的。

经过几次战斗以后，到达斯摩棱斯克附近时兵力的拿破仑约有16万人，假如当时他认定在进行主力会战以前可以冒险向莫斯科派遣一支部队并为此抽出了4万人，而只留下12万人对付俄军主力，那么这12万人到会战时就可能只剩下9万人左右，也就是说比到达博洛季诺附近时少4万人。这样，俄军就有多出3万人的优势了。如果以博洛季诺的战况作为衡量的标准，可以说俄军凭借这种优势可能成为胜利者。无论如何，计算结果表明，对俄军来说，在这种情况下的兵力对比较之在博洛季诺附近的兵力对比要有利得多。但是，俄军的撤退并不是按照深思熟虑的计划进行的，他们所以退得那么远是因为每当他们想进行会战时总感到兵力不足。他们的一切给养和各种补充都在莫斯科到斯摩棱斯克的路上，在斯摩棱斯克时任何人都不可能考虑放弃这条道路。此外，在俄国人的心目中，即使在斯摩棱斯克和卡卢加之间取得一次胜利，也绝不能抵偿敌人占领无人掩护的莫斯科所造成的损失。

1813年，假如拿破仑明显地偏向侧方，即占领大体上位于布尔戈尼厄运河后面的阵地，并且在巴黎只留下几千人和大量的国民自卫军，那么他也许能够更有把握保证巴黎不受侵袭。联军要是知道拿破仑率领10万人在奥塞尔的话，就绝不会有勇气向巴黎派遣一支5到6万人的部队。相反，假如联军处在拿破仑的位置上，而且他们的敌人就是拿破仑，那么恐怕谁也不会建议联军放弃通向本国首都的道路。要是拿破仑占有当时联军那样的优势，他就会毫不踌躇地冲向首都。尽管情况完全一样，但是精神状态不同，结果就会大相径庭。

我们还想指出，在向侧翼撤退时，无论如何必须使首都或者企图通过这一撤退避免战祸的其他地点保持一定的抵抗能力，以免遭到别动队的占领和抢掠。关于这个问题我们就谈到这里，以后在论述战争计划时还要涉及。

但是，我们还必须考察一下这种撤退方向的另一个特点，即突然变换方向。俄军在到达莫斯科以前一直按照一个方向后退，其后他们就离开了这个可能把他们引向弗拉基米尔的方向，先往梁赞方面继续撤退，然后转往卡卢加方向。假如俄军必须继续后退的话，那么他们当然就会沿着这个把他们引到基辅的新方向继续撤退，也就是又接近敌国边境了。至于法军，很明显即使他们这时比俄军还具有明显优势，也不可能维持这条经莫斯科绕了个大弯的交通线。在这种情况下，他们不仅必须放弃莫斯科，而且还非常可能要放弃斯摩棱斯克，也就是说必须让出好不容易才占领的一些地方，而不得不满足于占领别列津河西岸地区。

当然，这时俄军也会陷入不利的态势，它可能处于同本国的主要部分隔开的境地，这同他们在战争之初就向基辅方向撤退时可能陷入的不利态势一样。但事实上，俄军在这种情况下没有陷入不利态势，因为只有法军不绕道莫斯科就到达基辅，情况才会完全不同。

突然变换撤退线的方向，在幅员辽阔的条件下是极为可取的，它显然会带来以下的巨大利益：

1. 己方改变了方向，敌人就不可能保持原来的交通线，而要确定一条新的交通线常常是件困难的事，同时敌人只能逐步改变自己的方向，他多半必须一而再地寻找新的交通线。

2. 这样一来，双方又都接近了边境，进攻者不能再依靠自己的阵地掩护已占领的地区，而很可能要放弃它们。俄国是一个幅员异常辽阔的国家，在那里两支军队完全可以进行这样的角逐。

如果有其他有利条件，在面积较小的区域内变换撤退方向也是可能的，这只能根据具体情况来决定。

诱敌深入的方向一经确定，我们的主力当然就应该沿着这个方向撤退，否则敌人就不会派他的主力向这个方向前进，即使敌人的主力真的向这个方向前进，我们也无力迫使他们受制于上述所有条件。因此产生了一个问题，即防御者应该把全部兵力集中在这个方向上撤退，还是应该以大部分兵力向侧翼撤退，也就是进行离心的撤退。

对此我们必须说，离心的撤退本来就是不足取的，理由如下：

1. 防御者采取离心撤退时兵力将更为分散，而防御者把兵力集中在一点上，恰好是进攻者最感棘手的事情。

2. 防御者采取离心撤退时，敌人将占有内线之利，他的兵力比防御者集中，因而可能在某些地点上占优势。诚然，如果防御者暂时采取不断退避的方法，这种优势就不那么可怕，但是，采取不断退避的方法的前提是能经常威胁敌人而自己不致被各个击破，但在这种情况下被敌人各个击破却是很可能的。此外，向本国腹地撤退还应造就一个条件，即主力必须逐渐取得能够进行决战的优势，而在兵力分散的情况下，就不大可能确有把握做到这一点。

3.兵力较弱的一方总的说来不宜对敌人采取向心的行动。

4.这样的兵力部署会使敌人的部分弱点完全消失。

远距离进攻的主要弱点是交通线长和战略侧翼暴露。如果防御者采取了离心方向的撤退，迫使进攻者分出一部分兵力在侧面构成正面，那么进攻者的这部分兵力本来只能用于对付同它对峙的军队，此时却还附带地完成了其他任务——掩护了一部分交通线。

因此，仅就撤退的战略效果而言，采取离心方向的撤退是不利的。但是，如果这是为以后威胁敌人的撤退线做准备的话，那么我们就必须提醒大家回顾一下前一章的论述。

只有一个目的可以促使防御者采取离心撤退，那就是只有采取这种撤退方式才能保障某些地区的安全，否则这些地区就很可能被敌人占领。

根据进攻者兵力的集中地点和前进方向，根据双方各地区、要塞的位置关系，在大多数情况下能相当准确地预见到进攻者前进路线两侧的哪些地区将被占领。把兵力配置在敌人多半不会占领的那些区域，可以说是一种危险的兵力浪费。至于防御者在进攻者多半会占领的那些地区配置一部分兵力是否能够阻止进攻者的占领，恐怕难以预测，这在很大程度上要仰仗熟练的判断能力。

俄军在1812年撤退时，曾把托尔马索夫指挥的3万人留在沃伦，准备用来对付可能侵入这个地区的奥军。这个地区面积广大，地形较复杂，进攻这个地区的敌军并不占优势，所有这一切都是俄军可以期待在靠近边境的该地区战胜敌军，至少可以在边境附近固守的理由。这样做此后带来了诸多利益，关于这些我们不想多谈。此外，即使当时想把这些部队及时调往主力那里，实际上也几乎办不到。这一切有力地促使俄国人把该军留在沃伦独立作战。与此相反，如果根据富尔将军制定的战争计划，仅仅让巴尔克来的军队（8万人）向德里萨撤退，而把巴格拉齐昂的军队（4万人）留在法军的右翼，以便尔后从背后攻击法军，那么人们一眼便可看出，巴格拉齐昂的军队不可能固守在立陶宛南部，换句话说，这支部队不仅不能在法军背后多保留一块更接近于法军的土地，反而会被具有压倒优势的法军主力所歼灭。

就防御者的利益而言，本来应该尽可能地少放弃领土，这是不言而喻的，但是，这始终是一个非常次要的目的。显然，敌人由于受到我们的限制而使用的战区越小，或者越狭窄，它的进攻就越困难。但是，这一切却要以一个条件作基础，即这样做一开始就要有成功的把握，而且不致因此使主力受到重大削弱，因为防御者在这种情况下主要想寻求的必然是最终决战，他的主力迫使敌军主力处于窘迫的境地是使敌军下决心撤退的首要原因，并且是使敌军撤退时大量增加物质力量和精神力量损失的首要原因。

因此，向本国腹地的撤退通常应该由尚无败绩和没有被分割的兵力来实施，而且应该直接在敌军主力的前方尽可能缓慢地进行，同时，要通过不断的抵抗迫使敌人经常处于备战状态，迫使敌人忙于采取战术和战略上的预防措施而大大消耗力量。

如果双方在这种状态下到达了进攻者前进路程的终点，那么防御者只要有可能，就应该占领处于这条前进路线斜角线上的阵地，并利用自己掌握的一切手段威胁敌人的后方。

1812年的俄国战事非常清楚地说明了这一切现象，而且像透过放大镜一样显示了这些现象的后果。虽然这次撤退不是一次主动的撤退，但完全可以从这个角度来考察它。假如俄军像现在这样知道那种撤退确实会取得那样的成果，同时假如他们需要在完全相同的条件下再进行那样的撤退的话，那么那些在1812年绝大部分是无意中做过的事情，现在他们会毫无疑问地主动并有计划地去做了。然而，如果认为在幅员不如俄国辽阔的地方就不会也不可能出现此类行动的实例，恐怕也是不正确的。

在任何情况下，无论采取这种抵抗方式遇到哪些困难，只要战略进攻未经决战就因军队维持方面的困难而遭挫败，只要入侵者被迫后退（不管入侵者的损失是大是小），这种抵抗方式的主要要求就已经达到，它的主要效果也就达到了。腓特烈大帝1742年在摩拉维亚的战事，1744年在波希米亚的战事，法军1743年在奥地利和波希米亚的战事，不伦瑞克公爵1792年在法国的战事，马森纳1810年到1811年在葡萄牙的冬季战事，均属一类情况，只是范围和规模较之要小得多而已。此外，这种防御方式很多情况下只发挥了部分作用，也就是说，即便不是全部结果，至少也有一部分应归功于我们这里所确定的原则。不过，我们不再详细论述这些作用了，因为要谈就必须说明各种情况，就会谈得太远。

在上述俄国和其他各次战事中，尚未在进攻路程的终点发生决定胜负的会战，形势就发生了剧变。但是，即使不期待能有那样的效果，通过这种抵抗方式也可能造成制胜的兵力对比，这仍然是一个十分重要的问题。而且，这种胜利能迫使敌军后退，敌人的撤退所造成的损失通常会像物体在一次撞击之后按落体定律降落一样不断增大。

第26章　群众武装

在文明的欧洲，民众战争是19世纪才出现的现象。对于这种战争，有人赞同，也有人反对。在反对的人中间，有些出于政治上的原因，把民众战争看作是一种革命手段，是合法的无政府状态，他们认为这种状态对国外的敌人固然危险，但对国内的社会秩序同样也是危险的。有些则出于军事上的考虑，认为进行民众战争是得不偿失的。第一种看法同我们这里要谈的问题没什么关系，因为我们仅仅把民众战争看作是一种斗争的手段，也就是只从用它对付敌人的角度去考察它。但是，关于第二种看法，我们不能不指出，一般说来，民众战争应该被看作是战争要素。它在我们这个时代突破了过去人为的限制，成为战争这个发酵过程的扩大和加强。如果我们从过去局限性很大的军事制度那里开始来看问题，那么就可以看到征集制度、可以使军队的数量大大增加的征集制和普遍兵役制，以及后备军的利用，都是同一类事物的发展；而现在的民兵制度，即组织民众武装也是这一类事物的发展。既然前面几种新的手段的出现都是打破旧的限制的自然发展和不可避免的结果，既然首先采用这些手段的一方大大增强了自己的力量，导致对方也不得不采用这些手段，那么，对民众战争而言，情况也会是这样。一般说来，善于运用民众战争这一手段的国家会比那些轻视民众战争的国家占有一定的优势。既然如此，问题只能是，这一增强战争要素的新手段对人类究竟有没有益处。这个问题，恐怕只有在解答了战争本身对人类究竟有无益处的问题之后，才能得到彻底的解答，我们把这两个问题都留给哲学家去解决。可能有人认为，民众战争所耗费的各种力量，如果用在其他战斗手段上，可能更有成效。但是人们用不着多加研究就会相信，这些力量绝大部分是不能自由支配的，是不能随意使用的。这些力量中的主要部分，即精神力量，甚至只有在民众战争中才能发挥出效果。

因此，问题不在于一个国家通过全民武装所进行的抵抗要付出什么代价，而在于这种抵抗能产生什么影响，它必须具备哪些条件，它的用法怎样。

这种很分散的抵抗不适于通过对敌人进行时间上和空间上集中的重大打击来发挥效果，这是由事物的性质决定的。这种抵抗的效果就像物质的蒸发过程一样，取决于面积的大小。面积越大，群众武装同敌军的接触越广泛，也就是敌军越分散，群众武装的作用就越大。群众武装像暗中不断燃烧着的火焰一样破坏着敌军的根基。群众武装需要经过一定的时间才能取得成果，所以，在敌对双方相互作用的那段时间，就会出现一种紧张状态；有时，民众战争在一些地方遭受挫折或在另一些地方逐渐停止下来，这种紧张状态可能渐渐消失；有时，这种遍地燃烧的熊熊烈火从四面八方围困敌军，迫使它为了避免全军覆没而退出这个国家，这种紧张状态可能导致一个转折点。要想单靠民众战争造成这种转折，就必须具备这样的先决条件：要么被侵入的国家幅员非常辽阔（除俄国以外欧洲任何其他国家都不具备这个条件），要么入侵军队的兵力同被侵入的国家的幅员极不相称（这实际上是不可能的）。因此，人们如果不愿陷入空想，就必须考虑使群众武装的作战同正规军的作战结合起来，并通过一个总的计划使二者相互协调起来。民众战争只有在下列条件下才可能产生效果：

1. 战争是在本国腹地进行的；
2. 战争的胜负并不仅仅由一次战役失败决定；
3. 战区包括很大一部分国土；
4. 民族的性格有利于采取这种措施；
5. 国土上有山脉、森林、沼泽，或耕作地，地形极其复杂，通行困难。

人口的多少不起决定性作用，因为在民众战争中很少会发生人员缺乏的情况。居民的贫富也不直接起决定性作用，或者至少不应该起决定性作用，但是，不容否认，贫穷的、习惯于吃苦耐劳的人民往往也表现得更勇敢，更坚强。

德国很多地区的居民住得很分散，这种情况非常有利于发挥民众战争的作用。有这种特点的地区，就可以将它分割成较多的零散的小块，更便于人们隐蔽，在这里道路虽多，但很不好，军队营舍会遇到无穷的困难，尤其是民众战争通常都具有的一种特点，即处处都有抵抗的因素，在这里会小规模地反复出现。但处处又捉摸不到。如果居民集中居住在一些村庄里，那么敌军就会占领那些反抗最激烈的村庄，甚至为了惩罚居民而把这些村庄抢光、烧光，但是，这种做法对威斯特伐利亚的农民大概行不通。

民兵和武装的群众不能而且不应该用来对抗敌军的主力，甚至也不能用来对付较大的部队，它们不能用来粉碎敌军的核心，而只能从外部和边缘去蚕食敌军。它们应该在进攻者的大部队没有到达的战区两侧起来反抗，使这些地区完全摆脱敌人的影响。它们应该像密集在战区两侧的乌云，紧跟着前进的敌人移动。在敌人尚未出现的地方，人们是不缺乏武装起来反抗敌人的勇气的，受这个榜样的鼓舞，邻近地区的大批居民也会陆续燃起反抗之火。这样，反抗的火焰就会以燎原之势蔓延，一直烧到进攻者的基地，烧到他的交通线，并破坏其赖以生存的生命线。当然，我们并不把民众战争夸大为万能的，并不把民众战争看作是人们无法对付的风雨，是单靠军队无法对付的用之不尽的不可战胜的东西。总之，我们的论断不是以那些吹嘘民众战争的言论为基础的，但是，我们仍然不得不承认，人们不能像驱逐一队士兵那样赶走武装的农民。士兵像一群家畜那样集结在一起，通常是笔直地向前奔跑，而武装的农民却用不着什么巧妙的计划就会向四面八方散开。这样一来，任何小部队在山地、森林，或者地形极其复杂的地区行军就都非常危险，因为随时都有可能发生战斗，一支行军的纵队即使很久没有发现新的敌人，那些早先被纵队先头逐走的农民也还有可能随时出现在纵队尾部的附近。至于破坏道路和封锁隘路所使用的手段，正规军的前哨或别动队同发动起来的农民相比，就如同机器与人相比一样。敌人除了派很多部队护送运输队，驻守在兵站、隘口、桥梁等地以外，没有其他办法。群众武装最初的活动规模很有限，敌人由于害怕过多地分散自己的兵力，也不会派很多的兵力去对付他们。民众战争的火焰通常恰恰就是在同这些小部队的斗争中燃烧起来的，在某些地方，群众武装依靠数量上的优势战胜了敌军的这些小部队，于是他们的勇气增加了，斗志更激昂了，斗争也更积极了，一直发展到能够决定整个结局为止。

根据我们对民众战争的看法，民众战争必须像云雾一样，在任何地方都不凝结成一个反抗的核心。否则敌人就会用相应的兵力来打击这个核心，粉碎它，俘虏大批人员。这时，群众的勇气就会低落，大家都会认为大局已定，继续奋斗徒劳无益，因而放下手中的武器。但另一方面，这种云雾却还有必要在某些地方凝结成较密的云层，形成一些将来能够发出强烈闪电的具有威胁力量的乌云。这些地方，正如我们已经说过的那样，主要是在敌人战区的两侧。在这里，群众武装必须结合成更大的、更有组织的整体，并配以少数正规军，这样，群众武装就会具有正规军的形式，敢于采取较大规模的军事行动。从这些地点开始，越往敌人的正后方，群众武装应该越分散，因为他们在那里会受到最强烈的打击。上述较为集中的群众武装的任务是袭击敌人留下的较大的守备部队，此外，它们还要使敌人产生恐惧和忧虑，加深整个民众武装在精神上所造成的压力。没有这些较集中的群众武装，群众武装的全部活动就会没有力量，整个形势就不足以使敌人产生极度不安。

统帅要想根据自己的意愿使群众武装具有上述力量，最简便的方法是派小部分的正规军去支援他们。没有正规军的支援作鼓舞，群众多半会缺乏拿起武器的信心和动力。派来支援的部队越多，对群众的吸引力就越强，民众斗争的声势就会像雪崩那样越加浩大。但是，前去支援的正规军的数量不能超过一定的限度。因为，一方面，为了这个次要目的而分散兵力，使整个军队形成的防线正面较宽，处处都很薄弱，这是十分有害的，因为在这种情况下，正规军和群众武装肯定会同归于尽；另一方面，经验也告诉我们，一个地区的正规军太多时，通常会减弱民众战争的力量和效果，其原因是：第一，正规军太多会把过多的敌军吸引到这个地区来；第二，这时群众就会依赖自己的正规军；第三，大量部队驻扎在一个地区，宿营、运输、粮秣供应等会大大消耗居民的力量。

防止敌人对民众战争进行强有力的还击的另一个手段是，基本或根本不把这一巨大的战略防御手段用于战术防御；这同时也是运用民众战争的一个主要原则。群众武装的战斗特点同素质较差的部队的一切战斗特点相同，他们攻击时非常猛烈而有力，但是不够沉着，难以持久。此外，对群众武装来说，战败和被击退是无关紧要的，因为他们对此早有准备。但是，他们却不能遭到伤亡惨重、被俘很多等致命的打击，因为这样的失败会使民众战争的火焰很快地熄灭。这两个特点同战术防御的性质是完全不相容的。防御战斗要求部队进行持久的、缓慢而有计划的行动和果敢的冒险；如果防御不过是一种单纯的尝试性活动，可以很快被放弃，那么，它永远也不能带来成果。因此，用群众武装防御某一地段时，绝不应该让他们进行决定性的防御战斗，否则，即使情况再有利，他们也会遭到毁灭。由此可见，群众武装可以而且应该在其能力所及的范围内用来防守山地的入口、沼泽的通道、江河的渡口等。但是，当这些地点被敌人突破时，群众武装就不能集结在狭小的、最后的阵地上（即正规的防御阵地上），因为这样会被敌人封锁住，他们应该分散开，利用突然袭击继续进行防御。不论民众多么勇敢，多么尚武，不论他们对敌人的憎恨有多么强烈，地形对他们多么有利，应该承认，民众战争在过分危险的气氛中是不能持久的。因此，如果人们想使民众战争这种燃料在某个地方燃起熊熊烈火，就必须选择一个离危险较远的地方，它既通风又不致火焰遭到重大打击便被扑灭。

以上的论述与其说是客观的分析，不如说是对实际情况的一种感受，因为民众战争出现得还很少，而那些曾长期目睹这种战争的人又对其论述得太少。经过这些考察以后，我们还要说明一点，对群众武装的支持可以通过两种不同的方式纳入战略防御计划，那就是：把群众武装作为会战失败后的最后补救手段，或者作为决定性会战前的自然辅助手段。在后一种情况下，必须以向本国腹地撤退和在本篇第8章和第24章谈过的那种间接还击方法作为前提条件。因此，在这里我们只简单地谈谈会战失败后征集民兵的问题。

任何一个国家都不应认为自己的命运，也就是国家的存亡取决于一两次会战（即使是最有决定意义的会战）。一个国家即使战败了，通过征集自己的新兵和利用敌人在每次持续性的进攻中必然要受到的兵力上的削弱，也可能看到形势的转变，此外，还可能得到外来的援助。一次会战的失败离亡国还差得很远。当民众看到自己置身于深渊的边缘时，他们会像溺水的人那样本能地去抓稻草，想尽一切办法挽救自己，这是符合精神世界的自然规律的。

一个国家即使比敌人弱小许多，也不应该放弃这最后的努力，否则，我们就不能不说这个国家已经失去了灵魂。这种努力并不排斥签订一个代价很大的和约使自己免于彻底灭亡，这种媾和意图同样也不排斥这些新的防御措施所起的有利作用。这些措施既不会增加媾和的困难，也不会使媾和的条件更不利，相反会使媾和更容易，媾和的条件更有利。当我们有可能得到那些同本国的存亡有利害关系的国家的援助时，采取这些措施就更为必要。因此，如果在主力会战失败后一个政府只想使民众迅速地酣睡在和平中，并且被严重的失望情绪所压倒，失去了发动一切力量的勇气和愿望，那么，它一定会由于软弱而犯下不能坚持到底的错误，并且表明自己是不配获得胜利的。也许正因为如此，也就根本没有能力取得胜利。

由此可见，一个国家所遭受的失败无论多么惨重，仍必须利用军队向本国腹地的撤退来发挥要塞和群众武装的作用。如果主要战区的两侧同山地或其他非常险要的地形相毗连，那么就非常有利于发挥这种作用，因为在这种情况下这些山地会像棱堡似的突出在前面，从这里出发进行的袭击可以打击入侵者的战略侧翼。

如果进攻者正在进行围攻，或者为建立交通线而到处留下了强大的守备部队，或者，派出了整军的兵力使自己能够获得一个较大的活动空间并维持邻近地区的秩序，或者其人力物力等力量受到种种损失和削弱，那么，这时防御者就应该重新投入战斗，通过相应的打击来动摇处于困境的进攻者。

第27章　战区防御

上面这些最重要的防御手段，我们认为已经谈得足够多了，至于这些手段如何同整个防御计划结合起来，我们将在最后一篇“战争计划”里进行探讨。这不仅因为，进攻和防御计划从属于战争计划，都要以战争计划为基础，根据战争计划来决定其主要轮廓，而且因为在许多情况下，战争计划本身就是在主要战区实施进攻和防御的方案。但是，尽管同其他任何场合相比，在战争中部分更决定于整体，更渗透着整体的特点，并随着整体的变化而改变，我们还是不能从战争的整体开始研究，而是不得不先把各个问题彼此分开来研究，以便更清楚地认识它们。如果不是从简单到复杂，我们就会被一大堆不确切的观念搞垮，特别是在战争中，各种各样的相互作用常会使我们的观念混乱。因此，我们想再向整体接近一步，也就是说，专门考察一下战区防御，找出贯穿前面所述问题的线索。

我们认为，防御是一种较强的作战形式，是为了保存自己的军队和消灭敌人的军队，一句话，胜利就是防御作战的目标，当然不是最终目的。

保卫本国和打垮敌国才是最终目的，换句话说，缔结所期望的和约才是最终目的，因为双方的冲突只有通过和约才能消除，才能以共同的结果而告终。

从战争的角度来看，敌国是指什么呢？首先是它的军队，其次是它的国土。当然，还有许多其他事物在一定情况下也能产生极大的作用，其中最主要的是对外的和对内的政治关系，它们有时比其他一切都更具有决定意义。尽管仅靠敌人的军队和国土并不能构成国家，而且也没有包括这个国家同战争有关的一切方面，但是军队和国土永远是主要的，就其重要性来说，往往大大超过其他任何方面。军队要保卫本国的国土或占领敌国的国土，而国土则使军队不断地得到给养和补充。两者相互依存和相辅相成，它们都是重要的。但它们在这种相互关系中各自所起的作用是有差别的。军队一旦被消灭，或是被打垮，不能继续进行抵抗，国土自然也就丧失。但是反过来，国土被占领，军队却不一定被消灭，有时军队为了以后更容易地夺回国土，有可能主动地让出某些地方。的确，不仅军队彻底被打垮可以导致国土的丧失，就是军队遭到一次重大的损失也必然会导致国土的丧失。与此相反，每次国土的大量丧失并不一定会导致军队的显著削弱（当然，时间久了会导致军队的削弱，但在决定战争胜负的这一段时间内是不会的）。

由此可见，保存自己的军队和消灭敌人的军队永远比占有国土重要，也就是说，前者是统帅应首先努力做到的。只有用这一手段不能完全达到目的，占有国土才可以作为目的而居于首要地位。

假如敌人的全部兵力集中成为一支军队，整个战争成为一次战斗，那么，能否占有国土就取决于这次战斗的结局；于是消灭敌人军队，夺取敌国领土和保全自己的国土就都将取决于这一战斗，也就是说消灭敌人军队、夺取敌国领土和保存自己国土同战斗是一回事。现在的问题是：究竟是什么原因促使防御者首先避免采用这种简单的作战方式而分割自己兵力的？回答是：防御者集中兵力取得的胜利所发生的作用还很不够。每个胜利所产生的影响都有一定的范围。如果胜利的影响范围能大到包括整个敌国，即全部敌人军队和整个敌国领土，也就是说，它们的各个部分都被卷入敌人核心力量被迫进行的运动中来，那么这样的胜利是我们最需要的，这时我们就没有任何理由要分割自己的力量。但是如果我们的胜利不能对敌人军队的某些部分和双方国土的某些部分发生影响，那么我们就必须特别注意这些部分，由于我们不能像集中军队那样把国土集中到一点上来，因而要保卫这部分国土就不得不分散兵力。

只有在领土的形状近似圆形的小国家里，才有可能对军队进行这样的集中，这样一切都取决于这支军队的胜败。如果敌国有大片领土同我们接壤，或者几个国家结成同盟，共同对付我们的国家，同时从几个方面包围，我们的军队实际上就根本不可能进行这样的集中。因此在这种情况下，我们就必须分散兵力，因而也就会出现几个战区。

胜利的影响范围自然取决于胜利的大小，而胜利的大小则取决于打败多少军队。对敌人兵力最多的那部分国土的打击成功时的影响范围最广；而我们用于这一打击的兵力越多，就越有把握取得成功。这一系列自然形成的观念使我们联想到力学上重心的特性和作用，这一形象的比喻能使我们更清楚地理解这些观念。

如果说，物体的重心总是位于质量最密集的地方，指向物体重心的打击是最有效的，而最强烈的打击又总是由力量的重心发出的，那么在战争中情况也是如此。作战的任何一方（不论是一个单独的国家，还是几个国家的联盟）的军队都会有一定程度的一致，通过这种一致军队就有了相互联系；而有相互联系的地方，就存在着同重心相类似的东西。因此军队也有重心，这种重心的运动和方向对其他各点起着决定性的作用，这种重心就是军队最集中的地方。在无生命的物质世界中，破坏这种由相互联系的各部分所形成的重心所需的力是有一定的尺度和限度的，在战争中也是如此。无论在物质世界还是在战争中，攻击力量往往很容易超过抵抗力量，因而可能出现使用力量过多而造成浪费的现象。

在一面旗帜之下，根据一个统帅的命令进入会战的军队，各部分之间的联系，同散布在50或100普里的地区或者基地极其分散的同盟军队之间的联系进行比较，它们的差别有多么大！在前一种情况下，可以说联系最紧密，最容易达到统一。在后一种情况下，却远远谈不上统一，即使有时在共同的政治意图中还存在统一，但这种统一，也是不充分和不彻底的；至于各个部分之间的联系，则大多很松弛，甚至实际上往往是不存在的。

一方面，最大限度地集中兵力能使自己的打击强而有力，另一方面，把任何兵力过分的集中实际上都是不利的，必须加以防止，因为过分集中兵力会造成兵力的浪费，而兵力的浪费又会使其他地点兵力不足。

识别敌军的这种重心，判断它的影响范围，是战略判断的一项主要任务。因此必须经常考虑，双方兵力的任何一个部分的进退对于其他部分会产生什么影响。

我们绝不认为，我们在以上的论述中发明了什么新的方法，我们只是根据各个时期和各个统帅所沿用的方法提出了一些观念，这些观念可以更清楚地说明这些方法同事物本质之间的联系。

敌人军队的重心这一个概念在整个战争计划中如何起作用，我们将在最后一章里探讨，因为这个问题本来就属于战争计划的范畴。为了不使我们列举的观念有所遗漏，我们现在先借来使用一下。从上述考察中我们看到，分割兵力究竟是由什么决定的。实际上，这里存在着两种相互对立的利益：一是占有国土，它要求分割兵力；一是打击敌军的重心，它又要求把兵力集中到一定程度。

这样，就出现了战区，或者说各支军队的行动区域。它们是这样的一个地区，在那里配置了军队，那里主力的每一次胜负都会直接影响到整体，并使整体随之而发生变化。我们之所以说会直接影响到整体，是因为在某一战区内的胜负对其邻近的战区自然也会产生或多或少的间接影响。

在那里，也同在其他任何地方一样，我们在自己的定义中只触及某些观念的中心，我们不希望也不可能为这些观念的范围划出明显的界限来，尽管这是事物的性质决定的，但我们还必须明确地提醒一下。

我们认为，一个战区（不论其范围大小）连同其军队（不论其数量多少）是可以结成一个重心的单位。胜负决定就应该在这个重心上进行，在这里取得胜利，从广义的防御这个词来看，这就是战区防御。

第28章　战区防御（续）

但是，防御是由决战和等待这两个不同的要素组成的。本章所要讨论的就是这两个要素的结合问题。

首先，我们必须指出，虽然等待状态还不是全部防御，但它是防御要达到自己的目标所必须经过的一个阶段。只要一支军队还没有撤离它负责防御的地区，由进攻引起的双方军队的紧张状态就会一直持续下去。只有胜负已定时才会出现平静，而只有当进攻者或防御者有一方退出战区时，才可以认为胜负已经决定（不管是怎样的一种胜负）。

只要军队还在它所在的地区坚守，这一地区的防御就还在继续，从这个意义上讲，防御某一战区同在这一战区进行防御是一回事。至于敌人暂时夺去了这个战区内或多或少的土地，这是无关紧要的，因为这只是暂时借给他而已。

我们这样来认识等待状态，是想借此来确定它同整个防御的正确关系，然而，只有当决战必然会真正进行而且双方都认为决战不可避免时，这种看法才是正确的。这是因为，双方兵力的重心以及以这些重心为基础的战区只有通过决战才能起作用。决战的想法一旦消失，重心也就失去作用，从某种意义上说，甚至整个军队也就失去了作用。这时，构成整个战区概念的第二个主要组成部分——占有国土就直接跃居为首要目的。换句话说，双方在战争中越不寻求决定性打击，战争就越成为一种单纯的监视状态，占有国土就越加重要，防御者就越要直接掩护一切地区，进攻者就越要扩大占领的地区。

无可讳言，绝大部分的战争和战局与其说是接近于生死存亡的斗争，即至少有一方力求决战的斗争，还不如说是接近于纯粹的监视。只有19世纪的战争才在极大程度上具有前一种特点，因而只有在这些战争中才可以运用根据这种特点建立起来的理论。但是，很难设想所有未来的战争都会具有这种特点，与此相反，其中大多数战争仍将带有相互监视的特点，所以理论要相对实践起指导作用，就必须考虑到这一点。因此，我们将首先考察有决战意图贯穿和指导着整个军事行动的情况，即发生真正的、绝对的战争（如果我们可以这样表达的话）的情况，然后，在另一章中，再考察战争由于或多或少地接近于监视状态而产生的变化情况。

在第一种情况下（是防御者等待进攻者发起决战，还是防御者自己寻求决战，对我们来说是一样的），战区防御的实质就在于防御者坚守在战区，随时都可以进行有利的决战。这时，胜负的决定可能是通过一次会战，或是一系列大规模的战斗，或者是仅仅通过双方兵力的部署，即可能的战斗所形成的态势带来的结果。

即使会战不像我们以前多次指出的那样，是最主要、最常用、最有效的决定胜负的手段，它毕竟还是决定胜负的手段之一，仅仅这一点往往就足以要求在可能的情况下最大限度地集中兵力。战区的主力会战就是重心对重心的打击。我们在自己重心上能够集中的兵力越多，我们取得的效果也就越大、越可靠。因此，任何分割兵力的做法，如果没有特别的目的（这个目的可能是通过一次胜利的会战所达不到的，也可能是会战取得胜利结局的一个条件），都应该加以反对。

然而，仅仅做到最大限度地集中兵力还不等于具备了全部基本条件，还得有一个能使军队比较有利地进行会战的兵力部署。

这两个基本条件同我们在“抵抗的方式”一章里所谈的各种不同的防御方式是完全可以适应的，因此，根据具体情况的需要把这些基本条件同它们结合起来并不困难。但是，有一点初看起来似乎是有矛盾的，这就是如何找到敌人重心的问题。而且，因为它是防御中最重要的问题之一，所以更有必要加以阐明。

如果防御者能够及时得知敌人沿着哪些道路前进，自己在哪条道路上能够特别准确地遇上敌人的主力，那么，他就可以在这条道路上迎击敌人。这种情况是很常见的。虽然防御者往往在进攻者开始行动以前就要采取一般的措施，设置要塞和大的军械库，以及确定军队的平时员额等等，这都是进攻者行动的依据，但是，在军事行动真正展开时，对进入战场的进攻者来说，防御者却好像是纸牌游戏中的下家一样，享有特殊的有利条件。

要想大举侵入敌国，就必须进行大规模的准备工作，例如筹集粮秣、储备武器装备等等。这些准备工作需要很长的时间，因而防御者有足够的时间采取对策。同时还应该看到，防御者所需要的准备时间总比进攻者短，因为任何国家为防御所做的准备都要比为进攻所做的准备充分一些。

尽管在大多数情况下是如此，但是，在具体情况下防御者仍有可能无法确定敌人入侵的主要路线在哪里，如果防御需要采取一些费时很多的措施（例如构筑坚固阵地等等），那么就更容易出现这种情况。此外，即使防御者确实是在进攻者的前进路线上，只要防御者不对进攻者发起进攻，进攻者稍微改变一下自己原来前进的方向，就可以绕过防御者所占领的阵地，而在农业发达的欧洲，阵地两侧肯定有道路可以通过。在这种情况下，防御者显然不能在阵地上等待敌人，至少不能指望在防御阵地上进行会战。

但是，在讨论防御者在这种情况下还能采取的其他手段之前，我们必须先考察一下这种情况的性质及其出现的可能性。

在每个国家及其每个战区（目前我们就是一直在谈战区）里，通常都有一些能使进攻取得特别大的效果的目标和地点。我们认为，在讨论进攻时再来比较明确而详细地论述这个问题最合适。在这里，我们只想指出，如果说最有利于进攻的目标和地点是进攻者决定自己进攻方向的依据，那么这个依据反过来对防御者也必然有用，当防御者还不知道敌人的意图时，这个依据必然是他行动的指南。如果进攻者不选定这个最有利的方向，他就得放弃他本来可以得到的一部分利益。显然，如果防御者恰好在这个方向上防御，进攻者不付出代价不做出某种牺牲就不可能避开防御者或从其侧面通过。由此可见，防御者摸不准进攻者的方向的可能性和进攻者从防御者侧旁通过的可能性都不像初看起来那样大，因为进攻者在选定这个或那个方向时所遵循的某种依据早已存在，而且大多是充分有力的，因此在大多数情况下，防御者以及防御者在某一地点的设施都不会遇到敌人的主力。换句话说，只要防御者的阵地选择得当，在大多数情况下敌人肯定会向这里进攻。

但我们不应该也不能因此就否认在某种情况下进攻者不向防御者阵地前进的可能性。这里有一个问题：在这种情况下防御者应该怎么办，防御者原来所处的位置能提供的有利条件还剩多少。

如果提出这种问题，当进攻者从防御者侧旁通过时，防御者到底可以采取哪些手段？其答案如下：

1.一开始就把兵力分为两部分，用一部分准确地迎击敌人，然后用另一部分赶去增援；

2.集中兵力占领一个阵地，在敌人从侧旁通过时，迅速向侧方运动去拦击敌人。但在大多数情况下，向侧方运动已经不能恰好拦住敌人，必须稍稍后退一些，占领新的阵地；

3.集中兵力从侧面袭击敌人；

4.威胁敌人的交通线；

5.采取和敌人同样的方法，也从敌人侧旁通过，去进攻敌人的战区。

我们所以在这里提出第五种手段，是因为这种手段在某些场合也许能够产生意想不到的效果。但是，实际上这一手段同防御的意图，也就是同选择防御的理由是矛盾的。因此，只能把它看作是敌人犯了重大错误或是具体情况所产生的其他特点而引起的一种不正常的现象。

威胁敌人交通线要有一个前提，即我们的交通线要比敌人更有利。这也是有利的防御阵地必须具备的基本条件之一。尽管这种威胁可能经常给防御者带来某些利益，但是单纯对战区进行防御时，这种威胁一般不会导致决战，我们在前面就已经说过，战区防御时决战是战局的目的。

一个战区的面积通常不会大到使进攻者的交通线变得很脆弱，而且，进攻者实施攻击通常只需要很短的时间，而威胁交通线这一手段产生的效果却很缓慢，因此即使进攻者的交通线很脆弱，威胁交通线也不能阻止进攻者前进。

由此可见，在对付力求决战的敌人时，或者我们自己也很希望进行决战时，这种手段通常是没有什么作用的。

防御者还可以利用的其余三种手段的目的都在于进行直接的决战，也就是以重心对付重心，因此，它们更符合防御的任务。但是，我们在这里必须立即指出，尽管我们并不完全否定其他两种手段，但我们还是认为第三种手段要比其他两种手段优越得多，我们认为在大多数情况下，第三种手段才是真正的抵抗手段。

把兵力分为两部分的部署，有被卷入一次前哨战的危险。如果面对的是一个坚决的敌人，那么这种前哨战在最有利的情况下也只能是一次大规模的对抗，它不能成为防御者所期望的决战。防御者即使判断正确，懂得避开这条路，暂时把兵力分开抵抗，也总会大大削弱打击的力量，而且人们永远也不能担保，先去迎击敌人的那些部队不会遭到很大的损失。不仅如此，这些部队进行抵抗时通常最后都要向赶来的主力部队撤退，这往往给主力部队造成战斗失败和措施失当的印象，这样就会极大地削弱精神力量。

第二种手段是运动阵地上的集中兵力到敌人企图迂回我方阵地的道路上去拦阻敌人。防御者运用这种手段时容易因贻误战机而陷入两种措施都用不上的困境。其次，防御会战要求统帅沉着冷静、深思熟虑、了解（甚至熟悉）地形，而这一切在仓促地去拦阻敌人时是做不到的。另外，可以作为一个良好的防御战场的阵地，并不是在任何道路上或在道路上的任何地点都可以找得到的。

与此相反，第三种手段，即从侧面袭击进攻者，也就是迫使进攻者变换正面来进行战斗，却是极为有利的。

首先我们知道，在这种情况下进攻者往往会暴露自己的交通线（在这里是撤退线），而防御者，就其总的情况来看，特别是就其部署所应具备的战略特点来看，却处于有利地位。

其次（这是主要的一点），每一个想从防御者侧旁通过的进攻者都会在两种完全对立的意图之间举棋不定。为了到达进攻目标的所在地，他本来想前进，但为了对付时刻都可能遭到的来自侧面的袭击，他又需要随时准备把兵力转向侧方，而且要集中兵力进行还击。这两种意图是相互矛盾的，内部关系会因此极度混乱，进攻者很难采取符合各种情况的措施，在战略上很可能处于最不利的境地。假如进攻者确切知道将在何时何地遭到袭击，他当然能够巧妙灵活地采取一切对策。但是，如果在他不了解情况而又必须前进的情况下发生了会战，他就不得不仓促地集中兵力应战，也就是说肯定是在不利的条件下应战。

如果说防御者也有发起进攻会战的有利时机，那么，这个时机首先就是上述情况出现的时刻。如果我们再考虑到，防御者在这种情况下还有了解地形和选择地形的有利条件，他的行动还可以先作好准备并在行动中保持主动等，那么我们就不会怀疑，防御者在这种情况下比他的敌人占有决定性的战略优势。

因此，我们认为，防御者集中兵力据守在选择得当的阵地上，可以沉着地等待敌人从自己侧旁通过。即使进攻者不攻击防御者的阵地，即使就当时的情况来说威胁进攻者的交通线是不适当的，防御者仍然有从侧面进行袭击以求决战的有利手段。

在历史上我们之所以几乎没有看到过这种情况，一方面是因为防御者很少有勇气坚守这样的阵地，通常他们或是把兵力分割开了，或是仓促地横向行军和斜向行军转移到进攻者的前面去了，另一方面是因为进攻者在这种情况下通常不敢从防御者侧旁通过，而是停下来不再前进。

在这种场合，防御者被迫进行进攻会战。于是他就不得不放弃以逸待劳、坚固的阵地和良好的筑垒工事等有利条件，一般情况下，使进攻者在前进中遭到截击陷入不利处境并不能完全抵偿防御者自己失去的那些有利条件，因为进攻者正是为了避开防御者的这些有利条件才使自己陷入这种不利处境的。不过进攻者的这种处境毕竟会给防御者带来某些补偿，因此我们不能像某些历史评论家在提出片段的理论时常做的那样，遇到两种对立的条件就认为两者完全抵消而没有任何剩余。

但是，我们不是在这里玩弄逻辑，恰恰相反，我们越是从实际的方面来考察这个问题，就越会认为这是一种概括、贯穿和支配整个防御行动的思想。

防御者只有在敌人从他侧旁通过时立即决定全力袭击敌人，才有把握避开两种很容易陷入的绝境：分割兵力和仓促向侧方运动去拦阻敌人。在这两种绝境中，防御者将被进攻者所左右，不得不采取最紧急的措施和最危险的仓促行动。采取这些防御方法时，只要碰到一个力求胜利和决战的坚决果敢的敌人，防御就会被粉碎。但是，如果防御者为了进行共同战斗而在适当的地点把自己的兵力集中在一起、并决定在关键时刻用这支军队从侧面去攻击敌人，那么他就做对了，他就可以得到处于防御地位所能得到的一切有利条件。这时，其行动就具备了准备良好、沉着、稳妥、一致和简单等特点。

我们在这里不能不提一提同这些观念有密切关系的一个重大历史事件，这样做主要是为了防止错误地引用这个例子。1806年10月，普鲁士军队在提林格等待拿破仑率领的法国军队时，部署在法军可能进军的两条大道之间，一条经过埃尔富特、莱比锡至柏林，一条经过霍夫、莱比锡至柏林。普军原来的意图是直接穿过提林格山，开到弗兰肯地区，但在放弃这一意图之后，由于不了解法军将从哪条道路进军，只好选择了这个中间位置。这样的部署必然会导致仓促向侧方推进的行动。

普军实际上就是这样部署的，他们认为法军将经过埃尔富特，因为通向埃尔富特的道路情况良好。但是，他们没有考虑到法军会走通向霍夫的那条道路上，一方面是因为这条道路距离当时普军所在的位置有两三天的行程，另一方面是因为中间隔着很深的萨勒河河谷。当时，不伦瑞克公爵丝毫没有这样考虑，也没有为此进行任何准备，但是，霍恩洛厄亲王或者说马森巴赫上校（他曾力图使公爵接受这种想法）却始终是这样考虑的。至于把萨勒河左岸的部署转变为对前进中的拿破仑军队的进攻会战，也就是转变为上面说过的侧面袭击，那就更谈不上了。因为，如果说萨勒河是一个还可以在最后时刻拦阻敌人的障碍，那么一旦敌人占领了萨勒河的对岸（至少是一部分），萨勒河对普军转入进攻来说必然也是一个极大的障碍。因此，不伦瑞克公爵决定在河这边等待事件的进一步发展，如果可以把首脑众多的大本营处在混乱和犹豫不决的情况下所产生的这种决定称为个人决定的话。

不管人们对这种等待做出怎样的评价，结果都会使普军面临下列三种情况：

1. 如果敌人渡过萨勒河向普军挑战，普军可以对敌人发起进攻；

2. 如果敌人不进攻普军阵地而继续前进，普军可以威胁敌人的交通线；

3. 普军在认为可能和有利的情况下，可以通过迅速的侧敌行军先敌赶到莱比锡。

在第一种情况下，普军依靠巨大的萨勒河河谷在战略和战术上都占很大优势。在第二种情况下，普军也在战略上占有巨大优势，因为敌人的基地只是普军和中立国波希米亚之间的一个狭窄的地区，而普军的基地却极为广阔。甚至在第三种情况下，普军由于有萨勒河的掩护，也不会处于不利的地位。尽管大本营确实考虑过这三种情况，在混乱而犹豫不决的情况下有过这种正确的想法，由于其自身的混乱和不了解情况，这个想法终究没有实现，这也没有什么值得奇怪的。

在前两种情况下，萨勒河左岸的阵地可以被看作是真正的侧面阵地，而作为侧面阵地，它无疑具有很大的优越性。但是，用一支信心不强的军队占领这种侧面阵地来对抗优势很大的敌人，来对抗拿破仑这样的人，却是一个非常冒险的措施。

公爵经过长时间的犹豫之后，到10月13日才选定了上述最后一种措施。可是时间已经太晚了。拿破仑已经开始渡过萨勒河，耶拿和奥尔施泰特会战已经是不可避免的了。不伦瑞克公爵由于优柔寡断而使自己处于两头落空的境地：要离开自己所在位置向侧方运动去拦阻敌人已经为时太晚，而要发起有利的会战又为时太早。尽管如此，当时普军选择的阵地仍具有很大的优越性，以致公爵能够在奥尔施泰特附近消灭敌人的右翼，而霍恩洛厄亲王能通过一次牺牲较大的撤退脱离险境。但是，他们却不敢在奥尔施泰特夺取本来有把握取得的胜利，而希望在耶拿获得其实是完全不可能的胜利。

无论如何，拿破仑是感觉到萨勒河畔的战略意义的，因而他不敢从它侧旁通过，而决定在敌前渡过萨勒河。

我们认为，上面的论述已经充分说明采取决定性行动时防御同进攻的关系，并且已经揭示了联结防御计划各个问题的线索的性质和关系。我们不打算更详细地研究各个具体的部署，因为这样做会使我们陷入无穷无尽的具体情况中去。如果统帅为自己提出了特定的目标，那么他就应该看一看各种地理和政治情况的统计数字，敌我双方军队的物质和人员的状况同这一目标相适应的程度，以及在实际行动中，它们对双方将产生制约作用。

但是，为了更明确地联系到我们在“抵抗的方式”一章里谈到的一个比一个更强的防御方式，为了对它们有更清楚的认识，我们想在这里指出与此有关的一般情况。

（一）对敌人发起进攻会战的根据可能有以下几种：

1. 确定进攻者以极分散的兵力前进，这样即使我们力量很弱，仍有获胜的希望。

但是，进攻者实际上是不大可能分散前进的，因此，只有在确切知道敌人分散前进的情况下，防御者采取进攻会战才是有利的。没有充分的根据，只凭单纯的推测就指望出现这种情况，并把一切希望都寄托在这上面，通常会陷入不利的境地。这是因为，如果后来的情况不像我们期待的那样，我们就不得不放弃进攻会战，而对防御会战又没有做好准备，于是只好被迫撤退，这样一切就几乎都得让偶然性来支配了。

在1759年的战局中，多纳率领的军队对俄军进行的防御差不多就是这种情况。这次防御以韦德尔将军指挥的齐利晓会战的失败而告结束。

拟制计划的人之所以喜欢使用这种手段，只是因为它能很快地解决问题，但他们却不考虑，作为这一手段基础的前提条件到底具备了多少。

2.我们本来就有足够的兵力可以进行会战。

3.敌人迟钝而又犹豫不决，我们进攻特别有利。

在这种场合，出其不意的效果比一个良好阵地所能提供的一切地形优势更有价值。用这种方式发挥精神因素的威力，是优秀的作战指挥的实质。但是，无论如何，理论必须着重地指出：这些前提必须有客观的根据。如果没有任何具体的根据，只是一味地空谈不平常的攻击的优越性，并以此作为拟制计划、进行考察和批判的依据，那完全是一种毫无根据的做法，是不能容许的。

4.我军的素质特别适于进攻。

腓特烈大帝认为，他的军队是一支灵活、勇敢、可靠、惯于服从、行动准确、充满自豪感并受此鼓舞的军队，这支军队还熟练掌握了斜形攻击方式，这支军队在他坚强而大胆的控制下，是一种更适于进攻的工具（与防御相比），他的这种看法无疑是正确的，也是切合实际的。腓特烈大帝的军队具有的这一切特点，的确是他的敌人所没有的，他正是在这方面占有了决定性的优势。大多数情况下，对他说来，利用这些特点比求助于堡垒和地形障碍更有价值。但是，这样一种优势是极少见的，一支训练有素、惯于进行大规模机动的军队只是这种优势的一个部分而已。即使腓特烈大帝认为普鲁士军队特别善于进攻，而且后来有些人也不断这样随声附和，我们也不应该对这种提法给予过高的评价。战争中，人们在进攻时大多感到比在防御时轻快和更有勇气，这是一种对任何军队都有的共同感觉，恐怕没有一支军队的统帅和指挥官不这样称赞他的军队。因此，我们不应该轻易地被表面上的优势所迷惑，而忽略了实际的有利条件。

兵种的比例，如骑兵多而火炮少，也可能成为发起进攻会战的一个非常合理和极其重要的根据。

我们还可以列举以下几种根据：

5.我军完全找不到良好的阵地。

6.我们急需决战。

7.最后，上述几个或全部原因共同发生作用。

（二）在一个地区内等待敌人，以便后来在这个地区向敌人发起进攻（如1759年的明登之战），最合理的根据是：

1.双方兵力的对比对防御者较有利，防御者可以不必寻找坚固的阵地。

2.有特别适于等待敌人的地形。至于什么地形适合于等待敌人，这属于战术问题。我们只想指出，这种地形的特点主要是便于我方通行而不便于敌方通行。

（三）在下列情况下占领一个阵地，以便真正等待敌人的进攻：

1.防御者兵力很少，不得不利用地形障碍和堡垒进行掩护；

2.地形提供了这种良好的阵地。

防御者越不寻求决战，只满足于消极成果，并且确切知道敌人将迟滞不前和犹豫不决，最后会放弃其计划，那么，上述第二和第三两种抵抗方式就越值得重视。

（四）坚不可摧的营垒只有在下述情况下才能达到目的：

1.营垒设在极为优越的战略地点。

这种营垒的特点是，在这种营垒里的守备部队是不容易战胜的，因此敌人就不得不采用其他手段，也就是说，敌人要么抛开这个营垒继续追求自己的其他目的，要么就围困这个营垒，使守备部队饿死。如果敌人做不到这两点，这个营垒在战略上就具有很大的优越性。

2.防御者可以期待得到外援。

占据皮尔纳营垒的萨克森军队就曾经这样做过。尽管这种做法遭到了不幸的结局而使人们发表了一些意见，但有一点却是肯定的，1.7万萨克森军队用另外的方法绝不可能抵抗4万普鲁士军队。如果奥地利军队在洛博西茨没有更好地利用由此而得到的优势，那只能说明奥军的整个作战方法和军事组织很差。毫无疑问，如果萨克森军不进入皮尔纳营垒而向波希米亚退去，那么，腓特烈大帝在这次战局中就会把奥军和萨克森军一起赶过布拉格，并占领这个地方。凡是不愿承认这个有利的方面而总是只想到最后全军被俘这一事实的人，都不懂得上述那样思考问题，而不那样思考，就不会得到任何可靠的结果。

但是，因为1、2两种情况都是很少见的，所以利用营垒是一种需要周密考虑的措施，而且只有在少数场合才能够成功。如果有人企图利用这种营垒使敌人望而生畏，以致使敌人的全部活动陷于瘫痪，那是极其危险的，也就是说，他有可能不得不在没有退路的情况下作战。如果说腓特烈大帝在邦策尔维茨利用这种营垒达到了自己的目的，那么人们应该佩服的是他非常正确地判断了敌情。当然，在这种场合比在其他场合更应该看到，如果情况危急，腓特烈大帝率领剩下的部队是可以夺路而出的，同时要看到，腓特烈大帝身为国王，处在可以不需要负责任的地位。

（五）如果国境附近有一个或几个要塞，那么主要问题就是：防御者应该在要塞前面，还是在要塞后面进行决战。在要塞后面进行决战，有下面三个根据：

1.敌人占有优势，我们必须先削弱敌人的力量，然后再同他战斗；

2.要塞就在国境附近，当防御者必须放弃一部分国土时，这部分国土的面积不至于过大；

3.要塞有防御能力。

要塞的主要任务之一无疑（或者说应该）是在敌人前进时使敌人的兵力受到损失，大大削弱我们准备与之决战的那部分敌人兵力。如果我们很少看到有人这样利用要塞，那是由于这一方或那一方都很少寻求决战。而我们这里所谈的却正是寻求决战的情况。因此，我们认为，防御者在边境附近有一个或几个要塞时，他应该把这些要塞放在自己的前面，自己在要塞后面进行决战，这是一个既简单而又重要的原则。我们承认，在要塞后面进行会战同在要塞前面进行会战相比，即使失败时战术上的结果相同，前一场合所丧失的土地也要多一些。不过这个差别与其说是根据事实材料得来的，还不如说是想象出来的。我们自己也会想到，在要塞前面进行会战，可以选择良好的阵地，而在要塞后面进行的会战，在大多数情况下（即敌人围攻要塞，要塞有被攻破的危险的情况下）却必然会变成进攻会战。但是，在后一种情况下进行决战时，敌人的兵力已经削弱了四分之一或三分之一，如果他遇到几个要塞，甚至会削弱一半。在这种情况下，上述微小的差别同我们在这方面取得的利益比较起来，又算得了什么呢？

因此我们认为，在决战不可避免（不管是敌人寻求决战，还是我们自己的统帅寻求决战），或者我们没有把握战胜敌人，或者从地形条件来看不急需在前面较远的地方进行会战等情况下，邻近的、抵抗力强大的要塞必然会直接促使我们从一开始就撤到要塞后面，在那里借助要塞进行决战。这时，如果我们在距离要塞很近的地方占领阵地，进攻者不把我们赶走就不能围困或封锁这一要塞，那么，进攻者就会被迫来攻击我们的阵地。因此我们认为，在一个重要的要塞后面附近选择一个良好的阵地，是在危险的处境下可能采取的一种最简单、最有效的防御措施。

当然，假如要塞距离国境很远，那就是另一个问题了。因为在这种情况下采取上述措施就会让出很大一部分战区，只有在不得已的情况下才能做这样的牺牲。在这种情况下，这种措施就接近于向本国腹地撤退了。

另一个条件是要塞应有的抵抗能力。大家知道，有些地点，特别是一些大城市即使构筑了工事，也是不能同敌军直接接触的，因为它们经不住大量军队的猛烈攻击。在这种情况下，我们的阵地必须在这些地点后很近的地方，以便守备部队能够得到支援。

（六）最后，向本国腹地撤退，只有在下列情况下才是一种合理的措施：

1.双方在物质和精神力量方面的对比使我们不能在国境上或国境附近进行有效抵抗；

2.主要问题在于赢得时间；

3.国土的情况有利于向腹地撤退，这一点我们在第25章已经谈过。

到这里为止，我们讨论了战争一方寻求决战，决战不可避免的情况下的战区防御。但是，我们必须提醒一下，战争中的情况并不那样简单，如果有人想把我们在理论上所确定的原则和所作的说明运用到实际战争中去，那么他还应该认真读一读第30章。并且应该想到，统帅在大多数情况下总是在决战和不决战这两种倾向之间进行选择，根据实际情况，有时比较接近这一倾向，有时比较接近那一倾向。

第29章　战区防御（续）：逐次抵抗

我们在第三篇第12章和第13章中已经指出，在战略上应该同时使用现有的一切力量，逐次抵抗是同事物的性质相矛盾的。

对于一切活动的战斗力量来说，这一点就不需要进一步说明了。但是，如果把战区和战区内的要塞、地形障碍，甚至战区的面积也都看作是战斗力量，即把它们看作是固定的战斗力量，那么这种战斗力量只能逐次加以利用，或者我们可以一开始就退得很远，把其中可以发挥作用的那些部分完全放在我们的前面。如果这样做，战区就能发挥它在削弱敌人军队方面的一切作用。敌人就不得不封锁我们的要塞，不得不派遣守备部队和设立防哨保障他占领的地区，不得不进行长途行军，以及从很远的地方运来一切必需品等等。不管进攻者是在决战前还是在决战后前进，所有这些活动对他都有影响，只是在前一种情况下影响更大一些而已。由此可见，如果防御者一开始就推迟决战，他就可以使全部固定的战斗力量同时发挥作用。

从另一方面看，防御者推迟决战，严格地说并不会使进攻者胜利的影响扩大，这很明显。关于胜利的影响，我们将在研究进攻时进一步考察，在这里只是指出，胜利的影响可以延续到进攻者的优势（双方精神力量和物质力量对比的产物）消失时为止。这种优势总是要消失的，这一方面是因为占领战区要消耗兵力，另一方面是因为在战斗中必然会有伤亡。不论这些战斗是在开始阶段发生的还是在结束阶段发生的，也不论这些战斗是在战区的前部进行的还是在战区的后部进行的，兵力遭到的削弱不会有太大的不同。

例如，我们认为，1812年拿破仑在维尔纽斯对俄军的胜利，同在博洛季诺取得的胜利比较起来，其影响的大小是没有差别的（假设这两次胜利的大小是相同的话）。即使是在莫斯科取得的胜利，其影响范围也不会更大，因为莫斯科在一切场合都是胜利影响的终点。当然，进攻者由于其他原因而在边境附近进行的决定性会战可能会带来较大的胜利成果，胜利的影响范围因此可能较大，这也是在任何时候都不能怀疑的。综上所述，胜利影响范围的问题并不能影响防御者推迟决战。

我们在"抵抗的方式"一章里谈到的那种推迟决战，可以看作是最大限度的推迟决战，我们称它为向本国腹地的撤退，它是一种特殊的抵抗方式，利用这种方式的主要意图是使进攻者自己消耗力量，而不是用会战这把剑消灭他。但是，只有这种意图占主导地位时，推迟决战才能被看作是一种特殊的抵抗方式。很明显，如果不是这种意图占主导地位，人们就可以把推迟决战设想为许多阶段，并且使这些阶段同所有防御手段联系起来。在这种情况下，我们不把战区在削弱敌军方面所起的作用看作是一种特殊的抵抗方式，而只看作是固定的战斗力量根据各种情况和条件的需要同其他手段的混合使用。

如果防御者认为决战时不需要利用这些固定的战斗力量，或者认为利用它们时将在其他方面带来很大的牺牲，那么他就可以把这些力量留待以后使用。在这种场合，这些力量对防御者来说仿佛是在其他场合不可能得到的新的增援力量，凭借这种力量，防御者活动的战斗力量就可以在一次决战后再进行第二次决战，也许还能进行第三次决战，也就是说，能够逐次地使用力量。

如果防御者在边境附近进行的会战失败了，但不是完全溃败，那么人们很容易想到，他还有能力在最近的要塞后面进行第二次会战。如果他遇到的敌人并不怎么坚决，那么他只要利用大的地形障碍就足以阻止敌人的前进。

由此可见，战略在利用战区时，也像利用其他手段一样，要合理地使用力量。使用的力量越少越好，但是必须使用足够的力量。当然，在这里也同做生意一样，主要问题不在于单纯的精打细算，而在于别的方面。

为了避免产生很大的误解，我们必须指出，这里研究的，不是人们在会战失败后可能采取或企图采取何种抵抗措施的问题，而是防御者可以从第二次抵抗中预期得到多少成果，可以在自己的计划中对它作多么高的估价的问题。在这里，防御者必须注意的几乎只有一点，那就是他的敌人，即敌人的特点和敌人所处的情况。一个软弱无能、缺乏自信、荣誉心不强或者受到种种条件束缚的敌人一旦获胜，就会满足于一般的利益，当防御者毅然向他挑起新的决战时，他就会畏缩不前。在这种情况下，防御者可以利用战区的各种抵抗手段进行新的决战（虽然这种决战本身很弱），在这里一定会不断出现能够扭转战局的新的希望。

不过，谁都会感觉到，我们在这里已经接触到不求决战的战局了，这种战局在很大程度上属于逐次使用力量的领域，我们将在下一章详细论述它。

第30章　战区防御（续）：不求决战的战区防御

关于能否产生和怎样才会产生作战双方都不是进攻者的战争，即双方都没有积极意图的战争这一问题，我们将在最后一篇中详细研究。在这里我们没有必要研究这种矛盾现象，因为对每个战区来说，我们只有从它同整体的关系中，才能找到解释这种矛盾的种种理由。

然而，除了在不求决战的战局中没有必然的决战焦点外，在战史上我们还能看到许多这样的战局，在这些战局中并不是没有进攻者，即并不是没有积极意图，只是积极意图很弱，以致进攻者不是不惜任何代价地追求自己的目的，所以他并不一定进行决战，而只满足于在当时情况下可能获得的利益。在这种战局中，进攻者或者是不追求任何确定不移的目标，而只想得到时间给他带来的利益，或者虽然有一个目标，但只在有利的情况下才去追求它。

这样的进攻者抛开了追求目标严格的必然性，而几乎像一个流浪汉那样在战局中动摇不定，左顾右盼地企图偶然地拣到廉价的果实。这样的进攻同防御没有多大差别，因为进行防御的统帅也可以获得这样的成果。尽管如此，我们还是准备在“进攻”篇中对这类战局做进一步的哲学考察，在这里只提出一个结论：在这种战局中，进攻者和防御者都不求决战，因而决战不再像拱门上的拱心石那样是一切弧线的终点，决战不再是所有战略行动必将采取的最终步骤。

只要我们读过各个时代和各个国家的战史，我们就会知道，这类战局不是仅占一般多数，而是多到这样的程度，以致其他类型的战局倒好像是例外。毋庸置疑的是，即使将来这种情况会有所变化，这类战局仍然会很多。因此，我们在研究战区防御时必须考虑此类战局。我们在这里就想强调的是这类战局最显著的特点。现实中的战争大多处在两种不同的倾向之间，有时更接近这种，有时更接近那种，因此我们只有考察这种种特点产生的阻力所引起的战争的绝对形态的变化，才能认清这些特点的实际作用。我们在本篇第3章里已经说过，等待是防御优于进攻的最大优点之一。在实际生活中原本就很难做到让一切行动都符合实际情况，在战争中就更难做到了。人的认识不够完善，人们害怕不利的结局，影响行动发展的偶然事件又很多，由于这些因素的作用，常常有许多按当时情况应该采取的行动实际上并没有被采取。同人类其他活动相比，在战争中人的认识显得更不完善，人们会遇到更大的危险和更多的偶然现象，因此，战争中人们犯的错误（如果我们可以这样说的话）也势必要多得多。这正是防御者可以坐得其利地获得果实的原因所在。我们把占领地区在作战上特有的重要意义同这一经验结合起来，就产生了“占有者得利”这条原则，它在和平时期的诉讼斗争中一样被看作是神圣的原则，正是它代替了决战（在以打垮敌人为目的的所有战争中决战是整个行动的焦点）。这条原则起着非常大的作用，当然，这里不是说它能促使人们采取行动，而是说它能给按兵不动和服务于按兵不动的一切行动提供依据和理由。如果不寻求也不期待决战，就没有理由放弃任何一点国土，因为只有在决战中才可以为了换取某种利益而放弃某些国土。因此，防御者总是想要保住、守护住所有的国土，或者尽可能多地保住、守护住国土，而进攻者则力求尽可能多地占领对方的国土，占领在不进行决战的情况下所能占领的一切，在这里我们只谈前者。

进攻者可能占领防御者没有派军队守护的任何地方，这样，等待的利益就转为进攻者所有。因此，防御者总是力图直接守护住一切地方，并等待敌人来进攻守护部队。

在进一步探讨防御的特点以前，我们必须先谈谈“进攻”一篇所提及的进攻者在不求决战时通常追求的目标。这些目标是：

1.在不进行决战的条件下，占领对方大片国土。

2.在上述同样的条件下，夺取大仓库。

3.占领没有守护的要塞。虽然围攻要塞是一种比较艰巨的、常常要付出很大力量的行动，但是它不会带来什么灾祸，因为人们在最不利的情况下可以放弃这一行动而避免受到重大实际损失。

4.最后，进行有限意义上的战斗并夺取战斗的胜利。进行这种战斗无需冒很大的危险，但也不会获得很多的利益。这种战斗在整个战略纽带上不是会产生重大结果的那部分，它或者为了战斗本身，或者是为了获取战利品以及为了赢得军人的荣誉。当然，为了这样的目的，人们就不会不惜一切代价地进行战斗，而只会等待偶然出现的有利时机，或者通过巧妙的行动来创造机会。

针对进攻者的这四个目的，防御者可采取下列手段：

1.把军队配置在要塞前面来对要塞进行守护；

2.扩大防御正面以掩护国土；

3.如果正面的宽度不足以掩护国土，则应向侧方行军，迅速赶到敌人前面去拦阻敌人；

4.避免进行不利的战斗。

很明显，防御者采用前三种手段的意图在于：让敌人采取主动，而自己充分利用等待的利益。这种意图完全符合事物性质，一概地否定它是非常愚蠢的。决战的可能性越小，这种意图就越强。尽管从军事行动的表面上看，在战局的一些不起决定作用的小规模行动中，活动往往还相当积极，但是上述意图却永远是这类战局的最本质的基础。不论是汉尼拔还是费比阿斯，不论是腓特烈大帝还是道恩，只要不寻求决战也不等待决战，他们就都遵循这一原则。至于第四种手段，则是为前三种手段服务的，是它们不可缺少的前提条件。

现在，我们较详细地研究一下这几种手段。

防御者为掩护要塞不受敌人攻击而把自己的军队配置在要塞前面，这初看起来似乎有些不合理，似乎是一种多余的举动，因为修筑要塞的目的就是为了让它独立地抵抗敌人的进攻。但是，在现实中我们却经常看到采取这种措施的情况。在作战中就是这样，往往看来最普通的事情却是最难以理解的。可是，有谁敢仅仅根据这种表面上的矛盾，就把千万次出现过的情况都说成是错误的呢？既然一再反复地出现这种情况，就证明它一定有一个深刻的原因。这个原因就是我们在前面已经提到过的人们精神上的软弱。

如果我们把军队配置在要塞前面，那么敌人不打败我们的军队就不能进攻要塞。这样一次会战就是一次决战，如果敌人不寻求决战，那么他就不会发起会战，所以我们不用会战这把剑就可以保住自己的要塞。因此，当我们估计敌人不一定寻求决战时，就要等待敌人发动决战，因为敌人很可能是不愿意决战的。如果事实同我们的估计相反，敌人准备向我们发起进攻，那么我们在大多数情况下还可以退到要塞后面。由于我们可以采用这一手段，因而把军队配置在要塞前面就更没有什么危险了。在这种情况下，不付任何代价维持现状完全可能，而且这绝不会带来丝毫危险。

如果我们把军队配置在要塞后面，那么我们就恰好给进攻者提供了一个有利的目标。如果要塞不是很大，那么进攻者即使毫无准备，无论如何也会围攻它。为了不让敌人攻占要塞，我们就必须赶去增援，这样一来，我们的活动就积极主动起来，本来在向自己的目标前进的围攻要塞的敌人却反而成了占有者。经验告诉我们，事物性质决定着事情必然这样转变。我们已经说过，进行围攻并不一定会带来灾祸。甚至通常不敢发起会战的，最软弱、最不果断、最消极的统帅，只要能够接近要塞，即使只有野炮，他也会毫不犹豫地进行围攻，因为在最不利的情况下，他还可以放弃这个行动而不致受到实际的损失。另一方面，大多数要塞只要被围，在某种程度上就有可能被进攻者用强攻或某种特殊手段攻破，因此防御者在预测可能会发生的情况时，绝不可忽略这一点。

把这两种情况对比一下，防御者当然会认为，在较好的条件下进行会战，不如根本不进行会战。所以在我们看来，把军队配置在要塞前面这种习惯的做法是很自然，很简单的。腓特烈大帝用格洛高要塞抵抗俄国军队，用施魏德尼茨、尼斯和德累斯顿等要塞抵抗奥地利军队时差不多都沿袭着这个习惯。但是贝费恩公爵在布雷斯劳采用这种方法时却失败了。假如当时他把军队配置在布雷斯劳后面，也许就不会遭到攻击。但是，当腓特烈大帝不在布雷斯劳时，奥地利军队占有优势，只有腓特烈大帝来到布雷斯劳，奥军才会失去这一优势，这种情况表明，在布雷斯劳进行决战绝不是不可能的。因此，普鲁士军队在布雷斯劳的配置地点是不合适的。如果贝费恩公爵不是害怕奥军炮击布雷斯劳这个存有储备品的要地（假如遭到炮击，他就会受到国王的严厉指责，因为国王在这种情况下绝不会公正地考虑问题），他一定会把军队配置在布雷斯劳的后面。对于公爵试图通过占领布雷斯劳前面的筑垒阵地保住要塞的做法，人们在事后是不应该横加责备的，因为，卡尔·冯·洛林亲王在当时很可能只满足于占领施魏德尼茨，在可能受到普鲁士国王进攻的情况下，他也很可能停止前进。因此，对于贝费恩公爵来说最好的办法应该是不进行真正的会战，当奥军开始进攻时就把军队撤到布雷斯劳后面，这样既可以得到等待的利益，又不会承受很大的危险。

在这里，我们给防御者把军队配置在要塞前面的做法找到了一个重要而有力的理由，并且证明了它的正确性。尽管如此，我们仍需要提出一个次要的但更为直接的理由，不过，仅仅靠这个理由说服力是不够的，因此它不起决定性的作用。这个理由就是军队常常把最近的要塞作为储备品的仓库。这种做法既方便又有许多好处，因而一般说来统帅都不愿意从较远的要塞运送必需品，或把必需品放置在没有防御工事的地方。既然要塞成了军队的仓库，那么，在某些情况下把军队配置在要塞前面就是完全必要的，在大多数情况下也是很自然的。但是，我们清楚地看到，一些没有远见的人容易过分重视这个直接的理由，而它并不足以解释已经出现的所有情况，而且也不是起决定性作用的重要理由。

不通过会战就夺取一个或几个要塞，是不求大规模决战的所有进攻者的很自然的目标，而防御者的主要任务则在于阻止敌人实现这一目标。所以我们看到，在有许多要塞的战区内，几乎一切运动都是围绕这些要塞进行的，进攻者运用种种策略力图出其不意地接近某一要塞，防御者则力图通过有准备的运动很快地阻止敌人接近要塞。从路易十四到萨克森元帅，几乎所有的尼德兰战局都贯穿着这种特点。

关于掩护要塞的问题就谈这么多。

扩大军队配置正面以掩护国土，这种手段，只有在存在着大的地形障碍的条件下才可以考虑。采用这一手段而设立的大大小小的防哨，只有以坚固的阵地为依托才具有一定的抵抗能力。通常，阵地上很少出现足够的天然障碍物，所以必须通过人工筑城加以补充。不过，应该认识到，用这种方法在某一点上所进行的抵抗只能看作是一种相对的抵抗（参阅“战斗的意义”一章），而不能看作是绝对的抵抗。当然，这样的防哨也有可能不被敌人击破，而且在个别情况下能够取得绝对的结果，但是在众多防哨中，任何一个个别防哨同整体比较起来都显得软弱无力，它可能受到敌人优势兵力的攻击，因此不能把一切希望都寄托在个别防哨所进行的抵抗上。防御者用这种方法扩大军队的配置正面，只能相对地延长抵抗时间，不能获得真正的胜利。但是就这种防御的总目的和总任务来说，个别防哨能起到这种作用也就足够了。如果不怕发生大规模决战，也不怕敌人为了战胜整体而不停地前进，在这样的战局中，防御者利用防哨进行战斗就不会面临什么危险，哪怕最后防哨并不能守住，情况也是如此。在这种场合，进攻者除了夺得这个防哨以及一些战利品外，很少能得到其他利益。进攻者的这种胜利对整个防御不会有进一步的影响，也不致动摇防御者的基础，致使防御体系像许多堵墙壁一样跟着溃塌下来。对防御者来说，在最坏的情况下，即整个防御体系因某一个防哨的丢失而遭到破坏的情况下，他仍然有时间集中自己的军队，用全部兵力向进攻者表明决战的态度，而根据我们的前提，进攻者是不求决战的。因此通常在防御者集中了兵力以后，进攻者就不再继续前进，双方的行动也就结束了。防御者的全部损失是一些国土、人员和火炮，而这些也是进攻者所满足的成果。

如果防御者估计到，进攻者可能或非常可能因胆怯而谨慎行动，他不想遭受太大损失，因而不敢进攻我们的防哨，而只可能停在我们防哨的前面，那么我们认为，防御者即使在不利情况下，也不妨采取这种防御冒一冒险，在这种情况下必须记住，我们假定的进攻者是一个不敢冒险追求大的胜利的敌人，对这样的敌人来说，一个中等的但很坚强的防哨就可以阻止他继续前进了。即使进攻者肯定可以攻破这个防哨，他也会考虑：为此要付出多大的代价，同攻破防哨可能带来的利益比较起来，这个代价是否过大。

上述情况表明，从整个战局的角度来看，防御者在宽大正面上用许多并列的防哨进行强有力的相对抵抗，这可以取得满意的结果。为使读者在战史中能立即找到这种战例，我们要指出，这种扩大正面配置的手段多半出现在战局的后半期，因为这时防御者才真正了解到进攻者这一年的意图和情况，而且进攻者原有的一点冒险精神这时也已经消失了。

在扩大正面配置以掩护国土、仓库和要塞的防御战斗中，所有大的地形障碍，如大小河流、山脉、森林和沼泽等等，当然都会起到很大的作用，并具有头等重要的意义。关于这些地形障碍的利用，可以参阅我们前面的论述。因为地形要素有着头等重要的意义，所以军队特别需要通常被认为是司令部所特有的那些知识和活动。司令部一般说来是军队中书写记录最多的部门，所以在历次战局的战史中较多地记载着地形的运用问题。同时，也产生了这样一个相当自然的倾向，力图把运用地形的问题系统化，并以历史上的个例作为根据，从中找出适用一般情况的办法来。不过，这种努力是徒劳无益的，因而也是错误的。即使在比较消极和更局限于某一地区的战争中，情况也各不相同，必须区别地对待它们。因此，关于这些问题，即使是最好的、最有说服力的回忆录，也只能帮助我们了解这些问题，而不能提供某种规定。这些回忆录事实上又成了战史，不过这种战史涉及的只是战争所特有的某一方面。

尽管司令部的这种活动（人们通常认为这种活动是司令部所特有的）是必要的，也是值得重视的，但我们必须警惕经常可能产生的擅越职权的行为，因为这往往对大局不利。司令部中最高层人物处在重要位置，这常使他们对其他人，首先是对统帅有着主导性的影响，这样就很容易产生一种片面性的思维习惯。结果统帅除了山脉和隘路以外，其他的就一概看不到了，就只能依靠已成为第二天性的这种习惯来决定采取何种措施了，而这种选择本来是应该根据具体情况进行的。

例如在1793年和1794年，当时普鲁士军队司令部的灵魂、著名的山脉和隘路专家格拉韦尔特上校，曾使两个性格完全不同的统帅（不伦瑞克公爵和米伦多夫将军）采取完全相同的作战方法。

很明显，沿着一道险要地带建立的防线往往会形成单线式防御。在多数情况下，用这种防线直接掩护战区的整个正面必然导致单线式防御，因为大多数战区都很大，而在战区内进行防御的军队本身的战术配置却很小。但是，由于受条件及设施的限制，进攻者只能沿着一定的主要方向和道路行动，即使面对着最消极的防御者，远离这个方向和道路也会造成很大的不便和不利，因而在大多数情况下，防御者只需要守护这些道路左右几普里或几日行程宽的地区就足够了。要想守护成功，防御者只要在主要道路和接近地带设置防哨，在各道路之间的地区设置监视哨就可以了。当然，在这种情况下，进攻者可以派一个纵队从两个防哨之间通过，并有计划地从几个方向对某一防哨进行攻击。因此，防御者必须妥善安排这些防哨的配置，使它们或者在侧面有依托，或者构成侧面防御（即所谓钩形防御），或者可以得到后方预备队和邻近防哨的支援。这样一来，防哨的数量可以大大减少，一支进行这种防御的军队通常只需分为4至5个主要防哨。

为了掩护某些距离过远但又多少受到威胁的主要接近地，可以确定一些特殊的防御中心，它们构成了大战区内的小战区。七年战争时，奥地利军队的主力在下西里西亚山区常常配置成四五个防哨，而一些在某种程度上规模较小和部分独立的兵力在上西里西亚也采取与此类似的防御体系。

防御者采取这种防御体系时，越是不直接地掩护目标，就越要借助于运动和积极的防御，甚至采取进攻手段。某些部队可以作为预备队，此外，每个防哨都应该可以抽出兵力支援其他防哨。支援的办法是：或者真正从后方赶去加强和恢复消极的抵抗，或者攻击敌人的侧翼，甚至威胁敌人的退路。如果进攻者不是真正攻击防哨的侧面，而只是企图占领一个阵地以威胁防哨的交通线，那么上述防御者的预备队就可以真正攻击这部分敌军，或者威胁敌人的交通线以进行报复。

由此可见，尽管这种防御的主要基础是非常消极的，但它必须具备一些积极的手段，通过对这些手段不同方式的利用以应付各种复杂的情况。人们通常认为运用积极手段最多，甚至运用进攻手段的防御是较好的防御。但是，这一方面在很大程度上要取决于地形的特点、军队的素质以及统帅的才能，另一方面，这也容易使人们对运动和其他积极的辅助手段寄予太大的希望，而过分忽视利用险要的地形障碍进行地区防御的重要性。至此，我们认为，关于扩大防御正面的问题已经说清楚了，现在我们要谈谈第三种辅助手段，即迅速向侧方运动赶到敌人前面去拦阻敌人。

这是我们这里谈的国土防御所必然会使用的一种手段。原因如下：首先，即使防御者的阵地正面很宽，也往往不能占领本国所有面临威胁的门户；其次，在许多情况下，防御者必须准备用自己的主力去支援可能遭到敌人主力攻击的防哨，否则这些防哨就很容易被攻破；最后，如果不愿使自己的军队固定在正面宽大的阵地上作消极的抵抗，为守护国土，统帅必然更愿意采取经过深思熟虑的、有准备的迅速运动。没有军队防守的地方越多，要想及时赶到这些地点就越需要高超的运动技巧。

防御者想采取这种手段，他自然要到处寻求占领当前情况下可以带来很大利益的阵地，这种阵地一经被他的军队（哪怕只是一部分）占领，就可以使敌人放弃攻击的意图。由于会经常出现这样的阵地，而主要问题又在于能否及时赶到这些阵地，所以它们仿佛是这类军事行动的主体，因此，人们也把这种作战方法称为防哨战。

在不求大规模决战的战争中，正如扩大配置正面和进行相对抵抗都不会产生危险（在大规模决战中是有这种危险的）一样，向侧方行军赶到敌人前面以拦阻敌人，也不会带来危险。但是，如果防御者要想在最后关头才仓促地赶到敌人的前面占领阵地，而对方是坚决果断的敌人，他们不仅能够和愿意追求大的目标，而且不惜为此付出巨大的力量，那么防御者就走上了彻底失败的道路，因为，这样仓促和慌忙占领的阵地经不住敌人不顾一切地全力攻击。当然，如果敌人不是用拳头打人，而是用手指戳人，如果他不想利用巨大的成果，或者说，他甚至不愿取得一个巨大的成果，而只想以很小的代价来获取微小的利益，那么，防御者用这种抵抗手段对付他还是会有效果的。

一般说来，就是这种手段的使用也更多是出现在战局的后半期，而很少出现在战局的开始阶段，这是很自然的。

在这里，司令部又有机会运用它关于选择和构筑阵地以及通往阵地的道路的地形知识，并将其变成一套彼此有联系的措施。

最后将形成这样一种情况：一方力图到达某一地点，而另一方力图阻止对方到达这个地点，因此双方都不得不经常在对方跟前运动，并且必须比在其他情况下更为谨慎、更为准确地组织这种运动。以前，当主力还没有划分成各个师，行军过程中主力还是一个不可分割的整体时，很难做到谨慎、准确地运动，这需要高度的战术技巧。当然，在这种情况下，一线上的某些旅常常必须先赶到前面以确保能占据某些据点，它们要执行独立的任务，其他部队没有到来时它们也准备同敌人对抗。但是，采用这种手段过去是，而且永远是反常现象。当时的行军队形，一般说来总是以保持整体原有的行进次序为原则，它尽可能地避免上述这样的例外。现在，主力的各部分都已分成许多独立的单位，这种独立的单位甚至敢于向整个敌军发起战斗，只要其他单位相距很近，可以赶来继续或结束这次战斗。现在，即使在敌人眼前进行这种向侧方的行军也不会很困难。从前必须通过机械的行军队形才能达到的目的现在只需提前派出几个师和加快其他部队的行军速度，以及更自如地调遣整个军队等手段就可以达到了。

防御者利用上述各种手段可以阻止进攻者夺取要塞、占领广大地区或夺取仓库的行动。如果进攻者被迫到处应付防御者用上述手段向他挑起的战斗，而且在这些战斗中，进攻者或者获胜的可能性很小，在不利时还有遭到还击的很大危险性，或者要付出同他的目的和所处的情况不相适应的力量，那么，进攻者的行动就会被阻止。

如果防御者利用自己的技巧和设施达到了这个目的，使进攻者看到，对方良好的防御措施已经使自己没有希望在任何一方面实现任何微小的企图，那么，进攻者就往往会从单纯地满足军人荣誉方面去寻找出路。在任何一次大的战斗中获胜，都能给军队以优越的名望，满足统帅、宫廷、军队和民众的虚荣心，而且在某种程度上也满足了人们对每次进攻都必然抱有的期望。

于是，进攻者的最后希望就仅在于获得胜利，得到战利品，进行意义有限的能确保胜利的战斗。但愿人们不要以为我们这样说是自相矛盾的，因为我们仍然没有离开我们自己的前提：防御者的良好措施使进攻者不可能利用一次胜利的战斗就达到上述目的中的任何一个。进攻者要实现这个希望，必须有两个条件，第一个条件是战斗形势有利，第二个条件是战斗所获得的胜利确实能导致上述某一目的的实现。

第一个条件可以脱离第二个条件单独存在，如果进攻者的战斗只是为了战场上的荣誉，那么同进攻者还要追求其他利益的场合相比，他就更可能使单独的防御部队和防哨陷入不利的战斗。

如果我们把自己放在道恩的位置上并用他的方法考虑问题，我们就能知道，为什么他个性上谨小慎微却敢于袭击霍赫基尔希，原因就在于他只求获得当天的战利品。至于普鲁士国王因而被迫放弃德累斯顿和尼斯，这个收效对他来说是个意外的胜利，根本就不在他原来的打算之内。

不要忽视这两种胜利之间的差别而认为这些显得微不足道，甚至毫无意义，恰恰相反，我们在这里谈到的正是战争的一个最基本的特点。从战略上来看，战斗的意义是战斗的灵魂。我们必须经常反复强调，在战略上，一切主要的东西都产生于双方的最终意图，即产生于一切思考活动的最高出发点。所以在战略上这一会战同那一会战之间可能有很大的差别，以致人们不认为它们运用的是同一个手段。

虽然进攻者取得这样的胜利对防御者来说几乎不能算作什么严重的损害，但是防御者还是不愿把这种利益让给敌人，何况谁也无法知道结果还会出现哪些伴随情况，因此，防御者必须经常注意所有大部队和防哨的状况。当然，这时大部分问题取决于这些部队指挥官的智慧，但如果统帅做出不当的决定，这些部队就会不可避免地陷入灾难之中。在这方面谁会忘记兰茨胡特的富凯军和马克森的芬克军的教训呢？

在这两次行动中，腓特烈大帝都过分相信自己一贯想法的作用。当时他并不是相信，兰茨胡特阵地上的1万人能够真正战胜3万敌军，或者芬克能够顶得住敌人优势兵力从四面八方进行的攻击，而是认为，兰茨胡特阵地的威力仍可以同以往一样能得到对方的认同，就像别人能够承认一张有价证券的价值一样，因而他认为道恩在翼侧受到佯攻时一定会放弃萨克森的不利阵地，而进入波希米亚比较有利的阵地。这两次他都判断错误：第一次是对劳东，第二次则是对道恩。他所采取措施的错误也就在于此。

即使一个不很自负、不很鲁莽、不很固执（腓特烈大帝在个别行动中却是有这些值得指责的缺点的）的统帅，也难免会犯上述错误。现在，即使撇开这个错误不谈，在我们研究的这个问题上仍有一个很大的困难，那就是部队指挥官的洞察力、努力程度、勇气和坚定的性格不可能总合乎统帅的要求。统帅不能让属下指挥官随意处理一切问题，他必须给他们下达某些指示，这样，他们的行动就受到限制，也就容易同当时的情况不一致。但这是一种完全不可避免的弊病。没有军队的最终决策性的、强制性的、权威的意志，统帅就不能很好地指挥军队，而且，谁要总是相信和期望部下会提出好的主意，他就不能很好地指挥军队。

因此，统帅必须经常密切注视每个部队和防哨的情况，避免使它们出乎意料地陷入灾难之中。

这四种手段都是为了维持现状。这些手段使用得越成功，越有成效，战争在同一地点就会拖延得越久；而战争在同一地点拖延得越久，给养问题就越发重要。

这样，在战争一开始，或者战争开始后不久，就需要用仓库供给的办法来代替强征和征收，就需要用固定的运输队（这种运输队或者由农民的车辆组成，或者由军队自己的车辆组成）来代替临时征用的农民的车辆。总之，这就和正规的仓库供给问题接近了，关于这一点我们在“给养”一章里已经阐述过了。

但是对这种作战产生巨大影响的并不是给养，因为就其任务和性质而言，给养局限在狭小的范围内，它虽然能对作战产生一定的影响，有时甚至是很大的影响，但是它并不能改变整个战争的性质。与此相反，相互威胁对方交通线的行动却有着更重要的意义，其原因是：第一，在这种战争中没有较大的、比较坚决的手段，统帅只能采取这种较弱的手段；第二，这种战争能提供这种手段产生效果所必需的时间。因此，保障自己的交通线具有特别重要的意义。切断交通线虽然不是敌人进攻的目的，但是却能成为迫使防御者撤退并放弃其他目标的一种非常有效的手段。

战区本身的一切掩护措施自然也对交通线起着掩护作用，交通线的保障有一部分就体现在这些措施之中。在这里，我们只想指出：交通线的安全是部署兵力时必须考虑的一个主要问题。

用一些小部队，或者较大的部队护送运输队，是保障交通线的特殊手段。因为正面再宽的阵地也不能保证所有交通线的安全，而统帅不愿扩大配置正面时，就特别需要组织这种护送。因此，我们在滕佩霍夫所著的《七年战争史》中可以看到，腓特烈大帝常常派出单独的步兵团或骑兵团，有时甚至是整个旅护送运输面包和面粉的车队，但是在奥军方面却从来没有这类事例的记载。原因之一是他们没有对它们详加记载，另一个原因是他们的阵地正面总是宽大得多。

上面我们谈到了同进攻要素基本上无关的四种手段，它们是不求决战的防御的基础。现在我们还要谈几种具有进攻性质的手段，它们或多或少可以同上述四种手段并用，好像是给它们增加的调料。这些具有进攻性质的手段主要是：

1.威胁敌人的交通线，其中也包括袭击敌人的仓库；

2.到敌占区进行牵制性的攻击和游击活动；

3.在有利的情况下，攻击敌人单独的部队和防哨，甚至攻击敌军的主力，或者只对这些目标进行威胁。

上述第一种手段在所有这样的战争中始终有效，但它起作用的方式是间接的，在某种程度上具有一定的隐蔽性。如果防御者的每个阵地都很稳固，都能使敌人担心交通线可能会受到威胁，那么它就发挥了其主要的作用。我们在上面已经谈过，在这样的战争中，给养问题对防御者来说具有特别重要的意义，在这里对进攻者来说也是如此。因此，战略上大部分措施的确都要考虑到会不会遭到敌人的攻击，关于这一点，我们在讨论进攻时还要谈到。

不仅通过选择阵地对敌人交通线进行一般的威胁（它像力学上的压力一样，潜在地起作用）属于这种防御的范畴，而且用部分兵力真正攻击敌人的交通线也属于这个范畴。不过，要想使这种行动获得利益，必须在交通线的状况、地形的性质或军队的特点等方面具备适合于采取这一行动的具体条件。

为了进行报复和掠夺，或者为了取得某些利益而到敌占区去进行的游击活动，本来不是防御手段，而是真正的进攻手段。但游击活动通常用来配合实现真正牵制性攻击的目的，而牵制性攻击的目的则是削弱同我们对峙的敌军兵力，所以游击活动也可以被视为一种真正的防御手段。不过，牵制性攻击本身就可用于进攻，它也是一种真正的进攻手段，因此我们认为这个问题适合在下一篇进行详细的讨论。在这里提到它，只是为了把防御者在战区内可能运用的一切小规模的进攻手段都列举出来。但是在这里我们必须指出，牵制性攻击的规模和作用可以大到使整个战争具有进攻的性质，因而获得进攻的荣誉。1759年战局开始前，腓特烈大帝向波兰、波希米亚、弗兰肯等地采取的行动就是这样。这一战局本身显然是纯粹的防御，但是到敌占区进行的袭击赋予了它进攻的性质，这种性质可能由于进攻精神的影响而具有特殊价值。

当进攻者轻率从事，在某些地点暴露出自己的弱点时，防御者可以把攻击敌人的单独部队或主力作为整个防御必要的补充手段。这种行动只能在这种条件下实施，但在这里同对敌人的交通线采取行动一样，防御者也可以向进攻的方向前进一步，而且同敌人一样，把伺机进行有利的攻击作为特别策略。要想在这种行动中取得一定成果，防御者或者必须拥有显著优势的兵力（一般说来，这一点不符合防御的性质，但也有可能做到），或必须具备卓越的指挥方法和才能，使自己的部队较为集中，并加强部队的活动和运动，以此来弥补由于部队集中而在其他地方出现的不利情况。

七年战争中的道恩符合前一种情况，腓特烈大帝符合后一种情况。我们看到，道恩差不多总是在腓特烈大帝过分大胆和轻视他的时候发动进攻的，他在霍赫基尔希、马克森和兰茨胡特就是这样。与此相反，我们看到，腓特烈大帝几乎不断地进行着运动，力图以自己的主力消灭道恩这一个或那一个单独的部队，但由于道恩既拥有优势兵力又异常小心谨慎，所以，腓特烈大帝成功的机会很少，至少成果不大。然而，我们不能认为腓特烈大帝的努力毫无作用。实际上，这种努力本身就包含着一种很有效的抵抗，因为敌人为了避免进行不利的战斗就会被迫处于小心和紧张的状态，这样，敌人本来可以用来进攻的一部分力量就被抵消掉了。我们可以回想一下1760年的西里西亚战局，当时道恩和俄国军队正是由于担心这里或那里可能会不时地遭到普鲁士国王的攻击或者被击溃，才不敢前进一步。到这里我们认为，我们已谈到了关于不求决战的战区防御的主导思想、最主要的手段和整个行动的依据等所有问题。我们主要是列举出这些问题，使读者了解整个战略活动的全貌，至于它们的具体措施，如选择阵地、行军等等，我们在前面已经比较详细地研究过了。

如果我们再总结一下这个问题，就必然会认为，当进攻精神很弱，双方对决战的要求很小，积极动机又很少，而相互阻止和抑制的内在牵制力量却很多时，就像我们在上面所设想的那样，进攻和防御之间的本质差别就必然渐渐消失。当然，在战局的开始阶段，作战一方要进入另一方的战区，要在一定程度上采取进攻，但是这一方非常可能而且往往会很快就把一切力量用来在对方土地上保卫自己的国家。于是就形成了双方对峙实际上也是相互监视的局面。双方都考虑如何不失去任何东西，同样也许双方都在考虑，如何为自己取得实际的利益。在这一点上，原本的防御者甚至反而能够超过他的敌人，腓特烈大帝在当时就是这样。

进攻者越是放弃作为进攻者的地位，防御者受到的威胁就越小，也就越不需要进行真正防御来保障自己的安全，从而进攻和防御之间就越容易出现均势。在这种均势状态中，双方活动的目的都只是从对方手中夺取某种利益并使自己不受到任何损害，也就是双方都力图进行真正的战略机动。显然，凡是由于各种情况或政治意图不允许进行大规模决战的战局，都或多或少有这种性质。

关于战略机动问题，我们准备在下一篇用专门的一章来研究。但是，在理论上人们往往过分重视这种双方力量的平衡对抗，特别是运用在防御中，所以我们在研究防御时，有必要对它做进一步的说明。

我们把这种机动称之为双方力量的平衡对抗。凡是没有整体运动的地方，就有均势存在，而凡是没有远大目标起推动作用的地方，就没有整体的运动，在这种情况下，不管双方的兵力相差如何悬殊，都应该认为他们处于均势。引起较小行动和目的出现的个别原因产生于整体的这种均势。这些小的行动所以会发生，是因为它们不再受到大规模决战和大的危险的影响。因此，双方都把大赌的资本换成小筹码进行赌博，也就是把整个行动分解为许多小规模的活动。随着这种为取得微小利益而发生的小规模行动的出现，双方统帅之间就展开了一场运动技巧的较量。此外，由于战争总带有偶然性，从而也总是存在着运气因素，所以这种斗争永远都是一种赌博。可是这里产生了另外两个问题：同一切都集中于一次大规模行动的场合相比较，在这种机动中偶然性对胜负所起的作用是否较小？而智力的作用是否较大？我们对后一个问题的回答是肯定的。整体所分成的部分越多，对时间（包括各次行动的具体时间）和空间（包括各次行动的具体地点）的考虑越多，智谋起作用的范围就越广，也就是说智力的支配作用就越大。这时智力所起的作用就使偶然性活动的领域缩小了一部分，但是不一定能抵消它全部的活动，因此，我们不一定要对前一个问题也作肯定的回答。也就是说我们绝不能忘记，智力活动并不是统帅唯一的精神活动。在进行大规模的决战时，勇气、坚强、果断、沉着等素质就比较重要，而在双方力量的均衡对抗中，这些素质所起的作用却比较小，在这里智谋显得更加重要，这不仅缩小了偶然性的活动范围，也削弱了上述这些素质的影响。但从另一方面看，在进行大规模的决战时，这些好的素质却能够帮助统帅正确利用偶然性起作用的大部分领域所提供的各种机会，并在某种程度上弥补了智谋在这种场合考虑不到的地方。由此可见，这里存在着几种力量的冲突，我们不能简单地以为，偶然性在大规模决战中比在双方力量的平衡对抗中起着更大的作用。如果我们说，我们在这种对抗中看到的主要是双方运动技巧的较量，那么这只是指智谋方面的技巧，而不是指整个军事上的造诣。

正是战略机动的这个方面才促使人们过分强调战略机动的重要性。首先，他们把这种技巧同统帅的全部精神活动混为一谈了，这是一个很大的错误。因为，如上所述，我们必须承认，在大规模决战的时刻统帅的其他精神活动起着决定性的作用。这种决定力量即使主要来源于强烈的感受，来源于几乎无意识产生的和未经长时间思索的灵感，也仍然是军事艺术中的一个真正的成分，因为军事艺术既不是单纯的智力活动，也不是智力活动占决定地位的领域。其次，人们认为，战局中出现的任何一次没有结果的活动都同某一方甚至双方统帅的这种高超的技巧有关。实际上，这种没有结果的活动产生的一般的和最主要的原因，却经常存在于使战争变成这样一种对抗的总的趋势之中。

从前，文明国家的大多数战争追求的目的主要是相互制约，而不是打垮敌人，所以大多数战局必然带有战略机动的特性。这些战局如果不是由著名统帅指挥的，就不会受到注意，如果一方甚至双方是著名的、伟大的统帅（如屠朗和蒙特库科利）指挥的，人们就会凭这些统帅的名望而说整个机动艺术是最杰出的典范。这样，人们就把这种活动看作是军事艺术的顶峰，称它是军事艺术最高修养的表现，因而把它作为研究军事艺术的主要参照了。

这种见解在法国革命以前的理论界相当流行。法国革命战争突然展现出一个同过去截然不同的战争范畴内的现象世界，这些现象在最初显得有些粗野和简单，但后来在拿破仑所指挥的战争中形成了一套最好的方法，创造了使所有人惊叹的成果。这时人们就想抛弃旧方法，认为上述一切都是新发现，都是伟大思想产生的结果，当然也将之归功于社会状况的改变。此外，人们认为，已经完全不需要旧的方法了，它也绝不会再出现了。但是，在任何一种思想发生大变革时，总会产生各种不同的派别，这里也不例外，旧的观点也有它的护卫者。这些人把新的现象看作是粗野的暴力行为，是军事艺术整体的没落，并且认为，正是那种平稳的、没有结果的、无所作为的战争赌博才应该成为军事艺术发展的方向。这种见解是很缺乏逻辑，也不合哲理，以致人们只能把它看作概念的极端混乱。但是那些认为旧的方法不会再出现的人，他们也考虑得很片面。在军事艺术领域内的新现象中，只有极小一部分可以算是新发明和新思想所带来的结果，而大部分则是由社会状况和社会关系的新的改变所引起的。但是，当这些社会状况和社会关系处在激烈的动荡过程中时，还不应该把它们当作标准，因此，毫无疑问，过去的大部分战争现象还会重新出现。在这里，我们不打算深入讨论这一问题，只想指出双方力量的均衡对抗在整个战争中的地位，指出它的意义以及它同其他事物的内在联系，从而说明它是双方种种受限条件的产物，是战争要素明显缓和后的产物。在这种对抗中，某一方的统帅可能比另一方统帅高明一些。因此，当他在兵力上能够同敌人抗衡时，他就可以获得某些利益，在兵力较弱时，借助其杰出的才能他也可以同对方保持均势。但是，要想从这里找到统帅获得最高荣誉和变得伟大的原因，这将同事物的性质发生很大的矛盾。恰恰相反，这种战局倒常常作为一个可信的标志，表明双方统帅都没有伟大的军事才能，或者由于条件所限，有才能也不敢发动大规模的决战。可见，这种战局永远不会提供让人获得最高军人荣誉的机会。

上面我们谈的是战略机动的一般特性。现在，我们还要谈谈战略机动对作战的一种特殊影响，这里指的是，它常常使军队离开主要道路和城镇，开往遥远的或者至少是不重要的地方。当临时发生和很快就消失的微小利益成为行动的动机时，国家的总的方针对作战的影响就会减弱。因此我们看到，军队往往开拔到按战争的重大而直接的需要来讲绝不应该开去的地方，因而战争过程中个别情况在这里的改变和变化比在大规模决战的战争中要大得多。我们不妨回顾一下七年战争中的最后五次战局。尽管当时总的形势没有变化，但是每一次战局都有所不同，仔细观察一下就可以看到，在这几次战局中，虽然联军的进攻意图比过去战争中的大多数战局都强烈得多，但同一个措施并没有被重复采用过。

我们在不求大规模决战的战区防御这一章中，指出了军事行动的几种手段，以及这些手段的内在联系、条件和特性，关于它们的具体措施，我们在前面已经较详细地谈过了。现在的问题是，从这些不同的手段中能不能提出概括整体的原则、规则和方法？我们的回答是，如果我们从历史来看，那么从一些变化无常的形式中是不可能找到这些东西的，对多种多样、变化多端的整体来说，除依靠经验之外，我们认为几乎不存在其他任何理论法则。追求大规模决战的战争不仅简单得多，而且也更合乎自然，这种战争更不受内在矛盾的约束，它更客观，更受内在必然性规律的支配，因此人们可以合理地确定它的形式和法则。而对不求决战的战争来说，要做到这一点却困难得多。甚至如果将在我们这个时代才形成的大规模作战理论中的两个基本原则，即标洛的基地宽度和约米尼的内线配置用到战区防御上，经验也会告诉我们它们在任何地方都是行不通的，也是没有用处的。但是作为单纯的形式，这两个基本原则在这里应该是最有用的，因为行动的时间越长，空间越大，形式也就越有用，也就必然比影响结果的其他因素更占主导地位。但是我们看到，它们只不过是事物的个别方面，它们不可能带来决定性的利益。很明显，所用手段和当时条件的特点能够打破一般的原则。如果说道恩元帅的特点是善于拓宽正面配置及慎重地选择阵地，那么腓特烈大帝的特点则是经常集中主力，紧紧接近敌人，以便见机行事。这两个人的特点不仅形成于他们军队的素质，也形成于他们所具备的条件。一个国王比一个要对上面负责的统帅更容易见机行事。在这里我们还要再一次强调，批判者不能认为，可能出现的各种不同的风格和方法有高低之分，也不能认为它们之间有从属关系。这些不同的风格和方法都是平等的，要判断它们的使用价值只能根据具体的情况。

我们并不打算在这里把军队、国家和各种情况的特点可能导致产生的不同风格和方法全部列举出来。关于它们的影响，我们在前面已经一般性地介绍过了。

因此，我们承认在本章中无法提出原则、规则和方法来，因为历史没有给我们提供这些东西，在每一个具体场合，我们几乎都碰到一些特殊的现象，这些现象往往是完全不可理解的，有时甚至是不可思议的，但是从这一方面来研究历史却很有益处。在没有体系和没有真理机器的地方也是有真理的，不过，在大多数情况下，我们只有依靠熟练的判断和从长期经验中得来的敏锐感觉才能认识这一真理，历史在这一方面虽然没有提出任何公式，但是，像在其他场合一样，却给判断提供了检验的机会。

我们只想提出一条概括整体的原则，或者更确切地说，我们想再重复和明确一下我们在这里论述的所有问题的基本前提，并使它具有真正的原则的形式。

这里所举出的一切手段只有相对意义。只是在双方都软弱无力的情况下才能应用。如果超出这个范围，就有另一个较高的法则起支配作用，那将是一个完全不同的现象世界。统帅绝不可忘记这一点，绝不可怀着自以为是的信念而把局限于某一领域内的东西看成是绝对的。统帅绝不可把他在这里所使用的手段看作是必然的、唯一的手段，不要担心这些手段的适用性却还去使用它们。

从我们目前的立足点出发，似乎不可能有上述错误。但现实世界却不是这样，因为在那里，事物之间的界限并不那么明显。

必须再次提醒读者注意，我们为了使观念明确、肯定和有力，在考察时只把完全对立的、即极端对立的方式作为考察对象，但战争的具体情况大多处于中间状态，所以受上述极端观点支配的程度应取决于战争的具体情况同极端对立方式的接近程度。

因此，一般说来，首要的问题是统帅能够预先断定敌人是否企图采取较大的、较坚决的措施，他有无力量利用这种措施战胜我们。只要敌人有一点这样做的可能性，我们就必须放弃只能避免微小不利局面的小措施，就只好自愿做出牺牲以改变自己的态度，准备迎接较大的决战。换句话说，统帅首先应该做到的是正确地估计情况，并根据这个估计采取行动。

为了通过实际生活中的例子更明确地说明这些观念，我们想概略地讨论一些在我们看来是根据对情况的不正确估计而采取行动的实例，在这些例子中一方的统帅是按照敌人不会坚决行动的情况采取措施的。我们先从1757年战局的开始谈起，从当时奥地利军队的兵力部署中可以看出，他们没有估计到腓特烈大帝会如此坚决地发动进攻。当卡尔·亚历山大已经陷入必须率领军队投降的险境时，科洛米尼的一个军却还停留在西里西亚边境。这就表明，他们完全错误地估计了形势。

1758年，法国不仅完全被策芬修道院协定所迷惑（这个事实不属于我们讨论的范围），而且两个月后又错误地判断了敌人可能采取的行动，结果丧失了威悉河和莱茵河之间的全部土地。关于腓特烈大帝1759年在马克森，以及1760年在兰茨胡特，由于不相信敌人会采取那样坚决的措施而对敌情完全判断错误的事实，我们已经谈过了。

在估计敌情方面，历史上恐怕很难找到比1792年所犯的错误更严重的了。人们原来认为依靠少量的援军就可以结束一场内战，结果却受到政治热情发生根本变化的法国人民的巨大压力。我们所以把这个错误称为严重的错误，是因为这个错误后来导致了严重的后果，而不是因为当时错误很容易被避免。至于军事上，那就不得不承认，以后几年连遭失败的主要原因正在于1794年的战局。在这次战局中，联军完全没有认识到敌人进攻的强烈程度，因而运用了扩大阵地正面和进行战略机动这些小手段，而从普奥两国政治上的不一致和放弃比利时与荷兰的愚蠢做法上也可以看到，各国政府很少估计到进攻的势头如此凶猛，威力如此巨大。1796年，在蒙特诺特、洛迪和其他地方进行的各次抵抗也足以证明，奥军在如何对付拿破仑这个人的问题上所知甚少。

1800年，梅拉斯将军遭到惨败，这并不是法军突然袭击的直接结果，而是因为他错误估计了这一袭击可能产生的后果。

1805年，作为徒具科学形式、但力量极为薄弱的战略纽带的最后一环，乌尔姆可以阻挡住道恩或拉西那样的统帅，但不能阻挡拿破仑这个革命皇帝。

1806年，普鲁士所处的犹豫不决和混乱不堪的状态是由于当时两种认识交错混杂的结果，一些人支持那些陈腐、狭隘、毫无用处的观点和措施，而另一些人则赞同在当时具有重大意义的明确认识和正确感觉。假如普鲁士对自己的处境有清楚的认识和充分的估价，那么它怎么会把3万人留在普鲁士国内而准备在威斯特伐伦另开一个战区呢？怎么会断定靠吕歇尔军和魏玛军进行的小规模攻击就能取得某种成果呢？又怎么会在会议的最后时刻还讨论仓库的危险和某些地区的损失等问题呢？

即使是规模最大的1812年战局，在开始时也出现过由于对敌情的错误判断而采取了不正确的行动的情况。在维尔纽斯的大本营里有一批有名望的人物，他们坚持要在边境附近举行会战，其目的是要使敌人在进入俄国领土之前受到惩罚。这些人很清楚，这次会战可能失败，或者说一定会失败，他们在当时虽然不知道前来进攻8万俄军的是30万法军，但知道敌人在兵力上一定拥有巨大的优势。他们的主要错误是对这一会战的意义估计不当。他们认为，即使这一会战失败，也不过同其他败仗一样，仅仅是一次败仗而已。其实，人们有充分的理由可以断定，在边境附近进行的这一主要决战如果遭到失败，是会带来一系列其他后果的。甚至连利用德里萨营垒这一措施，其根据的也是对敌情完全错误的判断。假使俄军想固守这个营垒，就会四面遭到攻击而完全陷于孤立，法军就有办法迫使俄军放下武器。这个营垒的构筑者并没有考虑到要对付力量这样强大和意图这样坚决的敌人。

然而，甚至连拿破仑有时也会做出错误的估计。1813年停战以后，他以为派几个军就可以阻挡住布吕歇尔和瑞典王储所率联军的非主力部分，他认为自己的这几个军虽然不足以进行真正的抵抗，但是却可以促使对方像在过去的战争中常见的那样谨慎小心而不敢贸然行动。他没有充分估计到，刻骨的仇恨和逼近的危险在布吕歇尔和标洛身上会起到什么样的作用。

拿破仑对于老布吕歇尔的敢作敢为精神总是估计不足，在莱比锡，正是布吕歇尔从拿破仑手中夺走了胜利，在拉昂，拿破仑之所以没有被布吕歇尔彻底击溃，只是因为出现了完全在拿破仑估计之外的意外情况。在滑铁卢，由于这个估计不足的错误，拿破仑终于像受到致命的雷击一样受到了惩罚。

第七篇　进　攻（草稿）

第1章　与防御相关联的进攻

如果两个概念相互补充就能真正构成逻辑上的对立，那么实际上从一个概念就可以推导出另一个来。然而由于我们智力有限，并不能一眼就看清两个概念，不能只根据两个概念的对立就从一个概念推导出另一个概念的全部。事实上，一个概念总是另一个相对立概念的重要说明，在很多方面是足够的说明。因此我们认为，“防御”篇开头几章的论述，是对进攻篇的充分说明。然而并非事事如此，人们这种思维方式的进步绝不会有穷尽的一天。如果一个概念的对立面不是直接涉及这个概念的基本部分，就像“防御”篇的前几章那样，那么我们就不能直接从防御的部分推导出进攻的内容。变换立足点可以让我们更仔细地观察事物，所以对于从远处大概观察过的事物，应当再从较近的立足点观察。关于进攻的论述，同时也是对防御的论述，这种情况并不罕见，也可以算是对这种思维方式的一个补充。所以，在论述进攻时用的材料，也大多在论述防御时用过。我们并不打算像大多数工兵教科书那样，避而不谈或全盘否定“防御”篇中论及的防御的有利方面，也并不打算证明，以一种绝对可靠的进攻手段来瓦解任何一种防御的措施。防御有它的优势和劣势，它的优势并非不可瓦解，但要做到这一点需要付出得不偿失的代价，这无论从哪个角度看都是正确的，否则就会自相矛盾。此外，我们也并不打算详尽论述对付进攻的种种防御措施，每一种防御手段都会演化成一种进攻手段，这两种手段的联系如此紧密，以至于人们感觉不出从防守转为进攻时的立足点变化。一种防御或进攻手段是从和它对立的手段中自然出现的。我们打算在探讨进攻的每一个问题时，论述进攻所特有的而不是直接由防御引起的情况。由于我们采用这种论述方法，所以在本篇中肯定会有一些在“防御”篇中没有对应内容的章节。

第2章　战略进攻的特点

我们已经明白，战争中的防御绝不是绝对的等待和抵御，也就是说，绝不是完全地忍受进攻，相反，它是一个相对的自始至终都带有进攻因素的过程。同样，进攻也不等同于只有单纯的攻击，它始终与防御相结合。两者的差别在于：没有反击的防御是无法想象的，反击是防御的必要组成部分；而进攻则不是这样。攻击或进攻行为就其本身而言是一个完整的概念，防御对其来说并非必要的组成部分。然而由于进攻所处的具体时间和空间的限制，使得防御成为令人讨厌的、却是必要的组成部分。这是因为，第一，进攻不可能一气呵成，直到结束战斗，它需要一定的间歇，在间歇的时间里，自然就呈防御状态；第二，进攻军队通过后，留在其身后的区域空间，是维持进攻军队生存所必需的，这个空间并不总是能受到进攻的保护，它必须专门加以防守。

战争中的进攻行为，尤其是战略进攻行为，是攻防的不断转化和紧密结合。防御在此不是对进攻的有效准备，也不是为了增强进攻力度；它不是一种积极因素，而是一种不得已的行为，是给各方面带来困难的延缓力量，是进攻的原罪，是进攻的致命伤。之所以说防御是一种延缓力量，是因为防御即使没有对进攻造成不利，它所体现出来的时间损失本身必然会降低进攻的效果。但是，是否每次进攻包含的防御因素都对进攻产生不利影响？正如人们所说，进攻是较为不利的作战形式，防御是较为有利的作战形式，由此可以断言，防御并不会对进攻产生不利影响。因为当兵力强大到足以采取较为不利的作战形式时，对采用较为有利的作战形式就更不在话下。这在普通意义上，也就是在主要问题上是正确的，更具体的情况我们将在“关于胜利的顶点”一章中详细阐述。我们绝不能忘记，战略防御之所以具有优势，一个原因就在于：进攻不可能不和防御相结合，而这种防御是非常不利的防御形式；进攻从与自身相结合的防御中得到的，是防御中最有害的那些因素；适用于整个防御却并不一定适合防御中的所有因素。据此可以看出，防御中的这些因素也是能够削弱进攻力的。正是在进攻的间歇，进攻方处于不利的防御形式时，防御中的进攻因素积极地发挥作用。在一天的战斗之后，是十二小时的休整时间，防守者和进攻者在这段时间的处境是非常不同的。防守者驻守在自己选好的地方，也非常熟悉已准备好的阵地，而进攻者则是像盲人一样在行军营地里摸索。在为了重新筹备给养，或等候增援等等而需较长时间休整时，防御者是在自己的要塞和仓库的附近，而进攻者就像是树枝上的鸟儿。然而每一次进攻都是以防御结尾的；这种防御的形势则取决于具体的情况。若是敌人兵力已被消灭，则防御形势可能会十分有利，若是敌人兵力未被消灭，则形势可能会很困难。尽管这样的防御已经不属于进攻本身，但它的情况必然会反过来影响进攻本身，并且在一定程度上决定着进攻的价值。

由此可以得出结论：在每一次进攻中都必须考虑进攻中必然出现的防御情况，以便看清进攻中的缺点，并且对此加以防范。

然而在另一方面，进攻完全是始终如一的，防御则依据造成防守因素的多少而被划分等级。不同等级的防守方式极为不同，这一点我们在“抵抗方式”一章中已有阐述。

因为进攻只有一个积极因素，它所包含的防御只是一种依附于它的阻力，所以进攻并不像防守那样有不同的方式。当然，进攻在其威力、速度和力量方面也是有区别的，然而这只是程度上的区别，而不是方式上的。可以设想一下：为了更好地达到目的，进攻者也采用防御的方式，例如占据一个有利的地形，等待敌人来进攻。这种情况极为少见，我们总是从实际出发给概念和事物分类的，所以我们不必考虑这种罕见的情况。因此，进攻并不像抵抗方式那样分为不同的等级。进攻的规模大小通常最终取决于兵力，当然也取决于敌人战区附近的要塞，这些要塞对进攻有着显著的影响，不过要塞的这种影响会随着军队的推进而变得越来越小。在防御时，本方的要塞常常是本方所倚仗的重点；而在进攻时，它的作用不会像在防御时那么大。只有在当地居民对进攻者的好感胜过本国军队时，进攻者才会获得民众的支持。进攻者最终可能会有同盟者，但这只是特殊的或是偶然的情况，进攻本身并不能产生同盟者。如果我们在防御中曾经依靠过要塞、群众武装和同盟者的帮助，那么在进攻中，我们就不能这么做了。在防御中依靠这些是由防御本身的性质所决定的，而在进攻中则很少依靠这些，即使有，也大多是很偶然的情况。

第3章　战略进攻的目标

打垮敌人是战争的目的，消灭敌人的军队则是手段。无论进攻和防御都是如此。防御可以通过消灭敌人军队而转为进攻，进攻可以占领国土，这就是进攻的目标。这个目标也可以不是整个国土，而只是一部分国土、一个省份、一个地区、一个要塞等等。所有这些在双方议和中都是很有价值的政治资本，可以自己占有，也可以用它来交换别的东西。

战略进攻的目标可以分成许多层次，大到占领整个国家，小到占领最不重要的地方。进攻的目标一旦实现，进攻也就随之停止，并转化为防御。人们据此似乎可以把进攻看作是有特定范围的。如果我们实事求是地分析事物，也就是根据实际的现象来分析，情况却并非如此。进攻的意图和手段在何时转为防御，通常并不能在事先确定好。防御计划何时转为进攻，也不能事先确定。军队指挥官很少或者至少不是常常能预先准确地确立进攻的目标，他要根据实际发生的具体情况来确立和调整。进攻通常要比原来的设想走得更远一些，军队在短暂休整后，又有足够的力量重新投入进攻，在这种情况下，我们并不能把这两次进攻看作是完全不同的两次行动；

有时，进攻在指挥官原来设想的时间之前就得停止，尽管他还未主动放弃原来的进攻计划，转入真正的防御。从这里就能看出，如果成功的防御能不知不觉地转化为进攻，那么进攻也能在不知不觉间转化为防御。如果人们想要正确地运用我们对进攻所做的一般性论述，就必须要注意这些进攻目标的不同层次。

第4章　进攻力量的削弱

进攻力量的削弱是战略研究的一个主要课题。人们是否可以正确判断自己能够做什么，取决于人们对这一课题的正确认识。

绝对力量的削弱是因为：

1.要实现进攻的目标，即派兵占领敌人的领土。这种情况大多在第一次决战后出现，而进攻却并未随着第一次决战的结束而告终。

2.进攻军队需要派兵占领其身后地区，以保障交通线的安全和维持生存。

3.战斗伤亡和疾病减员。

4.远离大本营。

5.包围和围攻要塞。

6.军队士气低落。

7.同盟的解散。

然而，与这些削弱进攻的因素相对应的还有增强进攻的因素。很明显，人们首先应对这几种不同的因素做一比较，才能确定最后的结论。例如，通过比较能发现进攻力量的削弱可以部分地或是全部地被防御力量的削弱抵消，甚至小于防御力量的削弱；后一种情况是很少出现的。在比较时，人们不应当总是比较双方战场上的所有兵力，而应该比较双方在前沿阵地上，或者是在具有决定意义的地点上相对峙的军队。例如法军在奥地利和普鲁士的情况、法军在俄国的情况、联军在法国的情况、法军在西班牙的情况。

第5章　进攻的顶点

进攻所取得的成果就是已确立的优势，准确地说，是物质力量与精神力量共同确立的优势。在上一章中我们已指出，进攻力量是逐渐减弱的。这种优势是有可能增长的，然而在大多数情况下，优势是逐渐减弱的。进攻者在议和谈判时能获得有利的条件，但是他们在此之前必须付出动用军队去进攻的代价。如果这种在进攻中确立的优势能被维持到议和谈判，那么目标就算达到了。一些战略进攻能够直接导致议和谈判，不过这种情况很少。大多数的战略进攻只是进行到一个临界点为止，此时的兵力还足以进行防御，等待议和谈判。若是超过这一临界点，情况就会发生逆转，就会遭到反击，而且反击的力度大大超过进攻的力度。我们把这一临界点称为进攻的顶点。因为进攻的目的在于占领敌人国土，所以进攻肯定会进行到优势消失为止。这就促使进攻军队向目标推进时，轻易超过目标。如果人们能想到，在比较双方力量时需要考虑到如此之多的因素，就会明白，在一些场合想要判断交战双方谁占优势是多么的困难。这种判断常常不是十分可靠的。

所以，一切都取决于准确地判断出进攻的顶点。这里似乎有一个矛盾：既然防御是比进攻更有效的作战形式，人们就应该相信进攻绝不可能到达顶点；因为当军队还有足够力量采用较为不利的作战方式时，对于采用较为有利的作战方式就更不在话下了。

第6章　消灭敌人军队

消灭敌人军队是实现目的的手段。如何理解这一说法，为实现它要付出什么样的代价，对此可能会有以下不同的看法：

1. 实现进攻目标需要消灭多少敌人军队，就只消灭多少敌人军队。

2. 尽可能多地消灭敌人军队。

3. 在保存自己实力的前提下消灭敌人军队。

4. 从第三点中还可以引申出，只在有利的时机下通过进攻消灭敌人。对于进攻目标来说也可能是这样，这在第3章中已有过论述。

打击敌人军队的唯一手段是战斗，当然，其方式却有两种：第一，直接打击；第二，通过各种战斗的配合间接打击。如果说大的会战是打击敌人的主要手段，那么它并不是唯一的手段。占领一个要塞、一片国土，其本身就是对敌人的打击，它可能引发对敌人更大的打击，这也是一种间接打击。

占领一个未设防的地区，除了直接实现预想的目的外，也可以看作是对敌人军队的间接打击。诱使敌人离开所占领的地方，这样做的效果和占领一个未设防地区的效果差不多，两者只能同等看待，我们不能将其等同于真正通过战斗取得的成果。这些手段通常情况下都被高估，而实际上它们很少会有会战那样的价值。在使用这些手段时，常常会有这种危险：人们因为忽视了这些手段的有害因素，而使自己身处险境。由于采用这种手段付出的代价很小，所以它们很有诱惑力。

这些手段普遍只能小规模地、在特定的条件下、在动机较弱时使用，它们也只能获得较小的成果。很明显，使用这些手段比毫无目的的大规模会战要好。因为即使这样的会战取得胜利，其胜利成果也不能被充分利用。

第7章　进攻性会战

我们就防御性会战所讲的理论，已经在很大程度上解释了进攻性会战。

为了更直观地说明防御性会战的本质，我们在讲述防御性会战时只考察了防御性表现得最明显的会战；而这类会战是很少的，大多数防御性会战是防御特性已大大消失的半遭遇战。进攻性会战却并非如此，它在任何情况下都保持着自己的特性。当防御者并未真正处于防御状态时，进攻性会战的特性就更能淋漓尽致地体现出来。即使是特性表现不明显的防御性会战和真正的遭遇战，它们所表现出来的特性对于交战双方来说也总是有区别的。进攻性会战的主要特点是会战刚一打响，就包围敌人或是迂回进攻。

在战斗中包围敌人是战术上的一个策略，很明显，它能带来很大的好处。进攻者不能因为防御者有对抗包围的手段，就放弃包围敌人所带来的好处。只有防御者的其他条件很适合对抗包围时，进攻者才不应该去包围敌人。只有在一个自己精心挑选、工事优良的阵地上，人们才能对包围自己并因此而能取得相应好处的敌人实施反包围。但更为重要的是，防御本身所带来的好处，在实际中并不能全部得以利用。大多数的防御只是一种可怜的应急手段，防御者大多是身处困境、面临危险、感觉到了最坏的情况，匆忙在半路上堵截进攻者。因此，在会战中包围敌人，或者是变换正面作战战场，这些本是在交通线方面占优势时采用的措施，却常常成为精神和物质方面占优势时采用的措施。马伦哥会战、奥斯特里茨会战和耶拿会战等等，就是如此。另外，在第一次会战时，进攻者的后方基地即使不比防御者的优越，但因为靠近边境，在大多数情况下是有利的，所以进攻者也敢于采取一些冒险的行动。侧翼进攻，也就是在会战中变换正面作战战场，则比包围敌人更为有效。一种错误的看法认为，战略包围进攻应该像在布拉格会战中一样，必须一直与侧翼进攻相配合。实际上战略包围很少和侧翼进攻有共同之处，这是一种在实际操作中会有许多麻烦的行动，这一点在论述战区进攻时再详细说明。防御性会战的指挥官为了争取时间，需要尽可能地延缓决定胜负时刻的来临，因为一场防御性会战如果能坚持到太阳落山，就常常能取得胜利；而进攻性会战的指挥官则希望决定胜负的时刻尽快到来。但是，另一方面，进攻者若是过于着急，就会带来很大的危险，因为急于求成会造成兵力过度消耗。进攻性会战的一个特点是在大多数情况下，进攻者对敌人的阵地一无所知，他们真正是在陌生的环境中摸索前进，奥斯特里茨会战、瓦格拉姆会战、霍亨林登会战、卡茨巴赫会战都是如此。越是对敌方情况一无所知，就越需要集中兵力，多采用迂回，少采用包围。主要的胜利果实是在追击敌人中取得的，我们在第四篇第12章已经讲过这一点，在进攻性会战中，追击敌人理所当然地要比在防御性会战中更不可或缺。

第8章　渡　河

1. 一条大河隔断了进攻的路线，这对进攻者来说总是非常不方便的。因为如果他不想留在河边，要去渡河，那么在大多数情况下他就得受制于一座桥，而且这可能会使全部的行动受到限制。若是进攻者设想在渡河之后，对敌人发起决定胜负的战斗，或是敌人对自己发起决定性的战斗，那么他会遇到很大的危险。一个指挥官要是没有很大的精神和物质优势，是不能冒这个险的。

2. 因为进攻者在渡河作战中有一定的困难，所以防御者也可以利用对方的困难有效地防守河流。如果进攻者没有这个困难，防御者也许就不能有效地防守河流了。设想一下，如果人们不把对河流的防守看成唯一的救星，在河流附近再设防线，那么即使河流防守被攻破，河流附近的防线也能堵截敌人。所以进攻者不仅要想到对方对河流的防守，也要把我们在第一条中所说的河流给防御者带来的一切有利条件考虑在内。基于这两点的考虑，指挥官在进攻设防河流时是非常小心谨慎的。

3. 我们在上一篇里已经提到，在一定的条件下对河流的有效防守能取得很好的成果。但是如果我们从实际经验来看，就得承认，出现这种成果的可能性在实际上要比理论上多得多。因为在理论上人们只考虑实际存在因素，然而在进攻的过程中，一切情况对于进攻者来说通常都要比实际上更困难一些，因而会给行动带来很大的阻碍。在讨论一次不具有决定性意义、规模也较小的进攻时，我们就能发现：一些很小的，在理论上根本就不予考虑的阻碍因素和偶然事件，也会给进攻的具体实施带来负面的影响。因为进攻者是行动者，他会首先遭遇这些阻碍因素和偶然情况。人们只要想想伦巴第的那些并不大的河流都能经常被成功守住，就能说明这一点了。战争史上也有河流防守未取得预期效果的例子，其原因在于，人们有时对河流防御期望过高，他们根本没有考虑河流防御的战术本质特点。而只是依据从本身经验中得出的、被过分夸大的防御效果来使用河流防御。

4. 如果防御者错误地只把河流防御视为唯一救星，一旦防线被突破，他就会陷入巨大的困境，面临惨败的命运。只有在防御者犯这种错误的情况下，其河流防御才能被看作是对进攻者有利的抵抗形式，因为突破河流防御比赢得一次普通会战当然要容易些。

5. 从以上的论述可以看出，对付规模不大、不具有决定性意义的进攻时，河流防御是很有价值的。但是，在进攻兵力大大多于防御兵力，或者进攻者准备发起大规模进攻时，对河流防御的错误估计才能给进攻者带来好处。

6. 只有极少数河流防御不能迂回，不管是对整个防线而言，还是对某一个地点而言，都是如此。所以兵力占优，寻求大规模战斗的进攻者总能在一个地方佯攻，而在另一个地方渡河，然后通过兵力上的优势和不顾一切地冲锋来改变战斗初期可能碰到的不利情况。兵力上的优势也使不顾一切地冲锋成为可能。利用火力优势和非凡的勇敢来消灭敌人的主要防守据点，像这样真正的战术强渡非常少见，或根本不存在。强渡永远只能是一个战术概念，因为进攻者即使是在防线范围之内没有一个河渡，或只是在简单设防的地点渡河，也得克服许多不利因素，渡河时要碰到的这些不利因素也在防守者的意料中。对进攻者来说，最糟糕的做法是在相隔较远的几个地点同时真正渡河，因而不能形成协同作战。因为防御者是必须要分散兵力进行防御的，而进攻者若是也分散兵力，就会失去这一天然优势。贝累加尔德就是因为这个原因在1814年的明乔河会战中遭到失败的。当时碰巧两支军队都分散了兵力，在不同地点渡河，而当时奥地利军队要比法国军队还要分散。

7. 假如防御者驻守在河岸的一边，那么在战术上就有两种打败防御者的办法：或者是不顾对方的防卫，在某一地点强渡，以此来打败防御者；或者是通过发起会战来打败防御者。对第一种办法来说，后防基地和交通线的情况起着主要的决定作用；但是，我们又经常看到，一些事先的准备工作，要比一般条件起着更重要的决定性作用。比如说谁的阵地位置选择得更好，谁装备得更好，谁的军队更服从命令，谁的进军更迅速，这些有利因素能够削减一般条件的不利。对于第二种方法来说，进攻者首先要具备发起会战的手段、条件和决心。要是进攻者具备了这些先决条件，防御者就不能轻易冒险使用河流防御这一手段。

8. 我们得出的最后结论是，即使渡河只是在极少数情况下有很大的困难，但是在不具有决定性意义的战斗中，进攻者也会很容易因为对渡河的后果和将来的情况有顾虑而停止进军，或者不去进攻驻扎在河流一岸的防御者，或者充其量只是渡过河，然后，就紧靠河岸驻扎下来。双方长期的隔河对峙是很少见的。

即使是在有决定性意义的战斗中，河流也是一个重要的因素，它总是减弱和妨碍进攻。如果防御者把河流防御作为其抵抗的主要战术，把河流看作是一个战术屏障，在这种情况下的河流防御对进攻者来说是最有利的，因为这样他就可以比较轻松地对敌人进行决定性的打击。当然这种打击绝不会马上就使敌人遭到彻底失败，但是通过一系列对进攻者有利的战斗，会使防御者的处境变得非常糟糕。1796年奥地利军队在下莱茵地区的情况就是这样的。

第9章　对防御阵地的进攻

在“防御”一篇中，我们详细论述了防御阵地能在多大程度上或者迫使进攻者向阵地进攻，或者迫使进攻者停止进军。只有那些能够全部或部分消耗进攻者兵力的阵地，或者是使进攻者的攻势不起作用的阵地，才是有用的阵地。就这种有用的阵地来说，进攻者是没有办法的，也就是说，在进攻者所能采取的手段中，没有一种手段能消除防御者的这种优势。可实际中的阵地却并非都是如此。如果进攻者不去进攻防御阵地也能达到目的，那么进攻防御阵地就是一个错误。如果为了达到目的，必须去进攻防御阵地，进攻者也得考虑，是否可以通过威胁敌人侧翼，而使敌人离开防御阵地。只有在这一招也不灵验的时候，进攻者才能决定去进攻精心设防的阵地。进攻者从防御阵地的一个侧翼进攻总是相对容易一点。选择进攻防御阵地的哪一个侧面则取决于双方撤退路线的位置和方向，也就是说，既要威胁敌人的撤退路线，又要保证自己撤退路线的安全。要同时顾及这两个方面是不大可能的。在这种情况下，首先考虑威胁敌人的撤退路线更有利一些，因为它本身就具有攻击性，与进攻是相适应的；而保证自己的撤退路线则具有防守性。但可以肯定的事，去进攻强大的、敌人精心设防的阵地是危险的，在这里应该被看作是一条重要的真理。在实际中当然不乏进攻防御阵地取得胜利的例子，如托尔高会战、瓦格拉姆会战。我们不把德累斯顿会战也列入此类例子，是因为我们认为在这一会战中的敌人还不能被称为强大的敌人。然而就总的情况来说，防御阵地被攻破的危险是很小的。如果我们在无数的事例中都看到，许多非常果断的指挥官都对精心设防的阵地敬而远之，我们甚至可以说，这种危险是不存在的。

但是，绝不能把我们这里讨论的会战同一般的会战等同起来。大多数会战是真正的遭遇战，尽管其中一方是驻扎防御的，其阵地却不是精心设防的。

第10章　对设防营垒的进攻

人们曾在一段时间里非常轻视筑垒工事及其作用。法国边境缺乏纵深的防线屡屡被突破，贝费恩公爵在布勒斯芬的营地战中失利，托尔高会战以及其他的许多例子，都使人们轻视筑垒工事。腓特烈大帝通过运动战和积极进攻取得许多胜利，这就使人们更加轻视一切防御，一切驻扎防御战斗，特别是轻视筑垒工事。当然，如果只是几千人防守好几英里长的防线，或所谓的筑垒工事只是几条交错的壕沟，那么它们所起的作用就微乎其微，把希望寄托在这样的防御手段上是十分危险的。然而，如果像平庸的夸夸其谈者那样，如同腾佩霍夫，据此就声称筑垒工事毫无用处，这难道不是非常矛盾甚至十分荒谬吗？如果筑垒工事不能加强防御，那么它还有什么作用呢？事实并非如此！不光是理智，还有成百上千的实际经验告诉我们，一个精心构筑、合理布防、严密防守的工事通常被认为是不可攻破的，即使是进攻者，也会这样认为的。从单个的防御工事所起的作用引申来看，我们就不会怀疑，对进攻者来说，进攻筑垒工事是非常艰苦的，在大多数情况下是一项不可能完成的任务。筑垒工事中的防守兵力较少，这是由筑垒工事的性质所决定的。但是利用有利的地形和坚固的工事也可以阻击人数占优势的敌人。腓特烈大帝曾经认为进攻皮尔纳的设防营垒是不可行的，尽管他的兵力是皮尔纳守军的两倍。以后常有人认为，皮尔纳的营垒当时也是可以被攻破的。这一论断的唯一理由是萨克森军队当时的状况很糟。然而这一理由并不能抵消设防工事所起的作用。还有，那些事后认为皮尔纳营垒不仅是可能，而且甚至是比较容易被进攻的人，如果他们处在腓特烈大帝的位置上，他们在当时能否下决心发动进攻也是一个疑问。

我们认为，进攻设防营垒属于并不高明的进攻手段。只有当营垒是仓促所建、并未完工，阻止进攻的障碍不多时，或者是像经常出现的那样，整个营垒只是略具规模，只完成一半时，这时进攻营垒才是可行的，甚至是一个轻易击败敌人的机会。

第11章　山地进攻

在第六篇的第5章和其后的几章中，我们已详细论述了山地在进攻和防守时所起的一般战略作用。我们也阐述了山地作为天然防线所起的作用，从中也推断出了进攻者该如何看待作为防线的山地对自己的影响。对于这个重要的研究对象，我们现在已经没有多少可说的了。我们此前研究山地得出的主要结论是：次要战斗中的山地防御与主力会战中的山地防御截然不同；在次要战斗中，进攻山地只能是一种不得已的下策，因为此时一切情况都对进攻者不利，但在主力会战中，山地对于进攻者来说是一种优势。

进攻者若是拥有足够的兵力，也决心进行会战，那么他应该在山地和敌人作战，这样肯定会给他带来好处。我们在这里还必须再讨论一下这个问题，因为想要别人接受这个结论是比较困难的。这个结论似乎跟表面看到的情况相矛盾，而且初看起来也不符合所有战争经验。还有，在大多数情况下，对于一支进攻军队来说，不管它是否要进行主力会战，都会把敌人没有占领位于敌我之间的山地当作一个很大的幸运，于是会尽快先占领山地。没人会觉得此时占领山地同进攻者的利益有什么冲突。我们认为这样做也是完全可以的，只是要根据具体情况区分对待。

一支想要进行主力会战而向敌人推进的军队，当他要翻越一座未被占领的山地时，会很自然地担心敌人在最后一刻死守他所要通过的关口。如果出现这种情况，进攻者就不会获得敌人通常的山地防御给他带来的优势。因为这时的防御兵力就不会非常分散，也不会不知道进攻者要走哪一个关口；而进攻者则不能根据敌人的布防情况来选择自己的行军路线。在这样的山地会战中，进攻者就不再具有我们在第六篇中谈到的那些优势，而防御者则可能据守一个坚不可摧的阵地。这时的防御者就可以利用这种方式进行对自己有利的山地会战。这一切当然是可能发生的。可是防御者也面临很大的困难：他要在最后一刻据守在工事优良的阵地上，而事先他却完全没有占领这个阵地。如果我们想到这种困难，就会明白这种山地防御的手段是不可行的，进攻者所担心的这种情况是不太可能发生的。尽管如此，进攻者还是很自然地会担心，因为在战争中经常会有这种情况：虽然是多余的，有的担心还是会自然出现的。

进攻者所担心的另一种情况是防御者通过前卫部队或前沿哨所进行先期抵抗。尽管这种防御手段只在极少数情况下对防御者有利，可是由于进攻者并不知道哪种情况对防御者有利，哪种情况对防御者不利，因此他们仍然会担心出现对自己最不利的情况。

此外，我们的上述看法并不否认这种可能性：一个阵地依靠山地地形而成为坚不可摧的阵地。还有一些并非位于山地的坚不可摧的阵地，如皮尔纳、施莫特赛芬、迈森和费耳特基尔赫等。正因为这些阵地不位于山地，才显得更有用。人们可以设想，在山地中可以找到一些坚不可摧的阵地。这些阵地，例如说在高台上的阵地，就可以消除通常的山地防御所具有的种种不利因素。可是这种阵地非常少见，我们只研究那些常见的情况。

从战史中可以看出，具有决定胜负意义的防御性会战是很不适合在山地进行的。伟大的指挥官想要进行这类会战时，总是更愿意在平原上选择决战地点。在整个战争史上，除了在革命战争时期外，就找不到在山地进行决战的例子。在革命战争时期，人们不得不在山地进行决定性会战，这显然是错误地使用了山地阵地，并对山地阵地的作用进行了错误的类推。1793年在孚日山，以及1795、1796和1797年在意大利的情况就是这样。每个人都指责梅拉斯在1800年没有占领阿尔卑斯山的通道。然而这种批评是欠思考的，是幼稚肤浅的。就算是拿破仑处于梅拉斯的地位，恐怕也不会去占领这些通道。

山地进攻的部署很大程度上属战术问题。这里我们只对山地进攻部署的一般情况，即与战术密切相关的情况做以下阐述：

1. 如果行军途中需要把军队分成几路前进，那在山地上就不可能像在别的地方，让军队离开道路，变成两路或三路前进，而通常只能是拥塞在很大的山间小道上。所以军队应该沿着几条道路同时进军，或者更正确地说，军队应沿着一条较宽的路面前进。

2. 对于防线很宽的山地防御，进攻者自然应该集中兵力进攻。在这种情况下去包围敌人，是不可想象的。只有通过突破敌人防线和击退敌人侧翼兵力，而不是通过包围切断敌人退路，这样才能取得重大胜利。迅速而不停地在敌人的主要退路上推进是进攻者实施进攻的必然趋势。

3. 若是敌人在山地防御中的兵力比较集中，那么迂回就是进攻者的一个非常重要的手段。因为此时的正面进攻会遭到敌人优势兵力的阻击。迂回必须以真正切断敌人后路为目的，而不是以战术上的侧翼和背向进攻为目的，因为若是敌人兵力强大，对其背后的进攻也会遭到有力的抵抗。对进攻者来说，收效最快的办法就是让敌人担心其后路被切断。山地防御中的防御者越早出现这种担心，对进攻者来说效果就越好。因为在危急关头，被困于山地中的人是很难用手中的剑杀出一条血路的。但是单纯的佯攻在这里成效是不明显的，它可能会让敌人离开阵地，但起不到更大的作用，因此必须要真正地去切断敌人的退路。

第12章　对缺乏纵深的防线的进攻

如果进攻方和防御方在一条缺乏纵深的防线上进行主力会战，那么进攻方会获得很大的优势，因为防御方分散和防守兵力比直接的河流和山地防守更不适合进行主力决战。1712年欧根在德南的防线就是这样的防线，他受到的损失相当于会战失利的损失。假如欧根当时集中布防兵力，维拉尔恐怕就很难取得这个胜利了。如果进攻者缺乏在会战中一举打败敌人的办法，而敌人的阵地又是由主力部队防守，那么进攻者就不敢轻易进攻敌人的防线。1703年维拉尔就没有敢进攻路德维希·冯·巴登布防的施托耳霍芬防线。如果防线是由非主力部队防守，那么一切就取决于进攻方能在进攻中投入多少兵力。在这种情况下的抵抗大多并不激烈，但是其取得的胜利当然也不是非常有价值。

包围者的围攻防卫圈有自己本身的特性，这个我们在论述战区时要再加以讨论。

一切缺乏纵深防线的设施，比如被加强的前哨防线等，总有一个特点：容易被突破。可是如果进攻者在突破防线后，并不继续推进，以期赢得决战胜利，那么这种突破就没有多大的效果。这些效果的取得在大多数情况下值得人们为此付出这么大的努力。

第13章　灵活机动

1. 第六篇第30章已经涉及这个问题。不管是进攻者还是防御者，都可以采用这种手段。但灵活机动更多地具有进攻性，而不是防御性，所以我们想在这里对这个问题进行具体的探讨。

2. 灵活机动并不与发起大规模战斗的强攻相对立，它是与直接使用进攻手段发起的进攻相对立，即使在威胁敌人的交通线和退路，牵制性进攻以及其他情况下都是如此。

3. 从词语用法上来看，“灵活机动”这个词表示一种从平衡状态下产生的作用，也就是说，几乎不用采取任何行动所产生的作用，一种通过诱使敌人犯错误所得到的效果。它就好像是下棋时最先走的那几步棋，是在双方力量均衡时的比赛，目的是为了造就能取得成功的有利机会，而利用这个机会创造出优势。

4. 灵活机动所带来的利益，有的应被视为行动的目标，有的应被视为行动的依据，它们主要是：

1. 切断或限制敌人给养的供应；
2. 同其他部队会合；
3. 威胁敌人同其国内或其他军队的联系；
4. 威胁敌人的退路；
5. 用优势兵力进攻敌人的单个据点。

这五种利益可以体现在具体情况中最小的一件事物上，并且使这个事物在一段时间里成为一切的中心。一座桥梁、一条道路、一个工事都经常能起到这样的主要作用。它们能具有这样的重要性，是因为它们与上述五种利益中的某一个紧密相关，这在任何情况下都不难证明。

6. 一个成功的灵活机动的行动可以使进攻者，更准确地说，使积极行动的一方，当然也可能是防御者，获得一小块地方，一个仓库等等。

7. 战略性灵活机动包含两组对立的概念，它们从表面看起来是不同的灵活机动，并由此而推断出一些错误的原则和规定。然而组成这两组概念的四个部分从根本上说是组成一个事物的四个不可或缺的部分，在这里也必须这样看待它们，第一组对立概念是包围和内线活动，第二组是集中兵力和分散兵力。

8.对于第一组概念，人们绝不能说其中某一概念，一般来说比另一概念更有用。因为人们如果采取这两个概念中的一种行动方式，那么另一种行动方式就会很自然地出现，一种行动方式是另一种的中和剂，两者构成一种自然上的平衡；另一方面，包围同进攻的性质相同，内线行动则同防御性质相同，所以在大多数情况下，进攻者更多采用包围，防御者更多采用内线活动。哪种方式使用得更好，哪种方式就更有用。

9.对另一组概念也不能说哪一个较另一个更有用。兵力较强的一方可以分散军队，以便创造出在很多方面对己有利的战略形势和行动条件，同时这样也有利于保存自己的实力。兵力较小的一方就必须更多地集中兵力，通过运动战来弥补因为兵力不足所造成的缺陷。大规模的运动战需要军队有较高的灵活机动能力。我们最后的结论是：兵力较弱的一方必须更充分地发挥自己的物质和精神力量。如果我们一直保持前后观点一致，就能经常碰到这个结论，所以在一定程度上也可以用它来检查我们的思考是否合乎逻辑。1759和1760年腓特烈大帝对道恩的战局，1761年他对劳东的战局以及1673年和1675年蒙特库特利对屠朗的战局，都一直被认为是兵力较弱的一方充分发挥物质和精神力量的典范之作。我们的观点也主要是从这些战局中得出的。

10.就像不该从上述两组四个对立的概念中推断出错误的原则和规定一样，我们也不能期望那些一般情况（如基地、地形等）会有实际上不可能有的重要性和决定性影响。所要谋求的利益越小，地点和时机方面的细节就越重要；而一般的或重要的情况则不是那么重要，在这种谋求较小利益的行动中，它们在一定程度上是起不到什么作用的。1675年屠朗的军队背后紧靠莱茵河，分布在三英里宽的正面战场上，而作为退路的桥梁却在最右侧，从一般人的眼光来看，还有比这更荒唐的排兵布阵吗？然而屠朗的这种布阵却达到了目的，它被认为是表现出了高度的技巧和智慧。这种论断不无道理，只有更多地注意细节，并且正确地确定它们在具体场合下的作用，人们才能理解这种成功和技巧。

所以我们深信，灵活机动没有什么规则可言，没什么方法或一般性的原则可以决定这一行动的价值。灵巧的活动、准确性、有秩序、服从性和勇敢的精神，所有这些有助于在具体的情况下取得明显的利益。能否取得胜利也主要是看双方在这几方面的竞争。

第14章　对沼泽地、泛滥地和林地的进攻

沼泽地，也就是不可通行的草地，它只有少数几个大堤。像我们在讲述防御时所说的那样，沼泽地会给战术进攻带来困难。因为它很宽，所以不能用炮火驱逐对面的敌人，也不能自己构筑通道。所以人们在战略上总是避免进攻沼泽地，尽量绕过去。如果有的沼泽地可供耕作的面积较大，通道也较多，那么防御者的抵抗虽然还是相对较强，但对于决定性的战斗来说就显得薄弱了，也就是说完全不适合了。相反，例如像在荷兰的沼泽地，由于泛滥地会更加难以通过，也会使防御者的抵抗加强到最大程度，使任何进攻都无能为力。荷兰在1672年的战争就说明了这一点。当时法国军队在攻克了除了泛滥地区以外的所有要塞后，还有5万兵力。他们先是由孔代指挥，后来由卢森堡指挥，可是都没能攻破泛滥区的防线，尽管当时也许只有两万荷兰军队在防守泛滥区。如果说不伦瑞克公爵指挥的普鲁士军队在1787年对荷兰军队作战时取得了截然不同的结果，当时普鲁士军队以几乎不占优势的兵力和很少的代价就攻破了泛滥区的防线，那么人们必须要从别的方面来找原因：当时的防御者由于政治观点不同而造成了防

守上的分裂，并且不能统一指挥。当时的情况是，那一次的胜利进军，即突破泛滥区的最后一道防线直到攻至阿姆斯特丹城下，源于一个很小的原因，因此并不能从中得出一般性的结论。这个很小的原因是哈勒姆海没有设防。正是利用了这一点，公爵绕过了防线，绕到了阿姆塞尔温据点的背后。假如荷兰人在这个海面上部署几艘军舰，公爵就绝不能攻到阿姆斯特丹城下，因为他当时已经无计可施了。这种情况对议和会产生什么影响，这个话题不是我们所讨论的，但是泛滥区的最后防线是不能被攻破，却是事实。

冬天当然是泛滥地防御的天然敌人，1794年和1795年法国军队就曾证明过这一点。但只有非常寒冷的冬天才起到这种作用。

我们把难以通过的森林也看作是一种可以加强防御的手段。如果森林不宽广的话，进攻者就可以通过几条相隔不远的道路通过森林，到达容易通行的地区。因为森林并不像河流和沼泽地那样绝对不能通行，所以森林中各个地方的战术防御力量不会很大。但是，如果像在俄罗斯和波兰，大片的地方几乎被森林覆盖，进攻者无法通过，那么进攻者就会处于很困难的境地。在这种情况下，进攻者在给养供应方面会面临很多困难；而且在昏暗的森林里，到处都可能出现敌人，进攻者很难把兵力多于敌人的优势表现出来。只要想想这些就会明白进攻者的困难处境。这种情况对进攻者来说肯定属于最糟糕的情况之一。

第15章　寻求决战的战区进攻

与这个题目有关的大多数研究对象我们在第六篇中已经研究过了，把那里的论述反过来看就是对战区进攻的说明。

“独立的战区”这个概念与防御的关系要比与进攻的关系更密切。一些主要的问题，如进攻对象、胜利的影响范围，在本篇中已有过探讨。关于进攻性质中最重要最本质的问题，我们将在阐论战争计划时加以研究。尽管如此，在这里还有几点内容要说，我们打算再次从寻求决战的会战讲起。

1. 进攻的最直接目标就是胜利。对于防御者从防守中获得的天然优势，进攻者只能通过别的优势来化解，最多就是通过感到自己是进攻者和前进者所产生的心理优势来化解，而这种心理优势是通过军队前进所取得的。这种心理优势在大多数情况下都被过高估计了，其实这种心理优势并不能长久存在，也经不起实际困难的考验。当然，产生这种情况的前提条件是，防御者和进攻者一样，采取了正确和恰当的行动。我们在此想要消除人们对突袭和出敌不意的错误看法。人们常常认为突袭和出敌不意是取得胜利的丰富源泉，然而，如果没有特定的条件，突袭和出敌不意是不可能出现的。关于真正的战略突袭，我们在其他地方已有过论述。如果进攻者没有物质方面的优势，那么他就得在精神方面占有优势，以抵消防御者的天然优势。若是进攻者物质、精神两方面的优势都没有，那么进攻就是缺乏动力和无法成功的。

2. 如同谨慎是防御的保护神一样，勇敢和自信则是进攻者的保护神。这并不是说，一方可以缺少另一方应该具有的特点，而是说，谨慎与防御有更紧密的关系，勇敢与自信则与进攻更密切，所有这些特点对双方来说都是必需的，因为军事行动不同于数学运算，它无法预知未来，或者至少无法那么准确地预知未来。在这种情况下，我们就必须信任那些最适合于达到我们目标的指挥官。防御者在精神力量方面表现得越软弱，进攻者就应该越大胆。

3. 要取得胜利，就要让敌人的主力部队和自己的主力作战。这一论断对进攻者来说要比对于防御者更容易被接受，因为进攻者就是去寻找一般来说已在阵地上驻扎着的防御者。讲述防御时我们已经说过，如果防御者错误布防，进攻者就不用去找防御者，因为他可以确信，防御者会来找他，这样也就可以在敌人缺乏准备的情况下和敌人作战。在这种情况下，一切都取决于能否正确判断出最重要的道路和方向。在讲述防御时我们并未说明这一点，只是让读者参阅本章，我们在这里想对此做一说明。

4. 我们在以前已经说过什么可以作为进攻的直接目标，也就是作为胜利的目的。如果进攻目标在所要进攻的战区之内，在可能取得的胜利范围之内，那么通向这些目标的道路也就是很自然的进攻方向。但是我们不能忘记，进攻目标通常只有在与胜利相联系时才有意义，所以在考虑进攻目标时必须一直考虑到胜利。因此对进攻者而言，不只是单纯地达到进攻的目标，而是要以胜利者的身份达到目标。进攻者的进攻方向不是要朝着进攻目标本身，而是要朝着敌人前往这一目标时将要经过的道路。这条道路对我们来说是直接的攻击目标。在敌人到达目标之前向敌人发起进攻，把它同这个目标隔开，在这种情况下打败敌人，就能取得很大的胜利。例如说敌人的首都是要进攻的目标，在敌人首都与进攻者之间并没有防守部队，这时若是直接进攻首都就是不合理的。较好的办法是向连接敌人军队和首都的交通线进军，并尽力争取在交通线上取得胜利，然后就可以很轻易地占领敌人的首都。

如果在进攻所能取得的胜利范围之内没有大目标，那么敌人军队和最近的大目标之间的交通线就具有特别重要的作用。每个进攻者都要问自己这个问题：如果我在会战中获胜，然后我要做什么？会战获胜后所要占领的目标很自然的就是所要进攻的方向。假如防御者正确地布防在这个方向上，那么对于进攻者来说就别无选择，只有去进攻对方。假如防御者的阵地十分坚固，进攻者就得考虑绕过敌人的阵地，也就是所说的在困难的境地中要想聪明的办法。如果防御者没在正确的地方设防，进攻者仍然应该向这个方向前进，直到他与目标的距离和防御者与目标的距离相同；如果这时防御者仍不向他的侧方移动，进攻者就应该转向防御者与目标之间的交通线，在那里与敌人交战。如果敌人一直保持不动的话，进攻者就应该转向敌人军队，从背后向敌人发起攻击。

在进攻者选择通往目标的所有道路中，大的通商要道总是最好和最自然的选择。如果路上有大的拐弯，就必须在这些路段中选择较直的道路，甚至宁可选择较小的道路，因为退路过于弯曲总是很危险的。

5．进攻者在进行决战时是没有理由分散兵力的。如果出现这种情况，也大多被看作是因为不明情况而犯的错误。进攻者应当在保证各纵队能同时作战的前提下向前推进，如果敌人自己分散了兵力，那么进攻者就会获得很大的好处，只有在这时，进攻者才能进行小规模的佯攻，这种佯攻在一定程度上可以说是战略上的佯攻，其目的是确保进攻者获得的好处。只有为了这个目的而分散兵力才正确。

在进攻中，进攻者在实施战术包围时把军队分为几个纵队是安全和必要的，因为包围对进攻来说是很自然的，除非是紧急情况，否则是不能放弃包围这一进攻手段的。但是这种包围只能是战术性质的，因为在进行大规模战斗时，战略包围完全是浪费兵力。只有进攻兵力十分强大、胜局已定，才能实施战略包围。

6．然而进攻也需要谨慎，因为进攻者也要保证自己的背后和交通线的安全。进攻者必须尽可能地通过向前进军，也就是说通过军队本身来保证自己的安全。如果必须专门用一支军队来保护自身安全，就势必会引起兵力分散，削弱进攻的力量。一支兵力较多的军队在向前推进时，它的正面宽度总是至少有军队行军一天所走的距离，若是它的撤退交通线偏离行军正面的垂直线不大，军队本身大多就可以保证交通线的安全了。

进攻者在这一方面所面临的危险，主要得看敌人的情况和特点。如果一切都处于大规模决战的紧张气氛之下，防御者就没有多大的余地去考虑攻击对方的背后和交通线，进攻者在这种情况下一般来说也不是非常担心。但是，一旦进攻停止，进攻者本身越来越多地转入防御时，保护背后的安全就越来越有必要，越来越成为一个主要问题。因为进攻者的背后当然要比防御者的背后更薄弱，所以在防御者真正转入进攻之前，甚至当他还在不停丢失国土时，就可以开始对进攻者的交通线采取行动了。

第16章　不寻求决战的战区进攻

1. 即使进攻者没有足够的决心和力量发动一场决战，他还是会有一些战略进攻意图的，只是所要进攻的目标较小而已。如果进攻取得胜利，进攻者达到了目标，那么随之而来的就是整个战局的平静和力量上的均衡。如果在进攻中遇到一些困难，那么整个进军就会提前停止。这时就会出现纯属利用机会的临时进攻，或者是战略机动。大多数战局的特征就是这样的。

2. 这一类进攻所选择的目标是：

（1）一片国土。占领一片国土能取得给养，必要时还可以征收军税，减轻本国负担，在议和谈判中也可以用它来交换等价物。有时占领一片国土是为了军队的荣誉，在路易十四时期，法国将领指挥的战争中就经常有这种情况。占领一片国土后，或者是能够保住它，或者是不能保住它，这两者的差别很大。只有当这片国土与自己的战区相连，是自己战区的自然补充，通常这时才能保住这片国土。只有这样的国土才能在议和谈判中交换等价物。至于其他的国土，通常只能在战争期间占领，到了冬天就要放弃。

（2）敌人的一个重要仓库。如果仓库不是很重要，就不能把其视为决定整个战局的进攻目标。占领仓库使防御者失去仓库，而进攻者获得仓库。但是对于进攻者来说，占领仓库的主要利益在于防御者因而后退一段距离，放弃一片他本来可以守住的土地。占领仓库实际上是一种手段，在这里我们把它当作目的，是因为它是进攻行动直接而明确的目标。

（3）攻占一个要塞。关于攻占要塞我们将专门留出一章来讨论，读者可以参阅那一章。根据那一章的内容就能明白，在不能以彻底打败敌人或攻占敌国大部分国土为目的的进攻战争和战局中，要塞总是最重要、最理想的进攻目标。我们也会比较容易理解，在要塞很多的尼德兰，为什么一切都要以占领这个或那个要塞为中心，甚至在大多数情况下，逐步占领整个地区都似乎不是主要的问题，主要问题是仔细观察每个要塞的潜在价值。对要塞本身来说，人们更多的是考虑占领它是否方便和容易，而不是它的价值。即使是围攻一个不算很大的要塞，这样的围攻也总是属于重大的行动，因为这要花费很多钱，而且这一行动也并不总是会对整个战局产生影响，这些都是在打算围攻要塞时必须慎重考虑到的。所以围攻要塞在这里应该属于战略进攻的重要目标。如果要塞的位置越不重要，或者围攻越是不认真，围攻的准备工作做得越差，一切越是捎带着做的，那么围攻所能取得的战略目标也就越小，就越适合用十分弱小的兵力并不坚决地去围攻。这时的一切常常只是为了军队荣誉而做做样子，因为作为进攻者，总得有所行动才像样。

（4）进行一场对己有利的战斗，遭遇战甚至会战。发起这样的战斗是为了争夺战利品，或者是纯粹为了军队的荣誉，有时也仅仅是为了指挥官的荣誉心。只有那些对战争史一无所知的人才会怀疑是否能出现这样的战争。在路易十四时期，法军所进行的战争大多都属于这一类。然而我们必须说明的是，这一类战斗并非毫无作用，也不是为了满足虚荣心而进行的游戏。它们对于议和谈判有相当大的影响，能使进攻者相当直接地达到目标。军队和指挥官的荣誉感是一种精神上的优势。它虽然是看不见的，却不断地推动着整个战局的发展。发起这类战斗有两个前提条件：一是要有相当大的取胜把握；二是即使失败了，损失也不会太大。这种只能在限定的条件下进行的、目标有限的战争，当然是不能和那些由于精神力量不足而不能充分利用胜利成果的战争相等同的。

3. 上面所提的几个目标中，除了目标（4）以外，其余都可以通过小规模的战斗来达到，进攻者常常也不通过大规模战斗来达到这样的目标。进攻者不通过决定性战斗就能达到目标的手段，都同防御者在其战区内的利益息息相关。这些手段是：威胁敌人的交通线，攻击与给养有关的目标，如仓库、富饶的地区、水路等；攻击与别的军队或军事重镇相联系的目标，如桥梁、通道等；占领敌人无法再夺回、并能给敌人造成困难的坚固的阵地；占领大城市、富饶的地区以及可能发生武装反抗的不安定地区；威胁敌人的弱小同盟国，等等。如果进攻者确实能切断防御者的交通线，即使防御者能付出很大的牺牲来予以恢复；如果进攻者要进攻上述的目标，对于防御者来说，他就宁愿放弃一些小的目标，把阵地向后或向侧面撤，来保护别的目标，这样一来，某个地区、仓库和要塞就失去了保护，进攻者就可以趁机占领它们。在攻占这些地方时，可能会发生或大或小的战斗，然而这些战斗并非人们所期望，它们只是不得已的下策，其规模和重要性不会超过一定界限。

4. 防御者对进攻者的交通线进行攻击是防御的一种反击方式。双方决战时，只有当战线很长时，防御者才适合去攻击对方的交通线，而在不寻求决战的战争中，这种反击方式都是很自然的。在小规模的战斗中，进攻者的交通线很少会比较长，可是这时重要的并不是敌人的交通线遭受多大损失，只要能给敌人的给养供应造成麻烦，使其给养减少，就已经起到作用了。对于敌人交通线不长的情况，防御者可以延长攻击敌人交通线的时间，以此来取得尽可能大的作用。

这时，对自己的侧翼进行战略保护是进攻者的一个重要任务。如果进攻者与防御者之间攻击对方交通线的争斗不断升级，进攻者就必须用自己的优势来化解自己固有的不足。如果进攻者有足够的兵力和决心，敢于对敌人军队或敌人主力部队发起大规模进攻，那么使敌人面临这种危险就是对进攻者的交通线最好的保护。

5. 最后我们还要明白，在这种战争中，和防御者相比进攻者总有一个很大的优点，那就是进攻者比防御者能更好地根据对方意图和实力来判断对方的行动。要想提前看出进攻者要采取多大规模的行动是很困难的，而要提前看出防御者的行动规模则要容易一些。从实际情况来看，选择防御常常就是不想有什么积极行动的证明。此外，进行大规模反击的准备工作同进行一般防御的准备工作相差很大，而进行大规模进攻的准备工作同进行小规模进攻的准备工作差别则没那么大。最后，防御者是不得不先采取防范措施，而进攻者则可以根据对方的布防再采取相应措施。

第17章　对要塞的进攻

对要塞的进攻，我们当然不能从筑建要塞的方面来研究，这里要研究的是：第一，同进攻要塞相联系的战略意图；第二，如何选择所要进攻的要塞；第三，如何保护进攻要塞的军队。

防御者丢失要塞会削弱他的防御力量，特别当要塞是其防御系统中的一个重要组成部分时更是如此。进攻者占领要塞则可以获得很大的便利，他可以把要塞当仓库和补给站来使用，也可以用它来保护本方的地区和营地，等等。当进攻者最后转为防御时，要塞则是其防御系统的最强大的支柱。要塞在战争进程中的这些作用，我们在“防御”一篇里论述要塞时已做了详细的说明，把那里的论述反过来看就是对进攻要塞的应有说明。

在进行决战中的攻占要塞同在非决战中的攻占要塞也是有很大区别的。在进行决战时，攻占要塞总被看作是不得已的办法，这时人们也只是去围攻为了决战的胜利而不得不去围攻的要塞。只有在胜负大局已定，危机和军队的紧张情绪早已消除，也就是说已经出现了平静的局面，此时占领要塞才起到巩固胜利成果的作用。尽管此时占领要塞还需要努力，需要消耗兵力，但大多已不会引起什么危险了。在危机还存在时，去围攻要塞会使进攻者的危机剧增，没有什么能像围攻要塞那样削弱进攻者的力量，没有什么可以像围攻要塞那样能使进攻者在一段时间里优势全无，这一切都是很明显的。但是在一些情况下，为了保持进攻，就不得不在有危险的情况下去进攻这个或那个要塞，这时的围攻要塞是一种猛烈的进攻行为；进攻前越是胜负未定，进攻者的危机就越大。关于这方面的问题，我们将在“战争计划”中讨论。

在作战目的有一定限制的战斗中，占领要塞通常不是达到某种目的的手段，而是行动的目的本身。占领要塞这时被视为一个独立的小行动，和其他行动相比它具有以下的优点：

1.因为进攻要塞是一种较小的有一定范围的行动，所以它不需要使用很多兵力，也不用担心会遭到反击。

2.要塞在议和谈判时可以用来交换价值很高的等价物。

3.进攻要塞是一种猛烈的进攻行动，至少看起来是这样，但它不像别的进攻手段那样会不断增加兵力消耗。

4.进攻要塞是一种不会引起灾难性后果的行动。

因为进攻要塞有上述的优点，所以战略进攻在没有重大目标的时候，就经常把占领敌人的一个或几个要塞作为目标。在难以选择该进攻哪个要塞时，可以根据以下的情况来决定：

1.这个要塞应该在占领后易于防守，在以后的议和谈判中能交换价值很高的等价物。

2.考虑围攻的手段。小规模的围攻手段只能占领小的要塞，成功地占领一个小要塞要比围攻一个大要塞遭到失败好。

3.考虑要塞的坚固程度。要塞的坚固程度很显然并不总是与其重要性成正比的。如果放着一个不太坚固的要塞不去进攻，却把兵力浪费在进攻一个非常坚固而且不重要的要塞上，那么这是再愚蠢不过的事情了。

4.考虑要塞装备情况及其守军的强弱。如果要塞的装备较差，驻守的军队也少，那么占领这个要塞就容易一些。但是这里必须指出，驻守要塞的军队及其装备的强弱也是决定要塞重要性的因素。因为驻守的军队和装备直接就是属于敌人作战力量的一部分，其作用是不能同工事的坚固程度所起的作用相等同的。占领一个守军很强大的要塞所付出的代价，是要远远超过占领一个很坚固的工事所付出的代价。

5.考虑运送围攻要塞所需物资的难易程度。大多数围攻之所以失败，原因在于缺乏物资，而缺乏物资的原因在于运输物资过于困难。1712年欧根围攻郎德勒希要塞失利，1758年腓特烈大帝围攻阿里木次要塞失利，这两次失利都是最典型的例子。

6.最后还要考虑保护围攻军队的难易程度。

保护围攻军队有两种截然不同的方式，即通过围攻军队建筑工事，也就是说，通过环形防卫线来保护，以及通过所谓监视警戒线来保护。第一种方式现在已经完全过时了，尽管它有一个很大的优点，那就是如果采用这种方式，进攻者就不会犯进攻的大忌，即分割兵力，而使进攻力量减弱。然而采用这种保护方式，会由于其他方面的原因使进攻者力量大减，这些原因是：

（1）围绕要塞所筑建的阵地通常会使军队的战线过长。

（2）防守要塞的军队，以及敌人增援的军队，原来不过是同我军对峙的军队，在这种情况下却成为在我军营地中的一支敌军，它依靠要塞工事的保护，是不受损伤的，或者至少是不可征服的，这时它能起到比平常大得多的作用。

（3）对这种环形防卫线的保护只能是绝对防御，因为这种环形的正面向外的防线是所有防御阵型中最不利的，最弱小的，特别不利于进行有效的出击。环形防卫线的防守者只能是躲在工事里防御。很明显，这种情况下的力量减弱要比拿出三分之一的兵力组成监视警戒线所造成的力量削弱更严重。我们只要想一想，自从腓特烈大帝以后，人们就普遍偏爱所谓进攻（其实也并不总是进攻）和灵活机动，而排斥筑垒工事，那么就不会对环形防卫线的过时感到惊奇。环形防卫线使战术防御的效果减弱了，这并不是环形防卫线的唯一缺点。我们在提到这个缺点时，也讲了一些对环形防卫线的偏见，因为这些偏见同这个缺点有着密切的联系。环形防卫线在整个战争中只能保护它所能包含的那一部分地方，其余的地方，若不专门派兵守护，就等于送给了敌人。可是派兵保护就要分割兵力，这正是进攻者所要尽力避免的。在这种情况下，进攻者可能会为围攻所需要物资的运送而大伤脑筋。如果军队的数量较大，围攻所需的物资较多，而敌人在战场上的兵力又较强，那么就不能指望用环形防卫线来保护物资运输了。除非是在像尼德兰地区那样的环境中。在尼德兰，要塞之间的距离很近，它们互相联系，也联系着战区的其他部分，共同组成一个完整的体系，运输物资的线路也因此大大缩短了。在路易十四以前的时代，在军队的布防上还没有战区这个概念。特别是在30年战争期间，军队是无目的的运动，偶尔会发现敌人的这个或那个要塞前没有驻军，他们就围攻这个要塞，他们所带的物资够用多久就围攻多久，直到敌人的援军赶来为止。在那时使用环形防卫线是合理的。

这种环形防卫线在以后可能只会在很少的情况下使用，也就是在与上述情况类似时使用。只有战场上的敌人很弱时，只有战区这个概念同围攻的概念相比较已几乎不存在时，集中兵力才是理所应当的行动，因为这样做肯定可以大大增加围攻的力量。

在路易十四时期，在康布雷和伐郎兴两地的环线防卫线都没有起到什么作用。前者由孔代防守，被屠朗突破，后者由屠朗防守，被孔代突破。但是我们也要看到，在别的许多战例中，即使防御需要紧急增援，而且防御方的指挥官很有魄力，他对环形防卫线还是不敢贸然发起进攻。例如1708年，维拉尔就没敢进攻在里尔的环形防卫线内的联军。腓特烈大帝1758年在阿里木茨，1760年在德累斯顿，虽然没有构筑真正的环线防卫线，但是建立了一个与环形防卫线本质相同的防御体系，他是用同一支军队进行围攻和保护自己的。1758年在阿里木茨，因为奥地利军队还离得很远，所以腓特烈敢这么做，但当他在多姆施塔损失了运输队之后，他又为这种做法感到后悔了。1760年在德累斯顿，他之所以这么做，是因为他轻视帝国军队，另一方面是因为他急于攻占德累斯顿。

最后，还要提到环形防卫线的一个缺点，那就是在战争失利的时候很难保住进攻用的火炮。如果保护围攻的军队离围攻地点较远，即使敌人打败这支军队，他们赶到围攻地点也需要一天或几天的时间，那么围攻军队就可以及时停止围攻，至少在敌人赶到的一天前带辎重撤离。

在设置监视警戒线时碰到的首要问题是：在离围攻地点多远的地方设置监视警戒线？在大多数情况下，这是由地形条件和与围攻部队保持联系的其他军队的阵地位置所决定的。此外，很明显就能看出，保护围攻的军队离围攻地较远，那么围攻要塞的军队就能得到更好的保护；若是距离较近，不超过几英里，那么围攻要塞的军队和保护围攻的军队就可以互相支援。

第18章　对运输队的攻击

攻击和保护运输队是一个战术问题，如果不是要尽力证明攻击和保护运输队只是由于战略上的原因的话，我们在这里就不会谈这个问题了。因为在这个问题上，可以把进攻和防御综合起来讨论的东西不多，而且进攻对这个问题来说才是主要内容，否则的话，我们在探讨防御时就已经讨论过这个问题了。

一个中型运输队有300至400辆车，不管车上装的是什么，都可以有半英里长，更大的运输队则可以有好几英里长。派出平常保护运输队的那么点兵力能保护这么长的运输队，这是怎么设想呢？运输队缺乏灵活性，行动缓慢，而且总是容易发生混乱；最后还有运输队的每一部分都要单独保护，因为如果运输队的某一部分遭到攻击，那么整个运输队就会堵在路上，并且陷入混乱。如果考虑到上面所提的情况，人们就有理由发问：究竟怎样才能保护运输队？或者换句话说，为什么不是所有遭到攻击的运输队都被洗劫一空？为什么不是所有必须要保护的，也就是敌人可以接近的运输队都遭到攻击？很明显，所有战术上的办法，像腾佩霍夫提出的很不现实的主意，即通过让运输队不停地前进和停止前进来缩短运输队的长度；或者像香霍斯特提出的好得多的主意，即把运输队分成几个纵队前进，所有这些对于运输队的根本缺陷来说，都是成效不大的措施。

问题的症结在于大多数的运输队都能通过战略形势获得保护，而且它比其他能遭到敌人进攻的军队更安全，这就使得运输队很小的防御手段能起到很大的作用。运输队总是或多或少地在本方军队的后方活动，或者至少是在离敌人很远的地方活动。由此造成的后果是：敌人只能派较小的军队去进攻运输队，要留下较多的军队来作掩护，以免自己的侧翼和背后受到增援运输队的军队的攻击。如果我们再考虑到运输队的车辆是很难搬走的，进攻者大多只能砍断挽具，拉走马匹，引爆炸药车等等，这样做会使整个运输队停下来，并且陷入混乱，但是并不能真正消灭运输队。由此可见，运输队的安全更多有赖于战略形势，而不是保护运输队的军队的防御抵抗。当然这种勇敢的防御抵抗虽然不能直接保护运输队，却能破坏敌人的进攻体系。最后，我们可以看出：对运输队攻击并非容易和万无一失，而是相当困难，其结果也很难预料。

还有一个重要问题就是进攻运输队所面临的危险。进攻运输队可能会遭到敌人军队或者敌人某一部队的报复，使自己遭到彻底失败。在很多情况下，正是因为人们有这种顾虑才没有攻击运输队。不明其中奥妙的人就在保护运输队的军队中寻找原因，因而惊奇不已，为什么保护运输队的兵力少得可怜，却也能让人敬而远之。要想明白这一论断的正确性，想想腓特烈大帝在1758年的著名撤退就会明白。当时腓特烈大帝在围攻阿里木茨后通过波希米亚撤离，一半的军队分成许多小队来保护由4000辆车组成的辎重队。是什么阻止了道奇去进攻这支运输队呢？是害怕，道奇害怕腓特烈大帝用另一半军队来进攻他，把他卷入一场他不愿意进行的会战中。是什么让劳东在齐施博维茨没有更早更大胆地进攻一直在他侧面的这支运输队呢？是害怕，他害怕遭到报复。劳东的军队距离主力十英里，而且他与主力的联系已被普鲁士军队完全切断，所以劳东认为，如果丝毫没有受道奇牵制的腓特烈大帝用大部分兵力来进攻他，他就会遭到惨败。

只有当军队的战略形势使运输队很反常地在军队的侧面或者前面活动时，它才真正面临很大的危险。如果这时敌人的形势允许敌人出兵，运输队就会成为敌人有利的进攻目标。在1758年那次战争中，奥地利军队在多姆施塔对普鲁士运输队的进攻，就说明这种进攻能取得圆满的结果。当时通往尼斯的道路在普鲁士军队阵地的左侧，腓特烈大帝的军队因为攻城和对抗道奇而受到很大的牵制，所以奥地利军队一点都不用为自己担心，可以非常从容地进攻普鲁士的运输队。欧根在1712年围攻兰德赖希时，曾经从布香经过德南运送攻城物资，也就是在战略阵地的前面运送物资。众所周知，当时他为了在这种非常困难情况下保护运输队，都采取了怎样的措施，遇到了怎样的困难，而这种困难的局面后来直到战局发生剧变才结束。

因此，我们得出的结论是：进攻运输队从战术方面来看，似乎很容易，但是从战略方面来看却并非如此，只有在敌人的交通线十分暴露的反常情况下，进攻运输队才会获得重大的成果。

第19章　对在宿营地中的敌人军队的进攻

我们在讨论防御时没有提到这个问题，是因为宿营地不能被看成一种防御手段，它只是军队的一种存在状态，而且是一种战备很差的存在状态。就这种战备情况而言，我们在第五篇第13章中对军队的这种状态已做了足够的说明。

我们讨论进攻宿营地的敌人，要把这些敌人当成特殊的进攻目标，这是因为这种进攻是一种很特殊的进攻形式，另一方面，这种进攻可以被看作是能产生特别效果的战略手段。这里所谈的并不是对敌人单个宿营地，或者是分布在几个村子里的小股敌人军队的进攻，因为这些进攻的部署完全是战术上的问题；这里所谈的是对占据许多宿营地的敌人大部队的进攻。所以这种进攻的目的并不在于去攻占单个宿营地，而在于阻止敌人军队集中。

进攻宿营地中的敌人就意味着进攻一支尚未集结的军队。如果通过进攻使敌人军队不能到达预定的集结地点，而只能在较远的后方选择一个集结地点，那么这个进攻就是成功的。敌人军队集结地点后移的距离，在危急的时候，通常会有好几天的行程，很少只有一天的行程，因此而丧失的国土面积是很大的。这是进攻者能取得的第一个利益。

针对整个敌人军队发起的进攻，在刚开始时也可能是同时进攻敌人的几个单个宿营地，当然不可能一下子就攻击那么多的宿营地，因为这样做会使进攻者的战线过长，兵力分散，在任何情况下都不能这么做。进攻者只能攻击处于进攻线路上的敌人最前方的宿营地，尽管如此，这样的进攻也很少能取得很大的或完全的胜利。因为一支大部队的接近是很难不被别人发觉的。但是我们并不能因此而忽视这样的进攻方式，通过这种进攻方式所取得的成果是进攻者能获得的第二个利益。

第三个利益是进攻者能迫使敌人进行局部战斗，并在战斗中使敌人受到重大损失。一支大部队在通常情况下并不是以单个的营为单位来集结的，而是先集结成旅，或者是师，或者甚至是集团军，这样军队就不能很快地赶到集结地点。当他们在中途遇到敌人军队时，就得投入战斗，当敌人兵力较弱时，他们也可能取胜，但在取胜的同时也失去了时间。对于一支只想尽快赶到集结地点的军队来说，在这种情况下的胜利意义不大，这一点是很容易理解的。他们也可能被打败，而且可能性更大一些，因为他们没有时间去组织有力的抵抗。可以想象，如果进攻者能很好地计划和实施进攻，迫使敌人进行局部战斗，是会有重大收获的，这种收获将会是总的战斗成果的重要组成部分。

最后第四个利益也是整个行动的结局，也就是使敌人军队在一段时间里陷入混乱，并且士气低落，使得敌人军队即使完成集结也不会有什么作为。通常情况下，这样的军队一旦遭到进攻，就会失去更多的国土，还得彻底修改作战计划。

以上这些就是对敌人的宿营地进行成功攻击所能取得的特殊成果，也就是说，通过攻击使敌人不能毫发无损地在预定地点完成集结。攻击所取得的成果是大小不同的，这种成果有时很大，有时则微不足道。即使是很成功的攻击，取得的成果也很大，可它仍然很少能比得上一次大会战所取得的胜利成果。一方面是因为，这种攻击所获得的战利品不如会战取胜所获得的多，另一方面是因为，这种攻击的胜利不如大会战取胜所造成的精神影响大。

我们必须要注意到这个总的结论，以免对这种攻击估计过高，有些人认为这种攻击是最有效的进攻，看看上面的详细分析和战争史上的例子，我们就会明白，事情根本就不是这样的。

这一类攻击中最光辉的例子之一是洛林公爵1643年在提特林根对朗超将军指挥的法军宿营地的进攻。共有1.6万人的法军损失了将军和7000名士兵。这是一次彻底的失败。失败的原因在于法军未设任何警戒哨所。

屠朗1644年在梅尔根特海姆（法国人称此地为马里恩塔尔）遭到的袭击，从结果来看也是一次惨败，屠朗8000人的军队损失了3000人。其主要原因在于屠朗当时忍不住用集中起来的军队进行了不适当的抵抗。我们不能因此就经常期望这种袭击能得到类似的结果。造成这种结果的原因更多的在于没有对这种袭击做充分的考虑，而不是在于袭击本身，因为屠朗本来也是可以避开战斗，而去和在较远宿营地中的军队会合的。

第三个有名的袭击是1674年屠朗在阿尔萨斯对大选帝侯、帝国将军布尔农维耳和洛林公爵指挥的联军的袭击。屠朗得到的战利品很少，联军损失了不超过两三千人的兵力，这对于共有5万兵力的军队来说不是什么重大损失。但是联军却认为不能再冒险在阿尔萨斯进行抵抗，就撤退到莱茵河对岸去了。而这种战略上的结果正是屠朗所需要的，可是人们并不能把造成这一结果的原因归于袭击本身。与其说屠朗袭击了敌人的军队，还不如说他改变了敌人的作战计划。联军统帅的意见不一致，军队又靠近莱茵河都是造成这一结果的原因。人们在通常情况下都错误地理解了这次袭击，所以它还是很值得人们仔细研究的。

1741年，奈佩尔克袭击了腓特烈大帝军队的宿营地，取得的成果仅仅是迫使腓特烈大帝变换作战前线，用尚未完全集结完毕的兵力同对方进行莫尔维茨会战。

1754年，腓特烈大帝在劳西茨袭击了洛林亲王军队的宿营地，奥地利军队因此损失了2000人。能取得这一成果，是因为腓特烈大帝重点对最重要的营地之一，即亨内斯多夫营地进行了真正的袭击。这一行动总的结果是洛林亲王通过上劳西茨退回了波希米亚。但是在他沿易北河北岸又回到萨克森时，当然没有碰到什么阻碍。所以说，如果腓特烈大帝不进行克塞耳斯多夫会战，他就不能取得什么重大的成果。

1758年，斐迪南公爵袭击了法国军队的宿营地。其引起的直接结果是法军损失了几千人，不得不退到阿勒尔河的另一岸。可是这次袭击所造成的精神上的影响更深远一些，影响到了法军在以后放弃整个威斯特伐利亚。如果我们要从这些例子中总结出这种袭击效果的结论，那么只有前两个例子能等同于获胜的会战。可是在当时的两场战斗中，军队的数量较少，而且缺少警戒哨所，这对于进攻方是非常有利的。其他的四个例子尽管都是成功的袭击，可是其造成的效果很明显是不可能同会战的效果相提并论的。这些效果都只是在敌人意志薄弱时取得的。1741年的那次袭击，由于敌人的意志并不薄弱，所以也未取得什么效果。

1806年，普鲁士军队计划袭击法国军队在弗兰肯的宿营地，这次袭击是应该能取得很好的结果的。当时拿破仑不在军中，法军的宿营地非常分散。在这种情况下，普鲁士军队可以下定决心，迅速地袭击敌人，这样就能使法军受到一些损失，并把他们赶到莱茵河的另一边。普鲁士军队当时能做的就是这么多。若是普军想获得更大的胜利，例如说他们越过莱茵河去追击敌人，或者是想获得更大的精神优势，使法军以后不敢再到莱茵河右岸来，那么这些想法则是不现实的。

1812年8月初，当拿破仑的军队在维帖布斯克休整时，俄军曾想从斯摩棱斯克出发去袭击法军的宿营地。但是俄军在中途却丧失了勇气。这对俄军来说是一种幸运。因为当时拿破仑的中央军队有比俄军多一倍以上的兵力，而且他自己是一个很有魄力的统帅。损失几英里土地对法军不会造成什么影响，而俄军在附近却找不到可能取得成果、并在一定程度上巩固成果的地形。还因为这场战争并不是缺乏进取心的、将要结束的战争，而是进攻者彻底打败敌人的第一步。从袭击敌人宿营地中得到的很小的利益，是极其违背俄军的根本利益，因为这种很小的利益不可能化解俄军在兵力和其他方面的劣势。俄军的这个企图也说明，要是对这种进攻方式没有明确的认识，就很可能完全错误地使用它。

至此为止，我们所谈的内容，是把进攻宿营地的敌人作为一种战略措施来看的。从这种进攻的性质看，它不仅是战术问题，一定程度上也是战略问题。这种进攻通常情况下在一个很宽的前线上进行，进攻的军队在集结之前就能进攻敌人，在大多数情况下他们也是这么做的，所以整个的进攻行为是由单个的战斗组成的，因此我们在这里也得用几句话谈谈如何最合理地组织这种进攻。

对组织这种进攻的第一个要求是：要在一个相当宽的前线上进攻敌人的宿营地。因为只有这样才能真正攻击好几个宿营地，隔断它们同别的宿营地的联系，并且像预想的那样，使敌人陷入混乱之中，要根据具体的情况来决定进攻纵队的数量和相隔距离。

第二个要求是：各进攻纵队的进攻方向要指向一个预定的会合地点。因为敌人最终将会或多或少地集中起兵力，所以我们也要集中兵力。进攻纵队的会合地点，可以是敌人交通线上的某一点，也可位于敌人的撤退路线上，当然最好是位于能隔断敌人撤退路线的一个有利地形上。

第三个要求是：各进攻纵队在和敌人遭遇后，必须下定决心，英勇无畏地进攻敌人。因为这时总的形势对进攻者有利，在这种情况下冒险总是正确的。这就要求各进攻纵队的指挥官要有很大的自由度和全部的权力。

第四个要求是：在敌人首先占领阵地进行抵抗时，对付他们的战术计划要一直采用迂回的方式，因为只有分割和隔断敌人才能取得重大的成果。

第五个要求是：各纵队由各兵种组成，骑兵不能太弱。如果把骑兵预备队分配到各个纵队去可能会更好。有一种错误的看法认为，骑兵作为预备队会在这个行动中起主要作用。可事实上，随便一个村庄、一座很小的桥梁、一片很小的丛林都能让骑兵止步。

第六个要求是：尽管从进攻的性质看，最前方的军队不能前进得过远，但是只有在接近敌人时才应这么做。一旦战斗在敌人宿营地内打响，也就是说，希望从真正的袭击中得到的东西已经得到，那么由各兵种组成的最前方的进攻就得尽可能远地向前推进，因为通过迅速地进军可以使敌人更加混乱。只有这样，进攻者才能在这儿或那儿俘获敌人在仓皇退出宿营地时落在后面的辎重、大炮、差遣人员和掉队人员。最前方的进攻队伍应该以迂回包围和分割敌人兵力为主。

第七个要求是：在最后必须确定出进攻队伍失利时的撤退路线和会合地点。

第20章　牵制性进攻

从词义上看，牵制性进攻是指为了把敌人调离一个重要地点而对敌人国土发起的进攻。只有当进攻者的主要目的是为了调离敌人，而不是占领所进攻的目标，这种进攻才是特殊形式的进攻，否则就是一般的进攻。

牵制性进攻当然也有一个进攻目标。只有当这个目标很重要时，敌人才会派兵增援，如果这一行动未能调动敌人，那么进攻所占领的这一目标也是对进攻所付出代价的补偿。

这种进攻的目标可以是要塞、大仓库、富有的大都市，特别是首都，也可以是能征收各种军税的地方，或者是能得到对本国政府不满的敌国臣民支持的地方。很容易就能看出来，牵制性进攻很可能是有利可图的行动。当然，情况并非总是如此，牵制性进攻有时甚至是有害的。对牵制性进攻的主要要求是，它要让敌人从主要战场调离的军队多于我方投入到牵制性进攻中的兵力。如果敌人调离的军队和我方投入的兵力一样多，那么这一行动就不再是牵制性进攻，而成为一种次要进攻了。由于形势有利，有时候只投入很少兵力的次要进攻也能取得很大的成果，例如说很轻易就占领一个重要的要塞，这一类进攻也不能被称为牵制性进攻。如果一个国家在与另一个国家交战时遭到第三国的进攻，这种进攻当然也是牵制性进攻。这类进攻同普通进攻的区别，只是在于进攻方向不同，然而并没有理由给这类进攻一个专门名称，因为在理论上专门的名称只是表示专门事物的。

要想用较少的兵力把敌人较多的兵力吸引过来，无疑是需要一些特殊条件的。随便派一支军队到一个没去过的地方，这样做是不能达到吸引敌人的目的的。

如果进攻者派出1000人的军队，去占领在主要战区以外的敌方的一个地区，以便在那里征收军税等等，那么我们当然也能推测出，敌人也只用1000人的兵力就不能阻止对方的行动，如果敌方想确保这一地区的安全，就必须派出更多的军队。但是，这时就有一个问题，防御者是否可以不去保护本方地区的安全，而是派出同样多的兵力去占领我方的地区以求得平衡呢？如果进攻者要在这种进攻中获得好处，他在事先就得确定，他在敌人的地区能得到的东西要多于敌人在他自己的地区能得到的东西，或者是他对敌人造成的威胁要大于敌人对他的威胁。如果是这种情况，那么投入兵力很少的牵制性进攻就肯定能调动较多的敌人兵力。另外，我们很自然也能看出，投入牵制性进攻的兵力越多，能从中获取的好处也就越少，因为5万人的兵力不仅可以有效地抵抗5万敌人的进攻，保护一个中等地区，甚至可以抵抗更多的敌人。如果投入到牵制性进攻中的兵力很多，那么能否从中得到好处就很值得怀疑。如果想从牵制性进攻中取得好处的话，那么投入到牵制性进攻中的兵力越多，其他有利于这种进攻的因素就越重要。

这种有利于牵制性进攻的因素可能是：

1.进攻者能够派军队投入牵制性进攻，而其主要进攻不会因此而减弱。

2.通过牵制性进攻能够威胁防守者非常重要的据点。

3.受牵制性进攻所威胁的地区内的敌国居民对本国政府不满意。

4.受牵制性进攻所威胁的地区是一个能供给大量作战物资的富饶地区。

如果在实施这种牵制性进攻时，人们检查一下是否具有上述有利条件，并且一定要取得成果，就会发现能进行这种进攻的机会并不是很多。这里还有一个重要问题，每个牵制性进攻都会给一个没有战争的地区带来战争，这样就会或多或少引起这个地区潜在的敌对力量。如果敌人把民兵和全民武装反抗引入战争，那么这种潜在的敌对力量就会表现得很突出。如果一个地区突然受到敌人威胁，此前又没有什么防御准备，那么有才能的当地官员就会提供和使用一切可能的手段来防止灾难的发生，这是十分自然的事情，也是经验所充分证明了的。这样就会引起新的抵抗力量，一种离全民战争不远的，很容易引起全民战争的抵抗力量。

每一次牵制性进攻都必须在事先考虑到这个主要问题。这样就不会导致自掘坟墓。

英国军队1799年对荷兰北部的军事行动和1809年对伐耳赫伦岛的军事行动，作为牵制性进攻来看是正确的行动，因为英军当时除此之外别无选择。但是，毫无疑问，这种进攻使法国人的抵抗增强了。在法国的任何登陆都会引起这种后果。若是能够威胁法国的海岸线，肯定会带来很大的好处，因为这样会牵制法国防守海岸线的相当大一部分兵力。然而，只有在能获得反对本国政府的一个地区的支持时，用很大的兵力实施登陆法国才是可行的。

战争中进行大决战的可能性越小，牵制性进攻就越是可行，当然从中获得的利益也就越小。牵制性进攻在这里只是一种使静止的军队动起来的手段。

牵制性进攻的实施：

1. 牵制性进攻可以是一次真正的进攻，其行动特点只是大胆和迅速。

2. 牵制性进攻也可以只是做做样子，并不真的实施进攻，也就是佯动。只有熟悉情况和人员特点的聪明人才知道这时该采用什么样的特殊措施。因此所造成的严重的兵力分散在这时是必要的，也是很自然的情况。

3. 如果兵力不是很少，而且退路也受到一定地点的限制，那么组建一支支援牵制性进攻的预备队就是一个基本条件。

第21章　入　侵

我们对于这个题目所能谈的，几乎只有解释词义了。我们经常在现代作家的著作中发现这个概念，他们甚至还自命不凡地用这个词来表示特殊的事物。“入侵战争”就经常出现在法国人的著作中。他们用这个词来表示深入敌人国土的进攻，并且想把这个概念同有步骤的进攻，即蚕食敌人边境的进攻对立起来。然而这是一种不合逻辑的语言乱用。一次进攻是一直在边境上进行呢，还是深入敌人国土之内？是首先占领要塞呢，还是首先找到敌人主力、追击敌人主力？这些都不是由行动方式所决定的，而是由当时的具体情况决定的，至少在理论上是这样。在某些情况下，深入敌后的进攻要比在边境上的进攻更有步骤、更谨慎，然而在多数情况下，深入敌后的进攻不是别的什么，只是一次成功的猛烈进攻的后果，它同进攻是没有区别的。

附录　关于胜利的顶点[1]

并不是在每一次战争中胜利者都能彻底打垮敌人。在经常和大多数情况下胜利有一个顶点。无数的经验都充分证明了这一点。因为这个问题对于战争理论有着非常重要的意义，也是所有战争计划的一个立足点，还因为这一问题从表面上看有许多相互矛盾的地方，就像光线呈现出七彩颜色那样，所以我们要仔细观察这一问题，探讨其内在的规律。

胜利通常来源于所有物质和精神方面的优势总和。毫无疑问，胜利会加大这种优势，否则人们就不会去追求胜利和用很大代价去换取胜利了。胜利本身会增大优势，胜利带来的战果也会增大优势，但是这种优势并不能无限增大，而是在多数情况下只能到达某一点。这种优势所能增大到的程度可能是很有限的，有时甚至有限到会战胜利的全部战果只是增加了精神上的优势。现在我们研究一下这种情况是怎么出现的。

军队在军事行动中会不断遇到增强和削弱其作战力量的因素。问题在于谁占优势。因为作战双方中的一方力量减弱，就意味着另一方的力量增强，所以从中可以看出，在军队前进和撤退中都存在着增强力量和削弱力量这两股洪流。

我们研究了在一种情况下产生这种变化最根本的原因，也就说明了在另一种情况下引起这种变化的原因。

前进时以下的主要原因会使军队力量增强：

1　据原注，本文可能是克劳塞维茨为修改第七篇草稿而写的。——译注

1.敌人的军队遭到的损失，通常比我方的损失大。

2.敌人无生命的作战力量（如仓库、补给站、桥梁等）遭到损失，而我方的这些东西则没有损失。

3.从我们进入敌人的地区起，敌人就开始丧失国土，其后果是丧失了补充新的作战力量的源泉。

4.我们则获得了一部分能补充作战力量的源泉，也就是说，我们可以通过消耗敌人的物资来生存。

5.敌人各部分军队失去了内部联系，且不能有序活动。

6.敌人的同盟国与敌人脱离，另一些国家则支持我们。

7.敌人最后失去了勇气，有的甚至放下了武器。

在前进时削弱军队力量的主要原因有：

1.我们不得不围攻、封锁或监视敌人的要塞，或者敌人在我们胜利之前采取了同样的行动，并且在撤退时撤回了这些军队。

2.从我们进入敌人的地区起，这个地区的性质就发生了变化，成了有敌意的地区。而我们必须占领这个地区，因为只有我们所占领的地区，才是真正属于我们的，但是这一地区会给我们的整个战争机器带来很多困难，这些困难肯定会影响战争机器发挥作用。

3.随着军队的推进我们会远离自己的物资供应地，而敌人离供应地会越来越近，这样就使我军不能补充已消耗的作战力量。

4.敌国所受到的威胁，会引起强国来保护它。

5.由于危险的增大，敌人会更加努力，而胜利一方的努力程度则会下降。

所有这些有利和有害的因素可以同时存在，在一定的程度上它们可能相遇，然后沿着各自的方向继续前进。只有使作战力量增强的第七点原因和使力量削弱的第五点原因是相矛盾的，它们不能共存，是相互排斥的。仅从这个方面就能看出，胜利所带来的后果是多么的不同，它可以使敌人晕头转向，不知所措，也能让敌人发挥更大的力量。

我们想对增强作战力量的因素逐个分析说明。

敌人军队在遭受到一次失败后，作战力量最初的损失可能是最大的，以后逐天减少，直至和我方军队的损失持平；但是敌人的损失也可能是与日俱增的。这是由当时的形势和情况所决定的。在一般情况下我们只能这么说，一支优秀的军队遇到的通常是第一种情况，一支糟糕的军队经常遇到是第二种情况。除了军队的精神状态外，政府的精神状态在这一点上也起着非常重要的作用。在战争中正确区分这两种情况是非常重要的，这样就不至于在他们应该采取行动时停顿下来，或者出现相反的情况。

对无生命的作战力量来说，其损失也是同样逐渐减少或者增加的，这取决于无生命作战力量所处的位置和状况。另外，这个问题在今天已经无法和其他问题相比了。

第三种利益肯定会随着军队的推进而增加。然而，只有在军队已深入敌人腹地，也就是说已占领了敌人四分之一到三分之一的国土，这种利益才是值得关注的。另外，我们还要注意到这些地区在战争中的内在价值。

第四种利益也同样会随着军队推进而增加。但是对于第三种和第四种利益来说，它们对于作战军队的影响很少能很快被感觉到，它们是缓慢地间接地发挥作用。因此不能为了这两种利益而把弦绷得过紧，也就是说，不能让自己处于太危险的境地。

第五种利益也是只有当军队已深入敌人腹地，敌人的国土形状也使人们容易把几个地区同国土的主要部分隔离开时，才值得考虑。这时被隔离开的地区就如同被切断的四肢一样，很快就失去生机。

第六种和第七种利益至少在军队推进时很有可能会增加，我们在以后还要探讨这两种利益的情况。

我们现在来谈一谈引起作战力量削弱的原因。

1.在大多数情况下，随着军队的推进，会出现越来越多的对敌人要塞的围攻、封锁和包围。仅仅是这种情况下的力量削弱，对军队的当前状况就能产生很大的影响，以至于很容易就能抵消所有的利益。最近以来，人们开始用很少的兵力来封锁要塞，或者是用更小的兵力来监视它，而敌人也必须派兵保护要塞。要塞依然是敌人重要的安全保障。防守要塞的军队通常有一半是非正规军。进攻者要想封锁交通线附近的要塞，就得留下比防守要塞的队伍多一倍的兵力，要想正式围攻一个较大的要塞，或者要使其断粮，就得用一个较小的兵团。

2.第二种原因是要在敌国建立战区，这种要求随着军队的推进越来越有必要。由此所造成的力量削弱，即使不会对当前的军队状况产生影响，但是对军队长期状况的影响要超过第二个原因[1]。

只有那些被占领的敌国地区，才能被看作是我们的战区，也就是说，我们不是在野外布防少数军队，就是在大城市以及后方据点等地区留下守备军队。尽管这些守备军队现在都很少，但仍会严重削弱进攻力量。不过，相比较而言，这种削弱还是最次要的。

每一支军队都有战略侧翼，也就是交通线两侧的地方。因为敌人也有战略侧翼，所以战略侧翼的弱点人们感觉不到。但是只有在自己的国家里是这种情况。如果进入敌国，人们就能感觉到战略侧翼的弱点了。因为，对一个很长的、只有很少兵力保护或完全没有保护的交通线来说，一次很小的进攻都会获得一定的战果。在敌国的一个地区中，这样的进攻可能到

1　原文如此，可能是第一个原因之误。——译注

处都会出现。

军队越深入敌后，其侧翼就越长，由此产生的危险也就越大。不仅因为这种侧翼是很难保护的，而且很长的、缺乏保护的交通线也使敌人的进攻欲望大大增强。在军队撤退的情况下，丧失了交通线所带来的后果是很严重的。所有这些会产生一种效果，即前进的军队每前进一步，就背上一种新的负担。如果军队在刚开始没有获得很大的优势，那么它在进行军事计划中就会遇到越来越多的阻碍，进攻力量越来越弱，到最后会对自己的处境感到不安全和忧虑。

> 3.第三个原因是军队的前进会造成它同所需物品供应地的距离增大，而不停削弱的作战力量要不停地得到补充。一支出征的军队就如同一盏油灯的火苗，灯油越少，离火苗越远，火就越小，直到完全熄灭。

当然，被占领地区的财富可以大大抵消这一不利的方面。可是不能完全抵消，因为一些东西是必须要从本国提供的，特别是人员。在一般情况下，由敌国提供的东西，不如由本国提供东西那样迅速和可靠，意外的需要也不能很快地满足，各种误解和错误也不能尽早发现和解决。

在最近的战争中形成了一种风气，即一国的君主不亲自指挥军队，也不在军队附近，这就产生了一个新的很大的不利，即因为来回请示、询问造成了时间上的浪费，因为军队统帅虽然权力很大，但也难以处理他广阔的活动范围内的一切问题。

> 4.政治联系的变化。如果胜利所引起的政治联系的变化对胜利者不利，那么这种不利的程度大体上同进军的程度成正比。如果这种变化对胜利者有利，那么有利程度也大体上同进军程度成正比。这时的一切由现存的政治联系、利益、习惯以及方针决定，

也与君主、大臣、宠臣以及情妇等等有关。我们一般只能这么说，如果是一个大国被打败，那么它的小同盟国就会很快与它脱离关系，因此，胜利者会随着每一次战斗变得更强大。如果战败的是小国，那么就会出现许多保护者；如果战败的小国的生存受到了威胁，那些曾经帮助胜利者打击这个小国的国家，如果认为这样做太过分，就会反过来帮助这个小国。

5. 军队前进会引起敌人更大的反抗。有时敌人会因为恐惧和晕头转向而放下手中的武器，有时则满怀着被激发的巨大热情，拿起武器，在第一次失败后发起一次更强烈的抵抗。人民和政府的性格，国土的自然状况，国家的政治联系都是推测敌人可能采取哪种措施的依据。仅仅是第四和第五种原因就使得人们在战争中所能制订的和应该制订的计划在不同的情况下是多么的不同啊！有人由于胆怯和所谓的有步骤行动而使自己丧失了最好的进军时机；而有人则由于性急而扑通一声落入陷阱，看起来就像是被从水中救上来的落水者那样惊慌失措。

胜利者在取胜以后，危险就不存在了。为了巩固胜利成果还需要胜利者继续努力，而这时胜利者却往往出现松懈现象，这一点是我们在这里所必须指出来的。如果我们全面地研究一下这些不同的、相互对立的原则，那么无疑会得出这个结论：战争开始时进攻者所拥有的优势，或者是进攻者在胜利中所取得的优势，在一般情况下，会因为战果的扩大和在进攻战争中的推进而受到削弱。

这里自然就会出现一个问题，如果是这种情况，那么是什么使胜利者继续追求胜利、在进攻中继续推前呢？这真的能叫作对胜利的利用吗？如果在取得优势的时候就止步不前，就不会造成优势的减弱，这么做难道不更好吗？

这些问题自然得这样回答：在作战力量上的优势并不是目的，而是手段。战争的目的如果不是彻底打败敌人，就是至少占领敌人的一块国土，这对军队的当前状况虽然没有什么好处，但是对战争的全局状况和议和谈判很有好处。甚至我们想彻底打败敌人时，也必须明白，我们每推进一步都会造成优势的减弱。但是由此并不能推断出，我们的优势必然会在敌人失败前丧失殆尽。敌人的失败可能在我们的优势完全丧失前就出现了。如果能用最后一点优势打败敌人，那么不使用这最后一点优势就是错误的。

军队原有的优势，或者是从战争中获得的优势都只是手段，而不是目的，而且这些优势必须要投入到为了达到目的的行动中去。但是人们必须明白优势能维持到哪一点，这样就不至于越过这一点，越过这一点收获的就不再是新的利益，而是耻辱。

在战略进攻中，战略优势会逐渐丧失，这一点我们不需要引用特殊的战例来证明；但大量出现的这一现象却要求我们去研究其内在原因。只是在拿破仑出现之后，我们才算认识了可能把优势保持到敌人被打垮为止的文明国家之间的战争。在拿破仑之前，在战争中，胜利的军队总是寻求与敌人的力量达到平衡，如果这一目标达到，战争也就结束，胜利方的军队就停止活动，或者有时甚至还要撤退。这种胜利的顶点，在现在所有不以打垮敌人为目标的战争中也会出现，而且现在大多数的战争都会是这样。因此，从进攻转向防御的转折点是每个战争计划都必须确定的自然目标。

然而超过这一目标不仅是作战力量的无效投入，不会获得任何战果，而且这种力量投入是有害的，会引起敌人的反击。从最普通的经验来看，这种反击常常会产生很大的效果。后一种现象是很常见的，也符合自然规律，很容易为人们所理解，所以我们就不必再详细论述它的原因了。在刚占领的阵地上进攻者来不及构筑工事；而且进攻者会感到非常失落，因为他并未获得预想的战果，却遭到很大损失，在任何情况下这些都是最主要的原因。对精神力量而言，一方面是情绪高涨，甚至自负，另一方面是沮丧不堪，这个也起着非常重要的作用。上面所说的这些原因会使军队撤退时的损失增大。一般情况下，如果这时军队只是把它掠夺的东西归还回去，而没有丧失自己的国土，那就应该感谢上天保佑了。

这里我们必须解决一个看起来似乎存在着矛盾的问题。人们会认为，只要军队在进攻中向前推进，那么它就还有优势。在到达胜利的顶点后，军队的进攻转为防御，转为一种比进攻更有利的作战形式。如此看来，进攻者突然变成较弱一方的可能性似乎是非常小的。然而这种危险却是存在的。如果我们看一看历史，就不得不承认，出现这种剧变最危险的时刻往往就是进攻减弱，逐渐过渡到防御的时候。我们打算探讨一下其中的原因。

我们认为防御是一种占有优势的作战形式，其原因是：

1. 可以利用地形；
2. 可以在工事已构筑完毕的战区中防守；
3. 可以得到民众的支持；
4. 可以以逸待劳。

很明显，这些原因并不总是在每一次战争中都程度相同，所起的作用当然也不可能每一次都完全相同。所以一次防御同其他的防御相比总是不可能完全相同的，防御也并不总是比进攻更有优势，特别是由进攻逐渐减弱而演变来的防御。如果这时防御者的前线离自己的后方基地很远，就更是如此。这种情况下的防御只占有上面所说的四个原因中的第一个，即可以利用地形，第二个原因在多数情况下都不存在了，第三个原因变成了对自己不利的因素，而且第四个原因也大大削弱了。我们现在只对第四个原因做些简单说明。

如果说交战双方觉得双方军队的力量是均衡的，那么整个战争通常是产生不了什么结果的。因为这时应该有所行动的一方缺乏必要的决心，而防守的一方则想以逸待劳。如果这种均势被一次进攻所破坏，敌人的利益受到了损害，因而被迫采取行动，这时敌人下决心采取行动的可能性是非常大的。在占领的敌人国土上进行防御比在自己的国土上进行防御具有大得多的挑战性质，它在一定程度上体现出了进攻性，这也削弱了它自己的防御性。道恩可以心平气和地让腓特烈二世在西里西亚和萨克森防御，但是他绝不容忍腓特烈二世在波希米亚进行防御。

很明显，对于这种和进攻行动交织在一起的防御来说，其固有的一切有利因素都已大大削弱，所以这种防御和进攻相比较，已经没有优势可言了。

正如没有一次防御战争是全部由防御组成的一样，也没有一次进攻战争全部由进攻组成，因为除了双方军队在战争期间都处于防御状况外，每一次进攻不是以议和谈判就是以防御而告终。

由此可见，正是防御本身削弱了进攻。这并非胡说八道，因为我们认为，进攻将会在以后转化为不利的防御，这一点对进攻来说最有害。

这样就说明了进攻和防御这两种作战形式原本的优势差异是如何逐步缩小的。我们还想要说明，这种差异是如何完全消失的，这种优势是如何在很短的时间里在交战双方之间转换的。

如果允许我们借用自然界的情况作为辅助手段，那么说明这个问题会更简单些。在自然界中，每一种力量要发挥作用都需要时间。一种缓慢的、逐渐发挥作用的力量就能让一个运动的物体停止运动。但是，如果缺少了时间，这种力量就会被运动的物体所克服。自然界的这种现象正好说明了我们精神世界中的一些现象。一旦我们的思路被导向某一个方向，那么就不是每一个充分的理由都能让我们的思路改变或停止。要想使思路变化，就需要时间、平和的心态和不断地思考。在战争中也是如此。一旦人们已决定朝一个目标前进，或者是扭头奔向避难所，这时就很容易发生这样的情况：人们在这时已很难感觉到那些使他们停止这一行动而采取另一行动的因素了，而且运动一直在进行之中，所以人们很容易在运动的洪流之中越过双方力量均衡的界限，越过胜利的顶点。还可能出现这样的情况：进攻者在精神力量的支持下，尽管已是精疲力竭，但还是觉得停下来比继续前进更困难一些，就像是驮着东西上山的马一样。这样我们就毫无争议地说明了胜利者是如何越过胜利的顶点的。胜利者若是在胜利的顶点上停下来转为防御，那么他还是会取得战果、保持力量均衡的。所以，在制定战争计划时，确定胜利的顶点是很重要的。对进攻者来说，这样做可以使他不至于采取力所不及的行动，使自己背上包袱；对防御者来说，他可以认识和利用胜利者在越过胜利的顶点后所造成的不利情况。

军队的指挥官在确定胜利的顶点时，就得把一切情况考虑在内。他还要通过或远或近的情况来判断，在某种程度上可以说是推测最重要的情况的发展方向和价值。他要推测敌人在受到第一次打击后是变得更紧密团结了，还是像易碎的博洛尼亚瓶那样，一伤及表面，就全部粉碎。他要推测敌人的给养供应枯竭、交通线被切断会在多大程度上削弱敌人的力量，以至于他们无法活动。他要推测敌人在遭到打击后是一蹶不振呢，还是像受伤的公牛那样暴怒起来。他要推测其他的国家是感到恐惧呢，还是感到愤怒，以及哪些政治联盟会解散或建立。如果说，他要把这一切像射手打中目标那样一一推测正确，那么我们就得承认，这样的智力活动是很复杂的。千百条歧路会使判断走向不同的方向。即使无数错综复杂的情况没有使判断发生失误，危险和责任也会让人举棋不定。

所以就出现了这种情况：大多数指挥官不愿靠目标太近，宁愿离目标较远就停下来；而那些很勇敢、很有进取心的指挥官常常却越过了目标，因而也没有达到自己的目的。只有用少量的手段成就大事业的人才能顺利到达目标。

第八篇　战争计划（草稿）

第1章　引　言

在论述战争的性质和目的的一章中，我们已经从总体上描述了关于战争的概念，并且指出了战争与其周围事物之间的联系，这样在一开始就有了一个正确的规定。我们在研究这个问题时碰到了各种各样的困难，以后将进一步研究。我们得出了打击敌人，即消灭敌人军队是整个军事行动的主要目标这个结论，由此在紧接着的一章中进一步说明了军事行动所使用的唯一手段就是战斗。通过这种方式，我们获得了一个正确的立足点。

研究战争行动中除了战斗之外最值得关注的情况和形式，就是可以通过它们的自然属性，以及战争史所提供的经验来准确判断它们的价值，也可以把它们从那些经常混杂不清的含糊概念中区分开来，并且使大家认识到军事行动最主要的目标是消灭敌人。从战争的整体上研究战争计划和战局计划问题，自然而然地得出本书首篇的结论。

以下几章包含了最本质的战略内容，也就是战略中最广义、最重要的部分。在进入到所有的问题都交织在一起的战略最深层次时，研究工作将更加困难，这也是很正常的。

一方面，战争行动看起来是多么简单，人们可以听到那些最伟大的指挥官是用多么简单和朴素的语言来谈论它们的，当他们谈到操纵和运转由成千上万个零件组成的庞大的战争机器时，就像是谈单个人的行动一样，以致整个战争的巨大行动就像是两个人的搏斗一样。他们的行动动机有时是简单的几个想法，有时是感情上的激动，他们处理情况又是多么的轻而易举且有把握。

然而另一方面，有很多东西需要仔细研究。战争中出现的问题涉及的范围很广，几乎无所不包。此外，还有很多的行动方式需要选择。如果还要考虑到理论的职责，即把这些东西系统化，明确而完整地总结出来，通过理论找出能充分证明有必要采取某种行动的原因，那么我们就会不可避免地感到担忧，唯恐陷入僵化的教条主义中，拘泥于几个死板的概念，永远也不能成为具有敏锐眼光的伟大指挥官。如果理论研究得到的是这个结论，那么是否进行理论研究就没有区别，或者说不进行理论研究反而会更好。如果从这些理论研究中得出的结论是轻视人的才能，那么这样的理论很快就会被人们忘记的。指挥官的敏锐眼力，简练地处理问题的方式，以及把整个战争行动看作是一个人的行动，所有这些是出色战争指挥的灵魂。只有通过这种方式，智力活动的自由性才得以充分表现。如果人们想要支配军事行动，而不是被军事行动所支配，那么这种智力活动的自由性就是很有必要的。

让我们继续探讨并沿着最初确定的道路前进。理论应当简明地解释众多的事物，使这些事物易于理解；理论应像拔掉杂草那样清除错误见解，它应当说明各个事物之间的联系，把重要的和不重要的东西区分开。当各种想法自然聚合成我们称之为原则的真理时，当各种想法自然形成规则时，理论就应当把它们提炼出来。

理论的用处就是使人们在研究各种基本概念时有所收获和得到启示。理论并不能提供解决问题的公式，不能通过许多死板的原则把解决问题的途径局限在必然性上。理论使人们了解到更多的事物和它们之间的关系，然后使人们进入到一个更高的活动领域，这样人们就能根据自身的能力来采取所有的行动，并且具有判断真实的和正确的东西的能力。这种能力是所有各种力量共同作用而形成的，它看起来更多的是创新的产物，而不是教条的结论。

第2章　绝对战争和现实战争

战争计划包括整个战争行动，并且使战争成为一个有最终目的的行动，所有特殊目的都归于这一最终目的。人们如果不知道能够利用战争达到什么目的，以及在战争中要达到什么目标，那么就不能开始战争，或者是理智地不发动战争。这个既定目的和目标的主要思想确定了作战的一切方针，确定了使用军事手段的规模和使用兵力的多少，并且影响到军事行动中最小的环节。

我们在第1章中已经说过，打垮敌人是军事行动很自然的目标。从严格的概念推论，是不可能得出别的结论的。因为交战双方都有打垮敌人的想法，因此在战争中就不会出现停火和真正的平静，直到交战的一方被真正打垮为止。

在论述关于军事行动中的间歇问题一章中，我们已经说明，敌对因素是如何作用于其承受者即人，以及其他组成战争的一切情况，也说明了敌对因素是如何因为战争机器的内部原因而被阻止和节制的。

但是这种阻止和节制，还远不能说明战争从其原始状态过渡到现在随处可见的具体形式的原因。大多数的战争看起来都是双方虎视眈眈，每一方都用武器来保护自己和威胁对方，一有机会就打击对方。所以这种战争不是两个相互伤害的因素的直接冲突，而是两个互相分开的因素之间的紧张对峙，它们只是在一些小的战斗中发生冲突。

什么是阻止这两个因素发生全面冲突的障碍物呢？为什么战争没有按逻辑推理的那样进行呢？这些障碍物是战争在国家生活中所涉及的大量事物、力量和关系。在这许多的事物、力量和关系的作用下得出结论，绝不像只根据两三个前提推导出结论那么简单。这种结论深藏在无数的作用之中。人们在处理大小事情时，通常总是依据一些主观的想法，而不是依据严格的逻辑推理，所以并不了解自己不明情况，大有不识庐山真面目的感觉。

即使发动战争的人清楚这些情况，一刻也没有忘记自己的目标，但国内的其他人却不一定能做到这一点，这样就会出现阻力，就需要有一种力量来克服这种阻力，而克服阻力的力量在大多数情况下是不够充分的。

这种不彻底性存在于交战双方的某一方，或者是双方都有不彻底性，这就使战争看起来不像是按其概念来说应有的形态，而使战争变成了一种不纯粹的、没有内在联系的东西。我们几乎到处都能发现这样的战争。如果人们不能目睹具有绝对战争形态的现实战争，那么就可能怀疑，我们所提出的战争中绝对的、本质性的东西又有什么现实意义呢？在法国大革命的短暂序曲之后，无所顾忌的拿破仑很快把战争推到绝对战争的高度。拿破仑指挥的战争总是毫不停顿地前进，直到敌人被打垮，反击也几乎是毫不停顿地进行着。这一现象及其从中得出的所有逻辑推理，都把我们引回到了战争的原始概念中，这难道不是很自然和很合乎逻辑吗？

人们是否应该只注意战争的原始概念，不管现实战争与原始概念的战争差别有多大，都用原始概念来评判一切战争呢？是否应该从原始概念中推导出所有理论上的结论呢？

现在我们必须对这些问题做出回答，因为如果我们不能确定战争只有其原始概念所说的那种形式，还是可能有别的形式，那么我们就不能对战争计划提出合理的意见。

如果我们认为战争只能是按其原始概念所说的那样，那么我们的理论在各个方面都会显得更具有必然性，更加清晰而肯定。但是我们又如何解释自亚历山大以及罗马人的一些战争直到拿破仑时期的一切战争呢？我们就得否定这些战争。但是如果我们不想为自己的狂妄感到羞愧的话，也许就不能这么做。糟糕的是，我们不得不承认在以后的十年中可能还会有同这一理论不相符的战争出现。这些理论具有很强的逻辑性，但是在具体情况的威力面前却不堪一击。因此人们必须明白，战争的形式不只是纯粹由其概念所决定的，也是由战争中所包含的，及其所夹杂的所有因素决定的。这些因素包括战争中各部分的一切自然惰性和阻力，以及作战人员行动不彻底，认识事物的不清楚和沮丧怯懦。我们必须要有这种观点，即战争及其形式是从当时起主导作用的想法、感觉和具体情况中产生的。如果我们实事求是，那么就得承认，甚至绝对战争即拿破仑所指挥的战争也是如此。

如果赞同这种看法，并且承认战争及其形态不是从战争所涉及的所有情况的总和中产生的，而是从当时起主导作用的情况中产生的，那么从中就能推断出，战争是以可能性和或然性、幸运和不幸为基础的，严格的逻辑推理在这里常常是不存在的，是一种无用的、甚至累赘的东西。人们还可以从中推断出，战争可能会成为一种似像非像战争的东西。

理论必须承认这一切，然而理论的职责在于把战争的绝对形态放在首位，并且把它看作是一个普遍的基准点，这样就可以使那些希望从理论中学到东西的人永远不会忘记这些理论，并且把它作为一种判断自己所有希望和忧虑的基本尺度，以便他们在可能和必要的情况下，尽可能地使战争达到绝对形态。

这一主要观点是我们思想和行动的基础，即使造成我们思想和行动的最直接原因来自完全不同的范畴，这一主要概念也会表现出一定的基调和特点，就像是一个画家通过上底色，就能给一幅画定下这样或那样的基调。现在，理论能做到这一点，应该归功于最近的几次战争。这些具有警示作用的例子说明摆脱了束缚的因素具有多大的破坏力。如果没有这些例子，空喊理论是没有用的，没有人会相信目前大家所经历的事情是可能发生的。

如果普鲁士在1798年预先知道它在遭到失败后会遇到如此强大的反击，以至于欧洲原有的力量均衡被打破，那么它还会冒险用7万军队进攻法国吗?

如果普鲁士在1806年想到，战争中的第一枪会成为点燃地雷导火索的火星，然后这颗地雷把它自己炸到了半空中，那么它还会用10万军队发动对法国的战争吗?

第3章　战争的内在联系与目的[1]

战争的内在联系

因为人们认为战争有绝对形态，或者多少不同于绝对形态的现实形态，所以对战争的结果就有两种看法。

在战争的绝对形态中，一切都是因为必然的原因而发生的，一切都很快地紧密联系在一起，如果允许的话，我断言在这其中根本就不存在空洞的、中性的空隙。在这种形态的战争中，其内部有多种多样的相互作用（见第一篇第1章）；在战争中依次进行的一系列战斗，严格地说都存在内在的联系（见第一篇第2章）；每次胜利都有其顶点，超过了这个顶点就会遭到损失和失败（见第七篇第4、第5章和《关于胜利的顶点》一文）。因为这种形态的战争具有这些自然属性，所以它只有一个结果，即最终结果。在最终结果之前，一切都处于两可之间，一切都没有获得，一切都没有失去。在这里必须指出：最终结果会决定一切。因此，战争是一个不可分割的整体，它的各部分（各个结果）只有同整体相联系才是有价值的。1813年，拿破仑占领了莫斯科和半个俄罗斯，这一军事行动只有在拿破仑得到了他所期望的和约之后才有价值。然而这一军事行动只是其战争计划的一部分，还缺少另外一部分，即消灭俄国的军队。我们可以设想一下，如果拿破仑在取得其他战果的同时，也取得了消灭敌人军队这一战果，那么肯定能达成他所希望的和约。由于拿破仑疏忽了这种情况，以后也就再也没能取得这个成果，这样就使他以前采取的军事行动不仅完全没用，而且有害。

人们认为，一方面战争中的各个结果是互相联系的，另一方面，战争中的各个结果又是相对独立存在的。这就如同赌博一样，前几局的输赢对后几局的输赢并没有什么影响。在这里起决定作用的是战争中各个结果的

1　本章标题为译者所加。——译注

总和，人们可以把单个的结果像所赢的筹码一样积攒起来。

就像第一种看法可以从事物的性质看出其正确性一样，第二种看法可以从历史上看出其正确性。在没有遇到什么困难的情况下就获得一些很小的、很一般的好处，这种情况是很多的。战争的形势越缓和，这种情况就越多。第一种看法在战争中完全正确的情况是很少的，而第二种看法在不需要第一种看法补充的情况下，在战争中完全适用的情况也同样少见。

如果我们认为两种看法中的第一种是正确的，那么就必须承认，每一次战争从一开始就被看作是一个整体，军队的指挥官在采取第一个行动时，就应该明白以后所有的行动所要达到的目标。如果我们赞同第二种看法，那么就会去追求次要的利益，而把其他的东西留在以后解决。

以上两种看法，很难说哪一种是错误的，所以在理论上不能否定任何一种。运用它们时的区别在于：第一种看法是基本观点，一切应以它为基础，而第二种看法是第一种看法在具体情况下的修正。腓特烈大帝在1742、1744、1757和1758年从西里西亚和萨克森向奥地利发起新的进攻时，他自己很明白，这些进攻不能像进攻西里西亚和萨克森那样导致长期的占领。他之所以这么做并不是想打垮奥地利，而是要达到一个次要的目标，即赢得时间和力量，他也不会为了这个次要目标而去冒特别大的危险。然而普鲁士在1806年，奥地利在1805年和1809年确定的目标是很小的，即把法国人赶到莱茵河对岸去。从行动的第一步直到议和谈判为止的这一段时间里，在或好或坏的情况下，会出现一系列的事情。如果普鲁士和奥地利事先不能考虑到这些，那么它们就不能顺利到达目标。不管是要确定在没有危险的情况下能取得多大的胜利，还是要确定在哪里阻止敌人取得胜利，都必须做这样的考虑。

仔细观察历史就能看出这两种情况的不同之处。在18世纪，在西里西亚战争时期，战争纯属政府的事情，在这样的战争中，民众是被作为一种盲目的因素来使用的。而在19世纪初，交战双方的民众已经起着决定胜负的作用了。同腓特烈大帝相对抗的指挥官，都是些按照命令行事的人，所以小心谨慎就是他们的主要性格特点。而奥地利和普鲁士的敌人，几乎可以说就是战神本身。这些不同的情况难道不会引起完全不同的观察吗？在1805、1806和1809年的战争中，人们不是应该注意那些最不幸的情况，而不是注意可能性，甚至是非常大的可能性吗？基于这种情况而确定的行动和计划，难道不是应该完全不同于以占领几个要塞和较小地区为目标的行动和计划吗？

尽管普鲁士和奥地利在准备战争时就已经感觉到了政治气氛中的暴风雨，但是它们却没有采取相应的行动。它们也不可能做到这一点，因为它们当时从历史中还不能清楚地看到这一点。正是1805、1806和1809年的战争以及以后的战争使我们能比较容易地推断出新的、具有强大冲击力的绝对战争的概念。

上述理论就要求我们：在每一次战争中，首先要根据政治上的势力和关系判断出采取行动的可能性，然后根据这种可能性确定战争的特点和规模。如果依据这种可能性得出的战争特点越接近于绝对战争，战争中各个行动的联系就越容易，就越有必要在采取第一个步骤时就想到最后一个步骤。

关于战争目的和使用力量

给敌人以多大的压力，这要由敌我双方的政治要求的大小来决定。如果双方都明白对方的政治要求，那么使用力量的尺度就是相同的。这种政治要求并不总是那么明显就能看出的，这也许就是双方在战争中采取不同手段的第一个原因。交战国的位置和情况不同，这可能是第二个原因。交战双方政府的决心、特点和能力也很少相同，这可能是第三个原因。这三个原因使人们无法确定会碰到多大力量的抵抗，也就不能确定在战争中人们应该使用的手段和可以提出的目标。

在战争中由于投入的力量不足，非但得不到任何战果，还会造成很大的损失，所以交战双方都尽力在兵力上胜过对方，这样就产生了一种相互作用。

如果在力量投入方面可以确定一个极限的话，那么这种相互作用就可能把交战双方引向这个极限。但是这样就可能使人们不去考虑政治要求的大小，战争中所使用的手段也就与战争目的没有了关系。在大多数情况下，最大限度地投入力量这个意图由于内部情况的阻碍而不能实现。因此，进行战争的人通常采取一种折中的方式，在行动时在一定程度上使用这样的原则，即只使用为了达到政治目的所必须使用的力量，只确定为了达到目的所必须确定的目标。为了使这种原则成为可能，进行战争的人必须放弃任何一种能够取得成果的绝对的必然性，也不去考虑那些遥远的可能性。

在这里，智力活动已经离开了严格的科学、逻辑和数学领域，从广义的词义上来说，已经成了一种艺术，也就是说成了一种能力，一种从一大堆无法看清楚的事物和情况中找出最重要、最有决定性的东西的能力。毫无疑问，这种判断会或多或少不自觉地对所有的事物和情况做出比较，这要比进行严格的推论更快地排除那些与主要情况联系不紧密的、不重要的事物，从而更快地找出联系最紧密最重要的事物。

为了确定在战争中使用作战手段的规模，我们必须考虑到我方和对方的政治目的；必须考虑到敌国与我国的兵力和各种具体的关系；必须考虑敌国政府和人民的特点及能力，以及我方在这些方面的情况；必须考虑其他国家的政治结合关系以及战争对这种关系的影响。考虑这些错综复杂地互相联系在一起的千差万别的事物是很困难的。只有天才锐利的眼力才能在其中很快找出正确的答案来，仅在理论上考虑这么多事物是不可能掌握它们的，这一点是不难理解的。

就这一层意义而言，拿破仑说得完全正确：这可能是一道连牛顿那样的人都会被吓退的代数难题。

情况的复杂，各种关系的广泛，以及缺少正确可靠的尺度，都使得人们很难找出正确的结论。然而我们也不能不看到，这一问题无可比拟的重要性虽然不会增加它的复杂性和困难程度，却能增加解决它的无上光荣。对普通人来说，危险和责任感不会提高他们的精神自由和精神活动，反而会削弱他们的思维活动；但对有些人来说，却会使他们的判断更迅速、更准确。毫无疑问，我们这里指的是一些少见的伟大的人物。

必须首先承认，只有通过对各种情况总的观察，也包括对当时具体特点的观察，才能判断即将到来的战争、战争可以取得的目标以及在战争中实施的手段。对每一次战争的判断都绝不可能是完全客观的，是由君主、政治家和军队指挥官的智力特点和感情特点所决定的，不管这些特点是不是集中在一个人身上都是如此。

如果我们观察的是各个国家产生于具体时间和环境的普遍情况，那么问题就有了普遍性，就更适合于进行抽象的研究。让我们粗略地回顾一下历史。

半开化的鞑靼人，古代的共和国，中世纪的封建领主和商业城市，18世纪的国王，以及19世纪的君主和民众，所有这些人所进行的战争都是不同的，他们在战争中所使用的手段不同，所要追求的目标也不同。

鞑靼族为了寻找新的居住地，常常携带妻儿老小全部出动，所以他们在人数上比任何别的军队都要多。他们的目标就是要征服敌人或赶走敌人，如果他们有更高的文明程度，他们可能会用这种手段很快打败所有的敌人。

古代的共和国，除了罗马以外面积都很小，而它们的军队规模就更小了，因为它们把大多数的民众即平民都排除在外。这些国家数量很多，相隔又太近，这些很小的、独立的部分形成一种自然规则，形成一种自然的力量均衡。力量的均衡使得这些小国家在采取重大行动时受到阻碍，使它们之间的战争局限于掠夺一些平地和占领几个城市，以便今后对这些地方施加影响。

但罗马共和国是个例外，尤其是在罗马共和国的晚期。为了争夺物资和同其邻国建立同盟，长期以来，罗马共和国用少量的军队进行小规模的战争，逐渐地变得强大起来。但更多是通过与邻近的国家结盟，通过结盟使邻近的民族逐渐与自己的民族融合在一起，而不是通过真正的征服。在用这种方式把自己的力量扩展到整个意大利之后，它才真正开始了征服活动。迦太基灭亡了，西班牙和高卢被征服了，希腊屈服了，罗马的统治延伸到了亚洲和埃及。这一时期它的军队是庞大的，但它并未为了维系军队而花费太多的力量，因为它占有了丰富的财富。这时它同古代的共和国就不一样了，也同过去的自己不一样了，它成了独一无二的大国。

亚历山大所进行的战争，就其方式来说也是独一无二的。他的军队人数较少，以内部组织完善而著称。他用这支军队摧毁了一些亚洲国家的腐朽统治。他毫不停顿、无所顾忌地在辽阔的亚洲进军，直到印度。共和国是做不到这一点的。只有国王亲自指挥的军队，才能如此果敢快速，这时国王本人就像是他自己的雇佣军的队长一样。

中世纪大大小小的君主国都是用封建军队来进行战争的。一切行动都只能是短暂的，所有在这个短时间里无法完成的行动，都被看作是无法实施的行动。这种封建军队是由封建从属关系联结在一起的各个部分组成的。联系它们的纽带，一半是法定的义务，一半是自愿的同盟，整个军队是一个真正的邦联体。武器装备和战术都是以武力自卫和个人战斗为基础的，所以这对于较大兵力的配合作战而言就显得不够灵活。在历史上还从未有过，国家的结构是如此松散，每个成员是如此的自主。所有这些使这一时期的战争具有特定的形式。这些战争进展迅速，军队很少在战场上停留，战争目的大多数在于惩罚，而不是打垮敌人；他们只是掠夺敌人的牲畜，烧掉敌人的城堡，然后就回家。

大的商业城市和小的共和国使用雇佣兵进行战争。雇佣军佣金极高，在人数上很受限制。他们所发挥的战斗积极性并不高，就更谈不上把全部的精力投入到战斗中了，他们在战斗中大多只是做做样子而已。总之，仇恨和敌对情绪已经不再能使双方国家采取行动，而是变成了交易的商品。战争中的大部分危险已不存在，战争的性质已完全改变，根据战争的性质而确定的一切，再也不适用这种战争了。

这种封建领地制度在以后逐渐演变为对整个领土的统治，国家的职能更为明确，人身义务变成了实物义务，其中大多数的义务被支付金钱所取代，封建的军队被领取军饷的士兵所取代。雇佣军是它们的过渡形式，在一段时间里也是一些大国的工具。然而这段时间并不很长，很快短期的雇佣兵就变成了长期领军饷的士兵，各国的军队变成了基于国家财力基础上的领取军饷的常备军。

军队渐渐地向常备军这个方向发展，很自然地就出现了三种类型的军队以多种方式并存的情况。在亨利四世时期，已经是封建军队、雇佣军和常备军同时并存。直到三十年战争时还有雇佣军，甚至到了18世纪，还存在着一些个别的人数很少的雇佣军。

就像不同时期的军队存在的形式不同一样，欧洲各国的情况也是很不相同的。欧洲当时基本上分裂为若干小国，一部分是不稳定的共和国，一部分是很小的、政府权力受到很大限制的、不巩固的君主国。这样的国家根本就不能看作是一个真正的统一体，充其量只是一个由不同的松散力量联系在一起的结合体，是不能够根据简明逻辑法则采取行动的国家。

人们必须依据这样的观点来观察中世纪的外交政策和战争。试想德意志皇帝在500年中对意大利的征伐，这些皇帝从来就没有彻底占领意大利，或者他们从来就未曾有过这种想法，如果把这种情况作为一个屡次出现的错误和一个具有时代特色的错误，那么一切都变得很简单。但是，更理智的看法是把这种情况视为由上百种重要因素共同形成的，这些因素虽然人所共知，却不能像同这些因素直接联系的当事人那样了解得那么透彻。

那些从混乱因素中浮现出来的大国，只要它们还需要时间来巩固和发展自己，那么它们就只能把力量主要用在巩固和发展自身实力上，所以这些大国很少发动反对外敌的战争。即使这些大国发动了反对外敌的战争，在战争中它们还是会表现出自身的不稳固。

英国对抗法国的战争是最早的这一类战争。当时法国还不是一个真正的君主国，而是一个由公国和侯爵领地组成的结合体。英国看起来虽然更像一个统一体，但它仍然是用封建军队进行战争的，而且国内也不稳定。

在路易十一时期，法国朝着内部统一的方向迈出了一大步，在查理八世时已成为能够占领意大利的强国。到了路易十四时期，法国及其常备军已经发展到了一个很高的程度。

西班牙在斐迪南时期就开始了统一，他通过偶然的联姻在查理五世时期迅速形成一个由西班牙、勃艮第、德意志和意大利组成的强大的西班牙王国。这个超级大国用金钱弥补了在统一和内部联系方面的欠缺，它的常备军成了一支能够首先同法国的常备军相抗衡的军队。在查理五世退位以后，这个西班牙巨人分裂成两个部分，即西班牙和奥地利。此后因为奥地利得到了波希米亚和匈牙利而实力大增，成为一个强国，并把德意志联邦像拖船一样拖在自己后面。在17世纪末路易十四时期，像我们在18世纪所见到的那种常备军，在当时已经发展到了顶峰。这种军队是以招募和金钱为基础的。当时的国家已经完成了真正的统一，各国政府也把臣民的义务变成了缴纳钱财，国家的全部实力都集中在自己的金库上。随着文化的迅速进步和政府统治的不断改善，国家实力同以前相比大大增强。法国在当时能派出几十万常备军作战，其他的强国也能派出相应数量的军队。

其他国家的情况也有了变化。欧洲分成了几十个王国和几个共和国，如果其中两个国家进行一场大规模的战争，那么这场战争肯定不会像以前那样影响到20个别的国家。可能进行的政治联系依然是多种多样的，但是，人们现在可以从总的方面观察它们了，并且可以根据可能性来确定它们。

各个国家大多都变成了内部关系简单的君主国，丧失了等级的权力和影响。政府成了一个完全的统一体，对外代表国家。在这种情况下，一个有独立意志的指挥官和英勇善战的军队就能够使战争具有同它的概念相符合的形态。

在这一时期也出现了三个类似亚历山大的人物：古斯塔夫·阿道夫、查理十二和腓特烈大帝。他们都试图用人数不多但组织完善的军队把小国建成大的王国，并且打败所有的敌人。假如他们也同亚洲国家交过战，那么他们所扮演的角色就更像亚历山大了。无论如何，人们都赞赏他们在战争中的冒险精神，并把他们看作是拿破仑的先驱。

战争在作战力量和彻底性方面获得的东西，也会因为另一方面的原因而再次失去。

军队是靠国库来维持的。君主几乎把国库看作是他的个人钱柜，或者至少也是政府的，而不是人民的东西。与其他国家的关系，除了一些商业活动外，大多只涉及国库或政府的利益，而不是人民的利益，这种看法在当时是普遍的。政府把自己视为巨大财产的占有者和管理者，努力使财产增加，臣民对此却没有多大兴趣。在鞑靼人出征时，整个部族都参与作战，而在古代的共和国和中世纪，如果人民这个概念只是指那些真正的国家公民，那么参加作战的就是大多数人。但在18世纪的这种情况下，人民根本就没有直接参与作战，而只是通过他们普遍的良好品德或不足之处对战争产生间接的影响。

政府与人民相脱离，并把自己看作是国家，这样就使得战争成为政府之间的、和国库里的金钱以及本国与外国的无业游民有关的事情。这种情况所造成的后果是交战双方在战争中所使用的手段受到了很大的限制，交战双方都能判断出对方的作战规模和持续时间。这样，战争中最危险的方面就不存在了，即导致出现极端情况的行动，以及与此有关的一系列很难判断的可能性都不存在了。

人们可以大概知道敌人有多少钱，多少财富和信用贷款，也可以知道敌人有多少军队。在战争期间使这些东西得以剧增是不可能的。了解了敌人的整个作战力量，人们就可以对自己免遭彻底失败有了很大的把握。如果人们明白了本身实力的局限性，就会去追求较小的目标。因为明白自己不会遭受极限的失败，所以人们也就不去冒险争取达到极限的胜利。这时，必然性已经不能驱使人们采取行动，只有勇气和荣誉感驱使着人们去追求胜利的极限，然而这种追求在国家关系中会受到很大的阻力。即使国王亲任军队统帅，也不得不小心翼翼地对待战争工具。一旦军队被击溃，就不能再重建，除了军队以外一无所有。这就要求人们在采取行动时要特别慎重，只有在出现了能取得决定性胜利的大好时机下，才使用这种代价很高的作战手段。创造这样的机会就是统帅们的作战艺术。在这样的机会没有出现以前，军队在一定程度上处于绝对的静止状态，没有采取行动的理由。这时所有的作战力量，也就是所有采取行动的动机，似乎都在静止之中。进攻者原来的动机也消失在了谨慎和犹豫之中。

这样的战争就其实质而言，已经变成了一种真正的纸牌游戏，洗牌的是时间和偶然性。就其意义而言，这样的战争是一种强硬的外交，一种有力的谈判方式，会战和围攻是其中重要的外交文书。即使是荣誉感最强的人，其目标也不过是寻求适当的利益，以便在以后的议和中作为筹码来使用。

正如人们所知道的那样，战争的形态是很受限制且规模较小，这是因为战争所依赖的基础过于狭窄。即使那些出色的统帅和国王，如古斯塔夫·阿道夫、查理十二和腓特烈大帝，以及他们优秀的军队都未能脱颖而出，超出一般的水平，因而也就不得不满足于一般的战果。这其中的原因在于欧洲存在着政治上的均衡。以前的欧洲存在着许多小国，它们之间是直接的自然的关系，由于距离较近，交往频繁，所以就产生了亲戚关系和个人友谊，这样就可以阻止个别国家迅速强大起来。可是现在的国家变大了，国家中心之间的距离变远了，阻止个别国家强大起来的工作就只有由各国日益发展的外交事业来做。政治利益、政治上的吸引力和排斥已经发展成了一个非常发达的系统，以至于若是没有所有政府的参与，在欧洲就不会出现枪炮声。

所以，现在新的亚历山大除了有一把利剑之外，还得有一支好笔。即使如此，他在征服别的国家时还是很少有更大的进展。

路易十四曾经想打破欧洲的这种均衡，而且在14世纪末他甚至不顾普遍反对他的敌对情绪，依然用传统的方式进行战争，这是因为他的军队虽然是最强大、最富有的王国军队，然而就其性质而言，与其他的王国军队是没有区别的。

在鞑靼人时代，古代各民族时期以及中世纪，掠夺和破坏敌国地区都起了很重要的作用，然而这已不符合时代精神了，人们有理由把这种行为看作是无益的野蛮行为。这种行为很容易遭到对方的报复，而且它更多地针对的是敌国臣民，而不是敌国政府，这样就不会起到什么作用，只能使敌国人民的文化程度永远处于落后状态。所以战争不仅在其运用的手段上，而且在其目标上，都越来越局限于军队本身。军队依靠要塞和几个构筑好工事的阵地就能形成一个国中之国，在其之内的战争因素便慢慢消失。整个欧洲都为这个趋势而感到高兴，而且把它看作是思想进步的必然结果。在这里存在着一个误解，因为思想进步从来就不会导致出现矛盾的结论，从来不会使二乘二等于五。这一点我们已经说过，而且在以后还要提到。尽管如此，这种变化对于广大民众来说还是起了很好的作用。不能否认的是，这一变化使得战争更纯粹地成为政府的事，与民众的参与积极性相去甚远了。在这一时期，如果一个国家是进攻者，那么它的作战计划大多是占领敌人的这个或那个地区；如果它是防御者，那么它的作战计划就是阻止敌人占领自己的地区；而各个战局计划就在于占领这个或那个要塞，或者是防止敌人占领自己的要塞。只有在会战是无法避免的时候，军队才寻求和进行会战。如果有人在不是不可避免、只是出于积极寻求胜利的心理时发起会战，就会被认为是鲁莽的行动。一般情况下，一次战局只进行一次围攻，最多进行两次就结束了，而冬季已被认为是双方军队的休战期。在冬季的军营中，一方的不利状态绝不会成为另一方的有利条件，双方的接触几乎完全停止，冬季也就因此成为一次战局和另一次战局之间的明显分界线。

如果双方的力量十分均衡，或者进攻方是较弱的一方，这时也不会出现会战和围攻，战局中所有的行动就是保住某些阵地和仓库，或者是逐步占领敌人的一个地区。

只要战争普遍是这样进行的，那么战争威力受到的自然限制就始终是直接和明显的，人们在上述状态中也不会发现什么矛盾，会认为这一切都是最正常的。18世纪开始的对军事艺术的评论只注意了战争的个别问题，而没有更多地考虑战争的开端和结局，于是就出现了各种各样关于伟大和完美的统帅的说法，甚至连道恩元帅也似乎应该被看作是伟大统帅，尽管他的功绩主要是让腓特烈大帝完全达到了目的，而让玛丽亚·特蕾莎完全没有达到目的。在那个时候，间或出现过统观全局的见解，也就是具有健全理智的见解，即认为如果拥有优势兵力，就应该争取某种积极的成果，这才是正确的。否则，一味玩弄战术技巧会把战争引向不利的局面。

法国大革命爆发时的情况就是这样的。奥地利和普鲁士试图运用它们外交式的战争艺术进行战争。不久，这种战争艺术就显得不够用了。人们当时按照习惯的方式观察事物，把希望寄托在为数不多的军队上。但是在1793年出现了意想不到的情况。战争突然又成为人民的事情，成为全部以公民自居的3000万人的事情。在这里我们不研究产生这种伟大现象的详细情况，只想讨论由此产生的具有决定意义的结论。由于人民参加了战争，所以不是政府和军队，而是全体人民以其本身的力量来决定胜负。这时，战争中能使用的手段和能采取的行动已经没有一定界线，投入到战争中的力量再也不会遇到任何阻力，这样对敌人造成的危险也最大。

如果说整个革命战争在上述情况下还没使人充分感觉到它的威力，还没使人完全认识它就已经过去了；如果说革命的将领们没有毫不停顿地向最后的目标前进，没能摧毁欧洲的君主王朝；如果说德意志的军队偶尔还能够进行抵抗和幸运地阻挡住对方胜利的洪流，那么产生这些情况的原因实际上还是在于法国人所进行的民众战争尚不完善。这种不完善最初表现在普通的士兵身上，以后表现在将军们的身上，最后在督政府时期表现在政府自身。

当这一切在拿破仑手中都趋于完善之后，这支依靠全体人民力量的军队就信心百倍地踏遍欧洲，在任何旧式军队面前从没有过犹豫。反抗的力量还是及时地苏醒了。在西班牙，战争变成了人民的事情。在奥地利，1809年政府首先采取了异乎寻常的措施，组织了预备队和后备军，这样就使战争接近了人民战争，政府的所作所为比它以前认为可能做到的事情还要多。俄国在1812年仿效了西班牙和奥地利，由于这个国家幅员辽阔，即使较迟的准备也能产生效果，进而扩大了这种效果，直至最后取得辉煌的战果。在德意志，普鲁士首先奋起行动，把战争变成了人民的事情，在人口减少了一半和严重缺乏金钱和贷款的情况下，使兵力比1806年多了一倍。德意志的其他各邦也都先后仿效了普鲁士的先例。奥地利所做的努力虽然比1809年小，但是也出动了相当大的兵力。如果把参加战争的和伤亡的人员都计算在内，德意志和俄国在1813和1814年两次对法战争中大约使用了100万人。

在这种情况下，作战的威力也比以前提高了，虽然还没有达到法军的水平，在某些方面，畏缩情绪仍占主要地位，但是总的来说，战局已经不是按照旧的方式，而是按照新的方式进行了。8个月后，战场已经从奥德河转移到塞纳河，骄傲的巴黎不得不第一次低下头来，可怕的拿破仑也被捆绑着倒在了地上。

自从拿破仑出现以后，战争首先在发动战争的一方，以后又在另一方变成全体人民的事情，于是战争获得了完全不同的性质，或者更准确地说，战争已十分接近其真正的性质，接近其绝对完善的形态。战争中所使用的手段已经没有了明显的界限，这种界限已经消失在政府及其臣民的狂热和热情之中。随着手段增多，可能取得战果的范围也增大了。由于人们的热情极为强烈，作战的威力也得到了很大的提高，打垮敌人就成了军事行动的目标。只有当敌人俯首称臣时，才可以停止行动，可以有目的地进行谈判。

于是战争因素从一切因循守旧的桎梏中解脱了出来，爆发出它原有的力量，因为各国人民参加了这项重大活动。而且各国人民之所以参加，一方面是因为法国革命对各国产生的影响，另一方面是因为他们遭到了法国人的威胁。

那么，上述情况是否将一直存在呢？将来欧洲的所有战争是否都动用全国力量，因而只是为了各国人民的重大切身利益才进行，或者政府是否又会逐渐脱离人民呢？这很难确定，至少我们不想武断地做出结论。不过，人们会同意我们下面的看法：只有当人们对某种可能性还没有意识到的时候，才存在那些桎梏，这些桎梏一旦被打破，就不容易再重新出现。至少，每当发生重大的利害关系时，双方的敌对情绪只能用今天这样的战争方式来解决。

我们对历史的考察到此为止。我们进行这种考察并不是要匆忙地为每个时代规定一些基本原则，而仅仅是想指出，每个时代的战争都有那个时代的特征，各有其特有的条件和限制范围。尽管有人处心积虑地根据哲学原理来制定战争理论，然而每个时代依然保留有自己的战争理论。所以在判断各个时代发生的事件时，必须考虑各个时代的特点，只有那些不拘泥于细节，而是从全局出发观察事物，深入了解每个时代特点的人，才能对当时的指挥有正确的了解和评价。

但是，受国家和军队的特殊条件所限制的那些作战方法，必然会带有一些普遍性的东西，甚至是完全具有普遍性的东西，这些东西是理论首先所应该研究的。

最近以来，战争获得了绝对的形态，战争含有普遍适用和必然性的东西是最多的。正像战争一旦突破了桎梏就不可能被重新束缚一样，将来的战争也难以具有这种规模巨大的特性。如果理论只研究这种绝对战争，那么它就会把战争性质由于外来影响而发生变化的所有情况都排斥在外，或者把这些情况斥责为错误。这不可能是理论的目的，因为理论应该是研究现实情况下的战争，而不是研究理想状态下的战争。因此理论在考察、区别和整理各种事物的时候，永远都要考虑产生战争的各种情况的多样性；理论在确定战争的大致轮廓时，应该考虑时代和当时情况的需要。

综上所述，我们必须指出，进行战争的人提出的目标和采取的手段，是根据他所处的具体情况确定的，同时又具有时代和一般情况的特征，最后它们还要服从于由战争的性质中必然得出的一般结论。

第4章　对战争目标的进一步确定：打垮敌人

战争目标从概念上说，应该永远是打垮敌人，这是我们的论述所依据的基本观点。

什么叫打垮敌人呢？打垮敌人并不总是需要占领敌国的全部国土。假如联军在1792年攻占了巴黎，那么对革命党的战争很有可能在当时就结束了，甚至根本不需要先击败它的军队，因为这些军队在当时并未被看作是唯一的重要力量。与此相反，在1814年如果拿破仑还有大量军队，联军即使占领了巴黎，也不能达到所有的目的。但在当时拿破仑的军队的绝大多数已经被消灭了，所以在1814和1815年占领巴黎就决定了一切。假如1812年拿破仑能在占领莫斯科之前或之后，像他在1805年粉碎奥地利军队和1806年粉碎普鲁士军队那样，完全粉碎卡卢加公路上的12万俄军，那么尽管还有大片俄国国土没有占领，他对俄国首都的占领也很有可能会导致议和。1805年决定一切的是奥斯特里茨会战，在会战之前，虽然拿破仑占领了维也纳以及奥地利三分之二的国土，但这并没有能够迫使对方签订和约。另一方面，在这次会战之后，尽管整个匈牙利的领土仍然保持完整，却没能阻止签订和约，使俄军在这次会战中遭到失败是必要的最后一击。亚历山大皇帝在附近没有另外的军队，因此签订和约是拿破仑这次会战胜利的必然结果。假如俄军已经在多瑙河畔同奥军会合，并和奥军同时遭到失败，那么拿破仑也许就不需要占领维也纳，在林茨就可以签订和约了。

此外，即使占领了敌国全部国土也未必能够解决问题，如1807年在普鲁士就是这样。当时，法军在艾劳对普鲁士的盟军所取得的胜利是值得怀疑的，这一胜利并没有起到决定性作用，而在弗里德兰所取得的毫无疑义的胜利却像一年前在奥斯特里茨所取得的胜利一样，起到了决定性的作用。

我们看到就是在这种情况下，结果也不是由一般的原因所决定的。具有决定意义的常常是一些当时不在现场就观察不到的具体的原因，以及许多永远无人提及的精神方面的原因，甚至是一些在历史中只被当作轶事趣闻的、最微小的细节和偶然事件。在这里理论所能指出的只是：重要的是观察两国的主要情况。这些情况可以形成一个为整体所依赖的重心，即力量和运动的中心，所有力量的集中打击都必须集中在敌人的这个重心上。

小的总是取决于大的，不重要的总是取决于重要的，偶然的总是取决于本质的。我们必须遵循这一点来进行考察。

亚历山大、古斯塔夫·阿道夫、查理十二和腓特烈大帝，他们的重心是他们的军队，假如他们的军队被粉碎了，那么他们也就无法发挥自己的作用了。那些被国内的派别弄得四分五裂的国家，它们的重心大多是首都。那些依赖强国的小国，它们的重心是同盟国的军队。在同盟中，重心是共同的利益。在民众武装中，重心是主要领导人和民众的意见。打击应该针对这些目标。如果敌人由于重心受到打击而失去平衡，那么胜利者就不应该让对方有时间重新恢复平衡，而应该一直沿着这个方向继续打击，换句话说，应该永远打击敌人的重心，而不是以整体打击敌人的部分。以优势的兵力和风细雨般地占领敌人的一个地区，只求比较可靠地占领这个小地区而不去争取巨大的成果，是不能打垮敌人的。只有不断寻找敌人力量的核心，投入全部力量去打击，以求获得全胜，这样才能真正打垮敌人。

不管要打击的敌人重心是什么，战胜和粉碎敌人军队始终都是最可靠的开端，并且在任何情况下都是极为重要的一部分。

因此，我们认为，从大量的经验来看，打垮敌人可以主要采取下列几个办法：

1.如果在某种程度上敌人的军队是起主要作用的力量，那么就毫不犹豫地粉碎这支军队。

2.如果敌人的首都不仅是国家权力的中心，而且也是各个政治团体和党派的所在地，那么就占领敌人的首都。

3.如果敌人最主要的盟国比敌人还强大，那么就有效地打击这个盟国。

直到目前为止，我们一直把战争中的敌人当作一个整体来考虑，即使在最普通的情况下也是这样。可是，当我们指出打垮敌人就在于粉碎敌人集中在重心上的抵抗力量以后，我们就必须抛开这一设想而来探讨另一种情况，即同我们作战的敌人不止一个。

如果两个或更多的国家联合起来反对一个国家，那么从政治上看，它们所进行的是一次战争。不过，这种政治上的统一体联系的紧密程度是不同的。

这时的问题在于：是否每一个国家都有其独立的利益和追求这一利益所需的独立力量，或者是其他国家只依附于其中一个国家的利益和力量。其他国家越是只依附于一个国家，我们就越容易把不同的敌人看成是一个敌人，也就是可以把我们的主要行动简化为一次主要的打击。只要这种做法是可能的，它就是取得成果的最有效的手段。

因此，我们可以提出这样一个原则：如果能够通过战胜几个敌人中间的一个敌人而战胜其余的敌人，那么，打垮这一个敌人就必然是战争的目标，因为这样就击中了整个战争的总的重心。

只有在极少数情况下上述观点是不能成立的，也就是说，不能把几个重心归结为一个重心。我们只能把这种情况下的战争看作是两个或更多的各有其目标的战争，因为这种情况下的几个敌人是各自独立的，是占有很大优势的，所以在这种情况下根本就谈不上打垮敌人。

现在，我们来进一步讨论实现打垮敌人这个目标在什么情况下才是可能的和适宜的。

首先，我们拥有的兵力必须足以：

1.使我们能够获得一次决定性的胜利；

2.使我们能够经受得起必要的兵力消耗，进一步扩大胜利成果，直到敌人不能与我方相抗衡。

其次，我们在政治上的处境必须能保证：这样的一次胜利不会招致新的威胁我们的敌人，不致使我们为了对付他们而放弃原来的敌人。

1806年，如果法国彻底打垮了普鲁士，那就会使俄国的全部兵力同它为敌。当时法国也是可以这样做的，因为它有力量在普鲁士抵抗俄国。

1808年，法国在西班牙也同样是有力量做到这一点的，这只是针对英国而言，而不是针对奥地利而言。1809年，法军在西班牙的力量大大减弱，假如它没有对奥地利占有很大的物质和精神优势的话，那恐怕它就不得不完全放弃西班牙了。

因此，人们对上述像三级审判一样的条件必须仔细地加以考虑，以免在最后一级审判中输掉前两级审判中已获胜的诉讼，从而被判负担诉讼费。

在估计某种力量及其所能发挥的作用时，人们常常有一种想法，即时间在这里也和在力学上一样，是力量的一个因素，因而他们认为，做一半的努力也就是用一半的力量，在两年内就可以完成的工作，用全部的力量在一年内也可以完成。这种见解是完全错误的，可是它却时隐时现地成为人们制订战争计划的依据。

军事行动像世界上的任何一种事物一样，需要一定的时间。无疑，人们不可能在八天之内从维尔那步行到莫斯科。但是在力学上时间和力量之间的那种相互关系，在军事行动中根本不存在。

时间是交战双方都需要的，问题只是在于双方中的哪一方就其处境来看，可以首先从时间中得到特殊的利益。在权衡双方的特殊情况后就可以看出，显然是失败者首先可以得到这种利益。这当然不是根据力学的法则，而是根据心理学的法则。妒忌、猜忌、忧虑，有时还有义愤，这些都是不幸者自然的辩护士，它们一方面会给不幸者招来朋友，另一方面又会削弱和瓦解敌人的同盟。因此，时间更多的是对被征服者有利，而不是对征服者有利。其次应该考虑的是，对最初胜利的利用，正如我们在别的地方已经指出的那样，需要消耗巨大的力量。这种力量的消耗不是消耗一次就可以完结的，而是像维持一个大家庭一样不断持续。国家的力量可以使我们占领敌人的地区，但并非永远负担得起继续占领敌人的地区所需要的大量消耗。在这种情况下，国家继续供给会越来越困难，以至于最后可能完全无法供给。这样一来，仅仅时间就可以使情况发生根本转变。

难道1812年拿破仑从俄国人和波兰人那里掠夺的金钱和其他财富，就足以使他建立一支数十万人的军队，派往莫斯科保卫自己吗？

但是，如果所占领的地区十分重要，而且在这些地区中有一些地点对于被占领的地区有很重要的意义，以至于占领这些地点以后，对方的麻烦就会像病毒一样自动蔓延。那么在这种情况下，占领者即使不再采取其他任何行动，也是所得多于所失。如果被占领者得不到外来的援助，那么，时间就会完成占领者已经开始了的行动，尚未被占领的地方也许会自然沦陷。可见，时间也可能成为占领者力量中的一个因素。不过，这种情况只有在下述场合才能发生：失败者已不再进行反攻；局势不可能发生有利于失败者的逆转。也就是说，时间这个因素对占领者已不再起作用了，因为占领者已经完成主要的事情，最大的危险已过去，敌人已被打垮。

上面的论证是要说明占领行动完成得越快越好。如果我们完成占领的时间超过了完成这一行动所必需的时间，那么不但不能使占领变得更容易，反而会使占领变得更困难。如果说这种看法是正确的，那么同样正确的是：只要有足够的力量占领某一地区，就应该一鼓作气地完成这种占领，而不应该有中间停顿。当然，这里所说的中间停顿，不是指集中兵力和采取这种或那种措施所需的短暂时间，这是不言而喻的。

上述观点指出速战速决是进攻战的一个重要特点，这种观点已经从根本上打破了认为缓慢地、有步骤地占领比占领中不停顿地进攻更有把握和更为谨慎的见解。然而，甚至对至今一直赞同我们观点的那些人来说，我们的主张可能看起来像是奇谈怪论，同最初的提法自相矛盾，而且，我们的主张同那种在书籍中出现过千百次的、根深蒂固的偏见是对立的，因此，让我们对那些对立的观点、无根据的理论做进一步的探讨。

近期的目标当然比远期的目标容易达到，但是，如果较近的目标不符合我们的意图，那么我们也没有理由认为，停顿一下，有一个停歇点就能使我们比较容易地走完下一半路程。一次小的跳跃要比一次大的跳跃容易，但是，任何想跳过一条宽沟的人都不会只跳一半就停下来，以致掉进沟里去。

如果进一步考察实施有步骤进攻的原因，那么我们就会发现，这个原因通常包括以下一些基本内容：

1. 夺取进攻中所遇到的敌人要塞；
2. 筹备必要的储备品；
3. 在仓库、桥梁、阵地等重要地点加固工事；
4. 军队在冬季或宿营中休整；
5. 等待来年补充作战力量。

人们为了达到这些目的，把整个进攻划分为若干阶段，在运动中确定若干停歇点。他们认为这样就可以获得新的基地和新的力量，就好像自己的国家跟在自己军队后边一样，就好像军队随着每一次新的进军都可以获得新的力量一样。

所有这些富有赞美意义的目的也许能使进攻战更便于进行，却不能保证取得进攻战的成果，而且，这种做法大多只不过是用来掩饰统帅心情矛盾或政府缺乏进攻决心的借口。对此我们以相反的顺序予以批驳。

1. 等待新的补充是双方同样都需要的，甚至可以说，敌人期待补充的心情更为迫切。此外，一个国家在一年内所能征集的军队和在两年内所能征集的军队在数量上是差不多的，这是事物的本质所决定的，因为一个国家在第二年内实际所能增加的兵力，同总数相比是微不足道的。

2. 敌人在我们休息的同一时间内也得到了休息。

3.加固城市和阵地的工事不是军队的事情，因此不能成为做出停顿这一决定的理由。

4.从军队目前所采取的给养方法来看，军队在驻扎时比在前进中更需要仓库。当进军很顺利时，常常可以把敌人的储备品占为己有，到了贫穷的地区，就可以用这些储备品来解决给养不足的问题。

5.夺取敌人的要塞不能被视为进攻的停顿，而是积极的进攻。因此，夺取要塞所引起的表面上的停火，实际上同我们这里所说的情况不同，这种停火并不是进攻力量的停止和减缓。但对某个要塞是进行真正的围攻还是只进行包围或单纯的监视，这要根据当时的具体情况决定。在这里我们只能一般性地指出，要回答这个问题必须先确定，在进行单纯包围的同时继续前进是否会遭到极大的危险。如果不会遭到极大的危险，而且还有力量继续进攻，那么最好是把正式围攻推迟到整个进攻行动的最后进行。因此，人们不应该只想到保住已夺取的东西，而忽视了更为重要的东西。在继续前进时，已经获得的东西从表面上来看当然又有立刻失去的危险。

所以我们认为，在进攻战中任何划分阶段、设立停歇点和中间停顿的做法都是不合理的；当不可避免地出现这些东西时，应该把它们看作是麻烦，它们不会使我们更有把握地取得成果，而会使我们更没有把握取得成果。如果我们严格遵守普遍真理，那么就必须承认从中间停顿出发（这在我们力量薄弱时往往是不可避免的），这样的第二次进军通常是不能达到目标的；如果第二次进军是可能达到目标的话，那么也就没有必要进行中间停顿；如果我们的力量从一开始就远不足以达到预定的目标，那么，它就始终达不到目标。

所谓普遍真理就是这样，我们只是想通过对它的论述来消除那种认为时间本身似乎对进攻者有利的想法。但是，政治关系有可能是逐年变化的，正是由于这种原因才经常出现了同这种普遍真理相违背的情况。

以上所谈的可能会给人这样一种印象：似乎我们已经离开了一般观点，只注意进攻战了。我们的本意绝非如此。当然，那些确定以彻底打垮敌人为目标的人，是不会轻易采取仅以确保已获得的东西为直接目标的防御的。不过在这里我们必须坚持这样的看法：没有任何积极因素的防御，无论在战略上还是在战术上都是自相矛盾的。同时我们要一再重复地指出，任何一次防御，一旦失去了防御的利益，就应该根据自己的力量转入进攻。因此，在可能的情况下也应该把打垮敌人看作是防御的目标，不管是大目标还是小目标。并且应该指出，也可能出现这样的情况，即作战的一方尽管抱有打垮敌人的远大目标，但在开始时却宁愿采用防御的形式。1812年的战局就可以轻易证明这种看法并不是没有现实意义的。亚历山大皇帝当时也许没有想到，他所进行的战争如以后事实表明的那样，完全打垮了敌人。这种想法难道是不可能的吗？而且，俄国人在战争开始时采取防御形式难道不也很适合吗？

第5章　对战争目标的进一步确定（续）：有限目标

我们在前一章中已经说过，打垮敌人如果可以实现，就应该看作是军事行动本来的绝对目标。现在，我们来考察在不具备实现这一目标的条件下，还会有什么其他的目标。

实现打垮敌人这一目标的前提条件是：追求这一目标的一方必须在物质上或精神上占有很大的优势，或者具有卓越的敢作敢为的精神，即富于冒险精神。在不具备这些条件的情况下，军事行动的目标只能有两种：或者是夺取敌国的一小部分国土或相当的一部分国土；或者是保卫本国的国土，等待更有利的时机。后一种目标通常是防御战的目标。

关于在具体场合究竟应确定哪一种适当的目标，应该注意到我们对后一种目标的评价。等待更有利的时机以未来确实有可能给我们提供这样的时机为前提，因此只有在具有这种前提条件的情况下，我们才有理由进行等待，也就是进行防御战。相反，如果未来不会给我们带来更多的优势，而是给敌人带来更好的前景，那么我们就只能采取进攻战，也就是说，应该充分利用当前时机。

第三种情况也许是最常见的，即双方都不能从等待中获得什么好处，即双方都不可能从未来的前景中得到采取行动的依据。在这种情况下，应该采取进攻战的显然是在政治上进攻的一方，即抱有积极动机的一方。因为他们正是为了这个目的而进行战争准备的，无谓地浪费时间对他们来说是一种损失。

决定何时采取进攻战、何时采取防御战所依据的理由同作战双方的兵力情况没有任何关系。把兵力情况作为主要根据似乎有一定合理性，然而我们认为，这样做恰好就是离开了正确的道路。对于我们这个简单的逻辑推论，其正确性是不会有人提出异议的，现在让我们再来看一看，这种推论在具体情况下会否变得不合理。

如果设想一个小国同一个兵力占很大优势的国家发生冲突，而且这个小国也预见到了自己的处境会逐年恶化；如果它不能避免战争，那么它不应该充分利用形势还不是特别糟糕的这一段时间吗？它只有进攻。这么做并不是因为进攻本身会给它带来什么好处，相反，进攻很可能使兵力上的差距更大；它之所以这么做只是因为需要或者在不利时期到来之前彻底解决问题，或者取得暂时的一点利益，这种说法并不是不合理的。如果这个小国确信敌人很快会向它进攻，那么它就可以而且应该利用防御来对付敌人，以便取得最初的成果，也不至于遭到丧失时间的危险。

其次，如果设想一个小国和一个大国交战，而且未来的情况对它们的决心没有什么影响，如果这个小国在政治上是进攻方，我们也只能要求它去进攻对方。

既然这个小国敢于给自己提出积极的目标来对抗一个较强的国家，那么，如果敌人不采取行动，它就必须采取行动，即进攻敌人。等待是荒谬的，除非这个小国在实施行动时改变了自己的政治决心。在实施行动时改变政治决心是常见的，这在相当程度上使战争具有不确定性，对这样的不确定性哲学家也手足无措。

在对这种有限目标的考察中，我们引出了有限目标的进攻战和有限目标的防御战。并且打算设专门的章节来研究这两种战争。但在这之前我们必须先谈谈另一个问题。

直到现在为止，我们只是从战争目标的内在原因来研究其变化的。就政治意图的性质而言，我们只是就其是否追求积极的效果这一点进行了研究。政治意图的其他一切从根本上讲是与战争无关的，然而，我们在第一篇第2章讨论战争的目的和手段时已经承认，政治目的的特点、敌我双方要求的大小和我方的整个政治状况，事实上都对战争起着最有决定性的影响。因此，我们要在下一章里专门研究这个问题。

第6章　政治与战争目标[1]

政治目的对战争目标的影响

人们永远不会看到，一个国家对待另一个国家的事情像对待本国的事情那样认真。当其他国家遇事时，它只会派出一支兵力不强的援军；如果这支援军失利了，它也就认为尽到了义务，于是就尽可能地寻求脱身之计。

在欧洲政治中有一种惯例，即加入攻守同盟的国家承担相互支援的义务。但是，一个国家并不因此考虑战争的对象是谁，敌人投入多少力量，

1　本章标题为译者所加。——译注

它们只是彼此预先约定派出一定的、通常是兵力有限的军队。在履行这种同盟义务时，同盟国并不认为自己同敌人已经处于真正的战争中，并不认为这种战争必然以宣战开始和以缔结和约而告终。而且，就算是同盟的概念也并不是在任何情况下都是十分明确的，在实际运用中也不是固定不变的。

假如同盟国能把约定提供的一万、两万或三万援军完全交给正在作战的国家，让它根据自己的需要来使用，就像把这支援军看作是雇佣来的军队，那么事情就有了某种内在的联系，战争理论在这方面也就不至于几乎无法发挥作用了。然而，实际上事情远非如此。援军通常都有自己的统帅，统帅只按照本国宫廷的意志行事，而本国宫廷给他下达的目标，总是同本国宫廷意图的不彻底性息息相关。

甚至当两个国家一起同第三个国家真正进行战争时，也并不总是意味着两个国家都必然会把第三个国家看作是必须要消灭的敌人，否则敌人就要消灭他们。它们常常会像做生意那样行事。每个国家都根据它可能冒的风险和可能得到的利益投入三四万兵力作为股金，这么做就好像是在这次交易中除了这点股金外不能再承担任何的损失。

这种情况不仅发生在一个国家为了一些和它没有什么重大关系的事情去援助另一个国家时，甚至当两个国家有很大的共同利益时，援助也不是毫无保留的。而且同盟国通常也只提供条约规定的少量援助，而把其余的军事力量保留起来，以便将来根据政治上的特殊考虑加以使用。

对同盟战争的这种态度十分普遍，只是到了现代，当极端的危险驱使某些国家，如反抗拿破仑的国家，走上符合法则的道路时，它们才不得不采取这样的态度。过去那种态度带有不彻底性，是异常现象，因为战争与和平在根本上是两个不能划分阶段的概念。尽管如此，这种态度并不是缺乏理性的、纯粹的外交习惯，而是源于人类所固有的局限和弱点。最后，在一个国家单独对其他国家进行的战争中，战争的政治原因对战局的进行也有强烈影响。

如果目标只是要消灭敌人的少量军队，就会满足于通过战争取得一个不大的等价物；且不用付出很大的努力就可以达到这个目标。敌人差不多也会这么想。一旦这一方或那一方发现自己的估计有些错误，发现自己不像原来希望的那样比敌人强，甚至比敌人弱，这时他通常就会感到缺乏军费，或其他方面有问题，他会觉得在精神上缺乏足以激起更大干劲的动力。所以，他只好尽量地应付，希望未来发生对他有利的事件，虽然他的这种希望是毫无根据的。在这种情况下，战争就会像病入膏肓的人那样勉强地拖延生命。

这样一来，战争中的相互作用、每一方都想胜过对方的竞争、暴力性和无节制性，都消失在脆弱的动机所引起的停顿状态中，双方都会安全地在已大大缩小的作战区域内进行活动。

如果我们承认（而且必须承认）政治目的对战争具有这样的影响，那么，这种影响就不再有什么界限了，而且我们甚至不能不承认还存在着其目的仅仅在于威胁敌人以支持谈判的战争。

如果战争理论要成为且一直成为哲学的探讨内容，那么它很显然就会陷入尴尬的境地。在这里找不到包含于战争概念中的一切必然的东西，这样它就会面临危险，失去它所以能成立的一切根据。然而，柳暗花明又一村。军事行动中的缓和因素越多，或者更确切地说，行动的动机越弱，行动就越消极被动，行动也就越少，就越不需要指导原则。这样，整个军事艺术就演变成纯粹的小心谨慎，它的主要任务就使摇摆不定的均势不至于突然发生对自己不利的变化，使并非真正意义上的战争不至于演变成真正的战争。

战争是政治的一种工具

直到目前为止，我们一直是在战争的性质与个人和社会团体的利益相对立的情况下探讨问题的。有时从这一方面，有时从另一方面进行探讨，以免忽视这两个对立因素的任何一个。这种对立的根源存在于人本身，因此，通过哲学的思考是不能解决的。这些矛盾因素在实际生活中能部分地相互抵消，现在我们试图寻找它们结成的统一性。如果不是必须明确地指出这些矛盾和分别考察各个不同的因素，我们本来在一开始就可以讨论这种统一性。统一性是这样一个概念：战争只不过是政治交往的一部分，而绝不是什么独立的东西。

人们常常认为，战争只是由各国政府和人民之间的政治交往引起的。但是，人们通常又做这样的想象：战争一爆发，政治交往即告中断，出现一种只受本身规律支配的完全不同的状态。

与此相反，我们认为战争不过是政治交往的另一种手段的继续。我们所以说是另一种手段，就是为了要同时指出，这种政治交往并不因战争而中断，也不因战争而变成某种完全不同的东西。无论它使用什么样的手段，政治交往实质上总是继续存在的。而且，战争事件所遵循的并受其约束的主要路线，只能是贯穿于整个战争中直到议和为止的政治交往过程。难道还可以有其他的可能性吗？难道随着外交文书的中断，各国人民和政府之间的政治关系也就中断了吗？战争不正是表达它们思想的另一种文字和语言吗？当然，战争有它自己的语法，但是它并没有自己的逻辑。

由此看来，战争绝不会离开政治交往。如果离开政治交往来考察战争，那么，联系各种情况的所有线索就会被割断，而且会推论出毫无意义的和毫无目的的东西。

甚至当战争是全面的战争，完全是敌对情绪不受约束的发泄时，也必须这样看问题。因为所有那些作为战争基础的因素和决定战争主要方向的因素，如我们在第一篇第1章中所列举的那样，自己的兵力、敌人的兵力、双方的同盟者、双方的人民和政府的特点等，不是都带有政治的性质吗？它们不是同整个政治交往紧密结合而不可分割吗？同时，现实中的战争并不像战争概念所规定的那样是一种极端的努力，而是一种矛盾的不彻底的东西。这样的战争是不可能服从其本身的规律的，它只是另一个整体的一部分，而这个整体就是政治。由此，只能得出我们前面的结论。

政治在使用战争时，总是偏离那些从战争性质中推出的严密结论，很少考虑到最终的可能性，而只以最直接的可能性为依据。如果整个行动出现大量无法预知的情况，以至于变成一种赌博，那么，每个政府就都想在这场赌博中，用机智和敏锐赢得胜利。

这样一来，政治就把战争这个摧毁一切的要素变成一种单纯的工具，把要用双手和全身力气才能举起作致命一击的可怕的战刀，变成一把轻便的利剑，有时甚至变成比赛用剑，政治用这把剑交替地进行冲刺、虚刺和防刺。

于是，战争使天性胆怯的人所陷入的矛盾得到自行解决，如果这可以算是一种解决的话。

战争从属于政治，那么战争就会带有政治的特性。政治越是强硬，战争也就越波澜壮阔，甚至可能达到其绝对形态的高度。

因此，当我们这样看待战争时，不但没有必要忽视这种具有绝对形态的战争，而且还应该经常不断地考虑到它。

只有根据这样的看法，战争才又成为一个统一体；只有坚持这样的看法，才能把所有战争视为同一类的事物；而且只有这样，在判断时才能有一个正确而恰当的立足点和观点，而这种立足点是我们制订和评价大的作战计划时所应当依据的。

当然，政治因素并不能深入到战争的每一个细节中去，部署骑兵哨和派遣巡逻哨是不需要政治因素的。但是，政治因素对制订整个战争计划和战局计划，甚至对制订会战计划，却不可缺少。

在生活中，最重要的莫过于准确地找出理解和判断事物所必须依据的观点，并且坚持这一观点。因为只有从一个观点出发，我们对大量的现象才能有统一的理解，而且也只有观点的统一，才不至于陷入矛盾之中。

既然制订战争计划时不能有两个或更多的观察事物的观点，例如一会儿根据士兵的观点，一会儿根据行政长官的观点，一会儿根据政治家的观点等等，这时就有了一个问题：其他一切所必须服从的是否必然是政治呢？

我们探讨问题的前提条件是：政治本身集中和协调政府的一切利益，也集中和协调个人的一切利益，以及通过哲学思考所能得到的一切其他利益。因为政治本身不是别的，对其他国家而言，它无非是这一切利益的代表。至于政治有时会具有错误的方向，为统治者的野心、私利和虚荣服务，这不是本章所要讨论的问题，因为军事艺术在任何情况下都不能作为政治的导师。在这里，我们只能把政治看作是整个社会一切利益的代表。

现在的问题仅仅在于：在制订战争计划时，是政治观点让位于纯粹的军事观点（假设这种观点是可以想象的话），即政治观点完全消失或从属于纯粹的军事观点，还是政治观点仍然是主导，而军事观点应该从属于它。

只有在战争是单纯由敌对情绪引起你死我活的斗争的情况下，才可以设想政治观点会随着战争的爆发而消失。然而，正像我们上面说过的那样，现实战争无非是政治本身的表现。使政治观点从属于军事观点，那是荒谬的，因为战争是由政治引发的。政治是头脑，战争只不过是工具，不可能是相反的情况。因此，只能是军事观点从属于政治观点。

如果考虑到现实战争的性质，本篇第3章已经提到过，要认识从政治因素和政治关系中产生的战争，首先要依据其特点和主要轮廓的可能性，那么，在大多数情况下都必须把战争看作是一个各个部分不能分离的有机整体。也就是说，各个部分的活动都必须汇集到整体中去，并从整体这个观点出发。这样，我们就会完全确信和明白，确定战争主要路线和指导战争的最高观点不能是别的，只能是政治观点。

从这一观点出发而制订的战争计划就会像一个铸件那样完整，对它的理解和评价就更容易和合乎情理，它的说服力就更强了，它所依据的理由就更充分，历史也就更容易理解了。

从这一观点出发，政治利益和军事利益之间的冲突至少不再由事物的性质引起。如果出现了这种冲突，也只是由于人的认识能力不完善所造成。如果政治向战争提出战争所不能实现的要求，那么这就违背了政治应该了解它所要使用的工具这一前提，也就是违背了一个符合事物性质的不可缺少的前提条件。如果政治能够正确地判断战争事件的进程，那么，确定同战争目标相适应的战争事件以及战争事件的方向，就完全是而且只能是政治的功能。

简而言之，军事艺术在它最高的领域内转化成了政治，当然这种政治不是通过外交文书，而是通过打仗进行的政治。

根据这一观点，人们不可以对一个大规模的战争事件或它的计划进行纯军事的评价，这样做甚至是有害的。在制订战争计划时向军方咨询，像有些政府常做的那样，让军方从纯军事观点来进行判断，那确实是荒谬的。而有些理论家要求把现有的战争物资交给统帅，让统帅根据战争物资制订一个纯军事的战争计划或战局计划，那就更荒谬了。一般的经验告诉我们，尽管今天的战争变得非常复杂，而且有了很大的发展，但是，战争的主要轮廓仍然始终是由政府来决定的。用专业术语来说，就是只是由政治当局，而不是由军事当局来决定的。

这完全是事物的性质所决定的。如果对政治关系没有透彻的了解，就不可能制订出战争所需要的主要计划。当人们在谈论政治对作战的有害影响时，他们所说的实际上完全不是他们想要表达的意思，他们指责的其实并不应该是政治对作战的影响，而是政治本身。如果政治是正确的，也就是说，政治同它的目标是一致的，那么，政治在其本身的意义上就只能对战争发生有利的影响。当这种影响同目标不一致时，其原因只能在政治的错误中寻找。

只有当政治错误地想从某些战争手段和措施中得到同它们的性质不相

符合的效果时，政治才会通过它的决定对战争发生有害的影响。正像一个人使用不十分熟练的语言，在表达正确的思想时会词不达意一样，政治也常常会做出不符合自己本来意图的决定。这种情况经常不断地发生，于是人们就感觉到，在进行政治交往时必须对军事情况有一定的了解。

然而，我们在继续论述之前，必须防止一种很容易产生的错误理解。我们绝不认为，当君主本人不兼任首相时，一个埋头于公文的国防大臣，或者一个学识渊博的军事工程师，甚至一个能征善战的士兵就因此可以成为杰出的首相。换句话说，我们绝不认为，熟悉军事情况应该是首相的主要素质。至于了解军事知识，那是可以用这种或那种方式很好地予以弥补的。

法国的军事活动和政治活动从来没有比贝利耳兄弟和舒瓦瑟耳公爵当权时更糟的了，尽管这三个人都是优秀的军人。

如果一次战争完全同政治意图相符合，而政治又完全同战争手段相适应，只是缺乏一个既是政治家又是军人的统帅，那么就只有一个好办法，那就是让最高统帅成为内阁的成员，以便内阁能参与统帅的主要活动。但是，只有当内阁即政府设置在战场附近，从而在决定各种事情不会浪费很多时间时，这才是可能的。

1809年奥地利皇帝就是这么做的，1813、1814和1815年反法联盟各国的君主也这么做。而且这种做法被证明完全行之有效。

在内阁中，除了最高统帅的影响外，任何其他军人的影响都是极端危险的，这种影响很少能够导致理智和聪明的行动。法国的卡诺在1793、1794和1795年在巴黎指挥作战的例子在这里是用不上的，因为只有革命政府才执行恐怖政策。

现在我们以回顾历史来结束本章。

18世纪90年代，在欧洲的军事艺术中出现了一种惊人的变革。这种变革的出现，使那些优秀军队的技巧部分地丧失了作用；同时，人们在战争中取得了一些过去难以想象的、规模巨大的战果，于是，人们自然就认为一切错误的估算似乎都应该归咎于军事艺术。十分明显，军事艺术过去一直习惯于被局限在概念规定的狭窄范围里，尽管今天人们所理解的军事艺术超出了以往的范围，但依然符合事物的性质。

那些观察事物比较全面的人，把这种现象归咎于几个世纪以来政治对军事艺术所产生的非常不利的普遍影响，这种影响使军事艺术变为一种不彻底的东西，常常成为花拳绣腿。事实的确如此。但如果人们把这种情况视为偶然发生和可以避免的，那就大错特错了。

另一些人认为，这一切都可以从奥地利、普鲁士、英国等各个不同国家的政治所产生的暂时影响中得到解释。

然而，人的思维受到冲击的原因果真是在军事范围内而不在政治本身吗？换言之，这种不幸究竟是产生于政治对战争的影响呢，还是产生于政治本身的错误呢？

很明显，法国革命对外所产生的巨大影响，不能说是因为采用了作战的新手段和新观点，更多的在于彻底改变了的国策，在于政府的特点和人民的状况。至于其他各国政府未能正确地认识到这一切，希望用老式的作战手段同那些新的和压倒一切的力量相抗衡，所有这些都是政治的错误。

那么，人们以纯军事的观点来看待战争能否认识和纠正上述错误？不可能。即使真的有一位有哲学头脑的战略家，他可以仅仅根据敌对因素的性质就推导出一切结果，并根据这些结果对未来的可能性做出预言，那么他的这种推测根本不会有任何结果。

只有当政治能正确地估计法国的觉醒力量和欧洲政治中新产生的关系时，政治才能预见到战争的大轮廓在这种情况下可能是怎样的。只有这样，它才能确定必须使用的战争手段和规模以及对最佳途径的选择。

因此，法国革命在20年间所取得的胜利，主要是与之对立的各国政府的政治错误所造成的。

当然，这些错误只是在战争期间才暴露出来，只是在战争中才出现了同政治所抱的期望完全相违背的现象。之所以发生这种情况，并不是因为政治没有向军事艺术请教，而是因为政治家当时所相信的军事艺术，是他那个世界的军事艺术，是从属于当时政治的军事艺术，是政治一直作为非常熟悉的工具来使用的军事艺术。这样的军事艺术，自然同政治有着同样的错误，因此它不能纠正政治的错误。战争确实在本质上和形式上发生了一些重大的变化，这些变化已经使战争更接近其绝对形态，但是，这些变化并不是因为法国政府已摆脱了政治的束缚而产生的，而是因为法国革命在法国和全欧洲引起了政治上的改变而产生的。改变了的政治提供了和以往不同的作战手段和作战力量，因而使战争具有了在其他情况下难以想象的威力。

因此，就连军事艺术的实际变革也是政治改变的结果，这些变革不但不能证明两者可以分离，反而有力证明了两者紧密结合。

我们再重复一遍：战争是政治的一种工具；战争不可避免地会具有政治的特性，战争必须要用政治的尺度来加以衡量。因此，战争就其主要方面来说就是政治本身，政治在这里以剑代替了笔，但并不因此就不再按照自己的规律进行思考了。

第7章　有限目标的进攻战

即使在不能确立以打垮敌人为目标的情况下，仍能确立一个直接的积极目标，它当然只能是占领敌人的一部分国土。

占领敌人一部分国土，可以获得以下的利益：可以削弱敌人的国家力量从而也削弱它的军队，进而增强我们的国家力量和军队；可以把我们的战争负担部分地让敌人承担；此外，在签订和约时可以把占领的地区看作是一种纯利，或者我们自己占有这些地区，或者用它来交换别的利益。

占领敌人国土的主张十分合理，如果不是进攻以后必然出现的防御状态会使进攻者感到忧虑的话，这种主张本身没什么错误。

在《关于胜利的顶点》一文中，我们已经详尽地说明了这样的进攻会怎样削弱敌军，并且指出，在进攻以后会出现一种带来危险后果的状态。

我军由于占领敌人的地区而受到的削弱在程度上是不同的，这主要取决于所占领地区的地理位置。这个地区越是像我国国土的补充部分，也就是说被我们的国土所包围，或者同我们的国土相连接，越是位于我军主力前进的方向上，我军受到削弱的程度就越轻。在七年战争中萨克森是普鲁士战区的一个自然的补充部分，腓特烈大帝的军队占领这个地区不仅兵力没有受到削弱，反而得到了增强，这是因为萨克森距离西里西亚比距离马克还要近，同时还掩护着马克这个地区。

1740和1741年腓特烈大帝一度占领了西里西亚，这一行动并没有削弱他的军队，因为西里西亚就其地形、位置和边界的状况来看，在奥地利人没有占领萨克森以前只是奥地利的一个狭长的突出部分，而且这个两国发生接触的狭窄地点又位于两军发起主要进攻的方向上。

相反，如果占领的地区位于敌国的其他各地区的中间，位置偏远，地形不利，那么进攻军队就会受到明显的削弱，因而敌人不仅很容易取得会战的胜利，甚至可以不战而胜。

每一次奥地利人从意大利进入普罗旺斯，总是没有经过会战就被迫撤退了。法国人在1744年没有打败仗就撤出波希米亚，这对他们来说还是幸运的。腓特烈大帝于1757年在西里西亚和萨克森曾获得辉煌的胜利，但1758年用同一支军队却没有守住波希米亚和摩拉维亚。总之，占领敌国地区后使兵力受到削弱，因而不能守住所占领地区的例子是很常见的，没有必要罗列更多的例子。

是否把占领敌人地区作为目标，这主要取决于我们能否确守这个地区，或者能否确保暂时的占领（入侵、牵制性的进攻）足以抵偿为此而付出的力量，特别是能否确保不会遭到猛烈的还击而完全失去平衡。至于在每个具体场合决定这个问题时要考虑哪些情况，我们在探讨顶点一文中已经谈过了。

还有一点必须补充说明。

这样的进攻并不总能补偿我们在其他地方所遭到的损失，当我们占领敌人的部分地区时，敌人可能在其他地点采取同样的行动，而且，只要我们的行动并不具有非常重大的意义，敌人就不会因此被迫放弃他的行动。因此，是否采取行动就取决于这样的思考：我们在其他地方受到的损失是否会超过在这里获得的利益？

即使两个地区的价值相同，敌人占领我们一个地区使我们遭受的损失也总是大于我们占领敌人一个地区所获得的利益。因为占领敌人的地区会使我方的一些军队成为守备军，因而不能再起很大作用了。不过，对敌人来说情况也是这样的。因此，这一点本来不应该成为重视保护自己地区和轻视占领敌人地区的理由，但事实上这一点却正是这样的理由。保持自己的地区同自己的关系总是更密切一些，而且，只有当进行报复可以带来显著的利益，即比损失大得多的利益时，进行报复才能消除或者在某种程度上抵消自己国家遭到的沉重损失。

综上所述可以得出如下结论：同以敌国重心力量为目标的进攻相比，在进行这种目标较小的战略进攻的同时，必须对在这种进攻间接掩护下的地点进行适当的防御。因此，对这种小目标的进攻也不可能像以敌国重心力量为目标的进攻那样，在时间上和空间上充分集中兵力。如果我们只是想在时间上集中兵力，那么就必须选择适当的地点同时采取进攻，但这样做的后果是，即使是在（在目标较小的进攻间接掩护下的）单个地点也必须投入大量的兵力进行防御。这样一来，在这种小目标的进攻战中所采取的所有行动就没有轻重之分；所有军事行动不可能集中成一个在主要的想法指导下的主要行动；整个军事行动就会变得分散，其所受的阻力也因此而增大，偶然事件随时随地都有可能发生。

这是事物的自然趋势。这种自然趋势牵制着统帅，使他越来越失去作用。统帅越是自信，越是有办法，越是兵力强大，他就越会力图摆脱这种趋势，使某一地点具有特别重要的意义，即使这样做有较大的危险也是如此。

第8章　有限目标的防御战

防御战的最终目标正如我们以前说过的那样，从来不可能是绝对消极的。即使是力量最弱的防御者，也肯定会拥有可以影响敌人和威胁敌人的某种手段。

可以说，这种目标就是让敌人疲惫。因为敌人追求的是积极的目标，那么他的任何一个没有成功的行动，即使除了兵力损失以外没有带来其他后果，也可以算是一种后退。而被进攻的一方所遭到的损失却不是毫无作用的，因为他的目标就是据守，而这个目标已经达到了。人们似乎可以说，单纯的据守就是防御者的积极目标。假如人们能够肯定，进攻者在经过一定次数的尝试之后必然会感到疲惫，会因此而放弃进攻，那么，这种看法也许是对的。然而，进攻者却并非必然这么做。只要看一下兵力消耗的实际情况就可以知道，从总的对比来看，防御者处于不利的地位。所谓进攻受到削弱，只是在可能出现战局转折点的情况下是如此。在根本不可能出现这种转折点的情况下，防御者是较弱的一方，即使双方的损失相等，防御者的一部分国土和补给基地通常会被对方占领。

由此可见，认为进攻者会放弃进攻的想法是没有根据的，此外还有这样的一种看法，即如果进攻者一再进攻，而防御者除了防御以外不采取其他任何行动，那么对方的进攻迟早会取得成功，而防御者则没有办法避免这种危险。

即使在现实中兵力较强的一方力量用尽，或者更确切地说，兵力较强一方的疲惫导致了议和，那么这种情况是战争在大多数场合下具有的不彻底性造成的，在理论上不能把它看作是这种防御的总的最终目标。这样一来，这种防御只好从等待的概念中寻找它的目标了，而等待本来就是防御固有的特征。“等待”这个概念包括情况的变化及处境的改善，当处境根本不能通过内部的手段，即通过抵抗本身求得改善时，就只能期待外力影响。所谓通过外力来改善处境，无非指政治关系的改变，或者是防御者有了新的盟国，或者是原来反对他的同盟被瓦解。

在防御者兵力弱小而不能发动任何较强的还击时，等待就成了目标。不过，根据我们给防御规定的概念，并非每一次防御都是这样的。根据我们的概念，防御是更为有效的作战形式，所以，在可能以或强或弱的还击作为目标时，人们也可以采取防御。

我们必须从一开始就把这两种情况区分开，因为它们对防御有不同影响。

在第一种情况下，防御者试图尽可能长期地占有并完整地保持自己的国土，因为防御者这样做可以赢得的时间最多，而赢得时间是达到他的目标的唯一途径，而且这能为他提供在议和时实现自己意图的机会，但他还是不能把积极目标列入战争计划中。在战略上处于这种被动时，防御者在某些地点可能取得的利益只能是抵抗住敌人的进攻；即使他在这些地点上取得了优势，也必须把优势转用到别的地点去，因为各处的情况通常都是紧急的；如果他连这样的机会都没有，那么往往就只能去获取很小的利益，即获得暂时喘口气的机会。

当防御者的兵力不是太小时，在防御的目标和实质不变的情况下，他也可以采取一些小规模的进攻行动，如入侵、牵制性进攻、进攻个别的要塞等，但这时的目的主要是获得暂时的利益，用来补偿以后的损失，而不是永久地占领。

但在第二种情况下，防御中已经含有积极的意图，包含了较多的积极性质，而且各种情况容许进行还击的力度越大，积极的性质就越多。换句话说，越是主动地采取防御，以便将来有把握地进行第一次还击，那么就越能够大胆地给敌人设下圈套。最大胆的、成功效果最大的圈套是向本国腹地撤退，这也是同上一种防御方法差别最大的一种手段。

只要回忆一下腓特烈大帝在七年战争中和俄国在1812年所处的不同处境就可以明白这一点了。

当战争开始的时候，腓特烈大帝由于已经完成战争准备而占有一定优势，这为他夺取萨克森创造了有利条件。此外，萨克森确实是他的战区的一个极其自然的补充部分，因而对萨克森的占领非但没有削弱他的军队，反而还增强了他的军队。

在1757年战局开始时，他曾寻求继续进行战略进攻，在俄国人和法国人到达西里西亚、马克和萨克森战区以前，他进行战略进攻并不是不可能的。这次进攻最后以失败告终，他被迫在以后的战局中采取防御，不得不再撤出波希米亚，从敌人手中夺回自己的战区。当时，他也是用同一支军队先向奥地利人发起进攻才夺回了自己的战区。这样的优势只能归功于防御。

1758年，当敌人已经缩小了对他的包围圈，而且兵力对比已经开始对他非常不利时，他还试图在摩拉维亚进行一次小规模的进攻。他想在敌人还没有完全准备好以前占领阿里木茨，尽管并不是希望长期拥有这个地方，更不是希望把它作为继续前进的基地，而是想要利用这个地方作为对付奥地利人的工事，作为抵抗对方进攻的外围工事。这样做使奥地利人不得不在这次战局的后一阶段收复这个地方，甚至还可以使他们不得不为此进行第二次战争。然而，腓特烈的这次进攻也失败了。于是他放弃了发动任何真正进攻的想法，因为他感觉到这种进攻只能使不利对比的差距增大。他把兵力集中部署在各个地区的中间即萨克森和西里西亚，这样就可以利用作战战线较短这个条件向受到威胁的地点及时增加兵力，在会战不可避免时进行会战，有机会时进行小规模的入侵，然后静静地等待，积蓄力量等待有利时机的到来，这就是他战争计划的概况。在实施这个计划的过程中，他的行动越来越消极。因为他看到即使胜利了也要付出很多的代价，于是就力求付出较少的代价来应付局势。这时一切都在于赢得时间，在于保持他原来占有的地方，他越来越珍惜土地，甚至进行真正的单线式防御。亨利亲王在萨克森的布防和国王自己在西里西亚山区的布防都可以说是单线式的防御。我们从腓特烈大帝给达尔然斯侯爵的信中可以看到，他是多么迫切地盼望冬季休战期的到来，当他没有遭到重大损失就进入冬季休战期时又是多么的高兴。

谁要在这方面责难腓特烈，只要看看他的勇气就会惭愧。我们认为做出这种判断是十分轻率的。

在我们看来，邦策尔维茨营垒、亨利亲王在萨克森的阵地和腓特烈大帝在西里西亚山区的阵地已经不再是可以寄托最后希望的手段，因为像拿破仑这样的人物很快会冲破这种战术上的蜘蛛网。但我们不应该忘记，由于时代改变了，战争已经变得完全不同了，战争所使用的力量和以前是不大相同的，当时能起作用的阵地现在已经不再起作用了。同时，在这里需要考虑的还有敌人的特点。用来对付帝国军队、道恩和布图尔林这些人的战争手段，连腓特烈自己都不觉得有多么出色，而在当时已经是最高的智慧了。

结果也证明这种看法是正确的。腓特烈通过等待达到了目的，而且避开了那些可能使他的军队遭到毁灭的危险。

1812年战局开始时，俄国人同法国人的兵力对比要比腓特烈大帝在七年战争中同敌人的兵力对比不利得多。然而俄国人在战局进程中大大增强了自己的兵力。对拿破仑来说，整个欧洲暗地里都是他的敌人，他的力量已经发挥到了最大限度，在西班牙的消耗战弄得他手忙脚乱，幅员辽阔的俄国让俄军通过上百英里的撤退来极大地削弱他的军队。在这种伟大的情况下，只要法国的进攻不能成功（亚历山大皇帝不议和或者他的臣民不叛变，法国的进攻又怎么会成功呢?），俄国就有可能进行猛烈地还击，而且这种还击还可能导致敌人的毁灭。俄国人无意中执行了一次绝妙的战争计划，即使是最聪明的人也制订不出比这更好的了。

虽然当时人们并没有想到这样的计划，而且甚至认为这种计划是荒谬的，但是这在现在却不能成为理由，不能成为我们把这种计划当作正确的东西提出来的理由。如果我们想从历史中学习，那么就必须把发生过的事情看作是将来也可能发生的事情。在向莫斯科进军以后发生的重大事件，并非是一堆偶然的事件，这是任何一个对这类事情有判断力的人都会承认的。假如俄国人能够勉强地在边境进行防御，那么法军力量的削弱和对俄国有利的转变还是有可能出现的，但是这种转变肯定不会那么剧烈，那么有决定性意义。俄国得到的这个巨大利益是用牺牲和冒险换来的（当然这种牺牲和冒险对其他国家而言都太大了，对大多数国家来说是不可能的）。

因此，人们永远只有通过积极的措施，也就是以决战为目标，而不是以单纯的等待为目标，才能取得重大的积极战果。即使在防御中，也只有巨大投入才能获得巨大利益。

第9章　以打垮敌人为目标的战争计划

在我们详细论述了战争可能具有的几种目标后，现在就来研究同这些目标相对应的三种不同的战争整体部署。根据我们以前对这个问题所做的全部论述，有两个主要原则贯穿在整个战争计划之中，这两个原则还为其他所有事物确定了行动的方向。

第一个主要原则是：把敌人的力量归结为尽可能少的几个重心，如果可能的话，就归结为一个重心；再把对这些重心的打击归结为尽可能少的主要几次行动，如果可能，就归结为一次主要行动；最后，把所有的次要行动尽可能地保留在从属地位上。总之，第一个主要原则就是尽可能地集中行动。

第二个主要原则是尽可能迅速地行动，如果没有充分的理由，就不要停顿，不要走弯路。

能否把敌人的力量归结为一个重心，取决于下列条件：

1.取决于敌人军队的政治联系。

如果敌人是一个国家君主的军队，那么把他归结为一个重心通常是没有困难的。如果敌人是同盟国家的军队，其中一国的军队只是履行同盟的义务，并不是为了本身的利益而作战，那么把它们归结为一个重心也不会有太大的困难。如果敌人是具有共同目的的同盟国的军队，那么一切就取决于它们的友好程度。关于这些我们在前面已经讲过了。

2.取决于敌人各支军队所在战区的位置。

如果敌人的军队在一个战区内集中成一支军队，那么它们实际上是一个整体，其他问题免谈。如果敌人的军队虽在一个战区内但属于不同国家的军队，那么它们的统一就不是绝对的，并且各支军队之间有着密切的联系，对一支军队的决定性打击必然影响其他军队。如果各支军队布防在相邻的几个战区内，这些战区之间没有把战区完全隔开的巨大天然屏障，那么一个战区就会对其他战区产生决定性的影响。如果各个战区相隔很远，中间还隔着中立地区或大山脉等等，那么一个战区就未必对另一个战区构成影响，或者说发生影响的可能性是很小的。如果各战区位于被攻击的国家的完全不同的方向上，以至于在这些战区上的行动都是在离心方向上进行的，这时各战区之间的相互影响差不多就都消失了。

假如普鲁士同时遭到俄国和法国的进攻，那么从作战角度来看，这等于是两个不同的战争，它们之间的统一性只有在议和谈判时才会表现出来。

与此相反，七年战争中的萨克森军队和奥地利军队却被看作是一支军队，它们当中一支军队遭到打击，另一支军队必然同时受到影响。这一方面是因为对腓特烈大帝来说，这两个战区是在同一个方向上的，另一方面是萨克森在政治上根本没有独立性。

1813年拿破仑虽然要同那么多的敌人作战，可对他来说，所有这些敌人几乎都在同一方向上，而且敌人军队的战区之间联系密切，能够产生强烈的相互影响。如果拿破仑能集中自己的兵力在任何一个地点击败敌军主力，那他就同时决定了其他各部分敌军的命运。假如他打败了在波希米亚的敌军主力，经过布拉格直逼维也纳，那么，布吕歇尔无论如何也不能继续留在萨克森了，因为人们会让他去援救波希米亚，而瑞典王储无论如何也不会留在马克了。

与此相反，如果奥地利在莱茵地区和在意大利同时对法国作战，那么，用这个战区进攻所取得的胜利来决定另一个战区的命运，对奥地利来说是很困难的。这一方面是因为瑞士和它的山地把两个战区完全隔开了，另一方面是因为通往这两个战区的道路是相背的。然而，法国在一个战区的决定性胜利却能同时决定另一个战区的命运，这是因为它在两个战区里的军队的进攻方向都指向奥地利王朝的重心维也纳。而且我们可以说，通过意大利战区的胜利同时决定莱茵战区的命运，比通过莱茵战区的胜利同时决定意大利战区的命运要容易一些，因为从意大利出发进行的进攻更多的是指向奥地利的中心，而从莱茵地区出发进行的进攻更多的是指向奥地利的侧面。

由此可见，敌人兵力的分离和联系在程度上是不同的，只有在具体情况下才可以看清这一战区的事件对另一战区有多大的影响，然后据此确定能够在多大程度上把敌人力量的各个重心归结为一个重心。

把一切力量都指向敌人力量的重心，这一原则只有在一个场合是例外的，即次要行动可以带来不寻常利益的场合。在这里还有一个前提，即我方有决定性的优势，在进行次要行动时不能让主要地点冒太大的风险。

当1814年标洛将军向荷兰进军时，人们事先就能看出，他的3万军队不仅能够牵制同样多的法军，而且会给荷兰人和英国人提供机会，使他们那些本来完全不能发挥作用的军队参与作战。

在制订战争计划时应该遵循的第一个原则是，找出敌人力量的各个重心，并且尽可能把这些重心归结为一个重心。第二个原则是，把用来进攻这一重心的兵力集中使用在一次主要行动上。

在这个问题上，有人也许会找出一些与我们上述观点相反的理由，作为分散兵力前进的依据，这些理由是：

1. 军队原来的布防位置，也就是参加进攻的国家的地理位置不适合集中兵力。

如果集中兵力时要走弯路和浪费时间，而分散兵力前进并没有太大的危险，那么，分兵前进就是正确的。因为进行不必要的兵力集中会浪费许多时间，因而会削弱第一次进攻的锐气和速度，这是违反我们提出的第二个原则的。在所有能够出其不意袭击敌人的场合，这一点特别值得注意。

更重要的是下面的情况：同时参与进攻的盟国不是位于一条直线上，它们不是前后重叠，而是分散地面对着被攻击的国家。普鲁士和奥地利对法国作战时，如果两国的军队想集中从一个地点发起进攻，那就是浪费时间和力量的非常不合理的做法。因为要进攻法国的心脏，普鲁士人的前进方向自然是从下莱茵地区出发，奥地利人的前进方向自然是从上莱茵地区出发，在这种情况下，要集中兵力就肯定会遭到损失。所以在具体情况下就要考虑，用这样的损失来完成兵力集中是否是必要的。

2. 分散兵力前进可以取得更大的成果。

这里所说的分散兵力前进是同时向一个重心的分散兵力前进，因此这是以向心的前进为前提的。至于在平行线上或离心线上的分兵前进则属于次要行动，这样的行动我们已经讲过了。

无论在战略上还是在战术上，每一次向心进攻都是容易取得较大成果的，因为如果向心进攻成功了，其结果就不是简单地打败敌人，而是在一定程度上切断敌人军队。因此，向心进攻常常能取得更大的效果，但是这是用分割的兵力在较大的战区内作战，因而也是更冒险的。向心形式同离心形式的关系就像进攻同防御的关系一样，较弱的形式能带来更大的成果。

问题的关键是，进攻者的力量是否已足够强大，从而能够去追求这个巨大的目标。

腓特烈大帝1757年进攻波希米亚时，是从萨克森和西里西亚分散兵力前进的。他这么做有两个主要原因。第一，他的军队在冬季就是这样布防的，如果要先把军队集中在一个地点上再发起进攻，就收不到出其不意的效果。第二，这种向心进攻能够从侧面和背后威胁奥地利军队两个战区中的任何一个。腓特烈大帝这么做的危险是：他的两支军队中的一支可能被兵力占优势的敌军击溃。奥地利人只要没有用优势兵力击溃这两个兵团中的一个，那么他们或者只能在中央进行会战，或者是他们就有军队的这一侧或那一侧被切断退路的危险，从而遭到惨败。这正是腓特烈大帝在这次进攻中希望取得的最大战果。结果奥地利人选择了在中央进行会战，但是他们军队所在的布拉格却处在被包围和攻击的威胁下。奥地利人完全处于被动地位，因此这次包围进攻有足够的时间把它的效果发挥到极限。奥地利人会战失败了，这是一次真正的惨败，因为三分之二的军队连同它们的指挥官被围困在布拉格。

腓特烈大帝在战局开始时能获得如此辉煌的战果，是因为他大胆地采取了向心进攻的行动。既然腓特烈大帝知道他自己的行动十分正确，他的将领非常努力，他的军队有精神上的优势，而奥地利军队却行动迟缓，这些足以保障他的计划获得成功，那么谁又能指责他的行动过于冒险呢？可是人们如果不考虑到这种巨大的精神力量，如果把这种胜利完全归功于进攻的简单几何形式，那是错误的。我们只要回忆一下拿破仑所进行的同样辉煌的1796年战局，就可以明白这一点。在那次战局中，奥地利人因为向意大利进行了向心进攻而遭到了重创。法国将军拿破仑在1796年拥有的战争手段，除了精神上的力量以外，奥地利统帅在1757年也是具备的，甚至还要多一些，因为奥军统帅当时的兵力不像拿破仑在1796年那样比敌人弱。由此可见，如果我们向心地分散兵力前进，使敌人有可能利用内线摆脱兵力较弱的不利因素，那么我们就不应该分散兵力进行向心进攻；如果军队布防的位置使我们不得不分散兵力实施向心进攻，那也只能是不得已的行动。

根据这种看法来观察1814年进攻法国的计划，那么就会觉得这个计划毫无价值。当时俄国、奥地利和普鲁士的军队集结在美因河畔的法兰克福附近，是位于指向法兰西王朝重心的最自然的直线方向上。但是为了要使一支军队从美因茨攻入法国，另一支通过瑞士攻入法国，这些军队就被分开了。当时对方的兵力很弱，根本不能防守自己的边界，因此这种向心进攻如果能够成功，全部利益也只是一支军队占领洛林和阿尔萨斯，另一支军队在同时占领法兰斯孔太。难道为了这么一点利益就值得经过瑞士进军吗？当然，决定这次进军的还有另外一些同样错误的理由，在这里权且不再谈论它们。

拿破仑是一位善于用防御来抵抗向心进攻的统帅，杰出的1796年战局已经证明了这一点，即使对方军队在人数上大大超过他的军队时，也不得不承认他在精神上占有很大优势。虽然他较晚才来到位于夏龙的军队中，同时他对自己的敌人也过于轻视，但他还是差一点就把两支尚未会合的敌军打败了。他在布列讷时，这两支敌军的兵力分散到何种程度呢？布吕歇尔的6.5万人在这里只有2.7万人，主力军队的20万人在这里只有10万人。这对拿破仑来说是再好不过的机会了。而在联军方面，也是从行动开始的那一刻起，就感到了再没有比集中兵力更迫切的事情了。

据此可以认为，即使向心行动本身是能取得更大成果的战争手段，也大多只能在军队原先就是分散布防的情况下使用它。为了进行向心进攻而让军队偏离最短的最直接的进军方向，这只有在很少的情况下才是正确的。

3.可以把战区的扩大看作是分散兵力前进的一个理由。

当一支进攻的军队从一个地点前进，并且成功地深入敌国腹地时，它所能控制的并不限于位于它行军路线上的那些地区，它可以向两侧扩展，而所能扩展的程度取决于敌人国内是否团结和有凝聚力。如果敌人的国内并不团结，其民众既脆弱又缺乏战争锻炼，那么胜利方的军队不必花很大力气就能占领广阔的地区。但是，如果敌国的人民既勇敢又忠诚，那么进攻军队所能控制的地区充其量只能是一个狭长的三角形。

进攻者为了摆脱这种不利因素，需要把前进军队的正面扩大到一定的宽度。如果敌人的兵力集中在一个地点，那么进攻者只有在与敌军接触之前才能保持这个宽度，离敌军的布防地点越近，正面宽度就必须越小，这是很明显的事情。

如果敌人自己也布防在这样的宽度上，那么进攻军队在同样宽的正面上前进就是合理的。我们这里所谈的是一个战区或几个战区的问题，这很明显属于我们说过的一个观点：主要行动也可以同时决定次要地点的命运。

然而我们可以永远按这个观点采取行动吗？在主要地点对次要地点的影响不够大，因而会产生危险时，我们可以冒这种危险吗？战区需要一定的宽度，这难道不值得特别注意吗？

我们在这里也像在其他地方一样，不可能把所有的行动组合都列举出来。但是我们相信，除了少数例外的情况之外，主要地点的决战将会同时决定次要地点的命运。因此，除了很明显的例外情况之外，一般都应该根据这个原则采取行动。

当拿破仑进入俄国时，他完全有理由相信，西德维纳河上游的俄国军队会因俄军主力被击败而败退，因此他起初只命令乌迪诺的部队去对付这部分俄军，但是，维特根施坦却转入进攻，拿破仑就不得不把第六军也派到那里去。

与此相反，他为了对付巴格拉齐昂，在一开始就派出了一部分军队，但是巴格拉齐昂的主力部队也撤退了，于是拿破仑又把派去的这部分军队调了回来。假如维特根施坦不是必须掩护第二首都的话，他可能也会随巴尔克来的撤退而撤退了。

拿破仑1805年在乌尔姆的胜利和1809年在累根斯堡的胜利，分别决定了意大利战区和蒂罗尔战区的命运，尽管意大利战区是一个相当遥远的独立战区。1806年，拿破仑在耶拿和奥尔施泰特取得了胜利，这也同时决定了一切反对他的行动的命运，这些行动发生在威斯特法伦、黑森和通往法兰克福的道路上。

影响次要地点抵抗的因素很多，主要的是以下两种：

第一种情况是：在幅员辽阔因而力量也比较强大的国家中，例如在俄国，对主要地点的决定性打击可以推迟进行，不必急于把一切力量都集中到主要地点上。

第二种情况是：有些次要地点因为有许多要塞而具有特殊的独立的性质，例如1806年的西里西亚。拿破仑在当时非常轻视这个地点，当他向华沙进军时，虽然不得不暂时把这个地点留在背后，但他只派他弟弟日罗姆率领2万人向那里进攻。

在上面所说的情况下，对主要地点的打击很可能动摇不了次要地点，或者说实际上也没有动摇次要地点，因为敌人在次要地点上真正布防了军队的缘故。在这种情况下，进攻者就不得不把这些次要地点看作是无法避开的麻烦，只能派适当的军队去对付他们，因为进攻者不可能一开始就完全放弃自己的交通线。

小心谨慎的人可能在这时还会走得更远，他们可能会认为主要地点的进攻应该同次要地点的进攻步调完全一致，所以如果敌人不从次要地点撤退，就应该把主要行动也停下来。

虽然这个原则同我们以前所说的原则，即尽可能把一切力量都集中在一个主要行动中来的原则并不直接矛盾，但是这两个原则的指导思想是完全对立的。按这个原则采取行动，军队的运动就会缓慢，进攻力量就会减弱，偶然事件的作用也会增加，时间损失就会增大，所以这个原则同以打垮敌人为目标的进攻实际上是完全不相容的。

假如敌人在次要地点上的军队向离心方向上撤退，那进攻的困难就会更大。在这种情况下，我们的统一进攻会成什么样呢？

我们必须坚决反对把这一论断，即主要进攻依赖于次要地点，升华为一个行动原则。我们认为，以打垮敌人为目标的进攻，若没有胆量像一枝利箭那样射向敌人心脏，就不可能达到目标。

4.容易补充给养是分散兵力的第四个理由。

一支小部队通过一个富有地区当然要比一支大部队通过一个贫穷地区顺利得多，但是，只要采取适当的措施，军队也习惯于吃苦，那么一支大部队通过贫穷地区也并不是不可能的。

因此，不能为了让小部队通过富有的地区这个目的而使我们的决心受到影响，以至于陷入分散兵力前进的巨大危险之中。

这里我们已经承认，分散兵力，也就是把一个主要行动分成几个行动的上述理由是有根据的。如果已经清楚地认识了目的，慎重地分析了利害得失，再根据上述理由中的一个理由分散兵力，那也无可非议。

但是，如果像常见的那样，计划是由一个注重书本知识的总参谋部纯粹按照习惯所制订的，如果像下棋要先在棋盘上摆好棋子一样，各个战区要先布置好军队才行动；如果行动是一些幻想的巧妙组合，而通往目标的途径却由错综复杂的关系组成；如果今天把军队分开，只是为了两周后冒着很大的危险再把它们集中起来，借以显示用军的全部技巧，那就是为了故意陷入混乱而离开了直接、简单和朴实的做法，也是我们所深恶痛绝的。最高统帅对战争的指挥越少，越不把战争看作是具有巨大力量的个人的简单行动，就像我们在第1章中指出的那样，整个计划越是由脱离实际的总参谋部这个机构生产出来的，由若干一知半解的人凭空想象出来的，那么上面所说的愚蠢行为就越容易发生。

现在我们来研究第一个原则的第三点，即次要行动应该尽可能地保留在从属地位上。由于人们尽力把整个战争行动归结为一个简单的目标，并且尽可能通过一次大的行动来达到这个目标，所以交战国发生接触的其余地点就部分地失去了独立性，那里的行动就变成从属的行动。假如能够把一切行动完全归结为唯一的一次行动，那么，发生接触的其余地点就完全失去了作用。这种情况是很少见的。因此，重要的就在于不要抽调过多的兵力用于次要地点而削弱主要行动。

首先我们要说，即使战争计划不可能把敌人的全部抵抗归结为一个重心，必须同时进行两个几乎完全不同的战争，战争计划也仍然必须遵循这个原则。我们始终必须把其中一个战争看作是主要的，并首先应该根据它来安排兵力和行动。

根据这个观点，只在一个主要地点上采取进攻而在另一个地点上采取防御是合理的。只有在特殊情况下，在另一个地点上也采取进攻才是正确的。

其次，人们应该用尽量少的兵力来进行这种在次要地点上的防御，而且要充分利用防御这种抵抗形式所能提供的一切利益。如果敌人的军队属于不同的国家，但仍然有一个战区是它们共同的重心，那么，我们这个观点就更为适用了。

如果次要战区的行动也是针对主要进攻所打击的那个敌人的，那么根据我们这个观点，在次要战区就不能布置防御。这时的主要进攻是由主要战区的进攻和根据其他因素而进行的次要战区的进攻所构成的，而主要进攻没有直接掩护的各个地点上的防御是不必要的。这时一切都取决于主力决战，一切其他损失都会在主力决战中得到补偿。如果兵力足够，并且有充分的根据可以进行这样的主力决战，那么，就不能因为主力决战可能遭到失败而尽力在其他地点上避免损失，这样做恰好会使失败的可能性增大，而且在我们的行动中会因此产生矛盾。

在整个进攻的其他各个环节，次要行动也应该服从于主要行动。究竟这一个战区的哪些兵力和那一个战区的哪些兵力应该去进攻敌军共同的重心，这大多取决于另外的一些原因。在这里只能指出，我们必须力求使主要行动居于主导地位，越是使主要行动居于主导地位，一切就越简单，偶然性的情况也就越少。

第二个原则是迅速地使用军队。

无谓地消耗时间，走不必要的弯路都是浪费力量，因而是战略所忌讳的。更重要的是记住，进攻的唯一优点几乎就是在战争开始时的出敌不意。突然性和不断前进是进攻的最有力的两个翅膀，尤其在以打垮敌人为目标的进攻中，它们更是不可缺少的。

因此，理论的任务是找到通向目标的最佳途径，而不应该去不断地讨论从左边还是从右边、向这里还是向那里的问题。

如果回忆一下我们在“战略进攻的目标”一章中关于国家心脏所谈的内容，以及在本篇第4章中关于时间的影响所谈的内容，那么很清楚，迅速地使用军队这个原则确实具有我们所指出的那种重要意义。

拿破仑从来就是这样做，他总喜欢通过最近的大道从一支军队赶往另一支军队，从一个国家的首都赶往另一个国家的首都。

那么，我们把一切都归结于：为什么必须迅速而直接地实施主要行动呢?

对于什么是打垮敌人，我们在第4章中已经从总的方面尽可能地做了论述，没有必要再重复。打垮敌人在各个具体情况下不管最后取决于什么，在开始时的行动总是相同的：消灭敌人的军队。也就是说，对敌人的军队取得一个巨大的胜利，并且粉碎敌人的军队。夺取这种胜利的时间越早，即夺取这种胜利的地点离我方边界越近，这种胜利就越容易取得；夺取这种胜利的时间越晚，即夺取这种胜利的地点越深入敌国腹地，这种胜利就越具有决定性的意义。在这里同在所有其他地方一样，取得胜利越容易，成果就越小，而取得胜利越困难，成果就越大。

如果我军对敌军的优势还没有明显到肯定能获胜，那么，我们就应该根据可能性去寻找敌军主力。之所以说根据可能性，是因为寻找敌军主力可能会使我方的军队走很多弯路，如选错方向、浪费时间，这样寻找敌军主力就很容易成为一个错误。如果敌军主力不在我们的前进路上，又会因为寻找它会损害我们的利益而不去寻找它；那么，我们就可以确信以后肯定会遇到它，因为它不会错过进攻我们的机会。在这种情况下，正如前面所说的，我们将在比较不利的条件下作战，这种不利是我们所无法避免的。可是，如果我们在这种会战中还能够获得胜利，那么，这种会战就更具有决定性意义。

从这里可以得出结论：在我们对敌军还不能保证肯定能获胜的情况下，如果敌军的主力在我们的行进路上，那么，有意绕过敌军主力的行为就可能是错误的，至少认为这样做能比较容易获胜的想法是错误的。

从这里也可得出另一个相反的结论：当我军占有决定性优势时，为了以后能发动更有决定意义的会战，可有意绕过敌军主力。

以上所谈的是完全的胜利，即使敌人遭到惨败，而不仅仅是获得会战的胜利。要取得这种彻底的胜利，需要进行包围进攻或变换正面的会战，因为这两种进攻形式常常能取得决定性的成果。因此，确定战争中所需要的军队数量和军队行动方向是战争计划的主要内容。我们在“战局计划”[1]一章中还要继续讨论该问题。

虽然直接对敌人正面发起会战能使敌人遭到惨败，战争史上也有这样的战例，但是，双方军队在训练水平和机动能力方面越是接近，这种可能性就越少，而且将越来越少。在勃连黑姆，人们曾在一个村庄里俘虏了21个营，这样的事情现在不可能再发生。

如果获得了巨大的胜利，就不应该考虑喘息，不应该过多考虑巩固胜利成果等等，而只应该追击。如有必要，应该发动新一轮的进攻，占领敌国的首都，进攻敌人的援军，或者进攻敌国可以作为依靠的其他一切目标。

1　该章节作者实际还未撰写。——译注

当胜利的洪流把我们领到敌人的要塞面前时，是否应该围攻这些要塞，这取决于我们兵力的强弱情况。如果我们在兵力方面占有很大的优势，那么不尽早攻占这些要塞就是浪费时间。如果我们的军队没有取得进一步胜利的肯定把握，那么我们就只能用尽可能少的兵力来对付这些要塞，于是这些要塞就不可能被攻破。在围攻要塞使我们不能继续前进时，进攻通常就已达到了顶点。因此，我们要求主力部队迅速地不停歇地前进和追击。我们已经否定了主要地点上的前进应该取决于次要地点上的结果这一观点，由此造成的后果是，在一般情况下，我军主力的背后只有一个狭长的地带，不管这个地带叫作什么，它就是我们的战区。这样的情况会如何削弱前面部队的进攻力量，会给进攻者带来哪些危险，我们前面已经讲过了。这种困难，这种内在的阻力能否大到足以阻止部队继续前进呢？这当然是可能的。但是，正如我们前面已经指出的那样，在战争开始时，为了使背后的战区不是这种狭长的地带，降低进攻速度是错误的。在这种情况下我们仍然认为，只要统帅还没有打垮敌人，只要他相信自己的力量之大足以实现这个目标，他就应该追求这个目标。这样做也许会增加危险，但可能取得的成果也会不断扩大。当统帅到了不敢继续前进的时候，即必须考虑自己的后方，必须向左右两侧扩展的时候，那么，他很可能已达到了进攻的顶点。于是，飞翔的力量枯竭了。如果这时敌人还没被打垮，那么很可能就再也无力打垮敌人。

如果统帅为了要稳步地前进而去占领要塞、关口、一些地区等等，所有这些行动虽然还是一种缓慢的前进，但已经只是一种相对的前进，而不是绝对的前进了。在这种情况下，敌人已经不再逃跑，也许已经在准备新的抵抗，这时进攻者虽然还在稳步地前进，但是防御者也开始行动，而且每天都取得一点成果。总之，还是我们前面的那个结论：经过一次必要的停顿之后，通常就不可能再进行第二次前进。

因此，理论要求的仅仅是：只要还有打垮敌人这个念头，就要不停前进。如果统帅发觉这样做危险太大而放弃了这个目标，那么他停止前进而向两侧扩展就是正确的。如果他停止前进的目的是为了更巧妙地打垮敌人，那么他就该受到这种理论的指责。

我们还不至于那样愚蠢，以至于认为逐步打垮一个国家的例子是不存在的。首先要说明，我们提供的这个原则并不是毫无例外的绝对真理，它是以可能的和一般的结果作为依据的。其次，一个国家在历史上是逐渐趋于灭亡的呢，还是被敌人作为第一次战局的目标很快就被打垮的，这必须区分开来。我们在这里谈的只是后一种情况，因为只有在后一种情况下才会出现兵力的对峙状态，即不是一方打垮对方的重心，就是它有被对方的重心打垮的危险。如果人们在第一年得到一点不大的利益，第二年又得到一点不大的利益，这样也可以逐渐地缓慢地靠近目标。虽然这么做不会有严重的危险，可是会造成到处都分布着危险的情况。这时，从一个胜利到另一个胜利之间的每一个间歇都会给敌人以新的希望。前一个胜利对以后取得的胜利只有很小的影响或者往往没有影响，甚至会产生不利的影响，因为在这种情况下敌人会得到恢复，甚至会发起更大的抵抗，或者会得到新的外来的援助。但是，如果一切行动在不停地进行，那么昨天的胜利就有可能引起今天的胜利，胜利之火就会连绵不断地燃烧起来。如果有些国家确实是在逐渐的打击下被征服的，也就是说，时间这个防御者的守护神在这里却对防御者起了不利的作用。所以，进攻者逐渐打击的企图完全落空的例子比成功的例子要多得多。只要回想一下七年战争的结果就可以明白这一点，当时奥地利人寻求从容不迫、小心谨慎地达到目的，结果完全失败了。

根据上述观点，我们绝不会认为，在向前推进的同时应该经常注意建立相应的战区，即应该使两者保持平衡。恰恰相反，我们认为向前推进所产生的不利是不可避免的，只有当没有希望继续向前推进时，才应该考虑避免这种不利情况。

拿破仑1812年的例子绝没有使我们怀疑这个论断，反而使我们更坚信这一观点。拿破仑的这次战局之所以失败，并不是像一般舆论所说的那样，是因为他前进得太快太远，而是因为他争取胜利的唯一手段失去了作用。俄罗斯帝国是一个不能真正被征服和永远被占领的国家，至少用现在欧洲各国的军队是征服不了的，用拿破仑所统率的50万军队也是征服不了的。对这样的国家，只有利用它本身的弱点和内部的分裂作用才能使之屈服。为了打击它在政治上薄弱的地方，就有必要去动摇这个国家的心脏。拿破仑只有通过强有力的打击占领莫斯科，才有希望动摇俄国政府的勇气以及人民的忠实和坚定。他希望在莫斯科缔结和约，这是他在这次战局中可以提出的唯一合理的目标。

他统率其主力向俄军主力进攻，后者经过德里萨营地退到斯摩棱斯克才停下来。他还迫使巴格拉齐昂随俄军主力一起撤退，并且打败了这两支军队，占领了莫斯科。他在这里采取的行动同他以往的做法是相同的。他过去由于采取了这种打法成了欧洲的统治者，而且只有用这种打法他才能成为欧洲的统治者。

因此，凡是在拿破仑过去的历次战局中都把他看作是最伟大的统帅的人，在这次战局中也不应该指责他。

应该根据事件的结果来评论这一事情，因为结果是对事情最好的评判（参阅第二篇第5章），但是单纯根据结果所得出的评论不应该当作人们的智慧。找出了一次战局失败的原因并不等于对这次战局进行了评判，只有证明了统帅没有预先看到导致失败的原因，或者忽视了这些原因，才可以说是对他进行了批判，才可以指责这位统帅。

我们认为，谁要是仅仅因为拿破仑在1812年的战局中遭到了强烈的还击，就认为这次战局是荒谬的；假如这次战局取得了胜利，他又认为这次战局是最卓越的行动，那么这就证明他是一个完全没有判断力的人。

如果拿破仑真的像大多数批评者所要求的那样在立陶宛停下来，以便首先确保要塞——在那里除了位于军队侧面很远的里加之外，几乎没有要塞，博勃鲁伊斯克只是一个不重要的小地方，这样，拿破仑在冬天就不得不转入可悲的防御。这时，同样是这些人恐怕又会首先叫嚷起来：这可不是从前的拿破仑！曾经通过奥斯特里茨和弗里德兰的胜利，在敌国最后一座城墙上打上征服烙印的拿破仑，在这里怎么会连一次主力会战都没有进行呢？他怎么会犹豫不决任其没有占领敌国首都——那个没有设防的、准备弃守的莫斯科，而让这个核心存在下去，任其周围聚集起新的抵抗力量呢？千载难逢的良机摆在他的面前，袭击这个远方的巨人，就像袭击一个邻近的城市一样，或者像腓特烈大帝袭击又小又近的西里西亚一样，而他却没有利用这个有利条件，在通往胜利的路上停了下来，难道是凶神绊住了他的双脚吗？这些人会是这样来评论拿破仑，因为大多数批评者的评论都具有这样的特点。

1812年的战局没有成功，是因为俄国政府是稳固的，人民是忠诚和坚定的，也就是说，是因为这次战局根本不可能成功。也许进行这次战争本来就是拿破仑的错误，至少结果表明他的估计有误。如果他要追求这样的目标，那么，就主要的行动而言，也只能是这样的打法。

拿破仑在东部并没有像他在西部那样进行长期的代价很大的防御战，而是试图用唯一的手段来达到目的：用一次大胆的进攻，迫使惊慌失措的敌人议和。在这种情况下他要冒全军覆没的危险，这是他在这次赌博中所下的赌注，是实现巨大希望所必须付出的代价。如果说军队损失过大是他的过错，那么这种过错并不在于前进太远（因为这就是他的目的，是不可避免的行动），而在于战局开始得太迟，在于采取了浪费兵力的战术，在于对军队的给养和撤退路线考虑不够，最后，还在于从莫斯科撤退的时间晚了一些。

俄军为了完全阻止拿破仑撤退，曾先于敌人赶到别列津河，这并不能作为有利的证据来反驳我们的观点。这是因为，第一，这一点正好表明，要真正切断敌人的退路是多么困难，被切断退路的敌军在最不利的情况下最后还是开辟了退路。虽然俄军的这个行动的确扩大了拿破仑的失败，但这并不是拿破仑失败的原因。第二，能够用来扩大敌人失败程度的地形条件并不多。假设没有横在大路前面的别列津河的沼泽地，而且四周也没有茂密的森林，通行也不那么困难，那么要切断法军的退路就更加不可能了。第三，为了防止退路被敌人切断，无可奈何地让军队在一定的宽度上推进，这种办法我们以前就驳斥过了。如果人们采用这种方法，让中间的部队向前推进，用左右两侧的部队进行掩护，那么任何一侧部队的任何一次失利，都会迫使行进到前面的中间部队快速回头来援助，在这种情况下进攻还会取得什么成果吗？

我们绝不能说拿破仑不关心对侧翼的掩护，为了对付维特根施坦他留下了人数占优势的兵力；在围攻里加时他动用了相当于一个军的兵力，而这个军在那里甚至是多余的；他在南方有施瓦岑贝格率领的5万人，这支军队超过了托尔马索夫的兵力，甚至可以同契查哥夫的兵力相抗衡；此外他在后方的中心地带还有维克多率领的3万人。甚至在11月，俄军兵力已经大大增强，法军兵力大为削弱的决定性时刻，对于在莫斯科的法国兵团而言，其背后的俄军兵力的优势还不是很大。维特根施坦、契查哥夫和萨肯的兵力总共是11万人，而施瓦岑贝格、雷尼埃、维克多、乌迪诺和圣西尔实际上也有8万人。即使是最谨慎的将军，恐怕也不会在前进时派出比这更多的兵力去掩护自己的侧翼。

拿破仑在1812年渡过涅曼河时的兵力是60万人，如果他带回来的不是同施瓦岑贝格、雷尼埃和麦克唐纳一起渡过涅曼河的5万人，而是25万人；如果拿破仑没有犯我们在上面指出的那些错误——这也是可能的，那么，虽然这次战局依然是失败的，但是理论就不能对它进行指责了。因为在这种情况下，损失的兵力超过总兵力的一半并不是什么罕见的事情；如果说这个损失引起了我们的注意，那也只是因为损失的绝对数量太大。

关于主要行动、它的发展趋势以及不可避免的危险的讨论就至此为止。关于次要行动，首先要指出，所有的次要行动应该有一个共同的目标，但是这个共同的目标不应该妨碍每个部分的活动。如果有三支军队分别从上莱茵地区、中莱茵地区和荷兰进攻法国，目的是在巴黎会师；如果在会师以前每一支军队都要尽可能完整地保存自己的力量而不得冒任何危险，那么，这样的计划我们就称之为有害的计划。执行这样的计划时，三支军队的运动必然会相互牵制，因而每个部分的军队在前进时都会迟缓、犹豫不决和畏缩不前。最好是给每支军队分配适当的兵力，一直到它们不同的活动自然地会合成一个整体时，才把它们统一起来。

把军队分成几个部分，行军几天后再把它们集中起来，这种做法几乎在所有的战争中都会出现。然而从根本上说，这种做法是毫无意义的。如果要分兵前进，就必须知道为什么要这样做，这个为什么必须要得到回答，不能像跳四组舞那样仅仅是为了以后的会合。

因此，当军队向不同战区进攻时，应给各支军队规定各自的任务，各支军队的进攻力量应尽力完成自己的任务。这时，重要的在于从各方面进行这种打击，而非各支军队取得相应的利益。

如果敌人的防御同我们设想的不一样，我们的一支军队无法完成任务，因而遭到了失败，那么这支军队的失败不应该也不允许影响其他军队的行动，否则，我们在一开始就失去了获得总的胜利的可能性。只有我方的多数军队已经失败，或者军队的主要部分已经失败的时候，其他部分才允许而且必然会受到影响。也就是说，出现整个计划遭到失败的情况。

对于那些本来担任防御任务，在防御成功后转入进攻的军队和部队来说，如果不能把多余的兵力转移到主要的进攻地点去，那么这条规则也是适用的。能否把多余兵力转移到主要进攻点，这主要取决于战区的地形。

然而，整个进攻的几何形式和统一性在这种情况下又会是怎样的呢，和被打败的军队相邻的各支军队的侧翼和背后又会怎样呢？这正是我们要反驳的问题。把一次大规模的进攻同一个几何学上的四方形联系在一起，这就陷入了错误的理论体系。

我们在第三篇第15章中已经指出，几何要素在战略上没有像在战术上那么有用。我们只想在这里重复一下结论：特别是在进攻中，更值得关注的是在各个地点实际取得的胜利，而不是各个胜利逐渐形成的几何形式。

在战略的广阔范围内，军队的各个部分所形成的几何位置当然完全由最高统帅来考虑和决定，任何一个下级指挥官都无权过问他的友邻部队应该做什么和不应该做什么，他只能根据指示尽力去完成自己的任务，这在任何情况下都是确定无疑的。如果由于这个原因引起了严重的不协调，那么上级是常常可以进行补救的。通过这种方式就可以避免分散活动所造成的主要弊病。这些主要弊病具体是：影响事件进程的不是真实的情况，而是许多疑虑和推测；每个偶然事件不仅影响到同它直接有关的那个部分，而且同时影响到整体；下级指挥官的个人弱点和个人的对敌仇恨心可能会使他们的行动超出一定的范围。

我们认为，如果人们还没有长期地足够认真地研究过战争史，没有把重要的和不重要的事物区分开，没有估计到人的全部弱点的全部影响，才会认为上述看法是错误的。

就像一切有经验的人所承认的那样，在分成几个纵队进攻时，要依靠各部分军队准确地共同行动来取得胜利，在战术范围内就已经极为困难，在分散的战略范围内就更加困难或者根本是不可能的。如果军队的各部分经常保持共同行动是取得胜利的必要条件，那么像这样的战略进攻就应该被彻底抛弃。但是，能否抛弃这样的进攻，不由我们的意愿所决定，这一方面是因为无法改变的情况可能会迫使我们采取这样的进攻，另一方面，即使在战术上，各个部分在作战过程中经常保持共同行动也不必要，在战略上更没有必要。因此在战略范围，要尽量忽视各部分军队要经常保持共同行动的问题，要尽量让各部分军队各司其职。

在这里，还应当对如何适当分配任务做一个重要的补充。1793年和1794年，奥地利军队的主力在尼德兰，普鲁士军队的主力在上莱茵地区。奥军从维也纳前往孔代和伐郎兴时，在路上曾同由柏林出发到兰道去的普军交叉而过。奥地利在尼德兰可以防守它的比利时各省，而且还可以很容易地占领法属弗朗德勒，但是这些利益在当时并不是主要的。考尼茨亲王死后，奥地利大臣土古特为了要集中兵力而完全放弃了尼德兰。奥地利人离弗朗德勒的距离差不多比离阿尔萨斯的距离要远一倍，在兵力受到严格限制，一切都要靠现金维持的时代，他的这种做法并非是一件小事。但是土古特大臣显然还抱有另外的想法，他企图把尼德兰置于危险的境地，从而迫使与尼德兰和下莱茵地区的防御利害相关的国家，如荷兰、英国和普鲁士，采取更大的行动。然而他失算了，因为当时的普鲁士政府是绝对不会上当的。不管怎么说，这件事情的过程始终表明了政治利益对战争进程的影响。

普鲁士在阿尔萨斯没什么要防御的，也没什么要占领的。1792年，普军曾经在骑士精神的影响下经过洛林向香槟进军，但当形势对这次进军不利时，普鲁士继续作战的兴趣就只剩下一半。如果普鲁士军队是在尼德兰，那么它们同荷兰就会建立起直接的联系，它们几乎可以把荷兰看作是自己的国土，因为普鲁士曾经在1787年征服过荷兰。普军在尼德兰就可以掩护下莱茵地区，其后果就是掩护了普鲁士王国最靠近战区的那部分国土。同时，普鲁士在这里就可以得到英国的资助，它们之间的同盟关系就可以比较巩固，就不至于那么容易地变成普鲁士政府的圈套。事实上，普鲁士政府后来确实把与英国的同盟关系变成了谋求利益的圈套。

因此，如果奥地利军队主力布防在上莱茵地区，普鲁士军队的全部兵力布防在尼德兰，而奥军在尼德兰只留下一个普通的军，那么结果就会好得多。

在1814年，假如用巴尔克来将军代替敢作敢为的布吕歇尔来统率西里西亚兵团，而让布吕歇尔留在主力军队中受施瓦岑贝格的指挥，那么这一战局也许就会彻底失败。

在七年战争中，如果勇敢的劳东所在的战区不是在普鲁士王国最难以攻破的西里西亚地区，而是在帝国军队所驻扎的地区，那么整个战争的情况也许就完全不同了。为了进一步认识这个问题，我们必须根据它们主要的不同把这些情况区分开来。

第一种情况，其他国家同我们共同作战是因为它们是我们的同盟国，而且也是为了它们自己的利益。

第二种情况，盟国的军队前来作战是为了援助我们。

第三种情况，指挥官不同的个人特点。

在前两种情况下，可能有人会提出这样的问题：是像1813年和1814年那样，把各国军队完全混合起来，使各个兵团都由各国的军队混合编成的好呢，还是尽可能把各国军队分开，让它们各自比较独立地行动好呢？

很明显第一种方法最有利，但这必须要以一定的友好关系和共同利益为前提，而具备这种前提条件的情况是很少的。在各国军队完全混合起来的情况下，各国政府的利益就很难区分开；指挥官自私的想法所起的不利影响，常常发生在下级指挥官身上，因而只表现在战术范围内；即使在战术范围之内，这种影响也不像各国军队完全分开时那样根本不受惩罚地、自由地表现出来。当各国军队完全分开时，这种不利影响就涉及战略范围，进而能够起决定性的作用。但是，正如我们说过的，如果采用第一种方法，各国政府必须具备罕见的牺牲精神。在1813年，紧急的情况迫使各国政府采取了这种方法，当时俄国皇帝的兵力最多，而且对扭转战局的贡献也最大，但值得赞扬的是，他并未在虚荣心的驱使下使俄国军队独立作战，而是把它们交给普鲁士和奥地利的司令官指挥。

如果各国军队不能联合起来，那么各国军队完全分开作战当然要比半分半合好一些。最糟糕的是不同国家的两个独立的司令官在同一战场上指挥作战，例如在七年战争中，俄军、奥军和帝国军队的情形就经常是这样的。在各国军队完全分开作战的情况下，必须完成的任务就可以完全分开，于是军队承担各自的任务，在形势的逼迫下想办法开展更多的活动。如果分开的各国军队联系较密切，甚至是在一个战区内，那么情况就不是这样了。此外，一支军队糟糕的意图也会使另一支军队的力量受到很大影响。

在上述三种情况中的第一种情况下，各国军队要完全分开是不会有什么困难的，因为每个国家本身的利益通常就已经为本国军队规定了目标。在第二种情况下，前来支援的军队可能没有自己的利益目标。如果前来支援的军队的兵力适合的话，它通常可以完全处于从属地位。奥军在1815年的战局末期和普军在1807年的战局中就是这样的。

对将帅的个人特点需要具体分析，但是我们不得不提出一点总的意见：人们不应该像经常发生的那样，任命最小心谨慎的人来担任从属部队的指挥官，而要派最敢作敢为的人来担任。因为我们指出过，在军队分开行动时要想取得战略上的成果，最重要的就是每一部分的军队都积极充分地发挥自己的力量。只有这样，某一地点发生的错误才可以灵活地被其他地点所取得的成果所化解。只有当指挥官是行动迅速和敢作敢为的人，他的意志和内心的欲望能使他不断前进时，战局的各个部分才能充分运动起来。仅仅是客观地、冷静地考虑行动必然性的人，是很难使他指挥的那部分军队充分运动起来的。

最后还要指出，在对军队和指挥官的使用上，只要情况许可，就应该使他们的任务、地形情况同他们的特点结合起来。

应该把常备军、训练有素的部队、大量的骑兵、谨慎而明智的年老指挥官用在开阔地上；把民兵、民众武装、亡命之徒临时凑起来的武装、敢作敢为的青年指挥官用在森林地、山地和关口上；把前来支援的军队用在他们所喜欢的富有地区。

至此，我们已经从总的方面讨论了战争计划，在本章专门分析了以打垮敌人为目标的战争计划，在这些论述中我们特别强调战争计划的目标，并指出使用战争手段和方法时应遵循的原则。通过这些我们想使读者清楚地知道在战争中要实现什么目标和应该做什么。我们想强调必然的和普遍的东西，也给特殊的和偶然的东西留下了思考空间。但是，我们要远离那些任意的、没有根据的、不严肃的、幻想的或者诡辩的东西。如果达到了这个目的，那么我们就可以认为已经完成了任务。

我们在这里没有谈到绕过河流、利用制高点来控制山地、避开坚固的阵地、寻找攻占敌国的突破口，以及其他的问题，谁要是对这一点感到奇怪的话，那么他就是还没有理解我们，而且我们认为，他本身还没有从总体上理解战争。

前几章我们已经从总的方面论述了这些问题，并发现它们的作用在大多数情况下，都要比人们根据它们的名声所想象出的小得多。在以打垮敌人为目标的战争中，它们就更不能也不应该起到更大作用，也就是说，它们不应该对整个战争产生什么影响。

关于指挥部机构的问题，我们将在本篇最后用专门的章节讨论。

现在让我们用一个例子来结束这一章。

如果奥地利、普鲁士、德意志联邦、尼德兰和英国决定对法国作战，而俄国保持中立（这种情况是近一百五十年来经常出现的），那么它们就可以进行以打垮敌人为目标的进攻战。不管法国多么强大，它仍然可能陷入这样的境地：它的大部分国土被敌军占领，首都也被敌人占领，作战物资出现短缺；除了俄国之外没有一个大国能给它有力的支持，西班牙离得太远，而且西班牙所处的位置也极为不利，意大利各邦目前又太腐败无能。

对法国作战的上述国家，即使不包括它们在欧洲以外的领地也有7500万以上的人口，而法国只有3000万人口。这些国家为了真正对法国进行一次战争，可以毫不夸张地说，它们能提供下列这么多的军队：

奥地利：250,000人

普鲁士：200,000人

德意志其他各邦：150,000人

尼德兰：75,000人

英国：50,000人

总计：725,000人

如果它们确实动员了这么多的军队，那么就很有可能大大超过法国用来对抗它们的军队，因为即使在拿破仑统治时期，法国也从来没有过这么多的军队。如果法军还要分出一部分兵力来守卫要塞和建立补给站，以便用来监视海岸线等等，那么毫无疑问，联军会在主要战区内占据巨大的兵力优势，而这一优势正是实现打垮敌人这个目标的主要基础。

法兰西帝国的重心是它的军队和首都巴黎，联军的目标必须是在一次或几次主力会战中打败法国军队和占领巴黎，把法军的残余兵力赶过卢瓦尔河。法兰西王朝的心脏地带在巴黎和布鲁塞尔之间，从国境到首都只有30英里。反法联盟的一部分国家，例如英国、尼德兰、普鲁士和北德意志各邦，都有适合进攻这一地区的驻军地点，有的就在这个地区附近，有的在这个地区的背后。奥地利和南德意志只要从上莱茵地区出发就可以很方便地作战。它们自然的进攻方向指向特鲁瓦、巴黎或奥尔良。分别从尼德兰和上莱茵地区出发的这两路进攻都是直接、自然、简洁和有力的，都是对敌军重心的打击，全部敌军都很可能分布在这两个地点。

只有两点考虑是同这个计划相矛盾的。奥地利人可能不愿意让意大利独自出风头，他们总想自己在那里控制一切，因此他们不会同意通过对法国心脏的进攻来间接掩护意大利。鉴于意大利的政治状况，奥地利人的这个次要意图也无可非议。但是如果要从意大利进攻法国南部，把这个已经试过多次的陈旧想法同这个次要意图联系起来，因而在意大利保留大量的军队（仅仅为了防止在战局的第一阶段出现极端不利的情况是不需要这么多军队的），那么这就是十分严重的错误。如果我们不想违背统一计划、集中兵力的主要思想，那么在意大利就只应该保留主要行动能抽出的那么多兵力。如果想在罗讷河附近征服法国，那就好像是想抓住刺刀尖举起步枪。即使把进攻法国南部看作是次要行动也应该遭到反对，因为这种进攻只能激起新的反对我们的力量。对遥远地区的进攻，总是会使本来不起作用的利害关系和活动产生对我们不利的影响。实际情况表明，留在意大利以保障安全的军队数量太多而且无所事事时，从意大利进攻法国南部才是正确的。

我们再重复一遍：留在意大利的军队应该少到所能允许的最低限度，只要能够保障奥地利军队不至于在一次战局中丧失整个意大利就已经足够了。在我们所举的这个例子中，留在意大利的兵力可以假定为5万人。

另外要考虑到法国是一个临海的国家。由于英国在海上占有优势，法国很担心其整个大西洋沿岸受到攻击，所以它或多或少要派兵加强海岸防守。不管这种海岸防守的力量多么薄弱，法国的边防线也会变成原来的三倍，这样就少不了要从作战兵力中抽调出大量兵力。如果英国用2万或3万人在海岸登陆以威胁法国，也许这一行动可以牵制的法军是登陆部队的二倍或三倍。法国不仅需要派出军队，而且舰队和海岸炮台也需要金钱和炮火等等。我们假定英国为了这一目的所使用的兵力是2.5万人。

这样，我们的战争计划就十分简单，其内容是：

首先，在尼德兰集中如下的兵力：

普鲁士军队：200,000人

尼德兰军队：75,000人

英国军队：25,000人

北德意志各邦军队：50,000人

总计：350,000人

其中大约5万人驻守边境要塞，其余30万人向巴黎进军，同法军进行主力会战。

其次，20万奥地利军队和10万南德意志各邦军队集结在上莱茵地区，以便与从尼德兰方面进攻的军队同时前进，进攻塞纳河上游地区，然后向卢瓦尔河推进，同法军进行主力会战。这两支从不同方向进攻的军队也许可以在卢瓦尔河会合成一支军队。

这样就确定了主要的内容。在此必须消除一些错误观念。

第一，统帅必须尽力寻求已计划好的主力会战，争取在优势兵力和有利条件下进行能够取得决定性胜利的主力会战。为了这个目的，统帅应该不惜一切代价，在围攻、包围、防守等方面尽量少用兵力。如果像施瓦岑贝格在1814年所做的那样，刚一进入敌国就像离心的射线那样向四处分散进攻，那就会遭到彻底的失败。联军在1814年之所以没有在头两个星期遭到彻底的失败，只是因为法国当时已经无力作战了。进攻应该是一枝用力射出去的箭，而不是一个逐渐膨胀而最后破裂的肥皂泡。

第二，人们应该让瑞士用自己的力量进行防御。如果瑞士保持中立，那么我们在上莱茵地区就有一个很好的依靠地点。如果瑞士遭到法国的进攻，它就会保护自己，瑞士在许多方面是非常适合进行抵抗以保护自己的。最愚蠢的看法是认为瑞士是欧洲地势最高的国家，所以它能在地理上对战争起决定性的影响。这样的影响只是在有许多限制条件的情况下才出现，但是瑞士根本不具备这样的条件。在本国的心脏地区遭到进攻时，法军不可能从瑞士向意大利或施瓦本进行猛烈的进攻。在这里，瑞士的高地势很难被看作是具有决定性意义的条件。制高点在战略方面的优势主要表现在防御上，对进攻来说，剩下的一点优势只能在某次进攻中表现出来。如果不了解这一点，就是没有对这一问题进行透彻思考。如果将来在当权者和统帅的会议上，一位学识渊博的参谋忧心忡忡地说出这番自视聪明的话来，那么我们现在就预先申明，这是毫无价值的推测。我们希望在这样的会议上有能征善战的军人，有健全思维能力的人出席，以便堵住这个参谋的嘴巴。

第三，在这两路进攻军队之间的地区，我们几乎可以不去管它。60万大军集中在离巴黎30到40英里的地方准备进攻法国的心脏，这种情况下，难道还要去考虑掩护中莱茵地区以及柏林、德累斯顿、维也纳和慕尼黑吗？这样的思维方式是违反常识的。是否需要掩护交通线呢？这是很重要的。然而人们可能在这里开始做逻辑上的推论，认为掩护交通线必须使用类似于进攻那么多的兵力，并且和进攻一样的重要，所以军队不是根据国家地理位置的需要分成两路前进，而是不必要地分三路前进，然后这三路也许又变成五路或者七路，于是老一套的东西又出现了。

在我们所说的两路进攻中，每一路都有自己的目标。投入到进攻中的兵力很有可能大大超过对方的兵力。如果每一路进攻都十分有力，那么它们只会产生相互的有利影响。如果敌人的兵力没有平均分布，我们的某一路进攻失利的话，那么完全有理由期待另一路进攻的胜利来自然地化解这一失利，这是两路进攻之间的真正联系。因为这两路进攻之间的距离很远，所以日常的事件是不可能也没必要有更多的联系的，因此，直接的或者直线的联系是没有多大价值的。

敌人在其核心部位遭到进攻，无法用很大的兵力去打破两场攻势的合击。值得担心的倒是受别动队支持的当地居民可能会切断这种联系，敌人不用消耗正规部队就可以达到这一目的。为了应付这种情况，只要从特里尔向兰斯方向派出一个以骑兵为主的军，有1万至1.5万人就够了。这个军足以击败任何别动队，并同主力齐头并进。它不用包围或监视要塞，而只要从要塞之间通过；也不必占领固定的地盘，如果遇到兵力占优势的敌人，它可以向任何方向撤退。它不会遭到重大的失败，万一遭到了失败，对整个战局来说也不是重大的失败。在这种情况下，这样的一个军很可能足以成为联系两路进攻的中间环节。

第四，两个次要行动，即在意大利的奥地利军队的行动和英国登陆部队的行动，可以用最好的方式实现它们的目的。如果它们多少还是采取了一些行动，那么它们基本上达到了目的。在任何情况下，两路大规模进攻中的任何一路都绝对不应该以任何形式来依靠这两个次要行动。

我们确信，如果法国采取傲慢态度，像过去150年那样压制欧洲，那么我们每一次都可以用这种方式打败法国，使它受到惩罚。只有在巴黎那一边的卢瓦尔河上，我们才能从法国获得保证欧洲安宁的必需条件。只有采用这种方式，7500万人对3000万人的自然优势才能迅速地表现出来；才不会像150年来那样，从敦刻尔克到热那亚的各国军队像一条带子那样围着这个国家，这些军队有着五六十个并不重要的不同目的，这些目的中没有一个足以克服普遍存在的，特别是在联军中不断产生并且反复出现的惰性、阻力和外来的影响。

读者自己也会看到，德意志邦联的军队目前的这种部署，同我们在上述例子中所说的部署是多么的不同。在目前的这种邦联中，德意志各邦成了德意志力量的核心，而普鲁士和奥地利却受到这个核心的削弱，失去了它们应有的重要性。一个邦联在一个战争中是一个很脆弱的核心，因为人们不可能指望它产生出统一、士气、合理选拔指挥官、威信和责任心。

奥地利和普鲁士是德意志帝国进攻力量的两个自然中心，它们是支撑点，是刀剑的刃口；它们是久经战争考验的君主国家，有特定利益，有独立军队，它们在其他各邦面前居于统治地位。一个机构应该顺应这些自然的特点，而不是顺应虚伪的统一主张。在这样的情况下，统一是完全不可能的，谁要是为了追求不可能做到的事情而忽视了可能做到的事情，那他就是愚蠢的家伙。

（全书完）

战争论

作者 _ [德] 卡尔 · 冯 · 克劳塞维茨　译者 _ 綦甲福 阮慧山

产品经理 _ 麦田　装帧设计 _ 付禹霖　产品总监 _ 应凡
技术编辑 _ 顾逸飞　责任印制 _ 梁拥军　出品人 _ 吴畏

营销团队 _ 毛婷 孙烨

果麦
www.guomai.cn

以 微 小 的 力 量 推 动 文 明

图书在版编目（CIP）数据

战争论 /（德）卡尔 · 冯 · 克劳塞维茨著；綦甲福，阮慧山译. -- 上海：上海文化出版社，2022.1（2025.1重印）
ISBN 978-7-5535-2435-1

Ⅰ. ①战… Ⅱ. ①卡… ②綦… ③阮… Ⅲ. ①战争理论 Ⅳ. ①E8

中国版本图书馆CIP数据核字（2021）第235920号

出 版 人：姜逸青
责任编辑：郑 梅
特约编辑：麦 田
装帧设计：付禹霖

书 名：战争论
作 者：[德] 卡尔 · 冯 · 克劳塞维茨
译 者：綦甲福 阮慧山
出 版：上海世纪出版集团 上海文化出版社
地 址：上海市闵行区号景路 159 弄 A 座 2 楼 201101
发 行：果麦文化传媒股份有限公司
印 刷：河北鹏润印刷有限公司
开 本：890mm × 1280mm 1/32
印 张：19.75
插 页：4
字 数：546 千字
印 次：2022 年 1 月第 1 版 2025 年 1 月第 6 次印刷
印 数：27, 401—32, 400
书 号：ISBN 978-7-5535-2435-1 / E · 001
定 价：78.00 元